THE
RED
BOOK OF
SPANISH VERBS

THE RED *Pocket* BOOK OF SPANISH VERBS

333
FULLY CONJUGATED VERBS

Ronni L. Gordon, Ph.D. | **David M. Stillman, Ph.D.**

McGraw·Hill

New York   Chicago   San Francisco   Lisbon   London   Madrid   Mexico City
Milan   New Delhi   San Juan   Seoul   Singapore   Sydney   Toronto

Copyright © 2004 by Ronni Gordon and David Stillman. All rights reserved.
Printed in Canada. Except as permitted under the United States
Copyright Act of 1976, no part of this publication may be reproduced or distributed
in any form or by any means, or stored in a database or retrieval system, without
the prior written permission of the publisher.

3 4 5 6 7 8 9 0   IMP/IMP   2 1 0 9 8 7 6 5 4

ISBN 0-07-142162-9

McGraw-Hill books are available at special quantity discounts to use as premiums
and sales promotions, or for use in corporate training programs. For more
information, please write to the Director of Special Sales, Professional Publishing,
McGraw-Hill, Two Penn Plaza, New York, NY 10121-2298. Or contact your local
bookstore.

This book is printed on acid-free paper.

Contents

SPANISH TENSE PROFILES

THE BASICS OF CONJUGATION

Conjugation is a list of the forms of the verb in a conventional order. The forms of the verb in a particular tense vary to show person and number. The three persons are: the speaker, or first person (I), the person spoken to, or second person (you), and the person or thing referred to, or third person (he, she, it). There are two numbers in English and Spanish, singular and plural. The verb forms are designated by person and number, as summarized in the chart below.

	SINGULAR	PLURAL
FIRST PERSON	I	we
SECOND PERSON	you	you
THIRD PERSON	he, she, it	they

Thus, in the English conjugation of the verb *to be*

	SINGULAR	PLURAL
FIRST PERSON	I am	we are
SECOND PERSON	you are	you are
THIRD PERSON	he, she, it is	they are

We could say that *am* is first-person singular, while *is* is third-person singular. The form *are* is used for the second-person singular and plural as well as for the first- and third-persons plural. The above order of forms is called a conjugation paradigm and is conventional in both English and Spanish for the presentation of verb forms. This is the pattern that will be used to present the forms of Spanish verbs in this book.

The Persons of the Verb in Spanish

The subject pronouns in Spanish do not correspond exactly to the English system.

	SINGULAR	PLURAL
FIRST PERSON	yo	nosotros, nosotras
SECOND PERSON	tú	vosotros, vosotras
THIRD PERSON	él, ella, usted	ellos, ellas, ustedes

Note the following:

1 · **Usted** and **ustedes** are often abbreviated in writing as **Ud.** and **Uds.**, respectively. The abbreviations **Vd.** and **Vds.** are also used.

2 · The Spanish of Spain has four forms for *you*. They vary for formality and number. **Tú** is informal singular, **vosotros(-as)** is informal plural. **Ud.** (singular) and **Uds.** (plural) are markers of formality, politeness, and seniority.

3 · In Spanish America, **vosotros(-as)** is not used. **Uds.** is used as the plural of both **tú** and **Ud.**

4 · **Ud.** and **Uds.** are used with third-person, not second-person verbs, in spite of the fact that they mean *you*.

5 · The plural pronouns in Spanish distinguish gender: **nosotros** *vs.* **nosotras**; **vosotros** *vs.* **vosotras**; **ellos** *vs.* **ellas**. The feminine form is used for groups consisting solely of females. The masculine form is used for groups of males or groups of males and females.

6 · Subject pronouns are often omitted in Spanish since the verb endings make the subject clear. They are used for emphasis or contrast. Compare:

Él estudia marketing.   *He is studying marketing.*

Él estudia marketing pero **ella**   ***He** is studying marketing, but **she** is*
estudia contabilidad.   *studying accounting.*

Verb Classes

Spanish verbs differ from English verbs in that they have endings that show both who is performing the action (the subject of the sentence) and when the action occurs (the tense—present, past, future, etc.).

All Spanish verbs fall into three major classes, called conjugations. Each conjugation has its own set of endings, although there is quite a bit of overlap among the three. The conjugation to which a verb belongs is shown by the *infinitive*, the form ending in **-r** that is not marked for person or tense. The conjugation is shown by the vowel that comes before the **-r** of the infinitive. The verbs **hablar** *to speak*, **vender** *to sell*, and **vivir** *to live* represent the three conjugations. Notice the various names used for the conjugations:

hablar	first-conjugation verb OR **-ar** verb
vender	second-conjugation verb OR **-er** verb
vivir	third-conjugation verb OR **-ir** verb

THE SIMPLE TENSES

There are seven simple (single-word) tenses in Spanish:

The Present Tense

We can analyze the present tense forms of Spanish verbs as consisting of a stem and an ending. The ending shows the person who performs the act and the tense. The stem is formed by dropping the infinitive ending: **-ar**, **-er**, **-ir**.

INFINITIVE	STEM
habl<u>ar</u>	> habl-
vend<u>er</u>	> vend-
viv<u>ir</u>	> viv-

Examine the conjugations of the three model verbs in the present tense. The stressed vowels are underlined in the conjugations. You will see that this shift in stress is one of the key features of the Spanish verb system.

hablar *to speak*

habl + o	> hablo (h<u>a</u>blo)	habl + amos	> hablamos (habl<u>a</u>mos)
habl + as	> hablas (h<u>a</u>blas)	habl + áis	> habláis (habl<u>á</u>is)
habl + a	> habla (h<u>a</u>bla)	habl + an	> hablan (h<u>a</u>blan)

vender *to sell*

vend + o	> vendo (v<u>e</u>ndo)	vend + emos	> vendemos (vend<u>e</u>mos)
vend + es	> vendes (v<u>e</u>ndes)	vend + éis	> vendéis (vend<u>é</u>is)
vend + e	> vende (v<u>e</u>nde)	vend + en	> venden (v<u>e</u>nden)

vivir *to live*

viv + o	> vivo (v<u>i</u>vo)	viv + imos	> vivimos (viv<u>i</u>mos)
viv + es	> vives (v<u>i</u>ves)	viv + ís	> vivís (viv<u>í</u>s)
viv + e	> vive (v<u>i</u>ve)	viv + en	> viven (v<u>i</u>ven)

Notice the following peculiarities about the conjugation:

1 · The first-person (**yo**-form) singular of all three conjugations ends in **-o**.

2 · **-Ir** verbs have the same endings as **-er** verbs except in the first- and second-persons plural (**vivimos, vivís**).

3 · In all three conjugations there is an important shift in stress. The three forms of the singular and the third-person plural are stressed on the vowel of the stem. The first- and second-person plural forms are stressed on the class vowel. Examine the conjugation of **vender** again.

Stem-Changing Verbs

Certain **-ar** and **-er** verbs have changes in the stem vowel in those forms where the stem vowel is stressed. The vowel changes are **e** > **ie** and **o** > **ue**.

Study the following conjugations:

pensar *to think*		**mostrar** *to show*	
pienso	pensamos	muestro	mostramos
piensas	pensáis	muestras	mostráis
piensa	piensan	muestra	muestran

querer *to want*		**volver** *to return*	
quiero	queremos	vuelvo	volvemos
quieres	queréis	vuelves	volvéis
quiere	quieren	vuelve	vuelven

Some stem-changing **-ir** verbs have a change of **e** > **i**.

pedir *to ask for*	
pido	pedimos
pides	pedís
pide	piden

Stem changes cannot be predicted from the infinitive. **Comer** does not have a change of **o** > **ue**, but **volver** does. Stem changes are usually indicated in one of the following ways in verb lists and dictionaries:

> **pensar (e > ie)**
> **volver (ue)**

Stem changes occur in the present tense and in forms derived from the present: the present subjunctive and the command forms.

Uses of the Present Tense

1 · The present tense is used to express ongoing or habitual actions in the present.

El señor Domínguez **trabaja** hoy en la otra oficina.	*Mr. Dominguez **is working** in the other office today.*
Todos los días **regreso** a casa a las seis y cuarto.	*I **return** home every day at six fifteen.*
Siguen cursos de antropología e historia en la universidad.	*They're **taking** anthropology and history courses at the university.*

The English auxiliary verb *do/does* is not translated before Spanish verb forms in questions and in negative sentences.

—¿**Comprendes** la lección?	*Do you **understand** the lesson?*
—No, **no comprendo** porque no estudio.	*No, I **don't understand** because I don't study.*

2 · The present tense can express future time when another element of the sentence makes it clear that the future is being referred to.

—¿**Vuelves** mañana?   ***Will you return*** *tomorrow?*
—No, **me quedo** hasta la semana   *No,* ***I'll stay*** *until next week.*
que viene.

3 · The present tense is used to indicate actions that began in the past but that continue into the present. English uses *have been doing something* to express this.

—¿Cuánto (tiempo) hace que **viven**   *How long* ***have you been living*** *here?*
aquí?
—Hace un año que **vivimos** aquí.   ***We've been living*** *here for a year now.*

—¿Desde cuándo **busca** Marta   *Since when* ***has Marta been looking***
empleo?   *for a job?*
—**Busca** empleo desde enero.   *She's been* ***looking for*** *work since*
       January.

Note the use of **hace** + time expression to label how long the action has been going on and the use of **desde** + a moment in time to label the time when the action began.

4 · The present tense can be used to refer to the past for dramatic effect. This is called the historical present.

A fines del siglo XV los españoles   *At the end of the 15th century the*
emprenden la conquista de   *Spanish* ***undertook*** *the conquest of*
América.   *America.*

El príncipe Juan Carlos de Borbón   *Prince Juan Carlos de Borbón* ***ascended***
sube al trono en 1975.   *the throne in 1975.*

Al año siguiente **se firma** otro   *The following year another peace treaty*
tratado de paz.   ***was signed****.*

The Imperfect Tense

The imperfect tense is one of the most regular tenses in Spanish. It is formed by adding the endings of the imperfect to the stem. The endings are based on the syllables **-aba** for **-ar** verbs and **-ía** for **-er** and **-ir** verbs.

-ar verbs

habl + aba > hablaba	habl + ábamos > hablábamos
habl + abas > hablabas	habl + abais > hablabais
habl + aba > hablaba	habl + aban > hablaban

-er verbs

vend + ía > vendía	vend + íamos > vendíamos
vend + ías > vendías	vend + íais > vendíais
vend + ía > vendía	vend + ían > vendían

-ir verbs

viv + ía > vivía	viv + íamos > vivíamos
viv + ías > vivías	viv + íais > vivíais
viv + ía > vivía	viv + ían > vivían

Note that only **-er** and **-ir** verbs have the same endings in the imperfect.

Only three verbs have irregular imperfects: **ser**, **ir**, and **ver**.

ser *to be*

era	éramos
eras	erais
era	eran

ir *to go*

iba	íbamos
ibas	ibais
iba	iban

ver *to see*

veía	veíamos
veías	veíais
veía	veían

Uses of the Imperfect Tense

The imperfect tense expresses one of the two aspects of past time in Spanish (the other is expressed by the preterit). The imperfect is used to indicate actions that the speaker sees as continuing in the past, without reference to their beginning or end. The imperfect is therefore used to refer to:

1 · actions that are seen as forming a background to other actions, such as time or weather; only the imperfect is used to tell what time it was in the past

Eran las diez cuando llegaron los amigos.	*It was ten o'clock when our friends arrived.*
Cuando yo salí, **hacía frío** y **llovía**.	*When I left, it was cold and was raining.*

2 · actions that were habitual in the past with no reference to their beginning or end (English *used to*)

Cuando **vivíamos** en Puerto Rico, **íbamos** mucho a la playa.	*When we lived in Puerto Rico we used to go to the beach a lot.*
Siempre **cenábamos** en aquel restaurante porque **se comía** muy bien.	*We always used to have dinner at that restaurant because the food was good.*

3 · descriptions of states or conditions that existed in the past (as opposed to events)

La casa **era** nueva y **tenía** habitaciones grandes y cómodas.	*The house was new and had big, comfortable rooms.*
El sol **se ponía** y **se encendían** los faroles. La gente ya **se paseaba** en las calles.	*The sun was setting and the street lights were being turned on. People were already strolling in the streets.*

4 · actions that were repeated in the past with no reference to their beginning or end

Cuando yo **era** estudiante, **iba** a la biblioteca todos los días.	*When I was a student, I went to the library every day.*
Los fines de semana mis amigos y yo **nos veíamos** en el café.	*On the weekends my friends and I would see each other at the café.*

The imperfect tense is used in indirect discourse, that is, to report what someone said. It follows the preterit form of verbs such as **decir** and **escribir**.

Me **dijo** que **iba** al cine.	*She told me she was going to the movies.*
Les **escribimos** que **pensábamos** verlos en Londres.	*We wrote them that we intended to see them in London.*

The Preterit Tense

The preterit tense has the most irregularities in Spanish. It is formed by adding a special set of endings to the verb. **-Er** and **-ir** verbs have the same endings in the preterit.

-ar verbs

habl + é	> hablé		habl + amos	> hablamos
habl + aste	> hablaste		habl + asteis	> hablasteis
habl + ó	> habló		habl + aron	> hablaron

-er verbs

vend + í	> vendí		vend + imos	> vendimos
vend + iste	> vendiste		vend + isteis	> vendisteis
vend + ió	> vendió		vend + ieron	> vendieron

-ir verbs

viv + í	> viví		viv + imos	> vivimos
viv + iste	> viviste		viv + isteis	> vivisteis
viv + ió	> vivió		viv + ieron	> vivieron

If the stem of an **-er** or **-ir** verb ends in a vowel, an accent mark is added to the class vowel **-i-** of second-persons singular and plural and of the first-person plural. The **i** of the third-person endings **-ió** and **-ieron** changes to **y**.

caer to fall		**leer** to read		**oír** to hear	
caí	caímos	leí	leímos	oí	oímos
caíste	caísteis	leíste	leísteis	oíste	oísteis
cayó	cayeron	leyó	leyeron	oyó	oyeron

Many common verbs have an irregular stem in the preterit. These are conjugated like **-er** and **-ir** verbs, except for the first- and third-persons singular, which are the only preterit forms that have *unstressed* endings. These irregular preterits occur in the most common verbs in the language.

Irregular stem with the vowel -u-:

andar to walk		**caber** to fit		**conducir** to drive	
anduve	anduvimos	cupe	cupimos	conduje	condujimos
anduviste	anduvisteis	cupiste	cupisteis	condujiste	condujisteis
anduvo	anduvieron	cupo	cupieron	condujo	condujeron

estar to be		**poder** to be able		**poner** to put	
estuve	estuvimos	pude	pudimos	puse	pusimos
estuviste	estuvisteis	pudiste	pudisteis	pusiste	pusisteis
estuvo	estuvieron	pudo	pudieron	puso	pusieron

saber to know		**tener** to have	
supe	supimos	tuve	tuvimos
supiste	supisteis	tuviste	tuvisteis
supo	supieron	tuvo	tuvieron

Irregular stem with the vowel -i-:

decir to say		**hacer** to do, make		**venir** to come	
dije	dijimos	hice	hicimos	vine	vinimos
dijiste	dijisteis	hiciste	hicisteis	viniste	vinisteis
dijo	dijeron	hizo	hicieron	vino	vinieron

querer to want	
quise	quisimos
quisiste	quisisteis
quiso	quisieron

Irregular stem with the vowel -a-:

traer to bring	
traje	trajimos
trajiste	trajisteis
trajo	trajeron

Some observations on these irregular preterits:

1 · Note the spelling change of **c** > **z** in **hizo** (from **hacer**).

2 · Note that in irregular preterit stems ending in **j**, the third-person plural ending is **-eron**, not **-ieron**: **condujeron, dijeron, trajeron**.

3 · The verbs **ir** and **ser** have the same forms in the preterit. This conjugation is completely irregular.

ir/ser	
fui	fuimos
fuiste	fuisteis
fue	fueron

4 · **Dar** is conjugated with the endings of regular **-er** and **-ir** verbs in the preterit. Both **dar** and **ver** do not use accent marks in the first- and third-person singular because those forms have only one syllable.

dar to give		**ver** to see	
di	dimos	vi	vimos
diste	disteis	viste	visteis
dio	dieron	vio	vieron

5 · The preterit of **hay** is **hubo** *there was, there were*.

Uses of the Preterit Tense

1 · The preterit is used to tell what happened in the past. When a speaker selects the preterit, he sees the action of the verb as completed in the past. Note how the preterit is used to narrate a series of events in the past.

Me levanté a las ocho.	*I **got up** at eight o'clock.*
Me lavé.	*I **washed up.***
Sonó el teléfono.	*The phone **rang.***
Contesté.	*I **answered.***
Hablé con Raquel.	*I **spoke** with Raquel.*
Me cité con ella para las diez.	*I **made an appointment** with her for ten.*
Salí de casa y **subí** al autobús.	*I **left** the house and **got** on the bus.*
Encontré un asiento libre y **me senté.**	*I **found** an empty seat and **sat down.***
Fui al centro donde Raquel y yo **tomamos** un café.	*I **went** downtown where Raquel and I **had** coffee.*
Después, **me fui** a uno de los almacenes.	*Then I **went** to one of the department stores.*
Me compré unas camisas.	*I **bought (myself)** some shirts.*
Volví a casa a las cinco.	*I **returned** home at five o'clock.*
Hice la cena y **comí.**	*I **made** dinner and **ate.***
Vi las noticias en la tele y **me acosté** a las once.	*I **watched** the news on TV and **went to bed** at eleven o'clock.*

2 · The distinction between the imperfect and the preterit is not mandatory in English, and the same English form can be used to translate both of the Spanish tenses in some cases.

Durante las vacaciones, **yo dormía** muy bien.	*During vacation I **slept** very well.*
Anoche **dormí** bien.	*Last night I **slept** well.*
Cuando yo era joven, **estudiaba** mucho.	*When I was young I **studied** a lot.*
El año pasado **estudié** mucho.	*Last year I **studied** a lot.*
En verano los chicos siempre **se divertían mucho.**	*In the summer the children always **had a very good time.***
El verano pasado los chicos **se divirtieron mucho.**	*Last summer the children **had a very good time.***

3 · The preterit and the imperfect are often played off against each other in a single sentence or in a series of sentences in Spanish. The imperfect indicates the background against which the events narrated in the preterit take place.

Mientras **yo leía** el periódico, **sonó** el teléfono.	While **I was reading** the newspaper, the phone **rang**. (The reading is the background against which the ringing of the phone occurred.)

Notice that the preterit and imperfect can be shifted to create a difference in meaning.

Mientras **yo leía** el periódico, **sonaba** el teléfono.	While **I was reading** the newspaper, the phone **was ringing**. (Neither the reading nor the ringing of the telephone are seen as events. Both express ongoing actions in the past.)
Yo leí el periódico y **sonó** el teléfono.	**I read** the newspaper and the phone **rang**. (The use of the preterit for both verbs conveys the idea that the speaker sees both the reading and the ringing of the telephone as events.)
Yo leí el periódico mientras **sonaba** el teléfono.	**I read** the newspaper while the phone **was ringing**. (In this version of the sentence, the ringing of the telephone is the background for the event: the reading of the newspaper.)

The Future Tense

The future tense in Spanish is formed not from the stem, but from the infinitive. A special set of endings is added to the infinitive. These endings are the same for *all* verbs.

> hablar + é > **hablaré**
> vender + é > **venderé**
> vivir + é > **viviré**

hablar		vender		vivir	
hablar**é**	hablar**emos**	vender**é**	vender**emos**	vivir**é**	vivir**emos**
hablar**ás**	hablar**éis**	vender**ás**	vender**éis**	vivir**ás**	vivir**éis**
hablar**á**	hablar**án**	vender**á**	vender**án**	vivir**á**	vivir**án**

Many common verbs use modified forms of the infinitive in forming the future. The endings are the same.

- reduced infinitives

  hacer > **haré**
  decir > **diré**

- the vowel **-e-** or **-i-** before the **-r** of the infinitive is replaced by **-d-**

  poner > **pondré**
  salir > **saldré**
  valer > **valdré**
  venir > **vendré**
  tener > **tendré**

- the vowel **-e-** before the **-r** of the infinitive drops

  caber > **cabré**
  poder > **podré**
  haber > **habré**
  querer > **querré**
  saber > **sabré**

Note that:

1 · **-Ir** verbs that have an accent mark in the infinitive, such as **oír** and **reír**, lose the accent mark in the future: **oiré**, **reiré**.

2 · Compound verbs of the irregular verbs share the same irregularities: **componer** (**compondré**), **detener** (**detendré**), **convenir** (**convendré**), etc.

3 · The future of **hay** is **habrá** *there will be*.

Uses of the Future Tense

The future tense is one of the ways Spanish refers to future time.

> **Juan se graduará el año que   *Juan will graduate next year.*
> viene.**

In speech, the future is often replaced by either the **ir a** + *infinitive* construction

> **Juan se va a graduar el año que viene.**

or by the simple present, which can be used when another element of the
sentence makes it clear that the future, not the present, is meant.

> **Juan se gradúa el año que viene.**

One of the most common uses of the future tense is to speculate or conjecture
about the present. For instance, speakers use the future tense to wonder about
things going on at the present time.

> ¿Qué hora **será**?   *What time **can it be**?*
> ¿Quién **será**? *(upon hearing a knock*   *I **wonder** who **it is**/who **it can be**.*
>   *at the door)*
> ¿Cuántos años **tendrá** la niña?   *I **wonder** how old the child **is**.*
> ¿Con quiénes **saldrán**?   *Whom **can they be going out** with?*

The future can also be used to speculate about present time or mention things
that are probably happening in present time.

> Los turistas **querrán** ver la catedral.   *The tourists **probably want** to see the*
>   *cathedral.*
> Sarita **sabrá** dónde viven.   *I **guess** Sarita **knows** where they live.*
> **Estarán** satisfechos con el resultado.   *They're **probably** happy with the*
>   *result.*
> ¿No ha llegado el avión? **Habrá**   *The plane hasn't arrived yet? **There**
> una demora.   ***must be** a delay.*

The future is also common after **no saber si** *not to know whether* when the main
verb is in the present tense.

> No sé **si podré** ir.   *I don't know **whether I'll be able** to go.*

The future is common to report speech (*indirect discourse*) after verbs of
communication, such as **decir** or **escribir**, when the main verb of the sentence
is in the present tense.

> Dice que no lo **hará**.   *He says that **he won't do it**.*
> Escribe que **vendrá**.   *She writes that **she will come**.*

The future tense is used in the main clause of a conditional sentence when
the **si**-clause (*if*-clause), that is the subordinate or dependent clause, has the verb
in the present tense.

> Si Uds. **salen**, yo **saldré** también.   *If you **leave**, I **will leave** too.*
>   (OR Yo **saldré** si Uds. **salen**.)

The Conditional Tense

The conditional tense (English *would*) is formed by adding the endings of the imperfect tense of -**er** and -**ir** verbs to the infinitive.

hablar + ía > hablaría	
hablaría	hablaríamos
hablarías	hablaríais
hablaría	hablarían

vender + ía > vendería	
vendería	venderíamos
venderías	venderíais
vendería	venderían

vivir + ía > viviría	
viviría	viviríamos
vivirías	viviríais
viviría	vivirían

Verbs that have modified infinitives in the future use that same modified form in the conditional.

- reduced infinitives

  hacer > **haría**

  decir > **diría**

- the vowel -**e**- or -**i**- before the -**r** of the infinitive is replaced by -**d**-

  poner > **pondría**

  salir > **saldría**

  valer > **valdría**

  venir > **vendría**

  tener > **tendría**

- the vowel -**e**- before the -**r** of the infinitive drops

  caber > **cabría**

  haber > **habría**

  querer > **querría**

  saber > **sabría**

  poder > **podría**

Note that:

1 · -**Ir** verbs that have an accent mark in the infinitive, such as **oír** and **reír**, lose the accent mark in the conditional: **oiría**, **reiría**.

2 · Compound verbs of the irregular verbs share the same irregularities: **componer** (**compondría**), **detener** (**detendría**), **convenir** (**convendría**), etc.

3 · The conditional of **hay** is **habría** *there would be*.

Uses of the Conditional Tense

The conditional tense tells what would happen.

En ese caso, yo te **prestaría** el dinero.	*In that case I **would lend** you the money.*

The conditional is used to express probability or conjecture in the past.
Verbs such as **ser**, **estar**, **tener**, **haber** are very commonly used in this way.

—¿Qué hora **sería**?	*I wonder what time it was.*
—**Serían** las siete.	*It was probably seven o'clock.*
Estarían encantados con un regalo así.	*I'll bet they were thrilled with a gift like that.*
Tendrían prisa.	*Maybe they were in a hurry.*
No **habría** nada que hacer.	*There was probably nothing to do.*
¿Cuántos años **tendría**?	*How old do you think she was?*

The conditional is also common after **no saber si** *not to know whether* when the main verb is in one of the past tenses.

No sabía **si vendrías**.	*I didn't know **whether you would come**.*

The conditional is common to report speech (*indirect discourse*) after verbs of communication, such as **decir** or **escribir**, when the main verb of the sentence is in one of the past tenses.

Dijo que no lo **haría**.	*He said that **he wouldn't do it**.*
Escribió que **vendría**.	*She wrote that **she would come**.*

Note that not every occurrence of *would* in English indicates a conditional in Spanish. English often uses the verb *would* to indicate habitual, repeated actions in the past. That use of *would* requires an imperfect, not a conditional, in Spanish.

Cuando yo era joven, **iba** todos los días a la playa.	*When I was young, **I would go** to the beach every day.*
Servía torta cuando invitaba.	***She would serve** cake when she had company.*

The conditional tense is used in the main clause of a conditional sentence when the **si**-clause (*if*-clause), that is the subordinate or dependent clause, has the verb in the imperfect subjunctive. (These are called contrary-to-fact clauses.)

Si Uds. salieran, yo **saldría** también. (OR **Yo saldría** si Uds. salieran.)	*If you were to leave, **I would leave** too.*

The Present Subjunctive

The present subjunctive is formed from the first-person singular of the present tense. The ending **-o** is dropped and the subjunctive endings are added. **-Ar** verbs use the endings of **-er** and **-ir** verbs, while **-er** and **-ir** verbs use the endings of **-ar** verbs in the present subjunctive. The **yo**-form merges with the third-person singular in all subjunctive forms.

hablar		vender	
que hable	que hablemos	que venda	que vendamos
que hables	que habléis	que vendas	que vendáis
que hable	que hablen	que venda	que vendan

vivir	
que viva	que vivamos
que vivas	que viváis
que viva	que vivan

Irregular Present Tense Forms

If there is an irregularity in the first-person singular of the present tense, that irregularity will appear in all persons of the present subjunctive. There are several types of irregular **yo**-forms.

- **-g-** verbs (the stem is extended by **-g-** in the **yo**-form). Since these are all **-e-** and **-i-** verbs, the endings of **-ar** verbs are used in the present subjunctive.

decir > digo		hacer > hago	
que diga	que digamos	que haga	que hagamos
que digas	que digáis	que hagas	que hagáis
que diga	que digan	que haga	que hagan

oír > oigo		poner > pongo	
que oiga	que oigamos	que ponga	que pongamos
que oigas	que oigáis	que pongas	que pongáis
que oiga	que oigan	que ponga	que pongan

salir > salgo		tener > tengo	
que salga	que salgamos	que tenga	que tengamos
que salgas	que salgáis	que tengas	que tengáis
que salga	que salgan	que tenga	que tengan

- **-zc-** verbs (the stem ends in **-zc-** in the **yo-**form). **Conocer** and most verbs with infinitives ending in **-ecer** are **-zc-** verbs.

conocer > conozco		ofrecer > ofrezco	
que conozca	que conozcamos	que ofrezca	que ofrezcamos
que conozcas	que conozcáis	que ofrezcas	que ofrezcáis
que conozca	que conozcan	que ofrezca	que ofrezcan

- verbs with extended stems (the **yo-**form has a longer stem than the other forms).

ver > veo	
que vea	que veamos
que veas	que veáis
que vea	que vean

- verbs stressed on the endings. The verbs **dar** and **estar** are stressed on the final syllable in present subjunctive and have accent marks on some of the forms.

dar		estar	
que **dé**	que **demos**	que **esté**	que **estemos**
que **des**	que **deis**	que **estés**	que **estéis**
que **dé**	que **den**	que **esté**	que **estén**

- verbs with irregular **yo-**forms.

caber > quepo	
que **quepa**	que **quepamos**
que **quepas**	que **quepáis**
que **quepa**	que **quepan**

- verbs that have unpredictable stems in the present subjunctive.

haber		ir	
que **haya**	que **hayamos**	que **vaya**	que **vayamos**
que **hayas**	que **hayáis**	que **vayas**	que **vayáis**
que **haya**	que **hayan**	que **vaya**	que **vayan**

saber		ser	
que **sepa**	que **sepamos**	que **sea**	que **seamos**
que **sepas**	que **sepáis**	que **seas**	que **seáis**
que **sepa**	que **sepan**	que **sea**	que **sean**

- stem-changing verbs. **-Ar** and **-er** verbs with vowel changes of the stem, **e > ie** or **o > ue**, in the present indicative have the same stem change in the present subjunctive.

que **pienses**
que **vuelvan**

-Ir verbs that have the change **e** > **ie** or **e** > **i** in the present indicative also have these changes in the present subjunctive. They also have **i** in the stem of the **nosotros** and **vosotros** forms in the present subjunctive. **Dormir** and **morir** have the **o** > **ue** change and **u** in the stem of the **nosotros** and **vosotros** forms.

que **te diviertas**	que **sirvan**	que **duerma**
que **nos divirtamos**	que **sirvamos**	que **durmamos**

- spelling changes in the present subjunctive. **-Ar** verbs whose stems end in **c**, **g**, or **z** change these letters in the present subjunctive. **-Ar** verbs whose stems end in **j** do not change **j** to **g** before **e**.

c > **qu**
Busca empleo. / Dudamos que **busque** empleo.

g > **gu**
Llegan mañana. / Es probable que **lleguen** mañana.

z > **c**
Empiezan el proyecto. / Insisto en que **empiecen** el proyecto.

-Er and **-ir** verbs whose stems end in **g**, **gu**, or **c** change these letters.

g > **j**
Recogemos los papeles. / Nos piden que **recojamos** los papeles.

gu > **g**
Consigue los billetes. / Es importante que **consiga** los billetes.

c > **z**
Vence a sus enemigos. / Ojalá que **venza** a sus enemigos.

Uses of the Subjunctive

The subjunctive in Spanish is not a tense, but a mood. The subjunctive has four tenses: the present, the imperfect, the present perfect, and the past perfect. The subjunctive is used largely in subordinate clauses (dependent clauses that are part of a larger sentence) introduced by the conjunction **que**. Most cases of the subjunctive are predictable.

Turning a sentence into a subordinate clause allows the sentence to function as a noun or an adjective or an adverb within a larger sentence.

Compare the following two sentences.

Digo **la verdad**.   *I tell the truth.*

Digo **que Juan llegará pronto**.   *I say that Juan will arrive soon.*

Both **la verdad** and **que Juan llegará pronto** function as direct objects of the verb **digo**. Thus, the subordinate clause **que Juan llegará pronto** functions as a noun, and is therefore called a noun clause.

Now compare the following two sentences.

Tenemos una programadora **francesa**.	*We have a **French** programmer.*
Tenemos una programadora **que habla francés**.	*We have a programmer **who speaks French**.*

Both **francesa** and **que habla francés** modify the noun **programadora**. The subordinate clause **que habla francés** functions like an adjective and is therefore called an adjective clause.

Adverb clauses are introduced by conjunctions other than **que**. Compare the following two sentences.

Claudia viene **a las dos**.	*Claudia is coming **at two**.*
Claudia viene **cuando puede**.	*Claudia comes **when she can**.*

Both **a las dos** and the clause **cuando puede** modify the verb in the same way: they tell when the action takes place. **Cuando puede** is therefore called an adverb clause.

The question then arises in which subordinate clauses is the subjunctive used instead of the indicative. The subjunctive is used when the subordinate clause is dependent on a verb that means or implies imposition of will, emotion, doubt, or nonexistence.

The subjunctive is used in noun clauses that are dependent on verbs such as **querer que**, **insistir en que**, **aconsejarle a uno que**, **recomendarle a uno que**, **mandarle a uno que**, etc.

No **quiero** *que te vayas*.	*I **don't want** you to go away.*
El profesor **insiste en** *que hagamos* el trabajo.	*The teacher **insists that** we **do** the work.*
Me **aconsejan** *que me quede* aquí.	*They **advise** me to stay here.*
Recomiendo *que tomes* el tren.	*I **recommend that** you **take** the train.*
Te **pido** *que te vayas*.	*I'm **asking** you to leave.*
Les **mandan** a los soldados *que vuelvan*.	*They **order** the soldiers to **return**.*

Some other common phrases of influence or imposition of will: **impedir que**, **obligar que**, **permitir que**, **prohibir que**, **sugerir que**, etc.

Note that after verbs of communication (*say, tell, write*) the indicative and subjunctive contrast with each other.

Me **dice** *que sale*.	*He **tells** me **that he's going out**.*
Me **dice** *que salga*.	*He **tells** me **to go out**.*

The following expressions of emotion, fear, and hope are followed by the subjunctive.

alegrarse (de) que	*to be glad that, happy that*
estar contento/triste que	*to be happy/sad that*
estar furioso/molesto que	*to be furious/annoyed that*
(no) me gusta que	*I (don't) like the fact that*
me molesta/me fastidia que	*it bothers me/it annoys me that*
sorprenderse que/me sorprende que	*to be surprised that/it surprises me that*
me irrita que	*it irritates me that*
tener miedo (de) que/temer que	*to be afraid that*
esperar que	*to hope that*

After **esperar**, the indicative and the subjunctive are used, but with a difference in the meaning of **esperar**.

Esperaban **que viniéramos**.	*They hoped **we would come**.*
Esperaban **que vendríamos**.	*They expected **us to come**.*

The subjunctive is used after expressions of doubt. These may entail noun clauses after verbs like **dudar** and adjective clauses where the antecedent is negated or indefinite.

Noun clauses:

Dudo **que Uds. sepan** la respuesta.	*I doubt **you know** the answer.*
Negamos **que él tenga** la culpa.	*We deny **that he is** at fault.*

Noun clauses after the negative of **creer, pensar, parecer**:

No creo **que me puedas** ayudar.	*I don't think **you can** help me.*
No me parece **que él te conozca**.	*I don't think **he knows** you.*

Note that when **dudar** and **negar** are negative, no doubt is implied, and the indicative is used in the dependent noun clause.

No dudo **que Uds. saben** la respuesta.	*I don't doubt **you know** the answer.*
No negamos **que él tiene** la culpa.	*We don't deny **that he is** at fault.*

The affirmative of **creer, pensar, parecer** is followed by the indicative.

Creo **que me puedes** ayudar.	*I think **you can help** me.*
Me parece **que él te conoce**.	*I think **he knows** you.*

Adjective clauses after negative or indefinite antecedents also take the indicative.

Busco un amigo **que me ayude**.	*I'm looking for a friend **who will help** me.*
No hay programa de tele **que me interese**.	*There's no TV show **that interests me**.*

Note that when these antecedents are not negative or when they are definite, the indicative, not the subjunctive, is used in the adjective clause.

Tengo un amigo **que me ayuda**.	*I have a friend **who will help me**.*
Hay un programa de tele **que me interesa**.	*There's a TV show **that interests me**.*

Impersonal expressions followed by the subjunctive fall under the same categories.

Es necesario/preciso que	*It's necessary that*
Es importante/esencial que	*It's important/essential that*
Es obligatorio/imprescindible que	*It's obligatory/indispensable that*
Es bueno/malo/mejor/peor que	*It's good/bad/better/worse that*
Es posible/imposible que	*It's possible/impossible that*
Es probable que	*It's probable that*
Es poco probable/improbable que	*It's not likely that/it's improbable that*
Es dudoso que	*It's doubtful that*
No es verdad/cierto que	*It's not true that*

Note that **no es dudoso** and **es verdad/cierto** do not express doubt or negation and therefore are followed by the indicative.

The Imperfect Subjunctive

This tense is derived from the third-person plural of the preterit. To form the imperfect subjunctive, you drop the -ron of the preterit and add one of the two imperfect subjunctive markers -ra- or -se- and the person endings.

Note that in the imperfect subjunctive, both -e- and -i- verbs use ie as the class vowel.

hablar > hablaron > habla-

que hablara	OR que hablase	que habláramos	OR que hablásemos
que hablaras	OR que hablases	que hablarais	OR que hablaseis
que hablara	OR que hablase	que hablaran	OR que hablasen

vender > vendieron > vendie-

que vendiera	OR que vendiese	que vendiéramos	OR que vendiésemos
que vendieras	OR que vendieses	que vendierais	OR que vendieseis
que vendiera	OR que vendiese	que vendieran	OR que vendiesen

vivir > vivieron > vivie-

que viviera	OR que viviese	que viviéramos	OR que viviésemos
que vivieras	OR que vivieses	que vivierais	OR que vivieseis
que viviera	OR que viviese	que vivieran	OR que viviesen

The forms with the imperfect subjunctive marker -ra- are more common in speech than those using -se-, especially in Spanish America.

Note that any irregularity in the third-person plural of the preterit occurs in all forms of the imperfect subjunctive.

hacer > hicieron   ir/ser > fueron

que hiciera	que hiciéramos	que fuera	que fuéramos
que hicieras	que hicierais	que fueras	que fuerais
que hiciera	que hicieran	que fuera	que fueran

decir > dijeron   saber > supieron

que dijera	que dijéramos	que supiera	que supiéramos
que dijeras	que dijerais	que supieras	que supierais
que dijera	que dijeran	que supiera	que supieran

dar > dieron   tener > tuvieron

que diera	que diéramos	que tuviera	que tuviéramos
que dieras	que dierais	que tuvieras	que tuvierais
que diera	que dieran	que tuviera	que tuvieran

Uses of the Imperfect Subjunctive

The imperfect subjunctive replaces the present subjunctive when the verb of the main clause is in a past tense: preterit, imperfect, or past perfect. Note that after the present perfect, the present subjunctive is usually used.

Quiero que me **ayudes**.	*I want you to help me.*
Quería que me **ayudaras**.	*I wanted you to help me.*
¿Por qué no le **dices** que **se calle**?	*Why don't you tell him to be quiet?*
¿Por qué no le **dijiste** que **se callara**?	*Why didn't you tell him to be quiet?*
Nos **ha pedido** que **entremos**.	*He has asked us to come in.*
Nos **había pedido** que **entráramos**.	*He had asked us to come in.*
Se alegran de que **vengamos**.	*They're glad we're coming.*
Se alegraban de que **viniéramos**.	*They were glad we were coming.*
Es bueno que **salgan** juntos.	*It's good that they are going out together.*
Fue bueno que **salieran** juntos.	*It was good that they went out together.*
Es preciso que nos lo **digas**.	*It is necessary for you to tell us.*
Fue preciso que nos lo **dijeras**.	*It was necessary for you to tell us.*
No creo que lo **sepan**.	*I don't think they know it.*
No creía que lo **supieran**.	*I didn't think they knew it.*

The imperfect subjunctive is used to express hypotheses or conditions. Typically in these sentences, the imperfect subjunctive appears in the **si**-clause and the conditional in the main clause. These are known as contrary-to-fact clauses.

Si **vinieran**, **podríamos** hablar con ellos.	*If they came, we would be able to speak with them.*
Si **pusieras** más atención, **aprenderías**.	*If you paid more attention, you would learn.*
Si **tuviera** coche, no **tendría** que ir en autobús.	*If I had a car, I wouldn't have to go by bus.*

The imperfect subjunctive is used to express wishes after **ojalá**. It implies a wish for something that most likely will not happen. The present subjunctive is used to wish for something that may happen. Compare:

Ojalá que **puedas** venir.	*I hope you can come.*
Ojalá que Juan **sepa** el número.	*I hope Juan knows the phone number.*
Ojalá que no le **digan**.	*I hope they won't tell him.*
Ojalá que **tuvieran** tiempo.	*I wish they had time.*
Ojalá que no **estuvieras** acatarrado.	*I wish you didn't have a cold.*
Ojalá que mi hijo **estudiara** medicina.	*I wish my son would study medicine.*

THE COMPOUND TENSES

Compound tenses in Spanish are formed with the auxiliary verb **haber**, which shows tense, person, and mood (indicative or subjunctive), and the past participle. The past participle is also called the **-do** form, since most Spanish past participles end in **-do**. The ending is **-ado** for **-ar** verbs and **-ido** for **-er** and **-ir** verbs.

hablar	habl + a + do	> **hablado**
vender	vend + i + do	> **vendido**
vivir	viv + i + do	> **vivido**

If the stem of an **-er** or **-ir** verb ends in a vowel, an accent mark is added to the class vowel **-i-** of the past participle.

VERB	PAST PARTICIPLE
caer	**caído**
creer	**creído**
leer	**leído**
oír	**oído**
poseer	**poseído**
reír	**reído**
sonreír	**sonreído**
traer	**traído**

Some verbs have irregular past participles. These past participles end in **-to** or **-cho**.

VERB	PAST PARTICIPLE
abrir	**abierto**
cubrir	**cubierto**
decir	**dicho**
descubrir	**descubierto**
devolver	**devuelto**
escribir	**escrito**
hacer	**hecho**
morir	**muerto**
poner	**puesto**
resolver	**resuelto**
romper	**roto**
ver	**visto**
volver	**vuelto**

In the compound tenses when **haber** is the auxiliary verb, the past participle never changes to show gender and number. It always ends in **-o**.

The past participle of **ser** is **sido** and of **ir**, **ido**.

There are seven compound verbs in addition to the progressive tenses, which are formed with **estar** as their auxiliary.

The Present Perfect Tense

This tense consists of the present tense of the auxiliary verb **haber** and the past participle (*I have spoken, sold, lived*).

hablar	vender	vivir
he hablado	**he** vendido	**he** vivido
has hablado	**has** vendido	**has** vivido
ha hablado	**ha** vendido	**ha** vivido
hemos hablado	**hemos** vendido	**hemos** vivido
habéis hablado	**habéis** vendido	**habéis** vivido
han hablado	**han** vendido	**han** vivido

Use of the Present Perfect Tense

The present perfect tense expresses a past event or action that the speaker sees as related to or having consequences for the present.

Mira. **He terminado** la tarea. *Look. **I've finished** my homework.*

Note that Spanish prefers the present tense for actions beginning in the past and continuing into the present, especially in sentences where you specify how long the action has been going on.

—¿Cuánto tiempo hace que **vives** aquí? *How long **have you been living** here?*

—Hace dos años que **tenemos** este apartamento. ***We've had** this apartment for two years.*

The Past Perfect Tense

This tense consists of the imperfect tense of the auxiliary verb **haber** and the past participle (*I had spoken, sold, lived*).

hablar	vender	vivir
había hablado	**había** vendido	**había** vivido
habías hablado	**habías** vendido	**habías** vivido
había hablado	**había** vendido	**había** vivido
habíamos hablado	**habíamos** vendido	**habíamos** vivido
habíais hablado	**habíais** vendido	**habíais** vivido
habían hablado	**habían** vendido	**habían** vivido

Use of the Past Perfect Tense

The past perfect tense is used to specify an action or event as happening further back in the past than another action or event, which usually appears in the preterit.

Ellos ya **habían salido** cuando tú **llamaste**.

*They had already **gone out** when **you** called*. (Their going out took place further back in the past [past perfect] than your calling [preterit].)

Juan todavía **no había llegado** cuando yo **empecé** a comer.

*Juan still **hadn't arrived** when **I began** to eat*. (Juan's arrival was expected further back in the past than my beginning to eat.)

The Preterit Perfect Tense

This tense consists of the preterit tense of the auxiliary verb **haber** and the past participle (*I had spoken, sold, lived*).

hablar	vender	vivir
hube hablado	**hube** vendido	**hube** vivido
hubiste hablado	**hubiste** vendido	**hubiste** vivido
hubo hablado	**hubo** vendido	**hubo** vivido
hubimos hablado	**hubimos** vendido	**hubimos** vivido
hubisteis hablado	**hubisteis** vendido	**hubisteis** vivido
hubieron hablado	**hubieron** vendido	**hubieron** vivido

Use of the Preterit Perfect Tense

The preterit perfect tense is rarely used in speech. It is a feature of formal, literary Spanish, where it may be used after the conjunctions **apenas**, **después de que**, **así que**, **cuando**, **enseguida que**, **en cuanto**, **tan pronto como**, **una vez que**.

Tomé las medidas necesarias tan pronto como me **hubieron explicado** el asunto.	*I took the necessary measures as soon as* ***they had explained*** *the matter to me.*
Apenas **hubo terminado**, salió.	*He had just **finished** when he left.*

In everyday language, the preterit perfect is replaced by the preterit:

Apenas **terminó**, salió.	*He had just **finished** when he left.*

The Future Perfect Tense

This tense consists of the future of the auxiliary verb **haber** and the past participle (*I will have spoken, sold, lived*).

hablar	vender	vivir
habré hablado	**habré** vendido	**habré** vivido
habrás hablado	**habrás** vendido	**habrás** vivido
habrá hablado	**habrá** vendido	**habrá** vivido
habremos hablado	**habremos** vendido	**habremos** vivido
habréis hablado	**habréis** vendido	**habréis** vivido
habrán hablado	**habrán** vendido	**habrán** vivido

Uses of the Future Perfect Tense

The future perfect tense is used to label a future action as completed before another future action takes place. The second future action is often in the subjunctive.

Habremos terminado de comer antes de que él llegue.	*We will have finished eating before he arrives.*

The most common use of the future perfect is to express a conjecture or guess about what happened in the past.

—¡Qué sorpresa! Nuestros primos ya están aquí.	*What a surprise! Our cousins are already here.*
—**Habrán tomado** el tren de las diez.	*They probably took the ten o'clock train.*
—El jefe no está.	*The boss isn't in.*
—**Habrá salido**.	*He must have gone out.*
—Los **habrás visto**.	*You probably saw them.*

The Conditional Perfect Tense

This tense consists of the conditional of the auxiliary verb **haber** and the past participle (*I would have spoken, sold, lived*).

hablar	vender	vivir
habría hablado	**habría** vendido	**habría** vivido
habrías hablado	**habrías** vendido	**habrías** vivido
habría hablado	**habría** vendido	**habría** vivido
habríamos hablado	**habríamos** vendido	**habríamos** vivido
habríais hablado	**habríais** vendido	**habríais** vivido
habrían hablado	**habrían** vendido	**habrían** vivido

Uses of the Conditional Perfect Tense

The conditional perfect is most commonly used in conditional sentences that present hypotheses contrary to facts in the past.

Fact

Juan no vino. Por eso no lo vimos. *Juan didn't come. That's why we didn't see him.*

Contrary-to-fact conditional sentence

Si Juan hubiera venido, nosotros lo habríamos visto. *If Juan had come, we would have seen him.*

The conditional perfect is also used to express probability in the past.

Se habrían conocido. *They had probably met.*

The Present Perfect Subjunctive

This tense consists of the present subjunctive of the auxiliary verb **haber** and the past participle.

hablar	vender	vivir
que **haya** hablado	que **haya** vendido	que **haya** vivido
que **hayas** hablado	que **hayas** vendido	que **hayas** vivido
que **haya** hablado	que **haya** vendido	que **haya** vivido
que **hayamos** hablado	que **hayamos** vendido	que **hayamos** vivido
que **hayáis** hablado	que **hayáis** vendido	que **hayáis** vivido
que **hayan** hablado	que **hayan** vendido	que **hayan** vivido

Uses of the Present Perfect Subjunctive

The present perfect subjunctive is used in clauses that require the subjunctive to indicate that the action of the subordinate clause happens prior to the action of the main clause. Examine the following contrasting sentences.

Siento mucho que lo hagas.	*I'm very sorry that you're doing that.*
Siento mucho que lo hayas hecho.	*I'm very sorry that you did that.*
No creo que salgan.	*I don't think they're going out/that they will go out.*
No creo que hayan salido.	*I don't think they went out.*

Notice that the present subjunctive can designate either present or future time, and indicates an action either simultaneous with or subsequent to the action of the main clause.

The Past Perfect (or Pluperfect) Subjunctive

This tense consists of the imperfect subjunctive of the auxiliary verb **haber** and the past participle. Either the **-ra** or **-se** form of the auxiliary may be used.

hablar	vender
que **hubiera** hablado	que **hubiera** vendido
que **hubieras** hablado	que **hubieras** vendido
que **hubiera** hablado	que **hubiera** vendido
que **hubiéramos** hablado	que **hubiéramos** vendido
que **hubierais** hablado	que **hubierais** vendido
que **hubieran** hablado	que **hubieran** vendido

vivir
que **hubiera** vivido
que **hubieras** vivido
que **hubiera** vivido
que **hubiéramos** vivido
que **hubierais** vivido
que **hubieran** vivido

OR

hablar	vender
que **hubiese** hablado	que **hubiese** vendido
que **hubieses** hablado	que **hubieses** vendido
que **hubiese** hablado	que **hubiese** vendido
que **hubiésemos** hablado	que **hubiésemos** vendido
que **hubieseis** hablado	que **hubieseis** vendido
que **hubiesen** hablado	que **hubiesen** vendido

vivir

que **hubiese** vivido
que **hubieses** vivido
que **hubiese** vivido
que **hubiésemos** vivido
que **hubieseis** vivido
que **hubiesen** vivido

Use of the Past Perfect (or Pluperfect) Subjunctive

This tense has several uses. It parallels the use of the present perfect subjunctive in that it indicates an action prior to the action of the main verb when that verb is in the preterit, imperfect, or pluperfect. Examine the following contrasting sentences.

Tenía miedo de que **no se fueran**.	*I was afraid **they weren't leaving**.*
Tenía miedo de que **no se hubieran ido**.	*I was afraid **they hadn't left**.*
Me alegré de que **se graduara**.	*I was glad **he was graduating**.*
Me alegré de que **se hubiera graduado**.	*I was glad **he had graduated**.*

The pluperfect subjunctive is used in the **si**-clause of conditional sentences expressing conditions contrary to past facts.

Fact

Yo perdí mis boletos. Por eso no pude ver el partido.	*I lost my tickets. That's why I couldn't see the match.*

Conditional sentence

Si **yo no hubiera perdido** mis boletos, habría podido ver el partido.	*If **I hadn't lost** my tickets, I would have been able to see the match.*

The pluperfect subjunctive may replace the conditional perfect in the above conditional sentence.

Si yo no hubiera perdido mis boletos, **hubiera podido** ver el partido.

The pluperfect subjunctive is used after **ojalá** to express an impossible wish, one which the speaker knows cannot come true. Note that these wishes are contrary to past facts.

Ojalá que **te hubiéramos avisado**.	*I wish **we had notified you**.* (Fact: No te avisamos.)
Ojalá que **se hubieran dado cuenta**.	*I wish **they had realized**.* (Fact: No se dieron cuenta.)

The Progressive Tenses

In Spanish, the progressive tenses are formed from the present, preterit, imperfect, future, conditional, or subjunctive forms of the verb **estar** + the **-ndo** form or gerund. The gerund, also known as the present participle, corresponds to English *-ing*. For **-ar** verbs, the ending of the gerund is **-ando**, and for **-er** and **-ir** verbs, the ending is **-iendo**.

viajar	viaj**ando**
aprender	aprend**iendo**
abrir	abr**iendo**

-Er and **-ir** verbs whose stem ends in a vowel use **-yendo**, not **-iendo**, in forming the gerund.

leer	le**yendo**
oír	o**yendo**

-Ir verbs that have a change in the vowel of the stem in the third-person singular of the preterit, have the same change in the gerund.

INFINITIVE	PRETERIT	GERUND
decir	dijo	**diciendo**
dormir	durmió	**durmiendo**

Note that **ir** and **poder** have irregular gerunds.

ir	**yendo**
poder	**pudiendo**

In this book, the progressive tenses appear in the following form for each verb.

PRESENT	estoy, estás, está, estamos, estáis, están	
PRETERIT	estuve, estuviste, estuvo, estuvimos, estuvisteis, estuvieron	
IMPERFECT	estaba, estabas, estaba, estábamos, estabais, estaban	viajando
FUTURE	estaré, estarás, estará, estaremos, estaréis, estarán	
CONDITIONAL	estaría, estarías, estaría, estaríamos, estaríais, estarían	
SUBJUNCTIVE	que + *corresponding subjunctive tense of* estar	

Estoy viajando.	*I'm traveling.*
Estuviste viajando.	*You were traveling.*
Estaba viajando.	*He was traveling.*
Estaremos viajando.	*We'll be traveling.*
Estarían viajando.	*They'd be traveling.*
Dudo que esté viajando.	*I doubt she's traveling.*

Uses of the Progressive Tenses

The progressive tenses differ from the simple tenses in that they suggest that the action is or was in progress. They may also be used to indicate that the action is temporary.

Oigo música.	*I listen to music.* (habitual action)
Estoy oyendo música.	*I'm listening to music.* (temporary action or an action just begun)

The present progressive in Spanish, unlike English, can never be used to refer to the future. Spanish uses the simple present tense, the future tense, or the **ir a** + infinitive construction to express future time.

Nos **visitan** el viernes.
Nos **visitarán** el viernes.   *They're visiting/will visit us on*
Nos **van a visitar** el viernes.   *Friday.*

The preterit progressive is used to show an action that was in progress in the past but is now completed. Usually completion of the action is also indicated.

Estuvimos leyendo hasta que llegaron.	*We were reading until they arrived.*

THE INFINITIVE

The Spanish infinitive ends in **-ar, -er,** or **-ir** and has several key functions:

1 · It is the form that appears in word lists and dictionaries.

2 · It serves as the complement of a verb in verb + infinitive constructions.

querer + infinitive	*to want to do something*
poder + infinitive	*to be able to do something*

3 · It serves as the complement of a connector or preposition in verb + connector + infinitive constructions.

acabar de + infinitive	*to have just done something*
tener que + infinitive	*to have to do something*

4 · The infinitive serves as the "verbal noun"—it can be used as the subject or object of another verb. The English equivalent of this form is the *-ing* form. Note that in this function the Spanish infinitive may be preceded by the definite article **el**.

(El) Nadar es un buen ejercicio.	*Swimming is a good exercise.*

PRINCIPAL PARTS OF THE VERB

The first-person singular present, the third-person plural preterit, the past participle, and the present participle comprise the *principal parts* of the verb. For almost all Spanish verbs, knowledge of these four forms allows you to construct all the forms of the verb. In this book, the principal parts of the verb appear below the infinitive. For example:

> **poner**
> **pongo · pusieron · puesto · poniendo**

1. The First-Person Singular (yo-Form) of the Present Tense

Many Spanish verbs in the present tense have an irregular **yo**-form, but the remaining forms are regular. The conjugation of **poner** in the present is typical of these verbs.

poner		
	SINGULAR	PLURAL
FIRST PERSON	**pongo**	ponemos
SECOND PERSON	pones	ponéis
THIRD PERSON	pone	ponen

The present subjunctive, the formal commands, and the negative informal commands derive from the irregular **yo**-form.

2. Irregular Preterit

Many common Spanish verbs have an irregular stem in the preterit tense. These verbs have a special set of endings in the preterit in which the first- and third-person singular forms are **not** stressed, and therefore have no accent marks as regular preterit forms do.

poner		
	SINGULAR	PLURAL
FIRST PERSON	**puse**	**pusimos**
SECOND PERSON	**pusiste**	**pusisteis**
THIRD PERSON	**puso**	**pusieron**

For **poner** the irregular stem **pus-** appears in all forms of the preterit and the **yo** and **él/ella** forms (**puse, puso**) have no accent marks. (Compare the **yo** and **él/ella** forms of the preterit of the regular verb **vender**: **vendí, vendió**.)

The imperfect subjunctive is derived from the **ellos/ellas** form of the preterit.

3. The Past Participle (-do/-to/-cho Form)

Many common verbs have an irregular past participle. These forms have to be memorized. The past participle appears in all the compound tenses and in all the tenses of the passive voice. The past participle of **poner** is **puesto**.

4. The Present Participle (-ndo Form)

Most verbs in Spanish have a regular present participle. The present participle is an important form because it appears in all the progressive tenses. The present participle of **poner** is regular: **poniendo**.

Use of the Principal Parts

If you know the principal parts of the verb, you can predict the forms of almost all Spanish verbs. Let's take the example of the principal parts of the regular verb **tomar** (to take).

> **tomar**
> **tomo · tomaron · tomado · tomando**

From the infinitive (**tomar**) you form the following tenses:

1 · the future: **tomaré, tomarás, tomará, tomaremos, tomaréis, tomarán**

2 · the conditional: **tomaría, tomarías, tomaría, tomaríamos, tomaríais, tomarían**

From the first-person singular of the present tense (**tomo**), you derive:

1 · the rest of the present tense: **tomas, toma, tomamos, tomáis, toman**

2 · the imperfect: **tomaba, tomabas, tomaba, tomábamos, tomabais, tomaban**

3 · the present subjunctive: **tome, tomes, tome, tomemos, toméis, tomen**

From the third-person plural of the preterit (**tomaron**) you derive these forms:

1 · the rest of the preterit: **tomé, tomaste, tomó, tomamos, tomasteis**

2 · the imperfect subjunctive: **tomara, tomaras, tomara, tomáramos, tomarais, tomaran**

The past participle is used to form the following compound tenses.

PRESENT PERFECT	**he tomado**
PAST PERFECT	**había tomado**
PRETERIT PERFECT	**hube tomado**
FUTURE PERFECT	**habré tomado**
CONDITIONAL PERFECT	**habría tomado**
PRESENT PERFECT SUBJUNCTIVE	**que haya tomado**
PLUPERFECT SUBJUNCTIVE	**que hubiera tomado**

The past participle is also used with **ser** to form the passive: **es tomado**, etc.

The present participle is used to form the progressive tenses.

PRESENT PROGRESSIVE	**estoy tomando**
IMPERFECT PROGRESSIVE	**estaba tomando**
PRETERIT PROGRESSIVE	**estuve tomando**
FUTURE PROGRESSIVE	**estaré tomando**
CONDITIONAL PROGRESSIVE	**estaría tomando**
PRESENT PERFECT PROGRESSIVE	**he estado tomando**
PAST PERFECT PROGRESSIVE	**había estado tomando**
PRESENT SUBJUNCTIVE PROGRESSIVE	**que esté tomando**
IMPERFECT SUBJUNCTIVE PROGRESSIVE	**que estuviera tomando**
PRESENT PERFECT SUBJUNCTIVE PROGRESSIVE	**que haya estado tomando**
PAST PERFECT SUBJUNCTIVE PROGRESSIVE	**que hubiera estado tomando**

COMMANDS (THE IMPERATIVE)

Most command forms are taken from the present subjunctive.

Hable Ud.	*Speak.*	Comprenda Ud.	*Understand.*
Hablen Uds.	*Speak.*	Comprendan Uds.	*Understand.*
Hablemos.	*Let's speak.*	Comprendamos.	*Let's understand.*
Escriba Ud.	*Write.*	Salga.	*Go out.*
Escriban Uds.	*Write.*	Salgan.	*Go out.*
Escribamos.	*Let's write.*	Salgamos.	*Let's go out.*

The negative command is formed by placing **no** before the imperative:
No hable, No salgamos, etc.

The negative command forms for **tú** and **vosotros** are also taken from the
subjunctive.

Tú		Vosotros	
No hables.	*Don't speak.*	No habléis.	*Don't speak.*
No comas.	*Don't eat.*	No comáis.	*Don't eat.*
No escribas.	*Don't write.*	No escribáis.	*Don't write.*
No salgas.	*Don't go out.*	No salgáis.	*Don't go out.*

Affirmative commands for **tú** are formed by dropping the **-s** of the present tense
form.

Habla.	*Speak.*
Come.	*Eat.*
Escribe.	*Write.*

Several common verbs have irregular one-syllable command forms for **tú.**

decir	> **di**	poner	> **pon**	tener	> **ten**
hacer	> **haz**	salir	> **sal**	venir	> **ven**
ir	> **ve**	ser	> **sé**		

The corresponding negative commands are regular and taken from the present subjunctive: **no digas, no hagas, no vayas**, etc.

Vosotros commands are formed by replacing the **-r** of the infinitive with **d**.

Hablad.	Escribid.	Haced.
Comprended.	Salid.	Tened.

Uses of Command Forms

Command forms are used to tell someone to do something or not to do something. The pronouns **Ud.** and **Uds.** are often added for politeness to soften the command, like the English *please*. The pronouns **tú** and **vosotros** are added for emphasis.

—Oye, haz la cena.   *Hey, make dinner.*
—Siéntese Ud.   *Please sit down.*

The final **d** of **vosotros** commands drops when the reflexive pronoun **-os** is added.

Levantaos y **preparaos** para salir.   *Get up and get ready to go out.*

The one exception is **ir**.

Idos.   *Go away.*

The affirmative **nosotros** command (but not the negative command) is often replaced by **vamos a** + infinitive.

Vamos a comer.   *Let's eat.*
No comamos.   *Let's not eat.*

REFLEXIVE VERBS

Spanish has a large class of verbs known as reflexive verbs. These verbs always appear with a reflexive pronoun referring back to the subject. Reflexive verbs occur in all tenses. Study the present tense of **levantarse**.

levantarse *to get up*

Me levanto a las ocho.	**Nos** levantamos a las ocho.
Te levantas a las ocho.	**Os** levantáis a las ocho.
Se levanta a las ocho.	**Se** levantan a las ocho.

In the progressive tenses, reflexive verbs can be formed in either of two ways. Reflexive pronouns can precede the auxiliary verb or they can be attached to the end of the gerund. When the reflexive pronoun is attached to the gerund, an accent mark is added.

Me estoy vistiendo./Estoy vistiéndome.   *I am getting dressed.*
Te estuviste quejando./Estuviste quejándote.   *You were complaining.*
Se estaba negando./Estaba negándose.   *She was refusing.*

Nos estaremos levantando./ Estaremos levantándonos.	*We will be getting up.*
Os estaríais preocupando./ Estaríais preocupándoos.	*You would be worrying.*
(Para que) se estén fijando.../ (Para que) estén fijándose...	*(So that) they will be noticing . . .*

Uses of Reflexive Verbs

Reflexive verb forms in English are followed by a pronoun that ends in *-self* or *-selves* (*I cut myself./They hurt themselves.*). This is a relatively small class of verbs in English. Most reflexive verbs in Spanish correspond to English intransitive verbs, that is, verbs that have no direct object, or English verb constructions with *get* or *be*.

Se despertó a las siete.	*She woke up at seven o'clock.*
Te enojaste.	*You got angry.*
Van a lavarse. } Se van a lavar. }	*They're going to wash up.*

In the case of some reflexive verbs, the reflexive pronoun is an indirect object rather than a direct object. These verbs can have a direct object as well as the reflexive pronoun. **Ponerse** *to put on an article of clothing* and **quitarse** *to take off an article of clothing* are two such verbs.

Me puse la camisa.	*I **put** my shirt **on**.* (shirt = direct object)
Nos quitamos la chaqueta.	*We **took** our jackets **off**.* (jackets = direct object)
Se lava la cara.	*She's **washing** her face.* (face = direct object)

Note that Spanish uses the reflexive pronoun where English uses a possessive adjective for articles of clothing and parts of the body.

Se ponen el sombrero.	*They put on **their** hats.*
Se ponen los zapatos.	*They put on **their** shoes.*
Nos lavamos la cara.	*We washed **our** faces.*
Nos lavamos las manos.	*We washed **our** hands.*

Some common reflexive verbs used this way:

lastimarse + part of the body	*to hurt*
lavarse + part of the body	*to wash*
ponerse + article of clothing	*to put on*
quebrarse (**e > ie**) + part of the body	*to break*
quitarse + article of clothing	*to take off*

THE PASSIVE VOICE

The passive voice in Spanish is formed as in English. It consists of **ser** + the past participle. The past participle agrees in gender and number with the subject of the sentence. The passive may be used in any tense.

Aquel señor **es** muy **respetado**.	*That man is very respected.*
Las computadoras **fueron vendidas** a mitad de precio.	*The computers were sold at half price.*

Passives commonly include a phrase beginning with **por** to tell who (or what) is performing the action.

La ciudad **fue quemada por los enemigos**.	*The city was burned by the enemies.*
Muchas escuelas **serán construidas por el gobierno**.	*Many schools will be built by the government.*

Even the progressive tenses may be used in the passive, but this is rare except in documents translated from English.

El proyecto de ley **estaba siendo considerado** por el Senado.	*The bill was being considered by the Senate.*
El asunto **está siendo investigado** por la policía.	*The matter is being investigated by the police.*

Uses of the Passive Voice

The passive voice is used largely in written Spanish, not spoken Spanish. In active sentences (e.g., *The dog bites the man.*), the focus is on the performer of the action (the subject). In the passive, the focus is shifted from the performer of the action to the object, which becomes the grammatical subject of the sentence (e.g., *The man is bitten by the dog.*).

The most common Spanish equivalent of the English passive is a construction consisting of **se** + the third-person singular or plural of the verb. In this construction, the performer of the action is not mentioned. A phrase with **por** cannot be added to the **se** construction.

Se respeta mucho a aquel señor.	*That man is very respected.*
Se vendió la casa.	*The house was sold.*
¿Cuándo **se encontrará** una solución?	*When will a solution be found?*
Se construirán muchas casas.	*Many houses will be built.*

When the performer of the action has to be mentioned, the active voice is used in spoken Spanish.

Los enemigos **quemaron** la ciudad.	*The enemies **burned** the city.*
El gobierno **construirá** muchas escuelas.	*The government **will build** many schools.*
El Senado **está considerando** el proyecto de ley.	*The Senate **is considering** the bill.*

FULLY CONJUGATED VERBS

Top 30 Verbs

The following thirty verbs have been selected for their high frequency and their use within many common idiomatic expressions. A full page of example sentences and phrases provides guidance on correct usage and immediately precedes or follows the conjugation table.

acabar *to finish, end* 4
andar *to walk* 24
buscar *to look for, search* 51
caer *to fall* 53
dar *to give* 99
decir *to say, tell* 102
echar *to throw, throw out, give off* 121
estar *to be* 151
hacer *to do, make* 170
ir *to go* 186
llegar *to arrive* 193
llevar *to carry, take, lead, have, wear* 194
meter *to put, put in* 206
pasar *to pass, happen, spend time* 232
pensar *to think* 235
perder *to lose, waste, miss* 236
poder *to be able, can* 242
poner *to put, place, set* 243
querer *to want, wish, love* 257
saber *to know, know how, taste* 279
salir *to go out, leave* 281
seguir *to follow, continue, pursue* 284
ser *to be* 287
servir *to serve* 288
tener *to have, hold, take, be* 307
tomar *to take, have to eat or drink* 309
traer *to bring* 313
venir *to come, arrive* 324
ver *to see, watch, look at* 325
volver *to go/come back, return, turn* 331

-ar verb; spelling change: z > c/e   **abrazo · abrazaron · abrazado · abrazando**

PRESENT		PRETERIT	
abrazo	abrazamos	abracé	abrazamos
abrazas	abrazáis	abrazaste	abrazasteis
abraza	abrazan	abrazó	abrazaron

IMPERFECT		PRESENT PERFECT	
abrazaba	abrazábamos	he abrazado	hemos abrazado
abrazabas	abrazabais	has abrazado	habéis abrazado
abrazaba	abrazaban	ha abrazado	han abrazado

FUTURE		CONDITIONAL	
abrazaré	abrazaremos	abrazaría	abrazaríamos
abrazarás	abrazaréis	abrazarías	abrazaríais
abrazará	abrazarán	abrazaría	abrazarían

PLUPERFECT		PRETERIT PERFECT	
había abrazado	habíamos abrazado	hube abrazado	hubimos abrazado
habías abrazado	habíais abrazado	hubiste abrazado	hubisteis abrazado
había abrazado	habían abrazado	hubo abrazado	hubieron abrazado

FUTURE PERFECT		CONDITIONAL PERFECT	
habré abrazado	habremos abrazado	habría abrazado	habríamos abrazado
habrás abrazado	habréis abrazado	habrías abrazado	habríais abrazado
habrá abrazado	habrán abrazado	habría abrazado	habrían abrazado

PRESENT SUBJUNCTIVE		PRESENT PERFECT SUBJUNCTIVE	
abrace	abracemos	haya abrazado	hayamos abrazado
abraces	abracéis	hayas abrazado	hayáis abrazado
abrace	abracen	haya abrazado	hayan abrazado

IMPERFECT SUBJUNCTIVE (-ra)		or	IMPERFECT SUBJUNCTIVE (-se)	
abrazara	abrazáramos		abrazase	abrazásemos
abrazaras	abrazarais		abrazases	abrazaseis
abrazara	abrazaran		abrazase	abrazasen

PAST PERFECT SUBJUNCTIVE (-ra)		or	PAST PERFECT SUBJUNCTIVE (-se)	
hubiera abrazado	hubiéramos abrazado		hubiese abrazado	hubiésemos abrazado
hubieras abrazado	hubierais abrazado		hubieses abrazado	hubieseis abrazado
hubiera abrazado	hubieran abrazado		hubiese abrazado	hubiesen abrazado

PROGRESSIVE TENSES

PRESENT	estoy, estás, está, estamos, estáis, están	
PRETERIT	estuve, estuviste, estuvo, estuvimos, estuvisteis, estuvieron	
IMPERFECT	estaba, estabas, estaba, estábamos, estabais, estaban	abrazando
FUTURE	estaré, estarás, estará, estaremos, estaréis, estarán	
CONDITIONAL	estaría, estarías, estaría, estaríamos, estaríais, estarían	
SUBJUNCTIVE	que + corresponding subjunctive tense of estar (see verb 151)	

COMMANDS

	(nosotros) abracemos/no abracemos
(tú) abraza/no abraces	(vosotros) abrazad/no abracéis
(Ud.) abrace/no abrace	(Uds.) abracen/no abracen

Usage

—Abraza a tu tía, hija.	Give your aunt a hug.
—Ya le di un abrazo, mamá.	I already hugged her, Mom.
El documento abraza varios temas.	The document covers several topics.
Un abrazo de Laura	Best regards,/Love, Laura (letter)

abrir *to open*

abro · abrieron · abierto · abriendo

-ir verb; irregular past participle

PRESENT		PRETERIT	
abro	abrimos	abrí	abrimos
abres	abrís	abriste	abristeis
abre	abren	abrió	abrieron

IMPERFECT		PRESENT PERFECT	
abría	abríamos	he abierto	hemos abierto
abrías	abríais	has abierto	habéis abierto
abría	abrían	ha abierto	han abierto

FUTURE		CONDITIONAL	
abriré	abriremos	abriría	abriríamos
abrirás	abriréis	abrirías	abriríais
abrirá	abrirán	abriría	abrirían

PLUPERFECT		PRETERIT PERFECT	
había abierto	habíamos abierto	hube abierto	hubimos abierto
habías abierto	habíais abierto	hubiste abierto	hubisteis abierto
había abierto	habían abierto	hubo abierto	hubieron abierto

FUTURE PERFECT		CONDITIONAL PERFECT	
habré abierto	habremos abierto	habría abierto	habríamos abierto
habrás abierto	habréis abierto	habrías abierto	habríais abierto
habrá abierto	habrán abierto	habría abierto	habrían abierto

PRESENT SUBJUNCTIVE		PRESENT PERFECT SUBJUNCTIVE	
abra	abramos	haya abierto	hayamos abierto
abras	abráis	hayas abierto	hayáis abierto
abra	abran	haya abierto	hayan abierto

IMPERFECT SUBJUNCTIVE (-ra)		*or*	IMPERFECT SUBJUNCTIVE (-se)	
abriera	abriéramos		abriese	abriésemos
abrieras	abrierais		abrieses	abrieseis
abriera	abrieran		abriese	abriesen

PAST PERFECT SUBJUNCTIVE (-ra)		*or*	PAST PERFECT SUBJUNCTIVE (-se)	
hubiera abierto	hubiéramos abierto		hubiese abierto	hubiésemos abierto
hubieras abierto	hubierais abierto		hubieses abierto	hubieseis abierto
hubiera abierto	hubieran abierto		hubiese abierto	hubiesen abierto

PROGRESSIVE TENSES

PRESENT	estoy, estás, está, estamos, estáis, están	
PRETERIT	estuve, estuviste, estuvo, estuvimos, estuvisteis, estuvieron	
IMPERFECT	estaba, estabas, estaba, estábamos, estabais, estaban	abriendo
FUTURE	estaré, estarás, estará, estaremos, estaréis, estarán	
CONDITIONAL	estaría, estarías, estaría, estaríamos, estaríais, estarían	
SUBJUNCTIVE	que + *corresponding subjunctive tense of estar (see verb 151)*	

COMMANDS

	(nosotros) abramos/no abramos
(tú) abre/no abras	(vosotros) abrid/no abráis
(Ud.) abra/no abra	(Uds.) abran/no abran

Usage

El museo abre a las diez, ¿verdad?	*The museum opens at 10:00, doesn't it?*
Acabo de abrir una cuenta de crédito.	*I've just opened a charge account.*
No quiso abrirse con nadie.	*He refused to confide in anyone.*
La lata está abierta. Usé el abrelatas.	*The can is open. I used the can opener.*

regular *-ir* reflexive verb

aburro · aburrieron · aburrido · aburriéndose

PRESENT

me aburro	nos aburrimos
te aburres	os aburrís
se aburre	se aburren

PRETERIT

me aburrí	nos aburrimos
te aburriste	os aburristeis
se aburrió	se aburrieron

IMPERFECT

me aburría	nos aburríamos
te aburrías	os aburríais
se aburría	se aburrían

PRESENT PERFECT

me he aburrido	nos hemos aburrido
te has aburrido	os habéis aburrido
se ha aburrido	se han aburrido

FUTURE

me aburriré	nos aburriremos
te aburrirás	os aburriréis
se aburrirá	se aburrirán

CONDITIONAL

me aburriría	nos aburriríamos
te aburrirías	os aburriríais
se aburriría	se aburrirían

PLUPERFECT

me había aburrido	nos habíamos aburrido
te habías aburrido	os habíais aburrido
se había aburrido	se habían aburrido

PRETERIT PERFECT

me hube aburrido	nos hubimos aburrido
te hubiste aburrido	os hubisteis aburrido
se hubo aburrido	se hubieron aburrido

FUTURE PERFECT

me habré aburrido	nos habremos aburrido
te habrás aburrido	os habréis aburrido
se habrá aburrido	se habrán aburrido

CONDITIONAL PERFECT

me habría aburrido	nos habríamos aburrido
te habrías aburrido	os habríais aburrido
se habría aburrido	se habrían aburrido

PRESENT SUBJUNCTIVE

me aburra	nos aburramos
te aburras	os aburráis
se aburra	se aburran

PRESENT PERFECT SUBJUNCTIVE

me haya aburrido	nos hayamos aburrido
te hayas aburrido	os hayáis aburrido
se haya aburrido	se hayan aburrido

IMPERFECT SUBJUNCTIVE (-ra)

me aburriera	nos aburriéramos
te aburrieras	os aburrierais
se aburriera	se aburrieran

or **IMPERFECT SUBJUNCTIVE (-se)**

me aburriese	nos aburriésemos
te aburrieses	os aburrieseis
se aburriese	se aburriesen

PAST PERFECT SUBJUNCTIVE (-ra)

me hubiera aburrido	nos hubiéramos aburrido
te hubieras aburrido	os hubierais aburrido
se hubiera aburrido	se hubieran aburrido

or **PAST PERFECT SUBJUNCTIVE (-se)**

me hubiese aburrido	nos hubiésemos aburrido
te hubieses aburrido	os hubieseis aburrido
se hubiese aburrido	se hubiesen aburrido

PROGRESSIVE TENSES

PRESENT	estoy, estás, está, estamos, estáis, están
PRETERIT	estuve, estuviste, estuvo, estuvimos, estuvisteis, estuvieron
IMPERFECT	estaba, estabas, estaba, estábamos, estabais, estaban
FUTURE	estaré, estarás, estará, estaremos, estaréis, estarán
CONDITIONAL	estaría, estarías, estaría, estaríamos, estaríais, estarían
SUBJUNCTIVE	que + *corresponding subjunctive tense of* estar (*see verb 151*)

aburriendo
(*see page 37*)

COMMANDS

	(nosotros) aburrámonos/no nos aburramos
(tú) abúrrete/no te aburras	(vosotros) aburríos/no os aburráis
(Ud.) abúrrase/no se aburra	(Uds.) abúrranse/no se aburran

Usage

Se aburre como una ostra.	*She's bored stiff* (lit., *bored as an oyster*).
Nos aburrió su conversación pesada.	*His tedious conversation bored us.*
Es una persona muy aburrida.	*She's a very boring person.*
Dudo que estén aburridos.	*I doubt they're bored.*

acabo · acabaron · acabado · acabando   regular -ar verb

¿Cuándo se acabará el proyecto?	When will the project be completed?
¡Acabad el trabajo de una vez!	Finish the work once and for all!
Acabemos esta discusión de una vez.	Let's end this argument once and for all.
Acaben la comida y vamos al cine.	Finish up your meal and we'll go to the movies.
Se acaba la función a las diez.	The performance is over at ten o'clock.
Acabó el cuadro.	He put the finishing touches to the painting.
Su plan de acción acabó mal.	His plan of action didn't work out.

acabar de + infinitive to have/had just done something

Ya han llegado. Acabo de verlos.	They've arrived. I've just seen them.
Acabábamos de tomar asiento cuando el conferenciante comenzó a hablar.	We had just taken our seats when the lecturer began to talk.

acabar por + infinitive; acabar + -ndo finally, in the end

—¿El ingeniero acabó por firmar el contrato?	Did the engineer finally end up signing the contract?
—Sí, acabó firmándolo.	Yes, he finally signed it.
¿Acabaron por arreglar los asuntos?	Did you finally straighten out your affairs?

acabar con to finish with/off, put an end to, break with

—Estos pagos mensuales acabarán conmigo.	These monthly payments will finish me off.
—¿No has acabado con los pagos todavía?	You're not done with the payments yet?
Acabó con su novio.	She broke up with her boyfriend.
¡Acaba con tus ideas estrafalarias!	Get rid of your outlandish/bizarre notions!

acabar en to end in

Sus conversaciones siempre acaban en disputas.	Their conversations always end in quarrels.

acabársele a alguien (unplanned occurrences) to run out of

—¿Se te acabó el pan?	Did you run out of bread?
—Algo peor. ¡Se me acabaron las galletas!	Something worse. I ran out of cookies!
¿Se les ha acabado el dinero?	Have they run out of money?
Se nos acabó la paciencia.	Our patience has come to an end./We've run out of patience.

Other Uses

El trabajo está acabado. ¡Y yo estoy acabado!	The work is finished. And I'm worn out!
Es una escultura acabada.	It's a perfect piece of sculpture.
Prefiero el acabado brillante para las fotos.	I prefer the glossy finish for the photos.

TOP 30
VERBS

regular -ar verb   acabo · acabaron · acabado · acabando

PRESENT		PRETERIT	
acabo	acabamos	acabé	acabamos
acabas	acabáis	acabaste	acabasteis
acaba	acaban	acabó	acabaron

IMPERFECT		PRESENT PERFECT	
acababa	acabábamos	he acabado	hemos acabado
acababas	acababais	has acabado	habéis acabado
acababa	acababan	ha acabado	han acabado

FUTURE		CONDITIONAL	
acabaré	acabaremos	acabaría	acabaríamos
acabarás	acabaréis	acabarías	acabaríais
acabará	acabarán	acabaría	acabarían

PLUPERFECT		PRETERIT PERFECT	
había acabado	habíamos acabado	hube acabado	hubimos acabado
habías acabado	habíais acabado	hubiste acabado	hubisteis acabado
había acabado	habían acabado	hubo acabado	hubieron acabado

FUTURE PERFECT		CONDITIONAL PERFECT	
habré acabado	habremos acabado	habría acabado	habríamos acabado
habrás acabado	habréis acabado	habrías acabado	habríais acabado
habrá acabado	habrán acabado	habría acabado	habrían acabado

PRESENT SUBJUNCTIVE		PRESENT PERFECT SUBJUNCTIVE	
acabe	acabemos	haya acabado	hayamos acabado
acabes	acabéis	hayas acabado	hayáis acabado
acabe	acaben	haya acabado	hayan acabado

IMPERFECT SUBJUNCTIVE (-ra)		or	IMPERFECT SUBJUNCTIVE (-se)	
acabara	acabáramos		acabase	acabásemos
acabaras	acabarais		acabases	acabaseis
acabara	acabaran		acabase	acabasen

PAST PERFECT SUBJUNCTIVE (-ra)		or	PAST PERFECT SUBJUNCTIVE (-se)	
hubiera acabado	hubiéramos acabado		hubiese acabado	hubiésemos acabado
hubieras acabado	hubierais acabado		hubieses acabado	hubieseis acabado
hubiera acabado	hubieran acabado		hubiese acabado	hubiesen acabado

PROGRESSIVE TENSES

PRESENT	estoy, estás, está, estamos, estáis, están	
PRETERIT	estuve, estuviste, estuvo, estuvimos, estuvisteis, estuvieron	
IMPERFECT	estaba, estabas, estaba, estábamos, estabais, estaban	acabando
FUTURE	estaré, estarás, estará, estaremos, estaréis, estarán	
CONDITIONAL	estaría, estarías, estaría, estaríamos, estaríais, estarían	
SUBJUNCTIVE	que + corresponding subjunctive tense of estar (see verb 151)	

COMMANDS

	(nosotros) acabemos/no acabemos
(tú) acaba/no acabes	(vosotros) acabad/no acabéis
(Ud.) acabe/no acabe	(Uds.) acaben/no acaben

Usage

Cuando acabes el libro, préstamelo.	When you finish the book, lend it to me.
Acaban de llamarnos por teléfono.	They've just phoned us.
Siempre acaba hablando estupideces.	She always ends up saying silly things.
Se nos acabó el papel glaseado.	We ran out of glossy paper.

acercarse to approach, come over, bring near/over

acerco · acercaron · acercado · acercándose   -ar reflexive verb; spelling change: c > qu/e

PRESENT

me acerco	nos acercamos
te acercas	os acercáis
se acerca	se acercan

IMPERFECT

me acercaba	nos acercábamos
te acercabas	os acercabais
se acercaba	se acercaban

FUTURE

me acercaré	nos acercaremos
te acercarás	os acercaréis
se acercará	se acercarán

PLUPERFECT

me había acercado	nos habíamos acercado
te habías acercado	os habíais acercado
se había acercado	se habían acercado

FUTURE PERFECT

me habré acercado	nos habremos acercado
te habrás acercado	os habréis acercado
se habrá acercado	se habrán acercado

PRESENT SUBJUNCTIVE

me acerque	nos acerquemos
te acerques	os acerquéis
se acerque	se acerquen

IMPERFECT SUBJUNCTIVE (-ra)

me acercara	nos acercáramos
te acercaras	os acercarais
se acercara	se acercaran

PAST PERFECT SUBJUNCTIVE (-ra)

me hubiera acercado	nos hubiéramos acercado
te hubieras acercado	os hubierais acercado
se hubiera acercado	se hubieran acercado

PRETERIT

me acerqué	nos acercamos
te acercaste	os acercasteis
se acercó	se acercaron

PRESENT PERFECT

me he acercado	nos hemos acercado
te has acercado	os habéis acercado
se ha acercado	se han acercado

CONDITIONAL

me acercaría	nos acercaríamos
te acercarías	os acercaríais
se acercaría	se acercarían

PRETERIT PERFECT

me hube acercado	nos hubimos acercado
te hubiste acercado	os hubisteis acercado
se hubo acercado	se hubieron acercado

CONDITIONAL PERFECT

me habría acercado	nos habríamos acercado
te habrías acercado	os habríais acercado
se habría acercado	se habrían acercado

PRESENT PERFECT SUBJUNCTIVE

me haya acercado	nos hayamos acercado
te hayas acercado	os hayáis acercado
se haya acercado	se hayan acercado

or **IMPERFECT SUBJUNCTIVE (-se)**

me acercase	nos acercásemos
te acercases	os acercaseis
se acercase	se acercasen

or **PAST PERFECT SUBJUNCTIVE (-se)**

me hubiese acercado	nos hubiésemos acercado
te hubieses acercado	os hubieseis acercado
se hubiese acercado	se hubiesen acercado

PROGRESSIVE TENSES

PRESENT	estoy, estás, está, estamos, estáis, están
PRETERIT	estuve, estuviste, estuvo, estuvimos, estuvisteis, estuvieron
IMPERFECT	estaba, estabas, estaba, estábamos, estabais, estaban
FUTURE	estaré, estarás, estará, estaremos, estaréis, estarán
CONDITIONAL	estaría, estarías, estaría, estaríamos, estaríais, estarían
SUBJUNCTIVE	que + corresponding subjunctive tense of estar (see verb 151)

acercando
(see page 37)

COMMANDS

	(nosotros) acerquémonos/no nos acerquemos
(tú) acércate/no te acerques	(vosotros) acercaos/no os acerquéis
(Ud.) acérquese/no se acerque	(Uds.) acérquense/no se acerquen

Usage

Se acercó a nosotros.	He approached/came over to us.
Acércate a la pantalla.	Go closer to the screen.
Acerque la impresora.	Bring the printer nearer.
Viven cerca del centro.	They live near the downtown area.

stem-changing -ar verb: *e > ie*   **acierto · acertaron · acertado · acertando**

PRESENT		**PRETERIT**	
acierto	acertamos	acerté	acertamos
aciertas	acertáis	acertaste	acertasteis
acierta	aciertan	acertó	acertaron

IMPERFECT		**PRESENT PERFECT**	
acertaba	acertábamos	he acertado	hemos acertado
acertabas	acertabais	has acertado	habéis acertado
acertaba	acertaban	ha acertado	han acertado

FUTURE		**CONDITIONAL**	
acertaré	acertaremos	acertaría	acertaríamos
acertarás	acertaréis	acertarías	acertaríais
acertará	acertarán	acertaría	acertarían

PLUPERFECT		**PRETERIT PERFECT**	
había acertado	habíamos acertado	hube acertado	hubimos acertado
habías acertado	habíais acertado	hubiste acertado	hubisteis acertado
había acertado	habían acertado	hubo acertado	hubieron acertado

FUTURE PERFECT		**CONDITIONAL PERFECT**	
habré acertado	habremos acertado	habría acertado	habríamos acertado
habrás acertado	habréis acertado	habrías acertado	habríais acertado
habrá acertado	habrán acertado	habría acertado	habrían acertado

PRESENT SUBJUNCTIVE		**PRESENT PERFECT SUBJUNCTIVE**	
acierte	acertemos	haya acertado	hayamos acertado
aciertes	acertéis	hayas acertado	hayáis acertado
acierte	acierten	haya acertado	hayan acertado

IMPERFECT SUBJUNCTIVE (-ra)		*or* **IMPERFECT SUBJUNCTIVE (-se)**	
acertara	acertáramos	acertase	acertásemos
acertaras	acertarais	acertases	acertaseis
acertara	acertaran	acertase	acertasen

PAST PERFECT SUBJUNCTIVE (-ra)		*or* **PAST PERFECT SUBJUNCTIVE (-se)**	
hubiera acertado	hubiéramos acertado	hubiese acertado	hubiésemos acertado
hubieras acertado	hubierais acertado	hubieses acertado	hubieseis acertado
hubiera acertado	hubieran acertado	hubiese acertado	hubiesen acertado

PROGRESSIVE TENSES

PRESENT	estoy, estás, está, estamos, estáis, están
PRETERIT	estuve, estuviste, estuvo, estuvimos, estuvisteis, estuvieron
IMPERFECT	estaba, estabas, estaba, estábamos, estabais, estaban
FUTURE	estaré, estarás, estará, estaremos, estaréis, estarán
CONDITIONAL	estaría, estarías, estaría, estaríamos, estaríais, estarían
SUBJUNCTIVE	que + *corresponding subjunctive tense of* estar (*see verb 151*)

} acertando

COMMANDS

	(nosotros) acertemos/no acertemos
(tú) acierta/no aciertes	(vosotros) acertad/no acertéis
(Ud.) acierte/no acierte	(Uds.) acierten/no acierten

Usage

Acertaste.	*You're right.*
Dudo que lo hayan acertado.	*I doubt they are/guessed right.*
Acertaste con la marca que yo buscaba.	*You found the brand I was looking for.*
Acertó en decírselo.	*He did the right thing in telling them.*

aconsejo · aconsejaron · aconsejado · aconsejando   regular -ar verb

PRESENT		PRETERIT	
aconsejo	aconsejamos	aconsejé	aconsejamos
aconsejas	aconsejáis	aconsejaste	aconsejasteis
aconseja	aconsejan	aconsejó	aconsejaron

IMPERFECT		PRESENT PERFECT	
aconsejaba	aconsejábamos	he aconsejado	hemos aconsejado
aconsejabas	aconsejabais	has aconsejado	habéis aconsejado
aconsejaba	aconsejaban	ha aconsejado	han aconsejado

FUTURE		CONDITIONAL	
aconsejaré	aconsejaremos	aconsejaría	aconsejaríamos
aconsejarás	aconsejaréis	aconsejarías	aconsejaríais
aconsejará	aconsejarán	aconsejaría	aconsejarían

PLUPERFECT		PRETERIT PERFECT	
había aconsejado	habíamos aconsejado	hube aconsejado	hubimos aconsejado
habías aconsejado	habíais aconsejado	hubiste aconsejado	hubisteis aconsejado
había aconsejado	habían aconsejado	hubo aconsejado	hubieron aconsejado

FUTURE PERFECT		CONDITIONAL PERFECT	
habré aconsejado	habremos aconsejado	habría aconsejado	habríamos aconsejado
habrás aconsejado	habréis aconsejado	habrías aconsejado	habríais aconsejado
habrá aconsejado	habrán aconsejado	habría aconsejado	habrían aconsejado

PRESENT SUBJUNCTIVE		PRESENT PERFECT SUBJUNCTIVE	
aconseje	aconsejemos	haya aconsejado	hayamos aconsejado
aconsejes	aconsejéis	hayas aconsejado	hayáis aconsejado
aconseje	aconsejen	haya aconsejado	hayan aconsejado

IMPERFECT SUBJUNCTIVE (-ra)		or	IMPERFECT SUBJUNCTIVE (-se)	
aconsejara	aconsejáramos		aconsejase	aconsejásemos
aconsejaras	aconsejarais		aconsejases	aconsejaseis
aconsejara	aconsejaran		aconsejase	aconsejasen

PAST PERFECT SUBJUNCTIVE (-ra)		or	PAST PERFECT SUBJUNCTIVE (-se)	
hubiera aconsejado	hubiéramos aconsejado		hubiese aconsejado	hubiésemos aconsejado
hubieras aconsejado	hubierais aconsejado		hubieses aconsejado	hubieseis aconsejado
hubiera aconsejado	hubieran aconsejado		hubiese aconsejado	hubiesen aconsejado

PROGRESSIVE TENSES

PRESENT	estoy, estás, está, estamos, estáis, están
PRETERIT	estuve, estuviste, estuvo, estuvimos, estuvisteis, estuvieron
IMPERFECT	estaba, estabas, estaba, estábamos, estabais, estaban
FUTURE	estaré, estarás, estará, estaremos, estaréis, estarán
CONDITIONAL	estaría, estarías, estaría, estaríamos, estaríais, estarían
SUBJUNCTIVE	que + *corresponding subjunctive tense of estar (see verb 151)*

aconsejando

COMMANDS

	(nosotros) aconsejemos/no aconsejemos
(tú) aconseja/no aconsejes	(vosotros) aconsejad/no aconsejéis
(Ud.) aconseje/no aconseje	(Uds.) aconsejen/no aconsejen

Usage

Te aconsejo que tomes el auto-expreso.	*I advise you to take the auto train.*
Le han aconsejado estudiar marketing.	*They've advised her to study marketing.*
Sigan los consejos del director.	*Follow the director's advice.*
Aconséjese con su consejero.	*Consult your advisor/counselor.*

stem-changing -ar verb: o > ue | **acuerdo · acordaron · acordado · acordándose**

PRESENT

me acuerdo	nos acordamos
te acuerdas	os acordáis
se acuerda	se acuerdan

IMPERFECT

me acordaba	nos acordábamos
te acordabas	os acordabais
se acordaba	se acordaban

FUTURE

me acordaré	nos acordaremos
te acordarás	os acordaréis
se acordará	se acordarán

PLUPERFECT

me había acordado	nos habíamos acordado
te habías acordado	os habíais acordado
se había acordado	se habían acordado

FUTURE PERFECT

me habré acordado	nos habremos acordado
te habrás acordado	os habréis acordado
se habrá acordado	se habrán acordado

PRESENT SUBJUNCTIVE

me acuerde	nos acordemos
te acuerdes	os acordéis
se acuerde	se acuerden

IMPERFECT SUBJUNCTIVE (-ra)

me acordara	nos acordáramos
te acordaras	os acordarais
se acordara	se acordaran

PAST PERFECT SUBJUNCTIVE (-ra)

me hubiera acordado	nos hubiéramos acordado
te hubieras acordado	os hubierais acordado
se hubiera acordado	se hubieran acordado

PRETERIT

me acordé	nos acordamos
te acordaste	os acordasteis
se acordó	se acordaron

PRESENT PERFECT

me he acordado	nos hemos acordado
te has acordado	os habéis acordado
se ha acordado	se han acordado

CONDITIONAL

me acordaría	nos acordaríamos
te acordarías	os acordaríais
se acordaría	se acordarían

PRETERIT PERFECT

me hube acordado	nos hubimos acordado
te hubiste acordado	os hubisteis acordado
se hubo acordado	se hubieron acordado

CONDITIONAL PERFECT

me habría acordado	nos habríamos acordado
te habrías acordado	os habríais acordado
se habría acordado	se habrían acordado

PRESENT PERFECT SUBJUNCTIVE

me haya acordado	nos hayamos acordado
te hayas acordado	os hayáis acordado
se haya acordado	se hayan acordado

or **IMPERFECT SUBJUNCTIVE (-se)**

me acordase	nos acordásemos
te acordases	os acordaseis
se acordase	se acordasen

or **PAST PERFECT SUBJUNCTIVE (-se)**

me hubiese acordado	nos hubiésemos acordado
te hubieses acordado	os hubieseis acordado
se hubiese acordado	se hubiesen acordado

PROGRESSIVE TENSES

PRESENT	estoy, estás, está, estamos, estáis, están
PRETERIT	estuve, estuviste, estuvo, estuvimos, estuvisteis, estuvieron
IMPERFECT	estaba, estabas, estaba, estábamos, estabais, estaban
FUTURE	estaré, estarás, estará, estaremos, estaréis, estarán
CONDITIONAL	estaría, estarías, estaría, estaríamos, estaríais, estarían
SUBJUNCTIVE	que + *corresponding subjunctive tense of estar (see verb 151)*

} acordando
{ (see page 37)

COMMANDS

	(nosotros) acordémonos/no nos acordemos
(tú) acuérdate/no te acuerdes	(vosotros) acordaos/no os acordéis
(Ud.) acuérdese/no se acuerde	(Uds.) acuérdense/no se acuerden

Usage

—Te acuerdas de ellos, ¿verdad?	*You remember them, don't you?*
—No, no me acuerdo ni de él ni de ella.	*No, I don't remember either him or her.*
Acuérdate de comprarle un regalo.	*Remember to buy her a gift.*
Nos acordamos de la cita.	*We remembered that we have an appointment.*

9 acostarse to go to bed

acuesto · acostaron · acostado · acostándose   stem-changing -ar reflexive verb: o > ue

PRESENT

me acuesto	nos acostamos
te acuestas	os acostáis
se acuesta	se acuestan

IMPERFECT

me acostaba	nos acostábamos
te acostabas	os acostabais
se acostaba	se acostaban

FUTURE

me acostaré	nos acostaremos
te acostarás	os acostaréis
se acostará	se acostarán

PLUPERFECT

me había acostado	nos habíamos acostado
te habías acostado	os habíais acostado
se había acostado	se habían acostado

FUTURE PERFECT

me habré acostado	nos habremos acostado
te habrás acostado	os habréis acostado
se habrá acostado	se habrán acostado

PRESENT SUBJUNCTIVE

me acueste	nos acostemos
te acuestes	os acostéis
se acueste	se acuesten

IMPERFECT SUBJUNCTIVE (-ra)

me acostara	nos acostáramos
te acostaras	os acostarais
se acostara	se acostaran

PAST PERFECT SUBJUNCTIVE (-ra)

me hubiera acostado	nos hubiéramos acostado
te hubieras acostado	os hubierais acostado
se hubiera acostado	se hubieran acostado

PRETERIT

me acosté	nos acostamos
te acostaste	os acostasteis
se acostó	se acostaron

PRESENT PERFECT

me he acostado	nos hemos acostado
te has acostado	os habéis acostado
se ha acostado	se han acostado

CONDITIONAL

me acostaría	nos acostaríamos
te acostarías	os acostaríais
se acostaría	se acostarían

PRETERIT PERFECT

me hube acostado	nos hubimos acostado
te hubiste acostado	os hubisteis acostado
se hubo acostado	se hubieron acostado

CONDITIONAL PERFECT

me habría acostado	nos habríamos acostado
te habrías acostado	os habríais acostado
se habría acostado	se habrían acostado

PRESENT PERFECT SUBJUNCTIVE

me haya acostado	nos hayamos acostado
te hayas acostado	os hayáis acostado
se haya acostado	se hayan acostado

or **IMPERFECT SUBJUNCTIVE (-se)**

me acostase	nos acostásemos
te acostases	os acostaseis
se acostase	se acostasen

or **PAST PERFECT SUBJUNCTIVE (-se)**

me hubiese acostado	nos hubiésemos acostado
te hubieses acostado	os hubieseis acostado
se hubiese acostado	se hubiesen acostado

PROGRESSIVE TENSES

PRESENT	estoy, estás, está, estamos, estáis, están	
PRETERIT	estuve, estuviste, estuvo, estuvimos, estuvisteis, estuvieron	
IMPERFECT	estaba, estabas, estaba, estábamos, estabais, estaban	acostando
FUTURE	estaré, estarás, estará, estaremos, estaréis, estarán	(see page 37)
CONDITIONAL	estaría, estarías, estaría, estaríamos, estaríais, estarían	
SUBJUNCTIVE	que + corresponding subjunctive tense of estar (see verb 151)	

COMMANDS

	(nosotros) acostémonos/no nos acostemos
(tú) acuéstate/no te acuestes	(vosotros) acostaos/no os acostéis
(Ud.) acuéstese/no se acueste	(Uds.) acuéstense/no se acuesten

Usage

Acuéstate.	Go to bed.
—Acuesta a los niños.	Put the kids to bed.
—Ya están acostados.	They've already gone to bed.
Se acostaron en el dormitorio de Juan.	They slept in Juan's room.

regular -ar
reflexive verb

acostumbro · acostumbraron · acostumbrado · acostumbrándose

PRESENT

me acostumbro	nos acostumbramos
te acostumbras	os acostumbráis
se acostumbra	se acostumbran

IMPERFECT

me acostumbraba	nos acostumbrábamos
te acostumbrabas	os acostumbrabais
se acostumbraba	se acostumbraban

FUTURE

me acostumbraré	nos acostumbraremos
te acostumbrarás	os acostumbraréis
se acostumbrará	se acostumbrarán

PLUPERFECT

me había acostumbrado	nos habíamos acostumbrado
te habías acostumbrado	os habíais acostumbrado
se había acostumbrado	se habían acostumbrado

FUTURE PERFECT

me habré acostumbrado	nos habremos acostumbrado
te habrás acostumbrado	os habréis acostumbrado
se habrá acostumbrado	se habrán acostumbrado

PRESENT SUBJUNCTIVE

me acostumbre	nos acostumbremos
te acostumbres	os acostumbréis
se acostumbre	se acostumbren

IMPERFECT SUBJUNCTIVE (-ra)

me acostumbrara	nos acostumbráramos
te acostumbraras	os acostumbrarais
se acostumbrara	se acostumbraran

PAST PERFECT SUBJUNCTIVE (-ra)

me hubiera acostumbrado	nos hubiéramos acostumbrado
te hubieras acostumbrado	os hubierais acostumbrado
se hubiera acostumbrado	se hubieran acostumbrado

PRETERIT

me acostumbré	nos acostumbramos
te acostumbraste	os acostumbrasteis
se acostumbró	se acostumbraron

PRESENT PERFECT

me he acostumbrado	nos hemos acostumbrado
te has acostumbrado	os habéis acostumbrado
se ha acostumbrado	se han acostumbrado

CONDITIONAL

me acostumbraría	nos acostumbraríamos
te acostumbrarías	os acostumbraríais
se acostumbraría	se acostumbrarían

PRETERIT PERFECT

me hube acostumbrado	nos hubimos acostumbrado
te hubiste acostumbrado	os hubisteis acostumbrado
se hubo acostumbrado	se hubieron acostumbrado

CONDITIONAL PERFECT

me habría acostumbrado	nos habríamos acostumbrado
te habrías acostumbrado	os habríais acostumbrado
se habría acostumbrado	se habrían acostumbrado

PRESENT PERFECT SUBJUNCTIVE

me haya acostumbrado	nos hayamos acostumbrado
te hayas acostumbrado	os hayáis acostumbrado
se haya acostumbrado	se hayan acostumbrado

or **IMPERFECT SUBJUNCTIVE (-se)**

me acostumbrase	nos acostumbrásemos
te acostumbrases	os acostumbraseis
se acostumbrase	se acostumbrasen

or **PAST PERFECT SUBJUNCTIVE (-se)**

me hubiese acostumbrado	nos hubiésemos acostumbrado
te hubieses acostumbrado	os hubieseis acostumbrado
se hubiese acostumbrado	se hubiesen acostumbrado

PROGRESSIVE TENSES

PRESENT	estoy, estás, está, estamos, estáis, están
PRETERIT	estuve, estuviste, estuvo, estuvimos, estuvisteis, estuvieron
IMPERFECT	estaba, estabas, estaba, estábamos, estabais, estaban
FUTURE	estaré, estarás, estará, estaremos, estaréis, estarán
CONDITIONAL	estaría, estarías, estaría, estaríamos, estaríais, estarían
SUBJUNCTIVE	que + *corresponding subjunctive tense of estar (see verb 151)*

acostumbrando
(see page 37)

COMMANDS

	(nosotros) acostumbrémonos/no nos acostumbremos
(tú) acostúmbrate/no te acostumbres	(vosotros) acostumbraos/no os acostumbréis
(Ud.) acostúmbrese/no se acostumbre	(Uds.) acostúmbrense/no se acostumbren

Usage

No se acostumbraban al clima.	*They weren't getting used to the climate.*
—Espero que se acostumbren a vivir allí.	*I hope they'll get used to living there.*
—Me parece que están acostumbrados ya.	*I think they're already used to it.*
Tenía la costumbre de acostarse tarde.	*He was in the habit of going to bed late.*

actuar to act, perform, behave

actúo · actuaron · actuado · actuando

-ar verb; spelling change:
u > ú when stressed

PRESENT		PRETERIT	
actúo	actuamos	actué	actuamos
actúas	actuáis	actuaste	actuasteis
actúa	actúan	actuó	actuaron

IMPERFECT		PRESENT PERFECT	
actuaba	actuábamos	he actuado	hemos actuado
actuabas	actuabais	has actuado	habéis actuado
actuaba	actuaban	ha actuado	han actuado

FUTURE		CONDITIONAL	
actuaré	actuaremos	actuaría	actuaríamos
actuarás	actuaréis	actuarías	actuaríais
actuará	actuarán	actuaría	actuarían

PLUPERFECT		PRETERIT PERFECT	
había actuado	habíamos actuado	hube actuado	hubimos actuado
habías actuado	habíais actuado	hubiste actuado	hubisteis actuado
había actuado	habían actuado	hubo actuado	hubieron actuado

FUTURE PERFECT		CONDITIONAL PERFECT	
habré actuado	habremos actuado	habría actuado	habríamos actuado
habrás actuado	habréis actuado	habrías actuado	habríais actuado
habrá actuado	habrán actuado	habría actuado	habrían actuado

PRESENT SUBJUNCTIVE		PRESENT PERFECT SUBJUNCTIVE	
actúe	actuemos	haya actuado	hayamos actuado
actúes	actuéis	hayas actuado	hayáis actuado
actúe	actúen	haya actuado	hayan actuado

IMPERFECT SUBJUNCTIVE (-ra)		or IMPERFECT SUBJUNCTIVE (-se)	
actuara	actuáramos	actuase	actuásemos
actuaras	actuarais	actuases	actuaseis
actuara	actuaran	actuase	actuasen

PAST PERFECT SUBJUNCTIVE (-ra)		or PAST PERFECT SUBJUNCTIVE (-se)	
hubiera actuado	hubiéramos actuado	hubiese actuado	hubiésemos actuado
hubieras actuado	hubierais actuado	hubieses actuado	hubieseis actuado
hubiera actuado	hubieran actuado	hubiese actuado	hubiesen actuado

PROGRESSIVE TENSES

PRESENT	estoy, estás, está, estamos, estáis, están
PRETERIT	estuve, estuviste, estuvo, estuvimos, estuvisteis, estuvieron
IMPERFECT	estaba, estabas, estaba, estábamos, estabais, estaban
FUTURE	estaré, estarás, estará, estaremos, estaréis, estarán
CONDITIONAL	estaría, estarías, estaría, estaríamos, estaríais, estarían
SUBJUNCTIVE	que + *corresponding subjunctive tense of* estar (*see verb 151*)

} actuando

COMMANDS

	(nosotros) actuemos/no actuemos
(tú) actúa/no actúes	(vosotros) actuad/no actuéis
(Ud.) actúe/no actúe	(Uds.) actúen/no actúen

Usage

Actúa de presidente de la junta.	*He's acting (as) president of the board.*
Los músicos actuaron estupendamente.	*The musicians performed marvelously.*
Estáis actuando mal con ellos.	*You're behaving badly with them.*
El café actúa como estimulante.	*Coffee acts as a stimulant.*

regular -ir verb

acudo · acudieron · acudido · acudiendo

PRESENT

acudo	acudimos
acudes	acudís
acude	acuden

IMPERFECT

acudía	acudíamos
acudías	acudíais
acudía	acudían

FUTURE

acudiré	acudiremos
acudirás	acudiréis
acudirá	acudirán

PLUPERFECT

había acudido	habíamos acudido
habías acudido	habíais acudido
había acudido	habían acudido

FUTURE PERFECT

habré acudido	habremos acudido
habrás acudido	habréis acudido
habrá acudido	habrán acudido

PRESENT SUBJUNCTIVE

acuda	acudamos
acudas	acudáis
acuda	acudan

IMPERFECT SUBJUNCTIVE (-ra)

acudiera	acudiéramos
acudieras	acudierais
acudiera	acudieran

PAST PERFECT SUBJUNCTIVE (-ra)

hubiera acudido	hubiéramos acudido
hubieras acudido	hubierais acudido
hubiera acudido	hubieran acudido

PRETERIT

acudí	acudimos
acudiste	acudisteis
acudió	acudieron

PRESENT PERFECT

he acudido	hemos acudido
has acudido	habéis acudido
ha acudido	han acudido

CONDITIONAL

acudiría	acudiríamos
acudirías	acudiríais
acudiría	acudirían

PRETERIT PERFECT

hube acudido	hubimos acudido
hubiste acudido	hubisteis acudido
hubo acudido	hubieron acudido

CONDITIONAL PERFECT

habría acudido	habríamos acudido
habrías acudido	habríais acudido
habría acudido	habrían acudido

PRESENT PERFECT SUBJUNCTIVE

haya acudido	hayamos acudido
hayas acudido	hayáis acudido
haya acudido	hayan acudido

or **IMPERFECT SUBJUNCTIVE (-se)**

acudiese	acudiésemos
acudieses	acudieseis
acudiese	acudiesen

or **PAST PERFECT SUBJUNCTIVE (-se)**

hubiese acudido	hubiésemos acudido
hubieses acudido	hubieseis acudido
hubiese acudido	hubiesen acudido

PROGRESSIVE TENSES

PRESENT	estoy, estás, está, estamos, estáis, están
PRETERIT	estuve, estuviste, estuvo, estuvimos, estuvisteis, estuvieron
IMPERFECT	estaba, estabas, estaba, estábamos, estabais, estaban
FUTURE	estaré, estarás, estará, estaremos, estaréis, estarán
CONDITIONAL	estaría, estarías, estaría, estaríamos, estaríais, estarían
SUBJUNCTIVE	que + corresponding subjunctive tense of estar (see verb 151)

acudiendo

COMMANDS

	(nosotros) acudamos/no acudamos
(tú) acude/no acudas	(vosotros) acudid/no acudáis
(Ud.) acuda/no acuda	(Uds.) acudan/no acudan

Usage

Las familias suelen acudir a la función de la tarde.
Acudí a la cita.
Los empleados no acudieron a trabajar ese día.

Families usually attend the matinee.
I kept the appointment.
The employees didn't show up/report for work that day.

13 | **adelgazar** *to get thin, lose weight*

adelgazo · adelgazaron · adelgazado · adelgazando

-ar verb;
spelling change: *z > c/e*

PRESENT		PRETERIT	
adelgazo	adelgazamos	adelgacé	adelgazamos
adelgazas	adelgazáis	adelgazaste	adelgazasteis
adelgaza	adelgazan	adelgazó	adelgazaron

IMPERFECT		PRESENT PERFECT	
adelgazaba	adelgazábamos	he adelgazado	hemos adelgazado
adelgazabas	adelgazabais	has adelgazado	habéis adelgazado
adelgazaba	adelgazaban	ha adelgazado	han adelgazado

FUTURE		CONDITIONAL	
adelgazaré	adelgazaremos	adelgazaría	adelgazaríamos
adelgazarás	adelgazaréis	adelgazarías	adelgazaríais
adelgazará	adelgazarán	adelgazaría	adelgazarían

PLUPERFECT		PRETERIT PERFECT	
había adelgazado	habíamos adelgazado	hube adelgazado	hubimos adelgazado
habías adelgazado	habíais adelgazado	hubiste adelgazado	hubisteis adelgazado
había adelgazado	habían adelgazado	hubo adelgazado	hubieron adelgazado

FUTURE PERFECT		CONDITIONAL PERFECT	
habré adelgazado	habremos adelgazado	habría adelgazado	habríamos adelgazado
habrás adelgazado	habréis adelgazado	habrías adelgazado	habríais adelgazado
habrá adelgazado	habrán adelgazado	habría adelgazado	habrían adelgazado

PRESENT SUBJUNCTIVE		PRESENT PERFECT SUBJUNCTIVE	
adelgace	adelgacemos	haya adelgazado	hayamos adelgazado
adelgaces	adelgacéis	hayas adelgazado	hayáis adelgazado
adelgace	adelgacen	haya adelgazado	hayan adelgazado

IMPERFECT SUBJUNCTIVE (-ra)		*or*	IMPERFECT SUBJUNCTIVE (-se)	
adelgazara	adelgazáramos		adelgazase	adelgazásemos
adelgazaras	adelgazarais		adelgazases	adelgazaseis
adelgazara	adelgazaran		adelgazase	adelgazasen

PAST PERFECT SUBJUNCTIVE (-ra)		*or*	PAST PERFECT SUBJUNCTIVE (-se)	
hubiera adelgazado	hubiéramos adelgazado		hubiese adelgazado	hubiésemos adelgazado
hubieras adelgazado	hubierais adelgazado		hubieses adelgazado	hubieseis adelgazado
hubiera adelgazado	hubieran adelgazado		hubiese adelgazado	hubiesen adelgazado

PROGRESSIVE TENSES

PRESENT	estoy, estás, está, estamos, estáis, están	
PRETERIT	estuve, estuviste, estuvo, estuvimos, estuvisteis, estuvieron	
IMPERFECT	estaba, estabas, estaba, estábamos, estabais, estaban	adelgazando
FUTURE	estaré, estarás, estará, estaremos, estaréis, estarán	
CONDITIONAL	estaría, estarías, estaría, estaríamos, estaríais, estarían	
SUBJUNCTIVE	que + *corresponding subjunctive tense of estar (see verb 151)*	

COMMANDS

	(nosotros) adelgacemos/no adelgacemos
(tú) adelgaza/no adelgaces	(vosotros) adelgazad/no adelgacéis
(Ud.) adelgace/no adelgace	(Uds.) adelgacen/no adelgacen

Usage

—He tratado de adelgazar.	I've tried to lose weight.
—Se nota que te has puesto más delgado.	I can see that you've gotten thinner.
Adelgacé cinco libras.	I lost five pounds.
Este traje te adelgaza.	This suit makes you look thinner.

stem-changing *-ir* verb: *i > ie*   adquiero · adquirieron · adquirido · adquiriendo

PRESENT

adquiero	adquirimos
adquieres	adquirís
adquiere	adquieren

PRETERIT

adquirí	adquirimos
adquiriste	adquiristeis
adquirió	adquirieron

IMPERFECT

adquiría	adquiríamos
adquirías	adquiríais
adquiría	adquirían

PRESENT PERFECT

he adquirido	hemos adquirido
has adquirido	habéis adquirido
ha adquirido	han adquirido

FUTURE

adquiriré	adquiriremos
adquirirás	adquiriréis
adquirirá	adquirirán

CONDITIONAL

adquiriría	adquiriríamos
adquirirías	adquiriríais
adquiriría	adquirirían

PLUPERFECT

había adquirido	habíamos adquirido
habías adquirido	habíais adquirido
había adquirido	habían adquirido

PRETERIT PERFECT

hube adquirido	hubimos adquirido
hubiste adquirido	hubisteis adquirido
hubo adquirido	hubieron adquirido

FUTURE PERFECT

habré adquirido	habremos adquirido
habrás adquirido	habréis adquirido
habrá adquirido	habrán adquirido

CONDITIONAL PERFECT

habría adquirido	habríamos adquirido
habrías adquirido	habríais adquirido
habría adquirido	habrían adquirido

PRESENT SUBJUNCTIVE

adquiera	adquiramos
adquieras	adquiráis
adquiera	adquieran

PRESENT PERFECT SUBJUNCTIVE

haya adquirido	hayamos adquirido
hayas adquirido	hayáis adquirido
haya adquirido	hayan adquirido

IMPERFECT SUBJUNCTIVE (-ra)

adquiriera	adquiriéramos
adquirieras	adquirierais
adquiriera	adquirieran

or **IMPERFECT SUBJUNCTIVE (-se)**

adquiriese	adquiriésemos
adquirieses	adquirieseis
adquiriese	adquiriesen

PAST PERFECT SUBJUNCTIVE (-ra)

hubiera adquirido	hubiéramos adquirido
hubieras adquirido	hubierais adquirido
hubiera adquirido	hubieran adquirido

or **PAST PERFECT SUBJUNCTIVE (-se)**

hubiese adquirido	hubiésemos adquirido
hubieses adquirido	hubieseis adquirido
hubiese adquirido	hubiesen adquirido

PROGRESSIVE TENSES

PRESENT	estoy, estás, está, estamos, estáis, están
PRETERIT	estuve, estuviste, estuvo, estuvimos, estuvisteis, estuvieron
IMPERFECT	estaba, estabas, estaba, estábamos, estabais, estaban
FUTURE	estaré, estarás, estará, estaremos, estaréis, estarán
CONDITIONAL	estaría, estarías, estaría, estaríamos, estaríais, estarían
SUBJUNCTIVE	que + *corresponding subjunctive tense of* estar (see verb 151)

} adquiriendo

COMMANDS

	(nosotros) adquiramos/no adquiramos
(tú) adquiere/no adquieras	(vosotros) adquirid/no adquiráis
(Ud.) adquiera/no adquiera	(Uds.) adquieran/no adquieran

Usage

Los chicos van adquiriendo malos hábitos.	*The children are acquiring bad habits.*
Acaba de adquirir un nuevo módem.	*He has just purchased a new modem.*
Esta agencia ha adquirido más importancia.	*This agency has become more important.*
Son gustos adquiridos con el tiempo.	*They are acquired tastes.*

advertir *to warn, advise, tell*

advierto · advirtieron · advertido · advirtiendo

stem-changing -*ir* verb: *i > ie*

PRESENT		PRETERIT	
advierto	advertimos	advertí	advertimos
adviertes	advertís	advertiste	advertisteis
advierte	advierten	advirtió	advirtieron

IMPERFECT		PRESENT PERFECT	
advertía	advertíamos	he advertido	hemos advertido
advertías	advertíais	has advertido	habéis advertido
advertía	advertían	ha advertido	han advertido

FUTURE		CONDITIONAL	
advertiré	advertiremos	advertiría	advertiríamos
advertirás	advertiréis	advertirías	advertiríais
advertirá	advertirán	advertiría	advertirían

PLUPERFECT		PRETERIT PERFECT	
había advertido	habíamos advertido	hube advertido	hubimos advertido
habías advertido	habíais advertido	hubiste advertido	hubisteis advertido
había advertido	habían advertido	hubo advertido	hubieron advertido

FUTURE PERFECT		CONDITIONAL PERFECT	
habré advertido	habremos advertido	habría advertido	habríamos advertido
habrás advertido	habréis advertido	habrías advertido	habríais advertido
habrá advertido	habrán advertido	habría advertido	habrían advertido

PRESENT SUBJUNCTIVE		PRESENT PERFECT SUBJUNCTIVE	
advierta	advirtamos	haya advertido	hayamos advertido
adviertas	advirtáis	hayas advertido	hayáis advertido
advierta	adviertan	haya advertido	hayan advertido

IMPERFECT SUBJUNCTIVE (-ra)		*or* IMPERFECT SUBJUNCTIVE (-se)	
advirtiera	advirtiéramos	advirtiese	advirtiésemos
advirtieras	advirtierais	advirtieses	advirtieseis
advirtiera	advirtieran	advirtiese	advirtiesen

PAST PERFECT SUBJUNCTIVE (-ra)		*or* PAST PERFECT SUBJUNCTIVE (-se)	
hubiera advertido	hubiéramos advertido	hubiese advertido	hubiésemos advertido
hubieras advertido	hubierais advertido	hubieses advertido	hubieseis advertido
hubiera advertido	hubieran advertido	hubiese advertido	hubiesen advertido

PROGRESSIVE TENSES

PRESENT	estoy, estás, está, estamos, estáis, están	
PRETERIT	estuve, estuviste, estuvo, estuvimos, estuvisteis, estuvieron	
IMPERFECT	estaba, estabas, estaba, estábamos, estabais, estaban	advirtiendo
FUTURE	estaré, estarás, estará, estaremos, estaréis, estarán	
CONDITIONAL	estaría, estarías, estaría, estaríamos, estaríais, estarían	
SUBJUNCTIVE	que + *corresponding subjunctive tense of* estar (*see verb 151*)	

COMMANDS

	(nosotros) advirtamos/no advirtamos
(tú) advierte/no adviertas	(vosotros) advertid/no advirtáis
(Ud.) advierta/no advierta	(Uds.) adviertan/no adviertan

Usage

Te advierto que es peligroso.	*I'm warning you it's dangerous.*
Me advirtió que hablara con el gerente.	*He advised me to speak with the manager.*
Les advertimos que no nos importa.	*We told them it doesn't matter to us.*
¡Queden advertidos que no soporto más!	*Be warned that I won't take any more!*

-ir verb; spelling change: g > j/o, a

aflijo · afligieron · afligido · afligiendo

PRESENT		PRETERIT	
aflijo	afligimos	afligí	afligimos
afliges	afligís	afligiste	afligisteis
aflige	afligen	afligió	afligieron

IMPERFECT		PRESENT PERFECT	
afligía	afligíamos	he afligido	hemos afligido
afligías	afligíais	has afligido	habéis afligido
afligía	afligían	ha afligido	han afligido

FUTURE		CONDITIONAL	
afligiré	afligiremos	afligiría	afligiríamos
afligirás	afligiréis	afligirías	afligiríais
afligirá	afligirán	afligiría	afligirían

PLUPERFECT		PRETERIT PERFECT	
había afligido	habíamos afligido	hube afligido	hubimos afligido
habías afligido	habíais afligido	hubiste afligido	hubisteis afligido
había afligido	habían afligido	hubo afligido	hubieron afligido

FUTURE PERFECT		CONDITIONAL PERFECT	
habré afligido	habremos afligido	habría afligido	habríamos afligido
habrás afligido	habréis afligido	habrías afligido	habríais afligido
habrá afligido	habrán afligido	habría afligido	habrían afligido

PRESENT SUBJUNCTIVE		PRESENT PERFECT SUBJUNCTIVE	
aflija	aflijamos	haya afligido	hayamos afligido
aflijas	aflijáis	hayas afligido	hayáis afligido
aflija	aflijan	haya afligido	hayan afligido

IMPERFECT SUBJUNCTIVE (-ra)		or	IMPERFECT SUBJUNCTIVE (-se)	
afligiera	afligiéramos		afligiese	afligiésemos
afligieras	afligierais		afligieses	afligieseis
afligiera	afligieran		afligiese	afligiesen

PAST PERFECT SUBJUNCTIVE (-ra)		or	PAST PERFECT SUBJUNCTIVE (-se)	
hubiera afligido	hubiéramos afligido		hubiese afligido	hubiésemos afligido
hubieras afligido	hubierais afligido		hubieses afligido	hubieseis afligido
hubiera afligido	hubieran afligido		hubiese afligido	hubiesen afligido

PROGRESSIVE TENSES

PRESENT	estoy, estás, está, estamos, estáis, están
PRETERIT	estuve, estuviste, estuvo, estuvimos, estuvisteis, estuvieron
IMPERFECT	estaba, estabas, estaba, estábamos, estabais, estaban
FUTURE	estaré, estarás, estará, estaremos, estaréis, estarán
CONDITIONAL	estaría, estarías, estaría, estaríamos, estaríais, estarían
SUBJUNCTIVE	que + corresponding subjunctive tense of estar (see verb 151)

afligiendo

COMMANDS

	(nosotros) aflijamos/no aflijamos
(tú) aflige/no aflijas	(vosotros) afligid/no aflijáis
(Ud.) aflija/no aflija	(Uds.) aflijan/no aflijan

Usage

La pena les aflige.	They're afflicted by sorrow.
No te aflijas.	Don't be distressed/upset.
Se aflige del accidente.	He's grieving over the accident.
Estaba afligida de artritis.	She was suffering from arthritis.

agradecer   *to thank, be grateful*

agradezco · agradecieron · agradecido · agradeciendo   *-er verb; spelling change: c > zc/o, a*

PRESENT		PRETERIT	
agradezco	agradecemos	agradecí	agradecimos
agradeces	agradecéis	agradeciste	agradecisteis
agradece	agradecen	agradeció	agradecieron

IMPERFECT		PRESENT PERFECT	
agradecía	agradecíamos	he agradecido	hemos agradecido
agradecías	agradecíais	has agradecido	habéis agradecido
agradecía	agradecían	ha agradecido	han agradecido

FUTURE		CONDITIONAL	
agradeceré	agradeceremos	agradecería	agradeceríamos
agradecerás	agradeceréis	agradecerías	agradeceríais
agradecerá	agradecerán	agradecería	agradecerían

PLUPERFECT		PRETERIT PERFECT	
había agradecido	habíamos agradecido	hube agradecido	hubimos agradecido
habías agradecido	habíais agradecido	hubiste agradecido	hubisteis agradecido
había agradecido	habían agradecido	hubo agradecido	hubieron agradecido

FUTURE PERFECT		CONDITIONAL PERFECT	
habré agradecido	habremos agradecido	habría agradecido	habríamos agradecido
habrás agradecido	habréis agradecido	habrías agradecido	habríais agradecido
habrá agradecido	habrán agradecido	habría agradecido	habrían agradecido

PRESENT SUBJUNCTIVE		PRESENT PERFECT SUBJUNCTIVE	
agradezca	agradezcamos	haya agradecido	hayamos agradecido
agradezcas	agradezcáis	hayas agradecido	hayáis agradecido
agradezca	agradezcan	haya agradecido	hayan agradecido

IMPERFECT SUBJUNCTIVE (-ra)		*or*	IMPERFECT SUBJUNCTIVE (-se)	
agradeciera	agradeciéramos		agradeciese	agradeciésemos
agradecieras	agradecierais		agradecieses	agradecieseis
agradeciera	agradecieran		agradeciese	agradeciesen

PAST PERFECT SUBJUNCTIVE (-ra)		*or*	PAST PERFECT SUBJUNCTIVE (-se)	
hubiera agradecido	hubiéramos agradecido		hubiese agradecido	hubiésemos agradecido
hubieras agradecido	hubierais agradecido		hubieses agradecido	hubieseis agradecido
hubiera agradecido	hubieran agradecido		hubiese agradecido	hubiesen agradecido

PROGRESSIVE TENSES

PRESENT	estoy, estás, está, estamos, estáis, están
PRETERIT	estuve, estuviste, estuvo, estuvimos, estuvisteis, estuvieron
IMPERFECT	estaba, estabas, estaba, estábamos, estabais, estaban
FUTURE	estaré, estarás, estará, estaremos, estaréis, estarán
CONDITIONAL	estaría, estarías, estaría, estaríamos, estaríais, estarían
SUBJUNCTIVE	que + *corresponding subjunctive tense of* estar (*see verb 151*)

agradeciendo

COMMANDS

	(nosotros) agradezcamos/no agradezcamos
(tú) agradece/no agradezcas	(vosotros) agradeced/no agradezcáis
(Ud.) agradezca/no agradezca	(Uds.) agradezcan/no agradezcan

Usage

Se lo agradezco mucho.	*Thank you very much.*
Le agradecemos su atención.	*We're grateful for your consideration.*
La cortesía siempre se agradece.	*Politeness is always appreciated.*
Estoy agradecida por el favor que me hiciste.	*I'm grateful for the favor you did for me.*

-ar verb; spelling change: *g > gu/e* **agrego · agregaron · agregado · agregando**

PRESENT		PRETERIT	
agrego	agregamos	agregué	agregamos
agregas	agregáis	agregaste	agregasteis
agrega	agregan	agregó	agregaron

IMPERFECT		PRESENT PERFECT	
agregaba	agregábamos	he agregado	hemos agregado
agregabas	agregabais	has agregado	habéis agregado
agregaba	agregaban	ha agregado	han agregado

FUTURE		CONDITIONAL	
agregaré	agregaremos	agregaría	agregaríamos
agregarás	agregaréis	agregarías	agregaríais
agregará	agregarán	agregaría	agregarían

PLUPERFECT		PRETERIT PERFECT	
había agregado	habíamos agregado	hube agregado	hubimos agregado
habías agregado	habíais agregado	hubiste agregado	hubisteis agregado
había agregado	habían agregado	hubo agregado	hubieron agregado

FUTURE PERFECT		CONDITIONAL PERFECT	
habré agregado	habremos agregado	habría agregado	habríamos agregado
habrás agregado	habréis agregado	habrías agregado	habríais agregado
habrá agregado	habrán agregado	habría agregado	habrían agregado

PRESENT SUBJUNCTIVE		PRESENT PERFECT SUBJUNCTIVE	
agregue	agreguemos	haya agregado	hayamos agregado
agregues	agreguéis	hayas agregado	hayáis agregado
agregue	agreguen	haya agregado	hayan agregado

IMPERFECT SUBJUNCTIVE (-ra)		*or*	IMPERFECT SUBJUNCTIVE (-se)	
agregara	agregáramos		agregase	agregásemos
agregaras	agregarais		agregases	agregaseis
agregara	agregaran		agregase	agregasen

PAST PERFECT SUBJUNCTIVE (-ra)		*or*	PAST PERFECT SUBJUNCTIVE (-se)	
hubiera agregado	hubiéramos agregado		hubiese agregado	hubiésemos agregado
hubieras agregado	hubierais agregado		hubieses agregado	hubieseis agregado
hubiera agregado	hubieran agregado		hubiese agregado	hubiesen agregado

PROGRESSIVE TENSES

PRESENT	estoy, estás, está, estamos, estáis, están	
PRETERIT	estuve, estuviste, estuvo, estuvimos, estuvisteis, estuvieron	
IMPERFECT	estaba, estabas, estaba, estábamos, estabais, estaban	agregando
FUTURE	estaré, estarás, estará, estaremos, estaréis, estarán	
CONDITIONAL	estaría, estarías, estaría, estaríamos, estaríais, estarían	
SUBJUNCTIVE	que + *corresponding subjunctive tense of* estar (*see verb 151*)	

COMMANDS

	(nosotros) agreguemos/no agreguemos
(tú) agrega/no agregues	(vosotros) agregad/no agreguéis
(Ud.) agregue/no agregue	(Uds.) agreguen/no agreguen

Usage

Agregue una explicación.	*Add an explanation.*
—¿Se agregó al comité?	*Did you join the committee?*
—Fui agregado hace un mes.	*I was appointed a month ago.*
Tratemos de agregar más dinero.	*Let's try to amass more money.*

alcanzo · alcanzaron · alcanzado · alcanzando   *-ar verb; spelling change: z > c/e*

PRESENT

alcanzo	alcanzamos
alcanzas	alcanzáis
alcanza	alcanzan

PRETERIT

alcancé	alcanzamos
alcanzaste	alcanzasteis
alcanzó	alcanzaron

IMPERFECT

alcanzaba	alcanzábamos
alcanzabas	alcanzabais
alcanzaba	alcanzaban

PRESENT PERFECT

he alcanzado	hemos alcanzado
has alcanzado	habéis alcanzado
ha alcanzado	han alcanzado

FUTURE

alcanzaré	alcanzaremos
alcanzarás	alcanzaréis
alcanzará	alcanzarán

CONDITIONAL

alcanzaría	alcanzaríamos
alcanzarías	alcanzaríais
alcanzaría	alcanzarían

PLUPERFECT

había alcanzado	habíamos alcanzado
habías alcanzado	habíais alcanzado
había alcanzado	habían alcanzado

PRETERIT PERFECT

hube alcanzado	hubimos alcanzado
hubiste alcanzado	hubisteis alcanzado
hubo alcanzado	hubieron alcanzado

FUTURE PERFECT

habré alcanzado	habremos alcanzado
habrás alcanzado	habréis alcanzado
habrá alcanzado	habrán alcanzado

CONDITIONAL PERFECT

habría alcanzado	habríamos alcanzado
habrías alcanzado	habríais alcanzado
habría alcanzado	habrían alcanzado

PRESENT SUBJUNCTIVE

alcance	alcancemos
alcances	alcancéis
alcance	alcancen

PRESENT PERFECT SUBJUNCTIVE

haya alcanzado	hayamos alcanzado
hayas alcanzado	hayáis alcanzado
haya alcanzado	hayan alcanzado

IMPERFECT SUBJUNCTIVE (-ra)   *or* **IMPERFECT SUBJUNCTIVE (-se)**

alcanzara	alcanzáramos	alcanzase	alcanzásemos
alcanzaras	alcanzarais	alcanzases	alcanzaseis
alcanzara	alcanzaran	alcanzase	alcanzasen

PAST PERFECT SUBJUNCTIVE (-ra)   *or* **PAST PERFECT SUBJUNCTIVE (-se)**

hubiera alcanzado	hubiéramos alcanzado	hubiese alcanzado	hubiésemos alcanzado
hubieras alcanzado	hubierais alcanzado	hubieses alcanzado	hubieseis alcanzado
hubiera alcanzado	hubieran alcanzado	hubiese alcanzado	hubiesen alcanzado

PROGRESSIVE TENSES

PRESENT	estoy, estás, está, estamos, estáis, están
PRETERIT	estuve, estuviste, estuvo, estuvimos, estuvisteis, estuvieron
IMPERFECT	estaba, estabas, estaba, estábamos, estabais, estaban
FUTURE	estaré, estarás, estará, estaremos, estaréis, estarán
CONDITIONAL	estaría, estarías, estaría, estaríamos, estaríais, estarían
SUBJUNCTIVE	que + *corresponding subjunctive tense of* estar *(see verb 151)*

} alcanzando

COMMANDS

	(nosotros) alcancemos/no alcancemos
(tú) alcanza/no alcances	(vosotros) alcanzad/no alcancéis
(Ud.) alcance/no alcance	(Uds.) alcancen/no alcancen

Usage

No alcanzo las peras del peral con la mano.	*I can't reach the pears in the pear tree.*
No pudo alcanzar a los otros nadadores.	*He didn't manage to catch up with the other swimmers.*
¿Pudiste alcanzar tu objetivo?	*Were you able to reach your goal?*

regular -ar reflexive verb | alegro · alegraron · alegrado · alegrándose

PRESENT

me alegro	nos alegramos
te alegras	os alegráis
se alegra	se alegran

IMPERFECT

me alegraba	nos alegrábamos
te alegrabas	os alegrabais
se alegraba	se alegraban

FUTURE

me alegraré	nos alegraremos
te alegrarás	os alegraréis
se alegrará	se alegrarán

PLUPERFECT

me había alegrado	nos habíamos alegrado
te habías alegrado	os habíais alegrado
se había alegrado	se habían alegrado

FUTURE PERFECT

me habré alegrado	nos habremos alegrado
te habrás alegrado	os habréis alegrado
se habrá alegrado	se habrán alegrado

PRESENT SUBJUNCTIVE

me alegre	nos alegremos
te alegres	os alegréis
se alegre	se alegren

IMPERFECT SUBJUNCTIVE (-ra)

me alegrara	nos alegráramos
te alegraras	os alegrarais
se alegrara	se alegraran

PAST PERFECT SUBJUNCTIVE (-ra)

me hubiera alegrado	nos hubiéramos alegrado
te hubieras alegrado	os hubierais alegrado
se hubiera alegrado	se hubieran alegrado

PRETERIT

me alegré	nos alegramos
te alegraste	os alegrasteis
se alegró	se alegraron

PRESENT PERFECT

me he alegrado	nos hemos alegrado
te has alegrado	os habéis alegrado
se ha alegrado	se han alegrado

CONDITIONAL

me alegraría	nos alegraríamos
te alegrarías	os alegraríais
se alegraría	se alegrarían

PRETERIT PERFECT

me hube alegrado	nos hubimos alegrado
te hubiste alegrado	os hubisteis alegrado
se hubo alegrado	se hubieron alegrado

CONDITIONAL PERFECT

me habría alegrado	nos habríamos alegrado
te habrías alegrado	os habríais alegrado
se habría alegrado	se habrían alegrado

PRESENT PERFECT SUBJUNCTIVE

me haya alegrado	nos hayamos alegrado
te hayas alegrado	os hayáis alegrado
se haya alegrado	se hayan alegrado

or IMPERFECT SUBJUNCTIVE (-se)

me alegrase	nos alegrásemos
te alegrases	os alegraseis
se alegrase	se alegrasen

or PAST PERFECT SUBJUNCTIVE (-se)

me hubiese alegrado	nos hubiésemos alegrado
te hubieses alegrado	os hubieseis alegrado
se hubiese alegrado	se hubiesen alegrado

PROGRESSIVE TENSES

PRESENT	estoy, estás, está, estamos, estáis, están	
PRETERIT	estuve, estuviste, estuvo, estuvimos, estuvisteis, estuvieron	
IMPERFECT	estaba, estabas, estaba, estábamos, estabais, estaban	alegrando
FUTURE	estaré, estarás, estará, estaremos, estaréis, estarán	(see page 37)
CONDITIONAL	estaría, estarías, estaría, estaríamos, estaríais, estarían	
SUBJUNCTIVE	que + *corresponding subjunctive tense of* estar (*see verb 151*)	

COMMANDS

	(nosotros) alegrémonos/no nos alegremos
(tú) alégrate/no te alegres	(vosotros) alegraos/no os alegréis
(Ud.) alégrese/no se alegre	(Uds.) alégrense/no se alegren

Usage

—Me alegro de verlos.	*I'm happy to see you.*
—Nos alegramos que hayas venido.	*We're glad you've come.*
Alégrate. Ponte una cara alegre.	*Cheer up. Put on a happy face.*
La música alegrará la fiesta.	*Music will liven up the party.*

almorzar *to have lunch*

almuerzo · almorzaron · almorzado · almorzando

stem-changing -*ar* verb: *o > ue*;
spelling change: *z > c/e*

PRESENT

almuerzo	almorzamos
almuerzas	almorzáis
almuerza	almuerzan

IMPERFECT

almorzaba	almorzábamos
almorzabas	almorzabais
almorzaba	almorzaban

FUTURE

almorzaré	almorzaremos
almorzarás	almorzaréis
almorzará	almorzarán

PLUPERFECT

había almorzado	habíamos almorzado
habías almorzado	habíais almorzado
había almorzado	habían almorzado

FUTURE PERFECT

habré almorzado	habremos almorzado
habrás almorzado	habréis almorzado
habrá almorzado	habrán almorzado

PRESENT SUBJUNCTIVE

almuerce	almorcemos
almuerces	almorcéis
almuerce	almuercen

IMPERFECT SUBJUNCTIVE (-ra)

almorzara	almorzáramos
almorzaras	almorzarais
almorzara	almorzaran

PAST PERFECT SUBJUNCTIVE (-ra)

hubiera almorzado	hubiéramos almorzado
hubieras almorzado	hubierais almorzado
hubiera almorzado	hubieran almorzado

PRETERIT

almorcé	almorzamos
almorzaste	almorzasteis
almorzó	almorzaron

PRESENT PERFECT

he almorzado	hemos almorzado
has almorzado	habéis almorzado
ha almorzado	han almorzado

CONDITIONAL

almorzaría	almorzaríamos
almorzarías	almorzaríais
almorzaría	almorzarían

PRETERIT PERFECT

hube almorzado	hubimos almorzado
hubiste almorzado	hubisteis almorzado
hubo almorzado	hubieron almorzado

CONDITIONAL PERFECT

habría almorzado	habríamos almorzado
habrías almorzado	habríais almorzado
habría almorzado	habrían almorzado

PRESENT PERFECT SUBJUNCTIVE

haya almorzado	hayamos almorzado
hayas almorzado	hayáis almorzado
haya almorzado	hayan almorzado

or **IMPERFECT SUBJUNCTIVE (-se)**

almorzase	almorzásemos
almorzases	almorzaseis
almorzase	almorzasen

or **PAST PERFECT SUBJUNCTIVE (-se)**

hubiese almorzado	hubiésemos almorzado
hubieses almorzado	hubieseis almorzado
hubiese almorzado	hubiesen almorzado

PROGRESSIVE TENSES

PRESENT	estoy, estás, está, estamos, estáis, están
PRETERIT	estuve, estuviste, estuvo, estuvimos, estuvisteis, estuvieron
IMPERFECT	estaba, estabas, estaba, estábamos, estabais, estaban
FUTURE	estaré, estarás, estará, estaremos, estaréis, estarán
CONDITIONAL	estaría, estarías, estaría, estaríamos, estaríais, estarían
SUBJUNCTIVE	que + *corresponding subjunctive tense of* estar (*see verb 151*)

} almorzando

COMMANDS

	(nosotros) almorcemos/no almorcemos
(tú) almuerza/no almuerces	(vosotros) almorzad/no almorcéis
(Ud.) almuerce/no almuerce	(Uds.) almuercen/no almuercen

Usage

—¿A qué hora almuerzas?
—Tomo el almuerzo entre la una y las dos.
No almorcé porque había desayunado
    fuerte.

At what time do you have lunch?
I have lunch between 1:00 and 2:00.
I didn't have lunch because I had eaten a
    big breakfast.

regular -*ar* verb

amo · amaron · amado · amando

PRESENT		PRETERIT	
amo	amamos	amé	amamos
amas	amáis	amaste	amasteis
ama	aman	amó	amaron

IMPERFECT		PRESENT PERFECT	
amaba	amábamos	he amado	hemos amado
amabas	amabais	has amado	habéis amado
amaba	amaban	ha amado	han amado

FUTURE		CONDITIONAL	
amaré	amaremos	amaría	amaríamos
amarás	amaréis	amarías	amaríais
amará	amarán	amaría	amarían

PLUPERFECT		PRETERIT PERFECT	
había amado	habíamos amado	hube amado	hubimos amado
habías amado	habíais amado	hubiste amado	hubisteis amado
había amado	habían amado	hubo amado	hubieron amado

FUTURE PERFECT		CONDITIONAL PERFECT	
habré amado	habremos amado	habría amado	habríamos amado
habrás amado	habréis amado	habrías amado	habríais amado
habrá amado	habrán amado	habría amado	habrían amado

PRESENT SUBJUNCTIVE		PRESENT PERFECT SUBJUNCTIVE	
ame	amemos	haya amado	hayamos amado
ames	améis	hayas amado	hayáis amado
ame	amen	haya amado	hayan amado

IMPERFECT SUBJUNCTIVE (-ra)		*or* IMPERFECT SUBJUNCTIVE (-se)	
amara	amáramos	amase	amásemos
amaras	amarais	amases	amaseis
amara	amaran	amase	amasen

PAST PERFECT SUBJUNCTIVE (-ra)		*or* PAST PERFECT SUBJUNCTIVE (-se)	
hubiera amado	hubiéramos amado	hubiese amado	hubiésemos amado
hubieras amado	hubierais amado	hubieses amado	hubieseis amado
hubiera amado	hubieran amado	hubiese amado	hubiesen amado

PROGRESSIVE TENSES

PRESENT	estoy, estás, está, estamos, estáis, están	
PRETERIT	estuve, estuviste, estuvo, estuvimos, estuvisteis, estuvieron	
IMPERFECT	estaba, estabas, estaba, estábamos, estabais, estaban	amando
FUTURE	estaré, estarás, estará, estaremos, estaréis, estarán	
CONDITIONAL	estaría, estarías, estaría, estaríamos, estaríais, estarían	
SUBJUNCTIVE	que + *corresponding subjunctive tense of estar (see verb 151)*	

COMMANDS

	(nosotros) amemos/no amemos
(tú) ama/no ames	(vosotros) amad/no améis
(Ud.) ame/no ame	(Uds.) amen/no amen

Usage

Se enamoraron hace cincuenta años.	*They fell in love 50 years ago.*
Y todavía se aman con locura.	*And they still love each other madly.*
¡Cuánto amamos a nuestra patria!	*We love our country so much!*
Es amante de la historia.	*He's fond of history.*

amenazar *to threaten, menace*

amenazo · amenazaron · amenazado · amenazando — *-ar* verb; spelling change: $z > c/e$

PRESENT

amenazo	amenazamos
amenazas	amenazáis
amenaza	amenazan

PRETERIT

amenacé	amenazamos
amenazaste	amenazasteis
amenazó	amenazaron

IMPERFECT

amenazaba	amenazábamos
amenazabas	amenazabais
amenazaba	amenazaban

PRESENT PERFECT

he amenazado	hemos amenazado
has amenazado	habéis amenazado
ha amenazado	han amenazado

FUTURE

amenazaré	amenazaremos
amenazarás	amenazaréis
amenazará	amenazarán

CONDITIONAL

amenazaría	amenazaríamos
amenazarías	amenazaríais
amenazaría	amenazarían

PLUPERFECT

había amenazado	habíamos amenazado
habías amenazado	habíais amenazado
había amenazado	habían amenazado

PRETERIT PERFECT

hube amenazado	hubimos amenazado
hubiste amenazado	hubisteis amenazado
hubo amenazado	hubieron amenazado

FUTURE PERFECT

habré amenazado	habremos amenazado
habrás amenazado	habréis amenazado
habrá amenazado	habrán amenazado

CONDITIONAL PERFECT

habría amenazado	habríamos amenazado
habrías amenazado	habríais amenazado
habría amenazado	habrían amenazado

PRESENT SUBJUNCTIVE

amenace	amenacemos
amenaces	amenacéis
amenace	amenacen

PRESENT PERFECT SUBJUNCTIVE

haya amenazado	hayamos amenazado
hayas amenazado	hayáis amenazado
haya amenazado	hayan amenazado

IMPERFECT SUBJUNCTIVE (-ra)

amenazara	amenazáramos
amenazaras	amenazarais
amenazara	amenazaran

or **IMPERFECT SUBJUNCTIVE (-se)**

amenazase	amenazásemos
amenazases	amenazaseis
amenazase	amenazasen

PAST PERFECT SUBJUNCTIVE (-ra)

hubiera amenazado	hubiéramos amenazado
hubieras amenazado	hubierais amenazado
hubiera amenazado	hubieran amenazado

or **PAST PERFECT SUBJUNCTIVE (-se)**

hubiese amenazado	hubiésemos amenazado
hubieses amenazado	hubieseis amenazado
hubiese amenazado	hubiesen amenazado

PROGRESSIVE TENSES

PRESENT	estoy, estás, está, estamos, estáis, están
PRETERIT	estuve, estuviste, estuvo, estuvimos, estuvisteis, estuvieron
IMPERFECT	estaba, estabas, estaba, estábamos, estabais, estaban
FUTURE	estaré, estarás, estará, estaremos, estaréis, estarán
CONDITIONAL	estaría, estarías, estaría, estaríamos, estaríais, estarían
SUBJUNCTIVE	que + *corresponding subjunctive tense of estar (see verb 151)*

} amenazando

COMMANDS

	(nosotros) amenacemos/no amenacemos
(tú) amenaza/no amenaces	(vosotros) amenazad/no amenacéis
(Ud.) amenace/no amenace	(Uds.) amenacen/no amenacen

Usage

Los amenazó con matarlos.	*He threatened to kill them.*
Habló con un tono amenazador.	*She spoke with a menacing tone.*
Viven amenazados por las tempestades.	*They live threatened by storms.*
Amenaza lluvia.	*Rain is imminent./It threatens to rain.*

-ar verb, irregular in preterit | ando · anduvieron · andado · andando

PRESENT

ando	andamos
andas	andáis
anda	andan

IMPERFECT

andaba	andábamos
andabas	andabais
andaba	andaban

FUTURE

andaré	andaremos
andarás	andaréis
andará	andarán

PLUPERFECT

había andado	habíamos andado
habías andado	habíais andado
había andado	habían andado

FUTURE PERFECT

habré andado	habremos andado
habrás andado	habréis andado
habrá andado	habrán andado

PRESENT SUBJUNCTIVE

ande	andemos
andes	andéis
ande	anden

IMPERFECT SUBJUNCTIVE (-ra)

anduviera	anduviéramos
anduvieras	anduvierais
anduviera	anduvieran

PAST PERFECT SUBJUNCTIVE (-ra)

hubiera andado	hubiéramos andado
hubieras andado	hubierais andado
hubiera andado	hubieran andado

PRETERIT

anduve	anduvimos
anduviste	anduvisteis
anduvo	anduvieron

PRESENT PERFECT

he andado	hemos andado
has andado	habéis andado
ha andado	han andado

CONDITIONAL

andaría	andaríamos
andarías	andaríais
andaría	andarían

PRETERIT PERFECT

hube andado	hubimos andado
hubiste andado	hubisteis andado
hubo andado	hubieron andado

CONDITIONAL PERFECT

habría andado	habríamos andado
habrías andado	habríais andado
habría andado	habrían andado

PRESENT PERFECT SUBJUNCTIVE

haya andado	hayamos andado
hayas andado	hayáis andado
haya andado	hayan andado

or **IMPERFECT SUBJUNCTIVE (-se)**

anduviese	anduviésemos
anduvieses	anduvieseis
anduviese	anduviesen

or **PAST PERFECT SUBJUNCTIVE (-se)**

hubiese andado	hubiésemos andado
hubieses andado	hubieseis andado
hubiese andado	hubiesen andado

PROGRESSIVE TENSES

PRESENT	estoy, estás, está, estamos, estáis, están
PRETERIT	estuve, estuviste, estuvo, estuvimos, estuvisteis, estuvieron
IMPERFECT	estaba, estabas, estaba, estábamos, estabais, estaban
FUTURE	estaré, estarás, estará, estaremos, estaréis, estarán
CONDITIONAL	estaría, estarías, estaría, estaríamos, estaríais, estarían
SUBJUNCTIVE	que + corresponding subjunctive tense of estar (see verb 151)

andando

COMMANDS

	(nosotros) andemos/no andemos
(tú) anda/no andes	(vosotros) andad/no andéis
(Ud.) ande/no ande	(Uds.) anden/no anden

Usage

Anduvieron rápidamente/de puntillas.	*They walked quickly/on tiptoe.*
Los negocios andan bien/mal.	*The business is doing well/badly.*
Andaba bien/mal de salud.	*She was in good/bad health.*
Han andado muy ocupados.	*They've been very busy.*

TOP 30 VERB ☞

Los chicos andan por aquí/por allí.	The kids are around here/there.
Anduvo quince millas.	She walked/covered/traveled fifteen miles.
—¡Ya han andado cuatro millas!	They've already walked four miles!
—Es que andan muy de prisa.	They walk very quickly.
—¿Qué tal las ganancias este año?	How are earnings this year?
—La empresa anda muy bien.	The firm is doing very well.
—¿Dónde están los documentos?	Where are the documents?
—Andarán por aquí.	They're probably around here somewhere.
—Mi reloj no anda bien.	My watch isn't working well.
—¿Anda atrasado o adelantado?	Is it fast or slow?
—¿Vamos en metro o a pie?	Shall we go by subway or walk?
—Yo prefiero ir andando.	I prefer to walk.
Me alegro de que anden bien de salud.	I'm glad they're in good health.

andar con + noun *to be* + adjective

Anda con cuidado.	Be careful.
No andes con miedo.	Don't be afraid.

¡Anda! Come on! (to encourage someone), Go on! (wariness)

¡Anda! ¡Marca un gol!	Come on! Score a goal!
¡Anda! Dime la verdad.	Go on! Tell me the truth.

Other Uses

—El bebé aprende a andar.	The baby is learning how to walk.
—Por ahora anda a gatas.	For now he's walking on all fours.
—Se quebró la pierna y no podía andar.	She broke her leg and couldn't walk.
—Pero ahora tiene el andar ligero y seguro.	But now she has a brisk and steady walk/gait.
—Nos encantan las caminatas.	We love long walks.
—Uds. siempre eran muy andariegos.	You were always very fond of walking.
Anda por las nubes.	She has her head in the clouds./ She's daydreaming.
Don Quijote es un caballero andante.	Don Quijote is a knight-errant.
Deja de andar con rodeos.	Stop beating around the bush.
¡Andáis en boca de todos!	You're the talk of the town!
Dime con quién andas y te diré quién eres.	A man is known by the company he keeps.
Quien mal anda, mal acaba.	He who falls into bad ways will come to a bad end.

TOP 30 VERBS

regular -ir verb

añado · añadieron · añadido · añadiendo

PRESENT

añado	añadimos
añades	añadís
añade	añaden

PRETERIT

añadí	añadimos
añadiste	añadisteis
añadió	añadieron

IMPERFECT

añadía	añadíamos
añadías	añadíais
añadía	añadían

PRESENT PERFECT

he añadido	hemos añadido
has añadido	habéis añadido
ha añadido	han añadido

FUTURE

añadiré	añadiremos
añadirás	añadiréis
añadirá	añadirán

CONDITIONAL

añadiría	añadiríamos
añadirías	añadiríais
añadiría	añadirían

PLUPERFECT

había añadido	habíamos añadido
habías añadido	habíais añadido
había añadido	habían añadido

PRETERIT PERFECT

hube añadido	hubimos añadido
hubiste añadido	hubisteis añadido
hubo añadido	hubieron añadido

FUTURE PERFECT

habré añadido	habremos añadido
habrás añadido	habréis añadido
habrá añadido	habrán añadido

CONDITIONAL PERFECT

habría añadido	habríamos añadido
habrías añadido	habríais añadido
habría añadido	habrían añadido

PRESENT SUBJUNCTIVE

añada	añadamos
añadas	añadáis
añada	añadan

PRESENT PERFECT SUBJUNCTIVE

haya añadido	hayamos añadido
hayas añadido	hayáis añadido
haya añadido	hayan añadido

IMPERFECT SUBJUNCTIVE (-ra)

añadiera	añadiéramos
añadieras	añadierais
añadiera	añadieran

or **IMPERFECT SUBJUNCTIVE (-se)**

añadiese	añadiésemos
añadieses	añadieseis
añadiese	añadiesen

PAST PERFECT SUBJUNCTIVE (-ra)

hubiera añadido	hubiéramos añadido
hubieras añadido	hubierais añadido
hubiera añadido	hubieran añadido

or **PAST PERFECT SUBJUNCTIVE (-se)**

hubiese añadido	hubiésemos añadido
hubieses añadido	hubieseis añadido
hubiese añadido	hubiesen añadido

PROGRESSIVE TENSES

PRESENT	estoy, estás, está, estamos, estáis, están
PRETERIT	estuve, estuviste, estuvo, estuvimos, estuvisteis, estuvieron
IMPERFECT	estaba, estabas, estaba, estábamos, estabais, estaban
FUTURE	estaré, estarás, estará, estaremos, estaréis, estarán
CONDITIONAL	estaría, estarías, estaría, estaríamos, estaríais, estarían
SUBJUNCTIVE	que + corresponding subjunctive tense of estar (see verb 151)

añadiendo

COMMANDS

	(nosotros) añadamos/no añadamos
(tú) añade/no añadas	(vosotros) añadid/no añadáis
(Ud.) añada/no añada	(Uds.) añadan/no añadan

Usage

Añada más sal al guisado.	Add more salt to the stew.
Los claveles rojos añaden color a la mesa.	The red carnations add color to the table.
No hay lugar para lo añadido.	There's no room for what was added.
Por añadidura...	Besides . . ./In addition . . .

apagar *to put out, extinguish, turn/shut off, muffle*

apago · apagaron · apagado · apagando   *-ar verb; spelling change:* g > gu/e

PRESENT		PRETERIT	
apago	apagamos	apagué	apagamos
apagas	apagáis	apagaste	apagasteis
apaga	apagan	apagó	apagaron

IMPERFECT		PRESENT PERFECT	
apagaba	apagábamos	he apagado	hemos apagado
apagabas	apagabais	has apagado	habéis apagado
apagaba	apagaban	ha apagado	han apagado

FUTURE		CONDITIONAL	
apagaré	apagaremos	apagaría	apagaríamos
apagarás	apagaréis	apagarías	apagaríais
apagará	apagarán	apagaría	apagarían

PLUPERFECT		PRETERIT PERFECT	
había apagado	habíamos apagado	hube apagado	hubimos apagado
habías apagado	habíais apagado	hubiste apagado	hubisteis apagado
había apagado	habían apagado	hubo apagado	hubieron apagado

FUTURE PERFECT		CONDITIONAL PERFECT	
habré apagado	habremos apagado	habría apagado	habríamos apagado
habrás apagado	habréis apagado	habrías apagado	habríais apagado
habrá apagado	habrán apagado	habría apagado	habrían apagado

PRESENT SUBJUNCTIVE		PRESENT PERFECT SUBJUNCTIVE	
apague	apaguemos	haya apagado	hayamos apagado
apagues	apaguéis	hayas apagado	hayáis apagado
apague	apaguen	haya apagado	hayan apagado

IMPERFECT SUBJUNCTIVE (-ra)		*or* IMPERFECT SUBJUNCTIVE (-se)	
apagara	apagáramos	apagase	apagásemos
apagaras	apagarais	apagases	apagaseis
apagara	apagaran	apagase	apagasen

PAST PERFECT SUBJUNCTIVE (-ra)		*or* PAST PERFECT SUBJUNCTIVE (-se)	
hubiera apagado	hubiéramos apagado	hubiese apagado	hubiésemos apagado
hubieras apagado	hubierais apagado	hubieses apagado	hubieseis apagado
hubiera apagado	hubieran apagado	hubiese apagado	hubiesen apagado

PROGRESSIVE TENSES

PRESENT	estoy, estás, está, estamos, estáis, están	
PRETERIT	estuve, estuviste, estuvo, estuvimos, estuvisteis, estuvieron	
IMPERFECT	estaba, estabas, estaba, estábamos, estabais, estaban	apagando
FUTURE	estaré, estarás, estará, estaremos, estaréis, estarán	
CONDITIONAL	estaría, estarías, estaría, estaríamos, estaríais, estarían	
SUBJUNCTIVE	que + *corresponding subjunctive tense of* estar (*see verb 151*)	

COMMANDS

	(nosotros) apaguemos/no apaguemos
(tú) apaga/no apagues	(vosotros) apagad/no apaguéis
(Ud.) apague/no apague	(Uds.) apaguen/no apaguen

Usage

Los bomberos apagaron el incendio.	*The firefighters put out the fire.*
Apaga la tele y las luces cuando salgas.	*Shut off the TV and the lights when you go out.*
Hubo apagón durante la ola de calor.	*There was a power outage during the heat wave.*
Es una persona apagada con voz apagada.	*She's a dull person with a weak voice.*

-er verb; spelling change:
c > zc/o, a

aparezco · aparecieron · aparecido · apareciendo

PRESENT

aparezco	aparecemos
apareces	aparecéis
aparece	aparecen

PRETERIT

aparecí	aparecimos
apareciste	aparecisteis
apareció	aparecieron

IMPERFECT

aparecía	aparecíamos
aparecías	aparecíais
aparecía	aparecían

PRESENT PERFECT

he aparecido	hemos aparecido
has aparecido	habéis aparecido
ha aparecido	han aparecido

FUTURE

apareceré	apareceremos
aparecerás	apareceréis
aparecerá	aparecerán

CONDITIONAL

aparecería	apareceríamos
aparecerías	apareceríais
aparecería	aparecerían

PLUPERFECT

había aparecido	habíamos aparecido
habías aparecido	habíais aparecido
había aparecido	habían aparecido

PRETERIT PERFECT

hube aparecido	hubimos aparecido
hubiste aparecido	hubisteis aparecido
hubo aparecido	hubieron aparecido

FUTURE PERFECT

habré aparecido	habremos aparecido
habrás aparecido	habréis aparecido
habrá aparecido	habrán aparecido

CONDITIONAL PERFECT

habría aparecido	habríamos aparecido
habrías aparecido	habríais aparecido
habría aparecido	habrían aparecido

PRESENT SUBJUNCTIVE

aparezca	aparezcamos
aparezcas	aparezcáis
aparezca	aparezcan

PRESENT PERFECT SUBJUNCTIVE

haya aparecido	hayamos aparecido
hayas aparecido	hayáis aparecido
haya aparecido	hayan aparecido

IMPERFECT SUBJUNCTIVE (-ra)

apareciera	apareciéramos
aparecieras	aparecierais
apareciera	aparecieran

or **IMPERFECT SUBJUNCTIVE (-se)**

apareciese	apareciésemos
aparecieses	aparecieseis
apareciese	apareciesen

PAST PERFECT SUBJUNCTIVE (-ra)

hubiera aparecido	hubiéramos aparecido
hubieras aparecido	hubierais aparecido
hubiera aparecido	hubieran aparecido

or **PAST PERFECT SUBJUNCTIVE (-se)**

hubiese aparecido	hubiésemos aparecido
hubieses aparecido	hubieseis aparecido
hubiese aparecido	hubiesen aparecido

PROGRESSIVE TENSES

PRESENT	estoy, estás, está, estamos, estáis, están
PRETERIT	estuve, estuviste, estuvo, estuvimos, estuvisteis, estuvieron
IMPERFECT	estaba, estabas, estaba, estábamos, estabais, estaban
FUTURE	estaré, estarás, estará, estaremos, estaréis, estarán
CONDITIONAL	estaría, estarías, estaría, estaríamos, estaríais, estarían
SUBJUNCTIVE	que + corresponding subjunctive tense of estar (see verb 151)

} apareciendo

COMMANDS

	(nosotros) aparezcamos/no aparezcamos
(tú) aparece/no aparezcas	(vosotros) apareced/no aparezcáis
(Ud.) aparezca/no aparezca	(Uds.) aparezcan/no aparezcan

Usage

Sólo apareció en escena el actor principal.	*Only the lead actor appeared on stage.*
Apareció la segunda edición del libro.	*The second edition of the book came out.*
Dudo que aparezcan hoy.	*I doubt they'll show up today.*
No suele aparecer antes de las once.	*She doesn't usually turn up before 11:00.*

aplazar *to postpone, defer*

aplazo · aplazaron · aplazado · aplazando   *-ar verb; spelling change: z > c/e*

PRESENT

aplazo	aplazamos
aplazas	aplazáis
aplaza	aplazan

PRETERIT

aplacé	aplazamos
aplazaste	aplazasteis
aplazó	aplazaron

IMPERFECT

aplazaba	aplazábamos
aplazabas	aplazabais
aplazaba	aplazaban

PRESENT PERFECT

he aplazado	hemos aplazado
has aplazado	habéis aplazado
ha aplazado	han aplazado

FUTURE

aplazaré	aplazaremos
aplazarás	aplazaréis
aplazará	aplazarán

CONDITIONAL

aplazaría	aplazaríamos
aplazarías	aplazaríais
aplazaría	aplazarían

PLUPERFECT

había aplazado	habíamos aplazado
habías aplazado	habíais aplazado
había aplazado	habían aplazado

PRETERIT PERFECT

hube aplazado	hubimos aplazado
hubiste aplazado	hubisteis aplazado
hubo aplazado	hubieron aplazado

FUTURE PERFECT

habré aplazado	habremos aplazado
habrás aplazado	habréis aplazado
habrá aplazado	habrán aplazado

CONDITIONAL PERFECT

habría aplazado	habríamos aplazado
habrías aplazado	habríais aplazado
habría aplazado	habrían aplazado

PRESENT SUBJUNCTIVE

aplace	aplacemos
aplaces	aplacéis
aplace	aplacen

PRESENT PERFECT SUBJUNCTIVE

haya aplazado	hayamos aplazado
hayas aplazado	hayáis aplazado
haya aplazado	hayan aplazado

IMPERFECT SUBJUNCTIVE (-ra)   *or*   **IMPERFECT SUBJUNCTIVE (-se)**

aplazara	aplazáramos	aplazase	aplazásemos
aplazaras	aplazarais	aplazases	aplazaseis
aplazara	aplazaran	aplazase	aplazasen

PAST PERFECT SUBJUNCTIVE (-ra)   *or*   **PAST PERFECT SUBJUNCTIVE (-se)**

hubiera aplazado	hubiéramos aplazado	hubiese aplazado	hubiésemos aplazado
hubieras aplazado	hubierais aplazado	hubieses aplazado	hubieseis aplazado
hubiera aplazado	hubieran aplazado	hubiese aplazado	hubiesen aplazado

PROGRESSIVE TENSES

PRESENT	estoy, estás, está, estamos, estáis, están
PRETERIT	estuve, estuviste, estuvo, estuvimos, estuvisteis, estuvieron
IMPERFECT	estaba, estabas, estaba, estábamos, estabais, estaban
FUTURE	estaré, estarás, estará, estaremos, estaréis, estarán
CONDITIONAL	estaría, estarías, estaría, estaríamos, estaríais, estarían
SUBJUNCTIVE	que + *corresponding subjunctive tense of* estar (*see verb 151*)

} aplazando

COMMANDS

	(nosotros) aplacemos/no aplacemos
(tú) aplaza/no aplaces	(vosotros) aplazad/no aplacéis
(Ud.) aplace/no aplace	(Uds.) aplacen/no aplacen

Usage

La reunión será aplazada para el dos de marzo.	The meeting will be postponed until March 2.
Se aplaza el pago.	The payment is being deferred.
Aplacemos la excursión hasta que se despeje.	Let's postpone the outing until it clears up.

-ar verb; spelling change: c > qu/e

aplico · aplicaron · aplicado · aplicando

PRESENT			PRETERIT	
aplico	aplicamos		apliqué	aplicamos
aplicas	aplicáis		aplicaste	aplicasteis
aplica	aplican		aplicó	aplicaron

IMPERFECT			PRESENT PERFECT	
aplicaba	aplicábamos		he aplicado	hemos aplicado
aplicabas	aplicabais		has aplicado	habéis aplicado
aplicaba	aplicaban		ha aplicado	han aplicado

FUTURE			CONDITIONAL	
aplicaré	aplicaremos		aplicaría	aplicaríamos
aplicarás	aplicaréis		aplicarías	aplicaríais
aplicará	aplicarán		aplicaría	aplicarían

PLUPERFECT			PRETERIT PERFECT	
había aplicado	habíamos aplicado		hube aplicado	hubimos aplicado
habías aplicado	habíais aplicado		hubiste aplicado	hubisteis aplicado
había aplicado	habían aplicado		hubo aplicado	hubieron aplicado

FUTURE PERFECT			CONDITIONAL PERFECT	
habré aplicado	habremos aplicado		habría aplicado	habríamos aplicado
habrás aplicado	habréis aplicado		habrías aplicado	habríais aplicado
habrá aplicado	habrán aplicado		habría aplicado	habrían aplicado

PRESENT SUBJUNCTIVE			PRESENT PERFECT SUBJUNCTIVE	
aplique	apliquemos		haya aplicado	hayamos aplicado
apliques	apliquéis		hayas aplicado	hayáis aplicado
aplique	apliquen		haya aplicado	hayan aplicado

IMPERFECT SUBJUNCTIVE (-ra)		or	IMPERFECT SUBJUNCTIVE (-se)	
aplicara	aplicáramos		aplicase	aplicásemos
aplicaras	aplicarais		aplicases	aplicaseis
aplicara	aplicaran		aplicase	aplicasen

PAST PERFECT SUBJUNCTIVE (-ra)		or	PAST PERFECT SUBJUNCTIVE (-se)	
hubiera aplicado	hubiéramos aplicado		hubiese aplicado	hubiésemos aplicado
hubieras aplicado	hubierais aplicado		hubieses aplicado	hubieseis aplicado
hubiera aplicado	hubieran aplicado		hubiese aplicado	hubiesen aplicado

PROGRESSIVE TENSES

PRESENT	estoy, estás, está, estamos, estáis, están
PRETERIT	estuve, estuviste, estuvo, estuvimos, estuvisteis, estuvieron
IMPERFECT	estaba, estabas, estaba, estábamos, estabais, estaban
FUTURE	estaré, estarás, estará, estaremos, estaréis, estarán
CONDITIONAL	estaría, estarías, estaría, estaríamos, estaríais, estarían
SUBJUNCTIVE	que + *corresponding subjunctive tense of* estar (see verb 151)

} aplicando

COMMANDS

	(nosotros) apliquemos/no apliquemos
(tú) aplica/no apliques	(vosotros) aplicad/no apliquéis
(Ud.) aplique/no aplique	(Uds.) apliquen/no apliquen

Usage

Apliqué el barniz.	*I applied the varnish.*
Las leyes se aplican a todos los ciudadanos.	*The laws apply to all the citizens.*
Se aplica mucho en el estudio. Es muy aplicada.	*She works very hard at/devotes herself to her studies. She's very studious.*

PRESENT

aprendo	aprendemos
aprendes	aprendéis
aprende	aprenden

IMPERFECT

aprendía	aprendíamos
aprendías	aprendíais
aprendía	aprendían

FUTURE

aprenderé	aprenderemos
aprenderás	aprenderéis
aprenderá	aprenderán

PLUPERFECT

había aprendido	habíamos aprendido
habías aprendido	habíais aprendido
había aprendido	habían aprendido

FUTURE PERFECT

habré aprendido	habremos aprendido
habrás aprendido	habréis aprendido
habrá aprendido	habrán aprendido

PRESENT SUBJUNCTIVE

aprenda	aprendamos
aprendas	aprendáis
aprenda	aprendan

IMPERFECT SUBJUNCTIVE (-ra)

aprendiera	aprendiéramos
aprendieras	aprendierais
aprendiera	aprendieran

PAST PERFECT SUBJUNCTIVE (-ra)

hubiera aprendido	hubiéramos aprendido
hubieras aprendido	hubierais aprendido
hubiera aprendido	hubieran aprendido

PRETERIT

aprendí	aprendimos
aprendiste	aprendisteis
aprendió	aprendieron

PRESENT PERFECT

he aprendido	hemos aprendido
has aprendido	habéis aprendido
ha aprendido	han aprendido

CONDITIONAL

aprendería	aprenderíamos
aprenderías	aprenderíais
aprendería	aprenderían

PRETERIT PERFECT

hube aprendido	hubimos aprendido
hubiste aprendido	hubisteis aprendido
hubo aprendido	hubieron aprendido

CONDITIONAL PERFECT

habría aprendido	habríamos aprendido
habrías aprendido	habríais aprendido
habría aprendido	habrían aprendido

PRESENT PERFECT SUBJUNCTIVE

haya aprendido	hayamos aprendido
hayas aprendido	hayáis aprendido
haya aprendido	hayan aprendido

or **IMPERFECT SUBJUNCTIVE (-se)**

aprendiese	aprendiésemos
aprendieses	aprendieseis
aprendiese	aprendiesen

or **PAST PERFECT SUBJUNCTIVE (-se)**

hubiese aprendido	hubiésemos aprendido
hubieses aprendido	hubieseis aprendido
hubiese aprendido	hubiesen aprendido

PROGRESSIVE TENSES

PRESENT	estoy, estás, está, estamos, estáis, están
PRETERIT	estuve, estuviste, estuvo, estuvimos, estuvisteis, estuvieron
IMPERFECT	estaba, estabas, estaba, estábamos, estabais, estaban
FUTURE	estaré, estarás, estará, estaremos, estaréis, estarán
CONDITIONAL	estaría, estarías, estaría, estaríamos, estaríais, estarían
SUBJUNCTIVE	que + *corresponding subjunctive tense* of estar (*see verb 151*)

} aprendiendo

COMMANDS

	(nosotros) aprendamos/no aprendamos
(tú) aprende/no aprendas	(vosotros) aprended/no aprendáis
(Ud.) aprenda/no aprenda	(Uds.) aprendan/no aprendan

Usage

Aprendió a reparar su ordenador (*Spain*).	He learned how to repair his computer.
¿Habéis aprendido todas las fechas de memoria?	You've memorized all the dates?
Espero que aprendan de experiencia.	I hope you'll learn from your mistakes.
Cada día se aprende algo.	It's never too late to learn.

stem-changing -ar verb: o > ue   apruebo · aprobaron · aprobado · aprobando

PRESENT

apruebo	aprobamos
apruebas	aprobáis
aprueba	aprueban

PRETERIT

aprobé	aprobamos
aprobaste	aprobasteis
aprobó	aprobaron

IMPERFECT

aprobaba	aprobábamos
aprobabas	aprobabais
aprobaba	aprobaban

PRESENT PERFECT

he aprobado	hemos aprobado
has aprobado	habéis aprobado
ha aprobado	han aprobado

FUTURE

aprobaré	aprobaremos
aprobarás	aprobaréis
aprobará	aprobarán

CONDITIONAL

aprobaría	aprobaríamos
aprobarías	aprobaríais
aprobaría	aprobarían

PLUPERFECT

había aprobado	habíamos aprobado
habías aprobado	habíais aprobado
había aprobado	habían aprobado

PRETERIT PERFECT

hube aprobado	hubimos aprobado
hubiste aprobado	hubisteis aprobado
hubo aprobado	hubieron aprobado

FUTURE PERFECT

habré aprobado	habremos aprobado
habrás aprobado	habréis aprobado
habrá aprobado	habrán aprobado

CONDITIONAL PERFECT

habría aprobado	habríamos aprobado
habrías aprobado	habríais aprobado
habría aprobado	habrían aprobado

PRESENT SUBJUNCTIVE

apruebe	aprobemos
apruebes	aprobéis
apruebe	aprueben

PRESENT PERFECT SUBJUNCTIVE

haya aprobado	hayamos aprobado
hayas aprobado	hayáis aprobado
haya aprobado	hayan aprobado

IMPERFECT SUBJUNCTIVE (-ra)   or   **IMPERFECT SUBJUNCTIVE (-se)**

aprobara	aprobáramos		aprobase	aprobásemos
aprobaras	aprobarais		aprobases	aprobaseis
aprobara	aprobaran		aprobase	aprobasen

PAST PERFECT SUBJUNCTIVE (-ra)   or   **PAST PERFECT SUBJUNCTIVE (-se)**

hubiera aprobado	hubiéramos aprobado		hubiese aprobado	hubiésemos aprobado
hubieras aprobado	hubierais aprobado		hubieses aprobado	hubieseis aprobado
hubiera aprobado	hubieran aprobado		hubiese aprobado	hubiesen aprobado

PROGRESSIVE TENSES

PRESENT	estoy, estás, está, estamos, estáis, están
PRETERIT	estuve, estuviste, estuvo, estuvimos, estuvisteis, estuvieron
IMPERFECT	estaba, estabas, estaba, estábamos, estabais, estaban
FUTURE	estaré, estarás, estará, estaremos, estaréis, estarán
CONDITIONAL	estaría, estarías, estaría, estaríamos, estaríais, estarían
SUBJUNCTIVE	que + corresponding subjunctive tense of estar (see verb 151)

aprobando

COMMANDS

	(nosotros) aprobemos/no aprobemos
(tú) aprueba/no apruebes	(vosotros) aprobad/no aprobéis
(Ud.) apruebe/no apruebe	(Uds.) aprueben/no aprueben

Usage

El departamento de consumo aprobó los nuevos productos.	The department of consumer affairs approved the new products.
Se aprobó la ley de impuestos.	The tax law was passed.
Salió aprobado en todos los exámenes.	He passed all his exams.

arrancar *to pull up/out, uproot, get, start, set out*

arranco · arrancaron · arrancado · arrancando   *-ar verb; spelling change: c > qu/e*

PRESENT		PRETERIT	
arranco	arrancamos	arranqué	arrancamos
arrancas	arrancáis	arrancaste	arrancasteis
arranca	arrancan	arrancó	arrancaron

IMPERFECT		PRESENT PERFECT	
arrancaba	arrancábamos	he arrancado	hemos arrancado
arrancabas	arrancabais	has arrancado	habéis arrancado
arrancaba	arrancaban	ha arrancado	han arrancado

FUTURE		CONDITIONAL	
arrancaré	arrancaremos	arrancaría	arrancaríamos
arrancarás	arrancaréis	arrancarías	arrancaríais
arrancará	arrancarán	arrancaría	arrancarían

PLUPERFECT		PRETERIT PERFECT	
había arrancado	habíamos arrancado	hube arrancado	hubimos arrancado
habías arrancado	habíais arrancado	hubiste arrancado	hubisteis arrancado
había arrancado	habían arrancado	hubo arrancado	hubieron arrancado

FUTURE PERFECT		CONDITIONAL PERFECT	
habré arrancado	habremos arrancado	habría arrancado	habríamos arrancado
habrás arrancado	habréis arrancado	habrías arrancado	habríais arrancado
habrá arrancado	habrán arrancado	habría arrancado	habrían arrancado

PRESENT SUBJUNCTIVE		PRESENT PERFECT SUBJUNCTIVE	
arranque	arranquemos	haya arrancado	hayamos arrancado
arranques	arranquéis	hayas arrancado	hayáis arrancado
arranque	arranquen	haya arrancado	hayan arrancado

IMPERFECT SUBJUNCTIVE (-ra)		*or*	IMPERFECT SUBJUNCTIVE (-se)	
arrancara	arrancáramos		arrancase	arrancásemos
arrancaras	arrancarais		arrancases	arrancaseis
arrancara	arrancaran		arrancase	arrancasen

PAST PERFECT SUBJUNCTIVE (-ra)		*or*	PAST PERFECT SUBJUNCTIVE (-se)	
hubiera arrancado	hubiéramos arrancado		hubiese arrancado	hubiésemos arrancado
hubieras arrancado	hubierais arrancado		hubieses arrancado	hubieseis arrancado
hubiera arrancado	hubieran arrancado		hubiese arrancado	hubiesen arrancado

PROGRESSIVE TENSES		
PRESENT	estoy, estás, está, estamos, estáis, están	
PRETERIT	estuve, estuviste, estuvo, estuvimos, estuvisteis, estuvieron	
IMPERFECT	estaba, estabas, estaba, estábamos, estabais, estaban	arrancando
FUTURE	estaré, estarás, estará, estaremos, estaréis, estarán	
CONDITIONAL	estaría, estarías, estaría, estaríamos, estaríais, estarían	
SUBJUNCTIVE	que + *corresponding subjunctive tense of estar (see verb 151)*	

COMMANDS		
	(nosotros) arranquemos/no arranquemos	
(tú) arranca/no arranques	(vosotros) arrancad/no arranquéis	
(Ud.) arranque/no arranque	(Uds.) arranquen/no arranquen	

Usage

Hay que arrancar las plantas muertas.	*We have to pull up the dead plants.*
Le arrancaron los detalles de la intriga.	*They got the details about the plot out of him.*
El coche/El tren arrancó.	*The car/train started to go.*

regular -ar verb

arreglo · arreglaron · arreglado · arreglando

PRESENT		PRETERIT	
arreglo	arreglamos	arreglé	arreglamos
arreglas	arregláis	arreglaste	arreglasteis
arregla	arreglan	arregló	arreglaron

IMPERFECT		PRESENT PERFECT	
arreglaba	arreglábamos	he arreglado	hemos arreglado
arreglabas	arreglabais	has arreglado	habéis arreglado
arreglaba	arreglaban	ha arreglado	han arreglado

FUTURE		CONDITIONAL	
arreglaré	arreglaremos	arreglaría	arreglaríamos
arreglarás	arreglaréis	arreglarías	arreglaríais
arreglará	arreglarán	arreglaría	arreglarían

PLUPERFECT		PRETERIT PERFECT	
había arreglado	habíamos arreglado	hube arreglado	hubimos arreglado
habías arreglado	habíais arreglado	hubiste arreglado	hubisteis arreglado
había arreglado	habían arreglado	hubo arreglado	hubieron arreglado

FUTURE PERFECT		CONDITIONAL PERFECT	
habré arreglado	habremos arreglado	habría arreglado	habríamos arreglado
habrás arreglado	habréis arreglado	habrías arreglado	habríais arreglado
habrá arreglado	habrán arreglado	habría arreglado	habrían arreglado

PRESENT SUBJUNCTIVE		PRESENT PERFECT SUBJUNCTIVE	
arregle	arreglemos	haya arreglado	hayamos arreglado
arregles	arregléis	hayas arreglado	hayáis arreglado
arregle	arreglen	haya arreglado	hayan arreglado

IMPERFECT SUBJUNCTIVE (-ra)		*or*	IMPERFECT SUBJUNCTIVE (-se)	
arreglara	arregláramos		arreglase	arreglásemos
arreglaras	arreglarais		arreglases	arreglaseis
arreglara	arreglaran		arreglase	arreglasen

PAST PERFECT SUBJUNCTIVE (-ra)		*or*	PAST PERFECT SUBJUNCTIVE (-se)	
hubiera arreglado	hubiéramos arreglado		hubiese arreglado	hubiésemos arreglado
hubieras arreglado	hubierais arreglado		hubieses arreglado	hubieseis arreglado
hubiera arreglado	hubieran arreglado		hubiese arreglado	hubiesen arreglado

PROGRESSIVE TENSES

PRESENT	estoy, estás, está, estamos, estáis, están	
PRETERIT	estuve, estuviste, estuvo, estuvimos, estuvisteis, estuvieron	
IMPERFECT	estaba, estabas, estaba, estábamos, estabais, estaban	arreglando
FUTURE	estaré, estarás, estará, estaremos, estaréis, estarán	
CONDITIONAL	estaría, estarías, estaría, estaríamos, estaríais, estarían	
SUBJUNCTIVE	que + *corresponding subjunctive tense of estar (see verb 151)*	

COMMANDS

	(nosotros) arreglemos/no arreglemos
(tú) arregla/no arregles	(vosotros) arreglad/no arregléis
(Ud.) arregle/no arregle	(Uds.) arreglen/no arreglen

Usage

—Arreglemos el asunto cuanto antes.	*Let's settle the matter as soon as possible.*
—Dudo que tenga arreglo.	*I doubt there's a solution.*
Arreglaré los ficheros.	*I'll put the files in order.*
Arréglate mientras yo me arreglo el pelo.	*Get ready while I fix my hair.*

asistir *to attend*

asisto · asistieron · asistido · asistiendo

regular -*ir* verb

PRESENT		PRETERIT	
asisto	asistimos	asistí	asistimos
asistes	asistís	asististe	asististeis
asiste	asisten	asistió	asistieron

IMPERFECT		PRESENT PERFECT	
asistía	asistíamos	he asistido	hemos asistido
asistías	asistíais	has asistido	habéis asistido
asistía	asistían	ha asistido	han asistido

FUTURE		CONDITIONAL	
asistiré	asistiremos	asistiría	asistiríamos
asistirás	asistiréis	asistirías	asistiríais
asistirá	asistirán	asistiría	asistirían

PLUPERFECT		PRETERIT PERFECT	
había asistido	habíamos asistido	hube asistido	hubimos asistido
habías asistido	habíais asistido	hubiste asistido	hubisteis asistido
había asistido	habían asistido	hubo asistido	hubieron asistido

FUTURE PERFECT		CONDITIONAL PERFECT	
habré asistido	habremos asistido	habría asistido	habríamos asistido
habrás asistido	habréis asistido	habrías asistido	habríais asistido
habrá asistido	habrán asistido	habría asistido	habrían asistido

PRESENT SUBJUNCTIVE		PRESENT PERFECT SUBJUNCTIVE	
asista	asistamos	haya asistido	hayamos asistido
asistas	asistáis	hayas asistido	hayáis asistido
asista	asistan	haya asistido	hayan asistido

IMPERFECT SUBJUNCTIVE (-ra)		*or*	IMPERFECT SUBJUNCTIVE (-se)	
asistiera	asistiéramos		asistiese	asistiésemos
asistieras	asistierais		asistieses	asistieseis
asistiera	asistieran		asistiese	asistiesen

PAST PERFECT SUBJUNCTIVE (-ra)		*or*	PAST PERFECT SUBJUNCTIVE (-se)	
hubiera asistido	hubiéramos asistido		hubiese asistido	hubiésemos asistido
hubieras asistido	hubierais asistido		hubieses asistido	hubieseis asistido
hubiera asistido	hubieran asistido		hubiese asistido	hubiesen asistido

PROGRESSIVE TENSES

PRESENT	estoy, estás, está, estamos, estáis, están	
PRETERIT	estuve, estuviste, estuvo, estuvimos, estuvisteis, estuvieron	
IMPERFECT	estaba, estabas, estaba, estábamos, estabais, estaban	asistiendo
FUTURE	estaré, estarás, estará, estaremos, estaréis, estarán	
CONDITIONAL	estaría, estarías, estaría, estaríamos, estaríais, estarían	
SUBJUNCTIVE	que + *corresponding subjunctive tense* of estar (*see verb 151*)	

COMMANDS

	(nosotros) asistamos/no asistamos
(tú) asiste/no asistas	(vosotros) asistid/no asistáis
(Ud.) asista/no asista	(Uds.) asistan/no asistan

Usage

Asistamos a la conferencia.	*Let's attend the lecture.*
El aprender asistido por computadora es cada día más importante.	*Computer-based learning is more important every day.*
Había muchos asistentes.	*There were many people present/attending.*

-ar verb; spelling change: *c > qu/e*

ataco · atacaron · atacado · atacando

PRESENT		PRETERIT	
ataco	atacamos	ataqué	atacamos
atacas	atacáis	atacaste	atacasteis
ataca	atacan	atacó	atacaron

IMPERFECT		PRESENT PERFECT	
atacaba	atacábamos	he atacado	hemos atacado
atacabas	atacabais	has atacado	habéis atacado
atacaba	atacaban	ha atacado	han atacado

FUTURE		CONDITIONAL	
atacaré	atacaremos	atacaría	atacaríamos
atacarás	atacaréis	atacarías	atacaríais
atacará	atacarán	atacaría	atacarían

PLUPERFECT		PRETERIT PERFECT	
había atacado	habíamos atacado	hube atacado	hubimos atacado
habías atacado	habíais atacado	hubiste atacado	hubisteis atacado
había atacado	habían atacado	hubo atacado	hubieron atacado

FUTURE PERFECT		CONDITIONAL PERFECT	
habré atacado	habremos atacado	habría atacado	habríamos atacado
habrás atacado	habréis atacado	habrías atacado	habríais atacado
habrá atacado	habrán atacado	habría atacado	habrían atacado

PRESENT SUBJUNCTIVE		PRESENT PERFECT SUBJUNCTIVE	
ataque	ataquemos	haya atacado	hayamos atacado
ataques	ataquéis	hayas atacado	hayáis atacado
ataque	ataquen	haya atacado	hayan atacado

IMPERFECT SUBJUNCTIVE (-ra)		*or* IMPERFECT SUBJUNCTIVE (-se)	
atacara	atacáramos	atacase	atacásemos
atacaras	atacarais	atacases	atacaseis
atacara	atacaran	atacase	atacasen

PAST PERFECT SUBJUNCTIVE (-ra)		*or* PAST PERFECT SUBJUNCTIVE (-se)	
hubiera atacado	hubiéramos atacado	hubiese atacado	hubiésemos atacado
hubieras atacado	hubierais atacado	hubieses atacado	hubieseis atacado
hubiera atacado	hubieran atacado	hubiese atacado	hubiesen atacado

PROGRESSIVE TENSES

PRESENT	estoy, estás, está, estamos, estáis, están
PRETERIT	estuve, estuviste, estuvo, estuvimos, estuvisteis, estuvieron
IMPERFECT	estaba, estabas, estaba, estábamos, estabais, estaban
FUTURE	estaré, estarás, estará, estaremos, estaréis, estarán
CONDITIONAL	estaría, estarías, estaría, estaríamos, estaríais, estarían
SUBJUNCTIVE	que + *corresponding subjunctive tense of* estar (see verb 151)

atacando

COMMANDS

	(nosotros) ataquemos/no ataquemos
(tú) ataca/no ataques	(vosotros) atacad/no ataquéis
(Ud.) ataque/no ataque	(Uds.) ataquen/no ataquen

Usage

Los soldados atacaron al ejército enemigo.	*The soldiers attacked the enemy's army.*
Es necesario que ataquemos el problema.	*It's necessary that we attack the problem.*
Le dio un ataque de risa/tos/nervios.	*She had a fit of laughter/coughing/nerves.*
Usó movimientos de ataque para ganar.	*He used aggressive moves to win.*

atender to attend to, take care of, receive

atiendo · atendieron · atendido · atendiendo   stem-changing -er verb: e > ie

PRESENT		PRETERIT	
atiendo	atendemos	atendí	atendimos
atiendes	atendéis	atendiste	atendisteis
atiende	atienden	atendió	atendieron

IMPERFECT		PRESENT PERFECT	
atendía	atendíamos	he atendido	hemos atendido
atendías	atendíais	has atendido	habéis atendido
atendía	atendían	ha atendido	han atendido

FUTURE		CONDITIONAL	
atenderé	atenderemos	atendería	atenderíamos
atenderás	atenderéis	atenderías	atenderíais
atenderá	atenderán	atendería	atenderían

PLUPERFECT		PRETERIT PERFECT	
había atendido	habíamos atendido	hube atendido	hubimos atendido
habías atendido	habíais atendido	hubiste atendido	hubisteis atendido
había atendido	habían atendido	hubo atendido	hubieron atendido

FUTURE PERFECT		CONDITIONAL PERFECT	
habré atendido	habremos atendido	habría atendido	habríamos atendido
habrás atendido	habréis atendido	habrías atendido	habríais atendido
habrá atendido	habrán atendido	habría atendido	habrían atendido

PRESENT SUBJUNCTIVE		PRESENT PERFECT SUBJUNCTIVE	
atienda	atendamos	haya atendido	hayamos atendido
atiendas	atendáis	hayas atendido	hayáis atendido
atienda	atiendan	haya atendido	hayan atendido

IMPERFECT SUBJUNCTIVE (-ra)		or	IMPERFECT SUBJUNCTIVE (-se)	
atendiera	atendiéramos		atendiese	atendiésemos
atendieras	atendierais		atendieses	atendieseis
atendiera	atendieran		atendiese	atendiesen

PAST PERFECT SUBJUNCTIVE (-ra)		or	PAST PERFECT SUBJUNCTIVE (-se)	
hubiera atendido	hubiéramos atendido		hubiese atendido	hubiésemos atendido
hubieras atendido	hubierais atendido		hubieses atendido	hubieseis atendido
hubiera atendido	hubieran atendido		hubiese atendido	hubiesen atendido

PROGRESSIVE TENSES

PRESENT	estoy, estás, está, estamos, estáis, están	
PRETERIT	estuve, estuviste, estuvo, estuvimos, estuvisteis, estuvieron	
IMPERFECT	estaba, estabas, estaba, estábamos, estabais, estaban	atendiendo
FUTURE	estaré, estarás, estará, estaremos, estaréis, estarán	
CONDITIONAL	estaría, estarías, estaría, estaríamos, estaríais, estarían	
SUBJUNCTIVE	que + corresponding subjunctive tense of estar (see verb 151)	

COMMANDS

	(nosotros) atendamos/no atendamos
(tú) atiende/no atiendas	(vosotros) atended/no atendáis
(Ud.) atienda/no atienda	(Uds.) atiendan/no atiendan

Usage

Yo atiendo al teléfono.	I'll answer the telephone.
Atiéndelos en la antesala.	See/Receive them in the anteroom.
—¿Le atienden?	Are you being served? (in a store)
—Sí, la dependiente está atendiéndome.	Yes, the saleswoman is taking care of me.

irregular verb (like **traer**) | atraigo · atrajeron · atraído · atrayendo

PRESENT		PRETERIT	
atraigo	atraemos	atraje	atrajimos
atraes	atraéis	atrajiste	atrajisteis
atrae	atraen	atrajo	atrajeron

IMPERFECT		PRESENT PERFECT	
atraía	atraíamos	he atraído	hemos atraído
atraías	atraíais	has atraído	habéis atraído
atraía	atraían	ha atraído	han atraído

FUTURE		CONDITIONAL	
atraeré	atraeremos	atraería	atraeríamos
atraerás	atraeréis	atraerías	atraeríais
atraerá	atraerán	atraería	atraerían

PLUPERFECT		PRETERIT PERFECT	
había atraído	habíamos atraído	hube atraído	hubimos atraído
habías atraído	habíais atraído	hubiste atraído	hubisteis atraído
había atraído	habían atraído	hubo atraído	hubieron atraído

FUTURE PERFECT		CONDITIONAL PERFECT	
habré atraído	habremos atraído	habría atraído	habríamos atraído
habrás atraído	habréis atraído	habrías atraído	habríais atraído
habrá atraído	habrán atraído	habría atraído	habrían atraído

PRESENT SUBJUNCTIVE		PRESENT PERFECT SUBJUNCTIVE	
atraiga	atraigamos	haya atraído	hayamos atraído
atraigas	atraigáis	hayas atraído	hayáis atraído
atraiga	atraigan	haya atraído	hayan atraído

IMPERFECT SUBJUNCTIVE (-ra)		*or* IMPERFECT SUBJUNCTIVE (-se)	
atrajera	atrajéramos	atrajese	atrajésemos
atrajeras	atrajerais	atrajeses	atrajeseis
atrajera	atrajeran	atrajese	atrajesen

PAST PERFECT SUBJUNCTIVE (-ra)		*or* PAST PERFECT SUBJUNCTIVE (-se)	
hubiera atraído	hubiéramos atraído	hubiese atraído	hubiésemos atraído
hubieras atraído	hubierais atraído	hubieses atraído	hubieseis atraído
hubiera atraído	hubieran atraído	hubiese atraído	hubiesen atraído

PROGRESSIVE TENSES

PRESENT	estoy, estás, está, estamos, estáis, están	
PRETERIT	estuve, estuviste, estuvo, estuvimos, estuvisteis, estuvieron	
IMPERFECT	estaba, estabas, estaba, estábamos, estabais, estaban	atrayendo
FUTURE	estaré, estarás, estará, estaremos, estaréis, estarán	
CONDITIONAL	estaría, estarías, estaría, estaríamos, estaríais, estarían	
SUBJUNCTIVE	que + *corresponding subjunctive tense of* estar (*see verb 151*)	

COMMANDS

	(nosotros) atraigamos/no atraigamos
(tú) atrae/no atraigas	(vosotros) atraed/no atraigáis
(Ud.) atraiga/no atraiga	(Uds.) atraigan/no atraigan

Usage

—¿Qué les atrae más del museo? | *What attracts you/do you like most in the museum?*

—Nos atrae más la pintura neoclásica. | *We like neoclassical painting most.*

Los precios módicos atraen a la gente. | *People are lured by the moderate prices.*

atravieso · atravesaron · atravesado · atravesando   stem-changing *-ar* verb: *e > ie*

PRESENT	
atravieso	atravesamos
atraviesas	atravesáis
atraviesa	atraviesan

IMPERFECT	
atravesaba	atravesábamos
atravesabas	atravesabais
atravesaba	atravesaban

FUTURE	
atravesaré	atravesaremos
atravesarás	atravesaréis
atravesará	atravesarán

PLUPERFECT	
había atravesado	habíamos atravesado
habías atravesado	habíais atravesado
había atravesado	habían atravesado

FUTURE PERFECT	
habré atravesado	habremos atravesado
habrás atravesado	habréis atravesado
habrá atravesado	habrán atravesado

PRESENT SUBJUNCTIVE	
atraviese	atravesemos
atravieses	atraveséis
atraviese	atraviesen

IMPERFECT SUBJUNCTIVE (-ra)	
atravesara	atravesáramos
atravesaras	atravesarais
atravesara	atravesaran

PAST PERFECT SUBJUNCTIVE (-ra)	
hubiera atravesado	hubiéramos atravesado
hubieras atravesado	hubierais atravesado
hubiera atravesado	hubieran atravesado

PRETERIT	
atravesé	atravesamos
atravesaste	atravesasteis
atravesó	atravesaron

PRESENT PERFECT	
he atravesado	hemos atravesado
has atravesado	habéis atravesado
ha atravesado	han atravesado

CONDITIONAL	
atravesaría	atravesaríamos
atravesarías	atravesaríais
atravesaría	atravesarían

PRETERIT PERFECT	
hube atravesado	hubimos atravesado
hubiste atravesado	hubisteis atravesado
hubo atravesado	hubieron atravesado

CONDITIONAL PERFECT	
habría atravesado	habríamos atravesado
habrías atravesado	habríais atravesado
habría atravesado	habrían atravesado

PRESENT PERFECT SUBJUNCTIVE	
haya atravesado	hayamos atravesado
hayas atravesado	hayáis atravesado
haya atravesado	hayan atravesado

or IMPERFECT SUBJUNCTIVE (-se)

atravesase	atravesásemos
atravesases	atravesaseis
atravesase	atravesasen

or PAST PERFECT SUBJUNCTIVE (-se)

hubiese atravesado	hubiésemos atravesado
hubieses atravesado	hubieseis atravesado
hubiese atravesado	hubiesen atravesado

PROGRESSIVE TENSES

PRESENT	estoy, estás, está, estamos, estáis, están
PRETERIT	estuve, estuviste, estuvo, estuvimos, estuvisteis, estuvieron
IMPERFECT	estaba, estabas, estaba, estábamos, estabais, estaban
FUTURE	estaré, estarás, estará, estaremos, estaréis, estarán
CONDITIONAL	estaría, estarías, estaría, estaríamos, estaríais, estarían
SUBJUNCTIVE	que + *corresponding subjunctive tense of* estar (*see verb 151*)

} atravesando

COMMANDS

	(nosotros) atravesemos/no atravesemos
(tú) atraviesa/no atravieses	(vosotros) atravesad/no atraveséis
(Ud.) atraviese/no atraviese	(Uds.) atraviesen/no atraviesen

Usage

Atravesemos la calle en la esquina.	Let's cross the street at the corner.
Tres puentes atraviesan el río.	Three bridges span the river.
La cordillera de los Andes atraviesa Sudamérica.	The Andes go through South America.
Lo supe a través del periódico.	I found out about it through the newspaper.

regular *-er* reflexive verb   atrevo · atrevieron · atrevido · atreviéndose

PRESENT		PRETERIT	
me atrevo	nos atrevemos	me atreví	nos atrevimos
te atreves	os atrevéis	te atreviste	os atrevisteis
se atreve	se atreven	se atrevió	se atrevieron

IMPERFECT		PRESENT PERFECT	
me atrevía	nos atrevíamos	me he atrevido	nos hemos atrevido
te atrevías	os atrevíais	te has atrevido	os habéis atrevido
se atrevía	se atrevían	se ha atrevido	se han atrevido

FUTURE		CONDITIONAL	
me atreveré	nos atreveremos	me atrevería	nos atreveríamos
te atreverás	os atreveréis	te atreverías	os atreveríais
se atreverá	se atreverán	se atrevería	se atreverían

PLUPERFECT		PRETERIT PERFECT	
me había atrevido	nos habíamos atrevido	me hube atrevido	nos hubimos atrevido
te habías atrevido	os habíais atrevido	te hubiste atrevido	os hubisteis atrevido
se había atrevido	se habían atrevido	se hubo atrevido	se hubieron atrevido

FUTURE PERFECT		CONDITIONAL PERFECT	
me habré atrevido	nos habremos atrevido	me habría atrevido	nos habríamos atrevido
te habrás atrevido	os habréis atrevido	te habrías atrevido	os habríais atrevido
se habrá atrevido	se habrán atrevido	se habría atrevido	se habrían atrevido

PRESENT SUBJUNCTIVE		PRESENT PERFECT SUBJUNCTIVE	
me atreva	nos atrevamos	me haya atrevido	nos hayamos atrevido
te atrevas	os atreváis	te hayas atrevido	os hayáis atrevido
se atreva	se atrevan	se haya atrevido	se hayan atrevido

IMPERFECT SUBJUNCTIVE (-ra)		*or*	IMPERFECT SUBJUNCTIVE (-se)	
me atreviera	nos atreviéramos		me atreviese	nos atreviésemos
te atrevieras	os atrevierais		te atrevieses	os atrevieseis
se atreviera	se atrevieran		se atreviese	se atreviesen

PAST PERFECT SUBJUNCTIVE (-ra)		*or*	PAST PERFECT SUBJUNCTIVE (-se)	
me hubiera atrevido	nos hubiéramos atrevido		me hubiese atrevido	nos hubiésemos atrevido
te hubieras atrevido	os hubierais atrevido		te hubieses atrevido	os hubieseis atrevido
se hubiera atrevido	se hubieran atrevido		se hubiese atrevido	se hubiesen atrevido

PROGRESSIVE TENSES

PRESENT	estoy, estás, está, estamos, estáis, están	
PRETERIT	estuve, estuviste, estuvo, estuvimos, estuvisteis, estuvieron	
IMPERFECT	estaba, estabas, estaba, estábamos, estabais, estaban	atreviendo
FUTURE	estaré, estarás, estará, estaremos, estaréis, estarán	(see page 37)
CONDITIONAL	estaría, estarías, estaría, estaríamos, estaríais, estarían	
SUBJUNCTIVE	que + *corresponding subjunctive tense of estar* (see verb 151)	

COMMANDS

	(nosotros) atrevámonos/no nos atrevamos
(tú) atrévete/no te atrevas	(vosotros) atreveos/no os atreváis
(Ud.) atrévase/no se atreva	(Uds.) atrévanse/no se atrevan

Usage

¿Cómo te atreves a hablarles así?	How do you dare talk to them like that?
Se atrevió con su jefe.	She was disrespectful with her boss.
¡Qué bombones más ricos! ¿Te atreves con uno más?	What delicious candies! Could you manage (to eat) one more?

atribuir *to attribute, credit*

atribuyo · atribuyeron · atribuido · atribuyendo

-ir verb; spelling change: adds y before o, a, e

PRESENT		PRETERIT	
atribuyo	atribuimos	atribuí	atribuimos
atribuyes	atribuís	atribuiste	atribuisteis
atribuye	atribuyen	atribuyó	atribuyeron

IMPERFECT		PRESENT PERFECT	
atribuía	atribuíamos	he atribuido	hemos atribuido
atribuías	atribuíais	has atribuido	habéis atribuido
atribuía	atribuían	ha atribuido	han atribuido

FUTURE		CONDITIONAL	
atribuiré	atribuiremos	atribuiría	atribuiríamos
atribuirás	atribuiréis	atribuirías	atribuiríais
atribuirá	atribuirán	atribuiría	atribuirían

PLUPERFECT		PRETERIT PERFECT	
había atribuido	habíamos atribuido	hube atribuido	hubimos atribuido
habías atribuido	habíais atribuido	hubiste atribuido	hubisteis atribuido
había atribuido	habían atribuido	hubo atribuido	hubieron atribuido

FUTURE PERFECT		CONDITIONAL PERFECT	
habré atribuido	habremos atribuido	habría atribuido	habríamos atribuido
habrás atribuido	habréis atribuido	habrías atribuido	habríais atribuido
habrá atribuido	habrán atribuido	habría atribuido	habrían atribuido

PRESENT SUBJUNCTIVE		PRESENT PERFECT SUBJUNCTIVE	
atribuya	atribuyamos	haya atribuido	hayamos atribuido
atribuyas	atribuyáis	hayas atribuido	hayáis atribuido
atribuya	atribuyan	haya atribuido	hayan atribuido

IMPERFECT SUBJUNCTIVE (-ra)		or	IMPERFECT SUBJUNCTIVE (-se)	
atribuyera	atribuyéramos		atribuyese	atribuyésemos
atribuyeras	atribuyerais		atribuyeses	atribuyeseis
atribuyera	atribuyeran		atribuyese	atribuyesen

PAST PERFECT SUBJUNCTIVE (-ra)		or	PAST PERFECT SUBJUNCTIVE (-se)	
hubiera atribuido	hubiéramos atribuido		hubiese atribuido	hubiésemos atribuido
hubieras atribuido	hubierais atribuido		hubieses atribuido	hubieseis atribuido
hubiera atribuido	hubieran atribuido		hubiese atribuido	hubiesen atribuido

PROGRESSIVE TENSES

PRESENT	estoy, estás, está, estamos, estáis, están	
PRETERIT	estuve, estuviste, estuvo, estuvimos, estuvisteis, estuvieron	
IMPERFECT	estaba, estabas, estaba, estábamos, estabais, estaban	atribuyendo
FUTURE	estaré, estarás, estará, estaremos, estaréis, estarán	
CONDITIONAL	estaría, estarías, estaría, estaríamos, estaríais, estarían	
SUBJUNCTIVE	que + *corresponding subjunctive tense of* estar (*see verb 151*)	

COMMANDS

	(nosotros) atribuyamos/no atribuyamos
(tú) atribuye/no atribuyas	(vosotros) atribuid/no atribuyáis
(Ud.) atribuya/no atribuya	(Uds.) atribuyan/no atribuyan

Usage

—Varios musicólogos le atribuyen la sonata a Bach.

Several musicologists attribute the sonata to Bach.

—Otros no apoyan esta atribución.

Others don't support this attribution.

Se atribuyó las ganancias de la firma.

He took credit for the firm's profits.

-ar verb; spelling change: $z > c/e$ **avanzo · avanzaron · avanzado · avanzando**

PRESENT		PRETERIT	
avanzo	avanzamos	avancé	avanzamos
avanzas	avanzáis	avanzaste	avanzasteis
avanza	avanzan	avanzó	avanzaron

IMPERFECT		PRESENT PERFECT	
avanzaba	avanzábamos	he avanzado	hemos avanzado
avanzabas	avanzabais	has avanzado	habéis avanzado
avanzaba	avanzaban	ha avanzado	han avanzado

FUTURE		CONDITIONAL	
avanzaré	avanzaremos	avanzaría	avanzaríamos
avanzarás	avanzaréis	avanzarías	avanzaríais
avanzará	avanzarán	avanzaría	avanzarían

PLUPERFECT		PRETERIT PERFECT	
había avanzado	habíamos avanzado	hube avanzado	hubimos avanzado
habías avanzado	habíais avanzado	hubiste avanzado	hubisteis avanzado
había avanzado	habían avanzado	hubo avanzado	hubieron avanzado

FUTURE PERFECT		CONDITIONAL PERFECT	
habré avanzado	habremos avanzado	habría avanzado	habríamos avanzado
habrás avanzado	habréis avanzado	habrías avanzado	habríais avanzado
habrá avanzado	habrán avanzado	habría avanzado	habrían avanzado

PRESENT SUBJUNCTIVE		PRESENT PERFECT SUBJUNCTIVE	
avance	avancemos	haya avanzado	hayamos avanzado
avances	avancéis	hayas avanzado	hayáis avanzado
avance	avancen	haya avanzado	hayan avanzado

IMPERFECT SUBJUNCTIVE (-ra)		*or* IMPERFECT SUBJUNCTIVE (-se)	
avanzara	avanzáramos	avanzase	avanzásemos
avanzaras	avanzarais	avanzases	avanzaseis
avanzara	avanzaran	avanzase	avanzasen

PAST PERFECT SUBJUNCTIVE (-ra)		*or* PAST PERFECT SUBJUNCTIVE (-se)	
hubiera avanzado	hubiéramos avanzado	hubiese avanzado	hubiésemos avanzado
hubieras avanzado	hubierais avanzado	hubieses avanzado	hubieseis avanzado
hubiera avanzado	hubieran avanzado	hubiese avanzado	hubiesen avanzado

PROGRESSIVE TENSES

PRESENT	estoy, estás, está, estamos, estáis, están	
PRETERIT	estuve, estuviste, estuvo, estuvimos, estuvisteis, estuvieron	
IMPERFECT	estaba, estabas, estaba, estábamos, estabais, estaban	avanzando
FUTURE	estaré, estarás, estará, estaremos, estaréis, estarán	
CONDITIONAL	estaría, estarías, estaría, estaríamos, estaríais, estarían	
SUBJUNCTIVE	que + *corresponding subjunctive tense* of estar (see verb 151)	

COMMANDS

	(nosotros) avancemos/no avancemos
(tú) avanza/no avances	(vosotros) avanzad/no avancéis
(Ud.) avance/no avance	(Uds.) avancen/no avancen

Usage

Los soldados avanzaron al frente.	*The soldiers advanced to the front.*
Se avanza muy lentamente en esta cola.	*You move forward very slowly in this line.*
Te toca a ti avanzar una pieza.	*It's your turn to move.* (board game)
La directora financiera es de edad avanzada.	*The financial director is elderly.*

avergüenzo · avergonzaron · avergonzado · avergonzándose

stem-changing *-ar* reflexive verb: *o > üe*; spelling change: *z > c/e*

PRESENT

me avergüenzo	nos avergonzamos
te avergüenzas	os avergonzáis
se avergüenza	se avergüenzan

IMPERFECT

me avergonzaba	nos avergonzábamos
te avergonzabas	os avergonzabais
se avergonzaba	se avergonzaban

FUTURE

me avergonzaré	nos avergonzaremos
te avergonzarás	os avergonzaréis
se avergonzará	se avergonzarán

PLUPERFECT

me había avergonzado	nos habíamos avergonzado
te habías avergonzado	os habíais avergonzado
se había avergonzado	se habían avergonzado

FUTURE PERFECT

me habré avergonzado	nos habremos avergonzado
te habrás avergonzado	os habréis avergonzado
se habrá avergonzado	se habrán avergonzado

PRESENT SUBJUNCTIVE

me avergüence	nos avergoncemos
te avergüences	os avergoncéis
se avergüence	se avergüencen

IMPERFECT SUBJUNCTIVE (-ra)

me avergonzara	nos avergonzáramos
te avergonzaras	os avergonzarais
se avergonzara	se avergonzaran

PAST PERFECT SUBJUNCTIVE (-ra)

me hubiera avergonzado	nos hubiéramos avergonzado
te hubieras avergonzado	os hubierais avergonzado
se hubiera avergonzado	se hubieran avergonzado

PRETERIT

me avergoncé	nos avergonzamos
te avergonzaste	os avergonzasteis
se avergonzó	se avergonzaron

PRESENT PERFECT

me he avergonzado	nos hemos avergonzado
te has avergonzado	os habéis avergonzado
se ha avergonzado	se han avergonzado

CONDITIONAL

me avergonzaría	nos avergonzaríamos
te avergonzarías	os avergonzaríais
se avergonzaría	se avergonzarían

PRETERIT PERFECT

me hube avergonzado	nos hubimos avergonzado
te hubiste avergonzado	os hubisteis avergonzado
se hubo avergonzado	se hubieron avergonzado

CONDITIONAL PERFECT

me habría avergonzado	nos habríamos avergonzado
te habrías avergonzado	os habríais avergonzado
se habría avergonzado	se habrían avergonzado

PRESENT PERFECT SUBJUNCTIVE

me haya avergonzado	nos hayamos avergonzado
te hayas avergonzado	os hayáis avergonzado
se haya avergonzado	se hayan avergonzado

or **IMPERFECT SUBJUNCTIVE (-se)**

me avergonzase	nos avergonzásemos
te avergonzases	os avergonzaseis
se avergonzase	se avergonzasen

or **PAST PERFECT SUBJUNCTIVE (-se)**

me hubiese avergonzado	nos hubiésemos avergonzado
te hubieses avergonzado	os hubieseis avergonzado
se hubiese avergonzado	se hubiesen avergonzado

PROGRESSIVE TENSES

PRESENT	estoy, estás, está, estamos, estáis, están	
PRETERIT	estuve, estuviste, estuvo, estuvimos, estuvisteis, estuvieron	
IMPERFECT	estaba, estabas, estaba, estábamos, estabais, estaban	avergonzando
FUTURE	estaré, estarás, estará, estaremos, estaréis, estarán	*(see page 37)*
CONDITIONAL	estaría, estarías, estaría, estaríamos, estaríais, estarían	
SUBJUNCTIVE	que + *corresponding subjunctive tense of estar (see verb 151)*	

COMMANDS

	(nosotros) avergoncémonos/no nos avergoncemos
(tú) avergüénzate/no te avergüences	(vosotros) avergonzaos/no os avergoncéis
(Ud.) avergüéncese/no se avergüence	(Uds.) avergüéncense/no se avergüencen

Usage

—Me avergüenzo de lo que dije.	*I'm ashamed of what I said.*
—No tienes porqué avergonzarte.	*You have no reason to be ashamed.*
—Están avergonzados por su comportamiento.	*They're ashamed of their behavior.*
—¿Que tienen vergüenza? Y con razón.	*So they're ashamed? And rightly so.*

-ar verb; spelling change: **averiguo · averiguaron · averiguado · averiguando**
u > ü/e

PRESENT		PRETERIT	
averiguo	averiguamos	averigüé	averiguamos
averiguas	averiguáis	averiguaste	averiguasteis
averigua	averiguan	averiguó	averiguaron

IMPERFECT		PRESENT PERFECT	
averiguaba	averiguábamos	he averiguado	hemos averiguado
averiguabas	averiguabais	has averiguado	habéis averiguado
averiguaba	averiguaban	ha averiguado	han averiguado

FUTURE		CONDITIONAL	
averiguaré	averiguaremos	averiguaría	averiguaríamos
averiguarás	averiguaréis	averiguarías	averiguaríais
averiguará	averiguarán	averiguaría	averiguarían

PLUPERFECT		PRETERIT PERFECT	
había averiguado	habíamos averiguado	hube averiguado	hubimos averiguado
habías averiguado	habíais averiguado	hubiste averiguado	hubisteis averiguado
había averiguado	habían averiguado	hubo averiguado	hubieron averiguado

FUTURE PERFECT		CONDITIONAL PERFECT	
habré averiguado	habremos averiguado	habría averiguado	habríamos averiguado
habrás averiguado	habréis averiguado	habrías averiguado	habríais averiguado
habrá averiguado	habrán averiguado	habría averiguado	habrían averiguado

PRESENT SUBJUNCTIVE		PRESENT PERFECT SUBJUNCTIVE	
averigüe	averigüemos	haya averiguado	hayamos averiguado
averigües	averigüéis	hayas averiguado	hayáis averiguado
averigüe	averigüen	haya averiguado	hayan averiguado

IMPERFECT SUBJUNCTIVE (-ra)		*or*	IMPERFECT SUBJUNCTIVE (-se)	
averiguara	averiguáramos		averiguase	averiguásemos
averiguaras	averiguarais		averiguases	averiguaseis
averiguara	averiguaran		averiguase	averiguasen

PAST PERFECT SUBJUNCTIVE (-ra)		*or*	PAST PERFECT SUBJUNCTIVE (-se)	
hubiera averiguado	hubiéramos averiguado		hubiese averiguado	hubiésemos averiguado
hubieras averiguado	hubierais averiguado		hubieses averiguado	hubieseis averiguado
hubiera averiguado	hubieran averiguado		hubiese averiguado	hubiesen averiguado

PROGRESSIVE TENSES

PRESENT	estoy, estás, está, estamos, estáis, están	
PRETERIT	estuve, estuviste, estuvo, estuvimos, estuvisteis, estuvieron	
IMPERFECT	estaba, estabas, estaba, estábamos, estabais, estaban	averiguando
FUTURE	estaré, estarás, estará, estaremos, estaréis, estarán	
CONDITIONAL	estaría, estarías, estaría, estaríamos, estaríais, estarían	
SUBJUNCTIVE	que + *corresponding subjunctive tense of estar (see verb 151)*	

COMMANDS

	(nosotros) averigüemos/no averigüemos
(tú) averigua/no averigües	(vosotros) averiguad/no averigüéis
(Ud.) averigüe/no averigüe	(Uds.) averigüen/no averigüen

Usage

Averigüe lo que pasó.	*Find out what happened.*
Hay que averiguar los datos estadísticos.	*We must check the statistical data.*
Hicieron averiguaciones sobre los crímenes.	*They investigated/inquired into the crimes.*

ayudar *to help*

ayudo · ayudaron · ayudado · ayudando

regular *-ar* verb

PRESENT		PRETERIT	
ayudo	ayudamos	ayudé	ayudamos
ayudas	ayudáis	ayudaste	ayudasteis
ayuda	ayudan	ayudó	ayudaron

IMPERFECT		PRESENT PERFECT	
ayudaba	ayudábamos	he ayudado	hemos ayudado
ayudabas	ayudabais	has ayudado	habéis ayudado
ayudaba	ayudaban	ha ayudado	han ayudado

FUTURE		CONDITIONAL	
ayudaré	ayudaremos	ayudaría	ayudaríamos
ayudarás	ayudaréis	ayudarías	ayudaríais
ayudará	ayudarán	ayudaría	ayudarían

PLUPERFECT		PRETERIT PERFECT	
había ayudado	habíamos ayudado	hube ayudado	hubimos ayudado
habías ayudado	habíais ayudado	hubiste ayudado	hubisteis ayudado
había ayudado	habían ayudado	hubo ayudado	hubieron ayudado

FUTURE PERFECT		CONDITIONAL PERFECT	
habré ayudado	habremos ayudado	habría ayudado	habríamos ayudado
habrás ayudado	habréis ayudado	habrías ayudado	habríais ayudado
habrá ayudado	habrán ayudado	habría ayudado	habrían ayudado

PRESENT SUBJUNCTIVE		PRESENT PERFECT SUBJUNCTIVE	
ayude	ayudemos	haya ayudado	hayamos ayudado
ayudes	ayudéis	hayas ayudado	hayáis ayudado
ayude	ayuden	haya ayudado	hayan ayudado

IMPERFECT SUBJUNCTIVE (-ra)		or IMPERFECT SUBJUNCTIVE (-se)	
ayudara	ayudáramos	ayudase	ayudásemos
ayudaras	ayudarais	ayudases	ayudaseis
ayudara	ayudaran	ayudase	ayudasen

PAST PERFECT SUBJUNCTIVE (-ra)		or PAST PERFECT SUBJUNCTIVE (-se)	
hubiera ayudado	hubiéramos ayudado	hubiese ayudado	hubiésemos ayudado
hubieras ayudado	hubierais ayudado	hubieses ayudado	hubieseis ayudado
hubiera ayudado	hubieran ayudado	hubiese ayudado	hubiesen ayudado

PROGRESSIVE TENSES

PRESENT	estoy, estás, está, estamos, estáis, están	
PRETERIT	estuve, estuviste, estuvo, estuvimos, estuvisteis, estuvieron	
IMPERFECT	estaba, estabas, estaba, estábamos, estabais, estaban	ayudando
FUTURE	estaré, estarás, estará, estaremos, estaréis, estarán	
CONDITIONAL	estaría, estarías, estaría, estaríamos, estaríais, estarían	
SUBJUNCTIVE	que + *corresponding subjunctive tense of* estar (*see verb 151*)	

COMMANDS

	(nosotros) ayudemos/no ayudemos
(tú) ayuda/no ayudes	(vosotros) ayudad/no ayudéis
(Ud.) ayude/no ayude	(Uds.) ayuden/no ayuden

Usage

¿Me ayudas a hacer una copia de seguridad?	Will you help me make a backup copy?
Ayúdelos con el programa de gráficas.	Help them with the graphics program.
Necesita ayuda financiera para asistir a la universidad.	She needs financial aid in order to attend the university.

regular -*ar* verb

bajo · bajaron · bajado · bajando

PRESENT	
bajo	bajamos
bajas	bajáis
baja	bajan

PRETERIT	
bajé	bajamos
bajaste	bajasteis
bajó	bajaron

IMPERFECT	
bajaba	bajábamos
bajabas	bajabais
bajaba	bajaban

PRESENT PERFECT	
he bajado	hemos bajado
has bajado	habéis bajado
ha bajado	han bajado

FUTURE	
bajaré	bajaremos
bajarás	bajaréis
bajará	bajarán

CONDITIONAL	
bajaría	bajaríamos
bajarías	bajaríais
bajaría	bajarían

PLUPERFECT	
había bajado	habíamos bajado
habías bajado	habíais bajado
había bajado	habían bajado

PRETERIT PERFECT	
hube bajado	hubimos bajado
hubiste bajado	hubisteis bajado
hubo bajado	hubieron bajado

FUTURE PERFECT	
habré bajado	habremos bajado
habrás bajado	habréis bajado
habrá bajado	habrán bajado

CONDITIONAL PERFECT	
habría bajado	habríamos bajado
habrías bajado	habríais bajado
habría bajado	habrían bajado

PRESENT SUBJUNCTIVE	
baje	bajemos
bajes	bajéis
baje	bajen

PRESENT PERFECT SUBJUNCTIVE	
haya bajado	hayamos bajado
hayas bajado	hayáis bajado
haya bajado	hayan bajado

IMPERFECT SUBJUNCTIVE (-ra)		*or*	IMPERFECT SUBJUNCTIVE (-se)	
bajara	bajáramos		bajase	bajásemos
bajaras	bajarais		bajases	bajaseis
bajara	bajaran		bajase	bajasen

PAST PERFECT SUBJUNCTIVE (-ra)		*or*	PAST PERFECT SUBJUNCTIVE (-se)	
hubiera bajado	hubiéramos bajado		hubiese bajado	hubiésemos bajado
hubieras bajado	hubierais bajado		hubieses bajado	hubieseis bajado
hubiera bajado	hubieran bajado		hubiese bajado	hubiesen bajado

PROGRESSIVE TENSES

PRESENT	estoy, estás, está, estamos, estáis, están	
PRETERIT	estuve, estuviste, estuvo, estuvimos, estuvisteis, estuvieron	
IMPERFECT	estaba, estabas, estaba, estábamos, estabais, estaban	bajando
FUTURE	estaré, estarás, estará, estaremos, estaréis, estarán	
CONDITIONAL	estaría, estarías, estaría, estaríamos, estaríais, estarían	
SUBJUNCTIVE	que + *corresponding subjunctive tense of* estar (*see verb 151*)	

COMMANDS

	(nosotros) bajemos/no bajemos
(tú) baja/no bajes	(vosotros) bajad/no bajéis
(Ud.) baje/no baje	(Uds.) bajen/no bajen

Usage

Se baja en escalera mecánica.	*You can go down by escalator.*
Bajemos del autobús en la esquina.	*Let's get off the bus at the corner.*
Bájame el maletín, por favor.	*Please get the little suitcase down for me.*
Habla más bajo.	*Speak more softly.*

bautizar   *to baptize, christen, name*

bautizo · bautizaron · bautizado · bautizando   *-ar verb; spelling change: z > c/e*

PRESENT

bautizo	bautizamos
bautizas	bautizáis
bautiza	bautizan

PRETERIT

bauticé	bautizamos
bautizaste	bautizasteis
bautizó	bautizaron

IMPERFECT

bautizaba	bautizábamos
bautizabas	bautizabais
bautizaba	bautizaban

PRESENT PERFECT

he bautizado	hemos bautizado
has bautizado	habéis bautizado
ha bautizado	han bautizado

FUTURE

bautizaré	bautizaremos
bautizarás	bautizaréis
bautizará	bautizarán

CONDITIONAL

bautizaría	bautizaríamos
bautizarías	bautizaríais
bautizaría	bautizarían

PLUPERFECT

había bautizado	habíamos bautizado
habías bautizado	habíais bautizado
había bautizado	habían bautizado

PRETERIT PERFECT

hube bautizado	hubimos bautizado
hubiste bautizado	hubisteis bautizado
hubo bautizado	hubieron bautizado

FUTURE PERFECT

habré bautizado	habremos bautizado
habrás bautizado	habréis bautizado
habrá bautizado	habrán bautizado

CONDITIONAL PERFECT

habría bautizado	habríamos bautizado
habrías bautizado	habríais bautizado
habría bautizado	habrían bautizado

PRESENT SUBJUNCTIVE

bautice	bauticemos
bautices	bauticéis
bautice	bauticen

PRESENT PERFECT SUBJUNCTIVE

haya bautizado	hayamos bautizado
hayas bautizado	hayáis bautizado
haya bautizado	hayan bautizado

IMPERFECT SUBJUNCTIVE (-ra)

bautizara	bautizáramos
bautizaras	bautizarais
bautizara	bautizaran

or **IMPERFECT SUBJUNCTIVE (-se)**

bautizase	bautizásemos
bautizases	bautizaseis
bautizase	bautizasen

PAST PERFECT SUBJUNCTIVE (-ra)

hubiera bautizado	hubiéramos bautizado
hubieras bautizado	hubierais bautizado
hubiera bautizado	hubieran bautizado

or **PAST PERFECT SUBJUNCTIVE (-se)**

hubiese bautizado	hubiésemos bautizado
hubieses bautizado	hubieseis bautizado
hubiese bautizado	hubiesen bautizado

PROGRESSIVE TENSES

PRESENT	estoy, estás, está, estamos, estáis, están
PRETERIT	estuve, estuviste, estuvo, estuvimos, estuvisteis, estuvieron
IMPERFECT	estaba, estabas, estaba, estábamos, estabais, estaban
FUTURE	estaré, estarás, estará, estaremos, estaréis, estarán
CONDITIONAL	estaría, estarías, estaría, estaríamos, estaríais, estarían
SUBJUNCTIVE	que + *corresponding subjunctive tense of* estar (*see verb 151*)

} bautizando

COMMANDS

	(nosotros) bauticemos/no bauticemos
(tú) bautiza/no bautices	(vosotros) bautizad/no bauticéis
(Ud.) bautice/no bautice	(Uds.) bauticen/no bauticen

Usage

—Bautizarán a la niña el domingo.	*The little girl will be baptized on Sunday.*
—¿A qué hora será el bautizo?	*At what time will the christening take place?*
Cristóbal Colón bautizó las carabelas Niña, Pinta y Santa María.	*Christopher Columbus named his ships Niña, Pinta, and Santa María.*

regular -er verb | bebo · bebieron · bebido · bebiendo

PRESENT

bebo	bebemos
bebes	bebéis
bebe	beben

IMPERFECT

bebía	bebíamos
bebías	bebíais
bebía	bebían

FUTURE

beberé	beberemos
beberás	beberéis
beberá	beberán

PLUPERFECT

había bebido	habíamos bebido
habías bebido	habíais bebido
había bebido	habían bebido

FUTURE PERFECT

habré bebido	habremos bebido
habrás bebido	habréis bebido
habrá bebido	habrán bebido

PRESENT SUBJUNCTIVE

beba	bebamos
bebas	bebáis
beba	beban

IMPERFECT SUBJUNCTIVE (-ra)

bebiera	bebiéramos
bebieras	bebierais
bebiera	bebieran

PAST PERFECT SUBJUNCTIVE (-ra)

hubiera bebido	hubiéramos bebido
hubieras bebido	hubierais bebido
hubiera bebido	hubieran bebido

PRETERIT

bebí	bebimos
bebiste	bebisteis
bebió	bebieron

PRESENT PERFECT

he bebido	hemos bebido
has bebido	habéis bebido
ha bebido	han bebido

CONDITIONAL

bebería	beberíamos
beberías	beberíais
bebería	beberían

PRETERIT PERFECT

hube bebido	hubimos bebido
hubiste bebido	hubisteis bebido
hubo bebido	hubieron bebido

CONDITIONAL PERFECT

habría bebido	habríamos bebido
habrías bebido	habríais bebido
habría bebido	habrían bebido

PRESENT PERFECT SUBJUNCTIVE

haya bebido	hayamos bebido
hayas bebido	hayáis bebido
haya bebido	hayan bebido

or **IMPERFECT SUBJUNCTIVE (-se)**

bebiese	bebiésemos
bebieses	bebieseis
bebiese	bebiesen

or **PAST PERFECT SUBJUNCTIVE (-se)**

hubiese bebido	hubiésemos bebido
hubieses bebido	hubieseis bebido
hubiese bebido	hubiesen bebido

PROGRESSIVE TENSES

PRESENT	estoy, estás, está, estamos, estáis, están	
PRETERIT	estuve, estuviste, estuvo, estuvimos, estuvisteis, estuvieron	
IMPERFECT	estaba, estabas, estaba, estábamos, estabais, estaban	bebiendo
FUTURE	estaré, estarás, estará, estaremos, estaréis, estarán	
CONDITIONAL	estaría, estarías, estaría, estaríamos, estaríais, estarían	
SUBJUNCTIVE	que + *corresponding subjunctive tense of* estar (*see verb 151*)	

COMMANDS

	(nosotros) bebamos/no bebamos
(tú) bebe/no bebas	(vosotros) bebed/no bebáis
(Ud.) beba/no beba	(Uds.) beban/no beban

Usage

Bebí agua.	*I drank water.*
Dale de beber al perro.	*Give the dog water.*
Bebamos a su salud.	*Let's drink to him/to his health.*
El bebé bebe del biberón todavía.	*The baby still drinks from a bottle.*

bendecir *to bless*

bendigo · bendijeron · bendecido (also **bendito**, used as adjective) · **bendiciendo**
irregular verb

PRESENT		PRETERIT	
bendigo	bendecimos	bendije	bendijimos
bendices	bendecís	bendijiste	bendijisteis
bendice	bendicen	bendijo	bendijeron

IMPERFECT		PRESENT PERFECT	
bendecía	bendecíamos	he bendecido	hemos bendecido
bendecías	bendecíais	has bendecido	habéis bendecido
bendecía	bendecían	ha bendecido	han bendecido

FUTURE		CONDITIONAL	
bendeciré	bendeciremos	bendeciría	bendeciríamos
bendecirás	bendeciréis	bendecirías	bendeciríais
bendecirá	bendecirán	bendeciría	bendecirían

PLUPERFECT		PRETERIT PERFECT	
había bendecido	habíamos bendecido	hube bendecido	hubimos bendecido
habías bendecido	habíais bendecido	hubiste bendecido	hubisteis bendecido
había bendecido	habían bendecido	hubo bendecido	hubieron bendecido

FUTURE PERFECT		CONDITIONAL PERFECT	
habré bendecido	habremos bendecido	habría bendecido	habríamos bendecido
habrás bendecido	habréis bendecido	habrías bendecido	habríais bendecido
habrá bendecido	habrán bendecido	habría bendecido	habrían bendecido

PRESENT SUBJUNCTIVE		PRESENT PERFECT SUBJUNCTIVE	
bendiga	bendigamos	haya bendecido	hayamos bendecido
bendigas	bendigáis	hayas bendecido	hayáis bendecido
bendiga	bendigan	haya bendecido	hayan bendecido

IMPERFECT SUBJUNCTIVE (-ra)		*or*	IMPERFECT SUBJUNCTIVE (-se)	
bendijera	bendijéramos		bendijese	bendijésemos
bendijeras	bendijerais		bendijeses	bendijeseis
bendijera	bendijeran		bendijese	bendijesen

PAST PERFECT SUBJUNCTIVE (-ra)		*or*	PAST PERFECT SUBJUNCTIVE (-se)	
hubiera bendecido	hubiéramos bendecido		hubiese bendecido	hubiésemos bendecido
hubieras bendecido	hubierais bendecido		hubieses bendecido	hubieseis bendecido
hubiera bendecido	hubieran bendecido		hubiese bendecido	hubiesen bendecido

PROGRESSIVE TENSES

PRESENT	estoy, estás, está, estamos, estáis, están	
PRETERIT	estuve, estuviste, estuvo, estuvimos, estuvisteis, estuvieron	
IMPERFECT	estaba, estabas, estaba, estábamos, estabais, estaban	bendiciendo
FUTURE	estaré, estarás, estará, estaremos, estaréis, estarán	
CONDITIONAL	estaría, estarías, estaría, estaríamos, estaríais, estarían	
SUBJUNCTIVE	que + *corresponding subjunctive tense of estar (see verb 151)*	

COMMANDS

	(nosotros) bendigamos/no bendigamos
(tú) bendice/no bendigas	(vosotros) bendecid/no bendigáis
(Ud.) bendiga/no bendiga	(Uds.) bendigan/no bendigan

Usage

¡Que Dios los bendiga, hijos!	*May God bless you, my children.*
El pueblo fue bendecido por el Papa.	*The people were blessed by the Pope.*
Hay que dar la bendición de la mesa.	*We must say grace.*
¡Qué bendito es!	*What a saint/good person he is!*

-ar verb; spelling change: *z > c/e*   bostezo · bostezaron · bostezado · bostezando

PRESENT		PRETERIT	
bostezo	bostezamos	bostecé	bostezamos
bostezas	bostezáis	bostezaste	bostezasteis
bosteza	bostezan	bostezó	bostezaron

IMPERFECT		PRESENT PERFECT	
bostezaba	bostezábamos	he bostezado	hemos bostezado
bostezabas	bostezabais	has bostezado	habéis bostezado
bostezaba	bostezaban	ha bostezado	han bostezado

FUTURE		CONDITIONAL	
bostezaré	bostezaremos	bostezaría	bostezaríamos
bostezarás	bostezaréis	bostezarías	bostezaríais
bostezará	bostezarán	bostezaría	bostezarían

PLUPERFECT		PRETERIT PERFECT	
había bostezado	habíamos bostezado	hube bostezado	hubimos bostezado
habías bostezado	habíais bostezado	hubiste bostezado	hubisteis bostezado
había bostezado	habían bostezado	hubo bostezado	hubieron bostezado

FUTURE PERFECT		CONDITIONAL PERFECT	
habré bostezado	habremos bostezado	habría bostezado	habríamos bostezado
habrás bostezado	habréis bostezado	habrías bostezado	habríais bostezado
habrá bostezado	habrán bostezado	habría bostezado	habrían bostezado

PRESENT SUBJUNCTIVE		PRESENT PERFECT SUBJUNCTIVE	
bostece	bostecemos	haya bostezado	hayamos bostezado
bosteces	bostecéis	hayas bostezado	hayáis bostezado
bostece	bostecen	haya bostezado	hayan bostezado

IMPERFECT SUBJUNCTIVE (-ra)		*or*	IMPERFECT SUBJUNCTIVE (-se)	
bostezara	bostezáramos		bostezase	bostezásemos
bostezaras	bostezarais		bostezases	bostezaseis
bostezara	bostezaran		bostezase	bostezasen

PAST PERFECT SUBJUNCTIVE (-ra)		*or*	PAST PERFECT SUBJUNCTIVE (-se)	
hubiera bostezado	hubiéramos bostezado		hubiese bostezado	hubiésemos bostezado
hubieras bostezado	hubierais bostezado		hubieses bostezado	hubieseis bostezado
hubiera bostezado	hubieran bostezado		hubiese bostezado	hubiesen bostezado

PROGRESSIVE TENSES

PRESENT	estoy, estás, está, estamos, estáis, están	
PRETERIT	estuve, estuviste, estuvo, estuvimos, estuvisteis, estuvieron	
IMPERFECT	estaba, estabas, estaba, estábamos, estabais, estaban	bostezando
FUTURE	estaré, estarás, estará, estaremos, estaréis, estarán	
CONDITIONAL	estaría, estarías, estaría, estaríamos, estaríais, estarían	
SUBJUNCTIVE	que + *corresponding subjunctive tense of estar (see verb 151)*	

COMMANDS

	(nosotros) bostecemos/no bostecemos
(tú) bosteza/no bosteces	(vosotros) bostezad/no bostecéis
(Ud.) bostece/no bostece	(Uds.) bostecen/no bostecen

Usage

—¡Cuánto bostezas! ¿Tienes sueño?	You're yawning so much! Are you sleepy?
—Bostezo por la falta de aire.	I'm yawning because of the lack of air.
¡Tápense la boca cuando bostezan!	Cover your mouths when you yawn!
¡Tantos bostezos! ¡Te dolerán las mandíbulas!	So much yawning! Your jaws must hurt!

brincar *to jump, hop*

brinco · brincaron · brincado · brincando   *-ar verb; spelling change: c > qu/e*

PRESENT

brinco	brincamos
brincas	brincáis
brinca	brincan

IMPERFECT

brincaba	brincábamos
brincabas	brincabais
brincaba	brincaban

FUTURE

brincaré	brincaremos
brincarás	brincaréis
brincará	brincarán

PLUPERFECT

había brincado	habíamos brincado
habías brincado	habíais brincado
había brincado	habían brincado

FUTURE PERFECT

habré brincado	habremos brincado
habrás brincado	habréis brincado
habrá brincado	habrán brincado

PRESENT SUBJUNCTIVE

brinque	brinquemos
brinques	brinquéis
brinque	brinquen

IMPERFECT SUBJUNCTIVE (-ra)

brincara	brincáramos
brincaras	brincarais
brincara	brincaran

PAST PERFECT SUBJUNCTIVE (-ra)

hubiera brincado	hubiéramos brincado
hubieras brincado	hubierais brincado
hubiera brincado	hubieran brincado

PRETERIT

brinqué	brincamos
brincaste	brincasteis
brincó	brincaron

PRESENT PERFECT

he brincado	hemos brincado
has brincado	habéis brincado
ha brincado	han brincado

CONDITIONAL

brincaría	brincaríamos
brincarías	brincaríais
brincaría	brincarían

PRETERIT PERFECT

hube brincado	hubimos brincado
hubiste brincado	hubisteis brincado
hubo brincado	hubieron brincado

CONDITIONAL PERFECT

habría brincado	habríamos brincado
habrías brincado	habríais brincado
habría brincado	habrían brincado

PRESENT PERFECT SUBJUNCTIVE

haya brincado	hayamos brincado
hayas brincado	hayáis brincado
haya brincado	hayan brincado

or **IMPERFECT SUBJUNCTIVE (-se)**

brincase	brincásemos
brincases	brincaseis
brincase	brincasen

or **PAST PERFECT SUBJUNCTIVE (-se)**

hubiese brincado	hubiésemos brincado
hubieses brincado	hubieseis brincado
hubiese brincado	hubiesen brincado

PROGRESSIVE TENSES

PRESENT	estoy, estás, está, estamos, estáis, están
PRETERIT	estuve, estuviste, estuvo, estuvimos, estuvisteis, estuvieron
IMPERFECT	estaba, estabas, estaba, estábamos, estabais, estaban
FUTURE	estaré, estarás, estará, estaremos, estaréis, estarán
CONDITIONAL	estaría, estarías, estaría, estaríamos, estaríais, estarían
SUBJUNCTIVE	que + *corresponding subjunctive tense of estar (see verb 151)*

     } brincando

COMMANDS

	(nosotros) brinquemos/no brinquemos
(tú) brinca/no brinques	(vosotros) brincad/no brinquéis
(Ud.) brinque/no brinque	(Uds.) brinquen/no brinquen

Usage

Brincó de alegría al oír la noticia.	*She jumped for joy when she heard the news.*
¡Niños, no brinquen en el sofá!	*Children, don't jump around on the couch!*
Dio un brinco cuando se enteró.	*He jumped up when he found out.*
Los corderos brincaban en el prado.	*The lambs were gamboling in the meadow.*

-ar verb; spelling change: c > qu/e

busco · buscaron · buscado · buscando

PRESENT		PRETERIT	
busco	buscamos	busqué	buscamos
buscas	buscáis	buscaste	buscasteis
busca	buscan	buscó	buscaron

IMPERFECT		PRESENT PERFECT	
buscaba	buscábamos	he buscado	hemos buscado
buscabas	buscabais	has buscado	habéis buscado
buscaba	buscaban	ha buscado	han buscado

FUTURE		CONDITIONAL	
buscaré	buscaremos	buscaría	buscaríamos
buscarás	buscaréis	buscarías	buscaríais
buscará	buscarán	buscaría	buscarían

PLUPERFECT		PRETERIT PERFECT	
había buscado	habíamos buscado	hube buscado	hubimos buscado
habías buscado	habíais buscado	hubiste buscado	hubisteis buscado
había buscado	habían buscado	hubo buscado	hubieron buscado

FUTURE PERFECT		CONDITIONAL PERFECT	
habré buscado	habremos buscado	habría buscado	habríamos buscado
habrás buscado	habréis buscado	habrías buscado	habríais buscado
habrá buscado	habrán buscado	habría buscado	habrían buscado

PRESENT SUBJUNCTIVE		PRESENT PERFECT SUBJUNCTIVE	
busque	busquemos	haya buscado	hayamos buscado
busques	busquéis	hayas buscado	hayáis buscado
busque	busquen	haya buscado	hayan buscado

IMPERFECT SUBJUNCTIVE (-ra)		or	IMPERFECT SUBJUNCTIVE (-se)	
buscara	buscáramos		buscase	buscásemos
buscaras	buscarais		buscases	buscaseis
buscara	buscaran		buscase	buscasen

PAST PERFECT SUBJUNCTIVE (-ra)		or	PAST PERFECT SUBJUNCTIVE (-se)	
hubiera buscado	hubiéramos buscado		hubiese buscado	hubiésemos buscado
hubieras buscado	hubierais buscado		hubieses buscado	hubieseis buscado
hubiera buscado	hubieran buscado		hubiese buscado	hubiesen buscado

PROGRESSIVE TENSES

PRESENT	estoy, estás, está, estamos, estáis, están
PRETERIT	estuve, estuviste, estuvo, estuvimos, estuvisteis, estuvieron
IMPERFECT	estaba, estabas, estaba, estábamos, estabais, estaban
FUTURE	estaré, estarás, estará, estaremos, estaréis, estarán
CONDITIONAL	estaría, estarías, estaría, estaríamos, estaríais, estarían
SUBJUNCTIVE	que + *corresponding subjunctive tense* of estar (*see verb 151*)

} buscando

COMMANDS

	(nosotros) busquemos/no busquemos
(tú) busca/no busques	(vosotros) buscad/no busquéis
(Ud.) busque/no busque	(Uds.) busquen/no busquen

Usage

Está buscando su pasaporte.	*He's searching for his passport.*
Busquen al gato en el patio.	*Look for the cat on the patio.*
Se busca trabajo.	*They're looking for work.*

buscar to look for, search

busco · buscaron · buscado · buscando   *-ar* verb; spelling change: *c > qu/e*

Buscamos un gerente que tenga don de gentes.	We're seeking a manager who is personable/ has a way with people.
Buscaba un novio que tuviera un buen sentido del humor.	She was looking for a boyfriend who had a good sense of humor.
¿Sigues buscando empleo?	Are you still looking for a job?
Se busca casa/apartamento.	They're house-hunting/apartment-hunting.
Se busca programador/arquitecto.	We're looking for a programmer/an architect.
Busqué la palabra en el diccionario.	I looked up the word in the dictionary.
Ve a buscar el periódico.	Go and get/bring the newspaper.
Búscame unos entremeses, por favor.	Please get me some hors d'oeuvres.
—Buscamos una solución a este problema.	We're looking for a solution to this problem.
—Les recomiendo que busquen consejos.	I recommend that you seek advice.
No busques problemas.	Don't look for/ask for problems.

Other Uses

Te buscaremos a las siete.	We'll pick you up at seven o'clock.
No se expresa bien. Busca sus palabras.	He doesn't express himself well. He fumbles for his words.
—No encuentro la llave en mi bolsa.	I can't find the key in my bag.
—Sácalo todo para no tener que buscarla a tientas.	Take everything out so that you don't have to fumble for it.
Se busca la vida mientras toma clases.	She's trying to earn a living while she studies.
Iba en busca de un buen carro de segunda mano.	He was going in search of a good used car.
Quien busca halla.	Seek and ye shall find.
¡No le busques tres pies al gato!	Don't split hairs/complicate matters!
Buscar el anillo es buscar una aguja en un pajar.	Looking for the ring is like looking for a needle in a haystack.
Se hace una búsqueda de ejecutivos.	They're doing an executive search.
Es un buscapleitos.	He's a troublemaker.
Es una buscavidas.	She's a go-getter/busybody.
El buscón es el título de una novela picaresca española.	The Pickpocket/Petty Thief is the title of a Spanish picaresque novel.
El novelista tiene un estilo rebuscado.	The novelist's style is recherché/pedantic/ affected.

TOP 30 VERBS

irregular verb | **quepo · cupieron · cabido · cabiendo**

PRESENT		PRETERIT	
quepo	cabemos	cupe	cupimos
cabes	cabéis	cupiste	cupisteis
cabe	caben	cupo	cupieron

IMPERFECT		PRESENT PERFECT	
cabía	cabíamos	he cabido	hemos cabido
cabías	cabíais	has cabido	habéis cabido
cabía	cabían	ha cabido	han cabido

FUTURE		CONDITIONAL	
cabré	cabremos	cabría	cabríamos
cabrás	cabréis	cabrías	cabríais
cabrá	cabrán	cabría	cabrían

PLUPERFECT		PRETERIT PERFECT	
había cabido	habíamos cabido	hube cabido	hubimos cabido
habías cabido	habíais cabido	hubiste cabido	hubisteis cabido
había cabido	habían cabido	hubo cabido	hubieron cabido

FUTURE PERFECT		CONDITIONAL PERFECT	
habré cabido	habremos cabido	habría cabido	habríamos cabido
habrás cabido	habréis cabido	habrías cabido	habríais cabido
habrá cabido	habrán cabido	habría cabido	habrían cabido

PRESENT SUBJUNCTIVE		PRESENT PERFECT SUBJUNCTIVE	
quepa	quepamos	haya cabido	hayamos cabido
quepas	quepáis	hayas cabido	hayáis cabido
quepa	quepan	haya cabido	hayan cabido

IMPERFECT SUBJUNCTIVE (-ra)		or	IMPERFECT SUBJUNCTIVE (-se)	
cupiera	cupiéramos		cupiese	cupiésemos
cupieras	cupierais		cupieses	cupieseis
cupiera	cupieran		cupiese	cupiesen

PAST PERFECT SUBJUNCTIVE (-ra)		or	PAST PERFECT SUBJUNCTIVE (-se)	
hubiera cabido	hubiéramos cabido		hubiese cabido	hubiésemos cabido
hubieras cabido	hubierais cabido		hubieses cabido	hubieseis cabido
hubiera cabido	hubieran cabido		hubiese cabido	hubiesen cabido

PROGRESSIVE TENSES

PRESENT	estoy, estás, está, estamos, estáis, están	
PRETERIT	estuve, estuviste, estuvo, estuvimos, estuvisteis, estuvieron	
IMPERFECT	estaba, estabas, estaba, estábamos, estabais, estaban	cabiendo
FUTURE	estaré, estarás, estará, estaremos, estaréis, estarán	
CONDITIONAL	estaría, estarías, estaría, estaríamos, estaríais, estarían	
SUBJUNCTIVE	que + corresponding subjunctive tense of estar (see verb 151)	

COMMANDS

	(nosotros) quepamos/no quepamos
(tú) cabe/no quepas	(vosotros) cabed/no quepáis
(Ud.) quepa/no quepa	(Uds.) quepan/no quepan

Usage

No cabe ni una cosa más en la caja.	*Not one more thing will fit in the box.*
Caben 300 personas en la sala de conciertos.	*The concert hall holds 300 people.*
No cabe duda.	*There's no doubt.*
Todo cabe en lo humano.	*Everything is possible.*

Se cayó de la bicicleta.	She fell off her bicycle.
Se me cayó el florero.	I dropped the vase.
Se le cae el pelo.	His hair is falling out.
Cayeron en la trampa.	They fell into the trap.
Caíste en un error.	You made a mistake.
Su cumpleaños cae en viernes.	Her birthday falls on a Friday.
Unos invitados cayeron enfermos.	Some guests fell ill.
Cayó por la casa sin llamar.	He dropped by the house without calling.
Al caer la noche volvimos a la ciudad.	At nightfall we returned to the city.
Le cayó el premio.	He won the prize.
—Ese tipo me cae gordo.	That guy gets on my nerves./I can't stand that guy.
—A mí me cae mal también.	I can't stand him either.
Nos cayó encima la administración de la compañía.	The management of the company fell on our shoulders.

caerse _to fall, fall down_

Nos caímos de risa.	We fell down with/were overcome by laughter.
Se caía de sueño.	He was dropping off/falling asleep on his feet.
—Se cayó del caballo.	She fell off her horse.
—¿Se cayó de espaldas?	Did she fall on her back?

caérsele a alguien (unplanned occurrence) _to drop_

El monedero se le habrá caído.	She must have dropped her change purse.
Al niño se le cayó otro diente.	The little boy lost another tooth.
—¡Ay, no! ¡Dejaste caer la torta!	Oh no! You dropped the cake!
—¡Y tú hiciste caer el jugo!	And you knocked over the juice!
Las ideas democráticas hicieron caer el comunismo.	Democratic ideas brought about the fall of communism.
Para estos chicos, los consejos caen en saco roto.	For these kids, advice goes in one ear and out the other.
Derrochó su fortuna. Ahora no tiene dónde caerse muerto.	He squandered his fortune. Now he hasn't a penny to his name.
Cayó en la cuenta de su maleficencia.	She became aware of her wrongdoing.
Hay monumentos a los caídos en las guerras.	There are monuments/memorials to the war dead.
Están decaídos por las últimas noticias.	They're discouraged by the latest news.

TOP 30 VERBS

irregular verb   caigo · cayeron · caído · cayendo

PRESENT

caigo	caemos
caes	caéis
cae	caen

IMPERFECT

caía	caíamos
caías	caíais
caía	caían

FUTURE

caeré	caeremos
caerás	caeréis
caerá	caerán

PLUPERFECT

había caído	habíamos caído
habías caído	habíais caído
había caído	habían caído

FUTURE PERFECT

habré caído	habremos caído
habrás caído	habréis caído
habrá caído	habrán caído

PRESENT SUBJUNCTIVE

caiga	caigamos
caigas	caigáis
caiga	caigan

IMPERFECT SUBJUNCTIVE (-ra)

cayera	cayéramos
cayeras	cayerais
cayera	cayeran

PAST PERFECT SUBJUNCTIVE (-ra)

hubiera caído	hubiéramos caído
hubieras caído	hubierais caído
hubiera caído	hubieran caído

PRETERIT

caí	caímos
caíste	caísteis
cayó	cayeron

PRESENT PERFECT

he caído	hemos caído
has caído	habéis caído
ha caído	han caído

CONDITIONAL

caería	caeríamos
caerías	caeríais
caería	caerían

PRETERIT PERFECT

hube caído	hubimos caído
hubiste caído	hubisteis caído
hubo caído	hubieron caído

CONDITIONAL PERFECT

habría caído	habríamos caído
habrías caído	habríais caído
habría caído	habrían caído

PRESENT PERFECT SUBJUNCTIVE

haya caído	hayamos caído
hayas caído	hayáis caído
haya caído	hayan caído

or **IMPERFECT SUBJUNCTIVE (-se)**

cayese	cayésemos
cayeses	cayeseis
cayese	cayesen

or **PAST PERFECT SUBJUNCTIVE (-se)**

hubiese caído	hubiésemos caído
hubieses caído	hubieseis caído
hubiese caído	hubiesen caído

PROGRESSIVE TENSES

PRESENT	estoy, estás, está, estamos, estáis, están
PRETERIT	estuve, estuviste, estuvo, estuvimos, estuvisteis, estuvieron
IMPERFECT	estaba, estabas, estaba, estábamos, estabais, estaban
FUTURE	estaré, estarás, estará, estaremos, estaréis, estarán
CONDITIONAL	estaría, estarías, estaría, estaríamos, estaríais, estarían
SUBJUNCTIVE	que + *corresponding subjunctive tense of* estar (*see verb 151*)

} cayendo

COMMANDS

	(nosotros) caigamos/no caigamos
(tú) cae/no caigas	(vosotros) caed/no caigáis
(Ud.) caiga/no caiga	(Uds.) caigan/no caigan

Usage

Las manzanas caían de los árboles.	*The apples fell from the trees.*
La nieve está cayendo.	*The snow is falling.*
Cayó el sol.	*The sun set.*
Esa computadora cayó en desuso.	*That computer became obsolete.*

calentar to heat (up), warm (up)

caliento · calentaron · calentado · calentando   stem-changing -ar verb: e > ie

PRESENT		PRETERIT	
caliento	calentamos	calenté	calentamos
calientas	calentáis	calentaste	calentasteis
calienta	calientan	calentó	calentaron

IMPERFECT		PRESENT PERFECT	
calentaba	calentábamos	he calentado	hemos calentado
calentabas	calentabais	has calentado	habéis calentado
calentaba	calentaban	ha calentado	han calentado

FUTURE		CONDITIONAL	
calentaré	calentaremos	calentaría	calentaríamos
calentarás	calentaréis	calentarías	calentaríais
calentará	calentarán	calentaría	calentarían

PLUPERFECT		PRETERIT PERFECT	
había calentado	habíamos calentado	hube calentado	hubimos calentado
habías calentado	habíais calentado	hubiste calentado	hubisteis calentado
había calentado	habían calentado	hubo calentado	hubieron calentado

FUTURE PERFECT		CONDITIONAL PERFECT	
habré calentado	habremos calentado	habría calentado	habríamos calentado
habrás calentado	habréis calentado	habrías calentado	habríais calentado
habrá calentado	habrán calentado	habría calentado	habrían calentado

PRESENT SUBJUNCTIVE		PRESENT PERFECT SUBJUNCTIVE	
caliente	calentemos	haya calentado	hayamos calentado
calientes	calentéis	hayas calentado	hayáis calentado
caliente	calienten	haya calentado	hayáis calentado

IMPERFECT SUBJUNCTIVE (-ra)		or	IMPERFECT SUBJUNCTIVE (-se)	
calentara	calentáramos		calentase	calentásemos
calentaras	calentarais		calentases	calentaseis
calentara	calentaran		calentase	calentasen

PAST PERFECT SUBJUNCTIVE (-ra)		or	PAST PERFECT SUBJUNCTIVE (-se)	
hubiera calentado	hubiéramos calentado		hubiese calentado	hubiésemos calentado
hubieras calentado	hubierais calentado		hubieses calentado	hubieseis calentado
hubiera calentado	hubieran calentado		hubiese calentado	hubiesen calentado

PROGRESSIVE TENSES

PRESENT	estoy, estás, está, estamos, estáis, están	
PRETERIT	estuve, estuviste, estuvo, estuvimos, estuvisteis, estuvieron	
IMPERFECT	estaba, estabas, estaba, estábamos, estabais, estaban	calentando
FUTURE	estaré, estarás, estará, estaremos, estaréis, estarán	
CONDITIONAL	estaría, estarías, estaría, estaríamos, estaríais, estarían	
SUBJUNCTIVE	que + corresponding subjunctive tense of estar (see verb 151)	

COMMANDS

	(nosotros) calentemos/no calentemos
(tú) calienta/no calientes	(vosotros) calentad/no calentéis
(Ud.) caliente/no caliente	(Uds.) calienten/no calienten

Usage

La sopa no está caliente. Yo te la caliento.	The soup isn't hot. I'll warm it up for you.
El lanzador se está calentando.	The pitcher is warming up.
Tómate un chocolate para calentarte.	Have a cup of cocoa to warm yourself up.
El debate se iba calentando.	The debate/discussion was heating up.

regular *-ar* verb

cambio · cambiaron · cambiado · cambiando

PRESENT

cambio	cambiamos
cambias	cambiáis
cambia	cambian

IMPERFECT

cambiaba	cambiábamos
cambiabas	cambiabais
cambiaba	cambiaban

FUTURE

cambiaré	cambiaremos
cambiarás	cambiaréis
cambiará	cambiarán

PLUPERFECT

había cambiado	habíamos cambiado
habías cambiado	habíais cambiado
había cambiado	habían cambiado

FUTURE PERFECT

habré cambiado	habremos cambiado
habrás cambiado	habréis cambiado
habrá cambiado	habrán cambiado

PRESENT SUBJUNCTIVE

cambie	cambiemos
cambies	cambiéis
cambie	cambien

IMPERFECT SUBJUNCTIVE (-ra)

cambiara	cambiáramos
cambiaras	cambiarais
cambiara	cambiaran

PAST PERFECT SUBJUNCTIVE (-ra)

hubiera cambiado	hubiéramos cambiado
hubieras cambiado	hubierais cambiado
hubiera cambiado	hubieran cambiado

PRETERIT

cambié	cambiamos
cambiaste	cambiasteis
cambió	cambiaron

PRESENT PERFECT

he cambiado	hemos cambiado
has cambiado	habéis cambiado
ha cambiado	han cambiado

CONDITIONAL

cambiaría	cambiaríamos
cambiarías	cambiaríais
cambiaría	cambiarían

PRETERIT PERFECT

hube cambiado	hubimos cambiado
hubiste cambiado	hubisteis cambiado
hubo cambiado	hubieron cambiado

CONDITIONAL PERFECT

habría cambiado	habríamos cambiado
habrías cambiado	habríais cambiado
habría cambiado	habrían cambiado

PRESENT PERFECT SUBJUNCTIVE

haya cambiado	hayamos cambiado
hayas cambiado	hayáis cambiado
haya cambiado	hayan cambiado

or **IMPERFECT SUBJUNCTIVE (-se)**

cambiase	cambiásemos
cambiases	cambiaseis
cambiase	cambiasen

or **PAST PERFECT SUBJUNCTIVE (-se)**

hubiese cambiado	hubiésemos cambiado
hubieses cambiado	hubieseis cambiado
hubiese cambiado	hubiesen cambiado

PROGRESSIVE TENSES

PRESENT	estoy, estás, está, estamos, estáis, están
PRETERIT	estuve, estuviste, estuvo, estuvimos, estuvisteis, estuvieron
IMPERFECT	estaba, estabas, estaba, estábamos, estabais, estaban
FUTURE	estaré, estarás, estará, estaremos, estaréis, estarán
CONDITIONAL	estaría, estarías, estaría, estaríamos, estaríais, estarían
SUBJUNCTIVE	que + *corresponding subjunctive tense of estar (see verb 151)*

} cambiando

COMMANDS

	(nosotros) cambiemos/no cambiemos
(tú) cambia/no cambies	(vosotros) cambiad/no cambiéis
(Ud.) cambie/no cambie	(Uds.) cambien/no cambien

Usage

Cambió su política a lo largo de los años.	*His policy/politics changed through the years.*
Cambiaron de opinión/idea.	*They changed their minds.*
Cambiemos las pesetas por euros.	*Let's change the pesetas into euros.*
Cambié mi furgoneta por un coche deportivo.	*I traded my station wagon for a sports car.*

caracterizo · caracterizaron · caracterizado · caracterizando
-ar verb;
spelling change: *z > c/e*

PRESENT		PRETERIT	
caracterizo	caracterizamos	caractericé	caracterizamos
caracterizas	caracterizáis	caracterizaste	caracterizasteis
caracteriza	caracterizan	caracterizó	caracterizaron

IMPERFECT		PRESENT PERFECT	
caracterizaba	caracterizábamos	he caracterizado	hemos caracterizado
caracterizabas	caracterizabais	has caracterizado	habéis caracterizado
caracterizaba	caracterizaban	ha caracterizado	han caracterizado

FUTURE		CONDITIONAL	
caracterizaré	caracterizaremos	caracterizaría	caracterizaríamos
caracterizarás	caracterizaréis	caracterizarías	caracterizaríais
caracterizará	caracterizarán	caracterizaría	caracterizarían

PLUPERFECT		PRETERIT PERFECT	
había caracterizado	habíamos caracterizado	hube caracterizado	hubimos caracterizado
habías caracterizado	habíais caracterizado	hubiste caracterizado	hubisteis caracterizado
había caracterizado	habían caracterizado	hubo caracterizado	hubieron caracterizado

FUTURE PERFECT		CONDITIONAL PERFECT	
habré caracterizado	habremos caracterizado	habría caracterizado	habríamos caracterizado
habrás caracterizado	habréis caracterizado	habrías caracterizado	habríais caracterizado
habrá caracterizado	habrán caracterizado	habría caracterizado	habrían caracterizado

PRESENT SUBJUNCTIVE		PRESENT PERFECT SUBJUNCTIVE	
caracterice	caractericemos	haya caracterizado	hayamos caracterizado
caracterices	caractericéis	hayas caracterizado	hayáis caracterizado
caracterice	caractericen	haya caracterizado	hayan caracterizado

IMPERFECT SUBJUNCTIVE (-ra)		*or*	IMPERFECT SUBJUNCTIVE (-se)	
caracterizara	caracterizáramos		caracterizase	caracterizásemos
caracterizaras	caracterizarais		caracterizases	caracterizaseis
caracterizara	caracterizaran		caracterizase	caracterizasen

PAST PERFECT SUBJUNCTIVE (-ra)		*or*	PAST PERFECT SUBJUNCTIVE (-se)	
hubiera caracterizado	hubiéramos caracterizado		hubiese caracterizado	hubiésemos caracterizado
hubieras caracterizado	hubierais caracterizado		hubieses caracterizado	hubieseis caracterizado
hubiera caracterizado	hubieran caracterizado		hubiese caracterizado	hubiesen caracterizado

PROGRESSIVE TENSES

PRESENT	estoy, estás, está, estamos, estáis, están	
PRETERIT	estuve, estuviste, estuvo, estuvimos, estuvisteis, estuvieron	
IMPERFECT	estaba, estabas, estaba, estábamos, estabais, estaban	caracterizando
FUTURE	estaré, estarás, estará, estaremos, estaréis, estarán	
CONDITIONAL	estaría, estarías, estaría, estaríamos, estaríais, estarían	
SUBJUNCTIVE	que + *corresponding subjunctive tense of estar (see verb 151)*	

COMMANDS

	(nosotros) caractericemos/no caractericemos
(tú) caracteriza/no caracterices	(vosotros) caracterizad/no caractericéis
(Ud.) caracterice/no caracterice	(Uds.) caractericen/no caractericen

Usage

¿Los personajes? El novelista no los caracteriza bien.	*The characters? The novelist doesn't portray/ capture them well.*
Últimamente su conducta no es nada característica.	*His behavior of late is out of character.*

-er verb; spelling change: $c > zc/o, a$ **carezco · carecieron · carecido · careciendo**

PRESENT		PRETERIT	
carezco	carecemos	carecí	carecimos
careces	carecéis	careciste	carecisteis
carece	carecen	careció	carecieron

IMPERFECT		PRESENT PERFECT	
carecía	carecíamos	he carecido	hemos carecido
carecías	carecíais	has carecido	habéis carecido
carecía	carecían	ha carecido	han carecido

FUTURE		CONDITIONAL	
careceré	careceremos	carecería	careceríamos
carecerás	careceréis	carecerías	careceríais
carecerá	carecerán	carecería	carecerían

PLUPERFECT		PRETERIT PERFECT	
había carecido	habíamos carecido	hube carecido	hubimos carecido
habías carecido	habíais carecido	hubiste carecido	hubisteis carecido
había carecido	habían carecido	hubo carecido	hubieron carecido

FUTURE PERFECT		CONDITIONAL PERFECT	
habré carecido	habremos carecido	habría carecido	habríamos carecido
habrás carecido	habréis carecido	habrías carecido	habríais carecido
habrá carecido	habrán carecido	habría carecido	habrían carecido

PRESENT SUBJUNCTIVE		PRESENT PERFECT SUBJUNCTIVE	
carezca	carezcamos	haya carecido	hayamos carecido
carezcas	carezcáis	hayas carecido	hayáis carecido
carezca	carezcan	haya carecido	hayan carecido

IMPERFECT SUBJUNCTIVE (-ra)		*or* IMPERFECT SUBJUNCTIVE (-se)	
careciera	careciéramos	careciese	careciésemos
carecieras	carecierais	carecieses	carecieseis
careciera	carecieran	careciese	careciesen

PAST PERFECT SUBJUNCTIVE (-ra)		*or* PAST PERFECT SUBJUNCTIVE (-se)	
hubiera carecido	hubiéramos carecido	hubiese carecido	hubiésemos carecido
hubieras carecido	hubierais carecido	hubieses carecido	hubieseis carecido
hubiera carecido	hubieran carecido	hubiese carecido	hubiesen carecido

PROGRESSIVE TENSES

PRESENT	estoy, estás, está, estamos, estáis, están	
PRETERIT	estuve, estuviste, estuvo, estuvimos, estuvisteis, estuvieron	
IMPERFECT	estaba, estabas, estaba, estábamos, estabais, estaban	careciendo
FUTURE	estaré, estarás, estará, estaremos, estaréis, estarán	
CONDITIONAL	estaría, estarías, estaría, estaríamos, estaríais, estarían	
SUBJUNCTIVE	que + *corresponding subjunctive tense of* estar (*see verb 151*)	

COMMANDS

	(nosotros) carezcamos/no carezcamos
(tú) carece/no carezcas	(vosotros) careced/no carezcáis
(Ud.) carezca/no carezca	(Uds.) carezcan/no carezcan

Usage

La empresa carece de capital humano.	*The firm lacks human capital.*
Su acusación carece de fundamento.	*Their accusation is groundless/not based in fact.*
Vuestros comentarios carecen de sentido.	*Your remarks lack meaning/make no sense.*

cargar *to load, charge, burden*

cargo · cargaron · cargado · cargando *-ar verb; spelling change: g > gu/e*

PRESENT

cargo	cargamos
cargas	cargáis
carga	cargan

IMPERFECT

cargaba	cargábamos
cargabas	cargabais
cargaba	cargaban

FUTURE

cargaré	cargaremos
cargarás	cargaréis
cargará	cargarán

PLUPERFECT

había cargado	habíamos cargado
habías cargado	habíais cargado
había cargado	habían cargado

FUTURE PERFECT

habré cargado	habremos cargado
habrás cargado	habréis cargado
habrá cargado	habrán cargado

PRESENT SUBJUNCTIVE

cargue	carguemos
cargues	carguéis
cargue	carguen

IMPERFECT SUBJUNCTIVE (-ra)

cargara	cargáramos
cargaras	cargarais
cargara	cargaran

PAST PERFECT SUBJUNCTIVE (-ra)

hubiera cargado	hubiéramos cargado
hubieras cargado	hubierais cargado
hubiera cargado	hubieran cargado

PRETERIT

cargué	cargamos
cargaste	cargasteis
cargó	cargaron

PRESENT PERFECT

he cargado	hemos cargado
has cargado	habéis cargado
ha cargado	han cargado

CONDITIONAL

cargaría	cargaríamos
cargarías	cargaríais
cargaría	cargarían

PRETERIT PERFECT

hube cargado	hubimos cargado
hubiste cargado	hubisteis cargado
hubo cargado	hubieron cargado

CONDITIONAL PERFECT

habría cargado	habríamos cargado
habrías cargado	habríais cargado
habría cargado	habrían cargado

PRESENT PERFECT SUBJUNCTIVE

haya cargado	hayamos cargado
hayas cargado	hayáis cargado
haya cargado	hayan cargado

or **IMPERFECT SUBJUNCTIVE (-se)**

cargase	cargásemos
cargases	cargaseis
cargase	cargasen

or **PAST PERFECT SUBJUNCTIVE (-se)**

hubiese cargado	hubiésemos cargado
hubieses cargado	hubieseis cargado
hubiese cargado	hubiesen cargado

PROGRESSIVE TENSES

PRESENT	estoy, estás, está, estamos, estáis, están
PRETERIT	estuve, estuviste, estuvo, estuvimos, estuvisteis, estuvieron
IMPERFECT	estaba, estabas, estaba, estábamos, estabais, estaban
FUTURE	estaré, estarás, estará, estaremos, estaréis, estarán
CONDITIONAL	estaría, estarías, estaría, estaríamos, estaríais, estarían
SUBJUNCTIVE	que + *corresponding subjunctive tense of estar (see verb 151)*

} cargando

COMMANDS

	(nosotros) carguemos/no carguemos
(tú) carga/no cargues	(vosotros) cargad/no carguéis
(Ud.) cargue/no cargue	(Uds.) carguen/no carguen

Usage

Carga la cámara. Aquí tienes el rollo.	*Load the camera. Here's the roll (of film).*
Se han cargado de trabajo.	*They've burdened themselves with work.*
Es urgente que se cargue la batería.	*It's urgent for the battery to be charged.*
Se encuentra cargada de problemas.	*She's burdened with problems.*

-ar verb; spelling change: *g > gu/e*   castigo · castigaron · castigado · castigando

PRESENT		PRETERIT	
castigo	castigamos	castigué	castigamos
castigas	castigáis	castigaste	castigasteis
castiga	castigan	castigó	castigaron

IMPERFECT		PRESENT PERFECT	
castigaba	castigábamos	he castigado	hemos castigado
castigabas	castigabais	has castigado	habéis castigado
castigaba	castigaban	ha castigado	han castigado

FUTURE		CONDITIONAL	
castigaré	castigaremos	castigaría	castigaríamos
castigarás	castigaréis	castigarías	castigaríais
castigará	castigarán	castigaría	castigarían

PLUPERFECT		PRETERIT PERFECT	
había castigado	habíamos castigado	hube castigado	hubimos castigado
habías castigado	habíais castigado	hubiste castigado	hubisteis castigado
había castigado	habían castigado	hubo castigado	hubieron castigado

FUTURE PERFECT		CONDITIONAL PERFECT	
habré castigado	habremos castigado	habría castigado	habríamos castigado
habrás castigado	habréis castigado	habrías castigado	habríais castigado
habrá castigado	habrán castigado	habría castigado	habrían castigado

PRESENT SUBJUNCTIVE		PRESENT PERFECT SUBJUNCTIVE	
castigue	castiguemos	haya castigado	hayamos castigado
castigues	castiguéis	hayas castigado	hayáis castigado
castigue	castiguen	haya castigado	hayan castigado

IMPERFECT SUBJUNCTIVE (-ra)		or IMPERFECT SUBJUNCTIVE (-se)	
castigara	castigáramos	castigase	castigásemos
castigaras	castigarais	castigases	castigaseis
castigara	castigaran	castigase	castigasen

PAST PERFECT SUBJUNCTIVE (-ra)		or PAST PERFECT SUBJUNCTIVE (-se)	
hubiera castigado	hubiéramos castigado	hubiese castigado	hubiésemos castigado
hubieras castigado	hubierais castigado	hubieses castigado	hubieseis castigado
hubiera castigado	hubieran castigado	hubiese castigado	hubiesen castigado

PROGRESSIVE TENSES

PRESENT	estoy, estás, está, estamos, estáis, están
PRETERIT	estuve, estuviste, estuvo, estuvimos, estuvisteis, estuvieron
IMPERFECT	estaba, estabas, estaba, estábamos, estabais, estaban
FUTURE	estaré, estarás, estará, estaremos, estaréis, estarán
CONDITIONAL	estaría, estarías, estaría, estaríamos, estaríais, estarían
SUBJUNCTIVE	que + *corresponding subjunctive tense of* estar (*see verb 151*)

} castigando

COMMANDS

	(nosotros) castiguemos/no castiguemos
(tú) castiga/no castigues	(vosotros) castigad/no castiguéis
(Ud.) castigue/no castigue	(Uds.) castiguen/no castiguen

Usage

Lo castigaron con la pena de muerte.	*They punished him with the death penalty.*
La enfermedad los ha castigado.	*They have been afflicted by illness.*
El huracán castigaba los países caribeños.	*The hurricane caused damage in the Caribbean countries.*

cerrar *to close*

cierro · cerraron · cerrado · cerrando

stem-changing -ar verb: *e > ie*

PRESENT		PRETERIT	
cierro	cerramos	cerré	cerramos
cierras	cerráis	cerraste	cerrasteis
cierra	cierran	cerró	cerraron

IMPERFECT		PRESENT PERFECT	
cerraba	cerrábamos	he cerrado	hemos cerrado
cerrabas	cerrabais	has cerrado	habéis cerrado
cerraba	cerraban	ha cerrado	han cerrado

FUTURE		CONDITIONAL	
cerraré	cerraremos	cerraría	cerraríamos
cerrarás	cerraréis	cerrarías	cerraríais
cerrará	cerrarán	cerraría	cerrarían

PLUPERFECT		PRETERIT PERFECT	
había cerrado	habíamos cerrado	hube cerrado	hubimos cerrado
habías cerrado	habíais cerrado	hubiste cerrado	hubisteis cerrado
había cerrado	habían cerrado	hubo cerrado	hubieron cerrado

FUTURE PERFECT		CONDITIONAL PERFECT	
habré cerrado	habremos cerrado	habría cerrado	habríamos cerrado
habrás cerrado	habréis cerrado	habrías cerrado	habríais cerrado
habrá cerrado	habrán cerrado	habría cerrado	habrían cerrado

PRESENT SUBJUNCTIVE		PRESENT PERFECT SUBJUNCTIVE	
cierre	cerremos	haya cerrado	hayamos cerrado
cierres	cerréis	hayas cerrado	hayáis cerrado
cierre	cierren	haya cerrado	hayan cerrado

IMPERFECT SUBJUNCTIVE (-ra)		or	IMPERFECT SUBJUNCTIVE (-se)	
cerrara	cerráramos		cerrase	cerrásemos
cerraras	cerrarais		cerrases	cerraseis
cerrara	cerraran		cerrase	cerrasen

PAST PERFECT SUBJUNCTIVE (-ra)		or	PAST PERFECT SUBJUNCTIVE (-se)	
hubiera cerrado	hubiéramos cerrado		hubiese cerrado	hubiésemos cerrado
hubieras cerrado	hubierais cerrado		hubieses cerrado	hubieseis cerrado
hubiera cerrado	hubieran cerrado		hubiese cerrado	hubiesen cerrado

PROGRESSIVE TENSES

PRESENT	estoy, estás, está, estamos, estáis, están
PRETERIT	estuve, estuviste, estuvo, estuvimos, estuvisteis, estuvieron
IMPERFECT	estaba, estabas, estaba, estábamos, estabais, estaban
FUTURE	estaré, estarás, estará, estaremos, estaréis, estarán
CONDITIONAL	estaría, estarías, estaría, estaríamos, estaríais, estarían
SUBJUNCTIVE	que + *corresponding subjunctive tense of estar (see verb 151)*

cerrando

COMMANDS

	(nosotros) cerremos/no cerremos
(tú) cierra/no cierres	(vosotros) cerrad/no cerréis
(Ud.) cierre/no cierre	(Uds.) cierren/no cierren

Usage

—¿Cerraste la puerta?	*Did you shut the door?*
—La cerré con llave.	*I locked it.*
La tienda se cierra a las siete.	*The store closes at 7:00.*
Sus palabras tendrán un sentido cerrado.	*His words probably have a hidden meaning.*

regular -ar verb

charlo · charlaron · charlado · charlando

PRESENT		PRETERIT	
charlo	charlamos	charlé	charlamos
charlas	charláis	charlaste	charlasteis
charla	charlan	charló	charlaron

IMPERFECT		PRESENT PERFECT	
charlaba	charlábamos	he charlado	hemos charlado
charlabas	charlabais	has charlado	habéis charlado
charlaba	charlaban	ha charlado	han charlado

FUTURE		CONDITIONAL	
charlaré	charlaremos	charlaría	charlaríamos
charlarás	charlaréis	charlarías	charlaríais
charlará	charlarán	charlaría	charlarían

PLUPERFECT		PRETERIT PERFECT	
había charlado	habíamos charlado	hube charlado	hubimos charlado
habías charlado	habíais charlado	hubiste charlado	hubisteis charlado
había charlado	habían charlado	hubo charlado	hubieron charlado

FUTURE PERFECT		CONDITIONAL PERFECT	
habré charlado	habremos charlado	habría charlado	habríamos charlado
habrás charlado	habréis charlado	habrías charlado	habríais charlado
habrá charlado	habrán charlado	habría charlado	habrían charlado

PRESENT SUBJUNCTIVE		PRESENT PERFECT SUBJUNCTIVE	
charle	charlemos	haya charlado	hayamos charlado
charles	charléis	hayas charlado	hayáis charlado
charle	charlen	haya charlado	hayan charlado

IMPERFECT SUBJUNCTIVE (-ra)		*or* IMPERFECT SUBJUNCTIVE (-se)	
charlara	charláramos	charlase	charlásemos
charlaras	charlarais	charlases	charlaseis
charlara	charlaran	charlase	charlasen

PAST PERFECT SUBJUNCTIVE (-ra)		*or* PAST PERFECT SUBJUNCTIVE (-se)	
hubiera charlado	hubiéramos charlado	hubiese charlado	hubiésemos charlado
hubieras charlado	hubierais charlado	hubieses charlado	hubieseis charlado
hubiera charlado	hubieran charlado	hubiese charlado	hubiesen charlado

PROGRESSIVE TENSES

PRESENT	estoy, estás, está, estamos, estáis, están	
PRETERIT	estuve, estuviste, estuvo, estuvimos, estuvisteis, estuvieron	
IMPERFECT	estaba, estabas, estaba, estábamos, estabais, estaban	charlando
FUTURE	estaré, estarás, estará, estaremos, estaréis, estarán	
CONDITIONAL	estaría, estarías, estaría, estaríamos, estaríais, estarían	
SUBJUNCTIVE	que + *corresponding subjunctive tense of* estar (*see verb 151*)	

COMMANDS

	(nosotros) charlemos/no charlemos
(tú) charla/no charles	(vosotros) charlad/no charléis
(Ud.) charle/no charle	(Uds.) charlen/no charlen

Usage

Tomemos un café mientras charlamos.	*Let's have a cup of coffee while we chat.*
—¡Cuánto charlan esos dos!	*Those two talk so much!*
—No cabe duda que charlan hasta por los codos.	*There's no doubt they're real chatterboxes.*
Habrá una charla en la sala de conferencias.	*There will be a talk in the lecture hall.*

coger *to get, take, grasp*

cojo · cogieron · cogido · cogiendo

-er verb; spelling change: g > j/o, a

PRESENT		PRETERIT	
cojo	cogemos	cogí	cogimos
coges	cogéis	cogiste	cogisteis
coge	cogen	cogió	cogieron

IMPERFECT		PRESENT PERFECT	
cogía	cogíamos	he cogido	hemos cogido
cogías	cogíais	has cogido	habéis cogido
cogía	cogían	ha cogido	han cogido

FUTURE		CONDITIONAL	
cogeré	cogeremos	cogería	cogeríamos
cogerás	cogeréis	cogerías	cogeríais
cogerá	cogerán	cogería	cogerían

PLUPERFECT		PRETERIT PERFECT	
había cogido	habíamos cogido	hube cogido	hubimos cogido
habías cogido	habíais cogido	hubiste cogido	hubisteis cogido
había cogido	habían cogido	hubo cogido	hubieron cogido

FUTURE PERFECT		CONDITIONAL PERFECT	
habré cogido	habremos cogido	habría cogido	habríamos cogido
habrás cogido	habréis cogido	habrías cogido	habríais cogido
habrá cogido	habrán cogido	habría cogido	habrían cogido

PRESENT SUBJUNCTIVE		PRESENT PERFECT SUBJUNCTIVE	
coja	cojamos	haya cogido	hayamos cogido
cojas	cojáis	hayas cogido	hayáis cogido
coja	cojan	haya cogido	hayan cogido

IMPERFECT SUBJUNCTIVE (-ra)		or	IMPERFECT SUBJUNCTIVE (-se)	
cogiera	cogiéramos		cogiese	cogiésemos
cogieras	cogierais		cogieses	cogieseis
cogiera	cogieran		cogiese	cogiesen

PAST PERFECT SUBJUNCTIVE (-ra)		or	PAST PERFECT SUBJUNCTIVE (-se)	
hubiera cogido	hubiéramos cogido		hubiese cogido	hubiésemos cogido
hubieras cogido	hubierais cogido		hubieses cogido	hubieseis cogido
hubiera cogido	hubieran cogido		hubiese cogido	hubiesen cogido

PROGRESSIVE TENSES

PRESENT	estoy, estás, está, estamos, estáis, están	
PRETERIT	estuve, estuviste, estuvo, estuvimos, estuvisteis, estuvieron	
IMPERFECT	estaba, estabas, estaba, estábamos, estabais, estaban	cogiendo
FUTURE	estaré, estarás, estará, estaremos, estaréis, estarán	
CONDITIONAL	estaría, estarías, estaría, estaríamos, estaríais, estarían	
SUBJUNCTIVE	que + *corresponding subjunctive tense of estar (see verb 151)*	

COMMANDS

	(nosotros) cojamos/no cojamos
(tú) coge/no cojas	(vosotros) coged/no cojáis
(Ud.) coja/no coja	(Uds.) cojan/no cojan

Usage

Cojamos el tren.	*Let's get/take the train.*
No cogí lo que dijiste.	*I didn't catch/hear/understand what you said.*

NOTE: The verb *coger* is taboo in many Hispanic countries, including Mexico and Argentina; it is usually replaced with *tomar* or *agarrar*.

stem-changing -ar verb: o > ue

cuelgo · colgaron · colgado · colgando

PRESENT

cuelgo	colgamos
cuelgas	colgáis
cuelga	cuelgan

IMPERFECT

colgaba	colgábamos
colgabas	colgabais
colgaba	colgaban

FUTURE

colgaré	colgaremos
colgarás	colgaréis
colgará	colgarán

PLUPERFECT

había colgado	habíamos colgado
habías colgado	habíais colgado
había colgado	habían colgado

FUTURE PERFECT

habré colgado	habremos colgado
habrás colgado	habréis colgado
habrá colgado	habrán colgado

PRESENT SUBJUNCTIVE

cuelgue	colguemos
cuelgues	colguéis
cuelgue	cuelguen

IMPERFECT SUBJUNCTIVE (-ra)

colgara	colgáramos
colgaras	colgarais
colgara	colgaran

PAST PERFECT SUBJUNCTIVE (-ra)

hubiera colgado	hubiéramos colgado
hubieras colgado	hubierais colgado
hubiera colgado	hubieran colgado

PRETERIT

colgué	colgamos
colgaste	colgasteis
colgó	colgaron

PRESENT PERFECT

he colgado	hemos colgado
has colgado	habéis colgado
ha colgado	han colgado

CONDITIONAL

colgaría	colgaríamos
colgarías	colgaríais
colgaría	colgarían

PRETERIT PERFECT

hube colgado	hubimos colgado
hubiste colgado	hubisteis colgado
hubo colgado	hubieron colgado

CONDITIONAL PERFECT

habría colgado	habríamos colgado
habrías colgado	habríais colgado
habría colgado	habrían colgado

PRESENT PERFECT SUBJUNCTIVE

haya colgado	hayamos colgado
hayas colgado	hayáis colgado
haya colgado	hayan colgado

or **IMPERFECT SUBJUNCTIVE (-se)**

colgase	colgásemos
colgases	colgaseis
colgase	colgasen

or **PAST PERFECT SUBJUNCTIVE (-se)**

hubiese colgado	hubiésemos colgado
hubieses colgado	hubieseis colgado
hubiese colgado	hubiesen colgado

PROGRESSIVE TENSES

PRESENT	estoy, estás, está, estamos, estáis, están
PRETERIT	estuve, estuviste, estuvo, estuvimos, estuvisteis, estuvieron
IMPERFECT	estaba, estabas, estaba, estábamos, estabais, estaban
FUTURE	estaré, estarás, estará, estaremos, estaréis, estarán
CONDITIONAL	estaría, estarías, estaría, estaríamos, estaríais, estarían
SUBJUNCTIVE	que + *corresponding subjunctive tense of* estar (*see verb 151*)

} colgando

COMMANDS

	(nosotros) colguemos/no colguemos
(tú) cuelga/no cuelgues	(vosotros) colgad/no colguéis
(Ud.) cuelgue/no cuelgue	(Uds.) cuelguen/no cuelguen

Usage

Cuelga el cuadro en esta pared.	*Hang the picture on this wall.*
Niños, cuelguen su ropa en las perchas.	*Children, hang your clothing on the hangers.*
Por favor, no cuelgue.	*Please don't hang up (the telephone).*
Dejaron el teléfono descolgado.	*They left the telephone off the hook.*

colocar *to put, place*

coloco · colocaron · colocado · colocando   *-ar verb; spelling change: c > qu/e*

PRESENT		PRETERIT	
coloco	colocamos	coloqué	colocamos
colocas	colocáis	colocaste	colocasteis
coloca	colocan	colocó	colocaron

IMPERFECT		PRESENT PERFECT	
colocaba	colocábamos	he colocado	hemos colocado
colocabas	colocabais	has colocado	habéis colocado
colocaba	colocaban	ha colocado	han colocado

FUTURE		CONDITIONAL	
colocaré	colocaremos	colocaría	colocaríamos
colocarás	colocaréis	colocarías	colocaríais
colocará	colocarán	colocaría	colocarían

PLUPERFECT		PRETERIT PERFECT	
había colocado	habíamos colocado	hube colocado	hubimos colocado
habías colocado	habíais colocado	hubiste colocado	hubisteis colocado
había colocado	habían colocado	hubo colocado	hubieron colocado

FUTURE PERFECT		CONDITIONAL PERFECT	
habré colocado	habremos colocado	habría colocado	habríamos colocado
habrás colocado	habréis colocado	habrías colocado	habríais colocado
habrá colocado	habrán colocado	habría colocado	habrían colocado

PRESENT SUBJUNCTIVE		PRESENT PERFECT SUBJUNCTIVE	
coloque	coloquemos	haya colocado	hayamos colocado
coloques	coloquéis	hayas colocado	hayáis colocado
coloque	coloquen	haya colocado	hayan colocado

IMPERFECT SUBJUNCTIVE (-ra)		*or* IMPERFECT SUBJUNCTIVE (-se)	
colocara	colocáramos	colocase	colocásemos
colocaras	colocarais	colocases	colocaseis
colocara	colocaran	colocase	colocasen

PAST PERFECT SUBJUNCTIVE (-ra)		*or* PAST PERFECT SUBJUNCTIVE (-se)	
hubiera colocado	hubiéramos colocado	hubiese colocado	hubiésemos colocado
hubieras colocado	hubierais colocado	hubieses colocado	hubieseis colocado
hubiera colocado	hubieran colocado	hubiese colocado	hubiesen colocado

PROGRESSIVE TENSES

PRESENT	estoy, estás, está, estamos, estáis, están	
PRETERIT	estuve, estuviste, estuvo, estuvimos, estuvisteis, estuvieron	
IMPERFECT	estaba, estabas, estaba, estábamos, estabais, estaban	colocando
FUTURE	estaré, estarás, estará, estaremos, estaréis, estarán	
CONDITIONAL	estaría, estarías, estaría, estaríamos, estaríais, estarían	
SUBJUNCTIVE	que + *corresponding subjunctive tense of* estar (*see verb 151*)	

COMMANDS

	(nosotros) coloquemos/no coloquemos
(tú) coloca/no coloques	(vosotros) colocad/no coloquéis
(Ud.) coloque/no coloque	(Uds.) coloquen/no coloquen

Usage

Coloque el correo en mi escritorio.	*Put the mail on my desk.*
Coloquemos más dinero en la bolsa.	*Let's put/invest more money in the stock market.*
—Me dijo que se colocó el mes pasado.	*He told me he found a position last month.*
—Está bien colocado.	*It's a good position./He has a good job.*

stem-changing -ar verb: **comienzo · comenzaron · comenzado · comenzando**
e > ie; spelling change: z > c/e

PRESENT		PRETERIT	
comienzo	comenzamos	comencé	comenzamos
comienzas	comenzáis	comenzaste	comenzasteis
comienza	comienzan	comenzó	comenzaron

IMPERFECT		PRESENT PERFECT	
comenzaba	comenzábamos	he comenzado	hemos comenzado
comenzabas	comenzabais	has comenzado	habéis comenzado
comenzaba	comenzaban	ha comenzado	han comenzado

FUTURE		CONDITIONAL	
comenzaré	comenzaremos	comenzaría	comenzaríamos
comenzarás	comenzaréis	comenzarías	comenzaríais
comenzará	comenzarán	comenzaría	comenzarían

PLUPERFECT		PRETERIT PERFECT	
había comenzado	habíamos comenzado	hube comenzado	hubimos comenzado
habías comenzado	habíais comenzado	hubiste comenzado	hubisteis comenzado
había comenzado	habían comenzado	hubo comenzado	hubieron comenzado

FUTURE PERFECT		CONDITIONAL PERFECT	
habré comenzado	habremos comenzado	habría comenzado	habríamos comenzado
habrás comenzado	habréis comenzado	habrías comenzado	habríais comenzado
habrá comenzado	habrán comenzado	habría comenzado	habrían comenzado

PRESENT SUBJUNCTIVE		PRESENT PERFECT SUBJUNCTIVE	
comience	comencemos	haya comenzado	hayamos comenzado
comiences	comencéis	hayas comenzado	hayáis comenzado
comience	comiencen	haya comenzado	hayan comenzado

IMPERFECT SUBJUNCTIVE (-ra)		*or*	IMPERFECT SUBJUNCTIVE (-se)	
comenzara	comenzáramos		comenzase	comenzásemos
comenzaras	comenzarais		comenzases	comenzaseis
comenzara	comenzaran		comenzase	comenzasen

PAST PERFECT SUBJUNCTIVE (-ra)		*or*	PAST PERFECT SUBJUNCTIVE (-se)	
hubiera comenzado	hubiéramos comenzado		hubiese comenzado	hubiésemos comenzado
hubieras comenzado	hubierais comenzado		hubieses comenzado	hubieseis comenzado
hubiera comenzado	hubieran comenzado		hubiese comenzado	hubiesen comenzado

PROGRESSIVE TENSES

PRESENT	estoy, estás, está, estamos, estáis, están
PRETERIT	estuve, estuviste, estuvo, estuvimos, estuvisteis, estuvieron
IMPERFECT	estaba, estabas, estaba, estábamos, estabais, estaban
FUTURE	estaré, estarás, estará, estaremos, estaréis, estarán
CONDITIONAL	estaría, estarías, estaría, estaríamos, estaríais, estarían
SUBJUNCTIVE	que + *corresponding subjunctive tense of estar (see verb 151)*

     } comenzando

COMMANDS

	(nosotros) comencemos/no comencemos
(tú) comienza/no comiences	(vosotros) comenzad/no comencéis
(Ud.) comience/no comience	(Uds.) comiencen/no comiencen

Usage

Comenzaron la reunión a las tres.	*They began the meeting at 3:00.*
El director comenzó por presentarse.	*The director began by introducing himself.*
Comiencen a comer.	*Start eating.*
Dieron comienzo a la comida con un brindis.	*They started the dinner with a toast.*

comer *to eat*

como · comieron · comido · comiendo

regular -er verb

PRESENT		PRETERIT	
como	comemos	comí	comimos
comes	coméis	comiste	comisteis
come	comen	comió	comieron

IMPERFECT		PRESENT PERFECT	
comía	comíamos	he comido	hemos comido
comías	comíais	has comido	habéis comido
comía	comían	ha comido	han comido

FUTURE		CONDITIONAL	
comeré	comeremos	comería	comeríamos
comerás	comeréis	comerías	comeríais
comerá	comerán	comería	comerían

PLUPERFECT		PRETERIT PERFECT	
había comido	habíamos comido	hube comido	hubimos comido
habías comido	habíais comido	hubiste comido	hubisteis comido
había comido	habían comido	hubo comido	hubieron comido

FUTURE PERFECT		CONDITIONAL PERFECT	
habré comido	habremos comido	habría comido	habríamos comido
habrás comido	habréis comido	habrías comido	habríais comido
habrá comido	habrán comido	habría comido	habrían comido

PRESENT SUBJUNCTIVE		PRESENT PERFECT SUBJUNCTIVE	
coma	comamos	haya comido	hayamos comido
comas	comáis	hayas comido	hayáis comido
coma	coman	haya comido	hayan comido

IMPERFECT SUBJUNCTIVE (-ra)		or IMPERFECT SUBJUNCTIVE (-se)	
comiera	comiéramos	comiese	comiésemos
comieras	comierais	comieses	comieseis
comiera	comieran	comiese	comiesen

PAST PERFECT SUBJUNCTIVE (-ra)		or PAST PERFECT SUBJUNCTIVE (-se)	
hubiera comido	hubiéramos comido	hubiese comido	hubiésemos comido
hubieras comido	hubierais comido	hubieses comido	hubieseis comido
hubiera comido	hubieran comido	hubiese comido	hubiesen comido

PROGRESSIVE TENSES

PRESENT	estoy, estás, está, estamos, estáis, están
PRETERIT	estuve, estuviste, estuvo, estuvimos, estuvisteis, estuvieron
IMPERFECT	estaba, estabas, estaba, estábamos, estabais, estaban
FUTURE	estaré, estarás, estará, estaremos, estaréis, estarán
CONDITIONAL	estaría, estarías, estaría, estaríamos, estaríais, estarían
SUBJUNCTIVE	que + *corresponding subjunctive tense of* estar (see verb 151)

} comiendo

COMMANDS

	(nosotros) comamos/no comamos
(tú) come/no comas	(vosotros) comed/no comáis
(Ud.) coma/no coma	(Uds.) coman/no coman

Usage

¿Comemos algo ahora?	*Shall we eat something now?*
Se come bien en esta ciudad.	*You can eat well in this city.*
Comimos pollo/carne.	*We ate chicken/meat.*
Donde comen dos comen tres.	*There's always room for one more.*

stem-changing -ir verb: *e > i*   **compito · compitieron · competido · compitiendo**

PRESENT			PRETERIT	
compito	competimos		competí	competimos
compites	competís		competiste	competisteis
compite	compiten		compitió	compitieron

IMPERFECT			PRESENT PERFECT	
competía	competíamos		he competido	hemos competido
competías	competíais		has competido	habéis competido
competía	competían		ha competido	han competido

FUTURE			CONDITIONAL	
competiré	competiremos		competiría	competiríamos
competirás	competiréis		competirías	competiríais
competirá	competirán		competiría	competirían

PLUPERFECT			PRETERIT PERFECT	
había competido	habíamos competido		hube competido	hubimos competido
habías competido	habíais competido		hubiste competido	hubisteis competido
había competido	habían competido		hubo competido	hubieron competido

FUTURE PERFECT			CONDITIONAL PERFECT	
habré competido	habremos competido		habría competido	habríamos competido
habrás competido	habréis competido		habrías competido	habríais competido
habrá competido	habrán competido		habría competido	habrían competido

PRESENT SUBJUNCTIVE			PRESENT PERFECT SUBJUNCTIVE	
compita	compitamos		haya competido	hayamos competido
compitas	compitáis		hayas competido	hayáis competido
compita	compitan		haya competido	hayan competido

IMPERFECT SUBJUNCTIVE (-ra)		*or*	IMPERFECT SUBJUNCTIVE (-se)	
compitiera	compitiéramos		compitiese	compitiésemos
compitieras	compitierais		compitieses	compitieseis
compitiera	compitieran		compitiese	compitiesen

PAST PERFECT SUBJUNCTIVE (-ra)		*or*	PAST PERFECT SUBJUNCTIVE (-se)	
hubiera competido	hubiéramos competido		hubiese competido	hubiésemos competido
hubieras competido	hubierais competido		hubieses competido	hubieseis competido
hubiera competido	hubieran competido		hubiese competido	hubiesen competido

PROGRESSIVE TENSES

PRESENT	estoy, estás, está, estamos, estáis, están
PRETERIT	estuve, estuviste, estuvo, estuvimos, estuvisteis, estuvieron
IMPERFECT	estaba, estabas, estaba, estábamos, estabais, estaban
FUTURE	estaré, estarás, estará, estaremos, estaréis, estarán
CONDITIONAL	estaría, estarías, estaría, estaríamos, estaríais, estarían
SUBJUNCTIVE	que + *corresponding subjunctive tense of estar (see verb 151)*

} compitiendo

COMMANDS

	(nosotros) compitamos/no compitamos
(tú) compite/no compitas	(vosotros) competid/no compitáis
(Ud.) compita/no compita	(Uds.) compitan/no compitan

Usage

Los boxeadores compiten para el título.	*The boxers are vying for the title.*
Las tiendas pequeñas no competían con la cadena de grandes almacenes.	*The small stores didn't compete with the chain of department stores.*
Había un buen espíritu competidor.	*There was a good competitive spirit.*

comprar *to buy*

compro · compraron · comprado · comprando

regular *-ar* verb

PRESENT	
compro	compramos
compras	compráis
compra	compran

IMPERFECT	
compraba	comprábamos
comprabas	comprabais
compraba	compraban

FUTURE	
compraré	compraremos
comprarás	compraréis
comprará	comprarán

PLUPERFECT	
había comprado	habíamos comprado
habías comprado	habíais comprado
había comprado	habían comprado

FUTURE PERFECT	
habré comprado	habremos comprado
habrás comprado	habréis comprado
habrá comprado	habrán comprado

PRESENT SUBJUNCTIVE	
compre	compremos
compres	compréis
compre	compren

IMPERFECT SUBJUNCTIVE (-ra)	
comprara	compráramos
compraras	comprarais
comprara	compraran

PAST PERFECT SUBJUNCTIVE (-ra)	
hubiera comprado	hubiéramos comprado
hubieras comprado	hubierais comprado
hubiera comprado	hubieran comprado

PRETERIT	
compré	compramos
compraste	comprasteis
compró	compraron

PRESENT PERFECT	
he comprado	hemos comprado
has comprado	habéis comprado
ha comprado	han comprado

CONDITIONAL	
compraría	compraríamos
comprarías	compraríais
compraría	comprarían

PRETERIT PERFECT	
hube comprado	hubimos comprado
hubiste comprado	hubisteis comprado
hubo comprado	hubieron comprado

CONDITIONAL PERFECT	
habría comprado	habríamos comprado
habrías comprado	habríais comprado
habría comprado	habrían comprado

PRESENT PERFECT SUBJUNCTIVE	
haya comprado	hayamos comprado
hayas comprado	hayáis comprado
haya comprado	hayan comprado

or IMPERFECT SUBJUNCTIVE (-se)

comprase	comprásemos
comprases	compraseis
comprase	comprasen

or PAST PERFECT SUBJUNCTIVE (-se)

hubiese comprado	hubiésemos comprado
hubieses comprado	hubieseis comprado
hubiese comprado	hubiesen comprado

PROGRESSIVE TENSES

PRESENT	estoy, estás, está, estamos, estáis, están
PRETERIT	estuve, estuviste, estuvo, estuvimos, estuvisteis, estuvieron
IMPERFECT	estaba, estabas, estaba, estábamos, estabais, estaban
FUTURE	estaré, estarás, estará, estaremos, estaréis, estarán
CONDITIONAL	estaría, estarías, estaría, estaríamos, estaríais, estarían
SUBJUNCTIVE	que + *corresponding subjunctive tense of estar (see verb 151)*

} comprando

COMMANDS

	(nosotros) compremos/no compremos
(tú) compra/no compres	(vosotros) comprad/no compréis
(Ud.) compre/no compre	(Uds.) compren/no compren

Usage

Compraron un condominio.	*They bought a condominium.*
Se compra al contado.	*You can buy something for cash.*
Vamos a hacer la compra en el centro comercial.	*We're going to do our shopping at the mall.*

PRESENT

comprendo	comprendemos
comprendes	comprendéis
comprende	comprenden

IMPERFECT

comprendía	comprendíamos
comprendías	comprendíais
comprendía	comprendían

FUTURE

comprenderé	comprenderemos
comprenderás	comprenderéis
comprenderá	comprenderán

PLUPERFECT

había comprendido	habíamos comprendido
habías comprendido	habíais comprendido
había comprendido	habían comprendido

FUTURE PERFECT

habré comprendido	habremos comprendido
habrás comprendido	habréis comprendido
habrá comprendido	habrán comprendido

PRESENT SUBJUNCTIVE

comprenda	comprendamos
comprendas	comprendáis
comprenda	comprendan

IMPERFECT SUBJUNCTIVE (-ra)

comprendiera	comprendiéramos
comprendieras	comprendierais
comprendiera	comprendieran

PAST PERFECT SUBJUNCTIVE (-ra)

hubiera comprendido	hubiéramos comprendido
hubieras comprendido	hubierais comprendido
hubiera comprendido	hubieran comprendido

PRETERIT

comprendí	comprendimos
comprendiste	comprendisteis
comprendió	comprendieron

PRESENT PERFECT

he comprendido	hemos comprendido
has comprendido	habéis comprendido
ha comprendido	han comprendido

CONDITIONAL

comprendería	comprenderíamos
comprenderías	comprenderíais
comprendería	comprenderían

PRETERIT PERFECT

hube comprendido	hubimos comprendido
hubiste comprendido	hubisteis comprendido
hubo comprendido	hubieron comprendido

CONDITIONAL PERFECT

habría comprendido	habríamos comprendido
habrías comprendido	habríais comprendido
habría comprendido	habrían comprendido

PRESENT PERFECT SUBJUNCTIVE

haya comprendido	hayamos comprendido
hayas comprendido	hayáis comprendido
haya comprendido	hayan comprendido

or **IMPERFECT SUBJUNCTIVE (-se)**

comprendiese	comprendiésemos
comprendieses	comprendieseis
comprendiese	comprendiesen

or **PAST PERFECT SUBJUNCTIVE (-se)**

hubiese comprendido	hubiésemos comprendido
hubieses comprendido	hubieseis comprendido
hubiese comprendido	hubiesen comprendido

PROGRESSIVE TENSES

PRESENT	estoy, estás, está, estamos, estáis, están
PRETERIT	estuve, estuviste, estuvo, estuvimos, estuvisteis, estuvieron
IMPERFECT	estaba, estabas, estaba, estábamos, estabais, estaban
FUTURE	estaré, estarás, estará, estaremos, estaréis, estarán
CONDITIONAL	estaría, estarías, estaría, estaríamos, estaríais, estarían
SUBJUNCTIVE	que + *corresponding subjunctive tense of estar (see verb 151)*

comprendiendo

COMMANDS

	(nosotros) comprendamos/no comprendamos
(tú) comprende/no comprendas	(vosotros) comprended/no comprendáis
(Ud.) comprenda/no comprenda	(Uds.) comprendan/no comprendan

Usage

No comprendí lo que dijeron.	*I didn't understand what they said.*
Creo que Uds. han comprendido mal.	*I think you've misunderstood.*
¿Comprendéis japonés?	*Do you understand Japanese?*
Se hace comprender en francés.	*She's making herself understood in French.*

comprobar to check, prove

compruebo · comprobaron · comprobado · comprobando

stem-changing
-ar verb: o > ue

PRESENT		PRETERIT	
compruebo	comprobamos	comprobé	comprobamos
compruebas	comprobáis	comprobaste	comprobasteis
comprueba	comprueban	comprobó	comprobaron

IMPERFECT		PRESENT PERFECT	
comprobaba	comprobábamos	he comprobado	hemos comprobado
comprobabas	comprobabais	has comprobado	habéis comprobado
comprobaba	comprobaban	ha comprobado	han comprobado

FUTURE		CONDITIONAL	
comprobaré	comprobaremos	comprobaría	comprobaríamos
comprobarás	comprobaréis	comprobarías	comprobaríais
comprobará	comprobarán	comprobaría	comprobarían

PLUPERFECT		PRETERIT PERFECT	
había comprobado	habíamos comprobado	hube comprobado	hubimos comprobado
habías comprobado	habíais comprobado	hubiste comprobado	hubisteis comprobado
había comprobado	habían comprobado	hubo comprobado	hubieron comprobado

FUTURE PERFECT		CONDITIONAL PERFECT	
habré comprobado	habremos comprobado	habría comprobado	habríamos comprobado
habrás comprobado	habréis comprobado	habrías comprobado	habríais comprobado
habrá comprobado	habrán comprobado	habría comprobado	habrían comprobado

PRESENT SUBJUNCTIVE		PRESENT PERFECT SUBJUNCTIVE	
compruebe	comprobemos	haya comprobado	hayamos comprobado
compruebes	comprobéis	hayas comprobado	hayáis comprobado
compruebe	comprueben	haya comprobado	hayan comprobado

IMPERFECT SUBJUNCTIVE (-ra)		or	IMPERFECT SUBJUNCTIVE (-se)	
comprobara	comprobáramos		comprobase	comprobásemos
comprobaras	comprobarais		comprobases	comprobaseis
comprobara	comprobaran		comprobase	comprobasen

PAST PERFECT SUBJUNCTIVE (-ra)		or	PAST PERFECT SUBJUNCTIVE (-se)	
hubiera comprobado	hubiéramos comprobado		hubiese comprobado	hubiésemos comprobado
hubieras comprobado	hubierais comprobado		hubieses comprobado	hubieseis comprobado
hubiera comprobado	hubieran comprobado		hubiese comprobado	hubiesen comprobado

PROGRESSIVE TENSES

PRESENT	estoy, estás, está, estamos, estáis, están
PRETERIT	estuve, estuviste, estuvo, estuvimos, estuvisteis, estuvieron
IMPERFECT	estaba, estabas, estaba, estábamos, estabais, estaban
FUTURE	estaré, estarás, estará, estaremos, estaréis, estarán
CONDITIONAL	estaría, estarías, estaría, estaríamos, estaríais, estarían
SUBJUNCTIVE	que + corresponding subjunctive tense of estar (see verb 151)

comprobando

COMMANDS

	(nosotros) comprobemos/no comprobemos
(tú) comprueba/no compruebes	(vosotros) comprobad/no comprobéis
(Ud.) compruebe/no compruebe	(Uds.) comprueben/no comprueben

Usage

Compruebe el valor de las perlas.	*Check the value of the pearls.*
Ud. mismo comprobó que el paquete fue entregado.	*You yourself saw that the package was delivered.*
Los datos son fáciles de comprobar.	*The facts are easy to confirm.*

stem-changing -ir verb: *e > i*   concibo · concibieron · concebido · concibiendo

PRESENT		PRETERIT	
concibo	concebimos	concebí	concebimos
concibes	concebís	concebiste	concebisteis
concibe	conciben	concibió	concibieron

IMPERFECT		PRESENT PERFECT	
concebía	concebíamos	he concebido	hemos concebido
concebías	concebíais	has concebido	habéis concebido
concebía	concebían	ha concebido	han concebido

FUTURE		CONDITIONAL	
concebiré	concebiremos	concebiría	concebiríamos
concebirás	concebiréis	concebirías	concebiríais
concebirá	concebirán	concebiría	concebirían

PLUPERFECT		PRETERIT PERFECT	
había concebido	habíamos concebido	hube concebido	hubimos concebido
habías concebido	habíais concebido	hubiste concebido	hubisteis concebido
había concebido	habían concebido	hubo concebido	hubieron concebido

FUTURE PERFECT		CONDITIONAL PERFECT	
habré concebido	habremos concebido	habría concebido	habríamos concebido
habrás concebido	habréis concebido	habrías concebido	habríais concebido
habrá concebido	habrán concebido	habría concebido	habrían concebido

PRESENT SUBJUNCTIVE		PRESENT PERFECT SUBJUNCTIVE	
conciba	concibamos	haya concebido	hayamos concebido
concibas	concibáis	hayas concebido	hayáis concebido
conciba	conciban	haya concebido	hayan concebido

IMPERFECT SUBJUNCTIVE (-ra)		*or*	IMPERFECT SUBJUNCTIVE (-se)	
concibiera	concibiéramos		concibiese	concibiésemos
concibieras	concibierais		concibieses	concibieseis
concibiera	concibieran		concibiese	concibiesen

PAST PERFECT SUBJUNCTIVE (-ra)		*or*	PAST PERFECT SUBJUNCTIVE (-se)	
hubiera concebido	hubiéramos concebido		hubiese concebido	hubiésemos concebido
hubieras concebido	hubierais concebido		hubieses concebido	hubieseis concebido
hubiera concebido	hubieran concebido		hubiese concebido	hubiesen concebido

PROGRESSIVE TENSES

PRESENT	estoy, estás, está, estamos, estáis, están	
PRETERIT	estuve, estuviste, estuvo, estuvimos, estuvisteis, estuvieron	
IMPERFECT	estaba, estabas, estaba, estábamos, estabais, estaban	concibiendo
FUTURE	estaré, estarás, estará, estaremos, estaréis, estarán	
CONDITIONAL	estaría, estarías, estaría, estaríamos, estaríais, estarían	
SUBJUNCTIVE	que + *corresponding subjunctive tense of* estar (see verb 151)	

COMMANDS

	(nosotros) concibamos/no concibamos
(tú) concibe/no concibas	(vosotros) concebid/no concibáis
(Ud.) conciba/no conciba	(Uds.) conciban/no conciban

Usage

Concibió unas ideas geniales.	*He conceived some brilliant ideas.*
No pueden concebir tal cosa.	*They can't imagine such a thing.*
La mujer finalmente concibió después de varios años.	*The woman finally conceived after several years.*

concluir	*to conclude, finish, close*

concluyo · concluyeron · concluido · concluyendo	*-ir* verb; spelling change: adds *y* before *o, a, e*

PRESENT

concluyo	concluimos
concluyes	concluís
concluye	concluyen

PRETERIT

concluí	concluimos
concluiste	concluisteis
concluyó	concluyeron

IMPERFECT

concluía	concluíamos
concluías	concluíais
concluía	concluían

PRESENT PERFECT

he concluido	hemos concluido
has concluido	habéis concluido
ha concluido	han concluido

FUTURE

concluiré	concluiremos
concluirás	concluiréis
concluirá	concluirán

CONDITIONAL

concluiría	concluiríamos
concluirías	concluiríais
concluiría	concluirían

PLUPERFECT

había concluido	habíamos concluido
habías concluido	habíais concluido
había concluido	habían concluido

PRETERIT PERFECT

hube concluido	hubimos concluido
hubiste concluido	hubisteis concluido
hubo concluido	hubieron concluido

FUTURE PERFECT

habré concluido	habremos concluido
habrás concluido	habréis concluido
habrá concluido	habrán concluido

CONDITIONAL PERFECT

habría concluido	habríamos concluido
habrías concluido	habríais concluido
habría concluido	habrían concluido

PRESENT SUBJUNCTIVE

concluya	concluyamos
concluyas	concluyáis
concluya	concluyan

PRESENT PERFECT SUBJUNCTIVE

haya concluido	hayamos concluido
hayas concluido	hayáis concluido
haya concluido	hayan concluido

IMPERFECT SUBJUNCTIVE (-ra)

concluyera	concluyéramos
concluyeras	concluyerais
concluyera	concluyeran

or **IMPERFECT SUBJUNCTIVE (-se)**

concluyese	concluyésemos
concluyeses	concluyeseis
concluyese	concluyesen

PAST PERFECT SUBJUNCTIVE (-ra)

hubiera concluido	hubiéramos concluido
hubieras concluido	hubierais concluido
hubiera concluido	hubieran concluido

or **PAST PERFECT SUBJUNCTIVE (-se)**

hubiese concluido	hubiésemos concluido
hubieses concluido	hubieseis concluido
hubiese concluido	hubiesen concluido

PROGRESSIVE TENSES

PRESENT	estoy, estás, está, estamos, estáis, están	
PRETERIT	estuve, estuviste, estuvo, estuvimos, estuvisteis, estuvieron	
IMPERFECT	estaba, estabas, estaba, estábamos, estabais, estaban	concluyendo
FUTURE	estaré, estarás, estará, estaremos, estaréis, estarán	
CONDITIONAL	estaría, estarías, estaría, estaríamos, estaríais, estarían	
SUBJUNCTIVE	que + *corresponding subjunctive tense of* estar (*see verb 151*)	

COMMANDS

	(nosotros) concluyamos/no concluyamos
(tú) concluye/no concluyas	(vosotros) concluid/no concluyáis
(Ud.) concluya/no concluya	(Uds.) concluyan/no concluyan

Usage

¿Por qué no concluyes la tarea ya?	*Why don't you finish your assignment already?*
Tengo que concluir que Uds. no quieren ayudar.	*I have to conclude that you don't want to help.*
Concluyamos el negocio lo antes posible.	*Let's close the deal as soon as possible.*

irregular verb; spelling change: **conduzco · condujeron · conducido · conduciendo**
$c > zc/o, a$

PRESENT		PRETERIT	
conduzco	conducimos	conduje	condujimos
conduces	conducís	condujiste	condujisteis
conduce	conducen	condujo	condujeron

IMPERFECT		PRESENT PERFECT	
conducía	conducíamos	he conducido	hemos conducido
conducías	conducíais	has conducido	habéis conducido
conducía	conducían	ha conducido	han conducido

FUTURE		CONDITIONAL	
conduciré	conduciremos	conduciría	conduciríamos
conducirás	conduciréis	conducirías	conduciríais
conducirá	conducirán	conduciría	conducirían

PLUPERFECT		PRETERIT PERFECT	
había conducido	habíamos conducido	hube conducido	hubimos conducido
habías conducido	habíais conducido	hubiste conducido	hubisteis conducido
había conducido	habían conducido	hubo conducido	hubieron conducido

FUTURE PERFECT		CONDITIONAL PERFECT	
habré conducido	habremos conducido	habría conducido	habríamos conducido
habrás conducido	habréis conducido	habrías conducido	habríais conducido
habrá conducido	habrán conducido	habría conducido	habrían conducido

PRESENT SUBJUNCTIVE		PRESENT PERFECT SUBJUNCTIVE	
conduzca	conduzcamos	haya conducido	hayamos conducido
conduzcas	conduzcáis	hayas conducido	hayáis conducido
conduzca	conduzcan	haya conducido	hayan conducido

IMPERFECT SUBJUNCTIVE (-ra)		or	IMPERFECT SUBJUNCTIVE (-se)	
condujera	condujéramos		condujese	condujésemos
condujeras	condujerais		condujeses	condujeseis
condujera	condujeran		condujese	condujesen

PAST PERFECT SUBJUNCTIVE (-ra)		or	PAST PERFECT SUBJUNCTIVE (-se)	
hubiera conducido	hubiéramos conducido		hubiese conducido	hubiésemos conducido
hubieras conducido	hubierais conducido		hubieses conducido	hubieseis conducido
hubiera conducido	hubieran conducido		hubiese conducido	hubiesen conducido

PROGRESSIVE TENSES

PRESENT	estoy, estás, está, estamos, estáis, están	
PRETERIT	estuve, estuviste, estuvo, estuvimos, estuvisteis, estuvieron	
IMPERFECT	estaba, estabas, estaba, estábamos, estabais, estaban	conduciendo
FUTURE	estaré, estarás, estará, estaremos, estaréis, estarán	
CONDITIONAL	estaría, estarías, estaría, estaríamos, estaríais, estarían	
SUBJUNCTIVE	que + *corresponding subjunctive tense of* estar (see verb 151)	

COMMANDS

	(nosotros) conduzcamos/no conduzcamos
(tú) conduce/no conduzcas	(vosotros) conducid/no conduzcáis
(Ud.) conduzca/no conduzca	(Uds.) conduzcan/no conduzcan

Usage

¿Conduzco yo?	*Shall I drive?*
Condujo a gran velocidad.	*He drove very fast.*
Conducen la empresa con éxito.	*They manage the firm successfully.*
¿Quién conduce la encuesta?	*Who is conducting the survey?*

confesar to confess, admit

confieso · confesaron · confesado · confesando   stem-changing -ar verb: e > ie

PRESENT		PRETERIT	
confieso	confesamos	confesé	confesamos
confiesas	confesáis	confesaste	confesasteis
confiesa	confiesan	confesó	confesaron

IMPERFECT		PRESENT PERFECT	
confesaba	confesábamos	he confesado	hemos confesado
confesabas	confesabais	has confesado	habéis confesado
confesaba	confesaban	ha confesado	han confesado

FUTURE		CONDITIONAL	
confesaré	confesaremos	confesaría	confesaríamos
confesarás	confesaréis	confesarías	confesaríais
confesará	confesarán	confesaría	confesarían

PLUPERFECT		PRETERIT PERFECT	
había confesado	habíamos confesado	hube confesado	hubimos confesado
habías confesado	habíais confesado	hubiste confesado	hubisteis confesado
había confesado	habían confesado	hubo confesado	hubieron confesado

FUTURE PERFECT		CONDITIONAL PERFECT	
habré confesado	habremos confesado	habría confesado	habríamos confesado
habrás confesado	habréis confesado	habrías confesado	habríais confesado
habrá confesado	habrán confesado	habría confesado	habrían confesado

PRESENT SUBJUNCTIVE		PRESENT PERFECT SUBJUNCTIVE	
confiese	confesemos	haya confesado	hayamos confesado
confieses	confeséis	hayas confesado	hayáis confesado
confiese	confiesen	haya confesado	hayan confesado

IMPERFECT SUBJUNCTIVE (-ra)		or	IMPERFECT SUBJUNCTIVE (-se)	
confesara	confesáramos		confesase	confesásemos
confesaras	confesarais		confesases	confesaseis
confesara	confesaran		confesase	confesasen

PAST PERFECT SUBJUNCTIVE (-ra)		or	PAST PERFECT SUBJUNCTIVE (-se)	
hubiera confesado	hubiéramos confesado		hubiese confesado	hubiésemos confesado
hubieras confesado	hubierais confesado		hubieses confesado	hubieseis confesado
hubiera confesado	hubieran confesado		hubiese confesado	hubiesen confesado

PROGRESSIVE TENSES

PRESENT	estoy, estás, está, estamos, estáis, están
PRETERIT	estuve, estuviste, estuvo, estuvimos, estuvisteis, estuvieron
IMPERFECT	estaba, estabas, estaba, estábamos, estabais, estaban
FUTURE	estaré, estarás, estará, estaremos, estaréis, estarán
CONDITIONAL	estaría, estarías, estaría, estaríamos, estaríais, estarían
SUBJUNCTIVE	que + corresponding subjunctive tense of estar (see verb 151)

confesando

COMMANDS

	(nosotros) confesemos/no confesemos
(tú) confiesa/no confieses	(vosotros) confesad/no confeséis
(Ud.) confiese/no confiese	(Uds.) confiesen/no confiesen

Usage

Confesó su implicación en la conspiración contra el gobierno.	He confessed/admitted his involvement in the conspiracy against the government.
Se confesó culpable.	He admitted his guilt.
Se confesaron de plano.	They owned up to/admitted everything.

regular -*ar* verb; spelling change:
i > *í* when stressed

confío · confiaron · confiado · confiando

PRESENT		PRETERIT	
confío	confiamos	confié	confiamos
confías	confiáis	confiaste	confiasteis
confía	confían	confió	confiaron

IMPERFECT		PRESENT PERFECT	
confiaba	confiábamos	he confiado	hemos confiado
confiabas	confiabais	has confiado	habéis confiado
confiaba	confiaban	ha confiado	han confiado

FUTURE		CONDITIONAL	
confiaré	confiaremos	confiaría	confiaríamos
confiarás	confiaréis	confiarías	confiaríais
confiará	confiarán	confiaría	confiarían

PLUPERFECT		PRETERIT PERFECT	
había confiado	habíamos confiado	hube confiado	hubimos confiado
habías confiado	habíais confiado	hubiste confiado	hubisteis confiado
había confiado	habían confiado	hubo confiado	hubieron confiado

FUTURE PERFECT		CONDITIONAL PERFECT	
habré confiado	habremos confiado	habría confiado	habríamos confiado
habrás confiado	habréis confiado	habrías confiado	habríais confiado
habrá confiado	habrán confiado	habría confiado	habrían confiado

PRESENT SUBJUNCTIVE		PRESENT PERFECT SUBJUNCTIVE	
confíe	confiemos	haya confiado	hayamos confiado
confíes	confiéis	hayas confiado	hayáis confiado
confíe	confíen	haya confiado	hayan confiado

IMPERFECT SUBJUNCTIVE (-ra)		*or*	IMPERFECT SUBJUNCTIVE (-se)	
confiara	confiáramos		confiase	confiásemos
confiaras	confiarais		confiases	confiaseis
confiara	confiaran		confiase	confiasen

PAST PERFECT SUBJUNCTIVE (-ra)		*or*	PAST PERFECT SUBJUNCTIVE (-se)	
hubiera confiado	hubiéramos confiado		hubiese confiado	hubiésemos confiado
hubieras confiado	hubierais confiado		hubieses confiado	hubieseis confiado
hubiera confiado	hubieran confiado		hubiese confiado	hubiesen confiado

PROGRESSIVE TENSES

PRESENT	estoy, estás, está, estamos, estáis, están	
PRETERIT	estuve, estuviste, estuvo, estuvimos, estuvisteis, estuvieron	
IMPERFECT	estaba, estabas, estaba, estábamos, estabais, estaban	confiando
FUTURE	estaré, estarás, estará, estaremos, estaréis, estarán	
CONDITIONAL	estaría, estarías, estaría, estaríamos, estaríais, estarían	
SUBJUNCTIVE	que + *corresponding subjunctive tense of* estar (*see verb 151*)	

COMMANDS

	(nosotros) confiemos/no confiemos
(tú) confía/no confíes	(vosotros) confiad/no confiéis
(Ud.) confíe/no confíe	(Uds.) confíen/no confíen

Usage

Confío en su juicio.	*I trust his judgment.*
Confié todas las fechas a la memoria.	*I committed all the dates to memory.*
Confiamos en su competencia.	*We're counting on his expertise/ability.*
Le confió sus problemas a su amiga.	*She confided her problems to her friend.*

conmover *to move, touch*

conmuevo · conmovieron · conmovido · conmoviendo

stem-changing
-er verb: o > ue

PRESENT

conmuevo	conmovemos
conmueves	conmovéis
conmueve	conmueven

PRETERIT

conmoví	conmovimos
conmoviste	conmovisteis
conmovió	conmovieron

IMPERFECT

conmovía	conmovíamos
conmovías	conmovíais
conmovía	conmovían

PRESENT PERFECT

he conmovido	hemos conmovido
has conmovido	habéis conmovido
ha conmovido	han conmovido

FUTURE

conmoveré	conmoveremos
conmoverás	conmoveréis
conmoverá	conmoverán

CONDITIONAL

conmovería	conmoveríamos
conmoverías	conmoveríais
conmovería	conmoverían

PLUPERFECT

había conmovido	habíamos conmovido
habías conmovido	habíais conmovido
había conmovido	habían conmovido

PRETERIT PERFECT

hube conmovido	hubimos conmovido
hubiste conmovido	hubisteis conmovido
hubo conmovido	hubieron conmovido

FUTURE PERFECT

habré conmovido	habremos conmovido
habrás conmovido	habréis conmovido
habrá conmovido	habrán conmovido

CONDITIONAL PERFECT

habría conmovido	habríamos conmovido
habrías conmovido	habríais conmovido
habría conmovido	habrían conmovido

PRESENT SUBJUNCTIVE

conmueva	conmovamos
conmuevas	conmováis
conmueva	conmuevan

PRESENT PERFECT SUBJUNCTIVE

haya conmovido	hayamos conmovido
hayas conmovido	hayáis conmovido
haya conmovido	hayan conmovido

IMPERFECT SUBJUNCTIVE (-ra)

conmoviera	conmoviéramos
conmovieras	conmovierais
conmoviera	conmovieran

or **IMPERFECT SUBJUNCTIVE (-se)**

conmoviese	conmoviésemos
conmovieses	conmovieseis
conmoviese	conmoviesen

PAST PERFECT SUBJUNCTIVE (-ra)

hubiera conmovido	hubiéramos conmovido
hubieras conmovido	hubierais conmovido
hubiera conmovido	hubieran conmovido

or **PAST PERFECT SUBJUNCTIVE (-se)**

hubiese conmovido	hubiésemos conmovido
hubieses conmovido	hubieseis conmovido
hubiese conmovido	hubiesen conmovido

PROGRESSIVE TENSES

PRESENT	estoy, estás, está, estamos, estáis, están
PRETERIT	estuve, estuviste, estuvo, estuvimos, estuvisteis, estuvieron
IMPERFECT	estaba, estabas, estaba, estábamos, estabais, estaban
FUTURE	estaré, estarás, estará, estaremos, estaréis, estarán
CONDITIONAL	estaría, estarías, estaría, estaríamos, estaríais, estarían
SUBJUNCTIVE	que + *corresponding subjunctive tense of estar (see verb 151)*

} conmoviendo

COMMANDS

	(nosotros) conmovamos/no conmovamos
(tú) conmueve/no conmuevas	(vosotros) conmoved/no conmováis
(Ud.) conmueva/no conmueva	(Uds.) conmuevan/no conmuevan

Usage

Me conmovió su gentileza.	*I was moved by her kindness.*
Su apuro nos conmueve mucho.	*We are deeply moved by their difficult situation.*
No se conmovió en lo más mínimo por la tragedia.	*He wasn't touched in the least by the tragedy.*

-er verb; spelling change: **conozco · conocieron · conocido · conociendo**
z > zc/o, a

PRESENT		PRETERIT	
conozco	conocemos	conocí	conocimos
conoces	conocéis	conociste	conocisteis
conoce	conocen	conoció	conocieron

IMPERFECT		PRESENT PERFECT	
conocía	conocíamos	he conocido	hemos conocido
conocías	conocíais	has conocido	habéis conocido
conocía	conocían	ha conocido	han conocido

FUTURE		CONDITIONAL	
conoceré	conoceremos	conocería	conoceríamos
conocerás	conoceréis	conocerías	conoceríais
conocerá	conocerán	conocería	conocerían

PLUPERFECT		PRETERIT PERFECT	
había conocido	habíamos conocido	hube conocido	hubimos conocido
habías conocido	habíais conocido	hubiste conocido	hubisteis conocido
había conocido	habían conocido	hubo conocido	hubieron conocido

FUTURE PERFECT		CONDITIONAL PERFECT	
habré conocido	habremos conocido	habría conocido	habríamos conocido
habrás conocido	habréis conocido	habrías conocido	habríais conocido
habrá conocido	habrán conocido	habría conocido	habrían conocido

PRESENT SUBJUNCTIVE		PRESENT PERFECT SUBJUNCTIVE	
conozca	conozcamos	haya conocido	hayamos conocido
conozcas	conozcáis	hayas conocido	hayáis conocido
conozca	conozcan	haya conocido	hayan conocido

IMPERFECT SUBJUNCTIVE (-ra)		*or* IMPERFECT SUBJUNCTIVE (-se)	
conociera	conociéramos	conociese	conociésemos
conocieras	conocierais	conocieses	conocieseis
conociera	conocieran	conociese	conociesen

PAST PERFECT SUBJUNCTIVE (-ra)		*or* PAST PERFECT SUBJUNCTIVE (-se)	
hubiera conocido	hubiéramos conocido	hubiese conocido	hubiésemos conocido
hubieras conocido	hubierais conocido	hubieses conocido	hubieseis conocido
hubiera conocido	hubieran conocido	hubiese conocido	hubiesen conocido

PROGRESSIVE TENSES

PRESENT	estoy, estás, está, estamos, estáis, están	
PRETERIT	estuve, estuviste, estuvo, estuvimos, estuvisteis, estuvieron	
IMPERFECT	estaba, estabas, estaba, estábamos, estabais, estaban	conociendo
FUTURE	estaré, estarás, estará, estaremos, estaréis, estarán	
CONDITIONAL	estaría, estarías, estaría, estaríamos, estaríais, estarían	
SUBJUNCTIVE	que + *corresponding subjunctive tense of estar (see verb 151)*	

COMMANDS

	(nosotros) conozcamos/no conozcamos
(tú) conoce/no conozcas	(vosotros) conoced/no conozcáis
(Ud.) conozca/no conozca	(Uds.) conozcan/no conozcan

Usage

—¿Conocéis al nuevo programador?	*Do you know the new programmer?*
—Yo sé quién es pero no lo conocí.	*I know who he is but I haven't met him.*
—Ya conocen Madrid, ¿verdad?	*You've been in Madrid, haven't you?*
—Sí, y conocemos otras ciudades españolas.	*Yes, and we're familiar with other Spanish cities.*

conseguir to get, obtain

consigo · consiguieron · conseguido · consiguiendo   stem-changing -ir verb: e > i;
spelling change: gu > g/o, a

PRESENT

consigo	conseguimos
consigues	conseguís
consigue	consiguen

IMPERFECT

conseguía	conseguíamos
conseguías	conseguíais
conseguía	conseguían

FUTURE

conseguiré	conseguiremos
conseguirás	conseguiréis
conseguirá	conseguirán

PLUPERFECT

había conseguido	habíamos conseguido
habías conseguido	habíais conseguido
había conseguido	habían conseguido

FUTURE PERFECT

habré conseguido	habremos conseguido
habrás conseguido	habréis conseguido
habrá conseguido	habrán conseguido

PRESENT SUBJUNCTIVE

consiga	consigamos
consigas	consigáis
consiga	consigan

IMPERFECT SUBJUNCTIVE (-ra)

consiguiera	consiguiéramos
consiguieras	consiguierais
consiguiera	consiguieran

PAST PERFECT SUBJUNCTIVE (-ra)

hubiera conseguido	hubiéramos conseguido
hubieras conseguido	hubierais conseguido
hubiera conseguido	hubieran conseguido

PRETERIT

conseguí	conseguimos
conseguiste	conseguisteis
consiguió	consiguieron

PRESENT PERFECT

he conseguido	hemos conseguido
has conseguido	habéis conseguido
ha conseguido	han conseguido

CONDITIONAL

conseguiría	conseguiríamos
conseguirías	conseguiríais
conseguiría	conseguirían

PRETERIT PERFECT

hube conseguido	hubimos conseguido
hubiste conseguido	hubisteis conseguido
hubo conseguido	hubieron conseguido

CONDITIONAL PERFECT

habría conseguido	habríamos conseguido
habrías conseguido	habríais conseguido
habría conseguido	habrían conseguido

PRESENT PERFECT SUBJUNCTIVE

haya conseguido	hayamos conseguido
hayas conseguido	hayáis conseguido
haya conseguido	hayan conseguido

or **IMPERFECT SUBJUNCTIVE (-se)**

consiguiese	consiguiésemos
consiguieses	consiguieseis
consiguiese	consiguiesen

or **PAST PERFECT SUBJUNCTIVE (-se)**

hubiese conseguido	hubiésemos conseguido
hubieses conseguido	hubieseis conseguido
hubiese conseguido	hubiesen conseguido

PROGRESSIVE TENSES

PRESENT	estoy, estás, está, estamos, estáis, están
PRETERIT	estuve, estuviste, estuvo, estuvimos, estuvisteis, estuvieron
IMPERFECT	estaba, estabas, estaba, estábamos, estabais, estaban
FUTURE	estaré, estarás, estará, estaremos, estaréis, estarán
CONDITIONAL	estaría, estarías, estaría, estaríamos, estaríais, estarían
SUBJUNCTIVE	que + corresponding subjunctive tense of estar (see verb 151)

consiguiendo

COMMANDS

	(nosotros) consigamos/no consigamos
(tú) consigue/no consigas	(vosotros) conseguid/no consigáis
(Ud.) consiga/no consiga	(Uds.) consigan/no consigan

Usage

Nos consiguieron las entradas.   *They got the theater tickets for us.*

—¿Conseguiste un aumento de sueldo?   *Did you get a raise?*
—¡Qué va! Ni conseguí hablar con el jefe.   *Are you kidding! I didn't even manage to speak with my boss.*

stem-changing *-ir* verb: **consiento · consintieron · consentido · consintiendo**
e > ie (present), *e > i* (preterit)

PRESENT		PRETERIT	
consiento	consentimos	consentí	consentimos
consientes	consentís	consentiste	consentisteis
consiente	consienten	consintió	consintieron

IMPERFECT		PRESENT PERFECT	
consentía	consentíamos	he consentido	hemos consentido
consentías	consentíais	has consentido	habéis consentido
consentía	consentían	ha consentido	han consentido

FUTURE		CONDITIONAL	
consentiré	consentiremos	consentiría	consentiríamos
consentirás	consentiréis	consentirías	consentiríais
consentirá	consentirán	consentiría	consentirían

PLUPERFECT		PRETERIT PERFECT	
había consentido	habíamos consentido	hube consentido	hubimos consentido
habías consentido	habíais consentido	hubiste consentido	hubisteis consentido
había consentido	habían consentido	hubo consentido	hubieron consentido

FUTURE PERFECT		CONDITIONAL PERFECT	
habré consentido	habremos consentido	habría consentido	habríamos consentido
habrás consentido	habréis consentido	habrías consentido	habríais consentido
habrá consentido	habrán consentido	habría consentido	habrían consentido

PRESENT SUBJUNCTIVE		PRESENT PERFECT SUBJUNCTIVE	
consienta	consintamos	haya consentido	hayamos consentido
consientas	consintáis	hayas consentido	hayáis consentido
consienta	consientan	haya consentido	hayan consentido

IMPERFECT SUBJUNCTIVE (-ra)		*or*	IMPERFECT SUBJUNCTIVE (-se)	
consintiera	consintiéramos		consintiese	consintiésemos
consintieras	consintierais		consintieses	consintieseis
consintiera	consintieran		consintiese	consintiesen

PAST PERFECT SUBJUNCTIVE (-ra)		*or*	PAST PERFECT SUBJUNCTIVE (-se)	
hubiera consentido	hubiéramos consentido		hubiese consentido	hubiésemos consentido
hubieras consentido	hubierais consentido		hubieses consentido	hubieseis consentido
hubiera consentido	hubieran consentido		hubiese consentido	hubiesen consentido

PROGRESSIVE TENSES

PRESENT	estoy, estás, está, estamos, estáis, están	
PRETERIT	estuve, estuviste, estuvo, estuvimos, estuvisteis, estuvieron	
IMPERFECT	estaba, estabas, estaba, estábamos, estabais, estaban	consintiendo
FUTURE	estaré, estarás, estará, estaremos, estaréis, estarán	
CONDITIONAL	estaría, estarías, estaría, estaríamos, estaríais, estarían	
SUBJUNCTIVE	que + *corresponding subjunctive tense of estar (see verb 151)*	

COMMANDS

	(nosotros) consintamos/no consintamos
(tú) consiente/no consientas	(vosotros) consentid/no consintáis
(Ud.) consienta/no consienta	(Uds.) consientan/no consientan

Usage

Consiento en apoyar su causa.	*I consent to support their cause.*
No consentimos que trates el asunto así.	*We can't allow you to deal with the matter like this.*
¡Qué mocoso! Sus padres lo consienten.	*What a brat! His parents spoil him.*

construir *to build*

construyo · construyeron · construido · construyendo

-ir verb; spelling change: adds *y* before *o, a, e*

PRESENT

construyo	construimos
construyes	construís
construye	construyen

IMPERFECT

construía	construíamos
construías	construíais
construía	construían

FUTURE

construiré	construiremos
construirás	construiréis
construirá	construirán

PLUPERFECT

había construido	habíamos construido
habías construido	habíais construido
había construido	habían construido

FUTURE PERFECT

habré construido	habremos construido
habrás construido	habréis construido
habrá construido	habrán construido

PRESENT SUBJUNCTIVE

construya	construyamos
construyas	construyáis
construya	construyan

IMPERFECT SUBJUNCTIVE (-ra)

construyera	construyéramos
construyeras	construyerais
construyera	construyeran

PAST PERFECT SUBJUNCTIVE (-ra)

hubiera construido	hubiéramos construido
hubieras construido	hubierais construido
hubiera construido	hubieran construido

PRETERIT

construí	construimos
construiste	construisteis
construyó	construyeron

PRESENT PERFECT

he construido	hemos construido
has construido	habéis construido
ha construido	han construido

CONDITIONAL

construiría	construiríamos
construirías	construiríais
construiría	construirían

PRETERIT PERFECT

hube construido	hubimos construido
hubiste construido	hubisteis construido
hubo construido	hubieron construido

CONDITIONAL PERFECT

habría construido	habríamos construido
habrías construido	habríais construido
habría construido	habrían construido

PRESENT PERFECT SUBJUNCTIVE

haya construido	hayamos construido
hayas construido	hayáis construido
haya construido	hayan construido

or **IMPERFECT SUBJUNCTIVE (-se)**

construyese	construyésemos
construyeses	construyeseis
construyese	construyesen

or **PAST PERFECT SUBJUNCTIVE (-se)**

hubiese construido	hubiésemos construido
hubieses construido	hubieseis construido
hubiese construido	hubiesen construido

PROGRESSIVE TENSES

PRESENT	estoy, estás, está, estamos, estáis, están
PRETERIT	estuve, estuviste, estuvo, estuvimos, estuvisteis, estuvieron
IMPERFECT	estaba, estabas, estaba, estábamos, estabais, estaban
FUTURE	estaré, estarás, estará, estaremos, estaréis, estarán
CONDITIONAL	estaría, estarías, estaría, estaríamos, estaríais, estarían
SUBJUNCTIVE	que + *corresponding subjunctive tense of* estar (*see verb 151*)

construyendo

COMMANDS

	(nosotros) construyamos/no construyamos
(tú) construye/no construyas	(vosotros) construid/no construyáis
(Ud.) construya/no construya	(Uds.) construyan/no construyan

Usage

Se está construyendo un centro comercial.	*They're building a mall.*
Se construían edificios en el centro.	*They were constructing buildings downtown.*
Hicimos construir una casa de campo.	*We had a country house built.*
El hotel está envías de construcción.	*The hotel is under construction.*

stem-changing -ar verb: o > ue | cuento · contaron · contado · contando

PRESENT

cuento	contamos
cuentas	contáis
cuenta	cuentan

IMPERFECT

contaba	contábamos
contabas	contabais
contaba	contaban

FUTURE

contaré	contaremos
contarás	contaréis
contará	contarán

PLUPERFECT

había contado	habíamos contado
habías contado	habíais contado
había contado	habían contado

FUTURE PERFECT

habré contado	habremos contado
habrás contado	habréis contado
habrá contado	habrán contado

PRESENT SUBJUNCTIVE

cuente	contemos
cuentes	contéis
cuente	cuenten

IMPERFECT SUBJUNCTIVE (-ra)

contara	contáramos
contaras	contarais
contara	contaran

PAST PERFECT SUBJUNCTIVE (-ra)

hubiera contado	hubiéramos contado
hubieras contado	hubierais contado
hubiera contado	hubieran contado

PRETERIT

conté	contamos
contaste	contasteis
contó	contaron

PRESENT PERFECT

he contado	hemos contado
has contado	habéis contado
ha contado	han contado

CONDITIONAL

contaría	contaríamos
contarías	contaríais
contaría	contarían

PRETERIT PERFECT

hube contado	hubimos contado
hubiste contado	hubisteis contado
hubo contado	hubieron contado

CONDITIONAL PERFECT

habría contado	habríamos contado
habrías contado	habríais contado
habría contado	habrían contado

PRESENT PERFECT SUBJUNCTIVE

haya contado	hayamos contado
hayas contado	hayáis contado
haya contado	hayan contado

or **IMPERFECT SUBJUNCTIVE (-se)**

contase	contásemos
contases	contaseis
contase	contasen

or **PAST PERFECT SUBJUNCTIVE (-se)**

hubiese contado	hubiésemos contado
hubieses contado	hubieseis contado
hubiese contado	hubiesen contado

PROGRESSIVE TENSES

PRESENT	estoy, estás, está, estamos, estáis, están
PRETERIT	estuve, estuviste, estuvo, estuvimos, estuvisteis, estuvieron
IMPERFECT	estaba, estabas, estaba, estábamos, estabais, estaban
FUTURE	estaré, estarás, estará, estaremos, estaréis, estarán
CONDITIONAL	estaría, estarías, estaría, estaríamos, estaríais, estarían
SUBJUNCTIVE	que + *corresponding subjunctive tense of estar (see verb 151)*

} contando

COMMANDS

	(nosotros) contemos/no contemos
(tú) cuenta/no cuentes	(vosotros) contad/no contéis
(Ud.) cuente/no cuente	(Uds.) cuenten/no cuenten

Usage

El niño cuenta hasta veinte.	*The child counts up to 20.*
Cuéntanos lo que pasó.	*Tell us what happened.*
Cuenten con nosotros.	*Count on us.*
Mozo, la cuenta, por favor.	*Waiter, the bill/check, please.*

contener   *to contain, restrain, hold back*

contengo · contuvieron · contenido · conteniendo   *irregular verb (like* **tener**)

PRESENT		PRETERIT	
contengo	contenemos	contuve	contuvimos
contienes	contenéis	contuviste	contuvisteis
contiene	contienen	contuvo	contuvieron

IMPERFECT		PRESENT PERFECT	
contenía	conteníamos	he contenido	hemos contenido
contenías	conteníais	has contenido	habéis contenido
contenía	contenían	ha contenido	han contenido

FUTURE		CONDITIONAL	
contendré	contendremos	contendría	contendríamos
contendrás	contendréis	contendrías	contendríais
contendrá	contendrán	contendría	contendrían

PLUPERFECT		PRETERIT PERFECT	
había contenido	habíamos contenido	hube contenido	hubimos contenido
habías contenido	habíais contenido	hubiste contenido	hubisteis contenido
había contenido	habían contenido	hubo contenido	hubieron contenido

FUTURE PERFECT		CONDITIONAL PERFECT	
habré contenido	habremos contenido	habría contenido	habríamos contenido
habrás contenido	habréis contenido	habrías contenido	habríais contenido
habrá contenido	habrán contenido	habría contenido	habrían contenido

PRESENT SUBJUNCTIVE		PRESENT PERFECT SUBJUNCTIVE	
contenga	contengamos	haya contenido	hayamos contenido
contengas	contengáis	hayas contenido	hayáis contenido
contenga	contengan	haya contenido	hayan contenido

IMPERFECT SUBJUNCTIVE (-ra)		*or*	IMPERFECT SUBJUNCTIVE (-se)	
contuviera	contuviéramos		contuviese	contuviésemos
contuvieras	contuvierais		contuvieses	contuvieseis
contuviera	contuvieran		contuviese	contuviesen

PAST PERFECT SUBJUNCTIVE (-ra)		*or*	PAST PERFECT SUBJUNCTIVE (-se)	
hubiera contenido	hubiéramos contenido		hubiese contenido	hubiésemos contenido
hubieras contenido	hubierais contenido		hubieses contenido	hubieseis contenido
hubiera contenido	hubieran contenido		hubiese contenido	hubiesen contenido

PROGRESSIVE TENSES

PRESENT	estoy, estás, está, estamos, estáis, están	
PRETERIT	estuve, estuviste, estuvo, estuvimos, estuvisteis, estuvieron	
IMPERFECT	estaba, estabas, estaba, estábamos, estabais, estaban	conteniendo
FUTURE	estaré, estarás, estará, estaremos, estaréis, estarán	
CONDITIONAL	estaría, estarías, estaría, estaríamos, estaríais, estarían	
SUBJUNCTIVE	que + *corresponding subjunctive tense of* estar (*see verb 151*)	

COMMANDS

	(nosotros) contengamos/no contengamos
(tú) contén/no contengas	(vosotros) contened/no contengáis
(Ud.) contenga/no contenga	(Uds.) contengan/no contengan

Usage

¿Qué contiene aquella bolsa?	*What does that bag contain?*
No pudo contener la risa/las lágrimas.	*She couldn't restrain/hold back her laughter/tears.*
¡Qué hemorragia nasal tuvo! Nos fue difícil contener la sangre.	*What a nosebleed he had! We had a hard time stopping the blood.*

regular -ar verb | **contesto · contestaron · contestado · contestando**

PRESENT

contesto	contestamos
contestas	contestáis
contesta	contestan

PRETERIT

contesté	contestamos
contestaste	contestasteis
contestó	contestaron

IMPERFECT

contestaba	contestábamos
contestabas	contestabais
contestaba	contestaban

PRESENT PERFECT

he contestado	hemos contestado
has contestado	habéis contestado
ha contestado	han contestado

FUTURE

contestaré	contestaremos
contestarás	contestaréis
contestará	contestarán

CONDITIONAL

contestaría	contestaríamos
contestarías	contestaríais
contestaría	contestarían

PLUPERFECT

había contestado	habíamos contestado
habías contestado	habíais contestado
había contestado	habían contestado

PRETERIT PERFECT

hube contestado	hubimos contestado
hubiste contestado	hubisteis contestado
hubo contestado	hubieron contestado

FUTURE PERFECT

habré contestado	habremos contestado
habrás contestado	habréis contestado
habrá contestado	habrán contestado

CONDITIONAL PERFECT

habría contestado	habríamos contestado
habrías contestado	habríais contestado
habría contestado	habrían contestado

PRESENT SUBJUNCTIVE

conteste	contestemos
contestes	contestéis
conteste	contesten

PRESENT PERFECT SUBJUNCTIVE

haya contestado	hayamos contestado
hayas contestado	hayáis contestado
haya contestado	hayan contestado

IMPERFECT SUBJUNCTIVE (-ra) | *or* | **IMPERFECT SUBJUNCTIVE (-se)**

contestara	contestáramos
contestaras	contestarais
contestara	contestaran

contestase	contestásemos
contestases	contestaseis
contestase	contestasen

PAST PERFECT SUBJUNCTIVE (-ra) | *or* | **PAST PERFECT SUBJUNCTIVE (-se)**

hubiera contestado	hubiéramos contestado
hubieras contestado	hubierais contestado
hubiera contestado	hubieran contestado

hubiese contestado	hubiésemos contestado
hubieses contestado	hubieseis contestado
hubiese contestado	hubiesen contestado

PROGRESSIVE TENSES

PRESENT	estoy, estás, está, estamos, estáis, están
PRETERIT	estuve, estuviste, estuvo, estuvimos, estuvisteis, estuvieron
IMPERFECT	estaba, estabas, estaba, estábamos, estabais, estaban
FUTURE	estaré, estarás, estará, estaremos, estaréis, estarán
CONDITIONAL	estaría, estarías, estaría, estaríamos, estaríais, estarían
SUBJUNCTIVE	que + *corresponding subjunctive tense of estar (see verb 151)*

} contestando

COMMANDS

	(nosotros) contestemos/no contestemos
(tú) contesta/no contestes	(vosotros) contestad/no contestéis
(Ud.) conteste/no conteste	(Uds.) contesten/no contesten

Usage

Contesta el mensaje electrónico.	*He's answering the e-mail message.*
Contesta la pregunta.	*Answer the question.*
¿Has contestado el teléfono?	*Have you answered the telephone?*
¡No nos contestes así!	*Don't talk back to us like that!*

continuar   to continue, go/keep on

continúo · continuaron · continuado · continuando

-ar verb; spelling change:
$u > ú$ when stressed

PRESENT		PRETERIT	
continúo	continuamos	continué	continuamos
continúas	continuáis	continuaste	continuasteis
continúa	continúan	continuó	continuaron

IMPERFECT		PRESENT PERFECT	
continuaba	continuábamos	he continuado	hemos continuado
continuabas	continuabais	has continuado	habéis continuado
continuaba	continuaban	ha continuado	han continuado

FUTURE		CONDITIONAL	
continuaré	continuaremos	continuaría	continuaríamos
continuarás	continuaréis	continuarías	continuaríais
continuará	continuarán	continuaría	continuarían

PLUPERFECT		PRETERIT PERFECT	
había continuado	habíamos continuado	hube continuado	hubimos continuado
habías continuado	habíais continuado	hubiste continuado	hubisteis continuado
había continuado	habían continuado	hubo continuado	hubieron continuado

FUTURE PERFECT		CONDITIONAL PERFECT	
habré continuado	habremos continuado	habría continuado	habríamos continuado
habrás continuado	habréis continuado	habrías continuado	habríais continuado
habrá continuado	habrán continuado	habría continuado	habrían continuado

PRESENT SUBJUNCTIVE		PRESENT PERFECT SUBJUNCTIVE	
continúe	continuemos	haya continuado	hayamos continuado
continúes	continuéis	hayas continuado	hayáis continuado
continúe	continúen	haya continuado	hayan continuado

IMPERFECT SUBJUNCTIVE (-ra)		*or*	IMPERFECT SUBJUNCTIVE (-se)	
continuara	continuáramos		continuase	continuásemos
continuaras	continuarais		continuases	continuaseis
continuara	continuaran		continuase	continuasen

PAST PERFECT SUBJUNCTIVE (-ra)		*or*	PAST PERFECT SUBJUNCTIVE (-se)	
hubiera continuado	hubiéramos continuado		hubiese continuado	hubiésemos continuado
hubieras continuado	hubierais continuado		hubieses continuado	hubieseis continuado
hubiera continuado	hubieran continuado		hubiese continuado	hubiesen continuado

PROGRESSIVE TENSES

PRESENT	estoy, estás, está, estamos, estáis, están
PRETERIT	estuve, estuviste, estuvo, estuvimos, estuvisteis, estuvieron
IMPERFECT	estaba, estabas, estaba, estábamos, estabais, estaban
FUTURE	estaré, estarás, estará, estaremos, estaréis, estarán
CONDITIONAL	estaría, estarías, estaría, estaríamos, estaríais, estarían
SUBJUNCTIVE	que + *corresponding subjunctive tense of* estar (*see verb 151*)

continuando

COMMANDS

	(nosotros) continuemos/no continuemos
(tú) continúa/no continúes	(vosotros) continuad/no continuéis
(Ud.) continúe/no continúe	(Uds.) continúen/no continúen

Usage

Continúan discutiendo.	*They keep on arguing.*
Continúo con mis investigaciones.	*I'm going on with my research.*
Las reglas continúan en vigor.	*The rules are still in force.*
Las notas se encuentran a continuación.	*The notes can be found below.*

-*ir* verb; spelling change: **contribuyo · contribuyeron · contribuido · contribuyendo**
adds *y* before *o, a, e*

PRESENT

contribuyo	contribuimos
contribuyes	contribuís
contribuye	contribuyen

PRETERIT

contribuí	contribuimos
contribuiste	contribuisteis
contribuyó	contribuyeron

IMPERFECT

contribuía	contribuíamos
contribuías	contribuíais
contribuía	contribuían

PRESENT PERFECT

he contribuido	hemos contribuido
has contribuido	habéis contribuido
ha contribuido	han contribuido

FUTURE

contribuiré	contribuiremos
contribuirás	contribuiréis
contribuirá	contribuirán

CONDITIONAL

contribuiría	contribuiríamos
contribuirías	contribuiríais
contribuiría	contribuirían

PLUPERFECT

había contribuido	habíamos contribuido
habías contribuido	habíais contribuido
había contribuido	habían contribuido

PRETERIT PERFECT

hube contribuido	hubimos contribuido
hubiste contribuido	hubisteis contribuido
hubo contribuido	hubieron contribuido

FUTURE PERFECT

habré contribuido	habremos contribuido
habrás contribuido	habréis contribuido
habrá contribuido	habrán contribuido

CONDITIONAL PERFECT

habría contribuido	habríamos contribuido
habrías contribuido	habríais contribuido
habría contribuido	habrían contribuido

PRESENT SUBJUNCTIVE

contribuya	contribuyamos
contribuyas	contribuyáis
contribuya	contribuyan

PRESENT PERFECT SUBJUNCTIVE

haya contribuido	hayamos contribuido
hayas contribuido	hayáis contribuido
haya contribuido	hayan contribuido

IMPERFECT SUBJUNCTIVE (-ra)

contribuyera	contribuyéramos
contribuyeras	contribuyerais
contribuyera	contribuyeran

or **IMPERFECT SUBJUNCTIVE (-se)**

contribuyese	contribuyésemos
contribuyeses	contribuyeseis
contribuyese	contribuyesen

PAST PERFECT SUBJUNCTIVE (-ra)

hubiera contribuido	hubiéramos contribuido
hubieras contribuido	hubierais contribuido
hubiera contribuido	hubieran contribuido

or **PAST PERFECT SUBJUNCTIVE (-se)**

hubiese contribuido	hubiésemos contribuido
hubieses contribuido	hubieseis contribuido
hubiese contribuido	hubiesen contribuido

PROGRESSIVE TENSES

PRESENT	estoy, estás, está, estamos, estáis, están
PRETERIT	estuve, estuviste, estuvo, estuvimos, estuvisteis, estuvieron
IMPERFECT	estaba, estabas, estaba, estábamos, estabais, estaban
FUTURE	estaré, estarás, estará, estaremos, estaréis, estarán
CONDITIONAL	estaría, estarías, estaría, estaríamos, estaríais, estarían
SUBJUNCTIVE	que + *corresponding subjunctive tense of* estar (*see verb 151*)

} contribuyendo

COMMANDS

	(nosotros) contribuyamos/no contribuyamos
(tú) contribuye/no contribuyas	(vosotros) contribuid/no contribuyáis
(Ud.) contribuya/no contribuya	(Uds.) contribuyan/no contribuyan

Usage

Contribuyeron mucho dinero a la caridad.	*They contributed a lot of money to charity.*
No es necesario que contribuyan más.	*It's not necessary for them to contribute more.*
Ojalá nosotros los contribuyentes	*I wish we taxpayers would pay less in taxes.*
pagáramos menos impuestos.	

convencer to convince

convenzo · convencieron · convencido · convenciendo

-er verb; spelling change:
c > z/o, a

PRESENT		PRETERIT	
convenzo	convencemos	convencí	convencimos
convences	convencéis	convenciste	convencisteis
convence	convencen	convenció	convencieron

IMPERFECT		PRESENT PERFECT	
convencía	convencíamos	he convencido	hemos convencido
convencías	convencíais	has convencido	habéis convencido
convencía	convencían	ha convencido	han convencido

FUTURE		CONDITIONAL	
convenceré	convenceremos	convencería	convenceríamos
convencerás	convenceréis	convencerías	convenceríais
convencerá	convencerán	convencería	convencerían

PLUPERFECT		PRETERIT PERFECT	
había convencido	habíamos convencido	hube convencido	hubimos convencido
habías convencido	habíais convencido	hubiste convencido	hubisteis convencido
había convencido	habían convencido	hubo convencido	hubieron convencido

FUTURE PERFECT		CONDITIONAL PERFECT	
habré convencido	habremos convencido	habría convencido	habríamos convencido
habrás convencido	habréis convencido	habrías convencido	habríais convencido
habrá convencido	habrán convencido	habría convencido	habrían convencido

PRESENT SUBJUNCTIVE		PRESENT PERFECT SUBJUNCTIVE	
convenza	convenzamos	haya convencido	hayamos convencido
convenzas	convenzáis	hayas convencido	hayáis convencido
convenza	convenzan	haya convencido	hayan convencido

IMPERFECT SUBJUNCTIVE (-ra)		or	IMPERFECT SUBJUNCTIVE (-se)	
convenciera	convenciéramos		convenciese	convenciésemos
convencieras	convencierais		convencieses	convencieseis
convenciera	convencieran		convenciese	convenciesen

PAST PERFECT SUBJUNCTIVE (-ra)		or	PAST PERFECT SUBJUNCTIVE (-se)	
hubiera convencido	hubiéramos convencido		hubiese convencido	hubiésemos convencido
hubieras convencido	hubierais convencido		hubieses convencido	hubieseis convencido
hubiera convencido	hubieran convencido		hubiese convencido	hubiesen convencido

PROGRESSIVE TENSES

PRESENT	estoy, estás, está, estamos, estáis, están	
PRETERIT	estuve, estuviste, estuvo, estuvimos, estuvisteis, estuvieron	
IMPERFECT	estaba, estabas, estaba, estábamos, estabais, estaban	convenciendo
FUTURE	estaré, estarás, estará, estaremos, estaréis, estarán	
CONDITIONAL	estaría, estarías, estaría, estaríamos, estaríais, estarían	
SUBJUNCTIVE	que + corresponding subjunctive tense of estar (see verb 151)	

COMMANDS

	(nosotros) convenzamos/no convenzamos
(tú) convence/no convenzas	(vosotros) convenced/no convenzáis
(Ud.) convenza/no convenza	(Uds.) convenzan/no convenzan

Usage

Trata de convencerles para que nos acompañen.	Try to convince them to go with us.
¿Los convenciste?	Did you convince them?
Es importante que la convenzáis.	It's important you convince her.
Ese abogado no me convence.	I don't like that lawyer.

irregular verb (like **venir**)   **convengo · convinieron · convenido · conviniendo**

PRESENT		PRETERIT	
convengo	convenimos	convine	convinimos
convienes	convenís	conviniste	convinisteis
conviene	convienen	convino	convinieron

IMPERFECT		PRESENT PERFECT	
convenía	conveníamos	he convenido	hemos convenido
convenías	conveníais	has convenido	habéis convenido
convenía	convenían	ha convenido	han convenido

FUTURE		CONDITIONAL	
convendré	convendremos	convendría	convendríamos
convendrás	convendréis	convendrías	convendríais
convendrá	convendrán	convendría	convendrían

PLUPERFECT		PRETERIT PERFECT	
había convenido	habíamos convenido	hube convenido	hubimos convenido
habías convenido	habíais convenido	hubiste convenido	hubisteis convenido
había convenido	habían convenido	hubo convenido	hubieron convenido

FUTURE PERFECT		CONDITIONAL PERFECT	
habré convenido	habremos convenido	habría convenido	habríamos convenido
habrás convenido	habréis convenido	habrías convenido	habríais convenido
habrá convenido	habrán convenido	habría convenido	habrían convenido

PRESENT SUBJUNCTIVE		PRESENT PERFECT SUBJUNCTIVE	
convenga	convengamos	haya convenido	hayamos convenido
convengas	convengáis	hayas convenido	hayáis convenido
convenga	convengan	haya convenido	hayan convenido

IMPERFECT SUBJUNCTIVE (-ra)		*or*	IMPERFECT SUBJUNCTIVE (-se)	
conviniera	conviniéramos		conviniese	conviniésemos
convinieras	convinierais		convinieses	convinieseis
conviniera	convinieran		conviniese	conviniesen

PAST PERFECT SUBJUNCTIVE (-ra)		*or*	PAST PERFECT SUBJUNCTIVE (-se)	
hubiera convenido	hubiéramos convenido		hubiese convenido	hubiésemos convenido
hubieras convenido	hubierais convenido		hubieses convenido	hubieseis convenido
hubiera convenido	hubieran convenido		hubiese convenido	hubiesen convenido

PROGRESSIVE TENSES

PRESENT	estoy, estás, está, estamos, estáis, están	
PRETERIT	estuve, estuviste, estuvo, estuvimos, estuvisteis, estuvieron	
IMPERFECT	estaba, estabas, estaba, estábamos, estabais, estaban	conviniendo
FUTURE	estaré, estarás, estará, estaremos, estaréis, estarán	
CONDITIONAL	estaría, estarías, estaría, estaríamos, estaríais, estarían	
SUBJUNCTIVE	que + *corresponding subjunctive tense of estar (see verb 151)*	

COMMANDS

	(nosotros) convengamos/no convengamos
(tú) convén/no convengas	(vosotros) convenid/no convengáis
(Ud.) convenga/no convenga	(Uds.) convengan/no convengan

Usage

Todos convinieron en el asunto.	*Everyone agreed about the matter.*
Haz el trabajo cuando te convenga.	*Do the work when it's convenient for you.*
Nos conviene asistir a la reunión.	*It's advisable for us to attend the meeting.*
Te conviene tomar las vacaciones este mes.	*It's better for you to take your vacation this month.*

convierto · convirtieron · convertido · convirtiendo

stem-changing -*ir* verb:
e > *ie* (present), *e* > *i* (preterit)

PRESENT

convierto	convertimos
conviertes	convertís
convierte	convierten

PRETERIT

convertí	convertimos
convertiste	convertisteis
convirtió	convirtieron

IMPERFECT

convertía	convertíamos
convertías	convertíais
convertía	convertían

PRESENT PERFECT

he convertido	hemos convertido
has convertido	habéis convertido
ha convertido	han convertido

FUTURE

convertiré	convertiremos
convertirás	convertiréis
convertirá	convertirán

CONDITIONAL

convertiría	convertiríamos
convertirías	convertiríais
convertiría	convertirían

PLUPERFECT

había convertido	habíamos convertido
habías convertido	habíais convertido
había convertido	habían convertido

PRETERIT PERFECT

hube convertido	hubimos convertido
hubiste convertido	hubisteis convertido
hubo convertido	hubieron convertido

FUTURE PERFECT

habré convertido	habremos convertido
habrás convertido	habréis convertido
habrá convertido	habrán convertido

CONDITIONAL PERFECT

habría convertido	habríamos convertido
habrías convertido	habríais convertido
habría convertido	habrían convertido

PRESENT SUBJUNCTIVE

convierta	convirtamos
conviertas	convirtáis
convierta	conviertan

PRESENT PERFECT SUBJUNCTIVE

haya convertido	hayamos convertido
hayas convertido	hayáis convertido
haya convertido	hayan convertido

IMPERFECT SUBJUNCTIVE (-ra)

convirtiera	convirtiéramos
convirtieras	convirtierais
convirtiera	convirtieran

or **IMPERFECT SUBJUNCTIVE (-se)**

convirtiese	convirtiésemos
convirtieses	convirtieseis
convirtiese	convirtiesen

PAST PERFECT SUBJUNCTIVE (-ra)

hubiera convertido	hubiéramos convertido
hubieras convertido	hubierais convertido
hubiera convertido	hubieran convertido

or **PAST PERFECT SUBJUNCTIVE (-se)**

hubiese convertido	hubiésemos convertido
hubieses convertido	hubieseis convertido
hubiese convertido	hubiesen convertido

PROGRESSIVE TENSES

PRESENT	estoy, estás, está, estamos, estáis, están
PRETERIT	estuve, estuviste, estuvo, estuvimos, estuvisteis, estuvieron
IMPERFECT	estaba, estabas, estaba, estábamos, estabais, estaban
FUTURE	estaré, estarás, estará, estaremos, estaréis, estarán
CONDITIONAL	estaría, estarías, estaría, estaríamos, estaríais, estarían
SUBJUNCTIVE	que + *corresponding subjunctive tense of* estar (*see verb 151*)

convirtiendo

COMMANDS

	(nosotros) convirtamos/no convirtamos
(tú) convierte/no conviertas	(vosotros) convertid/no convirtáis
(Ud.) convierta/no convierta	(Uds.) conviertan/no conviertan

Usage

Convirtieron dólares en euros.	*They changed their dollars into euros.*
El alquimista intentaba convertir los metales en oro.	*The alchemist tried to transform metals into gold.*
El pueblo se convirtió en una gran ciudad.	*The town became a great city.*

-ar verb; spelling change:
c > qu/e

convoco · convocaron · convocado · convocando

PRESENT

convoco	convocamos
convocas	convocáis
convoca	convocan

IMPERFECT

convocaba	convocábamos
convocabas	convocabais
convocaba	convocaban

FUTURE

convocaré	convocaremos
convocarás	convocaréis
convocará	convocarán

PLUPERFECT

había convocado	habíamos convocado
habías convocado	habíais convocado
había convocado	habían convocado

FUTURE PERFECT

habré convocado	habremos convocado
habrás convocado	habréis convocado
habrá convocado	habrán convocado

PRESENT SUBJUNCTIVE

convoque	convoquemos
convoques	convoquéis
convoque	convoquen

IMPERFECT SUBJUNCTIVE (-ra)

convocara	convocáramos
convocaras	convocarais
convocara	convocaran

PAST PERFECT SUBJUNCTIVE (-ra)

hubiera convocado	hubiéramos convocado
hubieras convocado	hubierais convocado
hubiera convocado	hubieran convocado

PRETERIT

convoqué	convocamos
convocaste	convocasteis
convocó	convocaron

PRESENT PERFECT

he convocado	hemos convocado
has convocado	habéis convocado
ha convocado	han convocado

CONDITIONAL

convocaría	convocaríamos
convocarías	convocaríais
convocaría	convocarían

PRETERIT PERFECT

hube convocado	hubimos convocado
hubiste convocado	hubisteis convocado
hubo convocado	hubieron convocado

CONDITIONAL PERFECT

habría convocado	habríamos convocado
habrías convocado	habríais convocado
habría convocado	habrían convocado

PRESENT PERFECT SUBJUNCTIVE

haya convocado	hayamos convocado
hayas convocado	hayáis convocado
haya convocado	hayan convocado

or **IMPERFECT SUBJUNCTIVE (-se)**

convocase	convocásemos
convocases	convocaseis
convocase	convocasen

or **PAST PERFECT SUBJUNCTIVE (-se)**

hubiese convocado	hubiésemos convocado
hubieses convocado	hubieseis convocado
hubiese convocado	hubiesen convocado

PROGRESSIVE TENSES

PRESENT	estoy, estás, está, estamos, estáis, están
PRETERIT	estuve, estuviste, estuvo, estuvimos, estuvisteis, estuvieron
IMPERFECT	estaba, estabas, estaba, estábamos, estabais, estaban
FUTURE	estaré, estarás, estará, estaremos, estaréis, estarán
CONDITIONAL	estaría, estarías, estaría, estaríamos, estaríais, estarían
SUBJUNCTIVE	que + *corresponding subjunctive tense of estar (see verb 151)*

convocando

COMMANDS

	(nosotros) convoquemos/no convoquemos
(tú) convoca/no convoques	(vosotros) convocad/no convoquéis
(Ud.) convoque/no convoque	(Uds.) convoquen/no convoquen

Usage

El congreso fue convocado.	*The conference was convened.*
El sindicato convocará una huelga.	*The union will call a strike.*
Convoquen la reunión.	*Convene the meeting.*
Los estudiantes se preparan para la convocatoria.	*The students are preparing for the examination period.*

corregir *to correct*

corrijo · corrigieron · corregido · corrigiendo

stem-changing -ir verb: *e > i*;
spelling change: *g > j/o, a*

PRESENT		PRETERIT	
corrijo	corregimos	corregí	corregimos
corriges	corregís	corregiste	corregisteis
corrige	corrigen	corrigió	corrigieron

IMPERFECT		PRESENT PERFECT	
corregía	corregíamos	he corregido	hemos corregido
corregías	corregíais	has corregido	habéis corregido
corregía	corregían	ha corregido	han corregido

FUTURE		CONDITIONAL	
corregiré	corregiremos	corregiría	corregiríamos
corregirás	corregiréis	corregirías	corregiríais
corregirá	corregirán	corregiría	corregirían

PLUPERFECT		PRETERIT PERFECT	
había corregido	habíamos corregido	hube corregido	hubimos corregido
habías corregido	habíais corregido	hubiste corregido	hubisteis corregido
había corregido	habían corregido	hubo corregido	hubieron corregido

FUTURE PERFECT		CONDITIONAL PERFECT	
habré corregido	habremos corregido	habría corregido	habríamos corregido
habrás corregido	habréis corregido	habrías corregido	habríais corregido
habrá corregido	habrán corregido	habría corregido	habrían corregido

PRESENT SUBJUNCTIVE		PRESENT PERFECT SUBJUNCTIVE	
corrija	corrijamos	haya corregido	hayamos corregido
corrijas	corrijáis	hayas corregido	hayáis corregido
corrija	corrijan	haya corregido	hayan corregido

IMPERFECT SUBJUNCTIVE (-ra)		or IMPERFECT SUBJUNCTIVE (-se)	
corrigiera	corrigiéramos	corrigiese	corrigiésemos
corrigieras	corrigierais	corrigieses	corrigieseis
corrigiera	corrigieran	corrigiese	corrigiesen

PAST PERFECT SUBJUNCTIVE (-ra)		or PAST PERFECT SUBJUNCTIVE (-se)	
hubiera corregido	hubiéramos corregido	hubiese corregido	hubiésemos corregido
hubieras corregido	hubierais corregido	hubieses corregido	hubieseis corregido
hubiera corregido	hubieran corregido	hubiese corregido	hubiesen corregido

PROGRESSIVE TENSES

PRESENT	estoy, estás, está, estamos, estáis, están
PRETERIT	estuve, estuviste, estuvo, estuvimos, estuvisteis, estuvieron
IMPERFECT	estaba, estabas, estaba, estábamos, estabais, estaban
FUTURE	estaré, estarás, estará, estaremos, estaréis, estarán
CONDITIONAL	estaría, estarías, estaría, estaríamos, estaríais, estarían
SUBJUNCTIVE	que + *corresponding subjunctive tense of* estar (*see verb 151*)

corrigiendo

COMMANDS

	(nosotros) corrijamos/no corrijamos
(tú) corrige/no corrijas	(vosotros) corregid/no corrijáis
(Ud.) corrija/no corrija	(Uds.) corrijan/no corrijan

Usage

Corrija las faltas en el examen.	*Correct the errors on the exam.*
¿Corregiste a tu hijo por lo que hizo?	*Did you scold your child for what he did?*
Se corrigió de unas malas costumbres.	*She broke herself of some bad habits.*
¿La contestación es correcta o falsa?	*Is the answer right or wrong?*

regular -*er* verb   **corro · corrieron · corrido · corriendo**

PRESENT

corro	corremos
corres	corréis
corre	corren

IMPERFECT

corría	corríamos
corrías	corríais
corría	corrían

FUTURE

correré	correremos
correrás	correréis
correrá	correrán

PLUPERFECT

había corrido	habíamos corrido
habías corrido	habíais corrido
había corrido	habían corrido

FUTURE PERFECT

habré corrido	habremos corrido
habrás corrido	habréis corrido
habrá corrido	habrán corrido

PRESENT SUBJUNCTIVE

corra	corramos
corras	corráis
corra	corran

IMPERFECT SUBJUNCTIVE (-ra)

corriera	corriéramos
corrieras	corrierais
corriera	corrieran

PAST PERFECT SUBJUNCTIVE (-ra)

hubiera corrido	hubiéramos corrido
hubieras corrido	hubierais corrido
hubiera corrido	hubieran corrido

PRETERIT

corrí	corrimos
corriste	corristeis
corrió	corrieron

PRESENT PERFECT

he corrido	hemos corrido
has corrido	habéis corrido
ha corrido	han corrido

CONDITIONAL

correría	correríamos
correrías	correríais
correría	correrían

PRETERIT PERFECT

hube corrido	hubimos corrido
hubiste corrido	hubisteis corrido
hubo corrido	hubieron corrido

CONDITIONAL PERFECT

habría corrido	habríamos corrido
habrías corrido	habríais corrido
habría corrido	habrían corrido

PRESENT PERFECT SUBJUNCTIVE

haya corrido	hayamos corrido
hayas corrido	hayáis corrido
haya corrido	hayan corrido

or **IMPERFECT SUBJUNCTIVE (-se)**

corriese	corriésemos
corrieses	corrieseis
corriese	corriesen

or **PAST PERFECT SUBJUNCTIVE (-se)**

hubiese corrido	hubiésemos corrido
hubieses corrido	hubieseis corrido
hubiese corrido	hubiesen corrido

PROGRESSIVE TENSES

PRESENT	estoy, estás, está, estamos, estáis, están
PRETERIT	estuve, estuviste, estuvo, estuvimos, estuvisteis, estuvieron
IMPERFECT	estaba, estabas, estaba, estábamos, estabais, estaban
FUTURE	estaré, estarás, estará, estaremos, estaréis, estarán
CONDITIONAL	estaría, estarías, estaría, estaríamos, estaríais, estarían
SUBJUNCTIVE	que + *corresponding subjunctive tense of estar (see verb 151)*

corriendo

COMMANDS

	(nosotros) corramos/no corramos
(tú) corre/no corras	(vosotros) corred/no corráis
(Ud.) corra/no corra	(Uds.) corran/no corran

Usage

Corrió la milla/en la carrera.	*He ran the mile/in the race.*
¡Cómo corre el tiempo!	*How time flies!*
Corre tu silla.	*Move your chair.*
Hemos corrido mundo.	*We've traveled a lot/seen the world.*

costar *to cost*

cuesta · costaron · costado · costando

stem-changing -ar verb: *o > ue*; verb used
in third-person singular and plural only

PRESENT		PRETERIT	
cuesta	cuestan	costó	costaron

IMPERFECT		PRESENT PERFECT	
costaba	costaban	ha costado	han costado

FUTURE		CONDITIONAL	
costará	costarán	costaría	costarían

PLUPERFECT		PRETERIT PERFECT	
había costado	habían costado	hubo costado	hubieron costado

FUTURE PERFECT		CONDITIONAL PERFECT	
habrá costado	habrán costado	habría costado	habrían costado

PRESENT SUBJUNCTIVE		PRESENT PERFECT SUBJUNCTIVE	
cueste	cuesten	haya costado	hayan costado

IMPERFECT SUBJUNCTIVE (-ra)		*or*	IMPERFECT SUBJUNCTIVE (-se)	
costara	costaran		costase	costasen

PAST PERFECT SUBJUNCTIVE (-ra)		*or*	PAST PERFECT SUBJUNCTIVE (-se)	
hubiera costado	hubieran costado		hubiese costado	hubiesen costado

PROGRESSIVE TENSES

PRESENT	está, están	
PRETERIT	estuvo, estuvieron	
IMPERFECT	estaba, estaban	costando
FUTURE	estará, estarán	
CONDITIONAL	estaría, estarían	
SUBJUNCTIVE	que + *corresponding subjunctive tense of* estar (*see verb 151*)	

COMMANDS

¡Que cueste!   ¡Que cuesten!

Usage

—¿Cuánto cuesta?	How much does it cost?/How much is it?
—No creo que cueste mucho.	I don't think it costs a lot.
—¿Cuánto cuestan?	How much do they cost?/How much are they?
—Cuestan un ojo de la cara.	They cost an arm and a leg.
Cómprenlo cueste lo que cueste.	Buy it at any cost/whatever the cost.
Cuesta creer lo que pasó.	It's difficult to believe what happened.
Me cuesta entender su motivo.	I find it hard/It's hard for me to understand his motive.
—La impresora les habrá costado una fortuna.	The printer must have cost them a lot.
—Dudo que haya sido muy costosa.	I doubt that it was very expensive.
Me costó mucho trabajo convencerles.	It took a lot for me to convince them.
¿Qué tal el costo de la vida en la capital?	How's the cost of living in the capital city?
Ninguna empresa está dispuesta a costear el proyecto.	No firm is willing to finance the project.

-er verb; spelling change: *z > zc/o, a* | **crezco · crecieron · crecido · creciendo**

PRESENT

crezco	crecemos
creces	crecéis
crece	crecen

IMPERFECT

crecía	crecíamos
crecías	crecíais
crecía	crecían

FUTURE

creceré	creceremos
crecerás	creceréis
crecerá	crecerán

PLUPERFECT

había crecido	habíamos crecido
habías crecido	habíais crecido
había crecido	habían crecido

FUTURE PERFECT

habré crecido	habremos crecido
habrás crecido	habréis crecido
habrá crecido	habrán crecido

PRESENT SUBJUNCTIVE

crezca	crezcamos
crezcas	crezcáis
crezca	crezcan

IMPERFECT SUBJUNCTIVE (-ra)

creciera	creciéramos
crecieras	crecierais
creciera	crecieran

PAST PERFECT SUBJUNCTIVE (-ra)

hubiera crecido	hubiéramos crecido
hubieras crecido	hubierais crecido
hubiera crecido	hubieran crecido

PRETERIT

crecí	crecimos
creciste	crecisteis
creció	crecieron

PRESENT PERFECT

he crecido	hemos crecido
has crecido	habéis crecido
ha crecido	han crecido

CONDITIONAL

crecería	creceríamos
crecerías	creceríais
crecería	crecerían

PRETERIT PERFECT

hube crecido	hubimos crecido
hubiste crecido	hubisteis crecido
hubo crecido	hubieron crecido

CONDITIONAL PERFECT

habría crecido	habríamos crecido
habrías crecido	habríais crecido
habría crecido	habrían crecido

PRESENT PERFECT SUBJUNCTIVE

haya crecido	hayamos crecido
hayas crecido	hayáis crecido
haya crecido	hayan crecido

or **IMPERFECT SUBJUNCTIVE (-se)**

creciese	creciésemos
crecieses	crecieseis
creciese	creciesen

or **PAST PERFECT SUBJUNCTIVE (-se)**

hubiese crecido	hubiésemos crecido
hubieses crecido	hubieseis crecido
hubiese crecido	hubiesen crecido

PROGRESSIVE TENSES

PRESENT	estoy, estás, está, estamos, estáis, están
PRETERIT	estuve, estuviste, estuvo, estuvimos, estuvisteis, estuvieron
IMPERFECT	estaba, estabas, estaba, estábamos, estabais, estaban
FUTURE	estaré, estarás, estará, estaremos, estaréis, estarán
CONDITIONAL	estaría, estarías, estaría, estaríamos, estaríais, estarían
SUBJUNCTIVE	que + *corresponding subjunctive tense of* estar (*see verb 151*)

} creciendo

COMMANDS

	(nosotros) crezcamos/no crezcamos
(tú) crece/no crezcas	(vosotros) creced/no crezcáis
(Ud.) crezca/no crezca	(Uds.) crezcan/no crezcan

Usage

¡Cuánto han crecido sus hijos!	*How much your children have grown!*
Su angustia crecía todos los días.	*Their anguish/distress increased each day.*
¿Por qué no dejas crecer tu pelo?	*Why don't you let your hair grow?*
Hay una demanda creciente de teléfonos celulares.	*There's a growing demand for cell phones.*

creer *to believe, think*

creo · creyeron · creído · creyendo *-er* verb with stem ending in a vowel: third-person singular *-ió* > *-yó* and third-person plural *-ieron* > *-yeron* in the preterit

PRESENT		PRETERIT	
creo	creemos	creí	creímos
crees	creéis	creíste	creísteis
cree	creen	creyó	creyeron

IMPERFECT		PRESENT PERFECT	
creía	creíamos	he creído	hemos creído
creías	creíais	has creído	habéis creído
creía	creían	ha creído	han creído

FUTURE		CONDITIONAL	
creeré	creeremos	creería	creeríamos
creerás	creeréis	creerías	creeríais
creerá	creerán	creería	creerían

PLUPERFECT		PRETERIT PERFECT	
había creído	habíamos creído	hube creído	hubimos creído
habías creído	habíais creído	hubiste creído	hubisteis creído
había creído	habían creído	hubo creído	hubieron creído

FUTURE PERFECT		CONDITIONAL PERFECT	
habré creído	habremos creído	habría creído	habríamos creído
habrás creído	habréis creído	habrías creído	habríais creído
habrá creído	habrán creído	habría creído	habrían creído

PRESENT SUBJUNCTIVE		PRESENT PERFECT SUBJUNCTIVE	
crea	creamos	haya creído	hayamos creído
creas	creáis	hayas creído	hayáis creído
crea	crean	haya creído	hayan creído

IMPERFECT SUBJUNCTIVE (-ra)		*or*	IMPERFECT SUBJUNCTIVE (-se)	
creyera	creyéramos		creyese	creyésemos
creyeras	creyerais		creyeses	creyeseis
creyera	creyeran		creyese	creyesen

PAST PERFECT SUBJUNCTIVE (-ra)		*or*	PAST PERFECT SUBJUNCTIVE (-se)	
hubiera creído	hubiéramos creído		hubiese creído	hubiésemos creído
hubieras creído	hubierais creído		hubieses creído	hubieseis creído
hubiera creído	hubieran creído		hubiese creído	hubiesen creído

PROGRESSIVE TENSES

PRESENT	estoy, estás, está, estamos, estáis, están	
PRETERIT	estuve, estuviste, estuvo, estuvimos, estuvisteis, estuvieron	
IMPERFECT	estaba, estabas, estaba, estábamos, estabais, estaban	creyendo
FUTURE	estaré, estarás, estará, estaremos, estaréis, estarán	
CONDITIONAL	estaría, estarías, estaría, estaríamos, estaríais, estarían	
SUBJUNCTIVE	que + *corresponding subjunctive tense of* estar (see verb 151)	

COMMANDS

	(nosotros) creamos/no creamos
(tú) cree/no creas	(vosotros) creed/no creáis
(Ud.) crea/no crea	(Uds.) crean/no crean

Usage

—¿Crees que el almacén está abierto?	*Do you think the department store is open?*
—Creo que sí./Creo que no.	*I think so./I don't think so.*
Ya lo creo.	*Of course./I should say so.*

-ar verb; spelling change: *i > í* when stressed

crío · criaron · criado · criando

PRESENT		PRETERIT	
crío	criamos	crié	criamos
crías	criáis	criaste	criasteis
cría	crían	crió	criaron

IMPERFECT		PRESENT PERFECT	
criaba	criábamos	he criado	hemos criado
criabas	criabais	has criado	habéis criado
criaba	criaban	ha criado	han criado

FUTURE		CONDITIONAL	
criaré	criaremos	criaría	criaríamos
criarás	criaréis	criarías	criaríais
criará	criarán	criaría	criarían

PLUPERFECT		PRETERIT PERFECT	
había criado	habíamos criado	hube criado	hubimos criado
habías criado	habíais criado	hubiste criado	hubisteis criado
había criado	habían criado	hubo criado	hubieron criado

FUTURE PERFECT		CONDITIONAL PERFECT	
habré criado	habremos criado	habría criado	habríamos criado
habrás criado	habréis criado	habrías criado	habríais criado
habrá criado	habrán criado	habría criado	habrían criado

PRESENT SUBJUNCTIVE		PRESENT PERFECT SUBJUNCTIVE	
críe	criemos	haya criado	hayamos criado
críes	criéis	hayas criado	hayáis criado
críe	críen	haya criado	hayan criado

IMPERFECT SUBJUNCTIVE (-ra)		*or* IMPERFECT SUBJUNCTIVE (-se)	
criara	criáramos	criase	criásemos
criaras	criarais	criases	criaseis
criara	criaran	criase	criasen

PAST PERFECT SUBJUNCTIVE (-ra)		*or* PAST PERFECT SUBJUNCTIVE (-se)	
hubiera criado	hubiéramos criado	hubiese criado	hubiésemos criado
hubieras criado	hubierais criado	hubieses criado	hubieseis criado
hubiera criado	hubieran criado	hubiese criado	hubiesen criado

PROGRESSIVE TENSES

PRESENT	estoy, estás, está, estamos, estáis, están	
PRETERIT	estuve, estuviste, estuvo, estuvimos, estuvisteis, estuvieron	
IMPERFECT	estaba, estabas, estaba, estábamos, estabais, estaban	criando
FUTURE	estaré, estarás, estará, estaremos, estaréis, estarán	
CONDITIONAL	estaría, estarías, estaría, estaríamos, estaríais, estarían	
SUBJUNCTIVE	que + *corresponding subjunctive tense of estar (see verb 151)*	

COMMANDS

	(nosotros) criemos/no criemos
(tú) cría/no críes	(vosotros) criad/no criéis
(Ud.) críe/no críe	(Uds.) críen/no críen

Usage

Estos niños se crían con mucho cariño.	*These children are brought up with a lot of loving care.*
Se cría ganado en la hacienda.	*They raise cattle on the ranch.*
Dios los cría y ellos se juntan.	*Birds of a feather flock together.*

cruzar *to cross*

cruzo · cruzaron · cruzado · cruzando   *-ar verb; spelling change: z > c/e*

PRESENT

cruzo	cruzamos
cruzas	cruzáis
cruza	cruzan

IMPERFECT

cruzaba	cruzábamos
cruzabas	cruzabais
cruzaba	cruzaban

FUTURE

cruzaré	cruzaremos
cruzarás	cruzaréis
cruzará	cruzarán

PLUPERFECT

había cruzado	habíamos cruzado
habías cruzado	habíais cruzado
había cruzado	habían cruzado

FUTURE PERFECT

habré cruzado	habremos cruzado
habrás cruzado	habréis cruzado
habrá cruzado	habrán cruzado

PRESENT SUBJUNCTIVE

cruce	crucemos
cruces	crucéis
cruce	crucen

IMPERFECT SUBJUNCTIVE (-ra)

cruzara	cruzáramos
cruzaras	cruzarais
cruzara	cruzaran

PAST PERFECT SUBJUNCTIVE (-ra)

hubiera cruzado	hubiéramos cruzado
hubieras cruzado	hubierais cruzado
hubiera cruzado	hubieran cruzado

PRETERIT

crucé	cruzamos
cruzaste	cruzasteis
cruzó	cruzaron

PRESENT PERFECT

he cruzado	hemos cruzado
has cruzado	habéis cruzado
ha cruzado	han cruzado

CONDITIONAL

cruzaría	cruzaríamos
cruzarías	cruzaríais
cruzaría	cruzarían

PRETERIT PERFECT

hube cruzado	hubimos cruzado
hubiste cruzado	hubisteis cruzado
hubo cruzado	hubieron cruzado

CONDITIONAL PERFECT

habría cruzado	habríamos cruzado
habrías cruzado	habríais cruzado
habría cruzado	habrían cruzado

PRESENT PERFECT SUBJUNCTIVE

haya cruzado	hayamos cruzado
hayas cruzado	hayáis cruzado
haya cruzado	hayan cruzado

or **IMPERFECT SUBJUNCTIVE (-se)**

cruzase	cruzásemos
cruzases	cruzaseis
cruzase	cruzasen

or **PAST PERFECT SUBJUNCTIVE (-se)**

hubiese cruzado	hubiésemos cruzado
hubieses cruzado	hubieseis cruzado
hubiese cruzado	hubiesen cruzado

PROGRESSIVE TENSES

PRESENT	estoy, estás, está, estamos, estáis, están
PRETERIT	estuve, estuviste, estuvo, estuvimos, estuvisteis, estuvieron
IMPERFECT	estaba, estabas, estaba, estábamos, estabais, estaban
FUTURE	estaré, estarás, estará, estaremos, estaréis, estarán
CONDITIONAL	estaría, estarías, estaría, estaríamos, estaríais, estarían
SUBJUNCTIVE	que + corresponding subjunctive tense of estar (see verb 151)

     } cruzando

COMMANDS

	(nosotros) crucemos/no crucemos
(tú) cruza/no cruces	(vosotros) cruzad/no crucéis
(Ud.) cruce/no cruce	(Uds.) crucen/no crucen

Usage

Crucen la calle con cuidado.	*Cross the street carefully.*
Se cruzaron de palabras.	*They quarreled.*
No nos quedamos con los brazos cruzados.	*We'll not just stand around doing nothing.*
El puente George Washington cruza el río Hudson.	*The George Washington Bridge crosses the Hudson River.*

-ir verb; irregular past participle   **cubro · cubrieron · cubierto · cubriendo**

PRESENT		PRETERIT	
cubro	cubrimos	cubrí	cubrimos
cubres	cubrís	cubriste	cubristeis
cubre	cubren	cubrió	cubrieron

IMPERFECT		PRESENT PERFECT	
cubría	cubríamos	he cubierto	hemos cubierto
cubrías	cubríais	has cubierto	habéis cubierto
cubría	cubrían	ha cubierto	han cubierto

FUTURE		CONDITIONAL	
cubriré	cubriremos	cubriría	cubriríamos
cubrirás	cubriréis	cubrirías	cubriríais
cubrirá	cubrirán	cubriría	cubrirían

PLUPERFECT		PRETERIT PERFECT	
había cubierto	habíamos cubierto	hube cubierto	hubimos cubierto
habías cubierto	habíais cubierto	hubiste cubierto	hubisteis cubierto
había cubierto	habían cubierto	hubo cubierto	hubieron cubierto

FUTURE PERFECT		CONDITIONAL PERFECT	
habré cubierto	habremos cubierto	habría cubierto	habríamos cubierto
habrás cubierto	habréis cubierto	habrías cubierto	habríais cubierto
habrá cubierto	habrán cubierto	habría cubierto	habrían cubierto

PRESENT SUBJUNCTIVE		PRESENT PERFECT SUBJUNCTIVE	
cubra	cubramos	haya cubierto	hayamos cubierto
cubras	cubráis	hayas cubierto	hayáis cubierto
cubra	cubran	haya cubierto	hayan cubierto

IMPERFECT SUBJUNCTIVE (-ra)		*or*	IMPERFECT SUBJUNCTIVE (-se)	
cubriera	cubriéramos		cubriese	cubriésemos
cubrieras	cubrierais		cubrieses	cubrieseis
cubriera	cubrieran		cubriese	cubriesen

PAST PERFECT SUBJUNCTIVE (-ra)		*or*	PAST PERFECT SUBJUNCTIVE (-se)	
hubiera cubierto	hubiéramos cubierto		hubiese cubierto	hubiésemos cubierto
hubieras cubierto	hubierais cubierto		hubieses cubierto	hubieseis cubierto
hubiera cubierto	hubieran cubierto		hubiese cubierto	hubiesen cubierto

PROGRESSIVE TENSES

PRESENT	estoy, estás, está, estamos, estáis, están	
PRETERIT	estuve, estuviste, estuvo, estuvimos, estuvisteis, estuvieron	
IMPERFECT	estaba, estabas, estaba, estábamos, estabais, estaban	cubriendo
FUTURE	estaré, estarás, estará, estaremos, estaréis, estarán	
CONDITIONAL	estaría, estarías, estaría, estaríamos, estaríais, estarían	
SUBJUNCTIVE	que + *corresponding subjunctive tense of* estar (*see verb 151*)	

COMMANDS

	(nosotros) cubramos/no cubramos
(tú) cubre/no cubras	(vosotros) cubrid/no cubráis
(Ud.) cubra/no cubra	(Uds.) cubran/no cubran

Usage

Cubre la cama con el cubrecama.	*Cover the bed with the bedspread.*
Hemos cubierto los gastos.	*We've covered/met expenses.*
Cúbrete la cabeza.	*Put on your hat.*
El cielo está cubierto.	*The sky is overcast.*

cumplir to fulfill, carry out, keep one's word, be ___ years old (birthday)

cumplo · cumplieron · cumplido · cumpliendo

regular -ir verb

PRESENT		PRETERIT	
cumplo	cumplimos	cumplí	cumplimos
cumples	cumplís	cumpliste	cumplisteis
cumple	cumplen	cumplió	cumplieron

IMPERFECT		PRESENT PERFECT	
cumplía	cumplíamos	he cumplido	hemos cumplido
cumplías	cumplíais	has cumplido	habéis cumplido
cumplía	cumplían	ha cumplido	han cumplido

FUTURE		CONDITIONAL	
cumpliré	cumpliremos	cumpliría	cumpliríamos
cumplirás	cumpliréis	cumplirías	cumpliríais
cumplirá	cumplirán	cumpliría	cumplirían

PLUPERFECT		PRETERIT PERFECT	
había cumplido	habíamos cumplido	hube cumplido	hubimos cumplido
habías cumplido	habíais cumplido	hubiste cumplido	hubisteis cumplido
había cumplido	habían cumplido	hubo cumplido	hubieron cumplido

FUTURE PERFECT		CONDITIONAL PERFECT	
habré cumplido	habremos cumplido	habría cumplido	habríamos cumplido
habrás cumplido	habréis cumplido	habrías cumplido	habríais cumplido
habrá cumplido	habrán cumplido	habría cumplido	habrían cumplido

PRESENT SUBJUNCTIVE		PRESENT PERFECT SUBJUNCTIVE	
cumpla	cumplamos	haya cumplido	hayamos cumplido
cumplas	cumpláis	hayas cumplido	hayáis cumplido
cumpla	cumplan	haya cumplido	hayan cumplido

IMPERFECT SUBJUNCTIVE (-ra)		or	IMPERFECT SUBJUNCTIVE (-se)	
cumpliera	cumpliéramos		cumpliese	cumpliésemos
cumplieras	cumplierais		cumplieses	cumplieseis
cumpliera	cumplieran		cumpliese	cumpliesen

PAST PERFECT SUBJUNCTIVE (-ra)		or	PAST PERFECT SUBJUNCTIVE (-se)	
hubiera cumplido	hubiéramos cumplido		hubiese cumplido	hubiésemos cumplido
hubieras cumplido	hubierais cumplido		hubieses cumplido	hubieseis cumplido
hubiera cumplido	hubieran cumplido		hubiese cumplido	hubiesen cumplido

PROGRESSIVE TENSES

PRESENT	estoy, estás, está, estamos, estáis, están	
PRETERIT	estuve, estuviste, estuvo, estuvimos, estuvisteis, estuvieron	
IMPERFECT	estaba, estabas, estaba, estábamos, estabais, estaban	cumpliendo
FUTURE	estaré, estarás, estará, estaremos, estaréis, estarán	
CONDITIONAL	estaría, estarías, estaría, estaríamos, estaríais, estarían	
SUBJUNCTIVE	que + corresponding subjunctive tense of estar (see verb 151)	

COMMANDS

	(nosotros) cumplamos/no cumplamos
(tú) cumple/no cumplas	(vosotros) cumplid/no cumpláis
(Ud.) cumpla/no cumpla	(Uds.) cumplan/no cumplan

Usage

Siempre cumple sus promesas.	*He always keeps his promises.*
Cumplió sus compromisos con todos.	*She fulfilled her commitments to everyone.*
Cumplo 27 años el sábado.	*I'll be/turn 27 on Saturday.*
¡Feliz cumpleaños!	*Happy birthday!*

irregular verb

doy · dieron · dado · dando

PRESENT	
doy	damos
das	dais
da	dan

IMPERFECT	
daba	dábamos
dabas	dabais
daba	daban

FUTURE	
daré	daremos
darás	daréis
dará	darán

PLUPERFECT	
había dado	habíamos dado
habías dado	habíais dado
había dado	habían dado

FUTURE PERFECT	
habré dado	habremos dado
habrás dado	habréis dado
habrá dado	habrán dado

PRESENT SUBJUNCTIVE	
dé	demos
des	deis
dé	den

IMPERFECT SUBJUNCTIVE (-ra)	
diera	diéramos
dieras	dierais
diera	dieran

PAST PERFECT SUBJUNCTIVE (-ra)	
hubiera dado	hubiéramos dado
hubieras dado	hubierais dado
hubiera dado	hubieran dado

PRETERIT	
di	dimos
diste	disteis
dio	dieron

PRESENT PERFECT	
he dado	hemos dado
has dado	habéis dado
ha dado	han dado

CONDITIONAL	
daría	daríamos
darías	daríais
daría	darían

PRETERIT PERFECT	
hube dado	hubimos dado
hubiste dado	hubisteis dado
hubo dado	hubieron dado

CONDITIONAL PERFECT	
habría dado	habríamos dado
habrías dado	habríais dado
habría dado	habrían dado

PRESENT PERFECT SUBJUNCTIVE	
haya dado	hayamos dado
hayas dado	hayáis dado
haya dado	hayan dado

or IMPERFECT SUBJUNCTIVE (-se)

diese	diésemos
dieses	dieseis
diese	diesen

or PAST PERFECT SUBJUNCTIVE (-se)

hubiese dado	hubiésemos dado
hubieses dado	hubieseis dado
hubiese dado	hubiesen dado

PROGRESSIVE TENSES

PRESENT	estoy, estás, está, estamos, estáis, están	
PRETERIT	estuve, estuviste, estuvo, estuvimos, estuvisteis, estuvieron	
IMPERFECT	estaba, estabas, estaba, estábamos, estabais, estaban	dando
FUTURE	estaré, estarás, estará, estaremos, estaréis, estarán	
CONDITIONAL	estaría, estarías, estaría, estaríamos, estaríais, estarían	
SUBJUNCTIVE	que + *corresponding subjunctive tense of* estar (see verb 151)	

COMMANDS

	(nosotros) demos/no demos
(tú) da/no des	(vosotros) dad/no deis
(Ud.) dé/no dé	(Uds.) den/no den

Usage

Siempre da consejos.	*She always gives advice.*
Nos dieron las gracias.	*They thanked us.*
Les dio miedo/celos.	*It frightened them/made them jealous.*
Dales recuerdos de mi parte.	*Give them my regards.*

TOP 30 VERB ☞

doy · dieron · dado · dando   irregular verb

Demos un paseo/una vuelta.	*Let's take a walk.*
¡Dale a la pelota!	*Hit the ball!*
Nos daba pena verlos así.	*We were sorry to see them like that.*
Ya han dado el visto bueno al esquema.	*They've already approved the plan/outline.*
Ve a darles la bienvenida.	*Go ahead and welcome them.*
Da gusto pasar unos días aquí.	*It's nice to spend a few days here.*
Dan un concierto hoy a las tres.	*They're giving a concert at 3:00 today.*
Están dando una película de aventuras.	*They're showing an adventure film.*
—¿Qué más da?	*What difference does it make?*
—Da lo mismo/igual.	*It doesn't matter./It's all the same.*
Ese árbol da manzanas.	*That tree gives/produces apples.*
Nos estás dando mucho trabajo.	*You're giving us a lot of work.*
Lo que dijo nos dio que pensar.	*What he said made us think.*
Su esposa dio a luz anoche.	*His wife gave birth last night.*
El hotel da al mar/a las montañas.	*The hotel faces the sea/the mountains.*
¿Dónde diste con ellas?	*Where did you run/bump into them?*
El reloj dio las nueve.	*The clock struck nine.*
Da de comer/de beber al perro.	*Feed/Give water (a drink) to the dog.*
A mí me da igual.	*It's all the same to me.*
Le dio un catarro.	*She caught a cold.*
Le dio un ataque de risa/tos.	*He had a fit of laughter/coughing fit.*
El sol/el viento me daba en la cara.	*The sun/wind was shining/blowing in my face.*

darse

Nos dimos la mano/los buenos días.	*We shook hands/said hello.*
¡Date prisa!	*Hurry up!*
Se dio cuenta que había un problema.	*She realized there was a problem.*
Se dio por vencido.	*He gave in/up.*
Es dado a trasnochar.	*He's given to/fond of staying up late.*
Dada la hora, hay que suspender la sesión.	*Given the time, we should adjourn the meeting.*

TOP 30
VERBS

regular -er verb

debo · debieron · debido · debiendo

PRESENT		PRETERIT	
debo	debemos	debí	debimos
debes	debéis	debiste	debisteis
debe	deben	debió	debieron

IMPERFECT		PRESENT PERFECT	
debía	debíamos	he debido	hemos debido
debías	debíais	has debido	habéis debido
debía	debían	ha debido	han debido

FUTURE		CONDITIONAL	
deberé	deberemos	debería	deberíamos
deberás	deberéis	deberías	deberíais
deberá	deberán	debería	deberían

PLUPERFECT		PRETERIT PERFECT	
había debido	habíamos debido	hube debido	hubimos debido
habías debido	habíais debido	hubiste debido	hubisteis debido
había debido	habían debido	hubo debido	hubieron debido

FUTURE PERFECT		CONDITIONAL PERFECT	
habré debido	habremos debido	habría debido	habríamos debido
habrás debido	habréis debido	habrías debido	habríais debido
habrá debido	habrán debido	habría debido	habrían debido

PRESENT SUBJUNCTIVE		PRESENT PERFECT SUBJUNCTIVE	
deba	debamos	haya debido	hayamos debido
debas	debáis	hayas debido	hayáis debido
deba	deban	haya debido	hayan debido

IMPERFECT SUBJUNCTIVE (-ra)		*or* IMPERFECT SUBJUNCTIVE (-se)	
debiera	debiéramos	debiese	debiésemos
debieras	debierais	debieses	debieseis
debiera	debieran	debiese	debiesen

PAST PERFECT SUBJUNCTIVE (-ra)		*or* PAST PERFECT SUBJUNCTIVE (-se)	
hubiera debido	hubiéramos debido	hubiese debido	hubiésemos debido
hubieras debido	hubierais debido	hubieses debido	hubieseis debido
hubiera debido	hubieran debido	hubiese debido	hubiesen debido

PROGRESSIVE TENSES

PRESENT	estoy, estás, está, estamos, estáis, están	
PRETERIT	estuve, estuviste, estuvo, estuvimos, estuvisteis, estuvieron	
IMPERFECT	estaba, estabas, estaba, estábamos, estabais, estaban	debiendo
FUTURE	estaré, estarás, estará, estaremos, estaréis, estarán	
CONDITIONAL	estaría, estarías, estaría, estaríamos, estaríais, estarían	
SUBJUNCTIVE	que + *corresponding subjunctive tense of estar (see verb 151)*	

COMMANDS

	(nosotros) debamos/no debamos
(tú) debe/no debas	(vosotros) debed/no debáis
(Ud.) deba/no deba	(Uds.) deban/no deban

Usage

Me debes cincuenta dólares.	*You owe me fifty dollars.*
Debían haber llegado para las dos.	*They should have arrived by 2:00.*
Debo comprar un nuevo módem.	*I must buy a new modem.*
Debe de haber dejado un recado.	*She must have left a message.*

decido · decidieron · decidido · decidiendo

regular -ir verb

PRESENT		PRETERIT	
decido	decidimos	decidí	decidimos
decides	decidís	decidiste	decidisteis
decide	deciden	decidió	decidieron

IMPERFECT		PRESENT PERFECT	
decidía	decidíamos	he decidido	hemos decidido
decidías	decidíais	has decidido	habéis decidido
decidía	decidían	ha decidido	han decidido

FUTURE		CONDITIONAL	
decidiré	decidiremos	decidiría	decidiríamos
decidirás	decidiréis	decidirías	decidiríais
decidirá	decidirán	decidiría	decidirían

PLUPERFECT		PRETERIT PERFECT	
había decidido	habíamos decidido	hube decidido	hubimos decidido
habías decidido	habíais decidido	hubiste decidido	hubisteis decidido
había decidido	habían decidido	hubo decidido	hubieron decidido

FUTURE PERFECT		CONDITIONAL PERFECT	
habré decidido	habremos decidido	habría decidido	habríamos decidido
habrás decidido	habréis decidido	habrías decidido	habríais decidido
habrá decidido	habrán decidido	habría decidido	habrían decidido

PRESENT SUBJUNCTIVE		PRESENT PERFECT SUBJUNCTIVE	
decida	decidamos	haya decidido	hayamos decidido
decidas	decidáis	hayas decidido	hayáis decidido
decida	decidan	haya decidido	hayan decidido

IMPERFECT SUBJUNCTIVE (-ra)		or	IMPERFECT SUBJUNCTIVE (-se)	
decidiera	decidiéramos		decidiese	decidiésemos
decidieras	decidierais		decidieses	decidieseis
decidiera	decidieran		decidiese	decidiesen

PAST PERFECT SUBJUNCTIVE (-ra)		or	PAST PERFECT SUBJUNCTIVE (-se)	
hubiera decidido	hubiéramos decidido		hubiese decidido	hubiésemos decidido
hubieras decidido	hubierais decidido		hubieses decidido	hubieseis decidido
hubiera decidido	hubieran decidido		hubiese decidido	hubiesen decidido

PROGRESSIVE TENSES

PRESENT	estoy, estás, está, estamos, estáis, están	
PRETERIT	estuve, estuviste, estuvo, estuvimos, estuvisteis, estuvieron	
IMPERFECT	estaba, estabas, estaba, estábamos, estabais, estaban	decidiendo
FUTURE	estaré, estarás, estará, estaremos, estaréis, estarán	
CONDITIONAL	estaría, estarías, estaría, estaríamos, estaríais, estarían	
SUBJUNCTIVE	que + *corresponding subjunctive tense of* estar (*see verb 151*)	

COMMANDS

	(nosotros) decidamos/no decidamos
(tú) decide/no decidas	(vosotros) decidid/no decidáis
(Ud.) decida/no decida	(Uds.) decidan/no decidan

Usage

Decidí quedarme con la empresa.	*I decided to stay with the company.*
Se decidió a renunciar a su puesto.	*He made up his mind to resign his position.*
Nos decidimos por el otro plan.	*We decided on/chose the other plan.*
Están decididos a compensar sus errores.	*They're determined to make amends for their mistakes.*

irregular verb

PRESENT		PRETERIT	
digo	decimos	dije	dijimos
dices	decís	dijiste	dijisteis
dice	dicen	dijo	dijeron

IMPERFECT		PRESENT PERFECT	
decía	decíamos	he dicho	hemos dicho
decías	decíais	has dicho	habéis dicho
decía	decían	ha dicho	han dicho

FUTURE		CONDITIONAL	
diré	diremos	diría	diríamos
dirás	diréis	dirías	diríais
dirá	dirán	diría	dirían

PLUPERFECT		PRETERIT PERFECT	
había dicho	habíamos dicho	hube dicho	hubimos dicho
habías dicho	habíais dicho	hubiste dicho	hubisteis dicho
había dicho	habían dicho	hubo dicho	hubieron dicho

FUTURE PERFECT		CONDITIONAL PERFECT	
habré dicho	habremos dicho	habría dicho	habríamos dicho
habrás dicho	habréis dicho	habrías dicho	habríais dicho
habrá dicho	habrán dicho	habría dicho	habrían dicho

PRESENT SUBJUNCTIVE		PRESENT PERFECT SUBJUNCTIVE	
diga	digamos	haya dicho	hayamos dicho
digas	digáis	hayas dicho	hayáis dicho
diga	digan	haya dicho	hayan dicho

IMPERFECT SUBJUNCTIVE (-ra)		*or* IMPERFECT SUBJUNCTIVE (-se)	
dijera	dijéramos	dijese	dijésemos
dijeras	dijerais	dijeses	dijeseis
dijera	dijeran	dijese	dijesen

PAST PERFECT SUBJUNCTIVE (-ra)		*or* PAST PERFECT SUBJUNCTIVE (-se)	
hubiera dicho	hubiéramos dicho	hubiese dicho	hubiésemos dicho
hubieras dicho	hubierais dicho	hubieses dicho	hubieseis dicho
hubiera dicho	hubieran dicho	hubiese dicho	hubiesen dicho

PROGRESSIVE TENSES

PRESENT	estoy, estás, está, estamos, estáis, están	
PRETERIT	estuve, estuviste, estuvo, estuvimos, estuvisteis, estuvieron	
IMPERFECT	estaba, estabas, estaba, estábamos, estabais, estaban	diciendo
FUTURE	estaré, estarás, estará, estaremos, estaréis, estarán	
CONDITIONAL	estaría, estarías, estaría, estaríamos, estaríais, estarían	
SUBJUNCTIVE	que + *corresponding subjunctive tense of estar (see verb 151)*	

COMMANDS

	(nosotros) digamos/no digamos
(tú) di/no digas	(vosotros) decid/no digáis
(Ud.) diga/no diga	(Uds.) digan/no digan

Usage

Dijo la verdad/una mentira.	*She told the truth/a lie.*
Dicen que va a nevar.	*They say it's going to snow.*
Di adiós a todos.	*Say good-bye to everyone.*
¿Cómo se dice esto en inglés?	*How do you say this in English?*

digo · dijeron · dicho · diciendo — irregular verb

Dime con quién andas y te diré quién eres.	A man is known by the company he keeps.
¡No me digas!	You don't say!/Go on!
Te lo dije bien claro.	I told you so.
Di que sí/que no.	Say yes/no.
Les dije que no volvieran tarde.	I told them not to come back late.
¿Qué dices de esta canción?	What do you think of this song?
Le dicen Daniel.	They call him Daniel.
¡Yo voy a decirles sus cuatro verdades!	I'm going to give them a piece of my mind!
¡Diga!/¡Dígame!	Hello. (telephone)
Digan lo que digan.	Whatever they say.
Es un decir.	It's a saying.
¿Qué quiere decir todo eso?	What does all that mean?
Es decir...	That's to say . . .
Lo dije sin querer.	I didn't mean to say it.
Lo que tú digas.	Whatever you say./It's up to you.
A mí no me importa el qué dirán.	I don't care what others say/think.

tú dirás

—¿Me sirves más vino/ensalada, por favor?	Would you please serve me more wine/salad?
—Claro. Tú dirás.	Of course. Say when. (to indicate enough food or drink)
—¿Para cuándo quieres los billetes?	When do you want the tickets for?
—Tú dirás.	It's up to you.

dicho

Dicho de otro modo...	In other words . . .
Lo dicho, dicho está.	What was said still stands.
Este problema es difícil, o mejor dicho, imposible.	This problem is difficult, or rather, impossible.
Del dicho al hecho hay mucho (un gran) trecho.	There's many a slip twixt the cup and the lip.
Dicho y hecho.	No sooner said than done.

Other Uses

No dije esta boca es mía.	I didn't open my mouth./I didn't say a word.
Se dice que...	It's said/They say that . . .
Lo dijo para sí.	She said it to herself.
¡Dígamelo a mí!	You're telling me!

TOP 30 VERBS

-ar verb; spelling change: c > qu/e   dedico · dedicaron · dedicado · dedicando

PRESENT		PRETERIT	
dedico	dedicamos	dediqué	dedicamos
dedicas	dedicáis	dedicaste	dedicasteis
dedica	dedican	dedicó	dedicaron

IMPERFECT		PRESENT PERFECT	
dedicaba	dedicábamos	he dedicado	hemos dedicado
dedicabas	dedicabais	has dedicado	habéis dedicado
dedicaba	dedicaban	ha dedicado	han dedicado

FUTURE		CONDITIONAL	
dedicaré	dedicaremos	dedicaría	dedicaríamos
dedicarás	dedicaréis	dedicarías	dedicaríais
dedicará	dedicarán	dedicaría	dedicarían

PLUPERFECT		PRETERIT PERFECT	
había dedicado	habíamos dedicado	hube dedicado	hubimos dedicado
habías dedicado	habíais dedicado	hubiste dedicado	hubisteis dedicado
había dedicado	habían dedicado	hubo dedicado	hubieron dedicado

FUTURE PERFECT		CONDITIONAL PERFECT	
habré dedicado	habremos dedicado	habría dedicado	habríamos dedicado
habrás dedicado	habréis dedicado	habrías dedicado	habríais dedicado
habrá dedicado	habrán dedicado	habría dedicado	habrían dedicado

PRESENT SUBJUNCTIVE		PRESENT PERFECT SUBJUNCTIVE	
dedique	dediquemos	haya dedicado	hayamos dedicado
dediques	dediquéis	hayas dedicado	hayáis dedicado
dedique	dediquen	haya dedicado	hayan dedicado

IMPERFECT SUBJUNCTIVE (-ra)		or	IMPERFECT SUBJUNCTIVE (-se)	
dedicara	dedicáramos		dedicase	dedicásemos
dedicaras	dedicarais		dedicases	dedicaseis
dedicara	dedicaran		dedicase	dedicasen

PAST PERFECT SUBJUNCTIVE (-ra)		or	PAST PERFECT SUBJUNCTIVE (-se)	
hubiera dedicado	hubiéramos dedicado		hubiese dedicado	hubiésemos dedicado
hubieras dedicado	hubierais dedicado		hubieses dedicado	hubieseis dedicado
hubiera dedicado	hubieran dedicado		hubiese dedicado	hubiesen dedicado

PROGRESSIVE TENSES

PRESENT	estoy, estás, está, estamos, estáis, están	
PRETERIT	estuve, estuviste, estuvo, estuvimos, estuvisteis, estuvieron	
IMPERFECT	estaba, estabas, estaba, estábamos, estabais, estaban	dedicando
FUTURE	estaré, estarás, estará, estaremos, estaréis, estarán	
CONDITIONAL	estaría, estarías, estaría, estaríamos, estaríais, estarían	
SUBJUNCTIVE	que + *corresponding subjunctive tense of* estar (*see verb 151*)	

COMMANDS

	(nosotros) dediquemos/no dediquemos
(tú) dedica/no dediques	(vosotros) dedicad/no dediquéis
(Ud.) dedique/no dedique	(Uds.) dediquen/no dediquen

Usage

Dediqué mi libro a mis padres.	*I dedicated my book to my parents.*
Dedica más tiempo a tus estudios.	*Devote more time to your studies.*
Se dedican a sus hijos.	*They devote themselves to their children.*
¿A qué se dedica Ud.?	*What do you do for a living?*

defiendo · defendieron · defendido · defendiendo

stem-changing *-er* verb:
e > ie

PRESENT		PRETERIT	
defiendo	defendemos	defendí	defendimos
defiendes	defendéis	defendiste	defendisteis
defiende	defienden	defendió	defendieron

IMPERFECT		PRESENT PERFECT	
defendía	defendíamos	he defendido	hemos defendido
defendías	defendíais	has defendido	habéis defendido
defendía	defendían	ha defendido	han defendido

FUTURE		CONDITIONAL	
defenderé	defenderemos	defendería	defenderíamos
defenderás	defenderéis	defenderías	defenderíais
defenderá	defenderán	defendería	defenderían

PLUPERFECT		PRETERIT PERFECT	
había defendido	habíamos defendido	hube defendido	hubimos defendido
habías defendido	habíais defendido	hubiste defendido	hubisteis defendido
había defendido	habían defendido	hubo defendido	hubieron defendido

FUTURE PERFECT		CONDITIONAL PERFECT	
habré defendido	habremos defendido	habría defendido	habríamos defendido
habrás defendido	habréis defendido	habrías defendido	habríais defendido
habrá defendido	habrán defendido	habría defendido	habrían defendido

PRESENT SUBJUNCTIVE		PRESENT PERFECT SUBJUNCTIVE	
defienda	defendamos	haya defendido	hayamos defendido
defiendas	defendáis	hayas defendido	hayáis defendido
defienda	defiendan	haya defendido	hayan defendido

IMPERFECT SUBJUNCTIVE (-ra)		*or*	IMPERFECT SUBJUNCTIVE (-se)	
defendiera	defendiéramos		defendiese	defendiésemos
defendieras	defendierais		defendieses	defendieseis
defendiera	defendieran		defendiese	defendiesen

PAST PERFECT SUBJUNCTIVE (-ra)		*or*	PAST PERFECT SUBJUNCTIVE (-se)	
hubiera defendido	hubiéramos defendido		hubiese defendido	hubiésemos defendido
hubieras defendido	hubierais defendido		hubieses defendido	hubieseis defendido
hubiera defendido	hubieran defendido		hubiese defendido	hubiesen defendido

PROGRESSIVE TENSES

PRESENT	estoy, estás, está, estamos, estáis, están	
PRETERIT	estuve, estuviste, estuvo, estuvimos, estuvisteis, estuvieron	
IMPERFECT	estaba, estabas, estaba, estábamos, estabais, estaban	defendiendo
FUTURE	estaré, estarás, estará, estaremos, estaréis, estarán	
CONDITIONAL	estaría, estarías, estaría, estaríamos, estaríais, estarían	
SUBJUNCTIVE	que + *corresponding subjunctive tense of* estar (*see verb 151*)	

COMMANDS

	(nosotros) defendamos/no defendamos
(tú) defiende/no defiendas	(vosotros) defended/no defendáis
(Ud.) defienda/no defienda	(Uds.) defiendan/no defiendan

Usage

Los soldados defendían la frontera.	*The soldiers defended the border.*
Defendió a su patria contra sus enemigos.	*He defended his country against its enemies.*
¿Te defiendes en japonés?	*Do you get along in Japanese?*
Salieron en defensa de su colega.	*They came out in defense of their colleague.*

regular -ar verb | dejo · dejaron · dejado · dejando

PRESENT		PRETERIT	
dejo	dejamos	dejé	dejamos
dejas	dejáis	dejaste	dejasteis
deja	dejan	dejó	dejaron

IMPERFECT		PRESENT PERFECT	
dejaba	dejábamos	he dejado	hemos dejado
dejabas	dejabais	has dejado	habéis dejado
dejaba	dejaban	ha dejado	han dejado

FUTURE		CONDITIONAL	
dejaré	dejaremos	dejaría	dejaríamos
dejarás	dejaréis	dejarías	dejaríais
dejará	dejarán	dejaría	dejarían

PLUPERFECT		PRETERIT PERFECT	
había dejado	habíamos dejado	hube dejado	hubimos dejado
habías dejado	habíais dejado	hubiste dejado	hubisteis dejado
había dejado	habían dejado	hubo dejado	hubieron dejado

FUTURE PERFECT		CONDITIONAL PERFECT	
habré dejado	habremos dejado	habría dejado	habríamos dejado
habrás dejado	habréis dejado	habrías dejado	habríais dejado
habrá dejado	habrán dejado	habría dejado	habrían dejado

PRESENT SUBJUNCTIVE		PRESENT PERFECT SUBJUNCTIVE	
deje	dejemos	haya dejado	hayamos dejado
dejes	dejéis	hayas dejado	hayáis dejado
deje	dejen	haya dejado	hayan dejado

IMPERFECT SUBJUNCTIVE (-ra)		*or* IMPERFECT SUBJUNCTIVE (-se)	
dejara	dejáramos	dejase	dejásemos
dejaras	dejarais	dejases	dejaseis
dejara	dejaran	dejase	dejasen

PAST PERFECT SUBJUNCTIVE (-ra)		*or* PAST PERFECT SUBJUNCTIVE (-se)	
hubiera dejado	hubiéramos dejado	hubiese dejado	hubiésemos dejado
hubieras dejado	hubierais dejado	hubieses dejado	hubieseis dejado
hubiera dejado	hubieran dejado	hubiese dejado	hubiesen dejado

PROGRESSIVE TENSES

PRESENT	estoy, estás, está, estamos, estáis, están
PRETERIT	estuve, estuviste, estuvo, estuvimos, estuvisteis, estuvieron
IMPERFECT	estaba, estabas, estaba, estábamos, estabais, estaban
FUTURE	estaré, estarás, estará, estaremos, estaréis, estarán
CONDITIONAL	estaría, estarías, estaría, estaríamos, estaríais, estarían
SUBJUNCTIVE	que + *corresponding subjunctive tense of* estar (*see verb 151*)

} dejando

COMMANDS

	(nosotros) dejemos/no dejemos
(tú) deja/no dejes	(vosotros) dejad/no dejéis
(Ud.) deje/no deje	(Uds.) dejen/no dejen

Usage

Dejé los papeles en la oficina.	*I left the papers at the office.*
Déjame en paz.	*Leave me alone.*
Dejamos de jugar tenis.	*We stopped playing tennis.*
Déjelos leer el informe.	*Let them read the report.*

demostrar *to show, demonstrate, prove*

demuestro · demostraron · demostrado · demostrando   stem-changing *-ar* verb:
o > ue

PRESENT		PRETERIT	
demuestro	demostramos	demostré	demostramos
demuestras	demostráis	demostraste	demostrasteis
demuestra	demuestran	demostró	demostraron

IMPERFECT		PRESENT PERFECT	
demostraba	demostrábamos	he demostrado	hemos demostrado
demostrabas	demostrabais	has demostrado	habéis demostrado
demostraba	demostraban	ha demostrado	han demostrado

FUTURE		CONDITIONAL	
demostraré	demostraremos	demostraría	demostraríamos
demostrarás	demostraréis	demostrarías	demostraríais
demostrará	demostrarán	demostraría	demostrarían

PLUPERFECT		PRETERIT PERFECT	
había demostrado	habíamos demostrado	hube demostrado	hubimos demostrado
habías demostrado	habíais demostrado	hubiste demostrado	hubisteis demostrado
había demostrado	habían demostrado	hubo demostrado	hubieron demostrado

FUTURE PERFECT		CONDITIONAL PERFECT	
habré demostrado	habremos demostrado	habría demostrado	habríamos demostrado
habrás demostrado	habréis demostrado	habrías demostrado	habríais demostrado
habrá demostrado	habrán demostrado	habría demostrado	habrían demostrado

PRESENT SUBJUNCTIVE		PRESENT PERFECT SUBJUNCTIVE	
demuestre	demostremos	haya demostrado	hayamos demostrado
demuestres	demostréis	hayas demostrado	hayáis demostrado
demuestre	demuestren	haya demostrado	hayan demostrado

IMPERFECT SUBJUNCTIVE (-ra)		*or*	IMPERFECT SUBJUNCTIVE (-se)	
demostrara	demostráramos		demostrase	demostrásemos
demostraras	demostrarais		demostrases	demostraseis
demostrara	demostraran		demostrase	demostrasen

PAST PERFECT SUBJUNCTIVE (-ra)		*or*	PAST PERFECT SUBJUNCTIVE (-se)	
hubiera demostrado	hubiéramos demostrado		hubiese demostrado	hubiésemos demostrado
hubieras demostrado	hubierais demostrado		hubieses demostrado	hubieseis demostrado
hubiera demostrado	hubieran demostrado		hubiese demostrado	hubiesen demostrado

PROGRESSIVE TENSES	
PRESENT	estoy, estás, está, estamos, estáis, están
PRETERIT	estuve, estuviste, estuvo, estuvimos, estuvisteis, estuvieron
IMPERFECT	estaba, estabas, estaba, estábamos, estabais, estaban
FUTURE	estaré, estarás, estará, estaremos, estaréis, estarán
CONDITIONAL	estaría, estarías, estaría, estaríamos, estaríais, estarían
SUBJUNCTIVE	que + *corresponding subjunctive tense of* estar (see verb 151)

> demostrando

COMMANDS

	(nosotros) demostremos/no demostremos
(tú) demuestra/no demuestres	(vosotros) demostrad/no demostréis
(Ud.) demuestre/no demuestre	(Uds.) demuestren/no demuestren

Usage

Demuestran mucho interés en el producto.	They show a lot of interest in the product.
¿Cómo demostraron su proposición?	How did they prove their proposition?
Demuéstranos cómo funciona.	Show us how it works.
Han demostrado su ignorancia en el campo.	They've demonstrated their ignorance in the field.

-er verb; spelling **desaparezco · desaparecieron · desaparecido · desapareciendo**
change: *c > zc/o, a*

PRESENT		PRETERIT	
desaparezco	desaparecemos	desaparecí	desaparecimos
desapareces	desaparecéis	desapareciste	desaparecisteis
desaparece	desaparecen	desapareció	desaparecieron

IMPERFECT		PRESENT PERFECT	
desaparecía	desaparecíamos	he desaparecido	hemos desaparecido
desaparecías	desaparecíais	has desaparecido	habéis desaparecido
desaparecía	desaparecían	ha desaparecido	han desaparecido

FUTURE		CONDITIONAL	
desapareceré	desapareceremos	desaparecería	desapareceríamos
desaparecerás	desapareceréis	desaparecerías	desapareceríais
desaparecerá	desaparecerán	desaparecería	desaparecerían

PLUPERFECT		PRETERIT PERFECT	
había desaparecido	habíamos desaparecido	hube desaparecido	hubimos desaparecido
habías desaparecido	habíais desaparecido	hubiste desaparecido	hubisteis desaparecido
había desaparecido	habían desaparecido	hubo desaparecido	hubieron desaparecido

FUTURE PERFECT		CONDITIONAL PERFECT	
habré desaparecido	habremos desaparecido	habría desaparecido	habríamos desaparecido
habrás desaparecido	habréis desaparecido	habrías desaparecido	habríais desaparecido
habrá desaparecido	habrán desaparecido	habría desaparecido	habrían desaparecido

PRESENT SUBJUNCTIVE		PRESENT PERFECT SUBJUNCTIVE	
desaparezca	desaparezcamos	haya desaparecido	hayamos desaparecido
desaparezcas	desaparezcáis	hayas desaparecido	hayáis desaparecido
desaparezca	desaparezcan	haya desaparecido	hayan desaparecido

IMPERFECT SUBJUNCTIVE (-ra)		*or*	IMPERFECT SUBJUNCTIVE (-se)	
desapareciera	desapareciéramos		desapareciese	desapareciésemos
desaparecieras	desaparecierais		desaparecieses	desaparecieseis
desapareciera	desaparecieran		desapareciese	desapareciesen

PAST PERFECT SUBJUNCTIVE (-ra)		*or*	PAST PERFECT SUBJUNCTIVE (-se)	
hubiera desaparecido	hubiéramos desaparecido		hubiese desaparecido	hubiésemos desaparecido
hubieras desaparecido	hubierais desaparecido		hubieses desaparecido	hubieseis desaparecido
hubiera desaparecido	hubieran desaparecido		hubiese desaparecido	hubiesen desaparecido

PROGRESSIVE TENSES

PRESENT	estoy, estás, está, estamos, estáis, están	
PRETERIT	estuve, estuviste, estuvo, estuvimos, estuvisteis, estuvieron	
IMPERFECT	estaba, estabas, estaba, estábamos, estabais, estaban	desapareciendo
FUTURE	estaré, estarás, estará, estaremos, estaréis, estarán	
CONDITIONAL	estaría, estarías, estaría, estaríamos, estaríais, estarían	
SUBJUNCTIVE	que + *corresponding subjunctive tense of* estar (*see verb 151*)	

COMMANDS

	(nosotros) desaparezcamos/no desaparezcamos
(tú) desaparece/no desaparezcas	(vosotros) desapareced/no desaparezcáis
(Ud.) desaparezca/no desaparezca	(Uds.) desaparezcan/no desaparezcan

Usage

Desaparecieron sin dejar rastro.	*They disappeared without leaving a trace.*
El aroma ha desaparecido.	*The aroma is gone/has worn off.*
Desapareció del mapa.	*He disappeared from the face of the earth.*
Hizo desaparecer los bombones.	*She hid/made off with the candy.*

describir *to describe, trace*

describo · describieron · descrito · describiendo   *-ir* verb; irregular past participle

PRESENT		PRETERIT	
describo	describimos	describí	describimos
describes	describís	describiste	describisteis
describe	describen	describió	describieron

IMPERFECT		PRESENT PERFECT	
describía	describíamos	he descrito	hemos descrito
describías	describíais	has descrito	habéis descrito
describía	describían	ha descrito	han descrito

FUTURE		CONDITIONAL	
describiré	describiremos	describiría	describiríamos
describirás	describiréis	describirías	describiríais
describirá	describirán	describiría	describirían

PLUPERFECT		PRETERIT PERFECT	
había descrito	habíamos descrito	hube descrito	hubimos descrito
habías descrito	habíais descrito	hubiste descrito	hubisteis descrito
había descrito	habían descrito	hubo descrito	hubieron descrito

FUTURE PERFECT		CONDITIONAL PERFECT	
habré descrito	habremos descrito	habría descrito	habríamos descrito
habrás descrito	habréis descrito	habrías descrito	habríais descrito
habrá descrito	habrán descrito	habría descrito	habrían descrito

PRESENT SUBJUNCTIVE		PRESENT PERFECT SUBJUNCTIVE	
describa	describamos	haya descrito	hayamos descrito
describas	describáis	hayas descrito	hayáis descrito
describa	describan	haya descrito	hayan descrito

IMPERFECT SUBJUNCTIVE (-ra)		*or*	IMPERFECT SUBJUNCTIVE (-se)	
describiera	describiéramos		describiese	describiésemos
describieras	describierais		describieses	describieseis
describiera	describieran		describiese	describiesen

PAST PERFECT SUBJUNCTIVE (-ra)		*or*	PAST PERFECT SUBJUNCTIVE (-se)	
hubiera descrito	hubiéramos descrito		hubiese descrito	hubiésemos descrito
hubieras descrito	hubierais descrito		hubieses descrito	hubieseis descrito
hubiera descrito	hubieran descrito		hubiese descrito	hubiesen descrito

PROGRESSIVE TENSES

PRESENT	estoy, estás, está, estamos, estáis, están
PRETERIT	estuve, estuviste, estuvo, estuvimos, estuvisteis, estuvieron
IMPERFECT	estaba, estabas, estaba, estábamos, estabais, estaban
FUTURE	estaré, estarás, estará, estaremos, estaréis, estarán
CONDITIONAL	estaría, estarías, estaría, estaríamos, estaríais, estarían
SUBJUNCTIVE	que + *corresponding subjunctive tense of* estar (*see verb 151*)

} describiendo

COMMANDS

	(nosotros) describamos/no describamos
(tú) describe/no describas	(vosotros) describid/no describáis
(Ud.) describa/no describa	(Uds.) describan/no describan

Usage

Describa lo que vio.	*Describe what you saw.*
Han descrito el suceso detalladamente.	*They've described the event in great detail.*
Describe el contorno del país.	*Trace the outline/contour of the country.*
La nave espacial describió una órbita.	*The spaceship traced an orbit.*

-ir verb;
irregular past participle

descubro · descubrieron · descubierto · descubriendo

PRESENT

descubro	descubrimos
descubres	descubrís
descubre	descubren

IMPERFECT

descubría	descubríamos
descubrías	descubríais
descubría	descubrían

FUTURE

descubriré	descubriremos
descubrirás	descubriréis
descubrirá	descubrirán

PLUPERFECT

había descubierto	habíamos descubierto
habías descubierto	habíais descubierto
había descubierto	habían descubierto

FUTURE PERFECT

habré descubierto	habremos descubierto
habrás descubierto	habréis descubierto
habrá descubierto	habrán descubierto

PRESENT SUBJUNCTIVE

descubra	descubramos
descubras	descubráis
descubra	descubran

IMPERFECT SUBJUNCTIVE (-ra)

descubriera	descubriéramos
descubrieras	descubrierais
descubriera	descubrieran

PAST PERFECT SUBJUNCTIVE (-ra)

hubiera descubierto	hubiéramos descubierto
hubieras descubierto	hubierais descubierto
hubiera descubierto	hubieran descubierto

PRETERIT

descubrí	descubrimos
descubriste	descubristeis
descubrió	descubrieron

PRESENT PERFECT

he descubierto	hemos descubierto
has descubierto	habéis descubierto
ha descubierto	han descubierto

CONDITIONAL

descubriría	descubriríamos
descubrirías	descubriríais
descubriría	descubrirían

PRETERIT PERFECT

hube descubierto	hubimos descubierto
hubiste descubierto	hubisteis descubierto
hubo descubierto	hubieron descubierto

CONDITIONAL PERFECT

habría descubierto	habríamos descubierto
habrías descubierto	habríais descubierto
habría descubierto	habrían descubierto

PRESENT PERFECT SUBJUNCTIVE

haya descubierto	hayamos descubierto
hayas descubierto	hayáis descubierto
haya descubierto	hayan descubierto

or **IMPERFECT SUBJUNCTIVE (-se)**

descubriese	descubriésemos
descubrieses	descubrieseis
descubriese	descubriesen

or **PAST PERFECT SUBJUNCTIVE (-se)**

hubiese descubierto	hubiésemos descubierto
hubieses descubierto	hubieseis descubierto
hubiese descubierto	hubiesen descubierto

PROGRESSIVE TENSES

PRESENT	estoy, estás, está, estamos, estáis, están
PRETERIT	estuve, estuviste, estuvo, estuvimos, estuvisteis, estuvieron
IMPERFECT	estaba, estabas, estaba, estábamos, estabais, estaban
FUTURE	estaré, estarás, estará, estaremos, estaréis, estarán
CONDITIONAL	estaría, estarías, estaría, estaríamos, estaríais, estarían
SUBJUNCTIVE	que + *corresponding subjunctive tense of* estar *(see verb 151)*

} descubriendo

COMMANDS

	(nosotros) descubramos/no descubramos
(tú) descubre/no descubras	(vosotros) descubrid/no descubráis
(Ud.) descubra/no descubra	(Uds.) descubran/no descubran

Usage

Fleming descubrió la penicilina en 1928.	*Fleming discovered penicillin in 1928.*
Descubrieron el tesoro de la Sierra Madre.	*They found the treasure of the Sierra Madre.*
Han descubierto el cuadro.	*They've unveiled the painting.*
Se descubrió la verdad.	*The truth came out.*

desear *to want, wish, desire*	
deseo · desearon · deseado · deseando	regular *-ar* verb

PRESENT

deseo	deseamos
deseas	deseáis
desea	desean

IMPERFECT

deseaba	deseábamos
deseabas	deseabais
deseaba	deseaban

FUTURE

desearé	desearemos
desearás	desearéis
deseará	desearán

PLUPERFECT

había deseado	habíamos deseado
habías deseado	habíais deseado
había deseado	habían deseado

FUTURE PERFECT

habré deseado	habremos deseado
habrás deseado	habréis deseado
habrá deseado	habrán deseado

PRESENT SUBJUNCTIVE

desee	deseemos
desees	deseéis
desee	deseen

IMPERFECT SUBJUNCTIVE (-ra)

deseara	deseáramos
desearas	desearais
deseara	desearan

PAST PERFECT SUBJUNCTIVE (-ra)

hubiera deseado	hubiéramos deseado
hubieras deseado	hubierais deseado
hubiera deseado	hubieran deseado

PRETERIT

deseé	deseamos
deseaste	deseasteis
deseó	desearon

PRESENT PERFECT

he deseado	hemos deseado
has deseado	habéis deseado
ha deseado	han deseado

CONDITIONAL

desearía	desearíamos
desearías	desearíais
desearía	desearían

PRETERIT PERFECT

hube deseado	hubimos deseado
hubiste deseado	hubisteis deseado
hubo deseado	hubieron deseado

CONDITIONAL PERFECT

habría deseado	habríamos deseado
habrías deseado	habríais deseado
habría deseado	habrían deseado

PRESENT PERFECT SUBJUNCTIVE

haya deseado	hayamos deseado
hayas deseado	hayáis deseado
haya deseado	hayan deseado

or **IMPERFECT SUBJUNCTIVE (-se)**

desease	deseásemos
deseases	deseaseis
desease	deseasen

or **PAST PERFECT SUBJUNCTIVE (-se)**

hubiese deseado	hubiésemos deseado
hubieses deseado	hubieseis deseado
hubiese deseado	hubiesen deseado

PROGRESSIVE TENSES

PRESENT	estoy, estás, está, estamos, estáis, están	
PRETERIT	estuve, estuviste, estuvo, estuvimos, estuvisteis, estuvieron	
IMPERFECT	estaba, estabas, estaba, estábamos, estabais, estaban	deseando
FUTURE	estaré, estarás, estará, estaremos, estaréis, estarán	
CONDITIONAL	estaría, estarías, estaría, estaríamos, estaríais, estarían	
SUBJUNCTIVE	que + *corresponding subjunctive tense of* estar (*see verb 151*)	

COMMANDS

	(nosotros) deseemos/no deseemos
(tú) desea/no desees	(vosotros) desead/no deseéis
(Ud.) desee/no desee	(Uds.) deseen/no deseen

Usage

—¿Qué desean para la cena?	*What do you want for dinner?*
—No deseamos nada en particular.	*We don't want anything special.*
—¿Qué desea Ud.?	*What can I do for you?/How might I help you? (store)*
—Desearía ver las blusas de seda.	*I'd like to see the silk blouses.*

stem-changing -*ir* verb: **despido · despidieron · despedido · despidiendo**
e > *i* (like **pedir**)

PRESENT		PRETERIT	
despido	despedimos	despedí	despedimos
despides	despedís	despediste	despedisteis
despide	despiden	despidió	despidieron

IMPERFECT		PRESENT PERFECT	
despedía	despedíamos	he despedido	hemos despedido
despedías	despedíais	has despedido	habéis despedido
despedía	despedían	ha despedido	han despedido

FUTURE		CONDITIONAL	
despediré	despediremos	despediría	despediríamos
despedirás	despediréis	despedirías	despediríais
despedirá	despedirán	despediría	despedirían

PLUPERFECT		PRETERIT PERFECT	
había despedido	habíamos despedido	hube despedido	hubimos despedido
habías despedido	habíais despedido	hubiste despedido	hubisteis despedido
había despedido	habían despedido	hubo despedido	hubieron despedido

FUTURE PERFECT		CONDITIONAL PERFECT	
habré despedido	habremos despedido	habría despedido	habríamos despedido
habrás despedido	habréis despedido	habrías despedido	habríais despedido
habrá despedido	habrán despedido	habría despedido	habrían despedido

PRESENT SUBJUNCTIVE		PRESENT PERFECT SUBJUNCTIVE	
despida	despidamos	haya despedido	hayamos despedido
despidas	despidáis	hayas despedido	hayáis despedido
despida	despidan	haya despedido	hayan despedido

IMPERFECT SUBJUNCTIVE (-ra)		*or*	IMPERFECT SUBJUNCTIVE (-se)	
despidiera	despidiéramos		despidiese	despidiésemos
despidieras	despidierais		despidieses	despidieseis
despidiera	despidieran		despidiese	despidiesen

PAST PERFECT SUBJUNCTIVE (-ra)		*or*	PAST PERFECT SUBJUNCTIVE (-se)	
hubiera despedido	hubiéramos despedido		hubiese despedido	hubiésemos despedido
hubieras despedido	hubierais despedido		hubieses despedido	hubieseis despedido
hubiera despedido	hubieran despedido		hubiese despedido	hubiesen despedido

PROGRESSIVE TENSES

PRESENT	estoy, estás, está, estamos, estáis, están
PRETERIT	estuve, estuviste, estuvo, estuvimos, estuvisteis, estuvieron
IMPERFECT	estaba, estabas, estaba, estábamos, estabais, estaban
FUTURE	estaré, estarás, estará, estaremos, estaréis, estarán
CONDITIONAL	estaría, estarías, estaría, estaríamos, estaríais, estarían
SUBJUNCTIVE	que + *corresponding subjunctive tense of* estar (*see verb 151*)

     } despidiendo

COMMANDS

	(nosotros) despidamos/no despidamos
(tú) despide/no despidas	(vosotros) despedid/no despidáis
(Ud.) despida/no despida	(Uds.) despidan/no despidan

Usage

El microondas despide rayos.	*The microwave oven emits/gives off rays.*
El jefe despidió a dos empleados.	*The boss fired two employees.*
El inquilino fue despedido.	*The tenant was evicted.*
Se despidieron de nosotros.	*They said good-bye to us.*

despegar to take off (airplane), detach, unstick

despego · despegaron · despegado · despegando   -ar verb; spelling change: g > gu/e

PRESENT

despego	despegamos
despegas	despegáis
despega	despegan

PRETERIT

despegué	despegamos
despegaste	despegasteis
despegó	despegaron

IMPERFECT

despegaba	despegábamos
despegabas	despegabais
despegaba	despegaban

PRESENT PERFECT

he despegado	hemos despegado
has despegado	habéis despegado
ha despegado	han despegado

FUTURE

despegaré	despegaremos
despegarás	despegaréis
despegará	despegarán

CONDITIONAL

despegaría	despegaríamos
despegarías	despegaríais
despegaría	despegarían

PLUPERFECT

había despegado	habíamos despegado
habías despegado	habíais despegado
había despegado	habían despegado

PRETERIT PERFECT

hube despegado	hubimos despegado
hubiste despegado	hubisteis despegado
hubo despegado	hubieron despegado

FUTURE PERFECT

habré despegado	habremos despegado
habrás despegado	habréis despegado
habrá despegado	habrán despegado

CONDITIONAL PERFECT

habría despegado	habríamos despegado
habrías despegado	habríais despegado
habría despegado	habrían despegado

PRESENT SUBJUNCTIVE

despegue	despeguemos
despegues	despeguéis
despegue	despeguen

PRESENT PERFECT SUBJUNCTIVE

haya despegado	hayamos despegado
hayas despegado	hayáis despegado
haya despegado	hayan despegado

IMPERFECT SUBJUNCTIVE (-ra)   or   **IMPERFECT SUBJUNCTIVE (-se)**

despegara	despegáramos	despegase	despegásemos
despegaras	despegarais	despegases	despegaseis
despegara	despegaran	despegase	despegasen

PAST PERFECT SUBJUNCTIVE (-ra)   or   **PAST PERFECT SUBJUNCTIVE (-se)**

hubiera despegado	hubiéramos despegado	hubiese despegado	hubiésemos despegado
hubieras despegado	hubierais despegado	hubieses despegado	hubieseis despegado
hubiera despegado	hubieran despegado	hubiese despegado	hubiesen despegado

PROGRESSIVE TENSES

PRESENT	estoy, estás, está, estamos, estáis, están
PRETERIT	estuve, estuviste, estuvo, estuvimos, estuvisteis, estuvieron
IMPERFECT	estaba, estabas, estaba, estábamos, estabais, estaban
FUTURE	estaré, estarás, estará, estaremos, estaréis, estarán
CONDITIONAL	estaría, estarías, estaría, estaríamos, estaríais, estarían
SUBJUNCTIVE	que + corresponding subjunctive tense of estar (see verb 151)

    } despegando

COMMANDS

	(nosotros) despeguemos/no despeguemos
(tú) despega/no despegues	(vosotros) despegad/no despeguéis
(Ud.) despegue/no despegue	(Uds.) despeguen/no despeguen

Usage

—¿Despega el avión pronto?	*Will the airplane take off soon?*
—Dudo que despegue antes de las nueve.	*I doubt it will take off before 9:00.*
Despega el sobre y saca el papel.	*Unstick the envelope and take the paper out.*
No despegó los labios en toda la noche.	*She didn't say a word the whole evening.*

stem-changing -ar
reflexive verb: e > ie

despierto · despertaron · despertado · despertándose

PRESENT

me despierto	nos despertamos		
te despiertas	os despertáis		
se despierta	se despiertan		

PRETERIT

me desperté	nos despertamos
te despertaste	os despertasteis
se despertó	se despertaron

IMPERFECT

me despertaba	nos despertábamos
te despertabas	os despertabais
se despertaba	se despertaban

PRESENT PERFECT

me he despertado	nos hemos despertado
te has despertado	os habéis despertado
se ha despertado	se han despertado

FUTURE

me despertaré	nos despertaremos
te despertarás	os despertaréis
se despertará	se despertarán

CONDITIONAL

me despertaría	nos despertaríamos
te despertarías	os despertaríais
se despertaría	se despertarían

PLUPERFECT

me había despertado	nos habíamos despertado
te habías despertado	os habíais despertado
se había despertado	se habían despertado

PRETERIT PERFECT

me hube despertado	nos hubimos despertado
te hubiste despertado	os hubisteis despertado
se hubo despertado	se hubieron despertado

FUTURE PERFECT

me habré despertado	nos habremos despertado
te habrás despertado	os habréis despertado
se habrá despertado	se habrán despertado

CONDITIONAL PERFECT

me habría despertado	nos habríamos despertado
te habrías despertado	os habríais despertado
se habría despertado	se habrían despertado

PRESENT SUBJUNCTIVE

me despierte	nos despertemos
te despiertes	os despertéis
se despierte	se despierten

PRESENT PERFECT SUBJUNCTIVE

me haya despertado	nos hayamos despertado
te hayas despertado	os hayáis despertado
se haya despertado	se hayan despertado

IMPERFECT SUBJUNCTIVE (-ra)

me despertara	nos despertáramos
te despertaras	os despertarais
se despertara	se despertaran

or **IMPERFECT SUBJUNCTIVE (-se)**

me despertase	nos despertásemos
te despertases	os despertaseis
se despertase	se despertasen

PAST PERFECT SUBJUNCTIVE (-ra)

me hubiera despertado	nos hubiéramos despertado
te hubieras despertado	os hubierais despertado
se hubiera despertado	se hubieran despertado

or **PAST PERFECT SUBJUNCTIVE (-se)**

me hubiese despertado	nos hubiésemos despertado
te hubieses despertado	os hubieseis despertado
se hubiese despertado	se hubiesen despertado

PROGRESSIVE TENSES

PRESENT	estoy, estás, está, estamos, estáis, están
PRETERIT	estuve, estuviste, estuvo, estuvimos, estuvisteis, estuvieron
IMPERFECT	estaba, estabas, estaba, estábamos, estabais, estaban
FUTURE	estaré, estarás, estará, estaremos, estaréis, estarán
CONDITIONAL	estaría, estarías, estaría, estaríamos, estaríais, estarían
SUBJUNCTIVE	que + corresponding subjunctive tense of estar (see verb 151)

} despertando (see page 37)

COMMANDS

	(nosotros) despertémonos/no nos despertemos
(tú) despiértate/no te despiertes	(vosotros) despertaos/no os despertéis
(Ud.) despiértese/nc se despierte	(Uds.) despiértense/no se despierten

Usage

Cuando yo me despierte a las siete, te despertaré.	When I wake up at 7:00, I'll wake you up.
¡Despiértate! ¿No oíste el despertador?	Wake up! Didn't you hear the alarm clock?
El tema no ha despertado ningún interés.	The subject hasn't aroused any interest.

destruir *to destroy*

destruyo · destruyeron · destruido · destruyendo

-ir verb; spelling change: adds b and y before o, a, e

PRESENT

destruyo	destruimos
destruyes	destruís
destruye	destruyen

IMPERFECT

destruía	destruíamos
destruías	destruíais
destruía	destruían

FUTURE

destruiré	destruiremos
destruirás	destruiréis
destruirá	destruirán

PLUPERFECT

había destruido	habíamos destruido
habías destruido	habíais destruido
había destruido	habían destruido

FUTURE PERFECT

habré destruido	habremos destruido
habrás destruido	habréis destruido
habrá destruido	habrán destruido

PRESENT SUBJUNCTIVE

destruya	destruyamos
destruyas	destruyáis
destruya	destruyan

IMPERFECT SUBJUNCTIVE (-ra)

destruyera	destruyéramos
destruyeras	destruyerais
destruyera	destruyeran

PAST PERFECT SUBJUNCTIVE (-ra)

hubiera destruido	hubiéramos destruido
hubieras destruido	hubierais destruido
hubiera destruido	hubieran destruido

PRETERIT

destruí	destruimos
destruiste	destruisteis
destruyó	destruyeron

PRESENT PERFECT

he destruido	hemos destruido
has destruido	habéis destruido
ha destruido	han destruido

CONDITIONAL

destruiría	destruiríamos
destruirías	destruiríais
destruiría	destruirían

PRETERIT PERFECT

hube destruido	hubimos destruido
hubiste destruido	hubisteis destruido
hubo destruido	hubieron destruido

CONDITIONAL PERFECT

habría destruido	habríamos destruido
habrías destruido	habríais destruido
habría destruido	habrían destruido

PRESENT PERFECT SUBJUNCTIVE

haya destruido	hayamos destruido
hayas destruido	hayáis destruido
haya destruido	hayan destruido

or **IMPERFECT SUBJUNCTIVE (-se)**

destruyese	destruyésemos
destruyeses	destruyeseis
destruyese	destruyesen

or **PAST PERFECT SUBJUNCTIVE (-se)**

hubiese destruido	hubiésemos destruido
hubieses destruido	hubieseis destruido
hubiese destruido	hubiesen destruido

PROGRESSIVE TENSES

PRESENT	estoy, estás, está, estamos, estáis, están
PRETERIT	estuve, estuviste, estuvo, estuvimos, estuvisteis, estuvieron
IMPERFECT	estaba, estabas, estaba, estábamos, estabais, estaban
FUTURE	estaré, estarás, estará, estaremos, estaréis, estarán
CONDITIONAL	estaría, estarías, estaría, estaríamos, estaríais, estarían
SUBJUNCTIVE	que + *corresponding subjunctive tense* of estar (*see verb 151*)

} destruyendo

COMMANDS

	(nosotros) destruyamos/no destruyamos
(tú) destruye/no destruyas	(vosotros) destruid/no destruyáis
(Ud.) destruya/no destruya	(Uds.) destruyan/no destruyan

Usage

Muchos edificios fueron destruidos por el huracán.	*Many buildings were destroyed/demolished by the hurricane.*
Se destruyó su razonamiento.	*Her reasoning was refuted.*
No destruyas su plan.	*Don't wreck their plan.*

irregular verb (like **tener**) | **detengo · detuvieron · detenido · deteniendo**

PRESENT		PRETERIT	
detengo	detenemos	detuve	detuvimos
detienes	detenéis	detuviste	detuvisteis
detiene	detienen	detuvo	detuvieron

IMPERFECT		PRESENT PERFECT	
detenía	deteníamos	he detenido	hemos detenido
detenías	deteníais	has detenido	habéis detenido
detenía	detenían	ha detenido	han detenido

FUTURE		CONDITIONAL	
detendré	detendremos	detendría	detendríamos
detendrás	detendréis	detendrías	detendríais
detendrá	detendrán	detendría	detendrían

PLUPERFECT		PRETERIT PERFECT	
había detenido	habíamos detenido	hube detenido	hubimos detenido
habías detenido	habíais detenido	hubiste detenido	hubisteis detenido
había detenido	habían detenido	hubo detenido	hubieron detenido

FUTURE PERFECT		CONDITIONAL PERFECT	
habré detenido	habremos detenido	habría detenido	habríamos detenido
habrás detenido	habréis detenido	habrías detenido	habríais detenido
habrá detenido	habrán detenido	habría detenido	habrían detenido

PRESENT SUBJUNCTIVE		PRESENT PERFECT SUBJUNCTIVE	
detenga	detengamos	haya detenido	hayamos detenido
detengas	detengáis	hayas detenido	hayáis detenido
detenga	detengan	haya detenido	hayan detenido

IMPERFECT SUBJUNCTIVE (-ra)		*or* IMPERFECT SUBJUNCTIVE (-se)	
detuviera	detuviéramos	detuviese	detuviésemos
detuvieras	detuvierais	detuvieses	detuvieseis
detuviera	detuvieran	detuviese	detuviesen

PAST PERFECT SUBJUNCTIVE (-ra)		*or* PAST PERFECT SUBJUNCTIVE (-se)	
hubiera detenido	hubiéramos detenido	hubiese detenido	hubiésemos detenido
hubieras detenido	hubierais detenido	hubieses detenido	hubieseis detenido
hubiera detenido	hubieran detenido	hubiese detenido	hubiesen detenido

PROGRESSIVE TENSES

PRESENT	estoy, estás, está, estamos, estáis, están	
PRETERIT	estuve, estuviste, estuvo, estuvimos, estuvisteis, estuvieron	
IMPERFECT	estaba, estabas, estaba, estábamos, estabais, estaban	deteniendo
FUTURE	estaré, estarás, estará, estaremos, estaréis, estarán	
CONDITIONAL	estaría, estarías, estaría, estaríamos, estaríais, estarían	
SUBJUNCTIVE	que + *corresponding subjunctive tense of estar (see verb 151)*	

COMMANDS

	(nosotros) detengamos/no detengamos
(tú) detén/no detengas	(vosotros) detened/no detengáis
(Ud.) detenga/no detenga	(Uds.) detengan/no detengan

Usage

Detuvo la bicicleta repentinamente.	*He stopped the bicycle suddenly.*
Siento detenerlos por tanto tiempo.	*I'm sorry to keep you so long.*
El policía detuvo al ratero.	*The policeman arrested the pickpocket.*
Se detuvieron para conocer el centro histórico.	*They stopped to get to know the historic center.*

devolver *to return something, give/put back*

devuelvo · devolvieron · devuelto · devolviendo

stem-changing *-er* verb:
o > *ue* (like **volver**)

PRESENT

devuelvo	devolvemos
devuelves	devolvéis
devuelve	devuelven

PRETERIT

devolví	devolvimos
devolviste	devolvisteis
devolvió	devolvieron

IMPERFECT

devolvía	devolvíamos
devolvías	devolvíais
devolvía	devolvían

PRESENT PERFECT

he devuelto	hemos devuelto
has devuelto	habéis devuelto
ha devuelto	han devuelto

FUTURE

devolveré	devolveremos
devolverás	devolveréis
devolverá	devolverán

CONDITIONAL

devolvería	devolveríamos
devolverías	devolveríais
devolvería	devolverían

PLUPERFECT

había devuelto	habíamos devuelto
habías devuelto	habíais devuelto
había devuelto	habían devuelto

PRETERIT PERFECT

hube devuelto	hubimos devuelto
hubiste devuelto	hubisteis devuelto
hubo devuelto	hubieron devuelto

FUTURE PERFECT

habré devuelto	habremos devuelto
habrás devuelto	habréis devuelto
habrá devuelto	habrán devuelto

CONDITIONAL PERFECT

habría devuelto	habríamos devuelto
habrías devuelto	habríais devuelto
habría devuelto	habrían devuelto

PRESENT SUBJUNCTIVE

devuelva	devolvamos
devuelvas	devolváis
devuelva	devuelvan

PRESENT PERFECT SUBJUNCTIVE

haya devuelto	hayamos devuelto
hayas devuelto	hayáis devuelto
haya devuelto	hayan devuelto

IMPERFECT SUBJUNCTIVE (-ra)   *or*   **IMPERFECT SUBJUNCTIVE (-se)**

devolviera	devolviéramos	devolviese	devolviésemos
devolvieras	devolvierais	devolvieses	devolvieseis
devolviera	devolvieran	devolviese	devolviesen

PAST PERFECT SUBJUNCTIVE (-ra)   *or*   **PAST PERFECT SUBJUNCTIVE (-se)**

hubiera devuelto	hubiéramos devuelto	hubiese devuelto	hubiésemos devuelto
hubieras devuelto	hubierais devuelto	hubieses devuelto	hubieseis devuelto
hubiera devuelto	hubieran devuelto	hubiese devuelto	hubiesen devuelto

PROGRESSIVE TENSES

PRESENT	estoy, estás, está, estamos, estáis, están
PRETERIT	estuve, estuviste, estuvo, estuvimos, estuvisteis, estuvieron
IMPERFECT	estaba, estabas, estaba, estábamos, estabais, estaban
FUTURE	estaré, estarás, estará, estaremos, estaréis, estarán
CONDITIONAL	estaría, estarías, estaría, estaríamos, estaríais, estarían
SUBJUNCTIVE	que + *corresponding subjunctive tense of* estar (*see verb* 151)

devolviendo

COMMANDS

	(nosotros) devolvamos/no devolvamos
(tú) devuelve/no devuelvas	(vosotros) devolved/no devolváis
(Ud.) devuelva/no devuelva	(Uds.) devuelvan/no devuelvan

Usage

¿Le devolviste el dinero?	*Did you return the money to him?*
Devuelve los libros a la biblioteca.	*Return the books to the library.*
Me han devuelto el favor.	*They've returned the favor to me/paid me back.*
Devuelva lo que pidió prestado.	*Return what you borrowed.*

-ir verb; spelling change: g > j/o, a   **dirijo · dirigieron · dirigido · dirigiendo**

PRESENT		PRETERIT	
dirijo	dirigimos	dirigí	dirigimos
diriges	dirigís	dirigiste	dirigisteis
dirige	dirigen	dirigió	dirigieron

IMPERFECT		PRESENT PERFECT	
dirigía	dirigíamos	he dirigido	hemos dirigido
dirigías	dirigíais	has dirigido	habéis dirigido
dirigía	dirigían	ha dirigido	han dirigido

FUTURE		CONDITIONAL	
dirigiré	dirigiremos	dirigiría	dirigiríamos
dirigirás	dirigiréis	dirigirías	dirigiríais
dirigirá	dirigirán	dirigiría	dirigirían

PLUPERFECT		PRETERIT PERFECT	
había dirigido	habíamos dirigido	hube dirigido	hubimos dirigido
habías dirigido	habíais dirigido	hubiste dirigido	hubisteis dirigido
había dirigido	habían dirigido	hubo dirigido	hubieron dirigido

FUTURE PERFECT		CONDITIONAL PERFECT	
habré dirigido	habremos dirigido	habría dirigido	habríamos dirigido
habrás dirigido	habréis dirigido	habrías dirigido	habríais dirigido
habrá dirigido	habrán dirigido	habría dirigido	habrían dirigido

PRESENT SUBJUNCTIVE		PRESENT PERFECT SUBJUNCTIVE	
dirija	dirijamos	haya dirigido	hayamos dirigido
dirijas	dirijáis	hayas dirigido	hayáis dirigido
dirija	dirijan	haya dirigido	hayan dirigido

IMPERFECT SUBJUNCTIVE (-ra)		*or* IMPERFECT SUBJUNCTIVE (-se)	
dirigiera	dirigiéramos	dirigiese	dirigiésemos
dirigieras	dirigierais	dirigieses	dirigieseis
dirigiera	dirigieran	dirigiese	dirigiesen

PAST PERFECT SUBJUNCTIVE (-ra)		*or* PAST PERFECT SUBJUNCTIVE (-se)	
hubiera dirigido	hubiéramos dirigido	hubiese dirigido	hubiésemos dirigido
hubieras dirigido	hubierais dirigido	hubieses dirigido	hubieseis dirigido
hubiera dirigido	hubieran dirigido	hubiese dirigido	hubiesen dirigido

PROGRESSIVE TENSES

PRESENT	estoy, estás, está, estamos, estáis, están	
PRETERIT	estuve, estuviste, estuvo, estuvimos, estuvisteis, estuvieron	
IMPERFECT	estaba, estabas, estaba, estábamos, estabais, estaban	dirigiendo
FUTURE	estaré, estarás, estará, estaremos, estaréis, estarán	
CONDITIONAL	estaría, estarías, estaría, estaríamos, estaríais, estarían	
SUBJUNCTIVE	que + *corresponding subjunctive tense of estar (see verb 151)*	

COMMANDS

	(nosotros) dirijamos/no dirijamos
(tú) dirige/no dirijas	(vosotros) dirigid/no dirijáis
(Ud.) dirija/no dirija	(Uds.) dirijan/no dirijan

Usage

Dirigió la cámara hacia la cumbre.	*He directed/aimed the camera at the mountain top.*
Nos dirigió al hotel.	*She directed us to the hotel.*
¿Quiénes dirigen la empresa?	*Who is managing/running the business?*
Se dirigieron a casa.	*They headed home/made their way home.*

divertirse *to have a good time*

divierto · divirtieron · divertido · divirtiéndose

stem-changing -ir reflexive verb:
e > ie (present), *e > i* (preterit)

PRESENT

me divierto	nos divertimos
te diviertes	os divertís
se divierte	se divierten

PRETERIT

me divertí	nos divertimos
te divertiste	os divertisteis
se divirtió	se divirtieron

IMPERFECT

me divertía	nos divertíamos
te divertías	os divertíais
se divertía	se divertían

PRESENT PERFECT

me he divertido	nos hemos divertido
te has divertido	os habéis divertido
se ha divertido	se han divertido

FUTURE

me divertiré	nos divertiremos
te divertirás	os divertiréis
se divertirá	se divertirán

CONDITIONAL

me divertiría	nos divertiríamos
te divertirías	os divertiríais
se divertiría	se divertirían

PLUPERFECT

me había divertido	nos habíamos divertido
te habías divertido	os habíais divertido
se había divertido	se habían divertido

PRETERIT PERFECT

me hube divertido	nos hubimos divertido
te hubiste divertido	os hubisteis divertido
se hubo divertido	se hubieron divertido

FUTURE PERFECT

me habré divertido	nos habremos divertido
te habrás divertido	os habréis divertido
se habrá divertido	se habrán divertido

CONDITIONAL PERFECT

me habría divertido	nos habríamos divertido
te habrías divertido	os habríais divertido
se habría divertido	se habrían divertido

PRESENT SUBJUNCTIVE

me divierta	nos divirtamos
te diviertas	os divirtáis
se divierta	se diviertan

PRESENT PERFECT SUBJUNCTIVE

me haya divertido	nos hayamos divertido
te hayas divertido	os hayáis divertido
se haya divertido	se hayan divertido

IMPERFECT SUBJUNCTIVE (-ra)   *or*   **IMPERFECT SUBJUNCTIVE (-se)**

me divirtiera	nos divirtiéramos	me divirtiese	nos divirtiésemos
te divirtieras	os divirtierais	te divirtieses	os divirtieseis
se divirtiera	se divirtieran	se divirtiese	se divirtiesen

PAST PERFECT SUBJUNCTIVE (-ra)   *or*   **PAST PERFECT SUBJUNCTIVE (-se)**

me hubiera divertido	nos hubiéramos divertido	me hubiese divertido	nos hubiésemos divertido
te hubieras divertido	os hubierais divertido	te hubieses divertido	os hubieseis divertido
se hubiera divertido	se hubieran divertido	se hubiese divertido	se hubiesen divertido

PROGRESSIVE TENSES

PRESENT	estoy, estás, está, estamos, estáis, están
PRETERIT	estuve, estuviste, estuvo, estuvimos, estuvisteis, estuvieron
IMPERFECT	estaba, estabas, estaba, estábamos, estabais, estaban
FUTURE	estaré, estarás, estará, estaremos, estaréis, estarán
CONDITIONAL	estaría, estarías, estaría, estaríamos, estaríais, estarían
SUBJUNCTIVE	que + *corresponding subjunctive tense of* estar (see verb 151)

     } divirtiendo
     (see page 37)

COMMANDS

	(nosotros) divirtámonos/no nos divirtamos
(tú) diviértete/no te diviertas	(vosotros) divertíos/no os divirtáis
(Ud.) diviértase/no se divierta	(Uds.) diviértanse/no se diviertan

Usage

Me divertí muchísimo.	*I had a great time.*
Se divierte tocando el piano.	*She amuses herself playing the piano.*
—La película no me divirtió para nada.	*The film didn't amuse me at all.*
—Yo al contrario la encontré muy divertida.	*I, on the other hand, found it very entertaining.*

stem-changing -er verb: *o > ue*;   **duele · dolieron · dolido · doliendo**
used in third-person singular and plural only

PRESENT		PRETERIT	
duele	duelen	dolió	dolieron

IMPERFECT		PRESENT PERFECT	
dolía	dolían	ha dolido	han dolido

FUTURE		CONDITIONAL	
dolerá	dolerán	dolería	dolerían

PLUPERFECT		PRETERIT PERFECT	
había dolido	habían dolido	hubo dolido	hubieron dolido

FUTURE PERFECT		CONDITIONAL PERFECT	
habrá dolido	habrán dolido	habría dolido	habrían dolido

PRESENT SUBJUNCTIVE		PRESENT PERFECT SUBJUNCTIVE	
duela	duelan	haya dolido	hayan dolido

IMPERFECT SUBJUNCTIVE (-ra)		or IMPERFECT SUBJUNCTIVE (-se)	
doliera	dolieran	doliese	doliesen

PAST PERFECT SUBJUNCTIVE (-ra)		or PAST PERFECT SUBJUNCTIVE (-se)	
hubiera dolido	hubieran dolido	hubiese dolido	hubiesen dolido

PROGRESSIVE TENSES

PRESENT	está, están	
PRETERIT	estuvo, estuvieron	
IMPERFECT	estaba, estaban	} doliendo
FUTURE	estará, estarán	
CONDITIONAL	estaría, estarían	
SUBJUNCTIVE	que + *corresponding subjunctive tense of estar (see verb 151)*	

COMMANDS

¡Que no duela!   ¡Que no duelan!

Usage

—¿Qué te duele?	*What's hurting you?*
—Tengo dolor de cabeza/estómago.	*I have a headache/stomachache.*
¿Le duele algo?	*Is something hurting her?*
Le duele la cabeza.	*She has a headache.*
Le duele el codo.	*His elbow hurts.*
Me duelen los pies.	*My feet hurt.*
—¿Te sigue doliendo la muela?	*Is your tooth still aching?*
—Sí, es un dolor sordo.	*Yes, it's a dull ache.*
Después de caerse le dolían las rodillas.	*After he fell his knees hurt.*
Nos duele su actitud hostil.	*We're distressed by their hostile attitude.*
Os dolía su comportamiento.	*You were distressed by their behavior.*
¿No le duele tener que hablarles así?	*Aren't you sorry to have to speak to them like that?*
Están dolidos.	*They're hurt/distressed.*
El tenista tiene las manos adoloridas.	*The tennis player has sore hands.*
La gente está dolorida por el accidente.	*The people are pained/grief-stricken because of the accident.*
Para nosotros, fue una decisión muy dolorosa.	*For us it was a very painful decision.*

dormir to sleep

duermo · durmieron · dormido · durmiendo

stem-changing -ir verb:
o > ue; o > u

PRESENT

duermo	dormimos
duermes	dormís
duerme	duermen

PRETERIT

dormí	dormimos
dormiste	dormisteis
durmió	durmieron

IMPERFECT

dormía	dormíamos
dormías	dormíais
dormía	dormían

PRESENT PERFECT

he dormido	hemos dormido
has dormido	habéis dormido
ha dormido	han dormido

FUTURE

dormiré	dormiremos
dormirás	dormiréis
dormirá	dormirán

CONDITIONAL

dormiría	dormiríamos
dormirías	dormiríais
dormiría	dormirían

PLUPERFECT

había dormido	habíamos dormido
habías dormido	habíais dormido
había dormido	habían dormido

PRETERIT PERFECT

hube dormido	hubimos dormido
hubiste dormido	hubisteis dormido
hubo dormido	hubieron dormido

FUTURE PERFECT

habré dormido	habremos dormido
habrás dormido	habréis dormido
habrá dormido	habrán dormido

CONDITIONAL PERFECT

habría dormido	habríamos dormido
habrías dormido	habríais dormido
habría dormido	habrían dormido

PRESENT SUBJUNCTIVE

duerma	durmamos
duermas	durmáis
duerma	duerman

PRESENT PERFECT SUBJUNCTIVE

haya dormido	hayamos dormido
hayas dormido	hayáis dormido
haya dormido	hayan dormido

IMPERFECT SUBJUNCTIVE (-ra)

durmiera	durmiéramos
durmieras	durmierais
durmiera	durmieran

or **IMPERFECT SUBJUNCTIVE (-se)**

durmiese	durmiésemos
durmieses	durmieseis
durmiese	durmiesen

PAST PERFECT SUBJUNCTIVE (-ra)

hubiera dormido	hubiéramos dormido
hubieras dormido	hubierais dormido
hubiera dormido	hubieran dormido

or **PAST PERFECT SUBJUNCTIVE (-se)**

hubiese dormido	hubiésemos dormido
hubieses dormido	hubieseis dormido
hubiese dormido	hubiesen dormido

PROGRESSIVE TENSES

PRESENT	estoy, estás, está, estamos, estáis, están
PRETERIT	estuve, estuviste, estuvo, estuvimos, estuvisteis, estuvieron
IMPERFECT	estaba, estabas, estaba, estábamos, estabais, estaban
FUTURE	estaré, estarás, estará, estaremos, estaréis, estarán
CONDITIONAL	estaría, estarías, estaría, estaríamos, estaríais, estarían
SUBJUNCTIVE	que + corresponding subjunctive tense of estar (see verb 151)

durmiendo

COMMANDS

	(nosotros) durmamos/no durmamos
(tú) duerme/no duermas	(vosotros) dormid/no durmáis
(Ud.) duerma/no duerma	(Uds.) duerman/no duerman

Usage

Durmió muy bien.	She slept very well.
Duermen siete horas todas las noches.	They sleep seven hours every night.
¿Dormisteis la siesta?	Did you take a nap?
Nos dormimos a las once.	We fell asleep at 11:00.

regular -ar verb · echo · echaron · echado · echando

PRESENT

echo	echamos
echas	echáis
echa	echan

PRETERIT

eché	echamos
echaste	echasteis
echó	echaron

IMPERFECT

echaba	echábamos
echabas	echabais
echaba	echaban

PRESENT PERFECT

he echado	hemos echado
has echado	habéis echado
ha echado	han echado

FUTURE

echaré	echaremos
echarás	echaréis
echará	echarán

CONDITIONAL

echaría	echaríamos
echarías	echaríais
echaría	echarían

PLUPERFECT

había echado	habíamos echado
habías echado	habíais echado
había echado	habían echado

PRETERIT PERFECT

hube echado	hubimos echado
hubiste echado	hubisteis echado
hubo echado	hubieron echado

FUTURE PERFECT

habré echado	habremos echado
habrás echado	habréis echado
habrá echado	habrán echado

CONDITIONAL PERFECT

habría echado	habríamos echado
habrías echado	habríais echado
habría echado	habrían echado

PRESENT SUBJUNCTIVE

eche	echemos
eches	echéis
eche	echen

PRESENT PERFECT SUBJUNCTIVE

haya echado	hayamos echado
hayas echado	hayáis echado
haya echado	hayan echado

IMPERFECT SUBJUNCTIVE (-ra)

echara	echáramos
echaras	echarais
echara	echaran

or **IMPERFECT SUBJUNCTIVE (-se)**

echase	echásemos
echases	echaseis
echase	echasen

PAST PERFECT SUBJUNCTIVE (-ra)

hubiera echado	hubiéramos echado
hubieras echado	hubierais echado
hubiera echado	hubieran echado

or **PAST PERFECT SUBJUNCTIVE (-se)**

hubiese echado	hubiésemos echado
hubieses echado	hubieseis echado
hubiese echado	hubiesen echado

PROGRESSIVE TENSES

PRESENT	estoy, estás, está, estamos, estáis, están
PRETERIT	estuve, estuviste, estuvo, estuvimos, estuvisteis, estuvieron
IMPERFECT	estaba, estabas, estaba, estábamos, estabais, estaban
FUTURE	estaré, estarás, estará, estaremos, estaréis, estarán
CONDITIONAL	estaría, estarías, estaría, estaríamos, estaríais, estarían
SUBJUNCTIVE	que + *corresponding subjunctive tense of estar (see verb 151)*

echando

COMMANDS

	(nosotros) echemos/no echemos
(tú) echa/no eches	(vosotros) echad/no echéis
(Ud.) eche/no eche	(Uds.) echen/no echen

Usage

No eches la basura allí.	*Don't throw the garbage there.*
Echa la moneda. ¿Cara o cruz?	*Toss the coin. Heads or tails?*
Echaron al jugador del partido.	*They threw the player out of the game.*

echar to throw, throw out, give off

echo · echaron · echado · echando

regular -ar verb

Las azucenas echan un hermoso olor.	The lilies give off a beautiful smell.
Echaron al director comercial por mala administración.	They fired/threw out the business manager because of mismanagement.
Echen jugo en los vasos.	Pour juice into the glasses.
Echa una mirada a los niños hasta que yo vuelva.	Keep an eye on the kids until I come back.
¿Echáis de menos a vuestros amigos?	Do you miss your friends?
Voy a echar estas cartas al buzón.	I'm going to mail these letters.
Echemos más sal/cilantro al guisado.	Let's add more salt/coriander to the stew.
La familia ha echado raíces en su nuevo pueblo.	The family has put down roots in their new town.
Oye, no me eches la culpa a mí.	Hey, don't put the blame on me.

echar a + infinitive

Echó a reír/gritar/correr.	She started to laugh/shout/run.

echarse

Se echó a perder una gran oportunidad.	A great opportunity was lost/wasted.
Se echaron atrás para evitar una confrontación.	They backed down to avoid a confrontation.
Échate en el sofá.	Lie down/Stretch out on the sofa.
Se las echa de don Juan.	He boasts about being/fancies himself a don Juan.
La nata batida se echó a perder.	The whipped cream spoiled/went bad.

Other Uses

Nos echó en cara lo que habíamos hecho.	He threw it up to us what we had done.
Hay discordia porque siguen echando leña al fuego.	There's discord because they continue to add fuel to the fire/fan the flames.
Está echando mano al helado.	She's reaching for the ice cream.
Siempre echaba una mano a sus vecinos.	He always gave his neighbors a helping hand.
Es como echar agua en el mar.	It's like carrying coals to Newcastle.
Estaba tan furiosa que echaba humo por los ojos.	She was so furious that her eyes flashed with rage.
La chimenea está echando humo.	The fireplace is smoking.

TOP 30 VERBS

-ar verb; spelling change: efectúo · efectuaron · efectuado · efectuando
u > ú when stressed

PRESENT			
efectúo	efectuamos		
efectúas	efectuáis		
efectúa	efectúan		

PRETERIT	
efectué	efectuamos
efectuaste	efectuasteis
efectuó	efectuaron

IMPERFECT	
efectuaba	efectuábamos
efectuabas	efectuabais
efectuaba	efectuaban

PRESENT PERFECT	
he efectuado	hemos efectuado
has efectuado	habéis efectuado
ha efectuado	han efectuado

FUTURE	
efectuaré	efectuaremos
efectuarás	efectuaréis
efectuará	efectuarán

CONDITIONAL	
efectuaría	efectuaríamos
efectuarías	efectuaríais
efectuaría	efectuarían

PLUPERFECT	
había efectuado	habíamos efectuado
habías efectuado	habíais efectuado
había efectuado	habían efectuado

PRETERIT PERFECT	
hube efectuado	hubimos efectuado
hubiste efectuado	hubisteis efectuado
hubo efectuado	hubieron efectuado

FUTURE PERFECT	
habré efectuado	habremos efectuado
habrás efectuado	habréis efectuado
habrá efectuado	habrán efectuado

CONDITIONAL PERFECT	
habría efectuado	habríamos efectuado
habrías efectuado	habríais efectuado
habría efectuado	habrían efectuado

PRESENT SUBJUNCTIVE	
efectúe	efectuemos
efectúes	efectuéis
efectúe	efectúen

PRESENT PERFECT SUBJUNCTIVE	
haya efectuado	hayamos efectuado
hayas efectuado	hayáis efectuado
haya efectuado	hayan efectuado

IMPERFECT SUBJUNCTIVE (-ra)		*or*	IMPERFECT SUBJUNCTIVE (-se)	
efectuara	efectuáramos		efectuase	efectuásemos
efectuaras	efectuarais		efectuases	efectuaseis
efectuara	efectuaran		efectuase	efectuasen

PAST PERFECT SUBJUNCTIVE (-ra)		*or*	PAST PERFECT SUBJUNCTIVE (-se)	
hubiera efectuado	hubiéramos efectuado		hubiese efectuado	hubiésemos efectuado
hubieras efectuado	hubierais efectuado		hubieses efectuado	hubieseis efectuado
hubiera efectuado	hubieran efectuado		hubiese efectuado	hubiesen efectuado

PROGRESSIVE TENSES

PRESENT	estoy, estás, está, estamos, estáis, están
PRETERIT	estuve, estuviste, estuvo, estuvimos, estuvisteis, estuvieron
IMPERFECT	estaba, estabas, estaba, estábamos, estabais, estaban
FUTURE	estaré, estarás, estará, estaremos, estaréis, estarán
CONDITIONAL	estaría, estarías, estaría, estaríamos, estaríais, estarían
SUBJUNCTIVE	que + *corresponding subjunctive tense of estar (see verb 151)*

} efectuando

COMMANDS

	(nosotros) efectuemos/no efectuemos
(tú) efectúa/no efectúes	(vosotros) efectuad/no efectuéis
(Ud.) efectúe/no efectúe	(Uds.) efectúen/no efectúen

Usage

Se efectúan las compras por teléfono.	*You can make purchases by telephone.*
La compañía está efectuando cambios.	*The company is carrying out/executing changes.*
Ya se efectuaron todas las operaciones necesarias.	*All the necessary operations have been performed.*

ejercer *to practice, be in practice, exercise, exert*

ejerzo · ejercieron · ejercido · ejerciendo *-er verb; spelling change: c > z/o, a*

PRESENT		PRETERIT	
ejerzo	ejercemos	ejercí	ejercimos
ejerces	ejercéis	ejerciste	ejercisteis
ejerce	ejercen	ejerció	ejercieron

IMPERFECT		PRESENT PERFECT	
ejercía	ejercíamos	he ejercido	hemos ejercido
ejercías	ejercíais	has ejercido	habéis ejercido
ejercía	ejercían	ha ejercido	han ejercido

FUTURE		CONDITIONAL	
ejerceré	ejerceremos	ejercería	ejerceríamos
ejercerás	ejerceréis	ejercerías	ejerceríais
ejercerá	ejercerán	ejercería	ejercerían

PLUPERFECT		PRETERIT PERFECT	
había ejercido	habíamos ejercido	hube ejercido	hubimos ejercido
habías ejercido	habíais ejercido	hubiste ejercido	hubisteis ejercido
había ejercido	habían ejercido	hubo ejercido	hubieron ejercido

FUTURE PERFECT		CONDITIONAL PERFECT	
habré ejercido	habremos ejercido	habría ejercido	habríamos ejercido
habrás ejercido	habréis ejercido	habrías ejercido	habríais ejercido
habrá ejercido	habrán ejercido	habría ejercido	habrían ejercido

PRESENT SUBJUNCTIVE		PRESENT PERFECT SUBJUNCTIVE	
ejerza	ejerzamos	haya ejercido	hayamos ejercido
ejerzas	ejerzáis	hayas ejercido	hayáis ejercido
ejerza	ejerzan	haya ejercido	hayan ejercido

IMPERFECT SUBJUNCTIVE (-ra)		or IMPERFECT SUBJUNCTIVE (-se)	
ejerciera	ejerciéramos	ejerciese	ejerciésemos
ejercieras	ejercierais	ejercieses	ejercieseis
ejerciera	ejercieran	ejerciese	ejerciesen

PAST PERFECT SUBJUNCTIVE (-ra)		or PAST PERFECT SUBJUNCTIVE (-se)	
hubiera ejercido	hubiéramos ejercido	hubiese ejercido	hubiésemos ejercido
hubieras ejercido	hubierais ejercido	hubieses ejercido	hubieseis ejercido
hubiera ejercido	hubieran ejercido	hubiese ejercido	hubiesen ejercido

PROGRESSIVE TENSES

PRESENT	estoy, estás, está, estamos, estáis, están	
PRETERIT	estuve, estuviste, estuvo, estuvimos, estuvisteis, estuvieron	
IMPERFECT	estaba, estabas, estaba, estábamos, estabais, estaban	ejerciendo
FUTURE	estaré, estarás, estará, estaremos, estaréis, estarán	
CONDITIONAL	estaría, estarías, estaría, estaríamos, estaríais, estarían	
SUBJUNCTIVE	que + *corresponding subjunctive tense of* estar (see verb 151)	

COMMANDS

	(nosotros) ejerzamos/no ejerzamos
(tú) ejerce/no ejerzas	(vosotros) ejerced/no ejerzáis
(Ud.) ejerza/no ejerza	(Uds.) ejerzan/no ejerzan

Usage

Benjamín Sandoval ejerce de abogado.	*Benjamín Sandoval practices law.*
El pueblo ejerce el derecho al voto.	*The people exercise the right to vote.*
El presidente en ejercicio ejercía su influencia.	*The acting chairman exerted his influence.*
Los soldados ejercitan mucho en el ejército.	*The soldiers drill/train a lot in the army.*

stem-changing -ir verb: e > i;
spelling change: g > j/o, a

elijo · eligieron · elegido · eligiendo

PRESENT

elijo	elegimos
eliges	elegís
elige	eligen

PRETERIT

elegí	elegimos
elegiste	elegisteis
eligió	eligieron

IMPERFECT

elegía	elegíamos
elegías	elegíais
elegía	elegían

PRESENT PERFECT

he elegido	hemos elegido
has elegido	habéis elegido
ha elegido	han elegido

FUTURE

elegiré	elegiremos
elegirás	elegiréis
elegirá	elegirán

CONDITIONAL

elegiría	elegiríamos
elegirías	elegiríais
elegiría	elegirían

PLUPERFECT

había elegido	habíamos elegido
habías elegido	habíais elegido
había elegido	habían elegido

PRETERIT PERFECT

hube elegido	hubimos elegido
hubiste elegido	hubisteis elegido
hubo elegido	hubieron elegido

FUTURE PERFECT

habré elegido	habremos elegido
habrás elegido	habréis elegido
habrá elegido	habrán elegido

CONDITIONAL PERFECT

habría elegido	habríamos elegido
habrías elegido	habríais elegido
habría elegido	habrían elegido

PRESENT SUBJUNCTIVE

elija	elijamos
elijas	elijáis
elija	elijan

PRESENT PERFECT SUBJUNCTIVE

haya elegido	hayamos elegido
hayas elegido	hayáis elegido
haya elegido	hayan elegido

IMPERFECT SUBJUNCTIVE (-ra)

eligiera	eligiéramos
eligieras	eligierais
eligiera	eligieran

or **IMPERFECT SUBJUNCTIVE (-se)**

eligiese	eligiésemos
eligieses	eligieseis
eligiese	eligiesen

PAST PERFECT SUBJUNCTIVE (-ra)

hubiera elegido	hubiéramos elegido
hubieras elegido	hubierais elegido
hubiera elegido	hubieran elegido

or **PAST PERFECT SUBJUNCTIVE (-se)**

hubiese elegido	hubiésemos elegido
hubieses elegido	hubieseis elegido
hubiese elegido	hubiesen elegido

PROGRESSIVE TENSES

PRESENT	estoy, estás, está, estamos, estáis, están
PRETERIT	estuve, estuviste, estuvo, estuvimos, estuvisteis, estuvieron
IMPERFECT	estaba, estabas, estaba, estábamos, estabais, estaban
FUTURE	estaré, estarás, estará, estaremos, estaréis, estarán
CONDITIONAL	estaría, estarías, estaría, estaríamos, estaríais, estarían
SUBJUNCTIVE	que + *corresponding subjunctive tense of estar (see verb 151)*

eligiendo

COMMANDS

	(nosotros) elijamos/no elijamos
(tú) elige/no elijas	(vosotros) elegid/no elijáis
(Ud.) elija/no elija	(Uds.) elijan/no elijan

Usage

—Elige el color.	*Choose the color.*
—Prefiero que lo elijas tú.	*I prefer that you select it.*
El gobernador fue elegido Presidente de los Estados Unidos.	*The governor was elected President of the United States.*

empezar to begin

empiezo · empezaron · empezado · empezando

stem-changing -ar verb: e > ie;
spelling change: z > c/e

PRESENT

empiezo	empezamos
empiezas	empezáis
empieza	empiezan

PRETERIT

empecé	empezamos
empezaste	empezasteis
empezó	empezaron

IMPERFECT

empezaba	empezábamos
empezabas	empezabais
empezaba	empezaban

PRESENT PERFECT

he empezado	hemos empezado
has empezado	habéis empezado
ha empezado	han empezado

FUTURE

empezaré	empezaremos
empezarás	empezaréis
empezará	empezarán

CONDITIONAL

empezaría	empezaríamos
empezarías	empezaríais
empezaría	empezarían

PLUPERFECT

había empezado	habíamos empezado
habías empezado	habíais empezado
había empezado	habían empezado

PRETERIT PERFECT

hube empezado	hubimos empezado
hubiste empezado	hubisteis empezado
hubo empezado	hubieron empezado

FUTURE PERFECT

habré empezado	habremos empezado
habrás empezado	habréis empezado
habrá empezado	habrán empezado

CONDITIONAL PERFECT

habría empezado	habríamos empezado
habrías empezado	habríais empezado
habría empezado	habrían empezado

PRESENT SUBJUNCTIVE

empiece	empecemos
empieces	empecéis
empiece	empiecen

PRESENT PERFECT SUBJUNCTIVE

haya empezado	hayamos empezado
hayas empezado	hayáis empezado
haya empezado	hayan empezado

IMPERFECT SUBJUNCTIVE (-ra)

empezara	empezáramos
empezaras	empezarais
empezara	empezaran

or **IMPERFECT SUBJUNCTIVE (-se)**

empezase	empezásemos
empezases	empezaseis
empezase	empezasen

PAST PERFECT SUBJUNCTIVE (-ra)

hubiera empezado	hubiéramos empezado
hubieras empezado	hubierais empezado
hubiera empezado	hubieran empezado

or **PAST PERFECT SUBJUNCTIVE (-se)**

hubiese empezado	hubiésemos empezado
hubieses empezado	hubieseis empezado
hubiese empezado	hubiesen empezado

PROGRESSIVE TENSES

PRESENT	estoy, estás, está, estamos, estáis, están
PRETERIT	estuve, estuviste, estuvo, estuvimos, estuvisteis, estuvieron
IMPERFECT	estaba, estabas, estaba, estábamos, estabais, estaban
FUTURE	estaré, estarás, estará, estaremos, estaréis, estarán
CONDITIONAL	estaría, estarías, estaría, estaríamos, estaríais, estarían
SUBJUNCTIVE	que + corresponding subjunctive tense of estar (see verb 151)

> empezando

COMMANDS

	(nosotros) empecemos/no empecemos
(tú) empieza/no empieces	(vosotros) empezad/no empecéis
(Ud.) empiece/no empiece	(Uds.) empiecen/no empiecen

Usage

Empecé el libro ayer.	I began the book yesterday.
Empiecen a comer.	Start to eat.
Empezó por darnos la bienvenida.	He began by welcoming us.
Empiezan a las ocho.	They'll begin at eight o'clock.

regular *-ar* verb   empleo · emplearon · empleado · empleando

PRESENT

empleo	empleamos
empleas	empleáis
emplea	emplean

IMPERFECT

empleaba	empleábamos
empleabas	empleabais
empleaba	empleaban

FUTURE

emplearé	emplearemos
emplearás	emplearéis
empleará	emplearán

PLUPERFECT

había empleado	habíamos empleado
habías empleado	habíais empleado
había empleado	habían empleado

FUTURE PERFECT

habré empleado	habremos empleado
habrás empleado	habréis empleado
habrá empleado	habrán empleado

PRESENT SUBJUNCTIVE

emplee	empleemos
emplees	empleéis
emplee	empleen

IMPERFECT SUBJUNCTIVE (-ra)

empleara	empleáramos
emplearas	emplearais
empleara	emplearan

PAST PERFECT SUBJUNCTIVE (-ra)

hubiera empleado	hubiéramos empleado
hubieras empleado	hubierais empleado
hubiera empleado	hubieran empleado

PRETERIT

empleé	empleamos
empleaste	empleasteis
empleó	emplearon

PRESENT PERFECT

he empleado	hemos empleado
has empleado	habéis empleado
ha empleado	han empleado

CONDITIONAL

emplearía	emplearíamos
emplearías	emplearíais
emplearía	emplearían

PRETERIT PERFECT

hube empleado	hubimos empleado
hubiste empleado	hubisteis empleado
hubo empleado	hubieron empleado

CONDITIONAL PERFECT

habría empleado	habríamos empleado
habrías empleado	habríais empleado
habría empleado	habrían empleado

PRESENT PERFECT SUBJUNCTIVE

haya empleado	hayamos empleado
hayas empleado	hayáis empleado
haya empleado	hayan empleado

or **IMPERFECT SUBJUNCTIVE (-se)**

emplease	empleásemos
empleases	empleaseis
emplease	empleasen

or **PAST PERFECT SUBJUNCTIVE (-se)**

hubiese empleado	hubiésemos empleado
hubieses empleado	hubieseis empleado
hubiese empleado	hubiesen empleado

PROGRESSIVE TENSES

PRESENT	estoy, estás, está, estamos, estáis, están
PRETERIT	estuve, estuviste, estuvo, estuvimos, estuvisteis, estuvieron
IMPERFECT	estaba, estabas, estaba, estábamos, estabais, estaban
FUTURE	estaré, estarás, estará, estaremos, estaréis, estarán
CONDITIONAL	estaría, estarías, estaría, estaríamos, estaríais, estarían
SUBJUNCTIVE	que + *corresponding subjunctive tense of* estar *(see verb 151)*

} empleando

COMMANDS

	(nosotros) empleemos/no empleemos
(tú) emplea/no emplees	(vosotros) emplead/no empleéis
(Ud.) emplee/no emplee	(Uds.) empleen/no empleen

Usage

Emplea otra computadora.	*Use another computer.*
Empleaban un nuevo modelo.	*They used a new model.*
Los fondos fueron mal empleados.	*The funds were misused.*
¿A cuántas personas emplea la compañía?	*How many people does the company employ?*

encantar *to love, be delighted with*

encanta · encantaron · encantado · encantando

regular -ar verb; used in third-person singular and plural with the indirect object pronoun

PRESENT		PRETERIT	
me encanta(n)	nos encanta(n)	me encantó(-aron)	nos encantó(-aron)
te encanta(n)	os encanta(n)	te encantó(-aron)	os encantó(-aron)
le encanta(n)	les encanta(n)	le encantó(-aron)	les encantó(-aron)

IMPERFECT		PRESENT PERFECT	
me encantaba(n)	nos encantaba(n)	me ha(n) encantado	nos ha(n) encantado
te encantaba(n)	os encantaba(n)	te ha(n) encantado	os ha(n) encantado
le encantaba(n)	les encantaba(n)	le ha(n) encantado	les ha(n) encantado

FUTURE		CONDITIONAL	
me encantará(n)	nos encantará(n)	me encantaría(n)	nos encantaría(n)
te encantará(n)	os encantará(n)	te encantaría(n)	os encantaría(n)
le encantará(n)	les encantará(n)	le encantaría(n)	les encantaría(n)

PLUPERFECT		PRETERIT PERFECT	
me había(n) encantado	nos había(n) encantado	me hubo(-ieron) encantado	nos hubo(-ieron) encantado
te había(n) encantado	os había(n) encantado	te hubo(-ieron) encantado	os hubo(-ieron) encantado
le había(n) encantado	les había(n) encantado	le hubo(-ieron) encantado	les hubo(-ieron) encantado

FUTURE PERFECT		CONDITIONAL PERFECT	
me habrá(n) encantado	nos habrá(n) encantado	me habría(n) encantado	nos habría(n) encantado
te habrá(n) encantado	os habrá(n) encantado	te habría(n) encantado	os habría(n) encantado
le habrá(n) encantado	les habrá(n) encantado	le habría(n) encantado	les habría(n) encantado

PRESENT SUBJUNCTIVE		PRESENT PERFECT SUBJUNCTIVE	
me encante(n)	nos encante(n)	me haya(n) encantado	nos haya(n) encantado
te encante(n)	os encante(n)	te haya(n) encantado	os haya(n) encantado
le encante(n)	les encante(n)	le haya(n) encantado	les haya(n) encantado

IMPERFECT SUBJUNCTIVE (-ra)		*or* IMPERFECT SUBJUNCTIVE (-se)	
me encantara(n)	nos encantara(n)	me encantase(n)	nos encantase(n)
te encantara(n)	os encantara(n)	te encantase(n)	os encantase(n)
le encantara(n)	les encantara(n)	le encantase(n)	les encantase(n)

PAST PERFECT SUBJUNCTIVE (-ra)		*or* PAST PERFECT SUBJUNCTIVE (-se)	
me hubiera(n) encantado	nos hubiera(n) encantado	me hubiese(n) encantado	nos hubiese(n) encantado
te hubiera(n) encantado	os hubiera(n) encantado	te hubiese(n) encantado	os hubiese(n) encantado
le hubiera(n) encantado	les hubiera(n) encantado	le hubiese(n) encantado	les hubiese(n) encantado

PROGRESSIVE TENSES

PRESENT		está, están	
PRETERIT	te	estuvo, estuvieron	
IMPERFECT	le	estaba, estaban	
FUTURE	nos	estará, estarán	encantando
CONDITIONAL	os	estaría, estarían	
SUBJUNCTIVE	que les	*corresponding subjunctive tense of estar (see verb 151)*	

COMMANDS

¡Que te/le/os/les encante(n)! ¡Que no te/le/os/les encante(n)!

Usage

Le encanta la comida mexicana.	*He loves Mexican food.*
Nos encanta este hotel.	*We love this hotel.*
Le encantan estos libros.	*She loves these books.*
Nos encanta recorrer mundo.	*We love to travel the world over.*
Encantado de conocerlo.	*Pleased to meet you.*

-ar verb; spelling change:
g > gu/e

encargo · encargaron · encargado · encargando

PRESENT		PRETERIT	
encargo	encargamos	encargué	encargamos
encargas	encargáis	encargaste	encargasteis
encarga	encargan	encargó	encargaron

IMPERFECT		PRESENT PERFECT	
encargaba	encargábamos	he encargado	hemos encargado
encargabas	encargabais	has encargado	habéis encargado
encargaba	encargaban	ha encargado	han encargado

FUTURE		CONDITIONAL	
encargaré	encargaremos	encargaría	encargaríamos
encargarás	encargaréis	encargarías	encargaríais
encargará	encargarán	encargaría	encargarían

PLUPERFECT		PRETERIT PERFECT	
había encargado	habíamos encargado	hube encargado	hubimos encargado
habías encargado	habíais encargado	hubiste encargado	hubisteis encargado
había encargado	habían encargado	hubo encargado	hubieron encargado

FUTURE PERFECT		CONDITIONAL PERFECT	
habré encargado	habremos encargado	habría encargado	habríamos encargado
habrás encargado	habréis encargado	habrías encargado	habríais encargado
habrá encargado	habrán encargado	habría encargado	habrían encargado

PRESENT SUBJUNCTIVE		PRESENT PERFECT SUBJUNCTIVE	
encargue	encarguemos	haya encargado	hayamos encargado
encargues	encarguéis	hayas encargado	hayáis encargado
encargue	encarguen	haya encargado	hayan encargado

IMPERFECT SUBJUNCTIVE (-ra)		*or*	IMPERFECT SUBJUNCTIVE (-se)	
encargara	encargáramos		encargase	encargásemos
encargaras	encargarais		encargases	encargaseis
encargara	encargaran		encargase	encargasen

PAST PERFECT SUBJUNCTIVE (-ra)		*or*	PAST PERFECT SUBJUNCTIVE (-se)	
hubiera encargado	hubiéramos encargado		hubiese encargado	hubiésemos encargado
hubieras encargado	hubierais encargado		hubieses encargado	hubieseis encargado
hubiera encargado	hubieran encargado		hubiese encargado	hubiesen encargado

PROGRESSIVE TENSES

PRESENT	estoy, estás, está, estamos, estáis, están
PRETERIT	estuve, estuviste, estuvo, estuvimos, estuvisteis, estuvieron
IMPERFECT	estaba, estabas, estaba, estábamos, estabais, estaban
FUTURE	estaré, estarás, estará, estaremos, estaréis, estarán
CONDITIONAL	estaría, estarías, estaría, estaríamos, estaríais, estarían
SUBJUNCTIVE	que + *corresponding subjunctive tense of* estar (*see verb 151*)

encargando

COMMANDS

	(nosotros) encarguemos/no encarguemos
(tú) encarga/no encargues	(vosotros) encargad/no encarguéis
(Ud.) encargue/no encargue	(Uds.) encarguen/no encarguen

Usage

Nos encargó de los archivos.	*He put us in charge of the files.*
Encargué los discos compactos.	*I ordered the compact discs.*
¿Quién se ha encargado de la oficina?	*Who has taken charge of the office?*
Tú eras el encargado del evento, ¿verdad?	*You were the one in charge of the event, weren't you?*

encender *to light, ignite, turn/put on, inflame*

enciendo · encendieron · encendido · encendiendo

stem-changing -*er* verb:
e > ie

PRESENT		PRETERIT	
enciendo	encendemos	encendí	encendimos
enciendes	encendéis	encendiste	encendisteis
enciende	encienden	encendió	encendieron

IMPERFECT		PRESENT PERFECT	
encendía	encendíamos	he encendido	hemos encendido
encendías	encendíais	has encendido	habéis encendido
encendía	encendían	ha encendido	han encendido

FUTURE		CONDITIONAL	
encenderé	encenderemos	encendería	encenderíamos
encenderás	encenderéis	encenderías	encenderíais
encenderá	encenderán	encendería	encenderían

PLUPERFECT		PRETERIT PERFECT	
había encendido	habíamos encendido	hube encendido	hubimos encendido
habías encendido	habíais encendido	hubiste encendido	hubisteis encendido
había encendido	habían encendido	hubo encendido	hubieron encendido

FUTURE PERFECT		CONDITIONAL PERFECT	
habré encendido	habremos encendido	habría encendido	habríamos encendido
habrás encendido	habréis encendido	habrías encendido	habríais encendido
habrá encendido	habrán encendido	habría encendido	habrían encendido

PRESENT SUBJUNCTIVE		PRESENT PERFECT SUBJUNCTIVE	
encienda	encendamos	haya encendido	hayamos encendido
enciendas	encendáis	hayas encendido	hayáis encendido
encienda	enciendan	haya encendido	hayan encendido

IMPERFECT SUBJUNCTIVE (-ra)		*or*	IMPERFECT SUBJUNCTIVE (-se)	
encendiera	encendiéramos		encendiese	encendiésemos
encendieras	encendierais		encendieses	encendieseis
encendiera	encendieran		encendiese	encendiesen

PAST PERFECT SUBJUNCTIVE (-ra)		*or*	PAST PERFECT SUBJUNCTIVE (-se)	
hubiera encendido	hubiéramos encendido		hubiese encendido	hubiésemos encendido
hubieras encendido	hubierais encendido		hubieses encendido	hubieseis encendido
hubiera encendido	hubieran encendido		hubiese encendido	hubiesen encendido

PROGRESSIVE TENSES

PRESENT	estoy, estás, está, estamos, estáis, están
PRETERIT	estuve, estuviste, estuvo, estuvimos, estuvisteis, estuvieron
IMPERFECT	estaba, estabas, estaba, estábamos, estabais, estaban
FUTURE	estaré, estarás, estará, estaremos, estaréis, estarán
CONDITIONAL	estaría, estarías, estaría, estaríamos, estaríais, estarían
SUBJUNCTIVE	que + *corresponding subjunctive tense of* estar (*see verb 151*)

encendiendo

COMMANDS

	(nosotros) encendamos/no encendamos
(tú) enciende/no enciendas	(vosotros) encended/no encendáis
(Ud.) encienda/no encienda	(Uds.) enciendan/no enciendan

Usage

¡No enciendas la cocina con los fósforos!	*Don't set the kitchen on fire with the matches!*
Se han encendido las velas.	*The candles have been lit.*
Enciende la luz.	*Turn/Put the light on.*
Están encendiendo el conflicto.	*They're inflaming the conflict.*

stem-changing -ar verb: *e > ie*   **encierro · encerraron · encerrado · encerrando**

PRESENT		PRETERIT	
encierro	encerramos	encerré	encerramos
encierras	encerráis	encerraste	encerrasteis
encierra	encierran	encerró	encerraron

IMPERFECT		PRESENT PERFECT	
encerraba	encerrábamos	he encerrado	hemos encerrado
encerrabas	encerrabais	has encerrado	habéis encerrado
encerraba	encerraban	ha encerrado	han encerrado

FUTURE		CONDITIONAL	
encerraré	encerraremos	encerraría	encerraríamos
encerrarás	encerraréis	encerrarías	encerraríais
encerrará	encerrarán	encerraría	encerrarían

PLUPERFECT		PRETERIT PERFECT	
había encerrado	habíamos encerrado	hube encerrado	hubimos encerrado
habías encerrado	habíais encerrado	hubiste encerrado	hubisteis encerrado
había encerrado	habían encerrado	hubo encerrado	hubieron encerrado

FUTURE PERFECT		CONDITIONAL PERFECT	
habré encerrado	habremos encerrado	habría encerrado	habríamos encerrado
habrás encerrado	habréis encerrado	habrías encerrado	habríais encerrado
habrá encerrado	habrán encerrado	habría encerrado	habrían encerrado

PRESENT SUBJUNCTIVE		PRESENT PERFECT SUBJUNCTIVE	
encierre	encerremos	haya encerrado	hayamos encerrado
encierres	encerréis	hayas encerrado	hayáis encerrado
encierre	encierren	haya encerrado	hayan encerrado

IMPERFECT SUBJUNCTIVE (-ra)		*or*	IMPERFECT SUBJUNCTIVE (-se)	
encerrara	encerráramos		encerrase	encerrásemos
encerraras	encerrarais		encerrases	encerraseis
encerrara	encerraran		encerrase	encerrasen

PAST PERFECT SUBJUNCTIVE (-ra)		*or*	PAST PERFECT SUBJUNCTIVE (-se)	
hubiera encerrado	hubiéramos encerrado		hubiese encerrado	hubiésemos encerrado
hubieras encerrado	hubierais encerrado		hubieses encerrado	hubieseis encerrado
hubiera encerrado	hubieran encerrado		hubiese encerrado	hubiesen encerrado

PROGRESSIVE TENSES

PRESENT	estoy, estás, está, estamos, estáis, están	
PRETERIT	estuve, estuviste, estuvo, estuvimos, estuvisteis, estuvieron	
IMPERFECT	estaba, estabas, estaba, estábamos, estabais, estaban	} encerrando
FUTURE	estaré, estarás, estará, estaremos, estaréis, estarán	
CONDITIONAL	estaría, estarías, estaría, estaríamos, estaríais, estarían	
SUBJUNCTIVE	que + *corresponding subjunctive tense of* estar (*see verb 151*)	

COMMANDS

	(nosotros) encerremos/no encerremos
(tú) encierra/no encierres	(vosotros) encerrad/no encerréis
(Ud.) encierre/no encierre	(Uds.) encierren/no encierren

Usage

Encerraron el patio con una cerca.	*They enclosed/shut in the patio with a fence.*
Encierre al perro cuando se vaya.	*Shut/lock the dog in when you leave.*
El proyecto encierra unas ideas problemáticas.	*The project contains some problematic ideas.*

encuentro · encontraron · encontrado · encontrando   stem-changing -*ar* verb:
o > ue

PRESENT		PRETERIT	
encuentro	encontramos	encontré	encontramos
encuentras	encontráis	encontraste	encontrasteis
encuentra	encuentran	encontró	encontraron

IMPERFECT		PRESENT PERFECT	
encontraba	encontrábamos	he encontrado	hemos encontrado
encontrabas	encontrabais	has encontrado	habéis encontrado
encontraba	encontraban	ha encontrado	han encontrado

FUTURE		CONDITIONAL	
encontraré	encontraremos	encontraría	encontraríamos
encontrarás	encontraréis	encontrarías	encontraríais
encontrará	encontrarán	encontraría	encontrarían

PLUPERFECT		PRETERIT PERFECT	
había encontrado	habíamos encontrado	hube encontrado	hubimos encontrado
habías encontrado	habíais encontrado	hubiste encontrado	hubisteis encontrado
había encontrado	habían encontrado	hubo encontrado	hubieron encontrado

FUTURE PERFECT		CONDITIONAL PERFECT	
habré encontrado	habremos encontrado	habría encontrado	habríamos encontrado
habrás encontrado	habréis encontrado	habrías encontrado	habríais encontrado
habrá encontrado	habrán encontrado	habría encontrado	habrían encontrado

PRESENT SUBJUNCTIVE		PRESENT PERFECT SUBJUNCTIVE	
encuentre	encontremos	haya encontrado	hayamos encontrado
encuentres	encontréis	hayas encontrado	hayáis encontrado
encuentre	encuentren	haya encontrado	hayan encontrado

IMPERFECT SUBJUNCTIVE (-ra)		*or*	IMPERFECT SUBJUNCTIVE (-se)	
encontrara	encontráramos		encontrase	encontrásemos
encontraras	encontrarais		encontrases	encontraseis
encontrara	encontraran		encontrase	encontrasen

PAST PERFECT SUBJUNCTIVE (-ra)		*or*	PAST PERFECT SUBJUNCTIVE (-se)	
hubiera encontrado	hubiéramos encontrado		hubiese encontrado	hubiésemos encontrado
hubieras encontrado	hubierais encontrado		hubieses encontrado	hubieseis encontrado
hubiera encontrado	hubieran encontrado		hubiese encontrado	hubiesen encontrado

PROGRESSIVE TENSES

PRESENT	estoy, estás, está, estamos, estáis, están	
PRETERIT	estuve, estuviste, estuvo, estuvimos, estuvisteis, estuvieron	
IMPERFECT	estaba, estabas, estaba, estábamos, estabais, estaban	encontrando
FUTURE	estaré, estarás, estará, estaremos, estaréis, estarán	
CONDITIONAL	estaría, estarías, estaría, estaríamos, estaríais, estarían	
SUBJUNCTIVE	que + *corresponding subjunctive tense of estar (see verb 151)*	

COMMANDS

	(nosotros) encontremos/no encontremos
(tú) encuentra/no encuentres	(vosotros) encontrad/no encontréis
(Ud.) encuentre/no encuentre	(Uds.) encuentren/no encuentren

Usage

No encuentro mis anteojos.	*I can't find my eyeglasses.*
¿Cómo encontraste la obra de teatro?	*What did you think of the play?*
¿Cómo se encuentran?	*How are you?/How are you feeling?*
Nos encontramos en el café.	*We met/bumped into each other at the café.*

-ar verb; spelling change: *c > qu/e*   **enfoco · enfocaron · enfocado · enfocando**

PRESENT

enfoco	enfocamos
enfocas	enfocáis
enfoca	enfocan

IMPERFECT

enfocaba	enfocábamos
enfocabas	enfocabais
enfocaba	enfocaban

FUTURE

enfocaré	enfocaremos
enfocarás	enfocaréis
enfocará	enfocarán

PLUPERFECT

había enfocado	habíamos enfocado
habías enfocado	habíais enfocado
había enfocado	habían enfocado

FUTURE PERFECT

habré enfocado	habremos enfocado
habrás enfocado	habréis enfocado
habrá enfocado	habrán enfocado

PRESENT SUBJUNCTIVE

enfoque	enfoquemos
enfoques	enfoquéis
enfoque	enfoquen

IMPERFECT SUBJUNCTIVE (-ra)

enfocara	enfocáramos
enfocaras	enfocarais
enfocara	enfocaran

PAST PERFECT SUBJUNCTIVE (-ra)

hubiera enfocado	hubiéramos enfocado
hubieras enfocado	hubierais enfocado
hubiera enfocado	hubieran enfocado

PRETERIT

enfoqué	enfocamos
enfocaste	enfocasteis
enfocó	enfocaron

PRESENT PERFECT

he enfocado	hemos enfocado
has enfocado	habéis enfocado
ha enfocado	han enfocado

CONDITIONAL

enfocaría	enfocaríamos
enfocarías	enfocaríais
enfocaría	enfocarían

PRETERIT PERFECT

hube enfocado	hubimos enfocado
hubiste enfocado	hubisteis enfocado
hubo enfocado	hubieron enfocado

CONDITIONAL PERFECT

habría enfocado	habríamos enfocado
habrías enfocado	habríais enfocado
habría enfocado	habrían enfocado

PRESENT PERFECT SUBJUNCTIVE

haya enfocado	hayamos enfocado
hayas enfocado	hayáis enfocado
haya enfocado	hayan enfocado

or **IMPERFECT SUBJUNCTIVE (-se)**

enfocase	enfocásemos
enfocases	enfocaseis
enfocase	enfocasen

or **PAST PERFECT SUBJUNCTIVE (-se)**

hubiese enfocado	hubiésemos enfocado
hubieses enfocado	hubieseis enfocado
hubiese enfocado	hubiesen enfocado

PROGRESSIVE TENSES

PRESENT	estoy, estás, está, estamos, estáis, están	
PRETERIT	estuve, estuviste, estuvo, estuvimos, estuvisteis, estuvieron	
IMPERFECT	estaba, estabas, estaba, estábamos, estabais, estaban	enfocando
FUTURE	estaré, estarás, estará, estaremos, estaréis, estarán	
CONDITIONAL	estaría, estarías, estaría, estaríamos, estaríais, estarían	
SUBJUNCTIVE	que + *corresponding subjunctive tense of estar (see verb 151)*	

COMMANDS

	(nosotros) enfoquemos/no enfoquemos
(tú) enfoca/no enfoques	(vosotros) enfocad/no enfoquéis
(Ud.) enfoque/no enfoque	(Uds.) enfoquen/no enfoquen

Usage

Se enfoca la imagen con esta lente.	*You can focus on the image with this lens.*
Enfoquen bien el asunto.	*Consider/Analyze the matter well.*
Enfoca los gemelos de teatro hacia allá.	*Point/Train your opera glasses over there.*
El departamento tiene un enfoque europeo.	*The department has a European focus.*

enlazar *to tie together, connect, link*

enlazo · enlazaron · enlazado · enlazando　　　*-ar verb; spelling change: z > c/e*

PRESENT		**PRETERIT**	
enlazo	enlazamos	enlacé	enlazamos
enlazas	enlazáis	enlazaste	enlazasteis
enlaza	enlazan	enlazó	enlazaron

IMPERFECT		**PRESENT PERFECT**	
enlazaba	enlazábamos	he enlazado	hemos enlazado
enlazabas	enlazabais	has enlazado	habéis enlazado
enlazaba	enlazaban	ha enlazado	han enlazado

FUTURE		**CONDITIONAL**	
enlazaré	enlazaremos	enlazaría	enlazaríamos
enlazarás	enlazaréis	enlazarías	enlazaríais
enlazará	enlazarán	enlazaría	enlazarían

PLUPERFECT		**PRETERIT PERFECT**	
había enlazado	habíamos enlazado	hube enlazado	hubimos enlazado
habías enlazado	habíais enlazado	hubiste enlazado	hubisteis enlazado
había enlazado	habían enlazado	hubo enlazado	hubieron enlazado

FUTURE PERFECT		**CONDITIONAL PERFECT**	
habré enlazado	habremos enlazado	habría enlazado	habríamos enlazado
habrás enlazado	habréis enlazado	habrías enlazado	habríais enlazado
habrá enlazado	habrán enlazado	habría enlazado	habrían enlazado

PRESENT SUBJUNCTIVE		**PRESENT PERFECT SUBJUNCTIVE**	
enlace	enlacemos	haya enlazado	hayamos enlazado
enlaces	enlacéis	hayas enlazado	hayáis enlazado
enlace	enlacen	haya enlazado	hayan enlazado

IMPERFECT SUBJUNCTIVE (-ra)		*or* **IMPERFECT SUBJUNCTIVE (-se)**	
enlazara	enlazáramos	enlazase	enlazásemos
enlazaras	enlazarais	enlazases	enlazaseis
enlazara	enlazaran	enlazase	enlazasen

PAST PERFECT SUBJUNCTIVE (-ra)		*or* **PAST PERFECT SUBJUNCTIVE (-se)**	
hubiera enlazado	hubiéramos enlazado	hubiese enlazado	hubiésemos enlazado
hubieras enlazado	hubierais enlazado	hubieses enlazado	hubieseis enlazado
hubiera enlazado	hubieran enlazado	hubiese enlazado	hubiesen enlazado

PROGRESSIVE TENSES

PRESENT	estoy, estás, está, estamos, estáis, están	
PRETERIT	estuve, estuviste, estuvo, estuvimos, estuvisteis, estuvieron	
IMPERFECT	estaba, estabas, estaba, estábamos, estabais, estaban	enlazando
FUTURE	estaré, estarás, estará, estaremos, estaréis, estarán	
CONDITIONAL	estaría, estarías, estaría, estaríamos, estaríais, estarían	
SUBJUNCTIVE	que + *corresponding subjunctive tense of* estar (*see verb 151*)	

COMMANDS

	(nosotros) enlacemos/no enlacemos
(tú) enlaza/no enlaces	(vosotros) enlazad/no enlacéis
(Ud.) enlace/no enlace	(Uds.) enlacen/no enlacen

Usage

Enlaza las dos ideas.	Tie the two ideas together.
El ferrocarril enlaza las dos ciudades.	The railroad connects the two cities.
Los vaqueros usan lazo.	Cowboys use a lasso.
Trabaja en el lazo de iteración.	He's working on the iteration loop.

-er reflexive verb;   **enloquezco · enloquecieron · enloquecido · enloqueciéndose**
spelling change: *c > zc/o, a*

PRESENT		PRETERIT	
me enloquezco	nos enloquecemos	me enloquecí	nos enloquecimos
te enloqueces	os enloquecéis	te enloqueciste	os enloquecisteis
se enloquece	se enloquecen	se enloqueció	se enloquecieron

IMPERFECT		PRESENT PERFECT	
me enloquecía	nos enloquecíamos	me he enloquecido	nos hemos enloquecido
te enloquecías	os enloquecíais	te has enloquecido	os habéis enloquecido
se enloquecía	se enloquecían	se ha enloquecido	se han enloquecido

FUTURE		CONDITIONAL	
me enloqueceré	nos enloqueceremos	me enloquecería	nos enloqueceríamos
te enloquecerás	os enloqueceréis	te enloquecerías	os enloqueceríais
se enloquecerá	se enloquecerán	se enloquecería	se enloquecerían

PLUPERFECT		PRETERIT PERFECT	
me había enloquecido	nos habíamos enloquecido	me hube enloquecido	nos hubimos enloquecido
te habías enloquecido	os habíais enloquecido	te hubiste enloquecido	os hubisteis enloquecido
se había enloquecido	se habían enloquecido	se hubo enloquecido	se hubieron enloquecido

FUTURE PERFECT		CONDITIONAL PERFECT	
me habré enloquecido	nos habremos enloquecido	me habría enloquecido	nos habríamos enloquecido
te habrás enloquecido	os habréis enloquecido	te habrías enloquecido	os habríais enloquecido
se habrá enloquecido	se habrán enloquecido	se habría enloquecido	se habrían enloquecido

PRESENT SUBJUNCTIVE		PRESENT PERFECT SUBJUNCTIVE	
me enloquezca	nos enloquezcamos	me haya enloquecido	nos hayamos enloquecido
te enloquezcas	os enloquezcáis	te hayas enloquecido	os hayáis enloquecido
se enloquezca	se enloquezcan	se haya enloquecido	se hayan enloquecido

IMPERFECT SUBJUNCTIVE (-ra)		*or*	IMPERFECT SUBJUNCTIVE (-se)	
me enloqueciera	nos enloqueciéramos		me enloqueciese	nos enloqueciésemos
te enloquecieras	os enloquecierais		te enloquecieses	os enloquecieseis
se enloqueciera	se enloquecieran		se enloqueciese	se enloqueciesen

PAST PERFECT SUBJUNCTIVE (-ra)		*or*	PAST PERFECT SUBJUNCTIVE (-se)	
me hubiera enloquecido	nos hubiéramos enloquecido		me hubiese enloquecido	nos hubiésemos enloquecido
te hubieras enloquecido	os hubierais enloquecido		te hubieses enloquecido	os hubieseis enloquecido
se hubiera enloquecido	se hubieran enloquecido		se hubiese enloquecido	se hubiesen enloquecido

PROGRESSIVE TENSES

PRESENT	estoy, estás, está, estamos, estáis, están	
PRETERIT	estuve, estuviste, estuvo, estuvimos, estuvisteis, estuvieron	
IMPERFECT	estaba, estabas, estaba, estábamos, estabais, estaban	enloqueciendo (*see page 37*)
FUTURE	estaré, estarás, estará, estaremos, estaréis, estarán	
CONDITIONAL	estaría, estarías, estaría, estaríamos, estaríais, estarían	
SUBJUNCTIVE	que + *corresponding subjunctive tense of estar (see verb 151)*	

COMMANDS

	(nosotros) enloquezcámonos/no nos enloquezcamos
(tú) enloquécete/no te enloquezcas	(vosotros) enloqueceos/no os enloquezcáis
(Ud.) enloquézcase/no se enloquezca	(Uds.) enloquezcan/no se enloquezcan

Usage

Nos enloquece con sus manías.	*She drives us crazy with her eccentricities.*
—Me enloquecen las novelas policíacas.	*I'm mad about detective novels.*
—Yo también estoy loco por ellas.	*I'm also crazy about them.*
Se enloquecieron.	*They went mad/crazy.*

enojarse to make/get angry, offend, annoy

enojo · enojaron · enojado · enojándose

regular -ar reflexive verb

PRESENT

me enojo	nos enojamos
te enojas	os enojáis
se enoja	se enojan

IMPERFECT

me enojaba	nos enojábamos
te enojabas	os enojabais
se enojaba	se enojaban

FUTURE

me enojaré	nos enojaremos
te enojarás	os enojaréis
se enojará	se enojarán

PLUPERFECT

me había enojado	nos habíamos enojado
te habías enojado	os habíais enojado
se había enojado	se habían enojado

FUTURE PERFECT

me habré enojado	nos habremos enojado
te habrás enojado	os habréis enojado
se habrá enojado	se habrán enojado

PRESENT SUBJUNCTIVE

me enoje	nos enojemos
te enojes	os enojéis
se enoje	se enojen

IMPERFECT SUBJUNCTIVE (-ra)

me enojara	nos enojáramos
te enojaras	os enojarais
se enojara	se enojaran

PAST PERFECT SUBJUNCTIVE (-ra)

me hubiera enojado	nos hubiéramos enojado
te hubieras enojado	os hubierais enojado
se hubiera enojado	se hubieran enojado

PRETERIT

me enojé	nos enojamos
te enojaste	os enojasteis
se enojó	se enojaron

PRESENT PERFECT

me he enojado	nos hemos enojado
te has enojado	os habéis enojado
se ha enojado	se han enojado

CONDITIONAL

me enojaría	nos enojaríamos
te enojarías	os enojaríais
se enojaría	se enojarían

PRETERIT PERFECT

me hube enojado	nos hubimos enojado
te hubiste enojado	os hubisteis enojado
se hubo enojado	se hubieron enojado

CONDITIONAL PERFECT

me habría enojado	nos habríamos enojado
te habrías enojado	os habríais enojado
se habría enojado	se habrían enojado

PRESENT PERFECT SUBJUNCTIVE

me haya enojado	nos hayamos enojado
te hayas enojado	os hayáis enojado
se haya enojado	se hayan enojado

or **IMPERFECT SUBJUNCTIVE (-se)**

me enojase	nos enojásemos
te enojases	os enojaseis
se enojase	se enojasen

or **PAST PERFECT SUBJUNCTIVE (-se)**

me hubiese enojado	nos hubiésemos enojado
te hubieses enojado	os hubieseis enojado
se hubiese enojado	se hubiesen enojado

PROGRESSIVE TENSES

PRESENT	estoy, estás, está, estamos, estáis, están
PRETERIT	estuve, estuviste, estuvo, estuvimos, estuvisteis, estuvieron
IMPERFECT	estaba, estabas, estaba, estábamos, estabais, estaban
FUTURE	estaré, estarás, estará, estaremos, estaréis, estarán
CONDITIONAL	estaría, estarías, estaría, estaríamos, estaríais, estarían
SUBJUNCTIVE	que + *corresponding subjunctive tense of* estar (*see verb 151*)

enojando
(*see page 37*)

COMMANDS

	(nosotros) enojémonos/no nos enojemos
(tú) enójate/no te enojes	(vosotros) enojaos/no os enojéis
(Ud.) enójese/no se enoje	(Uds.) enójense/no se enojen

Usage

Se enojaban.	*They got angry.*
Los enojaste.	*You made them angry.*
Se enojó con sus amigos.	*He got angry with his friends.*
Nos enojamos al ver tal desorden.	*We get annoyed when we see such disorder.*

regular -ar verb

enseño · enseñaron · enseñado · enseñando

PRESENT

enseño	enseñamos
enseñas	enseñáis
enseña	enseñan

PRETERIT

enseñé	enseñamos
enseñaste	enseñasteis
enseñó	enseñaron

IMPERFECT

enseñaba	enseñábamos
enseñabas	enseñabais
enseñaba	enseñaban

PRESENT PERFECT

he enseñado	hemos enseñado
has enseñado	habéis enseñado
ha enseñado	han enseñado

FUTURE

enseñaré	enseñaremos
enseñarás	enseñaréis
enseñará	enseñarán

CONDITIONAL

enseñaría	enseñaríamos
enseñarías	enseñaríais
enseñaría	enseñarían

PLUPERFECT

había enseñado	habíamos enseñado
habías enseñado	habíais enseñado
había enseñado	habían enseñado

PRETERIT PERFECT

hube enseñado	hubimos enseñado
hubiste enseñado	hubisteis enseñado
hubo enseñado	hubieron enseñado

FUTURE PERFECT

habré enseñado	habremos enseñado
habrás enseñado	habréis enseñado
habrá enseñado	habrán enseñado

CONDITIONAL PERFECT

habría enseñado	habríamos enseñado
habrías enseñado	habríais enseñado
habría enseñado	habrían enseñado

PRESENT SUBJUNCTIVE

enseñe	enseñemos
enseñes	enseñéis
enseñe	enseñen

PRESENT PERFECT SUBJUNCTIVE

haya enseñado	hayamos enseñado
hayas enseñado	hayáis enseñado
haya enseñado	hayan enseñado

IMPERFECT SUBJUNCTIVE (-ra)

enseñara	enseñáramos
enseñaras	enseñarais
enseñara	enseñaran

or **IMPERFECT SUBJUNCTIVE (-se)**

enseñase	enseñásemos
enseñases	enseñaseis
enseñase	enseñasen

PAST PERFECT SUBJUNCTIVE (-ra)

hubiera enseñado	hubiéramos enseñado
hubieras enseñado	hubierais enseñado
hubiera enseñado	hubieran enseñado

or **PAST PERFECT SUBJUNCTIVE (-se)**

hubiese enseñado	hubiésemos enseñado
hubieses enseñado	hubieseis enseñado
hubiese enseñado	hubiesen enseñado

PROGRESSIVE TENSES

PRESENT	estoy, estás, está, estamos, estáis, están
PRETERIT	estuve, estuviste, estuvo, estuvimos, estuvisteis, estuvieron
IMPERFECT	estaba, estabas, estaba, estábamos, estabais, estaban
FUTURE	estaré, estarás, estará, estaremos, estaréis, estarán
CONDITIONAL	estaría, estarías, estaría, estaríamos, estaríais, estarían
SUBJUNCTIVE	que + *corresponding subjunctive tense of* estar *(see verb 151)*

} enseñando

COMMANDS

	(nosotros) enseñemos/no enseñemos
(tú) enseña/no enseñes	(vosotros) enseñad/no enseñéis
(Ud.) enseñe/no enseñe	(Uds.) enseñen/no enseñen

Usage

Enseñaban español en la universidad.	*They taught Spanish at the university.*
Nos enseñó su nueva computadora.	*He showed us his new computer.*
Le enseñé a usar el programa.	*I taught him how to use the program.*
Son niños bien/mal enseñados.	*They're well/badly brought up children.*

entiendo · entendieron · entendido · entendiendo

stem-changing -er verb:
e > ie

PRESENT

entiendo	entendemos
entiendes	entendéis
entiende	entienden

PRETERIT

entendí	entendimos
entendiste	entendisteis
entendió	entendieron

IMPERFECT

entendía	entendíamos
entendías	entendíais
entendía	entendían

PRESENT PERFECT

he entendido	hemos entendido
has entendido	habéis entendido
ha entendido	han entendido

FUTURE

entenderé	entenderemos
entenderás	entenderéis
entenderá	entenderán

CONDITIONAL

entendería	entenderíamos
entenderías	entenderíais
entendería	entenderían

PLUPERFECT

había entendido	habíamos entendido
habías entendido	habíais entendido
había entendido	habían entendido

PRETERIT PERFECT

hube entendido	hubimos entendido
hubiste entendido	hubisteis entendido
hubo entendido	hubieron entendido

FUTURE PERFECT

habré entendido	habremos entendido
habrás entendido	habréis entendido
habrá entendido	habrán entendido

CONDITIONAL PERFECT

habría entendido	habríamos entendido
habrías entendido	habríais entendido
habría entendido	habrían entendido

PRESENT SUBJUNCTIVE

entienda	entendamos
entiendas	entendáis
entienda	entiendan

PRESENT PERFECT SUBJUNCTIVE

haya entendido	hayamos entendido
hayas entendido	hayáis entendido
haya entendido	hayan entendido

IMPERFECT SUBJUNCTIVE (-ra)

entendiera	entendiéramos
entendieras	entendierais
entendiera	entendieran

_or_ **IMPERFECT SUBJUNCTIVE (-se)**

entendiese	entendiésemos
entendieses	entendieseis
entendiese	entendiesen

PAST PERFECT SUBJUNCTIVE (-ra)

hubiera entendido	hubiéramos entendido
hubieras entendido	hubierais entendido
hubiera entendido	hubieran entendido

_or_ **PAST PERFECT SUBJUNCTIVE (-se)**

hubiese entendido	hubiésemos entendido
hubieses entendido	hubieseis entendido
hubiese entendido	hubiesen entendido

PROGRESSIVE TENSES

PRESENT	estoy, estás, está, estamos, estáis, están
PRETERIT	estuve, estuviste, estuvo, estuvimos, estuvisteis, estuvieron
IMPERFECT	estaba, estabas, estaba, estábamos, estabais, estaban
FUTURE	estaré, estarás, estará, estaremos, estaréis, estarán
CONDITIONAL	estaría, estarías, estaría, estaríamos, estaríais, estarían
SUBJUNCTIVE	que + _corresponding subjunctive tense of_ estar (_see verb 151_)

entendiendo

COMMANDS

	(nosotros) entendamos/no entendamos
(tú) entiende/no entiendas	(vosotros) entended/no entendáis
(Ud.) entienda/no entienda	(Uds.) entiendan/no entiendan

Usage

No entiendo el problema.	_I don't understand the problem._
¿Entiendes francés?	_Do you understand French?_
Me hago entender en inglés.	_I make myself understood in English._
Entendido.	_All right./Okay./Understood._

regular -ar verb

entro · entraron · entrado · entrando

PRESENT		PRETERIT	
entro	entramos	entré	entramos
entras	entráis	entraste	entrasteis
entra	entran	entró	entraron

IMPERFECT		PRESENT PERFECT	
entraba	entrábamos	he entrado	hemos entrado
entrabas	entrabais	has entrado	habéis entrado
entraba	entraban	ha entrado	han entrado

FUTURE		CONDITIONAL	
entraré	entraremos	entraría	entraríamos
entrarás	entraréis	entrarías	entraríais
entrará	entrarán	entraría	entrarían

PLUPERFECT		PRETERIT PERFECT	
había entrado	habíamos entrado	hube entrado	hubimos entrado
habías entrado	habíais entrado	hubiste entrado	hubisteis entrado
había entrado	habían entrado	hubo entrado	hubieron entrado

FUTURE PERFECT		CONDITIONAL PERFECT	
habré entrado	habremos entrado	habría entrado	habríamos entrado
habrás entrado	habréis entrado	habrías entrado	habríais entrado
habrá entrado	habrán entrado	habría entrado	habrían entrado

PRESENT SUBJUNCTIVE		PRESENT PERFECT SUBJUNCTIVE	
entre	entremos	haya entrado	hayamos entrado
entres	entréis	hayas entrado	hayáis entrado
entre	entren	haya entrado	hayan entrado

IMPERFECT SUBJUNCTIVE (-ra)		or	IMPERFECT SUBJUNCTIVE (-se)	
entrara	entráramos		entrase	entrásemos
entraras	entrarais		entrases	entraseis
entrara	entraran		entrase	entrasen

PAST PERFECT SUBJUNCTIVE (-ra)		or	PAST PERFECT SUBJUNCTIVE (-se)	
hubiera entrado	hubiéramos entrado		hubiese entrado	hubiésemos entrado
hubieras entrado	hubierais entrado		hubieses entrado	hubieseis entrado
hubiera entrado	hubieran entrado		hubiese entrado	hubiesen entrado

PROGRESSIVE TENSES

PRESENT	estoy, estás, está, estamos, estáis, están
PRETERIT	estuve, estuviste, estuvo, estuvimos, estuvisteis, estuvieron
IMPERFECT	estaba, estabas, estaba, estábamos, estabais, estaban
FUTURE	estaré, estarás, estará, estaremos, estaréis, estarán
CONDITIONAL	estaría, estarías, estaría, estaríamos, estaríais, estarían
SUBJUNCTIVE	que + *corresponding subjunctive tense of* estar (*see verb 151*)

entrando

COMMANDS

	(nosotros) entremos/no entremos
(tú) entra/no entres	(vosotros) entrad/no entréis
(Ud.) entre/no entre	(Uds.) entren/no entren

Usage

Entraron en el museo/al museo.	*They went into the museum.*
Entramos en detalles más tarde.	*We'll go into details later.*
Los disquetes no entran en la caja.	*The floppy disks don't fit in the box.*
Se entra por la entrada principal.	*You go in through the main entrance.*

entrego · entregaron · entregado · entregando

-ar verb; spelling change:
g > gu/e

PRESENT

entrego	entregamos
entregas	entregáis
entrega	entregan

PRETERIT

entregué	entregamos
entregaste	entregasteis
entregó	entregaron

IMPERFECT

entregaba	entregábamos
entregabas	entregabais
entregaba	entregaban

PRESENT PERFECT

he entregado	hemos entregado
has entregado	habéis entregado
ha entregado	han entregado

FUTURE

entregaré	entregaremos
entregarás	entregaréis
entregará	entregarán

CONDITIONAL

entregaría	entregaríamos
entregarías	entregaríais
entregaría	entregarían

PLUPERFECT

había entregado	habíamos entregado
habías entregado	habíais entregado
había entregado	habían entregado

PRETERIT PERFECT

hube entregado	hubimos entregado
hubiste entregado	hubisteis entregado
hubo entregado	hubieron entregado

FUTURE PERFECT

habré entregado	habremos entregado
habrás entregado	habréis entregado
habrá entregado	habrán entregado

CONDITIONAL PERFECT

habría entregado	habríamos entregado
habrías entregado	habríais entregado
habría entregado	habrían entregado

PRESENT SUBJUNCTIVE

entregue	entreguemos
entregues	entreguéis
entregue	entreguen

PRESENT PERFECT SUBJUNCTIVE

haya entregado	hayamos entregado
hayas entregado	hayáis entregado
haya entregado	hayan entregado

IMPERFECT SUBJUNCTIVE (-ra) or **IMPERFECT SUBJUNCTIVE (-se)**

entregara	entregáramos	entregase	entregásemos
entregaras	entregarais	entregases	entregaseis
entregara	entregaran	entregase	entregasen

PAST PERFECT SUBJUNCTIVE (-ra) or **PAST PERFECT SUBJUNCTIVE (-se)**

hubiera entregado	hubiéramos entregado	hubiese entregado	hubiésemos entregado
hubieras entregado	hubierais entregado	hubieses entregado	hubieseis entregado
hubiera entregado	hubieran entregado	hubiese entregado	hubiesen entregado

PROGRESSIVE TENSES

PRESENT	estoy, estás, está, estamos, estáis, están	
PRETERIT	estuve, estuviste, estuvo, estuvimos, estuvisteis, estuvieron	
IMPERFECT	estaba, estabas, estaba, estábamos, estabais, estaban	entregando
FUTURE	estaré, estarás, estará, estaremos, estaréis, estarán	
CONDITIONAL	estaría, estarías, estaría, estaríamos, estaríais, estarían	
SUBJUNCTIVE	que + corresponding subjunctive tense of estar (see verb 151)	

COMMANDS

	(nosotros) entreguemos/no entreguemos
(tú) entrega/no entregues	(vosotros) entregad/no entreguéis
(Ud.) entregue/no entregue	(Uds.) entreguen/no entreguen

Usage

Hace una semana que entregué el informe.	I handed in the report a week ago.
Nos entregaron los paquetes.	They delivered the packages to us.
Dile que me entregue la tarea.	Tell her to turn in her homework (to me).
Prefieron la entrega a domicilio.	They prefer home delivery.

-ar verb; spelling change:
i > í when stressed

envío · enviaron · enviado · enviando

PRESENT

envío	enviamos
envías	enviáis
envía	envían

PRETERIT

envié	enviamos
enviaste	enviasteis
envió	enviaron

IMPERFECT

enviaba	enviábamos
enviabas	enviabais
enviaba	enviaban

PRESENT PERFECT

he enviado	hemos enviado
has enviado	habéis enviado
ha enviado	han enviado

FUTURE

enviaré	enviaremos
enviarás	enviaréis
enviará	enviarán

CONDITIONAL

enviaría	enviaríamos
enviarías	enviaríais
enviaría	enviarían

PLUPERFECT

había enviado	habíamos enviado
habías enviado	habíais enviado
había enviado	habían enviado

PRETERIT PERFECT

hube enviado	hubimos enviado
hubiste enviado	hubisteis enviado
hubo enviado	hubieron enviado

FUTURE PERFECT

habré enviado	habremos enviado
habrás enviado	habréis enviado
habrá enviado	habrán enviado

CONDITIONAL PERFECT

habría enviado	habríamos enviado
habrías enviado	habríais enviado
habría enviado	habrían enviado

PRESENT SUBJUNCTIVE

envíe	enviemos
envíes	enviéis
envíe	envíen

PRESENT PERFECT SUBJUNCTIVE

haya enviado	hayamos enviado
hayas enviado	hayáis enviado
haya enviado	hayan enviado

IMPERFECT SUBJUNCTIVE (-ra)

enviara	enviáramos
enviaras	enviarais
enviara	enviaran

or **IMPERFECT SUBJUNCTIVE (-se)**

enviase	enviásemos
enviases	enviaseis
enviase	enviasen

PAST PERFECT SUBJUNCTIVE (-ra)

hubiera enviado	hubiéramos enviado
hubieras enviado	hubierais enviado
hubiera enviado	hubieran enviado

or **PAST PERFECT SUBJUNCTIVE (-se)**

hubiese enviado	hubiésemos enviado
hubieses enviado	hubieseis enviado
hubiese enviado	hubiesen enviado

PROGRESSIVE TENSES

PRESENT	estoy, estás, está, estamos, estáis, están
PRETERIT	estuve, estuviste, estuvo, estuvimos, estuvisteis, estuvieron
IMPERFECT	estaba, estabas, estaba, estábamos, estabais, estaban
FUTURE	estaré, estarás, estará, estaremos, estaréis, estarán
CONDITIONAL	estaría, estarías, estaría, estaríamos, estaríais, estarían
SUBJUNCTIVE	que + *corresponding subjunctive tense of* estar (see verb 151)

enviando

COMMANDS

	(nosotros) enviemos/no enviemos
(tú) envía/no envíes	(vosotros) enviad/no enviéis
(Ud.) envíe/no envíe	(Uds.) envíen/no envíen

Usage

Envié varios mensajes por correo electrónico.	*I sent several e-mail messages.*
Les enviábamos unas tarjetas postales.	*We sent them some postcards.*
Le enviaron al diablo/a paseo.	*They sent him to hell/packing.*
¿Qué te habrán enviado?	*What might they have sent you?*

envolver *to wrap up, involve*

envuelvo · envolvieron · envuelto · envolviendo

stem-changing -er verb:
o > ue (like **volver**)

PRESENT		PRETERIT	
envuelvo	envolvemos	envolví	envolvimos
envuelves	envolvéis	envolviste	envolvisteis
envuelve	envuelven	envolvió	envolvieron

IMPERFECT		PRESENT PERFECT	
envolvía	envolvíamos	he envuelto	hemos envuelto
envolvías	envolvíais	has envuelto	habéis envuelto
envolvía	envolvían	ha envuelto	han envuelto

FUTURE		CONDITIONAL	
envolveré	envolveremos	envolvería	envolveríamos
envolverás	envolveréis	envolverías	envolveríais
envolverá	envolverán	envolvería	envolverían

PLUPERFECT		PRETERIT PERFECT	
había envuelto	habíamos envuelto	hube envuelto	hubimos envuelto
habías envuelto	habíais envuelto	hubiste envuelto	hubisteis envuelto
había envuelto	habían envuelto	hubo envuelto	hubieron envuelto

FUTURE PERFECT		CONDITIONAL PERFECT	
habré envuelto	habremos envuelto	habría envuelto	habríamos envuelto
habrás envuelto	habréis envuelto	habrías envuelto	habríais envuelto
habrá envuelto	habrán envuelto	habría envuelto	habrían envuelto

PRESENT SUBJUNCTIVE		PRESENT PERFECT SUBJUNCTIVE	
envuelva	envolvamos	haya envuelto	hayamos envuelto
envuelvas	envolváis	hayas envuelto	hayáis envuelto
envuelva	envuelvan	haya envuelto	hayan envuelto

IMPERFECT SUBJUNCTIVE (-ra)		*or*	IMPERFECT SUBJUNCTIVE (-se)	
envolviera	envolviéramos		envolviese	envolviésemos
envolvieras	envolvierais		envolvieses	envolvieseis
envolviera	envolvieran		envolviese	envolviesen

PAST PERFECT SUBJUNCTIVE (-ra)		*or*	PAST PERFECT SUBJUNCTIVE (-se)	
hubiera envuelto	hubiéramos envuelto		hubiese envuelto	hubiésemos envuelto
hubieras envuelto	hubierais envuelto		hubieses envuelto	hubieseis envuelto
hubiera envuelto	hubieran envuelto		hubiese envuelto	hubiesen envuelto

PROGRESSIVE TENSES

PRESENT	estoy, estás, está, estamos, estáis, están	
PRETERIT	estuve, estuviste, estuvo, estuvimos, estuvisteis, estuvieron	
IMPERFECT	estaba, estabas, estaba, estábamos, estabais, estaban	envolviendo
FUTURE	estaré, estarás, estará, estaremos, estaréis, estarán	
CONDITIONAL	estaría, estarías, estaría, estaríamos, estaríais, estarían	
SUBJUNCTIVE	que + *corresponding subjunctive tense of estar (see verb 151)*	

COMMANDS

	(nosotros) envolvamos/no envolvamos
(tú) envuelve/no envuelvas	(vosotros) envolved/no envolváis
(Ud.) envuelva/no envuelva	(Uds.) envuelvan/no envuelvan

Usage

Envuelve el paquete en este papel.	*Wrap the package up in this paper.*
No nos envuelva en las intrigas palaciegas.	*Don't involve us in court/palace intrigues.*
¿Has envuelto los regalos?	*Have you wrapped up the gifts?*
Sus palabras están envueltas en confusión.	*Their words are enveloped in confusion.*

-ar reflexive verb;
spelling change: *c > qu/e*

equivoco · equivocaron · equivocado · equivocándose

PRESENT

me equivoco	nos equivocamos
te equivocas	os equivocáis
se equivoca	se equivocan

IMPERFECT

me equivocaba	nos equivocábamos
te equivocabas	os equivocabais
se equivocaba	se equivocaban

FUTURE

me equivocaré	nos equivocaremos
te equivocarás	os equivocaréis
se equivocará	se equivocarán

PLUPERFECT

me había equivocado	nos habíamos equivocado
te habías equivocado	os habíais equivocado
se había equivocado	se habían equivocado

FUTURE PERFECT

me habré equivocado	nos habremos equivocado
te habrás equivocado	os habréis equivocado
se habrá equivocado	se habrán equivocado

PRESENT SUBJUNCTIVE

me equivoque	nos equivoquemos
te equivoques	os equivoquéis
se equivoque	se equivoquen

IMPERFECT SUBJUNCTIVE (-ra)

me equivocara	nos equivocáramos
te equivocaras	os equivocarais
se equivocara	se equivocaran

PAST PERFECT SUBJUNCTIVE (-ra)

me hubiera equivocado	nos hubiéramos equivocado
te hubieras equivocado	os hubierais equivocado
se hubiera equivocado	se hubieran equivocado

PRETERIT

me equivoqué	nos equivocamos
te equivocaste	os equivocasteis
se equivocó	se equivocaron

PRESENT PERFECT

me he equivocado	nos hemos equivocado
te has equivocado	os habéis equivocado
se ha equivocado	se han equivocado

CONDITIONAL

me equivocaría	nos equivocaríamos
te equivocarías	os equivocaríais
se equivocaría	se equivocarían

PRETERIT PERFECT

me hube equivocado	nos hubimos equivocado
te hubiste equivocado	os hubisteis equivocado
se hubo equivocado	se hubieron equivocado

CONDITIONAL PERFECT

me habría equivocado	nos habríamos equivocado
te habrías equivocado	os habríais equivocado
se habría equivocado	se habrían equivocado

PRESENT PERFECT SUBJUNCTIVE

me haya equivocado	nos hayamos equivocado
te hayas equivocado	os hayáis equivocado
se haya equivocado	se hayan equivocado

or IMPERFECT SUBJUNCTIVE (-se)

me equivocase	nos equivocásemos
te equivocases	os equivocaseis
se equivocase	se equivocasen

or PAST PERFECT SUBJUNCTIVE (-se)

me hubiese equivocado	nos hubiésemos equivocado
te hubieses equivocado	os hubieseis equivocado
se hubiese equivocado	se hubiesen equivocado

PROGRESSIVE TENSES

PRESENT	estoy, estás, está, estamos, estáis, están
PRETERIT	estuve, estuviste, estuvo, estuvimos, estuvisteis, estuvieron
IMPERFECT	estaba, estabas, estaba, estábamos, estabais, estaban
FUTURE	estaré, estarás, estará, estaremos, estaréis, estarán
CONDITIONAL	estaría, estarías, estaría, estaríamos, estaríais, estarían
SUBJUNCTIVE	que + *corresponding subjunctive tense of estar (see verb 151)*

} equivocando (*see page 37*)

COMMANDS

	(nosotros) equivoquémonos/no nos equivoquemos
(tú) equivócate/no te equivoques	(vosotros) equivocaos/no os equivoquéis
(Ud.) equivóquese/no se equivoque	(Uds.) equivóquense/no se equivoquen

Usage

Se han equivocado.	*They've made a mistake.*
No te equivoques de carretera.	*Don't get on the wrong highway.*
—Llegan el martes si no me equivoco.	*They'll arrive on Tuesday, if I'm not mistaken.*
—Estás equivocado. Será el jueves.	*You're wrong. It's Thursday.*

escoger to choose

escojo · escogieron · escogido · escogiendo *-er verb; spelling change: g > j/o, a*

PRESENT

escojo	escogemos
escoges	escogéis
escoge	escogen

PRETERIT

escogí	escogimos
escogiste	escogisteis
escogió	escogieron

IMPERFECT

escogía	escogíamos
escogías	escogíais
escogía	escogían

PRESENT PERFECT

he escogido	hemos escogido
has escogido	habéis escogido
ha escogido	han escogido

FUTURE

escogeré	escogeremos
escogerás	escogeréis
escogerá	escogerán

CONDITIONAL

escogería	escogeríamos
escogerías	escogeríais
escogería	escogerían

PLUPERFECT

había escogido	habíamos escogido
habías escogido	habíais escogido
había escogido	habían escogido

PRETERIT PERFECT

hube escogido	hubimos escogido
hubiste escogido	hubisteis escogido
hubo escogido	hubieron escogido

FUTURE PERFECT

habré escogido	habremos escogido
habrás escogido	habréis escogido
habrá escogido	habrán escogido

CONDITIONAL PERFECT

habría escogido	habríamos escogido
habrías escogido	habríais escogido
habría escogido	habrían escogido

PRESENT SUBJUNCTIVE

escoja	escojamos
escojas	escojáis
escoja	escojan

PRESENT PERFECT SUBJUNCTIVE

haya escogido	hayamos escogido
hayas escogido	hayáis escogido
haya escogido	hayan escogido

IMPERFECT SUBJUNCTIVE (-ra)

escogiera	escogiéramos
escogieras	escogierais
escogiera	escogieran

or **IMPERFECT SUBJUNCTIVE (-se)**

escogiese	escogiésemos
escogieses	escogieseis
escogiese	escogiesen

PAST PERFECT SUBJUNCTIVE (-ra)

hubiera escogido	hubiéramos escogido
hubieras escogido	hubierais escogido
hubiera escogido	hubieran escogido

or **PAST PERFECT SUBJUNCTIVE (-se)**

hubiese escogido	hubiésemos escogido
hubieses escogido	hubieseis escogido
hubiese escogido	hubiesen escogido

PROGRESSIVE TENSES

PRESENT	estoy, estás, está, estamos, estáis, están
PRETERIT	estuve, estuviste, estuvo, estuvimos, estuvisteis, estuvieron
IMPERFECT	estaba, estabas, estaba, estábamos, estabais, estaban
FUTURE	estaré, estarás, estará, estaremos, estaréis, estarán
CONDITIONAL	estaría, estarías, estaría, estaríamos, estaríais, estarían
SUBJUNCTIVE	que + *corresponding subjunctive tense of estar (see verb 151)*

escogiendo

COMMANDS

	(nosotros) escojamos/no escojamos
(tú) escoge/no escojas	(vosotros) escoged/no escojáis
(Ud.) escoja/no escoja	(Uds.) escojan/no escojan

Usage

Escogió los muebles de pino.	*She chose the furniture made of pine.*
Lo escogieron como su representante.	*They chose him as their representative.*
Escoge uno de los platos acompañantes.	*Choose one of the side dishes.*
Hay muchas cosas que escoger.	*There are many things to choose from.*

-*ir* verb; irregular past participle　　　　**escribo · escribieron · escrito · escribiendo**

PRESENT		PRETERIT	
escribo	escribimos	escribí	escribimos
escribes	escribís	escribiste	escribisteis
escribe	escriben	escribió	escribieron

IMPERFECT		PRESENT PERFECT	
escribía	escribíamos	he escrito	hemos escrito
escribías	escribíais	has escrito	habéis escrito
escribía	escribían	ha escrito	han escrito

FUTURE		CONDITIONAL	
escribiré	escribiremos	escribiría	escribiríamos
escribirás	escribiréis	escribirías	escribiríais
escribirá	escribirán	escribiría	escribirían

PLUPERFECT		PRETERIT PERFECT	
había escrito	habíamos escrito	hube escrito	hubimos escrito
habías escrito	habíais escrito	hubiste escrito	hubisteis escrito
había escrito	habían escrito	hubo escrito	hubieron escrito

FUTURE PERFECT		CONDITIONAL PERFECT	
habré escrito	habremos escrito	habría escrito	habríamos escrito
habrás escrito	habréis escrito	habrías escrito	habríais escrito
habrá escrito	habrán escrito	habría escrito	habrían escrito

PRESENT SUBJUNCTIVE		PRESENT PERFECT SUBJUNCTIVE	
escriba	escribamos	haya escrito	hayamos escrito
escribas	escribáis	hayas escrito	hayáis escrito
escriba	escriban	haya escrito	hayan escrito

IMPERFECT SUBJUNCTIVE (-ra)		*or* IMPERFECT SUBJUNCTIVE (-se)	
escribiera	escribiéramos	escribiese	escribiésemos
escribieras	escribierais	escribieses	escribieseis
escribiera	escribieran	escribiese	escribiesen

PAST PERFECT SUBJUNCTIVE (-ra)		*or* PAST PERFECT SUBJUNCTIVE (-se)	
hubiera escrito	hubiéramos escrito	hubiese escrito	hubiésemos escrito
hubieras escrito	hubierais escrito	hubieses escrito	hubieseis escrito
hubiera escrito	hubieran escrito	hubiese escrito	hubiesen escrito

PROGRESSIVE TENSES

PRESENT	estoy, estás, está, estamos, estáis, están	
PRETERIT	estuve, estuviste, estuvo, estuvimos, estuvisteis, estuvieron	
IMPERFECT	estaba, estabas, estaba, estábamos, estabais, estaban	escribiendo
FUTURE	estaré, estarás, estará, estaremos, estaréis, estarán	
CONDITIONAL	estaría, estarías, estaría, estaríamos, estaríais, estarían	
SUBJUNCTIVE	que + *corresponding subjunctive tense of estar (see verb 151)*	

COMMANDS

	(nosotros) escribamos/no escribamos
(tú) escribe/no escribas	(vosotros) escribid/no escribáis
(Ud.) escriba/no escriba	(Uds.) escriban/no escriban

Usage

Ha escrito mensajes por correo electrónico.	*He has written e-mail messages.*
Escríbenos.	*Write to us.*
Escribía novelas policíacas.	*He wrote detective novels.*
¿Cómo se escribe la palabra?	*How do you spell the word?*

escuchar *to listen, hear*

escucho · escucharon · escuchado · escuchando

regular *-ar* verb

PRESENT

escucho	escuchamos
escuchas	escucháis
escucha	escuchan

IMPERFECT

escuchaba	escuchábamos
escuchabas	escuchabais
escuchaba	escuchaban

FUTURE

escucharé	escucharemos
escucharás	escucharéis
escuchará	escucharán

PLUPERFECT

había escuchado	habíamos escuchado
habías escuchado	habíais escuchado
había escuchado	habían escuchado

FUTURE PERFECT

habré escuchado	habremos escuchado
habrás escuchado	habréis escuchado
habrá escuchado	habrán escuchado

PRESENT SUBJUNCTIVE

escuche	escuchemos
escuches	escuchéis
escuche	escuchen

IMPERFECT SUBJUNCTIVE (-ra)

escuchara	escucháramos
escucharas	escucharais
escuchara	escucharan

PAST PERFECT SUBJUNCTIVE (-ra)

hubiera escuchado	hubiéramos escuchado
hubieras escuchado	hubierais escuchado
hubiera escuchado	hubieran escuchado

PRETERIT

escuché	escuchamos
escuchaste	escuchasteis
escuchó	escucharon

PRESENT PERFECT

he escuchado	hemos escuchado
has escuchado	habéis escuchado
ha escuchado	han escuchado

CONDITIONAL

escucharía	escucharíamos
escucharías	escucharíais
escucharía	escucharían

PRETERIT PERFECT

hube escuchado	hubimos escuchado
hubiste escuchado	hubisteis escuchado
hubo escuchado	hubieron escuchado

CONDITIONAL PERFECT

habría escuchado	habríamos escuchado
habrías escuchado	habríais escuchado
habría escuchado	habrían escuchado

PRESENT PERFECT SUBJUNCTIVE

haya escuchado	hayamos escuchado
hayas escuchado	hayáis escuchado
haya escuchado	hayan escuchado

or **IMPERFECT SUBJUNCTIVE (-se)**

escuchase	escuchásemos
escuchases	escuchaseis
escuchase	escuchasen

or **PAST PERFECT SUBJUNCTIVE (-se)**

hubiese escuchado	hubiésemos escuchado
hubieses escuchado	hubieseis escuchado
hubiese escuchado	hubiesen escuchado

PROGRESSIVE TENSES

PRESENT	estoy, estás, está, estamos, estáis, están
PRETERIT	estuve, estuviste, estuvo, estuvimos, estuvisteis, estuvieron
IMPERFECT	estaba, estabas, estaba, estábamos, estabais, estaban
FUTURE	estaré, estarás, estará, estaremos, estaréis, estarán
CONDITIONAL	estaría, estarías, estaría, estaríamos, estaríais, estarían
SUBJUNCTIVE	que + *corresponding subjunctive tense of* estar (*see verb 151*)

escuchando

COMMANDS

	(nosotros) escuchemos/no escuchemos
(tú) escucha/no escuches	(vosotros) escuchad/no escuchéis
(Ud.) escuche/no escuche	(Uds.) escuchen/no escuchen

Usage

Escuchemos música.	*Let's listen to music.*
Escuché un ruido.	*I heard a noise.*
Escuchaban un disco compacto.	*They were listening to a compact disc.*
Te di un consejo. Espero que me hayas escuchado.	*I gave you a piece of advice. I hope you listened to me.*

stem-changing *-ar* reflexive verb: **esfuerzo · esforzaron · esforzado · esforzándose**
o > ue; spelling change: *z > c/e*

PRESENT		PRETERIT	
me esfuerzo	nos esforzamos	me esforcé	nos esforzamos
te esfuerzas	os esforzáis	te esforzaste	os esforzasteis
se esfuerza	se esfuerzan	se esforzó	se esforzaron

IMPERFECT		PRESENT PERFECT	
me esforzaba	nos esforzábamos	me he esforzado	nos hemos esforzado
te esforzabas	os esforzabais	te has esforzado	os habéis esforzado
se esforzaba	se esforzaban	se ha esforzado	se han esforzado

FUTURE		CONDITIONAL	
me esforzaré	nos esforzaremos	me esforzaría	nos esforzaríamos
te esforzarás	os esforzaréis	te esforzarías	os esforzaríais
se esforzará	se esforzarán	se esforzaría	se esforzarían

PLUPERFECT		PRETERIT PERFECT	
me había esforzado	nos habíamos esforzado	me hube esforzado	nos hubimos esforzado
te habías esforzado	os habíais esforzado	te hubiste esforzado	os hubisteis esforzado
se había esforzado	se habían esforzado	se hubo esforzado	se hubieron esforzado

FUTURE PERFECT		CONDITIONAL PERFECT	
me habré esforzado	nos habremos esforzado	me habría esforzado	nos habríamos esforzado
te habrás esforzado	os habréis esforzado	te habrías esforzado	os habríais esforzado
se habrá esforzado	se habrán esforzado	se habría esforzado	se habrían esforzado

PRESENT SUBJUNCTIVE		PRESENT PERFECT SUBJUNCTIVE	
me esfuerce	nos esforcemos	me haya esforzado	nos hayamos esforzado
te esfuerces	os esforcéis	te hayas esforzado	os hayáis esforzado
se esfuerce	se esfuercen	se haya esforzado	se hayan esforzado

IMPERFECT SUBJUNCTIVE (-ra)		*or*	IMPERFECT SUBJUNCTIVE (-se)	
me esforzara	nos esforzáramos		me esforzase	nos esforzásemos
te esforzaras	os esforzarais		te esforzases	os esforzaseis
se esforzara	se esforzaran		se esforzase	se esforzasen

PAST PERFECT SUBJUNCTIVE (-ra)		*or*	PAST PERFECT SUBJUNCTIVE (-se)	
me hubiera esforzado	nos hubiéramos esforzado		me hubiese esforzado	nos hubiésemos esforzado
te hubieras esforzado	os hubierais esforzado		te hubieses esforzado	os hubieseis esforzado
se hubiera esforzado	se hubieran esforzado		se hubiese esforzado	se hubiesen esforzado

PROGRESSIVE TENSES

PRESENT	estoy, estás, está, estamos, estáis, están
PRETERIT	estuve, estuviste, estuvo, estuvimos, estuvisteis, estuvieron
IMPERFECT	estaba, estabas, estaba, estábamos, estabais, estaban
FUTURE	estaré, estarás, estará, estaremos, estaréis, estarán
CONDITIONAL	estaría, estarías, estaría, estaríamos, estaríais, estarían
SUBJUNCTIVE	que + *corresponding subjunctive tense of estar (see verb 151)*

esforzando (*see page 37*)

COMMANDS

	(nosotros) esforcémonos/no nos esforcemos
(tú) esfuérzate/no te esfuerces	(vosotros) esforzaos/no os esforcéis
(Ud.) esfuércese/no se esfuerce	(Uds.) esfuércense/no se esfuercen

Usage

Se esfuerza por triunfar en la vida.	*He's striving to succeed in life.*
Esfuérzate por terminar el trabajo hoy.	*Try hard to finish the work today.*
Se han esforzado lo más posible.	*They've tried as much as possible.*
Haz un esfuerzo por venir.	*Make an effort to/Try to/Do your best to come.*

especializarse *to specialize*

especializo · especializaron · especializado · especializándose

regular -ar reflexive verb;
spelling change: *z* > *c/e*

PRESENT

me especializo	nos especializamos
te especializas	os especializáis
se especializa	se especializan

IMPERFECT

me especializaba	nos especializábamos
te especializabas	os especializabais
se especializaba	se especializaban

FUTURE

me especializaré	nos especializaremos
te especializarás	os especializaréis
se especializará	se especializarán

PLUPERFECT

me había especializado	nos habíamos especializado
te habías especializado	os habíais especializado
se había especializado	se habían especializado

FUTURE PERFECT

me habré especializado	nos habremos especializado
te habrás especializado	os habréis especializado
se habrá especializado	se habrán especializado

PRESENT SUBJUNCTIVE

me especialice	nos especialicemos
te especialices	os especialicéis
se especialice	se especialicen

PRETERIT

me especialicé	nos especializamos
te especializaste	os especializasteis
se especializó	se especializaron

PRESENT PERFECT

me he especializado	nos hemos especializado
te has especializado	os habéis especializado
se ha especializado	se han especializado

CONDITIONAL

me especializaría	nos especializaríamos
te especializarías	os especializaríais
se especializaría	se especializarían

PRETERIT PERFECT

me hube especializado	nos hubimos especializado
te hubiste especializado	os hubisteis especializado
se hubo especializado	se hubieron especializado

CONDITIONAL PERFECT

me habría especializado	nos habríamos especializado
te habrías especializado	os habríais especializado
se habría especializado	se habrían especializado

PRESENT PERFECT SUBJUNCTIVE

me haya especializado	nos hayamos especializado
te hayas especializado	os hayáis especializado
se haya especializado	se hayan especializado

IMPERFECT SUBJUNCTIVE (-ra) · *or* · **IMPERFECT SUBJUNCTIVE (-se)**

me especializara	nos especializáramos	me especializase	nos especializásemos
te especializaras	os especializarais	te especializases	os especializaseis
se especializara	se especializaran	se especializase	se especializasen

PAST PERFECT SUBJUNCTIVE (-ra) · *or* · **PAST PERFECT SUBJUNCTIVE (-se)**

me hubiera especializado	nos hubiéramos especializado	me hubiese especializado	nos hubiésemos especializado
te hubieras especializado	os hubierais especializado	te hubieses especializado	os hubieseis especializado
se hubiera especializado	se hubieran especializado	se hubiese especializado	se hubiesen especializado

PROGRESSIVE TENSES

PRESENT	estoy, estás, está, estamos, estáis, están
PRETERIT	estuve, estuviste, estuvo, estuvimos, estuvisteis, estuvieron
IMPERFECT	estaba, estabas, estaba, estábamos, estabais, estaban
FUTURE	estaré, estarás, estará, estaremos, estaréis, estarán
CONDITIONAL	estaría, estarías, estaría, estaríamos, estaríais, estarían
SUBJUNCTIVE	que + *corresponding subjunctive tense of* estar (*see verb 151*)

especializando (*see page 37*)

COMMANDS

	(nosotros) especialicémonos/no nos especialicemos
(tú) especialízate/no te especialices	(vosotros) especializaos/no os especialicéis
(Ud.) especialícese/no se especialice	(Uds.) especialícense/no se especialicen

Usage

—¿En qué te especializas? · *What are you specializing in?*
—Mi especialización es economía. · *My major is economics.*
Su padre quiere que se especialice
  en medicina. · *Her father wants her to specialize in medicine.*

regular *-ar* verb   **espero · esperaron · esperado · esperando**

PRESENT

espero	esperamos
esperas	esperáis
espera	esperan

PRETERIT

esperé	esperamos
esperaste	esperasteis
esperó	esperaron

IMPERFECT

esperaba	esperábamos
esperabas	esperabais
esperaba	esperaban

PRESENT PERFECT

he esperado	hemos esperado
has esperado	habéis esperado
ha esperado	han esperado

FUTURE

esperaré	esperaremos
esperarás	esperaréis
esperará	esperarán

CONDITIONAL

esperaría	esperaríamos
esperarías	esperaríais
esperaría	esperarían

PLUPERFECT

había esperado	habíamos esperado
habías esperado	habíais esperado
había esperado	habían esperado

PRETERIT PERFECT

hube esperado	hubimos esperado
hubiste esperado	hubisteis esperado
hubo esperado	hubieron esperado

FUTURE PERFECT

habré esperado	habremos esperado
habrás esperado	habréis esperado
habrá esperado	habrán esperado

CONDITIONAL PERFECT

habría esperado	habríamos esperado
habrías esperado	habríais esperado
habría esperado	habrían esperado

PRESENT SUBJUNCTIVE

espere	esperemos
esperes	esperéis
espere	esperen

PRESENT PERFECT SUBJUNCTIVE

haya esperado	hayamos esperado
hayas esperado	hayáis esperado
haya esperado	hayan esperado

IMPERFECT SUBJUNCTIVE (-ra)   *or* **IMPERFECT SUBJUNCTIVE (-se)**

esperara	esperáramos	esperase	esperásemos
esperaras	esperarais	esperases	esperaseis
esperara	esperaran	esperase	esperasen

PAST PERFECT SUBJUNCTIVE (-ra)   *or* **PAST PERFECT SUBJUNCTIVE (-se)**

hubiera esperado	hubiéramos esperado	hubiese esperado	hubiésemos esperado
hubieras esperado	hubierais esperado	hubieses esperado	hubieseis esperado
hubiera esperado	hubieran esperado	hubiese esperado	hubiesen esperado

PROGRESSIVE TENSES

PRESENT	estoy, estás, está, estamos, estáis, están
PRETERIT	estuve, estuviste, estuvo, estuvimos, estuvisteis, estuvieron
IMPERFECT	estaba, estabas, estaba, estábamos, estabais, estaban
FUTURE	estaré, estarás, estará, estaremos, estaréis, estarán
CONDITIONAL	estaría, estarías, estaría, estaríamos, estaríais, estarían
SUBJUNCTIVE	que + *corresponding subjunctive tense of estar (see verb 151)*

                          esperando

COMMANDS

	(nosotros) esperemos/no esperemos
(tú) espera/no esperes	(vosotros) esperad/no esperéis
(Ud.) espere/no espere	(Uds.) esperen/no esperen

Usage

Te esperaremos delante de la tienda.	*We'll wait for you in front of the store.*
—Esperémoslos un poco más.	*Let's wait for them a little while longer.*
—Bueno, pero espero que aparezcan pronto.	*All right, but I hope they appear soon.*
No esperaba encontrarte allí.	*I didn't expect that you'd be there.*

esquiar to ski

esquío · esquiaron · esquiado · esquiando

-ar verb; spelling change:
i > í when stressed

PRESENT

esquío	esquiamos
esquías	esquiáis
esquía	esquían

PRETERIT

esquié	esquiamos
esquiaste	esquiasteis
esquió	esquiaron

IMPERFECT

esquiaba	esquiábamos
esquiabas	esquiabais
esquiaba	esquiaban

PRESENT PERFECT

he esquiado	hemos esquiado
has esquiado	habéis esquiado
ha esquiado	han esquiado

FUTURE

esquiaré	esquiaremos
esquiarás	esquiaréis
esquiará	esquiarán

CONDITIONAL

esquiaría	esquiaríamos
esquiarías	esquiaríais
esquiaría	esquiarían

PLUPERFECT

había esquiado	habíamos esquiado
habías esquiado	habíais esquiado
había esquiado	habían esquiado

PRETERIT PERFECT

hube esquiado	hubimos esquiado
hubiste esquiado	hubisteis esquiado
hubo esquiado	hubieron esquiado

FUTURE PERFECT

habré esquiado	habremos esquiado
habrás esquiado	habréis esquiado
habrá esquiado	habrán esquiado

CONDITIONAL PERFECT

habría esquiado	habríamos esquiado
habrías esquiado	habríais esquiado
habría esquiado	habrían esquiado

PRESENT SUBJUNCTIVE

esquíe	esquiemos
esquíes	esquiéis
esquíe	esquíen

PRESENT PERFECT SUBJUNCTIVE

haya esquiado	hayamos esquiado
hayas esquiado	hayáis esquiado
haya esquiado	hayan esquiado

IMPERFECT SUBJUNCTIVE (-ra)

esquiara	esquiáramos
esquiaras	esquiarais
esquiara	esquiaran

or **IMPERFECT SUBJUNCTIVE (-se)**

esquiase	esquiásemos
esquiases	esquiaseis
esquiase	esquiasen

PAST PERFECT SUBJUNCTIVE (-ra)

hubiera esquiado	hubiéramos esquiado
hubieras esquiado	hubierais esquiado
hubiera esquiado	hubieran esquiado

or **PAST PERFECT SUBJUNCTIVE (-se)**

hubiese esquiado	hubiésemos esquiado
hubieses esquiado	hubieseis esquiado
hubiese esquiado	hubiesen esquiado

PROGRESSIVE TENSES

PRESENT	estoy, estás, está, estamos, estáis, están
PRETERIT	estuve, estuviste, estuvo, estuvimos, estuvisteis, estuvieron
IMPERFECT	estaba, estabas, estaba, estábamos, estabais, estaban
FUTURE	estaré, estarás, estará, estaremos, estaréis, estarán
CONDITIONAL	estaría, estarías, estaría, estaríamos, estaríais, estarían
SUBJUNCTIVE	que + corresponding subjunctive tense of estar (see verb 151)

esquiando

COMMANDS

	(nosotros) esquiemos/no esquiemos
(tú) esquía/no esquíes	(vosotros) esquiad/no esquiéis
(Ud.) esquíe/no esquíe	(Uds.) esquíen/no esquíen

Usage

Esquiaban en los Alpes.	They used to ski in the Alps.
Ahora esquían en las Montañas Rocosas.	Now they ski in the Rockies.
Esquíen con nosotros.	Ski with us.
Se compró esquíes y botas de esquiar.	He bought skis and ski boots.

-*er* verb; spelling
change: *c > zc/o, a*

establezco · establecieron · establecido · estableciendo

PRESENT

establezco	establecemos
estableces	establecéis
establece	establecen

IMPERFECT

establecía	establecíamos
establecías	establecíais
establecía	establecían

FUTURE

estableceré	estableceremos
establecerás	estableceréis
establecerá	establecerán

PLUPERFECT

había establecido	habíamos establecido
habías establecido	habíais establecido
había establecido	habían establecido

FUTURE PERFECT

habré establecido	habremos establecido
habrás establecido	habréis establecido
habrá establecido	habrán establecido

PRESENT SUBJUNCTIVE

establezca	establezcamos
establezcas	establezcáis
establezca	establezcan

IMPERFECT SUBJUNCTIVE (-ra)

estableciera	estableciéramos
establecieras	establecierais
estableciera	establecieran

PAST PERFECT SUBJUNCTIVE (-ra)

hubiera establecido	hubiéramos establecido
hubieras establecido	hubierais establecido
hubiera establecido	hubieran establecido

PRETERIT

establecí	establecimos
estableciste	establecisteis
estableció	establecieron

PRESENT PERFECT

he establecido	hemos establecido
has establecido	habéis establecido
ha establecido	han establecido

CONDITIONAL

establecería	estableceríamos
establecerías	estableceríais
establecería	establecerían

PRETERIT PERFECT

hube establecido	hubimos establecido
hubiste establecido	hubisteis establecido
hubo establecido	hubieron establecido

CONDITIONAL PERFECT

habría establecido	habríamos establecido
habrías establecido	habríais establecido
habría establecido	habrían establecido

PRESENT PERFECT SUBJUNCTIVE

haya establecido	hayamos establecido
hayas establecido	hayáis establecido
haya establecido	hayan establecido

or **IMPERFECT SUBJUNCTIVE (-se)**

estableciese	estableciésemos
establecieses	establecieseis
estableciese	estableciesen

or **PAST PERFECT SUBJUNCTIVE (-se)**

hubiese establecido	hubiésemos establecido
hubieses establecido	hubieseis establecido
hubiese establecido	hubiesen establecido

PROGRESSIVE TENSES

PRESENT	estoy, estás, está, estamos, estáis, están
PRETERIT	estuve, estuviste, estuvo, estuvimos, estuvisteis, estuvieron
IMPERFECT	estaba, estabas, estaba, estábamos, estabais, estaban
FUTURE	estaré, estarás, estará, estaremos, estaréis, estarán
CONDITIONAL	estaría, estarías, estaría, estaríamos, estaríais, estarían
SUBJUNCTIVE	que + *corresponding subjunctive tense of estar (see verb 151)*

} estableciendo

COMMANDS

	(nosotros) establezcamos/no establezcamos
(tú) establece/no establezcas	(vosotros) estableced/no establezcáis
(Ud.) establezca/no establezca	(Uds.) establezcan/no establezcan

Usage

Se estableció la empresa en 1900.	*The company was established/founded in 1900.*
¿Dónde fue establecida?	*Where was it set up?*
Es bueno que se establezca de ingeniero.	*It's good that he sets himself up as an engineer.*
El establecimiento ha tenido mucho éxito.	*The business has been very successful.*

¿Dónde están?

Están en Roma.	They're in Rome.
Estamos en otoño.	It's fall.

¿Cómo están?

—¿Cómo están?	How are they?
—Están bien/de buen humor.	They're well/in a good mood.
¿Quién está encargado/al cargo del proyecto?	Who's responsible for/in charge of the project?
Estás muy guapo hoy.	You're looking very handsome today.
¡Niños, esténse quietos!	Children, stay still (don't move around)!
Estuvieron arreglándose/vistiéndose.	They were getting ready/dressed.

estar a

Las manzanas están a un dólar la libra.	Apples are/cost one dollar a pound.
—¿A cuánto(s) estamos?	What's the date?
—Estamos a 25 de noviembre.	It's November 25.

estar de

Está de instructor de béisbol.	He's working as a baseball coach.
Estarán de vacaciones.	They're probably on vacation.

estar en

La sociedad anónima está en sus comienzos.	The corporation is just starting.
Está en pañales.	It's in its infancy (lit., diapers).

estar para

El avión está listo para despegar/aterrizar.	The plane is about to take off/land.
Nadie está para fiestas.	Nobody feels like/is in the mood for a party.

estar por

Está por verse cómo saldrá.	It remains to be seen how it will turn out.
¿Estáis por empezar?	You're about to begin?

El tiempo

—¿Está nublado?	Is it cloudy?
—No, está despejado.	No, it's clear.

Other Uses

La comida estuvo rica/sabrosa.	The food was good/tasty.
Estaba ocupado.	The line was busy (telephone).
Los chicos están en la luna.	The kids have their heads in the clouds.
¡Qué aguacero! Estoy hecho una sopa.	What a downpour! I'm soaked.
Parece que están a sus anchas.	You seem comfortable/at ease.

TOP 30 VERBS

irregular verb

estoy · estuvieron · estado · estando

PRESENT

estoy	estamos
estás	estáis
está	están

IMPERFECT

estaba	estábamos
estabas	estabais
estaba	estaban

FUTURE

estaré	estaremos
estarás	estaréis
estará	estarán

PLUPERFECT

había estado	habíamos estado
habías estado	habíais estado
había estado	habían estado

FUTURE PERFECT

habré estado	habremos estado
habrás estado	habréis estado
habrá estado	habrán estado

PRESENT SUBJUNCTIVE

esté	estemos
estés	estéis
esté	estén

IMPERFECT SUBJUNCTIVE (-ra)

estuviera	estuviéramos
estuvieras	estuvierais
estuviera	estuvieran

PAST PERFECT SUBJUNCTIVE (-ra)

hubiera estado	hubiéramos estado
hubieras estado	hubierais estado
hubiera estado	hubieran estado

PRETERIT

estuve	estuvimos
estuviste	estuvisteis
estuvo	estuvieron

PRESENT PERFECT

he estado	hemos estado
has estado	habéis estado
ha estado	han estado

CONDITIONAL

estaría	estaríamos
estarías	estaríais
estaría	estarían

PRETERIT PERFECT

hube estado	hubimos estado
hubiste estado	hubisteis estado
hubo estado	hubieron estado

CONDITIONAL PERFECT

habría estado	habríamos estado
habrías estado	habríais estado
habría estado	habrían estado

PRESENT PERFECT SUBJUNCTIVE

haya estado	hayamos estado
hayas estado	hayáis estado
haya estado	hayan estado

or **IMPERFECT SUBJUNCTIVE (-se)**

estuviese	estuviésemos
estuvieses	estuvieseis
estuviese	estuviesen

or **PAST PERFECT SUBJUNCTIVE (-se)**

hubiese estado	hubiésemos estado
hubieses estado	hubieseis estado
hubiese estado	hubiesen estado

PROGRESSIVE TENSES

PRESENT	estoy, estás, está, estamos, estáis, están
PRETERIT	estuve, estuviste, estuvo, estuvimos, estuvisteis, estuvieron
IMPERFECT	estaba, estabas, estaba, estábamos, estabais, estaban
FUTURE	estaré, estarás, estará, estaremos, estaréis, estarán
CONDITIONAL	estaría, estarías, estaría, estaríamos, estaríais, estarían
SUBJUNCTIVE	que + *corresponding subjunctive tense of estar (see verb 151)*

} estando

COMMANDS

	(nosotros) estemos/no estemos
(tú) está/no estés	(vosotros) estad/no estéis
(Ud.) esté/no esté	(Uds.) estén/no estén

Usage

—¿Cómo están Uds.?	*How are you?*
—Estamos contentos/ocupados.	*We're happy/busy.*
Estaban en el centro.	*They were downtown.*
Están leyendo.	*They're reading.*

estudiar *to study, think about, consider*

estudio · estudiaron · estudiado · estudiando

regular -*ar* verb

PRESENT

estudio	estudiamos
estudias	estudiáis
estudia	estudian

PRETERIT

estudié	estudiamos
estudiaste	estudiasteis
estudió	estudiaron

IMPERFECT

estudiaba	estudiábamos
estudiabas	estudiabais
estudiaba	estudiaban

PRESENT PERFECT

he estudiado	hemos estudiado
has estudiado	habéis estudiado
ha estudiado	han estudiado

FUTURE

estudiaré	estudiaremos
estudiarás	estudiaréis
estudiará	estudiarán

CONDITIONAL

estudiaría	estudiaríamos
estudiarías	estudiaríais
estudiaría	estudiarían

PLUPERFECT

había estudiado	habíamos estudiado
habías estudiado	habíais estudiado
había estudiado	habían estudiado

PRETERIT PERFECT

hube estudiado	hubimos estudiado
hubiste estudiado	hubisteis estudiado
hubo estudiado	hubieron estudiado

FUTURE PERFECT

habré estudiado	habremos estudiado
habrás estudiado	habréis estudiado
habrá estudiado	habrán estudiado

CONDITIONAL PERFECT

habría estudiado	habríamos estudiado
habrías estudiado	habríais estudiado
habría estudiado	habrían estudiado

PRESENT SUBJUNCTIVE

estudie	estudiemos
estudies	estudiéis
estudie	estudien

PRESENT PERFECT SUBJUNCTIVE

haya estudiado	hayamos estudiado
hayas estudiado	hayáis estudiado
haya estudiado	hayan estudiado

IMPERFECT SUBJUNCTIVE (-ra)

estudiara	estudiáramos
estudiaras	estudiarais
estudiara	estudiaran

or **IMPERFECT SUBJUNCTIVE (-se)**

estudiase	estudiásemos
estudiases	estudiaseis
estudiase	estudiasen

PAST PERFECT SUBJUNCTIVE (-ra)

hubiera estudiado	hubiéramos estudiado
hubieras estudiado	hubierais estudiado
hubiera estudiado	hubieran estudiado

or **PAST PERFECT SUBJUNCTIVE (-se)**

hubiese estudiado	hubiésemos estudiado
hubieses estudiado	hubieseis estudiado
hubiese estudiado	hubiesen estudiado

PROGRESSIVE TENSES

PRESENT	estoy, estás, está, estamos, estáis, están
PRETERIT	estuve, estuviste, estuvo, estuvimos, estuvisteis, estuvieron
IMPERFECT	estaba, estabas, estaba, estábamos, estabais, estaban
FUTURE	estaré, estarás, estará, estaremos, estaréis, estarán
CONDITIONAL	estaría, estarías, estaría, estaríamos, estaríais, estarían
SUBJUNCTIVE	que + *corresponding subjunctive tense of* estar (see verb 151)

estudiando

COMMANDS

	(nosotros) estudiemos/no estudiemos
(tú) estudia/no estudies	(vosotros) estudiad/no estudiéis
(Ud.) estudie/no estudie	(Uds.) estudien/no estudien

Usage

Estudió administración de empresas.	*He studied business administration.*
Estudia para programadora.	*She's studying to be a computer programmer.*
El comité está estudiando el plan.	*The committee is considering the plan.*
Hicieron un estudio del mercado.	*They did a market survey.*

-ir verb; spelling change: g > j/o, a   exijo · exigieron · exigido · exigiendo

PRESENT		PRETERIT	
exijo	exigimos	exigí	exigimos
exiges	exigís	exigiste	exigisteis
exige	exigen	exigió	exigieron

IMPERFECT		PRESENT PERFECT	
exigía	exigíamos	he exigido	hemos exigido
exigías	exigíais	has exigido	habéis exigido
exigía	exigían	ha exigido	han exigido

FUTURE		CONDITIONAL	
exigiré	exigiremos	exigiría	exigiríamos
exigirás	exigiréis	exigirías	exigiríais
exigirá	exigirán	exigiría	exigirían

PLUPERFECT		PRETERIT PERFECT	
había exigido	habíamos exigido	hube exigido	hubimos exigido
habías exigido	habíais exigido	hubiste exigido	hubisteis exigido
había exigido	habían exigido	hubo exigido	hubieron exigido

FUTURE PERFECT		CONDITIONAL PERFECT	
habré exigido	habremos exigido	habría exigido	habríamos exigido
habrás exigido	habréis exigido	habrías exigido	habríais exigido
habrá exigido	habrán exigido	habría exigido	habrían exigido

PRESENT SUBJUNCTIVE		PRESENT PERFECT SUBJUNCTIVE	
exija	exijamos	haya exigido	hayamos exigido
exijas	exijáis	hayas exigido	hayáis exigido
exija	exijan	haya exigido	hayan exigido

IMPERFECT SUBJUNCTIVE (-ra)		*or* IMPERFECT SUBJUNCTIVE (-se)	
exigiera	exigiéramos	exigiese	exigiésemos
exigieras	exigierais	exigieses	exigieseis
exigiera	exigieran	exigiese	exigiesen

PAST PERFECT SUBJUNCTIVE (-ra)		*or* PAST PERFECT SUBJUNCTIVE (-se)	
hubiera exigido	hubiéramos exigido	hubiese exigido	hubiésemos exigido
hubieras exigido	hubierais exigido	hubieses exigido	hubieseis exigido
hubiera exigido	hubieran exigido	hubiese exigido	hubiesen exigido

PROGRESSIVE TENSES

PRESENT	estoy, estás, está, estamos, estáis, están
PRETERIT	estuve, estuviste, estuvo, estuvimos, estuvisteis, estuvieron
IMPERFECT	estaba, estabas, estaba, estábamos, estabais, estaban
FUTURE	estaré, estarás, estará, estaremos, estaréis, estarán
CONDITIONAL	estaría, estarías, estaría, estaríamos, estaríais, estarían
SUBJUNCTIVE	que + *corresponding subjunctive tense of estar (see verb 151)*

exigiendo

COMMANDS

	(nosotros) exijamos/no exijamos
(tú) exige/no exijas	(vosotros) exigid/no exijáis
(Ud.) exija/no exijas	(Uds.) exijan/no exijan

Usage

No exijo demasiado.	*I'm not demanding too much.*
Le exigen que pague la deuda.	*They insist that he pay off his debt.*
Es muy exigente con todo el mundo.	*He's very demanding with everybody.*
¡Cuántas exigencias tienen!	*They have so many demands/requirements!*

explicar to explain, teach, comment upon

explico · explicaron · explicado · explicando   *-ar* verb; spelling change: *c > qu/e*

PRESENT

explico	explicamos
explicas	explicáis
explica	explican

PRETERIT

expliqué	explicamos
explicaste	explicasteis
explicó	explicaron

IMPERFECT

explicaba	explicábamos
explicabas	explicabais
explicaba	explicaban

PRESENT PERFECT

he explicado	hemos explicado
has explicado	habéis explicado
ha explicado	han explicado

FUTURE

explicaré	explicaremos
explicarás	explicaréis
explicará	explicarán

CONDITIONAL

explicaría	explicaríamos
explicarías	explicaríais
explicaría	explicarían

PLUPERFECT

había explicado	habíamos explicado
habías explicado	habíais explicado
había explicado	habían explicado

PRETERIT PERFECT

hube explicado	hubimos explicado
hubiste explicado	hubisteis explicado
hubo explicado	hubieron explicado

FUTURE PERFECT

habré explicado	habremos explicado
habrás explicado	habréis explicado
habrá explicado	habrán explicado

CONDITIONAL PERFECT

habría explicado	habríamos explicado
habrías explicado	habríais explicado
habría explicado	habrían explicado

PRESENT SUBJUNCTIVE

explique	expliquemos
expliques	expliquéis
explique	expliquen

PRESENT PERFECT SUBJUNCTIVE

haya explicado	hayamos explicado
hayas explicado	hayáis explicado
haya explicado	hayan explicado

IMPERFECT SUBJUNCTIVE (-ra)   *or* **IMPERFECT SUBJUNCTIVE (-se)**

explicara	explicáramos	explicase	explicásemos
explicaras	explicarais	explicases	explicaseis
explicara	explicaran	explicase	explicasen

PAST PERFECT SUBJUNCTIVE (-ra)   *or* **PAST PERFECT SUBJUNCTIVE (-se)**

hubiera explicado	hubiéramos explicado	hubiese explicado	hubiésemos explicado
hubieras explicado	hubierais explicado	hubieses explicado	hubieseis explicado
hubiera explicado	hubieran explicado	hubiese explicado	hubiesen explicado

PROGRESSIVE TENSES

PRESENT	estoy, estás, está, estamos, estáis, están
PRETERIT	estuve, estuviste, estuvo, estuvimos, estuvisteis, estuvieron
IMPERFECT	estaba, estabas, estaba, estábamos, estabais, estaban
FUTURE	estaré, estarás, estará, estaremos, estaréis, estarán
CONDITIONAL	estaría, estarías, estaría, estaríamos, estaríais, estarían
SUBJUNCTIVE	que + *corresponding subjunctive tense of estar (see verb 151)*

explicando

COMMANDS

	(nosotros) expliquemos/no expliquemos
(tú) explica/no expliques	(vosotros) explicad/no expliquéis
(Ud.) explique/no explique	(Uds.) expliquen/no expliquen

Usage

Les expliqué mi idea.	*I explained my idea to them.*
¿Quieres explicarme lo que viste?	*Do you want to comment on what you saw?*
Hace muchos años que explica álgebra.	*She's been teaching algebra for many years.*
No me explico cómo pasó.	*I can't understand how it happened.*

-ir verb; spelling change: **extingo · extinguieron · extinguido · extinguiendo**
gu > g/o, a

PRESENT		PRETERIT	
extingo	extinguimos	extinguí	extinguimos
extingues	extinguís	extinguiste	extinguisteis
extingue	extinguen	extinguió	extinguieron

IMPERFECT		PRESENT PERFECT	
extinguía	extinguíamos	he extinguido	hemos extinguido
extinguías	extinguíais	has extinguido	habéis extinguido
extinguía	extinguían	ha extinguido	han extinguido

FUTURE		CONDITIONAL	
extinguiré	extinguiremos	extinguiría	extinguiríamos
extinguirás	extinguiréis	extinguirías	extinguiríais
extinguirá	extinguirán	extinguiría	extinguirían

PLUPERFECT		PRETERIT PERFECT	
había extinguido	habíamos extinguido	hube extinguido	hubimos extinguido
habías extinguido	habíais extinguido	hubiste extinguido	hubisteis extinguido
había extinguido	habían extinguido	hubo extinguido	hubieron extinguido

FUTURE PERFECT		CONDITIONAL PERFECT	
habré extinguido	habremos extinguido	habría extinguido	habríamos extinguido
habrás extinguido	habréis extinguido	habrías extinguido	habríais extinguido
habrá extinguido	habrán extinguido	habría extinguido	habrían extinguido

PRESENT SUBJUNCTIVE		PRESENT PERFECT SUBJUNCTIVE	
extinga	extingamos	haya extinguido	hayamos extinguido
extingas	extingáis	hayas extinguido	hayáis extinguido
extinga	extingan	haya extinguido	hayan extinguido

IMPERFECT SUBJUNCTIVE (-ra)		*or* IMPERFECT SUBJUNCTIVE (-se)	
extinguiera	extinguiéramos	extinguiese	extinguiésemos
extinguieras	extinguierais	extinguieses	extinguieseis
extinguiera	extinguieran	extinguiese	extinguiesen

PAST PERFECT SUBJUNCTIVE (-ra)		*or* PAST PERFECT SUBJUNCTIVE (-se)	
hubiera extinguido	hubiéramos extinguido	hubiese extinguido	hubiésemos extinguido
hubieras extinguido	hubierais extinguido	hubieses extinguido	hubieseis extinguido
hubiera extinguido	hubieran extinguido	hubiese extinguido	hubiesen extinguido

PROGRESSIVE TENSES

PRESENT	estoy, estás, está, estamos, estáis, están
PRETERIT	estuve, estuviste, estuvo, estuvimos, estuvisteis, estuvieron
IMPERFECT	estaba, estabas, estaba, estábamos, estabais, estaban
FUTURE	estaré, estarás, estará, estaremos, estaréis, estarán
CONDITIONAL	estaría, estarías, estaría, estaríamos, estaríais, estarían
SUBJUNCTIVE	que + *corresponding subjunctive tense of estar (see verb 151)*

     extinguiendo

COMMANDS

	(nosotros) extingamos/no extingamos
(tú) extingue/no extingas	(vosotros) extinguid/no extingáis
(Ud.) extinga/no extinga	(Uds.) extingan/no extingan

Usage

Extingue el fuego de campamento.	*Extinguish/Put out the campfire.*
Las vacunas han extinguido ciertas enfermedades.	*Vaccines have wiped out certain diseases.*
Es una especie extinta.	*It's an extinct species.*

faltar *to miss, not go, fail, be missing/lacking, be needed, not be enough*

| falto · faltaron · faltado · faltando | regular -ar verb (like **gustar**) |

PRESENT

falto	faltamos
faltas	faltáis
falta	faltan

PRETERIT

falté	faltamos
faltaste	faltasteis
faltó	faltaron

IMPERFECT

faltaba	faltábamos
faltabas	faltabais
faltaba	faltaban

PRESENT PERFECT

he faltado	hemos faltado
has faltado	habéis faltado
ha faltado	han faltado

FUTURE

faltaré	faltaremos
faltarás	faltaréis
faltará	faltarán

CONDITIONAL

faltaría	faltaríamos
faltarías	faltaríais
faltaría	faltarían

PLUPERFECT

había faltado	habíamos faltado
habías faltado	habíais faltado
había faltado	habían faltado

PRETERIT PERFECT

hube faltado	hubimos faltado
hubiste faltado	hubisteis faltado
hubo faltado	hubieron faltado

FUTURE PERFECT

habré faltado	habremos faltado
habrás faltado	habréis faltado
habrá faltado	habrán faltado

CONDITIONAL PERFECT

habría faltado	habríamos faltado
habrías faltado	habríais faltado
habría faltado	habrían faltado

PRESENT SUBJUNCTIVE

falte	faltemos
faltes	faltéis
falte	falten

PRESENT PERFECT SUBJUNCTIVE

haya faltado	hayamos faltado
hayas faltado	hayáis faltado
haya faltado	hayan faltado

IMPERFECT SUBJUNCTIVE (-ra)

faltara	faltáramos
faltaras	faltarais
faltara	faltaran

or **IMPERFECT SUBJUNCTIVE (-se)**

faltase	faltásemos
faltases	faltaseis
faltase	faltasen

PAST PERFECT SUBJUNCTIVE (-ra)

hubiera faltado	hubiéramos faltado
hubieras faltado	hubierais faltado
hubiera faltado	hubieran faltado

or **PAST PERFECT SUBJUNCTIVE (-se)**

hubiese faltado	hubiésemos faltado
hubieses faltado	hubieseis faltado
hubiese faltado	hubiesen faltado

PROGRESSIVE TENSES

PRESENT	estoy, estás, está, estamos, estáis, están
PRETERIT	estuve, estuviste, estuvo, estuvimos, estuvisteis, estuvieron
IMPERFECT	estaba, estabas, estaba, estábamos, estabais, estaban
FUTURE	estaré, estarás, estará, estaremos, estaréis, estarán
CONDITIONAL	estaría, estarías, estaría, estaríamos, estaríais, estarían
SUBJUNCTIVE	que + *corresponding subjunctive tense of* estar (see verb 151)

faltando

COMMANDS

	(nosotros) faltemos/no faltemos
(tú) falta/no faltes	(vosotros) faltad/no faltéis
(Ud.) falte/no falte	(Uds.) falten/no falten

Usage

Faltaron a clase.	*They missed school/were absent.*
Un jugador faltó al partido.	*One player missed the game.*
Faltó a sus compromisos.	*He failed to meet his obligations.*
¿Cuánto dinero te falta?	*How much money are you short?*

-*er* verb; spelling change: **favorezco · favorecieron · favorecido · favoreciendo**
c > zc/o, a

PRESENT	
favorezco	favorecemos
favoreces	favorecéis
favorece	favorecen

PRETERIT	
favorecí	favorecimos
favoreciste	favorecisteis
favoreció	favorecieron

IMPERFECT	
favorecía	favorecíamos
favorecías	favorecíais
favorecía	favorecían

PRESENT PERFECT	
he favorecido	hemos favorecido
has favorecido	habéis favorecido
ha favorecido	han favorecido

FUTURE	
favoreceré	favoreceremos
favorecerás	favoreceréis
favorecerá	favorecerán

CONDITIONAL	
favorecería	favoreceríamos
favorecerías	favoreceríais
favorecería	favorecerían

PLUPERFECT	
había favorecido	habíamos favorecido
habías favorecido	habíais favorecido
había favorecido	habían favorecido

PRETERIT PERFECT	
hube favorecido	hubimos favorecido
hubiste favorecido	hubisteis favorecido
hubo favorecido	hubieron favorecido

FUTURE PERFECT	
habré favorecido	habremos favorecido
habrás favorecido	habréis favorecido
habrá favorecido	habrán favorecido

CONDITIONAL PERFECT	
habría favorecido	habríamos favorecido
habrías favorecido	habríais favorecido
habría favorecido	habrían favorecido

PRESENT SUBJUNCTIVE	
favorezca	favorezcamos
favorezcas	favorezcáis
favorezca	favorezcan

PRESENT PERFECT SUBJUNCTIVE	
haya favorecido	hayamos favorecido
hayas favorecido	hayáis favorecido
haya favorecido	hayan favorecido

IMPERFECT SUBJUNCTIVE (-ra)		or	IMPERFECT SUBJUNCTIVE (-se)	
favoreciera	favoreciéramos		favoreciese	favoreciésemos
favorecieras	favorecierais		favorecieses	favorecieseis
favoreciera	favorecieran		favoreciese	favoreciesen

PAST PERFECT SUBJUNCTIVE (-ra)		or	PAST PERFECT SUBJUNCTIVE (-se)	
hubiera favorecido	hubiéramos favorecido		hubiese favorecido	hubiésemos favorecido
hubieras favorecido	hubierais favorecido		hubieses favorecido	hubieseis favorecido
hubiera favorecido	hubieran favorecido		hubiese favorecido	hubiesen favorecido

PROGRESSIVE TENSES

PRESENT	estoy, estás, está, estamos, estáis, están	
PRETERIT	estuve, estuviste, estuvo, estuvimos, estuvisteis, estuvieron	
IMPERFECT	estaba, estabas, estaba, estábamos, estabais, estaban	favoreciendo
FUTURE	estaré, estarás, estará, estaremos, estaréis, estarán	
CONDITIONAL	estaría, estarías, estaría, estaríamos, estaríais, estarían	
SUBJUNCTIVE	que + *corresponding subjunctive tense of* estar (*see verb 151*)	

COMMANDS

	(nosotros) favorezcamos/no favorezcamos
(tú) favorece/no favorezcas	(vosotros) favoreced/no favorezcáis
(Ud.) favorezca/no favorezca	(Uds.) favorezcan/no favorezcan

Usage

Las condiciones actuales nos favorecen.	*Present conditions favor us.*
—El azul claro te favorece.	*Light blue looks good on you.*
—Pero el rosado es mi color favorito.	*But pink is my favorite color.*
¿Estás a favor de la pena de muerte?	*Are you in favor of capital punishment?*

fiarse *to trust (in), confide in*

fío · fiaron · fiado · fiándose — *-ar reflexive verb; spelling change: i > í when stressed*

PRESENT

me fío	nos fiamos
te fías	os fiáis
se fía	se fían

IMPERFECT

me fiaba	nos fiábamos
te fiabas	os fiabais
se fiaba	se fiaban

FUTURE

me fiaré	nos fiaremos
te fiarás	os fiaréis
se fiará	se fiarán

PLUPERFECT

me había fiado	nos habíamos fiado
te habías fiado	os habíais fiado
se había fiado	se habían fiado

FUTURE PERFECT

me habré fiado	nos habremos fiado
te habrás fiado	os habréis fiado
se habrá fiado	se habrán fiado

PRESENT SUBJUNCTIVE

me fíe	nos fiemos
te fíes	os fiéis
se fíe	se fíen

IMPERFECT SUBJUNCTIVE (-ra)

me fiara	nos fiáramos
te fiaras	os fiarais
se fiara	se fiaran

PAST PERFECT SUBJUNCTIVE (-ra)

me hubiera fiado	nos hubiéramos fiado
te hubieras fiado	os hubierais fiado
se hubiera fiado	se hubieran fiado

PRETERIT

me fié	nos fiamos
te fiaste	os fiasteis
se fió	se fiaron

PRESENT PERFECT

me he fiado	nos hemos fiado
te has fiado	os habéis fiado
se ha fiado	se han fiado

CONDITIONAL

me fiaría	nos fiaríamos
te fiarías	os fiaríais
se fiaría	se fiarían

PRETERIT PERFECT

me hube fiado	nos hubimos fiado
te hubiste fiado	os hubisteis fiado
se hubo fiado	se hubieron fiado

CONDITIONAL PERFECT

me habría fiado	nos habríamos fiado
te habrías fiado	os habríais fiado
se habría fiado	se habrían fiado

PRESENT PERFECT SUBJUNCTIVE

me haya fiado	nos hayamos fiado
te hayas fiado	os hayáis fiado
se haya fiado	se hayan fiado

or **IMPERFECT SUBJUNCTIVE (-se)**

me fiase	nos fiásemos
te fiases	os fiaseis
se fiase	se fiasen

or **PAST PERFECT SUBJUNCTIVE (-se)**

me hubiese fiado	nos hubiésemos fiado
te hubieses fiado	os hubieseis fiado
se hubiese fiado	se hubiesen fiado

PROGRESSIVE TENSES

PRESENT	estoy, estás, está, estamos, estáis, están
PRETERIT	estuve, estuviste, estuvo, estuvimos, estuvisteis, estuvieron
IMPERFECT	estaba, estabas, estaba, estábamos, estabais, estaban
FUTURE	estaré, estarás, estará, estaremos, estaréis, estarán
CONDITIONAL	estaría, estarías, estaría, estaríamos, estaríais, estarían
SUBJUNCTIVE	que + *corresponding subjunctive tense of estar (see verb 151)*

fiando
(see page 37)

COMMANDS

	(nosotros) fiémonos/no nos fiemos
(tú) fíate/no te fíes	(vosotros) fiaos/no os fiéis
(Ud.) fíese/no se fíe	(Uds.) fíense/no se fíen

Usage

Me fío de él.	*I trust/trust in him.*
—Fíate de ellos.	*Trust in them.*
—¡Qué va! No son de fiar.	*Nonsense! They are not trustworthy.*
Siempre nos fiábamos de ellos.	*We always trusted in them.*

regular -*ar* reflexive verb   **fijo · fijaron · fijado · fijándose**

PRESENT

me fijo	nos fijamos
te fijas	os fijáis
se fija	se fijan

IMPERFECT

me fijaba	nos fiábamos
te fijabas	os fijabais
se fijaba	se fijaban

FUTURE

me fijaré	nos fijaremos
te fijarás	os fijaréis
se fijará	se fijarán

PLUPERFECT

me había fijado	nos habíamos fijado
te habías fijado	os habíais fijado
se había fijado	se habían fijado

FUTURE PERFECT

me habré fijado	nos habremos fijado
te habrás fijado	os habréis fijado
se habrá fijado	se habrán fijado

PRESENT SUBJUNCTIVE

me fije	nos fijemos
te fijes	os fijéis
se fije	se fijen

IMPERFECT SUBJUNCTIVE (-ra)

me fijara	nos fijáramos
te fijaras	os fijarais
se fijara	se fijaran

PAST PERFECT SUBJUNCTIVE (-ra)

me hubiera fijado	nos hubiéramos fijado
te hubieras fijado	os hubierais fijado
se hubiera fijado	se hubieran fijado

PRETERIT

me fijé	nos fijamos
te fijaste	os fijasteis
se fijó	se fijaron

PRESENT PERFECT

me he fijado	nos hemos fijado
te has fijado	os habéis fijado
se ha fijado	se han fijado

CONDITIONAL

me fijaría	nos fijaríamos
te fijarías	os fijaríais
se fijaría	se fijarían

PRETERIT PERFECT

me hube fijado	nos hubimos fijado
te hubiste fijado	os hubisteis fijado
se hubo fijado	se hubieron fijado

CONDITIONAL PERFECT

me habría fijado	nos habríamos fijado
te habrías fijado	os habríais fijado
se habría fijado	se habrían fijado

PRESENT PERFECT SUBJUNCTIVE

me haya fijado	nos hayamos fijado
te hayas fijado	os hayáis fijado
se haya fijado	se hayan fijado

or **IMPERFECT SUBJUNCTIVE (-se)**

me fijase	nos fijásemos
te fijases	os fijaseis
se fijase	se fijasen

or **PAST PERFECT SUBJUNCTIVE (-se)**

me hubiese fijado	nos hubiésemos fijado
te hubieses fijado	os hubieseis fijado
se hubiese fijado	se hubiesen fijado

PROGRESSIVE TENSES

PRESENT	estoy, estás, está, estamos, estáis, están
PRETERIT	estuve, estuviste, estuvo, estuvimos, estuvisteis, estuvieron
IMPERFECT	estaba, estabas, estaba, estábamos, estabais, estaban
FUTURE	estaré, estarás, estará, estaremos, estaréis, estarán
CONDITIONAL	estaría, estarías, estaría, estaríamos, estaríais, estarían
SUBJUNCTIVE	que + *corresponding subjunctive tense of* estar (*see verb 151*)

fijando
(*see page 37*)

COMMANDS

	(nosotros) fijémonos/no nos fijemos
(tú) fíjate/no te fijes	(vosotros) fijaos/no os fijéis
(Ud.) fíjese/no se fije	(Uds.) fíjense/no se fijen

Usage

No se han fijado en sus alrededores.	*They haven't noticed their surroundings.*
Fíjese en lo que le dicen.	*Pay attention to what they tell you.*
Fíjate.	*Look./Imagine./Just think.*
Que fijen la fecha.	*Have them fix/set the date.*

fingir to feign, pretend

finjo · fingieron · fingido · fingiendo   *-ir verb; spelling change: g > j/o, a*

PRESENT

finjo	fingimos
finges	fingís
finge	fingen

PRETERIT

fingí	fingimos
fingiste	fingisteis
fingió	fingieron

IMPERFECT

fingía	fingíamos
fingías	fingíais
fingía	fingían

PRESENT PERFECT

he fingido	hemos fingido
has fingido	habéis fingido
ha fingido	han fingido

FUTURE

fingiré	fingiremos
fingirás	fingiréis
fingirá	fingirán

CONDITIONAL

fingiría	fingiríamos
fingirías	fingiríais
fingiría	fingirían

PLUPERFECT

había fingido	habíamos fingido
habías fingido	habíais fingido
había fingido	habían fingido

PRETERIT PERFECT

hube fingido	hubimos fingido
hubiste fingido	hubisteis fingido
hubo fingido	hubieron fingido

FUTURE PERFECT

habré fingido	habremos fingido
habrás fingido	habréis fingido
habrá fingido	habrán fingido

CONDITIONAL PERFECT

habría fingido	habríamos fingido
habrías fingido	habríais fingido
habría fingido	habrían fingido

PRESENT SUBJUNCTIVE

finja	finjamos
finjas	finjáis
finja	finjan

PRESENT PERFECT SUBJUNCTIVE

haya fingido	hayamos fingido
hayas fingido	hayáis fingido
haya fingido	hayan fingido

IMPERFECT SUBJUNCTIVE (-ra)   *or*   **IMPERFECT SUBJUNCTIVE (-se)**

fingiera	fingiéramos	fingiese	fingiésemos
fingieras	fingierais	fingieses	fingieseis
fingiera	fingieran	fingiese	fingiesen

PAST PERFECT SUBJUNCTIVE (-ra)   *or*   **PAST PERFECT SUBJUNCTIVE (-se)**

hubiera fingido	hubiéramos fingido	hubiese fingido	hubiésemos fingido
hubieras fingido	hubierais fingido	hubieses fingido	hubieseis fingido
hubiera fingido	hubieran fingido	hubiese fingido	hubiesen fingido

PROGRESSIVE TENSES

PRESENT	estoy, estás, está, estamos, estáis, están
PRETERIT	estuve, estuviste, estuvo, estuvimos, estuvisteis, estuvieron
IMPERFECT	estaba, estabas, estaba, estábamos, estabais, estaban
FUTURE	estaré, estarás, estará, estaremos, estaréis, estarán
CONDITIONAL	estaría, estarías, estaría, estaríamos, estaríais, estarían
SUBJUNCTIVE	que + corresponding subjunctive tense of estar (see verb 151)

      } fingiendo

COMMANDS

	(nosotros) finjamos/no finjamos
(tú) finge/no finjas	(vosotros) fingid/no finjáis
(Ud.) finja/no finja	(Uds.) finjan/no finjan

Usage

Fingía tristeza.	She was feigning sadness.
Fingen que están tristes.	They're pretending to be sad.
Fingió no comprender.	He pretended not to understand.
Estamos hartos del fingimiento.	We're fed up with the pretense.

stem-changing -ar verb: e > ie;
spelling change: g > gu/e

friego · fregaron · fregado · fregando

PRESENT

friego	fregamos
friegas	fregáis
friega	friegan

PRETERIT

fregué	fregamos
fregaste	fregasteis
fregó	fregaron

IMPERFECT

fregaba	fregábamos
fregabas	fregabais
fregaba	fregaban

PRESENT PERFECT

he fregado	hemos fregado
has fregado	habéis fregado
ha fregado	han fregado

FUTURE

fregaré	fregaremos
fregarás	fregaréis
fregará	fregarán

CONDITIONAL

fregaría	fregaríamos
fregarías	fregaríais
fregaría	fregarían

PLUPERFECT

había fregado	habíamos fregado
habías fregado	habíais fregado
había fregado	habían fregado

PRETERIT PERFECT

hube fregado	hubimos fregado
hubiste fregado	hubisteis fregado
hubo fregado	hubieron fregado

FUTURE PERFECT

habré fregado	habremos fregado
habrás fregado	habréis fregado
habrá fregado	habrán fregado

CONDITIONAL PERFECT

habría fregado	habríamos fregado
habrías fregado	habríais fregado
habría fregado	habrían fregado

PRESENT SUBJUNCTIVE

friegue	freguemos
friegues	freguéis
friegue	frieguen

PRESENT PERFECT SUBJUNCTIVE

haya fregado	hayamos fregado
hayas fregado	hayáis fregado
haya fregado	hayan fregado

IMPERFECT SUBJUNCTIVE (-ra)

fregara	fregáramos
fregaras	fregarais
fregara	fregaran

or **IMPERFECT SUBJUNCTIVE (-se)**

fregase	fregásemos
fregases	fregaseis
fregase	fregasen

PAST PERFECT SUBJUNCTIVE (-ra)

hubiera fregado	hubiéramos fregado
hubieras fregado	hubierais fregado
hubiera fregado	hubieran fregado

or **PAST PERFECT SUBJUNCTIVE (-se)**

hubiese fregado	hubiésemos fregado
hubieses fregado	hubieseis fregado
hubiese fregado	hubiesen fregado

PROGRESSIVE TENSES

PRESENT	estoy, estás, está, estamos, estáis, están	
PRETERIT	estuve, estuviste, estuvo, estuvimos, estuvisteis, estuvieron	
IMPERFECT	estaba, estabas, estaba, estábamos, estabais, estaban	fregando
FUTURE	estaré, estarás, estará, estaremos, estaréis, estarán	
CONDITIONAL	estaría, estarías, estaría, estaríamos, estaríais, estarían	
SUBJUNCTIVE	que + corresponding subjunctive tense of estar (see verb 151)	

COMMANDS

	(nosotros) freguemos/no freguemos
(tú) friega/no friegues	(vosotros) fregad/no freguéis
(Ud.) friegue/no friegue	(Uds.) frieguen/no frieguen

Usage

Friego la sartén.	*I'm scrubbing/scouring the frying pan.*
Frieguen los platos.	*Wash the dishes.*
¡Deja de fregarnos!	*Stop annoying/bothering us! (Lat. Am. usage)*
Hay utensilios en el fregadero.	*There are utensils in the sink.*

freír *to fry*

frío · frieron · frito · friendo

irregular verb

PRESENT		PRETERIT	
frío	freímos	freí	freímos
fríes	freís	freíste	freísteis
fríe	fríen	frió	frieron

IMPERFECT		PRESENT PERFECT	
freía	freíamos	he frito	hemos frito
freías	freíais	has frito	habéis frito
freía	freían	ha frito	han frito

FUTURE		CONDITIONAL	
freiré	freiremos	freiría	freiríamos
freirás	freiréis	freirías	freiríais
freirá	freirán	freiría	freirían

PLUPERFECT		PRETERIT PERFECT	
había frito	habíamos frito	hube frito	hubimos frito
habías frito	habíais frito	hubiste frito	hubisteis frito
había frito	habían frito	hubo frito	hubieron frito

FUTURE PERFECT		CONDITIONAL PERFECT	
habré frito	habremos frito	habría frito	habríamos frito
habrás frito	habréis frito	habrías frito	habríais frito
habrá frito	habrán frito	habría frito	habrían frito

PRESENT SUBJUNCTIVE		PRESENT PERFECT SUBJUNCTIVE	
fría	friamos	haya frito	hayamos frito
frías	friáis	hayas frito	hayáis frito
fría	frían	haya frito	hayan frito

IMPERFECT SUBJUNCTIVE (-ra)		*or* IMPERFECT SUBJUNCTIVE (-se)	
friera	friéramos	friese	friésemos
frieras	frierais	frieses	frieseis
friera	frieran	friese	friesen

PAST PERFECT SUBJUNCTIVE (-ra)		*or* PAST PERFECT SUBJUNCTIVE (-se)	
hubiera frito	hubiéramos frito	hubiese frito	hubiésemos frito
hubieras frito	hubierais frito	hubieses frito	hubieseis frito
hubiera frito	hubieran frito	hubiese frito	hubiesen frito

PROGRESSIVE TENSES

PRESENT	estoy, estás, está, estamos, estáis, están	
PRETERIT	estuve, estuviste, estuvo, estuvimos, estuvisteis, estuvieron	
IMPERFECT	estaba, estabas, estaba, estábamos, estabais, estaban	friendo
FUTURE	estaré, estarás, estará, estaremos, estaréis, estarán	
CONDITIONAL	estaría, estarías, estaría, estaríamos, estaríais, estarían	
SUBJUNCTIVE	que + *corresponding subjunctive tense of* estar (see verb 151)	

COMMANDS

	(nosotros) friamos/no friamos
(tú) fríe/no frías	(vosotros) freíd/no friáis
(Ud.) fría/no fría	(Uds.) frían/no frían

Usage

Fríe el bacalao.	*Fry the codfish.*
La cocinera frió el pollo.	*The chef fried the chicken.*
¡Vete a freír espárragos!	*Go jump in the lake!*
¡Estamos fritos!	*We're done for/all washed up!*

regular -ar verb

gano · ganaron · ganado · ganando

PRESENT

gano	ganamos
ganas	ganáis
gana	ganan

IMPERFECT

ganaba	ganábamos
ganabas	ganabais
ganaba	ganaban

FUTURE

ganaré	ganaremos
ganarás	ganaréis
ganará	ganarán

PLUPERFECT

había ganado	habíamos ganado
habías ganado	habíais ganado
había ganado	habían ganado

FUTURE PERFECT

habré ganado	habremos ganado
habrás ganado	habréis ganado
habrá ganado	habrán ganado

PRESENT SUBJUNCTIVE

gane	ganemos
ganes	ganéis
gane	ganen

IMPERFECT SUBJUNCTIVE (-ra)

ganara	ganáramos
ganaras	ganarais
ganara	ganaran

PAST PERFECT SUBJUNCTIVE (-ra)

hubiera ganado	hubiéramos ganado
hubieras ganado	hubierais ganado
hubiera ganado	hubieran ganado

PRETERIT

gané	ganamos
ganaste	ganasteis
ganó	ganaron

PRESENT PERFECT

he ganado	hemos ganado
has ganado	habéis ganado
ha ganado	han ganado

CONDITIONAL

ganaría	ganaríamos
ganarías	ganaríais
ganaría	ganarían

PRETERIT PERFECT

hube ganado	hubimos ganado
hubiste ganado	hubisteis ganado
hubo ganado	hubieron ganado

CONDITIONAL PERFECT

habría ganado	habríamos ganado
habrías ganado	habríais ganado
habría ganado	habrían ganado

PRESENT PERFECT SUBJUNCTIVE

haya ganado	hayamos ganado
hayas ganado	hayáis ganado
haya ganado	hayan ganado

or **IMPERFECT SUBJUNCTIVE (-se)**

ganase	ganásemos
ganases	ganaseis
ganase	ganasen

or **PAST PERFECT SUBJUNCTIVE (-se)**

hubiese ganado	hubiésemos ganado
hubieses ganado	hubieseis ganado
hubiese ganado	hubiesen ganado

PROGRESSIVE TENSES

PRESENT	estoy, estás, está, estamos, estáis, están
PRETERIT	estuve, estuviste, estuvo, estuvimos, estuvisteis, estuvieron
IMPERFECT	estaba, estabas, estaba, estábamos, estabais, estaban
FUTURE	estaré, estarás, estará, estaremos, estaréis, estarán
CONDITIONAL	estaría, estarías, estaría, estaríamos, estaríais, estarían
SUBJUNCTIVE	que + *corresponding subjunctive tense of* estar *(see verb 151)*

} ganando

COMMANDS

	(nosotros) ganemos/no ganemos
(tú) gana/no ganes	(vosotros) ganad/no ganéis
(Ud.) gane/no gane	(Uds.) ganen/no ganen

Usage

Ganan mucho dinero.	*They earn a lot of money.*
El general ganó la guerra.	*The general won the war.*
Ganó el respeto de todos.	*He gained everyone's respect.*
Se ganó la vida escribiendo.	*He earned his living by writing.*

gobierno · gobernaron · gobernado · gobernando stem-changing -ar verb: e > ie

PRESENT		PRETERIT	
gobierno	gobernamos	goberné	gobernamos
gobiernas	gobernáis	gobernaste	gobernasteis
gobierna	gobiernan	gobernó	gobernaron

IMPERFECT		PRESENT PERFECT	
gobernaba	gobernábamos	he gobernado	hemos gobernado
gobernabas	gobernabais	has gobernado	habéis gobernado
gobernaba	gobernaban	ha gobernado	han gobernado

FUTURE		CONDITIONAL	
gobernaré	gobernaremos	gobernaría	gobernaríamos
gobernarás	gobernaréis	gobernarías	gobernaríais
gobernará	gobernarán	gobernaría	gobernarían

PLUPERFECT		PRETERIT PERFECT	
había gobernado	habíamos gobernado	hube gobernado	hubimos gobernado
habías gobernado	habíais gobernado	hubiste gobernado	hubisteis gobernado
había gobernado	habían gobernado	hubo gobernado	hubieron gobernado

FUTURE PERFECT		CONDITIONAL PERFECT	
habré gobernado	habremos gobernado	habría gobernado	habríamos gobernado
habrás gobernado	habréis gobernado	habrías gobernado	habríais gobernado
habrá gobernado	habrán gobernado	habría gobernado	habrían gobernado

PRESENT SUBJUNCTIVE		PRESENT PERFECT SUBJUNCTIVE	
gobierne	gobernemos	haya gobernado	hayamos gobernado
gobiernes	gobernéis	hayas gobernado	hayáis gobernado
gobierne	gobiernen	haya gobernado	hayan gobernado

IMPERFECT SUBJUNCTIVE (-ra)		or	IMPERFECT SUBJUNCTIVE (-se)	
gobernara	gobernáramos		gobernase	gobernásemos
gobernaras	gobernarais		gobernases	gobernaseis
gobernara	gobernaran		gobernase	gobernasen

PAST PERFECT SUBJUNCTIVE (-ra)		or	PAST PERFECT SUBJUNCTIVE (-se)	
hubiera gobernado	hubiéramos gobernado		hubiese gobernado	hubiésemos gobernado
hubieras gobernado	hubierais gobernado		hubieses gobernado	hubieseis gobernado
hubiera gobernado	hubieran gobernado		hubiese gobernado	hubiesen gobernado

PROGRESSIVE TENSES

PRESENT	estoy, estás, está, estamos, estáis, están	
PRETERIT	estuve, estuviste, estuvo, estuvimos, estuvisteis, estuvieron	
IMPERFECT	estaba, estabas, estaba, estábamos, estabais, estaban	gobernando
FUTURE	estaré, estarás, estará, estaremos, estaréis, estarán	
CONDITIONAL	estaría, estarías, estaría, estaríamos, estaríais, estarían	
SUBJUNCTIVE	que + corresponding subjunctive tense of estar (see verb 151)	

COMMANDS

	(nosotros) gobernemos/no gobernemos
(tú) gobierna/no gobiernes	(vosotros) gobernad/no gobernéis
(Ud.) gobierne/no gobierne	(Uds.) gobiernen/no gobiernen

Usage

El presidente gobierna el país.	The president governs the country.
La junta directiva gobierna la empresa.	The board of directors manages the company.
La mejor forma de gobierno es la democracia.	The best form of government is democracy.

-ar verb; spelling change: z > c/e | **gozo · gozaron · gozado · gozando**

PRESENT		PRETERIT	
gozo	gozamos	gocé	gozamos
gozas	gozáis	gozaste	gozasteis
goza	gozan	gozó	gozaron

IMPERFECT		PRESENT PERFECT	
gozaba	gozábamos	he gozado	hemos gozado
gozabas	gozabais	has gozado	habéis gozado
gozaba	gozaban	ha gozado	han gozado

FUTURE		CONDITIONAL	
gozaré	gozaremos	gozaría	gozaríamos
gozarás	gozaréis	gozarías	gozaríais
gozará	gozarán	gozaría	gozarían

PLUPERFECT		PRETERIT PERFECT	
había gozado	habíamos gozado	hube gozado	hubimos gozado
habías gozado	habíais gozado	hubiste gozado	hubisteis gozado
había gozado	habían gozado	hubo gozado	hubieron gozado

FUTURE PERFECT		CONDITIONAL PERFECT	
habré gozado	habremos gozado	habría gozado	habríamos gozado
habrás gozado	habréis gozado	habrías gozado	habríais gozado
habrá gozado	habrán gozado	habría gozado	habrían gozado

PRESENT SUBJUNCTIVE		PRESENT PERFECT SUBJUNCTIVE	
goce	gocemos	haya gozado	hayamos gozado
goces	gocéis	hayas gozado	hayáis gozado
goce	gocen	haya gozado	hayan gozado

IMPERFECT SUBJUNCTIVE (-ra)		or	IMPERFECT SUBJUNCTIVE (-se)	
gozara	gozáramos		gozase	gozásemos
gozaras	gozarais		gozases	gozaseis
gozara	gozaran		gozase	gozasen

PAST PERFECT SUBJUNCTIVE (-ra)		or	PAST PERFECT SUBJUNCTIVE (-se)	
hubiera gozado	hubiéramos gozado		hubiese gozado	hubiésemos gozado
hubieras gozado	hubierais gozado		hubieses gozado	hubieseis gozado
hubiera gozado	hubieran gozado		hubiese gozado	hubiesen gozado

PROGRESSIVE TENSES

PRESENT	estoy, estás, está, estamos, estáis, están
PRETERIT	estuve, estuviste, estuvo, estuvimos, estuvisteis, estuvieron
IMPERFECT	estaba, estabas, estaba, estábamos, estabais, estaban
FUTURE	estaré, estarás, estará, estaremos, estaréis, estarán
CONDITIONAL	estaría, estarías, estaría, estaríamos, estaríais, estarían
SUBJUNCTIVE	que + *corresponding subjunctive tense of* estar (*see verb 151*)

gozando

COMMANDS

	(nosotros) gocemos/no gocemos
(tú) goza/no goces	(vosotros) gozad/no gocéis
(Ud.) goce/no goce	(Uds.) gocen/no gocen

Usage

¡Que gocen mucho en la fiesta!	*Enjoy yourselves at the party!*
Goza de buena fama.	*He enjoys/has a good reputation.*
¿Gozasteis con su visita?	*Were you thrilled with their visit?*

guiar *to guide, lead/take, drive*

guío · guiaron · guiado · guiando   *-ar* verb; spelling change: *i* > *í* when stressed

PRESENT

guío	guiamos
guías	guiáis
guía	guían

PRETERIT

guié	guiamos
guiaste	guiasteis
guió	guiaron

IMPERFECT

guiaba	guiábamos
guiabas	guiabais
guiaba	guiaban

PRESENT PERFECT

he guiado	hemos guiado
has guiado	habéis guiado
ha guiado	han guiado

FUTURE

guiaré	guiaremos
guiarás	guiaréis
guiará	guiarán

CONDITIONAL

guiaría	guiaríamos
guiarías	guiaríais
guiaría	guiarían

PLUPERFECT

había guiado	habíamos guiado
habías guiado	habíais guiado
había guiado	habían guiado

PRETERIT PERFECT

hube guiado	hubimos guiado
hubiste guiado	hubisteis guiado
hubo guiado	hubieron guiado

FUTURE PERFECT

habré guiado	habremos guiado
habrás guiado	habréis guiado
habrá guiado	habrán guiado

CONDITIONAL PERFECT

habría guiado	habríamos guiado
habrías guiado	habríais guiado
habría guiado	habrían guiado

PRESENT SUBJUNCTIVE

guíe	guiemos
guíes	guiéis
guíe	guíen

PRESENT PERFECT SUBJUNCTIVE

haya guiado	hayamos guiado
hayas guiado	hayáis guiado
haya guiado	hayan guiado

IMPERFECT SUBJUNCTIVE (-ra)   *or*   **IMPERFECT SUBJUNCTIVE (-se)**

guiara	guiáramos		guiase	guiásemos
guiaras	guiarais		guiases	guiaseis
guiara	guiaran		guiase	guiasen

PAST PERFECT SUBJUNCTIVE (-ra)   *or*   **PAST PERFECT SUBJUNCTIVE (-se)**

hubiera guiado	hubiéramos guiado		hubiese guiado	hubiésemos guiado
hubieras guiado	hubierais guiado		hubieses guiado	hubieseis guiado
hubiera guiado	hubieran guiado		hubiese guiado	hubiesen guiado

PROGRESSIVE TENSES

PRESENT	estoy, estás, está, estamos, estáis, están	
PRETERIT	estuve, estuviste, estuvo, estuvimos, estuvisteis, estuvieron	
IMPERFECT	estaba, estabas, estaba, estábamos, estabais, estaban	guiando
FUTURE	estaré, estarás, estará, estaremos, estaréis, estarán	
CONDITIONAL	estaría, estarías, estaría, estaríamos, estaríais, estarían	
SUBJUNCTIVE	que + *corresponding subjunctive tense of* estar (*see verb 151*)	

COMMANDS

	(nosotros) guiemos/no guiemos
(tú) guía/no guíes	(vosotros) guiad/no guiéis
(Ud.) guíe/no guíe	(Uds.) guíen/no guíen

Usage

El agente de viajes guió a los turistas.	The travel agent guided the tourists.
Guiábamos a los demás hasta salir de la cueva.	We guided the others until we got out of the cave.
¿No quieres guiar mi coche?	Don't you want to drive my car?

regular -ar verb; used in third-person singular
and plural with the indirect object pronoun

gusta · gustaron · gustado · gustando

PRESENT

me gusta(n)	nos gusta(n)
te gusta(n)	os gusta(n)
le gusta(n)	les gusta(n)

IMPERFECT

me gustaba(n)	nos gustaba(n)
te gustaba(n)	os gustaba(n)
le gustaba(n)	les gustaba(n)

FUTURE

me gustará(n)	nos gustará(n)
te gustará(n)	os gustará(n)
le gustará(n)	les gustará(n)

PLUPERFECT

me había(n) gustado	nos había(n) gustado
te había(n) gustado	os había(n) gustado
le había(n) gustado	les había(n) gustado

FUTURE PERFECT

me habrá(n) gustado	nos habrá(n) gustado
te habrá(n) gustado	os habrá(n) gustado
le habrá(n) gustado	les habrá(n) gustado

PRESENT SUBJUNCTIVE

me guste(n)	nos guste(n)
te guste(n)	os guste(n)
le guste(n)	les guste(n)

IMPERFECT SUBJUNCTIVE (-ra)

me gustara(n)	nos gustara(n)
te gustara(n)	os gustara(n)
le gustara(n)	les gustara(n)

PAST PERFECT SUBJUNCTIVE (-ra)

me hubiera(n) gustado	nos hubiera(n) gustado
te hubiera(n) gustado	os hubiera(n) gustado
le hubiera(n) gustado	les hubiera(n) gustado

PRETERIT

me gustó(-aron)	nos gustó(-aron)
te gustó(-aron)	os gustó(-aron)
le gustó(-aron)	les gustó(-aron)

PRESENT PERFECT

me ha(n) gustado	nos ha(n) gustado
te ha(n) gustado	os ha(n) gustado
le ha(n) gustado	les ha(n) gustado

CONDITIONAL

me gustaría(n)	nos gustaría(n)
te gustaría(n)	os gustaría(n)
le gustaría(n)	les gustaría(n)

PRETERIT PERFECT

me hubo(-ieron) gustado	nos hubo(-ieron) gustado
te hubo(-ieron) gustado	os hubo(-ieron) gustado
le hubo(-ieron) gustado	les hubo(-ieron) gustado

CONDITIONAL PERFECT

me habría(n) gustado	nos habría(n) gustado
te habría(n) gustado	os habría(n) gustado
le habría(n) gustado	les habría(n) gustado

PRESENT PERFECT SUBJUNCTIVE

me haya(n) gustado	nos haya(n) gustado
te haya(n) gustado	os haya(n) gustado
le haya(n) gustado	les haya(n) gustado

or **IMPERFECT SUBJUNCTIVE (-se)**

me gustase(n)	nos gustase(n)
te gustase(n)	os gustase(n)
le gustase(n)	les gustase(n)

or **PAST PERFECT SUBJUNCTIVE (-se)**

me hubiese(n) gustado	nos hubiese(n) gustado
te hubiese(n) gustado	os hubiese(n) gustado
le hubiese(n) gustado	les hubiese(n) gustado

PROGRESSIVE TENSES

PRESENT	me	está, están	
PRETERIT	te	estuvo, estuvieron	
IMPERFECT	le	estaba, estaban	gustando
FUTURE	nos	estará, estarán	
CONDITIONAL	os	estaría, estarían	
SUBJUNCTIVE que	les	*corresponding subjunctive tense of estar (see verb 151)*	

COMMANDS

¡Que te/le/os/les guste(n)!   ¡Que no te/le/os/les guste(n)!

Usage

—Me gusta leer sobre la historia.	*I like to read about history.*
—A mí también me gustan los libros de historia.	*I also like history books.*
—¿Les gustó la comedia?	*Did you like the play?*
—No. No nos gustan las comedias musicales.	*No. We don't like musicals.*
Les gustaría pasar más tiempo en París.	*They'd like to spend more time in Paris.*

haber to have

he · hubieron · habido · habiendo			irregular verb; auxiliary verb used to form the compound tenses

PRESENT		PRETERIT	
he	hemos	hube	hubimos
has	habéis	hubiste	hubisteis
ha	han	hubo	hubieron

IMPERFECT		PRESENT PERFECT	
había	habíamos	he habido	hemos habido
habías	habíais	has habido	habéis habido
había	habían	ha habido	han habido

FUTURE		CONDITIONAL	
habré	habremos	habría	habríamos
habrás	habréis	habrías	habríais
habrá	habrán	habría	habrían

PLUPERFECT		PRETERIT PERFECT	
había habido	habíamos habido	hube habido	hubimos habido
habías habido	habíais habido	hubiste habido	hubisteis habido
había habido	habían habido	hubo habido	hubieron habido

FUTURE PERFECT		CONDITIONAL PERFECT	
habré habido	habremos habido	habría habido	habríamos habido
habrás habido	habréis habido	habrías habido	habríais habido
habrá habido	habrán habido	habría habido	habrían habido

PRESENT SUBJUNCTIVE		PRESENT PERFECT SUBJUNCTIVE	
haya	hayamos	haya habido	hayamos habido
hayas	hayáis	hayas habido	hayáis habido
haya	hayan	haya habido	hayan habido

IMPERFECT SUBJUNCTIVE (-ra)		or	IMPERFECT SUBJUNCTIVE (-se)	
hubiera	hubiéramos		hubiese	hubiésemos
hubieras	hubierais		hubieses	hubieseis
hubiera	hubieran		hubiese	hubiesen

PAST PERFECT SUBJUNCTIVE (-ra)		or	PAST PERFECT SUBJUNCTIVE (-se)	
hubiera habido	hubiéramos habido		hubiese habido	hubiésemos habido
hubieras habido	hubierais habido		hubieses habido	hubieseis habido
hubiera habido	hubieran habido		hubiese habido	hubiesen habido

VERB NOT USED IN COMMANDS; VERY RARE IN THE PROGRESSIVE

Usage

As auxiliary verb

—¿No has visto al diseñador?	*Haven't you seen the designer?*
—Es que no ha venido a la oficina hoy.	*It's that he hasn't come into the office today.*
—Si hubiera venido lo habría visto.	*If he had come I would have seen him.*
No nos habían dicho nada.	*They hadn't told us anything.*

Expressions where haber *has its original meaning of "to have"*

Hemos de convocar al profesorado.	*We must convene a meeting of the faculty.*
La familia tiene mucho dinero en su haber.	*The family has a lot of money in its estate.*
Verifique el deber y haber.	*Check the liabilities and assets/debit and credit.*
¡Tenemos que habérselas con ese tipo!	*We have to have it out/deal with that guy!*

regular -ar verb

hablo · hablaron · hablado · hablando

PRESENT		PRETERIT	
hablo	hablamos	hablé	hablamos
hablas	habláis	hablaste	hablasteis
habla	hablan	habló	hablaron

IMPERFECT		PRESENT PERFECT	
hablaba	hablábamos	he hablado	hemos hablado
hablabas	hablabais	has hablado	habéis hablado
hablaba	hablaban	ha hablado	han hablado

FUTURE		CONDITIONAL	
hablaré	hablaremos	hablaría	hablaríamos
hablarás	hablaréis	hablarías	hablaríais
hablará	hablarán	hablaría	hablarían

PLUPERFECT		PRETERIT PERFECT	
había hablado	habíamos hablado	hube hablado	hubimos hablado
habías hablado	habíais hablado	hubiste hablado	hubisteis hablado
había hablado	habían hablado	hubo hablado	hubieron hablado

FUTURE PERFECT		CONDITIONAL PERFECT	
habré hablado	habremos hablado	habría hablado	habríamos hablado
habrás hablado	habréis hablado	habrías hablado	habríais hablado
habrá hablado	habrán hablado	habría hablado	habrían hablado

PRESENT SUBJUNCTIVE		PRESENT PERFECT SUBJUNCTIVE	
hable	hablemos	haya hablado	hayamos hablado
hables	habléis	hayas hablado	hayáis hablado
hable	hablen	haya hablado	hayan hablado

IMPERFECT SUBJUNCTIVE (-ra)		*or*	IMPERFECT SUBJUNCTIVE (-se)	
hablara	habláramos		hablase	hablásemos
hablaras	hablarais		hablases	hablaseis
hablara	hablaran		hablase	hablasen

PAST PERFECT SUBJUNCTIVE (-ra)		*or*	PAST PERFECT SUBJUNCTIVE (-se)	
hubiera hablado	hubiéramos hablado		hubiese hablado	hubiésemos hablado
hubieras hablado	hubierais hablado		hubieses hablado	hubieseis hablado
hubiera hablado	hubieran hablado		hubiese hablado	hubiesen hablado

PROGRESSIVE TENSES

PRESENT	estoy, estás, está, estamos, estáis, están
PRETERIT	estuve, estuviste, estuvo, estuvimos, estuvisteis, estuvieron
IMPERFECT	estaba, estabas, estaba, estábamos, estabais, estaban
FUTURE	estaré, estarás, estará, estaremos, estaréis, estarán
CONDITIONAL	estaría, estarías, estaría, estaríamos, estaríais, estarían
SUBJUNCTIVE	que + *corresponding subjunctive tense of* estar (*see verb 151*)

} hablando

COMMANDS

	(nosotros) hablemos/no hablemos
(tú) habla/no hables	(vosotros) hablad/no habléis
(Ud.) hable/no hable	(Uds.) hablen/no hablen

Usage

—No hablo español muy bien.	*I don't speak Spanish very well.*
—¡Qué va! Hablas con soltura.	*Are you kidding! You speak fluently.*
Se habla inglés aquí.	*English is spoken here.*
Hablemos de las elecciones.	*Let's talk about the election.*

to do, make

—¿Haces las quesadillas?	*Are you making the quesadillas?*
—Mira. Ya están hechas.	*Look. They're already made.*
Hagan todo lo posible para triunfar.	*Do your best/everything possible to win.*

to cause

Su arranque hizo que nos enfadáramos.	*His outburst made us get angry.*

Impersonal Expressions

¿Que tiempo hace?	*What's the weather like?*
Hace buen/mal tiempo.	*The weather is good/bad.*
Hace fresco y viento. Hace 50 grados.	*It's cool and windy. It's 50 degrees.*

hace **+ time +** *que*

—¿Cuánto (tiempo) hace que los viste?	*How long ago did you see them?*
—Hace un mes que los vi.	*I saw them a month ago.*
—¿Cuánto (tiempo) hace que viven aquí?	*How long have you been living here?*
—Hace siete años que vivimos aquí.	*We've been living here for seven years.*

hacer **+ infinitive** *to make/have someone do something*

Sus payasadas nos hacían reír.	*Their antics made us laugh.*
Haz que las visitas pasen a la sala.	*Have the visitors go into the living room.*
Haga preguntas.	*Ask questions.*
Isabel hacía el papel de la reina.	*Isabel played the role of the queen.*
No tienen nada que hacer.	*They don't have anything to do.*
El florero está roto. ¿Quién lo hizo pedazos?	*The vase is broken. Who smashed it to pieces?*

hacerse **to become, get**

Se hizo famoso/rico.	*He became famous/rich.*
Se hace tarde.	*It's getting late.*
El tesorero se hizo cargo/responsable.	*The treasurer took over/assumed responsibility.*
No te hagas daño.	*Don't hurt yourself.*

Other Uses

A lo hecho pecho.	*No use crying over spilt milk.*
Lo hecho hecho está.	*What's done is done.*
Dicho y hecho.	*No sooner said than done.*
Del dicho al hecho hay mucho trecho.	*Saying and doing are two different things.*

TOP 30
VERBS

irregular verb

hago · hicieron · hecho · haciendo

PRESENT

hago	hacemos
haces	hacéis
hace	hacen

PRETERIT

hice	hicimos
hiciste	hicisteis
hizo	hicieron

IMPERFECT

hacía	hacíamos
hacías	hacíais
hacía	hacían

PRESENT PERFECT

he hecho	hemos hecho
has hecho	habéis hecho
ha hecho	han hecho

FUTURE

haré	haremos
harás	haréis
hará	harán

CONDITIONAL

haría	haríamos
harías	haríais
haría	harían

PLUPERFECT

había hecho	habíamos hecho
habías hecho	habíais hecho
había hecho	habían hecho

PRETERIT PERFECT

hube hecho	hubimos hecho
hubiste hecho	hubisteis hecho
hubo hecho	hubieron hecho

FUTURE PERFECT

habré hecho	habremos hecho
habrás hecho	habréis hecho
habrá hecho	habrán hecho

CONDITIONAL PERFECT

habría hecho	habríamos hecho
habrías hecho	habríais hecho
habría hecho	habrían hecho

PRESENT SUBJUNCTIVE

haga	hagamos
hagas	hagáis
haga	hagan

PRESENT PERFECT SUBJUNCTIVE

haya hecho	hayamos hecho
hayas hecho	hayáis hecho
haya hecho	hayan hecho

IMPERFECT SUBJUNCTIVE (-ra)

hiciera	hiciéramos
hicieras	hicierais
hiciera	hicieran

or **IMPERFECT SUBJUNCTIVE (-se)**

hiciese	hiciésemos
hicieses	hicieseis
hiciese	hiciesen

PAST PERFECT SUBJUNCTIVE (-ra)

hubiera hecho	hubiéramos hecho
hubieras hecho	hubierais hecho
hubiera hecho	hubieran hecho

or **PAST PERFECT SUBJUNCTIVE (-se)**

hubiese hecho	hubiésemos hecho
hubieses hecho	hubieseis hecho
hubiese hecho	hubiesen hecho

PROGRESSIVE TENSES

PRESENT	estoy, estás, está, estamos, estáis, están	
PRETERIT	estuve, estuviste, estuvo, estuvimos, estuvisteis, estuvieron	
IMPERFECT	estaba, estabas, estaba, estábamos, estabais, estaban	haciendo
FUTURE	estaré, estarás, estará, estaremos, estaréis, estarán	
CONDITIONAL	estaría, estarías, estaría, estaríamos, estaríais, estarían	
SUBJUNCTIVE	que + *corresponding subjunctive tense of* estar (*see verb 151*)	

COMMANDS

	(nosotros) hagamos/no hagamos
(tú) haz/no hagas	(vosotros) haced/no hagáis
(Ud.) haga/no haga	(Uds.) hagan/no hagan

Usage

Hagamos planes para el fin de semana.	Let's make plans for the weekend.
Hizo que terminaran su trabajo.	He made them finish their work.
¿Qué estás haciendo?	What are you doing?
Haz lo que te dije.	Do what I told you.

hay · hubo · habido · habiendo   irregular verb

PRESENT	**PRETERIT**
hay	hubo
IMPERFECT	**PRESENT PERFECT**
había	ha habido
FUTURE	**CONDITIONAL**
habrá	habría
PLUPERFECT	**PRETERIT PERFECT**
había habido	hubo habido
FUTURE PERFECT	**CONDITIONAL PERFECT**
habrá habido	habría habido
PRESENT SUBJUNCTIVE	**PRESENT PERFECT SUBJUNCTIVE**
haya	haya habido
IMPERFECT SUBJUNCTIVE (-ra)	*or* **IMPERFECT SUBJUNCTIVE (-se)**
hubiera	hubiese
PAST PERFECT SUBJUNCTIVE (-ra)	*or* **PAST PERFECT SUBJUNCTIVE (-se)**
hubiera habido	hubiese habido

VERB NOT USED IN COMMANDS; VERY RARE IN THE PROGRESSIVE

Usage

¿Qué hay?	What's up?/How are you?
¿Qué hay de nuevo?	What's new?
¿Qué hubo?/¿Qué húbole?	What's up?/How are you? (Mex.)
Hay mucho dinero en la cuenta.	There's a lot of money in the account.
Había mucho dinero hasta que lo retiré.	There was a lot of money until I withdrew it.
Hubo un congreso en Filadelfia.	There was a conference in Philadelphia.
Había mucha gente en el parque.	There were many people in the park.
Habrá entradas en la taquilla.	There are probably tickets at the box office.
Ha habido problemas con el módem.	There have been/We've had problems with the modem.
Esperamos que haya interés en el proyecto.	We hope there will be interest in the project.
Es posible que haya habido dificultades.	It's possible there have been problems.
No creían que hubiera suficiente tiempo.	They didn't think there was enough time.
Sentíamos que no hubiera habido sitio para todos.	We were sorry there hadn't been room for everyone.
Ojalá que no haya embotellamiento.	I hope there won't be a traffic jam.
Ojalá que hubiera piscina en el hotel.	I wish there were a pool in the hotel.
Hay que leer las obras clásicas.	It's necessary to/One must read the classics.
—¿Hay diccionarios bilingües?	Are there/Do you have bilingual dictionaries?
—Sí, los hay.	Yes, there are/we have them.
No hay de qué.	You're welcome.
No hay más que hacer.	There's no more to be done.
No hay para quejarse/enfadarse.	There's no reason to complain/get angry.

stem-changing -ir verb:
$e > ie$ (present), $e > i$ (preterit)

hiero · hirieron · herido · hiriendo

PRESENT

hiero	herimos
hieres	herís
hiere	hieren

PRETERIT

herí	herimos
heriste	heristeis
hirió	hirieron

IMPERFECT

hería	heríamos
herías	heríais
hería	herían

PRESENT PERFECT

he herido	hemos herido
has herido	habéis herido
ha herido	han herido

FUTURE

heriré	heriremos
herirás	heriréis
herirá	herirán

CONDITIONAL

heriría	heriríamos
herirías	heriríais
heriría	herirían

PLUPERFECT

había herido	habíamos herido
habías herido	habíais herido
había herido	habían herido

PRETERIT PERFECT

hube herido	hubimos herido
hubiste herido	hubisteis herido
hubo herido	hubieron herido

FUTURE PERFECT

habré herido	habremos herido
habrás herido	habréis herido
habrá herido	habrán herido

CONDITIONAL PERFECT

habría herido	habríamos herido
habrías herido	habríais herido
habría herido	habrían herido

PRESENT SUBJUNCTIVE

hiera	hiramos
hieras	hiráis
hiera	hieran

PRESENT PERFECT SUBJUNCTIVE

haya herido	hayamos herido
hayas herido	hayáis herido
haya herido	hayan herido

IMPERFECT SUBJUNCTIVE (-ra)

hiriera	hiriéramos
hirieras	hirierais
hiriera	hirieran

or **IMPERFECT SUBJUNCTIVE (-se)**

hiriese	hiriésemos
hirieses	hirieseis
hiriese	hiriesen

PAST PERFECT SUBJUNCTIVE (-ra)

hubiera herido	hubiéramos herido
hubieras herido	hubierais herido
hubiera herido	hubieran herido

or **PAST PERFECT SUBJUNCTIVE (-se)**

hubiese herido	hubiésemos herido
hubieses herido	hubieseis herido
hubiese herido	hubiesen herido

PROGRESSIVE TENSES

PRESENT	estoy, estás, está, estamos, estáis, están	
PRETERIT	estuve, estuviste, estuvo, estuvimos, estuvisteis, estuvieron	
IMPERFECT	estaba, estabas, estaba, estábamos, estabais, estaban	hiriendo
FUTURE	estaré, estarás, estará, estaremos, estaréis, estarán	
CONDITIONAL	estaría, estarías, estaría, estaríamos, estaríais, estarían	
SUBJUNCTIVE	que + *corresponding subjunctive tense of* estar (see verb 151)	

COMMANDS

	(nosotros) hiramos/no hiramos
(tú) hiere/no hieras	(vosotros) herid/no hiráis
(Ud.) hiera/no hiera	(Uds.) hieran/no hieran

Usage

¿Cómo se hirió?	*How did you injure yourself?*
Nos herimos jugando fútbol.	*We hurt ourselves playing soccer.*
Sus palabras nos han herido.	*Her words have offended us.*
Fue herido en la batalla.	*He was wounded in battle.*

hiervo · hirvieron · hervido · hirviendo	stem-changing *-ir* verb:
	e > ie (present), *e > i* (preterit)

PRESENT

hiervo	hervimos
hierves	hervís
hierve	hierven

PRETERIT

herví	hervimos
herviste	hervisteis
hirvió	hirvieron

IMPERFECT

hervía	hervíamos
hervías	hervíais
hervía	hervían

PRESENT PERFECT

he hervido	hemos hervido
has hervido	habéis hervido
ha hervido	han hervido

FUTURE

herviré	herviremos
hervirás	herviréis
hervirá	hervirán

CONDITIONAL

herviría	herviríamos
hervirías	herviríais
herviría	hervirían

PLUPERFECT

había hervido	habíamos hervido
habías hervido	habíais hervido
había hervido	habían hervido

PRETERIT PERFECT

hube hervido	hubimos hervido
hubiste hervido	hubisteis hervido
hubo hervido	hubieron hervido

FUTURE PERFECT

habré hervido	habremos hervido
habrás hervido	habréis hervido
habrá hervido	habrán hervido

CONDITIONAL PERFECT

habría hervido	habríamos hervido
habrías hervido	habríais hervido
habría hervido	habrían hervido

PRESENT SUBJUNCTIVE

hierva	hirvamos
hiervas	hirváis
hierva	hiervan

PRESENT PERFECT SUBJUNCTIVE

haya hervido	hayamos hervido
hayas hervido	hayáis hervido
haya hervido	hayan hervido

IMPERFECT SUBJUNCTIVE (-ra) *or* **IMPERFECT SUBJUNCTIVE (-se)**

hirviera	hirviéramos	hirviese	hirviésemos
hirvieras	hirvierais	hirvieses	hirvieseis
hirviera	hirvieran	hirviese	hirviesen

PAST PERFECT SUBJUNCTIVE (-ra) *or* **PAST PERFECT SUBJUNCTIVE (-se)**

hubiera hervido	hubiéramos hervido	hubiese hervido	hubiésemos hervido
hubieras hervido	hubierais hervido	hubieses hervido	hubieseis hervido
hubiera hervido	hubieran hervido	hubiese hervido	hubiesen hervido

PROGRESSIVE TENSES

PRESENT	estoy, estás, está, estamos, estáis, están	
PRETERIT	estuve, estuviste, estuvo, estuvimos, estuvisteis, estuvieron	
IMPERFECT	estaba, estabas, estaba, estábamos, estabais, estaban	hirviendo
FUTURE	estaré, estarás, estará, estaremos, estaréis, estarán	
CONDITIONAL	estaría, estarías, estaría, estaríamos, estaríais, estarían	
SUBJUNCTIVE	que + *corresponding subjunctive tense of* estar (*see verb 151*)	

COMMANDS

	(nosotros) hirvamos/no hirvamos
(tú) hierve/no hiervas	(vosotros) hervid/no hirváis
(Ud.) hierva/no hierva	(Uds.) hiervan/no hiervan

Usage

El agua está hirviendo.	*The water is boiling.*
La cazuela hierve a fuego lento.	*The stew is simmering.*
Es un hervidero de política extremista.	*It's a hotbed of extremist politics.*
¡Se les hierve la sangre!	*Their blood is boiling!*

-ir verb; spelling change: adds *y* before *o, a, e*   **huyo · huyeron · huido · huyendo**

PRESENT		PRETERIT	
huyo	huimos	huí	huimos
huyes	huís	huiste	huisteis
huye	huyen	huyó	huyeron

IMPERFECT		PRESENT PERFECT	
huía	huíamos	he huido	hemos huido
huías	huíais	has huido	habéis huido
huía	huían	ha huido	han huido

FUTURE		CONDITIONAL	
huiré	huiremos	huiría	huiríamos
huirás	huiréis	huirías	huiríais
huirá	huirán	huiría	huirían

PLUPERFECT		PRETERIT PERFECT	
había huido	habíamos huido	hube huido	hubimos huido
habías huido	habíais huido	hubiste huido	hubisteis huido
había huido	habían huido	hubo huido	hubieron huido

FUTURE PERFECT		CONDITIONAL PERFECT	
habré huido	habremos huido	habría huido	habríamos huido
habrás huido	habréis huido	habrías huido	habríais huido
habrá huido	habrán huido	habría huido	habrían huido

PRESENT SUBJUNCTIVE		PRESENT PERFECT SUBJUNCTIVE	
huya	huyamos	haya huido	hayamos huido
huyas	huyáis	hayas huido	hayáis huido
huya	huyan	haya huido	hayan huido

IMPERFECT SUBJUNCTIVE (-ra)		or IMPERFECT SUBJUNCTIVE (-se)	
huyera	huyéramos	huyese	huyésemos
huyeras	huyerais	huyeses	huyeseis
huyera	huyeran	huyese	huyesen

PAST PERFECT SUBJUNCTIVE (-ra)		or PAST PERFECT SUBJUNCTIVE (-se)	
hubiera huido	hubiéramos huido	hubiese huido	hubiésemos huido
hubieras huido	hubierais huido	hubieses huido	hubieseis huido
hubiera huido	hubieran huido	hubiese huido	hubiesen huido

PROGRESSIVE TENSES

PRESENT	estoy, estás, está, estamos, estáis, están
PRETERIT	estuve, estuviste, estuvo, estuvimos, estuvisteis, estuvieron
IMPERFECT	estaba, estabas, estaba, estábamos, estabais, estaban
FUTURE	estaré, estarás, estará, estaremos, estaréis, estarán
CONDITIONAL	estaría, estarías, estaría, estaríamos, estaríais, estarían
SUBJUNCTIVE	que + *corresponding subjunctive tense of* estar (see verb 151)

       } huyendo

COMMANDS

	(nosotros) huyamos/no huyamos
(tú) huye/no huyas	(vosotros) huid/no huyáis
(Ud.) huya/no huya	(Uds.) huyan/no huyan

Usage

Huyeron del huracán.	*They fled from the hurricane.*
Huían de las amenazas del dictador.	*They were fleeing from the dictator's threats.*
El ladrón huyó de la policía.	*The thief escaped from the police.*
Huyeron de hacer la limpieza.	*They avoided cleaning up.*

identificar *to identify*

identifico · identificaron · identificado · identificando   *-ar verb; spelling change:*
c > qu/e

PRESENT		PRETERIT	
identifico	identificamos	identifiqué	identificamos
identificas	identificáis	identificaste	identificasteis
identifica	identifican	identificó	identificaron

IMPERFECT		PRESENT PERFECT	
identificaba	identificábamos	he identificado	hemos identificado
identificabas	identificabais	has identificado	habéis identificado
identificaba	identificaban	ha identificado	han identificado

FUTURE		CONDITIONAL	
identificaré	identificaremos	identificaría	identificaríamos
identificarás	identificaréis	identificarías	identificaríais
identificará	identificarán	identificaría	identificarían

PLUPERFECT		PRETERIT PERFECT	
había identificado	habíamos identificado	hube identificado	hubimos identificado
habías identificado	habíais identificado	hubiste identificado	hubisteis identificado
había identificado	habían identificado	hubo identificado	hubieron identificado

FUTURE PERFECT		CONDITIONAL PERFECT	
habré identificado	habremos identificado	habría identificado	habríamos identificado
habrás identificado	habréis identificado	habrías identificado	habríais identificado
habrá identificado	habrán identificado	habría identificado	habrían identificado

PRESENT SUBJUNCTIVE		PRESENT PERFECT SUBJUNCTIVE	
identifique	identifiquemos	haya identificado	hayamos identificado
identifiques	identifiquéis	hayas identificado	hayáis identificado
identifique	identifiquen	haya identificado	hayan identificado

IMPERFECT SUBJUNCTIVE (-ra)		*or*	IMPERFECT SUBJUNCTIVE (-se)	
identificara	identificáramos		identificase	identificásemos
identificaras	identificarais		identificases	identificaseis
identificara	identificaran		identificase	identificasen

PAST PERFECT SUBJUNCTIVE (-ra)		*or*	PAST PERFECT SUBJUNCTIVE (-se)	
hubiera identificado	hubiéramos identificado		hubiese identificado	hubiésemos identificado
hubieras identificado	hubierais identificado		hubieses identificado	hubieseis identificado
hubiera identificado	hubieran identificado		hubiese identificado	hubiesen identificado

PROGRESSIVE TENSES

PRESENT	estoy, estás, está, estamos, estáis, están	
PRETERIT	estuve, estuviste, estuvo, estuvimos, estuvisteis, estuvieron	
IMPERFECT	estaba, estabas, estaba, estábamos, estabais, estaban	identificando
FUTURE	estaré, estarás, estará, estaremos, estaréis, estarán	
CONDITIONAL	estaría, estarías, estaría, estaríamos, estaríais, estarían	
SUBJUNCTIVE	que + *corresponding subjunctive tense of* estar *(see verb 151)*	

COMMANDS

	(nosotros) identifiquemos/no identifiquemos
(tú) identifica/no identifiques	(vosotros) identificad/no identifiquéis
(Ud.) identifique/no identifique	(Uds.) identifiquen/no identifiquen

Usage

Se han identificado unas fuentes bien informadas.	We've identified some well-informed sources.
No pueden identificar el origen del problema.	They can't identify the source of the problem.
Se identifica con el papel que hace.	She identifies with the role she plays.

stem-changing *-ir* verb
(like *pedir*): *e > i*

impido · impidieron · impedido · impidiendo

PRESENT		PRETERIT	
impido	impedimos	impedí	impedimos
impides	impedís	impediste	impedisteis
impide	impiden	impidió	impidieron

IMPERFECT		PRESENT PERFECT	
impedía	impedíamos	he impedido	hemos impedido
impedías	impedíais	has impedido	habéis impedido
impedía	impedían	ha impedido	han impedido

FUTURE		CONDITIONAL	
impediré	impediremos	impediría	impediríamos
impedirás	impediréis	impedirías	impediríais
impedirá	impedirán	impediría	impedirían

PLUPERFECT		PRETERIT PERFECT	
había impedido	habíamos impedido	hube impedido	hubimos impedido
habías impedido	habíais impedido	hubiste impedido	hubisteis impedido
había impedido	habían impedido	hubo impedido	hubieron impedido

FUTURE PERFECT		CONDITIONAL PERFECT	
habré impedido	habremos impedido	habría impedido	habríamos impedido
habrás impedido	habréis impedido	habrías impedido	habríais impedido
habrá impedido	habrán impedido	habría impedido	habrían impedido

PRESENT SUBJUNCTIVE		PRESENT PERFECT SUBJUNCTIVE	
impida	impidamos	haya impedido	hayamos impedido
impidas	impidáis	hayas impedido	hayáis impedido
impida	impidan	haya impedido	hayan impedido

IMPERFECT SUBJUNCTIVE (-ra)		*or*	IMPERFECT SUBJUNCTIVE (-se)	
impidiera	impidiéramos		impidiese	impidiésemos
impidieras	impidierais		impidieses	impidieseis
impidiera	impidieran		impidiese	impidiesen

PAST PERFECT SUBJUNCTIVE (-ra)		*or*	PAST PERFECT SUBJUNCTIVE (-se)	
hubiera impedido	hubiéramos impedido		hubiese impedido	hubiésemos impedido
hubieras impedido	hubierais impedido		hubieses impedido	hubieseis impedido
hubiera impedido	hubieran impedido		hubiese impedido	hubiesen impedido

PROGRESSIVE TENSES

PRESENT	estoy, estás, está, estamos, estáis, están	
PRETERIT	estuve, estuviste, estuvo, estuvimos, estuvisteis, estuvieron	
IMPERFECT	estaba, estabas, estaba, estábamos, estabais, estaban	impidiendo
FUTURE	estaré, estarás, estará, estaremos, estaréis, estarán	
CONDITIONAL	estaría, estarías, estaría, estaríamos, estaríais, estarían	
SUBJUNCTIVE	que + *corresponding subjunctive tense of estar (see verb 151)*	

COMMANDS

	(nosotros) impidamos/no impidamos
(tú) impide/no impidas	(vosotros) impedid/no impidáis
(Ud.) impida/no impida	(Uds.) impidan/no impidan

Usage

La ventisca les impidió que condujeran.	*The blizzard prevented them from driving.*
¿Qué impide el progreso en el proyecto?	*What's impeding progress on the project?*
Le impedimos que huyera.	*We kept her from running away.*
El trabajo fue impedido por la oscuridad.	*The work was hindered by darkness.*

importar *to be concerned about, care*

importa · importaron · importado · importando   regular -ar verb (like **gustar**)

PRESENT

me importa(n)	nos importa(n)
te importa(n)	os importa(n)
le importa(n)	les importa(n)

PRETERIT

me importó(-aron)	nos importó(-aron)
te importó(-aron)	os importó(-aron)
le importó(-aron)	les importó(-aron)

IMPERFECT

me importaba(n)	nos importaba(n)
te importaba(n)	os importaba(n)
le importaba(n)	les importaba(n)

PRESENT PERFECT

me ha(n) importado	nos ha(n) importado
te ha(n) importado	os ha(n) importado
le ha(n) importado	les ha(n) importado

FUTURE

me importará(n)	nos importará(n)
te importará(n)	os importará(n)
le importará(n)	les importará(n)

CONDITIONAL

me importaría(n)	nos importaría(n)
te importaría(n)	os importaría(n)
le importaría(n)	les importaría(n)

PLUPERFECT

me había(n) importado	nos había(n) importado
te había(n) importado	os había(n) importado
le había(n) importado	les había(n) importado

PRETERIT PERFECT

me hubo(-ieron) importado	nos hubo(-ieron) importado
te hubo(-ieron) importado	os hubo(-ieron) importado
le hubo(-ieron) importado	les hubo(-ieron) importado

FUTURE PERFECT

me habrá(n) importado	nos habrá(n) importado
te habrá(n) importado	os habrá(n) importado
le habrá(n) importado	les habrá(n) importado

CONDITIONAL PERFECT

me habría(n) importado	nos habría(n) importado
te habría(n) importado	os habría(n) importado
le habría(n) importado	les habría(n) importado

PRESENT SUBJUNCTIVE

me importe(n)	nos importe(n)
te importe(n)	os importe(n)
le importe(n)	les importe(n)

PRESENT PERFECT SUBJUNCTIVE

me haya(n) importado	nos haya(n) importado
te haya(n) importado	os haya(n) importado
le haya(n) importado	les haya(n) importado

IMPERFECT SUBJUNCTIVE (-ra)

me importara(n)	nos importara(n)
te importara(n)	os importara(n)
le importara(n)	les importara(n)

or **IMPERFECT SUBJUNCTIVE (-se)**

me importase(n)	nos importase(n)
te importase(n)	os importase(n)
le importase(n)	les importase(n)

PAST PERFECT SUBJUNCTIVE (-ra)

me hubiera(n) importado	nos hubiera(n) importado
te hubiera(n) importado	os hubiera(n) importado
le hubiera(n) importado	les hubiera(n) importado

or **PAST PERFECT SUBJUNCTIVE (-se)**

me hubiese(n) importado	nos hubiese(n) importado
te hubiese(n) importado	os hubiese(n) importado
le hubiese(n) importado	les hubiese(n) importado

PROGRESSIVE TENSES

PRESENT		está, están
PRETERIT	me	estuvo, estuvieron
IMPERFECT	te	estaba, estaban
FUTURE	le	estará, estarán
CONDITIONAL	nos	estaría, estarían
SUBJUNCTIVE que	os les	corresponding subjunctive tense of estar (see verb 151)

importando

COMMANDS

¡Que te/le/os/les importe(n)!   ¡Que no te/le/os/les importe(n)!

Usage

—¿Les importan los resultados?	*Do you care about the results?*
—No, no nos importan.	*No, they don't matter to us.*
¡No te metas donde no te importa!	*Don't butt into things that don't concern you!*
Eso no os importaba.	*That didn't concern you.*
¡No me importa un comino/tres pepinos!	*I couldn't care less!/I don't give a damn!*
El país importa más de lo que exporta.	*The country imports more than it exports.*

-ir verb; spelling change:
adds y before *o, a, e*

incluyo · incluyeron · incluido · incluyendo

PRESENT

incluyo	incluimos
incluyes	incluís
incluye	incluyen

PRETERIT

incluí	incluimos
incluiste	incluisteis
incluyó	incluyeron

IMPERFECT

incluía	incluíamos
incluías	incluíais
incluía	incluían

PRESENT PERFECT

he incluido	hemos incluido
has incluido	habéis incluido
ha incluido	han incluido

FUTURE

incluiré	incluiremos
incluirás	incluiréis
incluirá	incluirán

CONDITIONAL

incluiría	incluiríamos
incluirías	incluiríais
incluiría	incluirían

PLUPERFECT

había incluido	habíamos incluido
habías incluido	habíais incluido
había incluido	habían incluido

PRETERIT PERFECT

hube incluido	hubimos incluido
hubiste incluido	hubisteis incluido
hubo incluido	hubieron incluido

FUTURE PERFECT

habré incluido	habremos incluido
habrás incluido	habréis incluido
habrá incluido	habrán incluido

CONDITIONAL PERFECT

habría incluido	habríamos incluido
habrías incluido	habríais incluido
habría incluido	habrían incluido

PRESENT SUBJUNCTIVE

incluya	incluyamos
incluyas	incluyáis
incluya	incluyan

PRESENT PERFECT SUBJUNCTIVE

haya incluido	hayamos incluido
hayas incluido	hayáis incluido
haya incluido	hayan incluido

IMPERFECT SUBJUNCTIVE (-ra)

incluyera	incluyéramos
incluyeras	incluyerais
incluyera	incluyeran

or **IMPERFECT SUBJUNCTIVE (-se)**

incluyese	incluyésemos
incluyeses	incluyeseis
incluyese	incluyesen

PAST PERFECT SUBJUNCTIVE (-ra)

hubiera incluido	hubiéramos incluido
hubieras incluido	hubierais incluido
hubiera incluido	hubieran incluido

or **PAST PERFECT SUBJUNCTIVE (-se)**

hubiese incluido	hubiésemos incluido
hubieses incluido	hubieseis incluido
hubiese incluido	hubiesen incluido

PROGRESSIVE TENSES

PRESENT	estoy, estás, está, estamos, estáis, están
PRETERIT	estuve, estuviste, estuvo, estuvimos, estuvisteis, estuvieron
IMPERFECT	estaba, estabas, estaba, estábamos, estabais, estaban
FUTURE	estaré, estarás, estará, estaremos, estaréis, estarán
CONDITIONAL	estaría, estarías, estaría, estaríamos, estaríais, estarían
SUBJUNCTIVE	que + *corresponding subjunctive tense of estar (see verb 151)*

} incluyendo

COMMANDS

	(nosotros) incluyamos/no incluyamos
(tú) incluye/no incluyas	(vosotros) incluid/no incluyáis
(Ud.) incluya/no incluya	(Uds.) incluyan/no incluyan

Usage

El precio lo incluía todo.	*The price included everything.*
Incluyo las fotos con mi carta.	*I've enclosed the photos with my letter.*
¿Qué incluye el plan?	*What does the plan comprise?*
Aquí tiene el contrato todo incluido.	*Here's the contract, everything included.*

indicar to indicate, point out, show, suggest

indico · indicaron · indicado · indicando — *-ar verb; spelling change: c > qu/e*

PRESENT		PRETERIT	
indico	indicamos	indiqué	indicamos
indicas	indicáis	indicaste	indicasteis
indica	indican	indicó	indicaron

IMPERFECT		PRESENT PERFECT	
indicaba	indicábamos	he indicado	hemos indicado
indicabas	indicabais	has indicado	habéis indicado
indicaba	indicaban	ha indicado	han indicado

FUTURE		CONDITIONAL	
indicaré	indicaremos	indicaría	indicaríamos
indicarás	indicaréis	indicarías	indicaríais
indicará	indicarán	indicaría	indicarían

PLUPERFECT		PRETERIT PERFECT	
había indicado	habíamos indicado	hube indicado	hubimos indicado
habías indicado	habíais indicado	hubiste indicado	hubisteis indicado
había indicado	habían indicado	hubo indicado	hubieron indicado

FUTURE PERFECT		CONDITIONAL PERFECT	
habré indicado	habremos indicado	habría indicado	habríamos indicado
habrás indicado	habréis indicado	habrías indicado	habríais indicado
habrá indicado	habrán indicado	habría indicado	habrían indicado

PRESENT SUBJUNCTIVE		PRESENT PERFECT SUBJUNCTIVE	
indique	indiquemos	haya indicado	hayamos indicado
indiques	indiquéis	hayas indicado	hayáis indicado
indique	indiquen	haya indicado	hayan indicado

IMPERFECT SUBJUNCTIVE (-ra)		or	IMPERFECT SUBJUNCTIVE (-se)	
indicara	indicáramos		indicase	indicásemos
indicaras	indicarais		indicases	indicaseis
indicara	indicaran		indicase	indicasen

PAST PERFECT SUBJUNCTIVE (-ra)		or	PAST PERFECT SUBJUNCTIVE (-se)	
hubiera indicado	hubiéramos indicado		hubiese indicado	hubiésemos indicado
hubieras indicado	hubierais indicado		hubieses indicado	hubieseis indicado
hubiera indicado	hubieran indicado		hubiese indicado	hubiesen indicado

PROGRESSIVE TENSES

PRESENT	estoy, estás, está, estamos, estáis, están
PRETERIT	estuve, estuviste, estuvo, estuvimos, estuvisteis, estuvieron
IMPERFECT	estaba, estabas, estaba, estábamos, estabais, estaban
FUTURE	estaré, estarás, estará, estaremos, estaréis, estarán
CONDITIONAL	estaría, estarías, estaría, estaríamos, estaríais, estarían
SUBJUNCTIVE	que + *corresponding subjunctive tense of estar (see verb 151)*

indicando

COMMANDS

	(nosotros) indiquemos/no indiquemos
(tú) indica/no indiques	(vosotros) indicad/no indiquéis
(Ud.) indique/no indique	(Uds.) indiquen/no indiquen

Usage

Indique con el dedo el lugar en el mapa.	Point out the place on the map.
Han indicado su indiferencia.	They've indicated their indifference.
Nos indicó que no estaba contenta.	She suggested to us she wasn't happy.
Se indica algo con el índice.	You point at something with your index finger.

-ir verb; spelling change:
adds y before *o, a, e*

influyo · influyeron · influido · influyendo

PRESENT

influyo	influimos
influyes	influís
influye	influyen

PRETERIT

influí	influimos
influiste	influisteis
influyó	influyeron

IMPERFECT

influía	influíamos
influías	influíais
influía	influían

PRESENT PERFECT

he influido	hemos influido
has influido	habéis influido
ha influido	han influido

FUTURE

influiré	influiremos
influirás	influiréis
influirá	influirán

CONDITIONAL

influiría	influiríamos
influirías	influiríais
influiría	influirían

PLUPERFECT

había influido	habíamos influido
habías influido	habíais influido
había influido	habían influido

PRETERIT PERFECT

hube influido	hubimos influido
hubiste influido	hubisteis influido
hubo influido	hubieron influido

FUTURE PERFECT

habré influido	habremos influido
habrás influido	habréis influido
habrá influido	habrán influido

CONDITIONAL PERFECT

habría influido	habríamos influido
habrías influido	habríais influido
habría influido	habrían influido

PRESENT SUBJUNCTIVE

influya	influyamos
influyas	influyáis
influya	influyan

PRESENT PERFECT SUBJUNCTIVE

haya influido	hayamos influido
hayas influido	hayáis influido
haya influido	hayan influido

IMPERFECT SUBJUNCTIVE (-ra)

influyera	influyéramos
influyeras	influyerais
influyera	influyeran

or **IMPERFECT SUBJUNCTIVE (-se)**

influyese	influyésemos
influyeses	influyeseis
influyese	influyesen

PAST PERFECT SUBJUNCTIVE (-ra)

hubiera influido	hubiéramos influido
hubieras influido	hubierais influido
hubiera influido	hubieran influido

or **PAST PERFECT SUBJUNCTIVE (-se)**

hubiese influido	hubiésemos influido
hubieses influido	hubieseis influido
hubiese influido	hubiesen influido

PROGRESSIVE TENSES

PRESENT	estoy, estás, está, estamos, estáis, están	
PRETERIT	estuve, estuviste, estuvo, estuvimos, estuvisteis, estuvieron	
IMPERFECT	estaba, estabas, estaba, estábamos, estabais, estaban	influyendo
FUTURE	estaré, estarás, estará, estaremos, estaréis, estarán	
CONDITIONAL	estaría, estarías, estaría, estaríamos, estaríais, estarían	
SUBJUNCTIVE	que + *corresponding subjunctive tense of* estar (see verb 151)	

COMMANDS

	(nosotros) influyamos/no influyamos
(tú) influye/no influyas	(vosotros) influid/no influyáis
(Ud.) influya/no influya	(Uds.) influyan/no influyan

Usage

Sus ideas han influido en sus alumnos.	*Her ideas have influenced her pupils.*
Su medio ambiente influye en el escritor.	*A writer is influenced by his environment.*
¿Quiénes influirán en la decisión?	*Who will influence the decision?*
Es una persona de mucha influencia.	*He's a very influential person.*

insistir *to insist, emphasize*

insisto · insistieron · insistido · insistiendo

regular -ir verb

PRESENT		PRETERIT	
insisto	insistimos	insistí	insistimos
insistes	insistís	insististe	insististeis
insiste	insisten	insistió	insistieron

IMPERFECT		PRESENT PERFECT	
insistía	insistíamos	he insistido	hemos insistido
insistías	insistíais	has insistido	habéis insistido
insistía	insistían	ha insistido	han insistido

FUTURE		CONDITIONAL	
insistiré	insistiremos	insistiría	insistiríamos
insistirás	insistiréis	insistirías	insistiríais
insistirá	insistirán	insistiría	insistirían

PLUPERFECT		PRETERIT PERFECT	
había insistido	habíamos insistido	hube insistido	hubimos insistido
habías insistido	habíais insistido	hubiste insistido	hubisteis insistido
había insistido	habían insistido	hubo insistido	hubieron insistido

FUTURE PERFECT		CONDITIONAL PERFECT	
habré insistido	habremos insistido	habría insistido	habríamos insistido
habrás insistido	habréis insistido	habrías insistido	habríais insistido
habrá insistido	habrán insistido	habría insistido	habrían insistido

PRESENT SUBJUNCTIVE		PRESENT PERFECT SUBJUNCTIVE	
insista	insistamos	haya insistido	hayamos insistido
insistas	insistáis	hayas insistido	hayáis insistido
insista	insistan	haya insistido	hayan insistido

IMPERFECT SUBJUNCTIVE (-ra)		or	IMPERFECT SUBJUNCTIVE (-se)	
insistiera	insistiéramos		insistiese	insistiésemos
insistieras	insistierais		insistieses	insistieseis
insistiera	insistieran		insistiese	insistiesen

PAST PERFECT SUBJUNCTIVE (-ra)		or	PAST PERFECT SUBJUNCTIVE (-se)	
hubiera insistido	hubiéramos insistido		hubiese insistido	hubiésemos insistido
hubieras insistido	hubierais insistido		hubieses insistido	hubieseis insistido
hubiera insistido	hubieran insistido		hubiese insistido	hubiesen insistido

PROGRESSIVE TENSES

PRESENT	estoy, estás, está, estamos, estáis, están
PRETERIT	estuve, estuviste, estuvo, estuvimos, estuvisteis, estuvieron
IMPERFECT	estaba, estabas, estaba, estábamos, estabais, estaban
FUTURE	estaré, estarás, estará, estaremos, estaréis, estarán
CONDITIONAL	estaría, estarías, estaría, estaríamos, estaríais, estarían
SUBJUNCTIVE	que + *corresponding subjunctive tense of estar (see verb 151)*

insistiendo

COMMANDS

	(nosotros) insistamos/no insistamos
(tú) insiste/no insistas	(vosotros) insistid/no insistáis
(Ud.) insista/no insista	(Uds.) insistan/no insistan

Usage

¡La muy pesada insiste en acompañarnos!	*The big bore insists on coming with us!*
Insisto en que me devuelvas el dinero.	*I insist that you return the money to me.*
Insistían en lo grave de la cuestión.	*They stressed the seriousness of the matter.*
Insistía en que almorzáramos con él.	*He insisted on our having lunch with him.*

regular -ar verb (like **gustar**)   interesa · interesaron · interesado · interesando

PRESENT

me interesa(n)	nos interesa(n)
te interesa(n)	os interesa(n)
le interesa(n)	les interesa(n)

IMPERFECT

me interesaba(n)	nos interesaba(n)
te interesaba(n)	os interesaba(n)
le interesaba(n)	les interesaba(n)

FUTURE

me interesará(n)	nos interesará(n)
te interesará(n)	os interesará(n)
le interesará(n)	les interesará(n)

PLUPERFECT

me había(n) interesado	nos había(n) interesado
te había(n) interesado	os había(n) interesado
le había(n) interesado	les había(n) interesado

FUTURE PERFECT

me habrá(n) interesado	nos habrá(n) interesado
te habrá(n) interesado	os habrá(n) interesado
le habrá(n) interesado	les habrá(n) interesado

PRESENT SUBJUNCTIVE

me interese(n)	nos interese(n)
te interese(n)	os interese(n)
le interese(n)	les interese(n)

IMPERFECT SUBJUNCTIVE (-ra)

me interesara(n)	nos interesara(n)
te interesara(n)	os interesara(n)
le interesara(n)	les interesara(n)

PAST PERFECT SUBJUNCTIVE (-ra)

me hubiera(n) interesado	nos hubiera(n) interesado
te hubiera(n) interesado	os hubiera(n) interesado
le hubiera(n) interesado	les hubiera(n) interesado

PRETERIT

me interesó(-aron)	nos interesó(-aron)
te interesó(-aron)	os interesó(-aron)
le interesó(-aron)	les interesó(-aron)

PRESENT PERFECT

me ha(n) interesado	nos ha(n) interesado
te ha(n) interesado	os ha(n) interesado
le ha(n) interesado	les ha(n) interesado

CONDITIONAL

me interesaría(n)	nos interesaría(n)
te interesaría(n)	os interesaría(n)
le interesaría(n)	les interesaría(n)

PRETERIT PERFECT

me hubo(-ieron) interesado	nos hubo(-ieron) interesado
te hubo(-ieron) interesado	os hubo(-ieron) interesado
le hubo(-ieron) interesado	les hubo(-ieron) interesado

CONDITIONAL PERFECT

me habría(n) interesado	nos habría(n) interesado
te habría(n) interesado	os habría(n) interesado
le habría(n) interesado	les habría(n) interesado

PRESENT PERFECT SUBJUNCTIVE

me haya(n) interesado	nos haya(n) interesado
te haya(n) interesado	os haya(n) interesado
le haya(n) interesado	les haya(n) interesado

or   **IMPERFECT SUBJUNCTIVE (-se)**

me interesase(n)	nos interesase(n)
te interesase(n)	os interesase(n)
le interesase(n)	les interesase(n)

or   **PAST PERFECT SUBJUNCTIVE (-se)**

me hubiese(n) interesado	nos hubiese(n) interesado
te hubiese(n) interesado	os hubiese(n) interesado
le hubiese(n) interesado	les hubiese(n) interesado

PROGRESSIVE TENSES

PRESENT	me	está, están
PRETERIT	te	estuvo, estuvieron
IMPERFECT	le	estaba, estaban
FUTURE	nos	estará, estarán
CONDITIONAL	os	esaría, estarían
SUBJUNCTIVE que	les	*corresponding subjunctive tense of estar (see verb 151)*

interesando

COMMANDS

¡Que te/le/os/les interese(n)!   ¡Que no te/le/os/les interese(n)!

Usage

—¿Te interesa trabajar en el negocio?	*Are you interested in working in the business?*
—Me interesaría si pagaran más.	*I'd be interested if it were better paying.*
Nos interesan los métodos que usan.	*We're concerned about the methods they use.*
—¿En qué te interesas?	*What interests do you have?*
—Me intereso por la música y los deportes.	*I'm interested in music and sports.*

introducir to introduce, show in, cause

introduzco · introdujeron · introducido · introduciendo   -ir verb; spelling change:
c > zc/o, a; irregular preterit

PRESENT

introduzco	introducimos
introduces	introducís
introduce	introducen

IMPERFECT

introducía	introducíamos
introducías	introducíais
introducía	introducían

FUTURE

introduciré	introduciremos
introducirás	introduciréis
introducirá	introducirán

PLUPERFECT

había introducido	habíamos introducido
habías introducido	habíais introducido
había introducido	habían introducido

FUTURE PERFECT

habré introducido	habremos introducido
habrás introducido	habréis introducido
habrá introducido	habrán introducido

PRESENT SUBJUNCTIVE

introduzca	introduzcamos
introduzcas	introduzcáis
introduzca	introduzcan

IMPERFECT SUBJUNCTIVE (-ra)

introdujera	introdujéramos
introdujeras	introdujerais
introdujera	introdujeran

PAST PERFECT SUBJUNCTIVE (-ra)

hubiera introducido	hubiéramos introducido
hubieras introducido	hubierais introducido
hubiera introducido	hubieran introducido

PRETERIT

introduje	introdujimos
introdujiste	introdujisteis
introdujo	introdujeron

PRESENT PERFECT

he introducido	hemos introducido
has introducido	habéis introducido
ha introducido	han introducido

CONDITIONAL

introduciría	introduciríamos
introducirías	introduciríais
introduciría	introducirían

PRETERIT PERFECT

hube introducido	hubimos introducido
hubiste introducido	hubisteis introducido
hubo introducido	hubieron introducido

CONDITIONAL PERFECT

habría introducido	habríamos introducido
habrías introducido	habríais introducido
habría introducido	habrían introducido

PRESENT PERFECT SUBJUNCTIVE

haya introducido	hayamos introducido
hayas introducido	hayáis introducido
haya introducido	hayan introducido

or **IMPERFECT SUBJUNCTIVE (-se)**

introdujese	introdujésemos
introdujeses	introdujeseis
introdujese	introdujesen

or **PAST PERFECT SUBJUNCTIVE (-se)**

hubiese introducido	hubiésemos introducido
hubieses introducido	hubieseis introducido
hubiese introducido	hubiesen introducido

PROGRESSIVE TENSES

PRESENT	estoy, estás, está, estamos, estáis, están
PRETERIT	estuve, estuviste, estuvo, estuvimos, estuvisteis, estuvieron
IMPERFECT	estaba, estabas, estaba, estábamos, estabais, estaban
FUTURE	estaré, estarás, estará, estaremos, estaréis, estarán
CONDITIONAL	estaría, estarías, estaría, estaríamos, estaríais, estarían
SUBJUNCTIVE	que + corresponding subjunctive tense of estar (see verb 151)

} introduciendo

COMMANDS

	(nosotros) introduzcamos/no introduzcamos
(tú) introduce/no introduzcas	(vosotros) introducid/no introduzcáis
(Ud.) introduzca/no introduzca	(Uds.) introduzcan/no introduzcan

Usage

Los introdujimos en el club.	We introduced them into the club.
Introdúzcala en la sala.	Show her into the living room.
Ese tipo introduce confusión en todo.	That guy causes/creates confusion in everything.
Es mejor que no se introduzcan en eso.	It's better that you not interfere in that.

stem-changing -ir verb:
$e > ie$ (present), $e > i$ (preterit)

invierto · invirtieron · invertido · invirtiendo

PRESENT		PRETERIT	
invierto	invertimos	invertí	invertimos
inviertes	invertís	invertiste	invertisteis
invierte	invierten	invirtió	invirtieron

IMPERFECT		PRESENT PERFECT	
invertía	invertíamos	he invertido	hemos invertido
invertías	invertíais	has invertido	habéis invertido
invertía	invertían	ha invertido	han invertido

FUTURE		CONDITIONAL	
invertiré	invertiremos	invertiría	invertiríamos
invertirás	invertiréis	invertirías	invertiríais
invertirá	invertirán	invertiría	invertirían

PLUPERFECT		PRETERIT PERFECT	
había invertido	habíamos invertido	hube invertido	hubimos invertido
habías invertido	habíais invertido	hubiste invertido	hubisteis invertido
había invertido	habían invertido	hubo invertido	hubieron invertido

FUTURE PERFECT		CONDITIONAL PERFECT	
habré invertido	habremos invertido	habría invertido	habríamos invertido
habrás invertido	habréis invertido	habrías invertido	habríais invertido
habrá invertido	habrán invertido	habría invertido	habrían invertido

PRESENT SUBJUNCTIVE		PRESENT PERFECT SUBJUNCTIVE	
invierta	invirtamos	haya invertido	hayamos invertido
inviertas	invirtáis	hayas invertido	hayáis invertido
invierta	inviertan	haya invertido	hayan invertido

IMPERFECT SUBJUNCTIVE (-ra)		or	IMPERFECT SUBJUNCTIVE (-se)	
invirtiera	invirtiéramos		invirtiese	invirtiésemos
invirtieras	invirtierais		invirtieses	invirtieseis
invirtiera	invirtieran		invirtiese	invirtiesen

PAST PERFECT SUBJUNCTIVE (-ra)		or	PAST PERFECT SUBJUNCTIVE (-se)	
hubiera invertido	hubiéramos invertido		hubiese invertido	hubiésemos invertido
hubieras invertido	hubierais invertido		hubieses invertido	hubieseis invertido
hubiera invertido	hubieran invertido		hubiese invertido	hubiesen invertido

PROGRESSIVE TENSES

PRESENT	estoy, estás, está, estamos, estáis, están	
PRETERIT	estuve, estuviste, estuvo, estuvimos, estuvisteis, estuvieron	
IMPERFECT	estaba, estabas, estaba, estábamos, estabais, estaban	invirtiendo
FUTURE	estaré, estarás, estará, estaremos, estaréis, estarán	
CONDITIONAL	estaría, estarías, estaría, estaríamos, estaríais, estarían	
SUBJUNCTIVE	que + corresponding subjunctive tense of estar (see verb 151)	

COMMANDS

	(nosotros) invirtamos/no invirtamos
(tú) invierte/no inviertas	(vosotros) invertid/no invirtáis
(Ud.) invierta/no invierta	(Uds.) inviertan/no inviertan

Usage

Invirtieron capital de riesgo en la firma.	*They invested venture capital in the company.*
Los actores invertirán sus papeles a partir de hoy.	*The actors will change their roles starting today.*
Ahora invierta el proceso químico.	*Now reverse the chemical process.*

investigo · investigaron · investigado · investigando   *-ar verb; spelling change:*
g > gu/e

PRESENT		PRETERIT	
investigo	investigamos	investigué	investigamos
investigas	investigáis	investigaste	investigasteis
investiga	investigan	investigó	investigaron

IMPERFECT		PRESENT PERFECT	
investigaba	investigábamos	he investigado	hemos investigado
investigabas	investigabais	has investigado	habéis investigado
investigaba	investigaban	ha investigado	han investigado

FUTURE		CONDITIONAL	
investigaré	investigaremos	investigaría	investigaríamos
investigarás	investigaréis	investigarías	investigaríais
investigará	investigarán	investigaría	investigarían

PLUPERFECT		PRETERIT PERFECT	
había investigado	habíamos investigado	hube investigado	hubimos investigado
habías investigado	habíais investigado	hubiste investigado	hubisteis investigado
había investigado	habían investigado	hubo investigado	hubieron investigado

FUTURE PERFECT		CONDITIONAL PERFECT	
habré investigado	habremos investigado	habría investigado	habríamos investigado
habrás investigado	habréis investigado	habrías investigado	habríais investigado
habrá investigado	habrán investigado	habría investigado	habrían investigado

PRESENT SUBJUNCTIVE		PRESENT PERFECT SUBJUNCTIVE	
investigue	investiguemos	haya investigado	hayamos investigado
investigues	investiguéis	hayas investigado	hayáis investigado
investigue	investiguen	haya investigado	hayan investigado

IMPERFECT SUBJUNCTIVE (-ra)		*or*	IMPERFECT SUBJUNCTIVE (-se)	
investigara	investigáramos		investigase	investigásemos
investigaras	investigarais		investigases	investigaseis
investigara	investigaran		investigase	investigasen

PAST PERFECT SUBJUNCTIVE (-ra)		*or*	PAST PERFECT SUBJUNCTIVE (-se)	
hubiera investigado	hubiéramos investigado		hubiese investigado	hubiésemos investigado
hubieras investigado	hubierais investigado		hubieses investigado	hubieseis investigado
hubiera investigado	hubieran investigado		hubiese investigado	hubiesen investigado

PROGRESSIVE TENSES

PRESENT	estoy, estás, está, estamos, estáis, están	
PRETERIT	estuve, estuviste, estuvo, estuvimos, estuvisteis, estuvieron	
IMPERFECT	estaba, estabas, estaba, estábamos, estabais, estaban	investigando
FUTURE	estaré, estarás, estará, estaremos, estaréis, estarán	
CONDITIONAL	estaría, estarías, estaría, estaríamos, estaríais, estarían	
SUBJUNCTIVE	que + *corresponding subjunctive tense* of estar (see verb 151)	

COMMANDS

	(nosotros) investiguemos/no investiguemos
(tú) investiga/no investigues	(vosotros) investigad/no investiguéis
(Ud.) investigue/no investigue	(Uds.) investiguen/no investiguen

Usage

La policía va investigando el crimen.	*The police are investigating the crime.*
Investigan el móvil.	*They're finding out the motive.*
Investigo las causas de la guerra.	*I'm researching the causes of the war.*
¿Cuándo se terminarán las investigaciones?	*When will the research be concluded?*

irregular verb

voy · fueron · ido · yendo

PRESENT		PRETERIT	
voy	vamos	fui	fuimos
vas	vais	fuiste	fuisteis
va	van	fue	fueron

IMPERFECT		PRESENT PERFECT	
iba	íbamos	he ido	hemos ido
ibas	ibais	has ido	habéis ido
iba	iban	ha ido	han ido

FUTURE		CONDITIONAL	
iré	iremos	iría	iríamos
irás	iréis	irías	iríais
irá	irán	iría	irían

PLUPERFECT		PRETERIT PERFECT	
había ido	habíamos ido	hube ido	hubimos ido
habías ido	habíais ido	hubiste ido	hubisteis ido
había ido	habían ido	hubo ido	hubieron ido

FUTURE PERFECT		CONDITIONAL PERFECT	
habré ido	habremos ido	habría ido	habríamos ido
habrás ido	habréis ido	habrías ido	habríais ido
habrá ido	habrán ido	habría ido	habrían ido

PRESENT SUBJUNCTIVE		PRESENT PERFECT SUBJUNCTIVE	
vaya	vayamos	haya ido	hayamos ido
vayas	vayáis	hayas ido	hayáis ido
vaya	vayan	haya ido	hayan ido

IMPERFECT SUBJUNCTIVE (-ra)		*or*	IMPERFECT SUBJUNCTIVE (-se)	
fuera	fuéramos		fuese	fuésemos
fueras	fuerais		fueses	fueseis
fuera	fueran		fuese	fuesen

PAST PERFECT SUBJUNCTIVE (-ra)		*or*	PAST PERFECT SUBJUNCTIVE (-se)	
hubiera ido	hubiéramos ido		hubiese ido	hubiésemos ido
hubieras ido	hubierais ido		hubieses ido	hubieseis ido
hubiera ido	hubieran ido		hubiese ido	hubiesen ido

PROGRESSIVE TENSES

PRESENT	estoy, estás, está, estamos, estáis, están
PRETERIT	estuve, estuviste, estuvo, estuvimos, estuvisteis, estuvieron
IMPERFECT	estaba, estabas, estaba, estábamos, estabais, estaban
FUTURE	estaré, estarás, estará, estaremos, estaréis, estarán
CONDITIONAL	estaría, estarías, estaría, estaríamos, estaríais, estarían
SUBJUNCTIVE	que + *corresponding subjunctive tense of* estar (*see verb 151*)

} yendo

COMMANDS

	(nosotros) vamos/no vayamos
(tú) ve/no vayas	(vosotros) id/no vayáis
(Ud.) vaya/no vaya	(Uds.) vayan/no vayan

Usage

—¿Uds. van al museo de arte ahora?	*Are you going to the art museum now?*
—No, vamos a ir por la tarde.	*No, we're going to go in the afternoon.*
¿Cómo te va?	*How are you?/How are things?*

Fueron en coche/tren/avión.	They went by car/train/plane.
Ve de compras con Paula.	Go shopping with Paula.
Han ido al centro comercial.	They've gone to the mall.
¿Cómo te va en la Marina de guerra?	How's it going for you in the navy?
El AVE va de Madrid a Sevilla en tres horas.	The high-speed train goes from Madrid to Seville in three hours.
El traje te va muy bien.	The suit is very becoming to you/fits you very well.

ir + gerund

Van paseándose por el jardín botánico.	They're strolling through the botanical garden.
Iban andando al centro.	They were walking downtown.

ir + prepositions

Van al médico/al dentista.	They're going to the doctor/dentist.
Vamos a divertirnos mucho.	We're going to have a great time.
¿Fueron a pie/a caballo/en bicicleta?	Did they walk/go on horseback/go by bicycle?
La camisa va bien con este pantalón.	The shirt goes well with these pants.
Espero que vayan de viaje/de paseo.	I hope they'll go on a trip/for a walk.
Esto va en serio.	This is getting serious.
Va para 26 años.	He's almost 26 years old.
Voy por el periódico.	I'm going out for the newspaper.
—¿Las cosas van bien?	Are things going well?
—Por desgracia, van de mal en peor.	Unfortunately, they're going from bad to worse.
—Todo va sobre ruedas.	Everything's going smoothly.

Other Uses

¡Vaya una idea!	What an idea!
¡Qué va!	Nonsense!/Are you kidding?
Vamos a ver.	Let's see.
¡Ya voy!	I'm coming!
¡Vámonos!	Let's go!/Let's leave!
¡Vete!/¡Váyase!	Scram!/Go away!
El edificio se fue abajo.	The building collapsed.
Por todas partes se va a Roma./Todos los caminos van a Roma.	All roads lead to Rome.
Su poder se le iba de las manos.	His power was slipping through his fingers.
Su nombre se me fue de la memoria.	Their name slipped my mind.

TOP 30 VERBS

stem-changing -*ar* verb: *u* > *ue*;   **juego · jugaron · jugado · jugando**
spelling change: *g* > *gu/e*

PRESENT		PRETERIT	
juego	jugamos	jugué	jugamos
juegas	jugáis	jugaste	jugasteis
juega	juegan	jugó	jugaron

IMPERFECT		PRESENT PERFECT	
jugaba	jugábamos	he jugado	hemos jugado
jugabas	jugabais	has jugado	habéis jugado
jugaba	jugaban	ha jugado	han jugado

FUTURE		CONDITIONAL	
jugaré	jugaremos	jugaría	jugaríamos
jugarás	jugaréis	jugarías	jugaríais
jugará	jugarán	jugaría	jugarían

PLUPERFECT		PRETERIT PERFECT	
había jugado	habíamos jugado	hube jugado	hubimos jugado
habías jugado	habíais jugado	hubiste jugado	hubisteis jugado
había jugado	habían jugado	hubo jugado	hubieron jugado

FUTURE PERFECT		CONDITIONAL PERFECT	
habré jugado	habremos jugado	habría jugado	habríamos jugado
habrás jugado	habréis jugado	habrías jugado	habríais jugado
habrá jugado	habrán jugado	habría jugado	habrían jugado

PRESENT SUBJUNCTIVE		PRESENT PERFECT SUBJUNCTIVE	
juegue	juguemos	haya jugado	hayamos jugado
juegues	juguéis	hayas jugado	hayáis jugado
juegue	jueguen	haya jugado	hayan jugado

IMPERFECT SUBJUNCTIVE (-ra)		*or* IMPERFECT SUBJUNCTIVE (-se)	
jugara	jugáramos	jugase	jugásemos
jugaras	jugarais	jugases	jugaseis
jugara	jugaran	jugase	jugasen

PAST PERFECT SUBJUNCTIVE (-ra)		*or* PAST PERFECT SUBJUNCTIVE (-se)	
hubiera jugado	hubiéramos jugado	hubiese jugado	hubiésemos jugado
hubieras jugado	hubierais jugado	hubieses jugado	hubieseis jugado
hubiera jugado	hubieran jugado	hubiese jugado	hubiesen jugado

PROGRESSIVE TENSES

PRESENT	estoy, estás, está, estamos, estáis, están
PRETERIT	estuve, estuviste, estuvo, estuvimos, estuvisteis, estuvieron
IMPERFECT	estaba, estabas, estaba, estábamos, estabais, estaban
FUTURE	estaré, estarás, estará, estaremos, estaréis, estarán
CONDITIONAL	estaría, estarías, estaría, estaríamos, estaríais, estarían
SUBJUNCTIVE	que + *corresponding subjunctive tense of* estar (*see verb 151*)

} jugando

COMMANDS

	(nosotros) juguemos/no juguemos
(tú) juega/no juegues	(vosotros) jugad/no juguéis
(Ud.) juegue/no juegue	(Uds.) jueguen/no jueguen

Usage

Juego (al) tenis/(al) béisbol los sábados.	*I play tennis/baseball on Saturdays.*
Se jugará el partido la semana próxima.	*The match will be played next week.*
Jugaron limpio/sucio.	*They played fair/foul.*
Decidamos jugando a cara o cruz.	*Let's decide by tossing (a coin) for it.*

justificar *to justify*

justifico · justificaron · justificado · justificando

-ar verb; spelling change:
c > qu/e

PRESENT		PRETERIT	
justifico	justificamos	justifiqué	justificamos
justificas	justificáis	justificaste	justificasteis
justifica	justifican	justificó	justificaron

IMPERFECT		PRESENT PERFECT	
justificaba	justificábamos	he justificado	hemos justificado
justificabas	justificabais	has justificado	habéis justificado
justificaba	justificaban	ha justificado	han justificado

FUTURE		CONDITIONAL	
justificaré	justificaremos	justificaría	justificaríamos
justificarás	justificaréis	justificarías	justificaríais
justificará	justificarán	justificaría	justificarían

PLUPERFECT		PRETERIT PERFECT	
había justificado	habíamos justificado	hube justificado	hubimos justificado
habías justificado	habíais justificado	hubiste justificado	hubisteis justificado
había justificado	habían justificado	hubo justificado	hubieron justificado

FUTURE PERFECT		CONDITIONAL PERFECT	
habré justificado	habremos justificado	habría justificado	habríamos justificado
habrás justificado	habréis justificado	habrías justificado	habríais justificado
habrá justificado	habrán justificado	habría justificado	habrían justificado

PRESENT SUBJUNCTIVE		PRESENT PERFECT SUBJUNCTIVE	
justifique	justifiquemos	haya justificado	hayamos justificado
justifiques	justifiquéis	hayas justificado	hayáis justificado
justifique	justifiquen	haya justificado	hayan justificado

IMPERFECT SUBJUNCTIVE (-ra)		or IMPERFECT SUBJUNCTIVE (-se)	
justificara	justificáramos	justificase	justificásemos
justificaras	justificarais	justificases	justificaseis
justificara	justificaran	justificase	justificasen

PAST PERFECT SUBJUNCTIVE (-ra)		or PAST PERFECT SUBJUNCTIVE (-se)	
hubiera justificado	hubiéramos justificado	hubiese justificado	hubiésemos justificado
hubieras justificado	hubierais justificado	hubieses justificado	hubieseis justificado
hubiera justificado	hubieran justificado	hubiese justificado	hubiesen justificado

PROGRESSIVE TENSES

PRESENT	estoy, estás, está, estamos, estáis, están	
PRETERIT	estuve, estuviste, estuvo, estuvimos, estuvisteis, estuvieron	
IMPERFECT	estaba, estabas, estaba, estábamos, estabais, estaban	justificando
FUTURE	estaré, estarás, estará, estaremos, estaréis, estarán	
CONDITIONAL	estaría, estarías, estaría, estaríamos, estaríais, estarían	
SUBJUNCTIVE	que + *corresponding subjunctive tense of estar (see verb 151)*	

COMMANDS

	(nosotros) justifiquemos/no justifiquemos
(tú) justifica/no justifiques	(vosotros) justificad/no justifiquéis
(Ud.) justifique/no justifique	(Uds.) justifiquen/no justifiquen

Usage

No se puede justificar sus acciones.	*Their actions cannot be justified.*
Se porta así sin razón que lo justifique.	*He behaves like this without justifiable reason.*
Se justificó con la policía.	*He cleared himself with the police.*
Justifique los márgenes.	*Justify the margins.*

-ar verb; spelling change: g > gu/e

juzgo · juzgaron · juzgado · juzgando

PRESENT		PRETERIT	
juzgo	juzgamos	juzgué	juzgamos
juzgas	juzgáis	juzgaste	juzgasteis
juzga	juzgan	juzgó	juzgaron

IMPERFECT		PRESENT PERFECT	
juzgaba	juzgábamos	he juzgado	hemos juzgado
juzgabas	juzgabais	has juzgado	habéis juzgado
juzgaba	juzgaban	ha juzgado	han juzgado

FUTURE		CONDITIONAL	
juzgaré	juzgaremos	juzgaría	juzgaríamos
juzgarás	juzgaréis	juzgarías	juzgaríais
juzgará	juzgarán	juzgaría	juzgarían

PLUPERFECT		PRETERIT PERFECT	
había juzgado	habíamos juzgado	hube juzgado	hubimos juzgado
habías juzgado	habíais juzgado	hubiste juzgado	hubisteis juzgado
había juzgado	habían juzgado	hubo juzgado	hubieron juzgado

FUTURE PERFECT		CONDITIONAL PERFECT	
habré juzgado	habremos juzgado	habría juzgado	habríamos juzgado
habrás juzgado	habréis juzgado	habrías juzgado	habríais juzgado
habrá juzgado	habrán juzgado	habría juzgado	habrían juzgado

PRESENT SUBJUNCTIVE		PRESENT PERFECT SUBJUNCTIVE	
juzgue	juzguemos	haya juzgado	hayamos juzgado
juzgues	juzguéis	hayas juzgado	hayáis juzgado
juzgue	juzguen	haya juzgado	hayan juzgado

IMPERFECT SUBJUNCTIVE (-ra)		or	IMPERFECT SUBJUNCTIVE (-se)	
juzgara	juzgáramos		juzgase	juzgásemos
juzgaras	juzgarais		juzgases	juzgaseis
juzgara	juzgaran		juzgase	juzgasen

PAST PERFECT SUBJUNCTIVE (-ra)		or	PAST PERFECT SUBJUNCTIVE (-se)	
hubiera juzgado	hubiéramos juzgado		hubiese juzgado	hubiésemos juzgado
hubieras juzgado	hubierais juzgado		hubieses juzgado	hubieseis juzgado
hubiera juzgado	hubieran juzgado		hubiese juzgado	hubiesen juzgado

PROGRESSIVE TENSES

PRESENT	estoy, estás, está, estamos, estáis, están	
PRETERIT	estuve, estuviste, estuvo, estuvimos, estuvisteis, estuvieron	
IMPERFECT	estaba, estabas, estaba, estábamos, estabais, estaban	juzgando
FUTURE	estaré, estarás, estará, estaremos, estaréis, estarán	
CONDITIONAL	estaría, estarías, estaría, estaríamos, estaríais, estarían	
SUBJUNCTIVE	que + *corresponding subjunctive tense of estar (see verb 151)*	

COMMANDS

	(nosotros) juzguemos/no juzguemos
(tú) juzga/no juzgues	(vosotros) juzgad/no juzguéis
(Ud.) juzgue/no juzgue	(Uds.) juzguen/no juzguen

Usage

No se puede juzgar por las apariencias.	You can't judge a book by its cover.
No lo juzgué importante.	I didn't think/consider it important.
Juzgasteis mal a sus competidores.	You misjudged their competitors.
A juzgar por sus comentarios...	Judging by her remarks . . .

lanzar to throw, fling, launch	
lanzo · lanzaron · lanzado · lanzando	*-ar* verb; spelling change: *z > c/e*

PRESENT

lanzo	lanzamos
lanzas	lanzáis
lanza	lanzan

PRETERIT

lancé	lanzamos
lanzaste	lanzasteis
lanzó	lanzaron

IMPERFECT

lanzaba	lanzábamos
lanzabas	lanzabais
lanzaba	lanzaban

PRESENT PERFECT

he lanzado	hemos lanzado
has lanzado	habéis lanzado
ha lanzado	han lanzado

FUTURE

lanzaré	lanzaremos
lanzarás	lanzaréis
lanzará	lanzarán

CONDITIONAL

lanzaría	lanzaríamos
lanzarías	lanzaríais
lanzaría	lanzarían

PLUPERFECT

había lanzado	habíamos lanzado
habías lanzado	habíais lanzado
había lanzado	habían lanzado

PRETERIT PERFECT

hube lanzado	hubimos lanzado
hubiste lanzado	hubisteis lanzado
hubo lanzado	hubieron lanzado

FUTURE PERFECT

habré lanzado	habremos lanzado
habrás lanzado	habréis lanzado
habrá lanzado	habrán lanzado

CONDITIONAL PERFECT

habría lanzado	habríamos lanzado
habrías lanzado	habríais lanzado
habría lanzado	habrían lanzado

PRESENT SUBJUNCTIVE

lance	lancemos
lances	lancéis
lance	lancen

PRESENT PERFECT SUBJUNCTIVE

haya lanzado	hayamos lanzado
hayas lanzado	hayáis lanzado
haya lanzado	hayan lanzado

IMPERFECT SUBJUNCTIVE (-ra) *or* **IMPERFECT SUBJUNCTIVE (-se)**

lanzara	lanzáramos	lanzase	lanzásemos
lanzaras	lanzarais	lanzases	lanzaseis
lanzara	lanzaran	lanzase	lanzasen

PAST PERFECT SUBJUNCTIVE (-ra) *or* **PAST PERFECT SUBJUNCTIVE (-se)**

hubiera lanzado	hubiéramos lanzado	hubiese lanzado	hubiésemos lanzado
hubieras lanzado	hubierais lanzado	hubieses lanzado	hubieseis lanzado
hubiera lanzado	hubieran lanzado	hubiese lanzado	hubiesen lanzado

PROGRESSIVE TENSES

PRESENT	estoy, estás, está, estamos, estáis, están	
PRETERIT	estuve, estuviste, estuvo, estuvimos, estuvisteis, estuvieron	
IMPERFECT	estaba, estabas, estaba, estábamos, estabais, estaban	lanzando
FUTURE	estaré, estarás, estará, estaremos, estaréis, estarán	
CONDITIONAL	estaría, estarías, estaría, estaríamos, estaríais, estarían	
SUBJUNCTIVE	que + *corresponding subjunctive tense of* estar (*see verb 151*)	

COMMANDS

	(nosotros) lancemos/no lancemos
(tú) lanza/no lances	(vosotros) lanzad/no lancéis
(Ud.) lance/no lance	(Uds.) lancen/no lancen

Usage

El lanzador lanzó la pelota.	*The pitcher threw the ball.*
Se lanzó el producto al mercado.	*The product was launched/went on the market.*
Lánzate al agua.	*Jump/Dive into the water.*
Aplazó el lanzamiento de la campaña.	*He postponed the launching of the campaign.*

-er verb with stem ending in a vowel: third-person singular -ió > -yó and third-person plural -ieron > -yeron in the preterit

leo · leyeron · leído · leyendo

PRESENT

leo	leemos
lees	leéis
lee	leen

IMPERFECT

leía	leíamos
leías	leíais
leía	leían

FUTURE

leeré	leeremos
leerás	leeréis
leerá	leerán

PLUPERFECT

había leído	habíamos leído
habías leído	habíais leído
había leído	habían leído

FUTURE PERFECT

habré leído	habremos leído
habrás leído	habréis leído
habrá leído	habrán leído

PRESENT SUBJUNCTIVE

lea	leamos
leas	leáis
lea	lean

IMPERFECT SUBJUNCTIVE (-ra)

leyera	leyéramos
leyeras	leyerais
leyera	leyeran

PAST PERFECT SUBJUNCTIVE (-ra)

hubiera leído	hubiéramos leído
hubieras leído	hubierais leído
hubiera leído	hubieran leído

PRETERIT

leí	leímos
leíste	leísteis
leyó	leyeron

PRESENT PERFECT

he leído	hemos leído
has leído	habéis leído
ha leído	han leído

CONDITIONAL

leería	leeríamos
leerías	leeríais
leería	leerían

PRETERIT PERFECT

hube leído	hubimos leído
hubiste leído	hubisteis leído
hubo leído	hubieron leído

CONDITIONAL PERFECT

habría leído	habríamos leído
habrías leído	habríais leído
habría leído	habrían leído

PRESENT PERFECT SUBJUNCTIVE

haya leído	hayamos leído
hayas leído	hayáis leído
haya leído	hayan leído

or **IMPERFECT SUBJUNCTIVE (-se)**

leyese	leyésemos
leyeses	leyeseis
leyese	leyesen

or **PAST PERFECT SUBJUNCTIVE (-se)**

hubiese leído	hubiésemos leído
hubieses leído	hubieseis leído
hubiese leído	hubiesen leído

PROGRESSIVE TENSES

PRESENT	estoy, estás, está, estamos, estáis, están
PRETERIT	estuve, estuviste, estuvo, estuvimos, estuvisteis, estuvieron
IMPERFECT	estaba, estabas, estaba, estábamos, estabais, estaban
FUTURE	estaré, estarás, estará, estaremos, estaréis, estarán
CONDITIONAL	estaría, estarías, estaría, estaríamos, estaríais, estarían
SUBJUNCTIVE	que + *corresponding subjunctive tense of* estar (*see verb 151*)

} leyendo

COMMANDS

	(nosotros) leamos/no leamos
(tú) lee/no leas	(vosotros) leed/no leáis
(Ud.) lea/no lea	(Uds.) lean/no lean

Usage

Lee el artículo.	*Read the article.*
¿Leen música?	*Do you read music?*
Se entiende leyendo entre líneas.	*You can understand by reading between the lines.*

levantarse *to get up, stand up, rise*

levanto · levantaron · levantado · levantándose   regular -ar reflexive verb

PRESENT

me levanto	nos levantamos
te levantas	os levantáis
se levanta	se levantan

IMPERFECT

me levantaba	nos levantábamos
te levantabas	os levantabais
se levantaba	se levantaban

FUTURE

me levantaré	nos levantaremos
te levantarás	os levantaréis
se levantará	se levantarán

PLUPERFECT

me había levantado	nos habíamos levantado
te habías levantado	os habíais levantado
se había levantado	se habían levantado

FUTURE PERFECT

me habré levantado	nos habremos levantado
te habrás levantado	os habréis levantado
se habrá levantado	se habrán levantado

PRESENT SUBJUNCTIVE

me levante	nos levantemos
te levantes	os levantéis
se levante	se levanten

IMPERFECT SUBJUNCTIVE (-ra)

me levantara	nos levantáramos
te levantaras	os levantarais
se levantara	se levantaran

PAST PERFECT SUBJUNCTIVE (-ra)

me hubiera levantado	nos hubiéramos levantado
te hubieras levantado	os hubierais levantado
se hubiera levantado	se hubieran levantado

PRETERIT

me levanté	nos levantamos
te levantaste	os levantasteis
se levantó	se levantaron

PRESENT PERFECT

me he levantado	nos hemos levantado
te has levantado	os habéis levantado
se ha levantado	se han levantado

CONDITIONAL

me levantaría	nos levantaríamos
te levantarías	os levantaríais
se levantaría	se levantarían

PRETERIT PERFECT

me hube levantado	nos hubimos levantado
te hubiste levantado	os hubisteis levantado
se hubo levantado	se hubieron levantado

CONDITIONAL PERFECT

me habría levantado	nos habríamos levantado
te habrías levantado	os habríais levantado
se habría levantado	se habrían levantado

PRESENT PERFECT SUBJUNCTIVE

me haya levantado	nos hayamos levantado
te hayas levantado	os hayáis levantado
se haya levantado	se hayan levantado

or **IMPERFECT SUBJUNCTIVE (-se)**

me levantase	nos levantásemos
te levantases	os levantaseis
se levantase	se levantasen

or **PAST PERFECT SUBJUNCTIVE (-se)**

me hubiese levantado	nos hubiésemos levantado
te hubieses levantado	os hubieseis levantado
se hubiese levantado	se hubiesen levantado

PROGRESSIVE TENSES

PRESENT	estoy, estás, está, estamos, estáis, están
PRETERIT	estuve, estuviste, estuvo, estuvimos, estuvisteis, estuvieron
IMPERFECT	estaba, estabas, estaba, estábamos, estabais, estaban
FUTURE	estaré, estarás, estará, estaremos, estaréis, estarán
CONDITIONAL	estaría, estarías, estaría, estaríamos, estaríais, estarían
SUBJUNCTIVE	que + corresponding subjunctive tense of estar (see verb 151)

levantando (see page 37)

COMMANDS

	(nosotros) levantémonos/no nos levantemos
(tú) levántate/no te levantes	(vosotros) levantaos/no os levantéis
(Ud.) levántese/no se levante	(Uds.) levántense/no se levanten

Usage

Se levantó de la cama/de la mesa.	She got out of bed/up from the table.
El pueblo se levantó contra el dictador.	The people rose up against the dictator.
Levanten la mano si quieren hablar.	Raise your hands if you want to speak.
Tratemos de levantarle el ánimo.	Let's try to cheer her up.

-ar verb; spelling change: *g > gu/e*

llego · llegaron · llegado · llegando

PRESENT		PRETERIT	
llego	llegamos	llegué	llegamos
llegas	llegáis	llegaste	llegasteis
llega	llegan	llegó	llegaron

IMPERFECT		PRESENT PERFECT	
llegaba	llegábamos	he llegado	hemos llegado
llegabas	llegabais	has llegado	habéis llegado
llegaba	llegaban	ha llegado	han llegado

FUTURE		CONDITIONAL	
llegaré	llegaremos	llegaría	llegaríamos
llegarás	llegaréis	llegarías	llegaríais
llegará	llegarán	llegaría	llegarían

PLUPERFECT		PRETERIT PERFECT	
había llegado	habíamos llegado	hube llegado	hubimos llegado
habías llegado	habíais llegado	hubiste llegado	hubisteis llegado
había llegado	habían llegado	hubo llegado	hubieron llegado

FUTURE PERFECT		CONDITIONAL PERFECT	
habré llegado	habremos llegado	habría llegado	habríamos llegado
habrás llegado	habréis llegado	habrías llegado	habríais llegado
habrá llegado	habrán llegado	habría llegado	habrían llegado

PRESENT SUBJUNCTIVE		PRESENT PERFECT SUBJUNCTIVE	
llegue	lleguemos	haya llegado	hayamos llegado
llegues	lleguéis	hayas llegado	hayáis llegado
llegue	lleguen	haya llegado	hayan llegado

IMPERFECT SUBJUNCTIVE (-ra)		*or*	IMPERFECT SUBJUNCTIVE (-se)	
llegara	llegáramos		llegase	llegásemos
llegaras	llegarais		llegases	llegaseis
llegara	llegaran		llegase	llegasen

PAST PERFECT SUBJUNCTIVE (-ra)		*or*	PAST PERFECT SUBJUNCTIVE (-se)	
hubiera llegado	hubiéramos llegado		hubiese llegado	hubiésemos llegado
hubieras llegado	hubierais llegado		hubieses llegado	hubieseis llegado
hubiera llegado	hubieran llegado		hubiese llegado	hubiesen llegado

PROGRESSIVE TENSES

PRESENT	estoy, estás, está, estamos, estáis, están
PRETERIT	estuve, estuviste, estuvo, estuvimos, estuvisteis, estuvieron
IMPERFECT	estaba, estabas, estaba, estábamos, estabais, estaban
FUTURE	estaré, estarás, estará, estaremos, estaréis, estarán
CONDITIONAL	estaría, estarías, estaría, estaríamos, estaríais, estarían
SUBJUNCTIVE	que + *corresponding subjunctive tense of* estar (*see verb 151*)

> llegando

COMMANDS

	(nosotros) lleguemos/no lleguemos
(tú) llega/no llegues	(vosotros) llegad/no lleguéis
(Ud.) llegue/no llegue	(Uds.) lleguen/no lleguen

Usage

No llegaron hasta las cinco.	*They didn't arrive until 5:00.*
¿Adónde quieres llegar con eso?	*What are you driving at with that?*
Llegó a ser Secretario de Relaciones Exteriores.	*He became Secretary of State.*

to arrive

—¿A qué hora llegarán?
—Habrán llegado ya.
Dudo que lleguen para las dos.
Por desgracia llegó tarde.

At what time will they arrive?
They must have arrived already.
I doubt that they'll come by two.
Unfortunately she was late.

to come

Llegará el día en que pague los vidrios rotos.
Llegó al poder.

The day will come when he pays the piper.
He came to power.

to reach

No llega al interruptor.
No llego al cuarto estante.
Los documentos llegaron a mis manos.
Los expertos llegaron a una conclusión.
Llegó al extremo de mentir.

She can't reach the switch.
I can't reach the fourth shelf.
The papers reached me.
The experts reached a conclusion.
She went so far as to lie.

to find out

Espero que lleguéis a saber la verdad.

I hope you'll find out the truth.

to become

Llegó a ser jefe del ejecutivo.

He became the chief executive.

to attain, achieve

Esta actriz va a llegar a la fama.

This actress is going to attain fame/be famous.

to amount to, come to

Sus ingresos llegaban a cien mil dólares.

Her income amounted to $100,000.

to be enough

¿Te llega el dinero?
El sueldo no les llega para el mes.

Do you have enough money?
They don't have enough money for the month.

to succeed in, manage to

Llegamos a coger el tren de la una.
Llegó a recibirse de médico.

We managed to catch the one o'clock train.
He succeeded in getting his medical degree.

to get to, end up

Llegaron a platicar de sus problemas.
Llegó a estudiar en el extranjero.

They got to talking about their problems.
She got to study abroad.

llegado—adjective and noun

—Dimos la bienvenida a los recién llegados.
—¿Los visteis a su llegada?
Eso fue llegar y besar al santo.

We welcomed the newcomers.
Did you see them when they arrived?
It was a piece of cake/easy as pie.

TOP 30 VERBS

regular *-ar* verb | **llevar · llevaron · llevado · llevando**

PRESENT	
llevo	llevamos
llevas	lleváis
lleva	llevan

PRETERIT	
llevé	llevamos
llevaste	llevasteis
llevó	llevaron

IMPERFECT	
llevaba	llevábamos
llevabas	llevabais
llevaba	llevaban

PRESENT PERFECT	
he llevado	hemos llevado
has llevado	habéis llevado
ha llevado	han llevado

FUTURE	
llevaré	llevaremos
llevarás	llevaréis
llevará	llevarán

CONDITIONAL	
llevaría	llevaríamos
llevarías	llevaríais
llevaría	llevarían

PLUPERFECT	
había llevado	habíamos llevado
habías llevado	habíais llevado
había llevado	habían llevado

PRETERIT PERFECT	
hube llevado	hubimos llevado
hubiste llevado	hubisteis llevado
hubo llevado	hubieron llevado

FUTURE PERFECT	
habré llevado	habremos llevado
habrás llevado	habréis llevado
habrá llevado	habrán llevado

CONDITIONAL PERFECT	
habría llevado	habríamos llevado
habrías llevado	habríais llevado
habría llevado	habrían llevado

PRESENT SUBJUNCTIVE	
lleve	llevemos
lleves	llevéis
lleve	lleven

PRESENT PERFECT SUBJUNCTIVE	
haya llevado	hayamos llevado
hayas llevado	hayáis llevado
haya llevado	hayan llevado

IMPERFECT SUBJUNCTIVE (-ra)		or	IMPERFECT SUBJUNCTIVE (-se)	
llevara	lleváramos		llevase	llevásemos
llevaras	llevarais		llevases	llevaseis
llevara	llevaran		llevase	llevasen

PAST PERFECT SUBJUNCTIVE (-ra)		or	PAST PERFECT SUBJUNCTIVE (-se)	
hubiera llevado	hubiéramos llevado		hubiese llevado	hubiésemos llevado
hubieras llevado	hubierais llevado		hubieses llevado	hubieseis llevado
hubiera llevado	hubieran llevado		hubiese llevado	hubiesen llevado

PROGRESSIVE TENSES	
PRESENT	estoy, estás, está, estamos, estáis, están
PRETERIT	estuve, estuviste, estuvo, estuvimos, estuvisteis, estuvieron
IMPERFECT	estaba, estabas, estaba, estábamos, estabais, estaban
FUTURE	estaré, estarás, estará, estaremos, estaréis, estarán
CONDITIONAL	estaría, estarías, estaría, estaríamos, estaríais, estarían
SUBJUNCTIVE	que + *corresponding subjunctive tense of* estar (see verb 151)

llevando

COMMANDS

	(nosotros) llevemos/no llevemos
(tú) lleva/no lleves	(vosotros) llevad/no llevéis
(Ud.) lleve/no lleve	(Uds.) lleven/no lleven

Usage

—¿Me llevas de compras?	*Will you take me shopping?*
—Si tú llevas todos los paquetes.	*If you carry all the packages.*
¿Lleva mucho tiempo estudiando?	*Has she been studying for a long time?*

llevo · llevaron · llevado · llevando   regular -ar verb

Esta torta lleva vainilla, ¿no?	This cake has vanilla in it, doesn't it?
La empresa lleva el nombre de la familia.	The company bears the family's name.
Los habían llevado al cine.	They had taken them to the movies.
Es importante que lo llevemos adelante.	It's important that we go ahead with it.

to bring

Llevabas la alegría a su casa.   You brought happiness to their house.

to take time

El proyecto llevará mucho tiempo.   The project will take a lot of time.

to have

Este candidato lleva ventaja a los demás.   This candidate has an advantage over the others.

llevar + gerund to have been doing something

Llevan un mes haciendo la encuesta.   They've been doing the survey for a month.

to be

¿Cuánto tiempo llevan Uds. en la ciudad?   How long have you been in the city?

to be older, taller than, ahead of

Mi hermano me lleva seis años.   My brother is six years older than I.
Te llevo un año en la universidad.   I'm a year ahead of you in college.

to wear

Llevabais corbata todos los días.   You wore a tie every day.
Se lleva smoking.   They wear tuxedos.

to lead

Nos llevó a verlo de otra manera.   He led us to see it in a different way.
Llevan una vida muy emocionante.   They lead a very exciting life.
Todos los caminos llevan a Roma.   All roads lead to Rome.

to run, manage

La junta lleva la empresa con gran éxito.   The board runs the firm very successfully.

to carry out, accomplish, conclude

Llevaron a cabo su objetivo.   They accomplished their goal.

llevarse to take/carry off; to get along with

Lo que el viento se llevó es una gran película.	Gone with the Wind is a great film.
El ladrón se llevó nuestro equipaje.	The thief made off with our luggage.
—¿Se llevan bien o mal?	Do they get along well or badly?
—Se llevan como perro y gato.	They fight like cats and dogs.

TOP 30 VERBS

stem-changing -er verb: o > ue; impersonal verb used in third-person singular only

llueve · llovió · llovido · lloviendo

PRESENT	PRETERIT
llueve	llovió

IMPERFECT	PRESENT PERFECT
llovía	ha llovido

FUTURE	CONDITIONAL
lloverá	llovería

PLUPERFECT	PRETERIT PERFECT
había llovido	hubo llovido

FUTURE PERFECT	CONDITIONAL PERFECT
habrá llovido	habría llovido

PRESENT SUBJUNCTIVE	PRESENT PERFECT SUBJUNCTIVE
llueva	haya llovido

IMPERFECT SUBJUNCTIVE (-ra)		IMPERFECT SUBJUNCTIVE (-se)
lloviera	or	lloviese

PAST PERFECT SUBJUNCTIVE (-ra)		PAST PERFECT SUBJUNCTIVE (-se)
hubiera llovido	or	hubiese llovido

PROGRESSIVE TENSES

PRESENT	está	
PRETERIT	estuvo	
IMPERFECT	estaba	lloviendo
FUTURE	estará	
CONDITIONAL	estaría	
SUBJUNCTIVE	que + *corresponding subjunctive tense of* estar (*see verb 151*)	

COMMANDS

¡Que llueva!   ¡Que no llueva!

Usage

—¿Llueve?	*Is it raining?*
—Sí, está lloviendo a cántaros.	*Yes, it's raining cats and dogs/pouring.*
Nunca llueve a gusto de todos.	*You can't please everybody.*
Llueve sobre mojado.	*It never rains but it pours.*
El dinero llegó como llovido del cielo.	*The money came out of the blue.*
Hablar con ella es como quien oye llover.	*Talking to her is like talking to a brick wall.*
Me gusta caminar bajo la lluvia.	*I like to walk in the rain.*
La primavera es la estación de las lluvias.	*Spring is the rainy season.*
El mes más lluvioso por esta región es abril.	*The rainiest month in this region is April.*
El dióxido de azufre causa la lluvia ácida.	*Sulphur dioxide causes acid rain.*
Los novios salieron bajo una lluvia de arroz.	*The newlyweds left in a shower of rice.*
Los regalos les llovían.	*They were showered with gifts.*
Llovía a chorros/a mares.	*It was pouring.*
—Llovizna todos los días.	*It drizzles every day.*
—Nada de llovizna hoy sino una lluvia torrencial.	*No drizzle today, but rather torrential rain.*

lucir to shine, look, excel

luzco · lucieron · lucido · luciendo

-ir verb; spelling change: *c > zc/o, a*

PRESENT
luzco	lucimos
luces	lucís
luce	lucen

PRETERIT
lucí	lucimos
luciste	lucisteis
lució	lucieron

IMPERFECT
lucía	lucíamos
lucías	lucíais
lucía	lucían

PRESENT PERFECT
he lucido	hemos lucido
has lucido	habéis lucido
ha lucido	han lucido

FUTURE
luciré	luciremos
lucirás	luciréis
lucirá	lucirán

CONDITIONAL
luciría	luciríamos
lucirías	luciríais
luciría	lucirían

PLUPERFECT
había lucido	habíamos lucido
habías lucido	habíais lucido
había lucido	habían lucido

PRETERIT PERFECT
hube lucido	hubimos lucido
hubiste lucido	hubisteis lucido
hubo lucido	hubieron lucido

FUTURE PERFECT
habré lucido	habremos lucido
habrás lucido	habréis lucido
habrá lucido	habrán lucido

CONDITIONAL PERFECT
habría lucido	habríamos lucido
habrías lucido	habríais lucido
habría lucido	habrían lucido

PRESENT SUBJUNCTIVE
luzca	luzcamos
luzcas	luzcáis
luzca	luzcan

PRESENT PERFECT SUBJUNCTIVE
haya lucido	hayamos lucido
hayas lucido	hayáis lucido
haya lucido	hayan lucido

IMPERFECT SUBJUNCTIVE (-ra)
luciera	luciéramos
lucieras	lucierais
luciera	lucieran

or ### IMPERFECT SUBJUNCTIVE (-se)
luciese	luciésemos
lucieses	lucieseis
luciese	luciesen

PAST PERFECT SUBJUNCTIVE (-ra)
hubiera lucido	hubiéramos lucido
hubieras lucido	hubierais lucido
hubiera lucido	hubieran lucido

or ### PAST PERFECT SUBJUNCTIVE (-se)
hubiese lucido	hubiésemos lucido
hubieses lucido	hubieseis lucido
hubiese lucido	hubiesen lucido

PROGRESSIVE TENSES
PRESENT	estoy, estás, está, estamos, estáis, están
PRETERIT	estuve, estuviste, estuvo, estuvimos, estuvisteis, estuvieron
IMPERFECT	estaba, estabas, estaba, estábamos, estabais, estaban
FUTURE	estaré, estarás, estará, estaremos, estaréis, estarán
CONDITIONAL	estaría, estarías, estaría, estaríamos, estaríais, estarían
SUBJUNCTIVE	que + *corresponding subjunctive tense of estar (see verb 151)*

luciendo

COMMANDS

	(nosotros) luzcamos/no luzcamos
(tú) luce/no luzcas	(vosotros) lucid/no luzcáis
(Ud.) luzca/no luzca	(Uds.) luzcan/no luzcan

Usage

El sol y las estrellas lucen.	*The sun and the stars shine.*
¡Cómo lucen estos diamantes!	*How these diamonds sparkle/give off light!*
Lucen muy guapos.	*You look very handsome.*
Lucía un traje muy de moda.	*She sported/wore a very fashionable suit.*

-ar verb; spelling change: **madrugo · madrugaron · madrugado · madrugando**
g > gu/e

PRESENT

madrugo	madrugamos		
madrugas	madrugáis		
madruga	madrugan		

PRETERIT

madrugué	madrugamos
madrugaste	madrugasteis
madrugó	madrugaron

IMPERFECT

madrugaba	madrugábamos
madrugabas	madrugabais
madrugaba	madrugaban

PRESENT PERFECT

he madrugado	hemos madrugado
has madrugado	habéis madrugado
ha madrugado	han madrugado

FUTURE

madrugaré	madrugaremos
madrugarás	madrugaréis
madrugará	madrugarán

CONDITIONAL

madrugaría	madrugaríamos
madrugarías	madrugaríais
madrugaría	madrugarían

PLUPERFECT

había madrugado	habíamos madrugado
habías madrugado	habíais madrugado
había madrugado	habían madrugado

PRETERIT PERFECT

hube madrugado	hubimos madrugado
hubiste madrugado	hubisteis madrugado
hubo madrugado	hubieron madrugado

FUTURE PERFECT

habré madrugado	habremos madrugado
habrás madrugado	habréis madrugado
habrá madrugado	habrán madrugado

CONDITIONAL PERFECT

habría madrugado	habríamos madrugado
habrías madrugado	habríais madrugado
habría madrugado	habrían madrugado

PRESENT SUBJUNCTIVE

madrugue	madruguemos
madrugues	madruguéis
madrugue	madruguen

PRESENT PERFECT SUBJUNCTIVE

haya madrugado	hayamos madrugado
hayas madrugado	hayáis madrugado
haya madrugado	hayan madrugado

IMPERFECT SUBJUNCTIVE (-ra)   *or*   **IMPERFECT SUBJUNCTIVE (-se)**

madrugara	madrugáramos	madrugase	madrugásemos
madrugaras	madrugarais	madrugases	madrugaseis
madrugara	madrugaran	madrugase	madrugasen

PAST PERFECT SUBJUNCTIVE (-ra)   *or*   **PAST PERFECT SUBJUNCTIVE (-se)**

hubiera madrugado	hubiéramos madrugado	hubiese madrugado	hubiésemos madrugado
hubieras madrugado	hubierais madrugado	hubieses madrugado	hubieseis madrugado
hubiera madrugado	hubieran madrugado	hubiese madrugado	hubiesen madrugado

PROGRESSIVE TENSES

PRESENT	estoy, estás, está, estamos, estáis, están	
PRETERIT	estuve, estuviste, estuvo, estuvimos, estuvisteis, estuvieron	
IMPERFECT	estaba, estabas, estaba, estábamos, estabais, estaban	madrugando
FUTURE	estaré, estarás, estará, estaremos, estaréis, estarán	
CONDITIONAL	estaría, estarías, estaría, estaríamos, estaríais, estarían	
SUBJUNCTIVE	que + *corresponding subjunctive tense of estar (see verb 151)*	

COMMANDS

	(nosotros) madruguemos/no madruguemos
(tú) madruga/no madrugues	(vosotros) madrugad/no madruguéis
(Ud.) madrugue/no madrugue	(Uds.) madruguen/no madruguen

Usage

Es necesario que madruguemos.	*It's necessary that we get up early.*
Se levantó de madrugada.	*She got up very early.*
El niño es muy madrugador.	*The child is an early riser.*
Al que/A quien madruga Dios le ayuda.	*The early bird catches the worm.*

mantengo · mantuvieron · mantenido · manteniendo   irregular verb (like **tener**)

PRESENT

mantengo	mantenemos
mantienes	mantenéis
mantiene	mantienen

PRETERIT

mantuve	mantuvimos
mantuviste	mantuvisteis
mantuvo	mantuvieron

IMPERFECT

mantenía	manteníamos
mantenías	manteníais
mantenía	mantenían

PRESENT PERFECT

he mantenido	hemos mantenido
has mantenido	habéis mantenido
ha mantenido	han mantenido

FUTURE

mantendré	mantendremos
mantendrás	mantendréis
mantendrá	mantendrán

CONDITIONAL

mantendría	mantendríamos
mantendrías	mantendríais
mantendría	mantendrían

PLUPERFECT

había mantenido	habíamos mantenido
habías mantenido	habíais mantenido
había mantenido	habían mantenido

PRETERIT PERFECT

hube mantenido	hubimos mantenido
hubiste mantenido	hubisteis mantenido
hubo mantenido	hubieron mantenido

FUTURE PERFECT

habré mantenido	habremos mantenido
habrás mantenido	habréis mantenido
habrá mantenido	habrán mantenido

CONDITIONAL PERFECT

habría mantenido	habríamos mantenido
habrías mantenido	habríais mantenido
habría mantenido	habrían mantenido

PRESENT SUBJUNCTIVE

mantenga	mantengamos
mantengas	mantengáis
mantenga	mantengan

PRESENT PERFECT SUBJUNCTIVE

haya mantenido	hayamos mantenido
hayas mantenido	hayáis mantenido
haya mantenido	hayan mantenido

IMPERFECT SUBJUNCTIVE (-ra)   or   **IMPERFECT SUBJUNCTIVE (-se)**

mantuviera	mantuviéramos	mantuviese	mantuviésemos
mantuvieras	mantuvierais	mantuvieses	mantuvieseis
mantuviera	mantuvieran	mantuviese	mantuviesen

PAST PERFECT SUBJUNCTIVE (-ra)   or   **PAST PERFECT SUBJUNCTIVE (-se)**

hubiera mantenido	hubiéramos mantenido	hubiese mantenido	hubiésemos mantenido
hubieras mantenido	hubierais mantenido	hubieses mantenido	hubieseis mantenido
hubiera mantenido	hubieran mantenido	hubiese mantenido	hubiesen mantenido

PROGRESSIVE TENSES

PRESENT	estoy, estás, está, estamos, estáis, están
PRETERIT	estuve, estuviste, estuvo, estuvimos, estuvisteis, estuvieron
IMPERFECT	estaba, estabas, estaba, estábamos, estabais, estaban
FUTURE	estaré, estarás, estará, estaremos, estaréis, estarán
CONDITIONAL	estaría, estarías, estaría, estaríamos, estaríais, estarían
SUBJUNCTIVE	que + corresponding subjunctive tense of estar (see verb 151)

} manteniendo

COMMANDS

	(nosotros) mantengamos/no mantengamos
(tú) mantén/no mantengas	(vosotros) mantened/no mantengáis
(Ud.) mantenga/no mantenga	(Uds.) mantengan/no mantengan

Usage

Mantiene a su familia numerosa.	He supports his large family.
Mantengan la casa en buen estado.	Keep the house in good condition.
—Le pido que me mantenga al día.	I'm asking you to keep me up to date.
—Nos mantenemos en contacto entonces.	Then we'll keep in touch.

-ar verb; spelling change: c > qu/e | marco · marcaron · marcado · marcando

PRESENT		PRETERIT	
marco	marcamos	marqué	marcamos
marcas	marcáis	marcaste	marcasteis
marca	marcan	marcó	marcaron

IMPERFECT		PRESENT PERFECT	
marcaba	marcábamos	he marcado	hemos marcado
marcabas	marcabais	has marcado	habéis marcado
marcaba	marcaban	ha marcado	han marcado

FUTURE		CONDITIONAL	
marcaré	marcaremos	marcaría	marcaríamos
marcarás	marcaréis	marcarías	marcaríais
marcará	marcarán	marcaría	marcarían

PLUPERFECT		PRETERIT PERFECT	
había marcado	habíamos marcado	hube marcado	hubimos marcado
habías marcado	habíais marcado	hubiste marcado	hubisteis marcado
había marcado	habían marcado	hubo marcado	hubieron marcado

FUTURE PERFECT		CONDITIONAL PERFECT	
habré marcado	habremos marcado	habría marcado	habríamos marcado
habrás marcado	habréis marcado	habrías marcado	habríais marcado
habrá marcado	habrán marcado	habría marcado	habrían marcado

PRESENT SUBJUNCTIVE		PRESENT PERFECT SUBJUNCTIVE	
marque	marquemos	haya marcado	hayamos marcado
marques	marquéis	hayas marcado	hayáis marcado
marque	marquen	haya marcado	hayan marcado

IMPERFECT SUBJUNCTIVE (-ra)		*or*	IMPERFECT SUBJUNCTIVE (-se)	
marcara	marcáramos		marcase	marcásemos
marcaras	marcarais		marcases	marcaseis
marcara	marcaran		marcase	marcasen

PAST PERFECT SUBJUNCTIVE (-ra)		*or*	PAST PERFECT SUBJUNCTIVE (-se)	
hubiera marcado	hubiéramos marcado		hubiese marcado	hubiésemos marcado
hubieras marcado	hubierais marcado		hubieses marcado	hubieseis marcado
hubiera marcado	hubieran marcado		hubiese marcado	hubiesen marcado

PROGRESSIVE TENSES

PRESENT	estoy, estás, está, estamos, estáis, están	
PRETERIT	estuve, estuviste, estuvo, estuvimos, estuvisteis, estuvieron	
IMPERFECT	estaba, estabas, estaba, estábamos, estabais, estaban	marcando
FUTURE	estaré, estarás, estará, estaremos, estaréis, estarán	
CONDITIONAL	estaría, estarías, estaría, estaríamos, estaríais, estarían	
SUBJUNCTIVE	que + *corresponding subjunctive tense of* estar (*see verb 151*)	

COMMANDS

	(nosotros) marquemos/no marquemos
(tú) marca/no marques	(vosotros) marcad/no marquéis
(Ud.) marque/no marque	(Uds.) marquen/no marquen

Usage

El año 2001 marcó el comienzo de un nuevo milenio.	*The year 2001 marked the beginning of a new millennium.*
El jugador marcó un gol/una canasta.	*The player scored a goal/a basket.*
Marcaste el código equivocado.	*You dialed the wrong area code.*

	mascar *to chew*
	masco · mascaron · mascado · mascando *-ar verb; spelling change: c > qu/e*

PRESENT

		PRETERIT	
masco	mascamos	masqué	mascamos
mascas	mascáis	mascaste	mascasteis
masca	mascan	mascó	mascaron

IMPERFECT

		PRESENT PERFECT	
mascaba	mascábamos	he mascado	hemos mascado
mascabas	mascabais	has mascado	habéis mascado
mascaba	mascaban	ha mascado	han mascado

FUTURE

		CONDITIONAL	
mascaré	mascaremos	mascaría	mascaríamos
mascarás	mascaréis	mascarías	mascaríais
mascará	mascarán	mascaría	mascarían

PLUPERFECT

		PRETERIT PERFECT	
había mascado	habíamos mascado	hube mascado	hubimos mascado
habías mascado	habíais mascado	hubiste mascado	hubisteis mascado
había mascado	habían mascado	hubo mascado	hubieron mascado

FUTURE PERFECT

		CONDITIONAL PERFECT	
habré mascado	habremos mascado	habría mascado	habríamos mascado
habrás mascado	habréis mascado	habrías mascado	habríais mascado
habrá mascado	habrán mascado	habría mascado	habrían mascado

PRESENT SUBJUNCTIVE

		PRESENT PERFECT SUBJUNCTIVE	
masque	masquemos	haya mascado	hayamos mascado
masques	masquéis	hayas mascado	hayáis mascado
masque	masquen	haya mascado	hayan mascado

IMPERFECT SUBJUNCTIVE (-ra)   *or*   **IMPERFECT SUBJUNCTIVE (-se)**

mascara	mascáramos		mascase	mascásemos
mascaras	mascarais		mascases	mascaseis
mascara	mascaran		mascase	mascasen

PAST PERFECT SUBJUNCTIVE (-ra)   *or*   **PAST PERFECT SUBJUNCTIVE (-se)**

hubiera mascado	hubiéramos mascado		hubiese mascado	hubiésemos mascado
hubieras mascado	hubierais mascado		hubieses mascado	hubieseis mascado
hubiera mascado	hubieran mascado		hubiese mascado	hubiesen mascado

PROGRESSIVE TENSES

PRESENT	estoy, estás, está, estamos, estáis, están
PRETERIT	estuve, estuviste, estuvo, estuvimos, estuvisteis, estuvieron
IMPERFECT	estaba, estabas, estaba, estábamos, estabais, estaban
FUTURE	estaré, estarás, estará, estaremos, estaréis, estarán
CONDITIONAL	estaría, estarías, estaría, estaríamos, estaríais, estarían
SUBJUNCTIVE	que + *corresponding subjunctive tense* of estar (see verb 151)

     mascando

COMMANDS

	(nosotros) masquemos/no masquemos
(tú) masca/no masques	(vosotros) mascad/no masquéis
(Ud.) masque/no masque	(Uds.) masquen/no masquen

Usage

Niños, masquen bien las nueces.	*Children, chew the nuts well.*
No la entendemos porque masca sus palabras.	*We don't understand her because she mumbles.*
Le dieron el trabajo todo moscado.	*They spoon-fed the work to him.*

-er verb; spelling change: c > z/o, a | **mezo · mecieron · mecido · meciendo**

PRESENT		**PRETERIT**	
mezo	mecemos	mecí	mecimos
meces	mecéis	meciste	mecisteis
mece	mecen	meció	mecieron

IMPERFECT		**PRESENT PERFECT**	
mecía	mecíamos	he mecido	hemos mecido
mecías	mecíais	has mecido	habéis mecido
mecía	mecían	ha mecido	han mecido

FUTURE		**CONDITIONAL**	
meceré	meceremos	mecería	meceríamos
mecerás	meceréis	mecerías	meceríais
mecerá	mecerán	mecería	mecerían

PLUPERFECT		**PRETERIT PERFECT**	
había mecido	habíamos mecido	hube mecido	hubimos mecido
habías mecido	habíais mecido	hubiste mecido	hubisteis mecido
había mecido	habían mecido	hubo mecido	hubieron mecido

FUTURE PERFECT		**CONDITIONAL PERFECT**	
habré mecido	habremos mecido	habría mecido	habríamos mecido
habrás mecido	habréis mecido	habrías mecido	habríais mecido
habrá mecido	habrán mecido	habría mecido	habrían mecido

PRESENT SUBJUNCTIVE		**PRESENT PERFECT SUBJUNCTIVE**	
meza	mezamos	haya mecido	hayamos mecido
mezas	mezáis	hayas mecido	hayáis mecido
meza	mezan	haya mecido	hayan mecido

IMPERFECT SUBJUNCTIVE (-ra)		or **IMPERFECT SUBJUNCTIVE (-se)**	
meciera	meciéramos	meciese	meciésemos
mecieras	mecierais	mecieses	mecieseis
meciera	mecieran	meciese	meciesen

PAST PERFECT SUBJUNCTIVE (-ra)		or **PAST PERFECT SUBJUNCTIVE (-se)**	
hubiera mecido	hubiéramos mecido	hubiese mecido	hubiésemos mecido
hubieras mecido	hubierais mecido	hubieses mecido	hubieseis mecido
hubiera mecido	hubieran mecido	hubiese mecido	hubiesen mecido

PROGRESSIVE TENSES

PRESENT	estoy, estás, está, estamos, estáis, están
PRETERIT	estuve, estuviste, estuvo, estuvimos, estuvisteis, estuvieron
IMPERFECT	estaba, estabas, estaba, estábamos, estabais, estaban
FUTURE	estaré, estarás, estará, estaremos, estaréis, estarán
CONDITIONAL	estaría, estarías, estaría, estaríamos, estaríais, estarían
SUBJUNCTIVE	que + corresponding subjunctive tense of estar (see verb 151)

} meciendo

COMMANDS

	(nosotros) mezamos/no mezamos	
(tú) mece/no mezas	(vosotros) meced/no mezáis	
(Ud.) meza/no meza	(Uds.) mezan/no mezan	

Usage

Se mecía en la mecedora.	*She was rocking in the rocking chair.*
Mece al bebé.	*Rock the baby.*
Estoy meciendo la cuna.	*I'm rocking the cradle.*
Mezo a la niña en el columpio.	*I'm swinging the child on the swing.*

medir *to measure*

mido · midieron · medido · midiendo   stem-changing -ir verb (like **pedir**): *e > i*

PRESENT			PRETERIT	
mido	medimos		medí	medimos
mides	medís		mediste	medisteis
mide	miden		midió	midieron

IMPERFECT			PRESENT PERFECT	
medía	medíamos		he medido	hemos medido
medías	medíais		has medido	habéis medido
medía	medían		ha medido	han medido

FUTURE			CONDITIONAL	
mediré	mediremos		mediría	mediríamos
medirás	mediréis		medirías	mediríais
medirá	medirán		mediría	medirían

PLUPERFECT			PRETERIT PERFECT	
había medido	habíamos medido		hube medido	hubimos medido
habías medido	habíais medido		hubiste medido	hubisteis medido
había medido	habían medido		hubo medido	hubieron medido

FUTURE PERFECT			CONDITIONAL PERFECT	
habré medido	habremos medido		habría medido	habríamos medido
habrás medido	habréis medido		habrías medido	habríais medido
habrá medido	habrán medido		habría medido	habrían medido

PRESENT SUBJUNCTIVE			PRESENT PERFECT SUBJUNCTIVE	
mida	midamos		haya medido	hayamos medido
midas	midáis		hayas medido	hayáis medido
mida	midan		haya medido	hayan medido

IMPERFECT SUBJUNCTIVE (-ra)		*or*	IMPERFECT SUBJUNCTIVE (-se)	
midiera	midiéramos		midiese	midiésemos
midieras	midierais		midieses	midieseis
midiera	midieran		midiese	midiesen

PAST PERFECT SUBJUNCTIVE (-ra)		*or*	PAST PERFECT SUBJUNCTIVE (-se)	
hubiera medido	hubiéramos medido		hubiese medido	hubiésemos medido
hubieras medido	hubierais medido		hubieses medido	hubieseis medido
hubiera medido	hubieran medido		hubiese medido	hubiesen medido

PROGRESSIVE TENSES

PRESENT	estoy, estás, está, estamos, estáis, están
PRETERIT	estuve, estuviste, estuvo, estuvimos, estuvisteis, estuvieron
IMPERFECT	estaba, estabas, estaba, estábamos, estabais, estaban
FUTURE	estaré, estarás, estará, estaremos, estaréis, estarán
CONDITIONAL	estaría, estarías, estaría, estaríamos, estaríais, estarían
SUBJUNCTIVE	que + *corresponding subjunctive tense of* estar (*see verb 151*)

midiendo

COMMANDS

	(nosotros) midamos/no midamos
(tú) mide/no midas	(vosotros) medid/no midáis
(Ud.) mida/no mida	(Uds.) midan/no midan

Usage

Midieron la alfombra con cinta métrica.	*They measured the rug with a tape measure.*
Hay que medir las consecuencias/palabras.	*You have to weigh the consequences/ your words.*
¿Cuánto mides?	*How tall are you?*

stem-changing -ir verb:
e > ie (present), *e > i* (preterit)

miento · mintieron · mentido · mintiendo

PRESENT

miento	mentimos
mientes	mentís
miente	mienten

PRETERIT

mentí	mentimos
mentiste	mentisteis
mintió	mintieron

IMPERFECT

mentía	mentíamos
mentías	mentíais
mentía	mentían

PRESENT PERFECT

he mentido	hemos mentido
has mentido	habéis mentido
ha mentido	han mentido

FUTURE

mentiré	mentiremos
mentirás	mentiréis
mentirá	mentirán

CONDITIONAL

mentiría	mentiríamos
mentirías	mentiríais
mentiría	mentirían

PLUPERFECT

había mentido	habíamos mentido
habías mentido	habíais mentido
había mentido	habían mentido

PRETERIT PERFECT

hube mentido	hubimos mentido
hubiste mentido	hubisteis mentido
hubo mentido	hubieron mentido

FUTURE PERFECT

habré mentido	habremos mentido
habrás mentido	habréis mentido
habrá mentido	habrán mentido

CONDITIONAL PERFECT

habría mentido	habríamos mentido
habrías mentido	habríais mentido
habría mentido	habrían mentido

PRESENT SUBJUNCTIVE

mienta	mintamos
mientas	mintáis
mienta	mientan

PRESENT PERFECT SUBJUNCTIVE

haya mentido	hayamos mentido
hayas mentido	hayáis mentido
haya mentido	hayan mentido

IMPERFECT SUBJUNCTIVE (-ra)

mintiera	mintiéramos
mintieras	mintierais
mintiera	mintieran

or **IMPERFECT SUBJUNCTIVE (-se)**

mintiese	mintiésemos
mintieses	mintieseis
mintiese	mintiesen

PAST PERFECT SUBJUNCTIVE (-ra)

hubiera mentido	hubiéramos mentido
hubieras mentido	hubierais mentido
hubiera mentido	hubieran mentido

or **PAST PERFECT SUBJUNCTIVE (-se)**

hubiese mentido	hubiésemos mentido
hubieses mentido	hubieseis mentido
hubiese mentido	hubiesen mentido

PROGRESSIVE TENSES

PRESENT	estoy, estás, está, estamos, estáis, están
PRETERIT	estuve, estuviste, estuvo, estuvimos, estuvisteis, estuvieron
IMPERFECT	estaba, estabas, estaba, estábamos, estabais, estaban
FUTURE	estaré, estarás, estará, estaremos, estaréis, estarán
CONDITIONAL	estaría, estarías, estaría, estaríamos, estaríais, estarían
SUBJUNCTIVE	que + *corresponding subjunctive tense of* estar (*see verb 151*)

} mintiendo

COMMANDS

	(nosotros) mintamos/no mintamos
(tú) miente/no mientas	(vosotros) mentid/no mintáis
(Ud.) mienta/no mienta	(Uds.) mientan/no mientan

Usage

Mintió para que no le echaran la culpa a él.	*He lied so that they wouldn't blame him.*
Las apariencias mienten.	*Appearances deceive.*
¡No mientas más!	*No more lies!*
Decían una sarta de mentiras.	*They told a pack of lies.*

merecer to deserve, merit, be worthy

merezco · merecieron · merecido · mereciendo

-er verb; spelling change:
c > zc/o, a

PRESENT		PRETERIT	
merezco	merecemos	merecí	merecimos
mereces	merecéis	mereciste	merecisteis
merece	merecen	mereció	merecieron

IMPERFECT		PRESENT PERFECT	
merecía	merecíamos	he merecido	hemos merecido
merecías	merecíais	has merecido	habéis merecido
merecía	merecían	ha merecido	han merecido

FUTURE		CONDITIONAL	
mereceré	mereceremos	merecería	mereceríamos
merecerás	mereceréis	merecerías	mereceríais
merecerá	merecerán	merecería	merecerían

PLUPERFECT		PRETERIT PERFECT	
había merecido	habíamos merecido	hube merecido	hubimos merecido
habías merecido	habíais merecido	hubiste merecido	hubisteis merecido
había merecido	habían merecido	hubo merecido	hubieron merecido

FUTURE PERFECT		CONDITIONAL PERFECT	
habré merecido	habremos merecido	habría merecido	habríamos merecido
habrás merecido	habréis merecido	habrías merecido	habríais merecido
habrá merecido	habrán merecido	habría merecido	habrían merecido

PRESENT SUBJUNCTIVE		PRESENT PERFECT SUBJUNCTIVE	
merezca	merezcamos	haya merecido	hayamos merecido
merezcas	merezcáis	hayas merecido	hayáis merecido
merezca	merezcan	haya merecido	hayan merecido

IMPERFECT SUBJUNCTIVE (-ra)		or	IMPERFECT SUBJUNCTIVE (-se)	
mereciera	mereciéramos		mereciese	mereciésemos
merecieras	merecierais		merecieses	merecieseis
mereciera	merecieran		mereciese	mereciesen

PAST PERFECT SUBJUNCTIVE (-ra)		or	PAST PERFECT SUBJUNCTIVE (-se)	
hubiera merecido	hubiéramos merecido		hubiese merecido	hubiésemos merecido
hubieras merecido	hubierais merecido		hubieses merecido	hubieseis merecido
hubiera merecido	hubieran merecido		hubiese merecido	hubiesen merecido

PROGRESSIVE TENSES

PRESENT	estoy, estás, está, estamos, estáis, están	
PRETERIT	estuve, estuviste, estuvo, estuvimos, estuvisteis, estuvieron	
IMPERFECT	estaba, estabas, estaba, estábamos, estabais, estaban	mereciendo
FUTURE	estaré, estarás, estará, estaremos, estaréis, estarán	
CONDITIONAL	estaría, estarías, estaría, estaríamos, estaríais, estarían	
SUBJUNCTIVE	que + corresponding subjunctive tense of estar (see verb 151)	

COMMANDS

	(nosotros) merezcamos/no merezcamos
(tú) merece/no merezcas	(vosotros) mereced/no merezcáis
(Ud.) merezca/no merezca	(Uds.) merezcan/no merezcan

Usage

Su invención merece atención.	*His invention deserves attention.*
Su obra merece ser galardonada.	*His work is prize-worthy.*
Tenían lo que se merecían.	*They got their due/what was coming to them.*
La propuesta merece de consideración.	*The proposal merits consideration.*

stem-changing *-ar* verb: **meriendo · merendaron · merendado · merendando**
e > ie

PRESENT		PRETERIT	
meriendo	merendamos	merendé	merendamos
meriendas	merendáis	merendaste	merendasteis
merienda	meriendan	merendó	merendaron

IMPERFECT		PRESENT PERFECT	
merendaba	merendábamos	he merendado	hemos merendado
merendabas	merendabais	has merendado	habéis merendado
merendaba	merendaban	ha merendado	han merendado

FUTURE		CONDITIONAL	
merendaré	merendaremos	merendaría	merendaríamos
merendarás	merendaréis	merendarías	merendaríais
merendará	merendarán	merendaría	merendarían

PLUPERFECT		PRETERIT PERFECT	
había merendado	habíamos merendado	hube merendado	hubimos merendado
habías merendado	habíais merendado	hubiste merendado	hubisteis merendado
había merendado	habían merendado	hubo merendado	hubieron merendado

FUTURE PERFECT		CONDITIONAL PERFECT	
habré merendado	habremos merendado	habría merendado	habríamos merendado
habrás merendado	habréis merendado	habrías merendado	habríais merendado
habrá merendado	habrán merendado	habría merendado	habrían merendado

PRESENT SUBJUNCTIVE		PRESENT PERFECT SUBJUNCTIVE	
meriende	merendemos	haya merendado	hayamos merendado
meriendes	merendéis	hayas merendado	hayáis merendado
meriende	merienden	haya merendado	hayan merendado

IMPERFECT SUBJUNCTIVE (-ra)		*or*	IMPERFECT SUBJUNCTIVE (-se)	
merendara	merendáramos		merendase	merendásemos
merendaras	merendarais		merendases	merendaseis
merendara	merendaran		merendase	merendasen

PAST PERFECT SUBJUNCTIVE (-ra)		*or*	PAST PERFECT SUBJUNCTIVE (-se)	
hubiera merendado	hubiéramos merendado		hubiese merendado	hubiésemos merendado
hubieras merendado	hubierais merendado		hubieses merendado	hubieseis merendado
hubiera merendado	hubieran merendado		hubiese merendado	hubiesen merendado

PROGRESSIVE TENSES

PRESENT	estoy, estás, está, estamos, estáis, están	
PRETERIT	estuve, estuviste, estuvo, estuvimos, estuvisteis, estuvieron	
IMPERFECT	estaba, estabas, estaba, estábamos, estabais, estaban	merendando
FUTURE	estaré, estarás, estará, estaremos, estaréis, estarán	
CONDITIONAL	estaría, estarías, estaría, estaríamos, estaríais, estarían	
SUBJUNCTIVE	que + *corresponding subjunctive tense of estar (see verb 151)*	

COMMANDS

	(nosotros) merendemos/no merendemos
(tú) merienda/no meriendes	(vosotros) merendad/no merendéis
(Ud.) meriende/no meriende	(Uds.) merienden/no merienden

Usage

¿Meriendas todos los días?	*Do you have an afternoon snack every day?*
—¿Ya merendasteis?	*Did you have your snack already?*
—Sí, merendamos tartas de manzana.	*Yes, we had apple tarts.*
Tomaron la merienda.	*They had a snack.*

Se metió en una confitería.
Metió a sus hijos en la cama.
El jugador metió el balón en la cesta.
No puedes meter ni una sola cosa más en el maletín.

Cada vez que abre la boca mete la pata.

Están muy metidos en política.
Te aconsejo que no te metas en un lío.
Siempre andas metido en líos.

to start

Se metieron a correr.

to become

Se metió a diseñadora.
Se metió a abogado.

to annoy, tease, pick on

Se metía con los otros niños.

to meddle

Se mete en todo.
No te metas en lo que no te importa.

Se mete donde no la llaman.

Metes la nariz (las narices) en todo.
¡Métete en lo tuyo!

to get into, go into, enter

Se metieron en dificultades.
—¿Dónde se han metido?
—Se habrán metido en una tienda.
Se metió en sí misma.
Se le metió en la cabeza seguir la pista de los ladrones.

She went into a candy store.
She put her children to bed.
The player made a basket.
You can't squeeze even one more thing in the little suitcase.
Every time she opens her mouth she puts her foot in it.

They're very involved in politics.
I advise you not to get yourself into a jam.
You're always getting into trouble.

They started to run.

She became a designer.
He became a lawyer.

He was teasing/picking on the other children.

He interferes in everything.
Don't go butting into what is none of your business.
She gets into things that are none of her business.
You stick your nose into everything.
Mind your own business!

They ran into difficulties.
Where have they gone?
They probably went into a store.
She withdrew into herself.
He got it into his head to track down the thieves.

TOP 30
VERBS

regular -er verb

meto · metieron · metido · metiendo

PRESENT

meto	metemos
metes	metéis
mete	meten

IMPERFECT

metía	metíamos
metías	metíais
metía	metían

FUTURE

meteré	meteremos
meterás	meteréis
meterá	meterán

PLUPERFECT

había metido	habíamos metido
habías metido	habíais metido
había metido	habían metido

FUTURE PERFECT

habré metido	habremos metido
habrás metido	habréis metido
habrá metido	habrán metido

PRESENT SUBJUNCTIVE

meta	metamos
metas	metáis
meta	metan

IMPERFECT SUBJUNCTIVE (-ra)

metiera	metiéramos
metieras	metierais
metiera	metieran

PAST PERFECT SUBJUNCTIVE (-ra)

hubiera metido	hubiéramos metido
hubieras metido	hubierais metido
hubiera metido	hubieran metido

PRETERIT

metí	metimos
metiste	metisteis
metió	metieron

PRESENT PERFECT

he metido	hemos metido
has metido	habéis metido
ha metido	han metido

CONDITIONAL

metería	meteríamos
meterías	meteríais
metería	meterían

PRETERIT PERFECT

hube metido	hubimos metido
hubiste metido	hubisteis metido
hubo metido	hubieron metido

CONDITIONAL PERFECT

habría metido	habríamos metido
habrías metido	habríais metido
habría metido	habrían metido

PRESENT PERFECT SUBJUNCTIVE

haya metido	hayamos metido
hayas metido	hayáis metido
haya metido	hayan metido

or IMPERFECT SUBJUNCTIVE (-se)

metiese	metiésemos
metieses	metieseis
metiese	metiesen

or PAST PERFECT SUBJUNCTIVE (-se)

hubiese metido	hubiésemos metido
hubieses metido	hubieseis metido
hubiese metido	hubiesen metido

PROGRESSIVE TENSES

PRESENT	estoy, estás, está, estamos, estáis, están	
PRETERIT	estuve, estuviste, estuvo, estuvimos, estuvisteis, estuvieron	
IMPERFECT	estaba, estabas, estaba, estábamos, estabais, estaban	metiendo
FUTURE	estaré, estarás, estará, estaremos, estaréis, estarán	
CONDITIONAL	estaría, estarías, estaría, estaríamos, estaríais, estarían	
SUBJUNCTIVE	que + *corresponding subjunctive tense of* estar (*see verb 151*)	

COMMANDS

	(nosotros) metamos/no metamos
(tú) mete/no metas	(vosotros) meted/no metáis
(Ud.) meta/no meta	(Uds.) metan/no metan

Usage

Mete la moneda en la ranura.	*Put the coin into the slot.*
Metieron a su hijo en una escuela preparatoria.	*They put their son into a prep school.*
¡No me metas en tu embrollo!	*Don't get me mixed up in your mess!*
Metí dinero en una sociedad anónima.	*I invested money in a corporation.*

mirar *to look at*			
miro · miraron · mirado · mirando			regular *-ar* verb

PRESENT

miro	miramos
miras	miráis
mira	miran

PRETERIT

miré	miramos
miraste	mirasteis
miró	miraron

IMPERFECT

miraba	mirábamos
mirabas	mirabais
miraba	miraban

PRESENT PERFECT

he mirado	hemos mirado
has mirado	habéis mirado
ha mirado	han mirado

FUTURE

miraré	miraremos
mirarás	miraréis
mirará	mirarán

CONDITIONAL

miraría	miraríamos
mirarías	miraríais
miraría	mirarían

PLUPERFECT

había mirado	habíamos mirado
habías mirado	habíais mirado
había mirado	habían mirado

PRETERIT PERFECT

hube mirado	hubimos mirado
hubiste mirado	hubisteis mirado
hubo mirado	hubieron mirado

FUTURE PERFECT

habré mirado	habremos mirado
habrás mirado	habréis mirado
habrá mirado	habrán mirado

CONDITIONAL PERFECT

habría mirado	habríamos mirado
habrías mirado	habríais mirado
habría mirado	habrían mirado

PRESENT SUBJUNCTIVE

mire	miremos
mires	miréis
mire	miren

PRESENT PERFECT SUBJUNCTIVE

haya mirado	hayamos mirado
hayas mirado	hayáis mirado
haya mirado	hayan mirado

IMPERFECT SUBJUNCTIVE (-ra)

mirara	miráramos
miraras	mirarais
mirara	miraran

or **IMPERFECT SUBJUNCTIVE (-se)**

mirase	mirásemos
mirases	miraseis
mirase	mirasen

PAST PERFECT SUBJUNCTIVE (-ra)

hubiera mirado	hubiéramos mirado
hubieras mirado	hubierais mirado
hubiera mirado	hubieran mirado

or **PAST PERFECT SUBJUNCTIVE (-se)**

hubiese mirado	hubiésemos mirado
hubieses mirado	hubieseis mirado
hubiese mirado	hubiesen mirado

PROGRESSIVE TENSES

PRESENT	estoy, estás, está, estamos, estáis, están	
PRETERIT	estuve, estuviste, estuvo, estuvimos, estuvisteis, estuvieron	
IMPERFECT	estaba, estabas, estaba, estábamos, estabais, estaban	mirando
FUTURE	estaré, estarás, estará, estaremos, estaréis, estarán	
CONDITIONAL	estaría, estarías, estaría, estaríamos, estaríais, estarían	
SUBJUNCTIVE	que + *corresponding subjunctive tense of* estar (*see verb 151*)	

COMMANDS

	(nosotros) miremos/no miremos
(tú) mira/no mires	(vosotros) mirad/no miréis
(Ud.) mire/no mire	(Uds.) miren/no miren

Usage

Miremos la tele.	*Let's watch TV.*
Nos gusta mirar a los transeúntes.	*We like to watch the passersby.*
¡Mire lo que hace!	*Watch what you're doing!*
¡Mira!	*Look!/Look out!* (be careful)/*Look here!* (protesting)

-ar verb; spelling change: **modifico · modificaron · modificado · modificando**
c > qu/e

PRESENT

modifico	modificamos
modificas	modificáis
modifica	modifican

PRETERIT

modifiqué	modificamos
modificaste	modificasteis
modificó	modificaron

IMPERFECT

modificaba	modificábamos
modificabas	modificabais
modificaba	modificaban

PRESENT PERFECT

he modificado	hemos modificado
has modificado	habéis modificado
ha modificado	han modificado

FUTURE

modificaré	modificaremos
modificarás	modificaréis
modificará	modificarán

CONDITIONAL

modificaría	modificaríamos
modificarías	modificaríais
modificaría	modificarían

PLUPERFECT

había modificado	habíamos modificado
habías modificado	habíais modificado
había modificado	habían modificado

PRETERIT PERFECT

hube modificado	hubimos modificado
hubiste modificado	hubisteis modificado
hubo modificado	hubieron modificado

FUTURE PERFECT

habré modificado	habremos modificado
habrás modificado	habréis modificado
habrá modificado	habrán modificado

CONDITIONAL PERFECT

habría modificado	habríamos modificado
habrías modificado	habríais modificado
habría modificado	habrían modificado

PRESENT SUBJUNCTIVE

modifique	modifiquemos
modifiques	modifiquéis
modifique	modifiquen

PRESENT PERFECT SUBJUNCTIVE

haya modificado	hayamos modificado
hayas modificado	hayáis modificado
haya modificado	hayan modificado

IMPERFECT SUBJUNCTIVE (-ra)

modificara	modificáramos
modificaras	modificarais
modificara	modificaran

or **IMPERFECT SUBJUNCTIVE (-se)**

modificase	modificásemos
modificases	modificaseis
modificase	modificasen

PAST PERFECT SUBJUNCTIVE (-ra)

hubiera modificado	hubiéramos modificado
hubieras modificado	hubierais modificado
hubiera modificado	hubieran modificado

or **PAST PERFECT SUBJUNCTIVE (-se)**

hubiese modificado	hubiésemos modificado
hubieses modificado	hubieseis modificado
hubiese modificado	hubiesen modificado

PROGRESSIVE TENSES

PRESENT	estoy, estás, está, estamos, estáis, están
PRETERIT	estuve, estuviste, estuvo, estuvimos, estuvisteis, estuvieron
IMPERFECT	estaba, estabas, estaba, estábamos, estabais, estaban
FUTURE	estaré, estarás, estará, estaremos, estaréis, estarán
CONDITIONAL	estaría, estarías, estaría, estaríamos, estaríais, estarían
SUBJUNCTIVE	que + *corresponding subjunctive tense of* estar (*see verb 151*)

modificando

COMMANDS

	(nosotros) modifiquemos/no modifiquemos
(tú) modifica/no modifiques	(vosotros) modificad/no modifiquéis
(Ud.) modifique/no modifique	(Uds.) modifiquen/no modifiquen

Usage

Modifiqué el plan original.	*I modified the blueprint.*
Modificaba sus palabras duras.	*He tempered his harsh words.*
El psicólogo investiga la modificación de conducta.	*The psychologist is researching behavior modification.*

moler to grind, pulverize, wear out, bore

muelo · molieron · molido · moliendo

stem-changing -er verb:
o > ue (like **volver**)

PRESENT		PRETERIT	
muelo	molemos	molí	molimos
mueles	moléis	moliste	molisteis
muele	muelen	molió	molieron

IMPERFECT		PRESENT PERFECT	
molía	molíamos	he molido	hemos molido
molías	molíais	has molido	habéis molido
molía	molían	ha molido	han molido

FUTURE		CONDITIONAL	
moleré	moleremos	molería	moleríamos
molerás	moleréis	molerías	moleríais
molerá	molerán	molería	molerían

PLUPERFECT		PRETERIT PERFECT	
había molido	habíamos molido	hube molido	hubimos molido
habías molido	habíais molido	hubiste molido	hubisteis molido
había molido	habían molido	hubo molido	hubieron molido

FUTURE PERFECT		CONDITIONAL PERFECT	
habré molido	habremos molido	habría molido	habríamos molido
habrás molido	habréis molido	habrías molido	habríais molido
habrá molido	habrán molido	habría molido	habrían molido

PRESENT SUBJUNCTIVE		PRESENT PERFECT SUBJUNCTIVE	
muela	molamos	haya molido	hayamos molido
muelas	moláis	hayas molido	hayáis molido
muela	muelan	haya molido	hayan molido

IMPERFECT SUBJUNCTIVE (-ra)		or IMPERFECT SUBJUNCTIVE (-se)	
moliera	moliéramos	moliese	moliésemos
molieras	molierais	molieses	molieseis
moliera	molieran	moliese	moliesen

PAST PERFECT SUBJUNCTIVE (-ra)		or PAST PERFECT SUBJUNCTIVE (-se)	
hubiera molido	hubiéramos molido	hubiese molido	hubiésemos molido
hubieras molido	hubierais molido	hubieses molido	hubieseis molido
hubiera molido	hubieran molido	hubiese molido	hubiesen molido

PROGRESSIVE TENSES

PRESENT	estoy, estás, está, estamos, estáis, están	
PRETERIT	estuve, estuviste, estuvo, estuvimos, estuvisteis, estuvieron	
IMPERFECT	estaba, estabas, estaba, estábamos, estabais, estaban	moliendo
FUTURE	estaré, estarás, estará, estaremos, estaréis, estarán	
CONDITIONAL	estaría, estarías, estaría, estaríamos, estaríais, estarían	
SUBJUNCTIVE	que + corresponding subjunctive tense of estar (see verb 151)	

COMMANDS

	(nosotros) molamos/no molamos
(tú) muele/no muelas	(vosotros) moled/no moláis
(Ud.) muela/no muela	(Uds.) muelan/no muelan

Usage

Muelan el maíz.	Grind the corn.
Se muelen los granos de café con el molinillo.	Coffee beans are ground with the grinder.
Las muelas muelen la comida.	Teeth grind food.
¡Cuánto nos muele!	How she wears us out!

regular -ar verb · **molesto · molestaron · molestado · molestando**

PRESENT

molesto	molestamos
molestas	molestáis
molesta	molestan

IMPERFECT

molestaba	molestábamos
molestabas	molestabais
molestaba	molestaban

FUTURE

molestaré	molestaremos
molestarás	molestaréis
molestará	molestarán

PLUPERFECT

había molestado	habíamos molestado
habías molestado	habíais molestado
había molestado	habían molestado

FUTURE PERFECT

habré molestado	habremos molestado
habrás molestado	habréis molestado
habrá molestado	habrán molestado

PRESENT SUBJUNCTIVE

moleste	molestemos
molestes	molestéis
moleste	molesten

IMPERFECT SUBJUNCTIVE (-ra)

molestara	molestáramos
molestaras	molestarais
molestara	molestaran

PAST PERFECT SUBJUNCTIVE (-ra)

hubiera molestado	hubiéramos molestado
hubieras molestado	hubierais molestado
hubiera molestado	hubieran molestado

PRETERIT

molesté	molestamos
molestaste	molestasteis
molestó	molestaron

PRESENT PERFECT

he molestado	hemos molestado
has molestado	habéis molestado
ha molestado	han molestado

CONDITIONAL

molestaría	molestaríamos
molestarías	molestaríais
molestaría	molestarían

PRETERIT PERFECT

hube molestado	hubimos molestado
hubiste molestado	hubisteis molestado
hubo molestado	hubieron molestado

CONDITIONAL PERFECT

habría molestado	habríamos molestado
habrías molestado	habríais molestado
habría molestado	habrían molestado

PRESENT PERFECT SUBJUNCTIVE

haya molestado	hayamos molestado
hayas molestado	hayáis molestado
haya molestado	hayan molestado

or **IMPERFECT SUBJUNCTIVE (-se)**

molestase	molestásemos
molestases	molestaseis
molestase	molestasen

or **PAST PERFECT SUBJUNCTIVE (-se)**

hubiese molestado	hubiésemos molestado
hubieses molestado	hubieseis molestado
hubiese molestado	hubiesen molestado

PROGRESSIVE TENSES

PRESENT	estoy, estás, está, estamos, estáis, están
PRETERIT	estuve, estuviste, estuvo, estuvimos, estuvisteis, estuvieron
IMPERFECT	estaba, estabas, estaba, estábamos, estabais, estaban
FUTURE	estaré, estarás, estará, estaremos, estaréis, estarán
CONDITIONAL	estaría, estarías, estaría, estaríamos, estaríais, estarían
SUBJUNCTIVE	que + *corresponding subjunctive tense of estar (see verb 151)*

} molestando

COMMANDS

	(nosotros) molestemos/no molestemos
(tú) molesta/no molestes	(vosotros) molestad/no molestéis
(Ud.) moleste/no moleste	(Uds.) molesten/no molesten

Usage

Su modo de pensar me molesta.	*Their way of thinking annoys me.*
¿Te molestan los ruidos?	*Do you mind the noises?*
No se moleste.	*Don't worry./Don't bother.*
Son personas muy molestas.	*They're very trying people.*

morder to bite	
muerdo · mordieron · mordido · mordiendo	stem-changing -er verb: $o > ue$ (like **volver**)

PRESENT		**PRETERIT**	
muerdo	mordemos	mordí	mordimos
muerdes	mordéis	mordiste	mordisteis
muerde	muerden	mordió	mordieron

IMPERFECT		**PRESENT PERFECT**	
mordía	mordíamos	he mordido	hemos mordido
mordías	mordíais	has mordido	habéis mordido
mordía	mordían	ha mordido	han mordido

FUTURE		**CONDITIONAL**	
morderé	morderemos	mordería	morderíamos
morderás	morderéis	morderías	morderíais
morderá	morderán	mordería	morderían

PLUPERFECT		**PRETERIT PERFECT**	
había mordido	habíamos mordido	hube mordido	hubimos mordido
habías mordido	habíais mordido	hubiste mordido	hubisteis mordido
había mordido	habían mordido	hubo mordido	hubieron mordido

FUTURE PERFECT		**CONDITIONAL PERFECT**	
habré mordido	habremos mordido	habría mordido	habríamos mordido
habrás mordido	habréis mordido	habrías mordido	habríais mordido
habrá mordido	habrán mordido	habría mordido	habrían mordido

PRESENT SUBJUNCTIVE		**PRESENT PERFECT SUBJUNCTIVE**	
muerda	mordamos	haya mordido	hayamos mordido
muerdas	mordáis	hayas mordido	hayáis mordido
muerda	muerdan	haya mordido	hayan mordido

IMPERFECT SUBJUNCTIVE (-ra)		or	**IMPERFECT SUBJUNCTIVE (-se)**	
mordiera	mordiéramos		mordiese	mordiésemos
mordieras	mordierais		mordieses	mordieseis
mordiera	mordieran		mordiese	mordiesen

PAST PERFECT SUBJUNCTIVE (-ra)		or	**PAST PERFECT SUBJUNCTIVE (-se)**	
hubiera mordido	hubiéramos mordido		hubiese mordido	hubiésemos mordido
hubieras mordido	hubierais mordido		hubieses mordido	hubieseis mordido
hubiera mordido	hubieran mordido		hubiese mordido	hubiesen mordido

PROGRESSIVE TENSES

PRESENT	estoy, estás, está, estamos, estáis, están	
PRETERIT	estuve, estuviste, estuvo, estuvimos, estuvisteis, estuvieron	
IMPERFECT	estaba, estabas, estaba, estábamos, estabais, estaban	mordiendo
FUTURE	estaré, estarás, estará, estaremos, estaréis, estarán	
CONDITIONAL	estaría, estarías, estaría, estaríamos, estaríais, estarían	
SUBJUNCTIVE	que + corresponding subjunctive tense of estar (see verb 151)	

COMMANDS

	(nosotros) mordamos/no mordamos
(tú) muerde/no muerdas	(vosotros) morded/no mordáis
(Ud.) muerda/no muerda	(Uds.) muerdan/no muerdan

Usage

El perro le mordió.	The dog bit him.
El niño muerde la galleta.	The child is nibbling on the cracker.
Mordió el polvo.	He bit the dust.
Muérdete la lengua.	Hold your tongue.

stem-changing -*ir* verb: *o* > *ue* (present);   **muero · murieron · muerto · muriendo**
o > *u* (preterit) (like **dormir**)

PRESENT		PRETERIT	
muero	morimos	morí	morimos
mueres	morís	moriste	moristeis
muere	mueren	murió	murieron

IMPERFECT		PRESENT PERFECT	
moría	moríamos	he muerto	hemos muerto
morías	moríais	has muerto	habéis muerto
moría	morían	ha muerto	han muerto

FUTURE		CONDITIONAL	
moriré	moriremos	moriría	moriríamos
morirás	moriréis	morirías	moriríais
morirá	morirán	moriría	morirían

PLUPERFECT		PRETERIT PERFECT	
había muerto	habíamos muerto	hube muerto	hubimos muerto
habías muerto	habíais muerto	hubiste muerto	hubisteis muerto
había muerto	habían muerto	hubo muerto	hubieron muerto

FUTURE PERFECT		CONDITIONAL PERFECT	
habré muerto	habremos muerto	habría muerto	habríamos muerto
habrás muerto	habréis muerto	habrías muerto	habríais muerto
habrá muerto	habrán muerto	habría muerto	habrían muerto

PRESENT SUBJUNCTIVE		PRESENT PERFECT SUBJUNCTIVE	
muera	muramos	haya muerto	hayamos muerto
mueras	muráis	hayas muerto	hayáis muerto
muera	mueran	haya muerto	hayan muerto

IMPERFECT SUBJUNCTIVE (-ra)		*or* IMPERFECT SUBJUNCTIVE (-se)	
muriera	muriéramos	muriese	muriésemos
murieras	murierais	murieses	murieseis
muriera	murieran	muriese	muriesen

PAST PERFECT SUBJUNCTIVE (-ra)		*or* PAST PERFECT SUBJUNCTIVE (-se)	
hubiera muerto	hubiéramos muerto	hubiese muerto	hubiésemos muerto
hubieras muerto	hubierais muerto	hubieses muerto	hubieseis muerto
hubiera muerto	hubieran muerto	hubiese muerto	hubiesen muerto

PROGRESSIVE TENSES

PRESENT	estoy, estás, está, estamos, estáis, están
PRETERIT	estuve, estuviste, estuvo, estuvimos, estuvisteis, estuvieron
IMPERFECT	estaba, estabas, estaba, estábamos, estabais, estaban
FUTURE	estaré, estarás, estará, estaremos, estaréis, estarán
CONDITIONAL	estaría, estarías, estaría, estaríamos, estaríais, estarían
SUBJUNCTIVE	que + *corresponding subjunctive tense of* estar (*see verb 151*)

⎫
⎬ muriendo
⎭

COMMANDS

	(nosotros) muramos/no muramos
(tú) muere/no mueras	(vosotros) morid/no muráis
(Ud.) muera/no muera	(Uds.) mueran/no mueran

Usage

Todos murieron en edad avanzada.	*They all died old.*
El proscrito murió ahorcado/fusilado.	*The outlaw was hanged/shot.*
Me muero por asistir al concierto.	*I'm dying to go to the concert.*
Se mueren de frío/de hambre/de aburrimiento.	*They're freezing/starving/bored to death.*

	mostrar to show, display
	muestro · mostraron · mostrado · mostrando stem-changing -ar verb: o > ue

PRESENT

muestro	mostramos
muestras	mostráis
muestra	muestran

PRETERIT

mostré	mostramos
mostraste	mostrasteis
mostró	mostraron

IMPERFECT

mostraba	mostrábamos
mostrabas	mostrabais
mostraba	mostraban

PRESENT PERFECT

he mostrado	hemos mostrado
has mostrado	habéis mostrado
ha mostrado	han mostrado

FUTURE

mostraré	mostraremos
mostrarás	mostraréis
mostrará	mostrarán

CONDITIONAL

mostraría	mostraríamos
mostrarías	mostraríais
mostraría	mostrarían

PLUPERFECT

había mostrado	habíamos mostrado
habías mostrado	habíais mostrado
había mostrado	habían mostrado

PRETERIT PERFECT

hube mostrado	hubimos mostrado
hubiste mostrado	hubisteis mostrado
hubo mostrado	hubieron mostrado

FUTURE PERFECT

habré mostrado	habremos mostrado
habrás mostrado	habréis mostrado
habrá mostrado	habrán mostrado

CONDITIONAL PERFECT

habría mostrado	habríamos mostrado
habrías mostrado	habríais mostrado
habría mostrado	habrían mostrado

PRESENT SUBJUNCTIVE

muestre	mostremos
muestres	mostréis
muestre	muestren

PRESENT PERFECT SUBJUNCTIVE

haya mostrado	hayamos mostrado
hayas mostrado	hayáis mostrado
haya mostrado	hayan mostrado

IMPERFECT SUBJUNCTIVE (-ra)   or   **IMPERFECT SUBJUNCTIVE (-se)**

mostrara	mostráramos	mostrase	mostrásemos
mostraras	mostrarais	mostrases	mostraseis
mostrara	mostraran	mostrase	mostrasen

PAST PERFECT SUBJUNCTIVE (-ra)   or   **PAST PERFECT SUBJUNCTIVE (-se)**

hubiera mostrado	hubiéramos mostrado	hubiese mostrado	hubiésemos mostrado
hubieras mostrado	hubierais mostrado	hubieses mostrado	hubieseis mostrado
hubiera mostrado	hubieran mostrado	hubiese mostrado	hubiesen mostrado

PROGRESSIVE TENSES

PRESENT	estoy, estás, está, estamos, estáis, están	
PRETERIT	estuve, estuviste, estuvo, estuvimos, estuvisteis, estuvieron	
IMPERFECT	estaba, estabas, estaba, estábamos, estabais, estaban	mostrando
FUTURE	estaré, estarás, estará, estaremos, estaréis, estarán	
CONDITIONAL	estaría, estarías, estaría, estaríamos, estaríais, estarían	
SUBJUNCTIVE	que + corresponding subjunctive tense of estar (see verb 151)	

COMMANDS

	(nosotros) mostremos/no mostremos
(tú) muestra/no muestres	(vosotros) mostrad/no mostréis
(Ud.) muestre/no muestre	(Uds.) muestren/no muestren

Usage

Te muestro el programa de gráficas.	I'll show you the graphics program.
Muestra gran curiosidad por saber.	He shows a great curiosity to learn.
Se mostraban muy atentos con nosotros.	They were very considerate to us.
Se venden guantes en el otro mostrador.	Gloves are sold at the other sales counter.

stem-changing -er verb:
o > ue (like **volver**)

muevo · movieron · movido · moviendo

PRESENT

muevo	movemos
mueves	movéis
mueve	mueven

PRETERIT

moví	movimos
moviste	movisteis
movió	movieron

IMPERFECT

movía	movíamos
movías	movíais
movía	movían

PRESENT PERFECT

he movido	hemos movido
has movido	habéis movido
ha movido	han movido

FUTURE

moveré	moveremos
moverás	moveréis
moverá	moverán

CONDITIONAL

movería	moveríamos
moverías	moveríais
movería	moverían

PLUPERFECT

había movido	habíamos movido
habías movido	habíais movido
había movido	habían movido

PRETERIT PERFECT

hube movido	hubimos movido
hubiste movido	hubisteis movido
hubo movido	hubieron movido

FUTURE PERFECT

habré movido	habremos movido
habrás movido	habréis movido
habrá movido	habrán movido

CONDITIONAL PERFECT

habría movido	habríamos movido
habrías movido	habríais movido
habría movido	habrían movido

PRESENT SUBJUNCTIVE

mueva	movamos
muevas	mováis
mueva	muevan

PRESENT PERFECT SUBJUNCTIVE

haya movido	hayamos movido
hayas movido	hayáis movido
haya movido	hayan movido

IMPERFECT SUBJUNCTIVE (-ra)

moviera	moviéramos
movieras	movierais
moviera	movieran

or **IMPERFECT SUBJUNCTIVE (-se)**

moviese	moviésemos
movieses	movieseis
moviese	moviesen

PAST PERFECT SUBJUNCTIVE (-ra)

hubiera movido	hubiéramos movido
hubieras movido	hubierais movido
hubiera movido	hubieran movido

or **PAST PERFECT SUBJUNCTIVE (-se)**

hubiese movido	hubiésemos movido
hubieses movido	hubieseis movido
hubiese movido	hubiesen movido

PROGRESSIVE TENSES

PRESENT	estoy, estás, está, estamos, estáis, están
PRETERIT	estuve, estuviste, estuvo, estuvimos, estuvisteis, estuvieron
IMPERFECT	estaba, estabas, estaba, estábamos, estabais, estaban
FUTURE	estaré, estarás, estará, estaremos, estaréis, estarán
CONDITIONAL	estaría, estarías, estaría, estaríamos, estaríais, estarían
SUBJUNCTIVE	que + *corresponding subjunctive tense of estar (see verb 151)*

} moviendo

COMMANDS

	(nosotros) movamos/no movamos
(tú) mueve/no muevas	(vosotros) moved/no mováis
(Ud.) mueva/no mueva	(Uds.) muevan/no muevan

Usage

Movió la cabeza de arriba abajo.	*She nodded.*
Mueve la sopa.	*Stir the soup.*
¡Muévete!	*Get a move on!*
Niños, ¡no se muevan!	*Children, don't fidget!*

nacer *to be born*	

nazco · nacieron · nacido · naciendo — *-er* verb; spelling change: *c > zc/o, a*

PRESENT

		PRETERIT	
nazco	nacemos	nací	nacimos
naces	nacéis	naciste	nacisteis
nace	nacen	nació	nacieron

IMPERFECT

		PRESENT PERFECT	
nacía	nacíamos	he nacido	hemos nacido
nacías	nacíais	has nacido	habéis nacido
nacía	nacían	ha nacido	han nacido

FUTURE

		CONDITIONAL	
naceré	naceremos	nacería	naceríamos
nacerás	naceréis	nacerías	naceríais
nacerá	nacerán	nacería	nacerían

PLUPERFECT

		PRETERIT PERFECT	
había nacido	habíamos nacido	hube nacido	hubimos nacido
habías nacido	habíais nacido	hubiste nacido	hubisteis nacido
había nacido	habían nacido	hubo nacido	hubieron nacido

FUTURE PERFECT

		CONDITIONAL PERFECT	
habré nacido	habremos nacido	habría nacido	habríamos nacido
habrás nacido	habréis nacido	habrías nacido	habríais nacido
habrá nacido	habrán nacido	habría nacido	habrían nacido

PRESENT SUBJUNCTIVE

		PRESENT PERFECT SUBJUNCTIVE	
nazca	nazcamos	haya nacido	hayamos nacido
nazcas	nazcáis	hayas nacido	hayáis nacido
nazca	nazcan	haya nacido	hayan nacido

IMPERFECT SUBJUNCTIVE (-ra) *or* **IMPERFECT SUBJUNCTIVE (-se)**

naciera	naciéramos	naciese	naciésemos
nacieras	nacierais	nacieses	nacieseis
naciera	nacieran	naciese	naciesen

PAST PERFECT SUBJUNCTIVE (-ra) *or* **PAST PERFECT SUBJUNCTIVE (-se)**

hubiera nacido	hubiéramos nacido	hubiese nacido	hubiésemos nacido
hubieras nacido	hubierais nacido	hubieses nacido	hubieseis nacido
hubiera nacido	hubieran nacido	hubiese nacido	hubiesen nacido

PROGRESSIVE TENSES

PRESENT	estoy, estás, está, estamos, estáis, están	
PRETERIT	estuve, estuviste, estuvo, estuvimos, estuvisteis, estuvieron	
IMPERFECT	estaba, estabas, estaba, estábamos, estabais, estaban	naciendo
FUTURE	estaré, estarás, estará, estaremos, estaréis, estarán	
CONDITIONAL	estaría, estarías, estaría, estaríamos, estaríais, estarían	
SUBJUNCTIVE	que + *corresponding subjunctive tense of* estar (*see verb 151*)	

COMMANDS

	(nosotros) nazcamos/no nazcamos
(tú) nace/no nazcas	(vosotros) naced/no nazcáis
(Ud.) nazca/no nazca	(Uds.) nazcan/no nazcan

Usage

Los gemelos nacieron en marzo.	*The twins were born in March.*
Nace el día y el sol.	*The day is dawning and the sun is rising.*
Nació para diplomático.	*He's a born diplomat.*
Nacía el amor/el rencor entre ellos.	*Love/Resentment was growing between them.*

-ar verb; spelling change: *g > gu/e* navego · navegaron · navegado · navegando

PRESENT		PRETERIT	
navego	navegamos	navegué	navegamos
navegas	navegáis	navegaste	navegasteis
navega	navegan	navegó	navegaron

IMPERFECT		PRESENT PERFECT	
navegaba	navegábamos	he navegado	hemos navegado
navegabas	navegabais	has navegado	habéis navegado
navegaba	navegaban	ha navegado	han navegado

FUTURE		CONDITIONAL	
navegaré	navegaremos	navegaría	navegaríamos
navegarás	navegaréis	navegarías	navegaríais
navegará	navegarán	navegaría	navegarían

PLUPERFECT		PRETERIT PERFECT	
había navegado	habíamos navegado	hube navegado	hubimos navegado
habías navegado	habíais navegado	hubiste navegado	hubisteis navegado
había navegado	habían navegado	hubo navegado	hubieron navegado

FUTURE PERFECT		CONDITIONAL PERFECT	
habré navegado	habremos navegado	habría navegado	habríamos navegado
habrás navegado	habréis navegado	habrías navegado	habríais navegado
habrá navegado	habrán navegado	habría navegado	habrían navegado

PRESENT SUBJUNCTIVE		PRESENT PERFECT SUBJUNCTIVE	
navegue	naveguemos	haya navegado	hayamos navegado
navegues	naveguéis	hayas navegado	hayáis navegado
navegue	naveguen	haya navegado	hayan navegado

IMPERFECT SUBJUNCTIVE (-ra)		*or*	IMPERFECT SUBJUNCTIVE (-se)	
navegara	navegáramos		navegase	navegásemos
navegaras	navegarais		navegases	navegaseis
navegara	navegaran		navegase	navegasen

PAST PERFECT SUBJUNCTIVE (-ra)		*or*	PAST PERFECT SUBJUNCTIVE (-se)	
hubiera navegado	hubiéramos navegado		hubiese navegado	hubiésemos navegado
hubieras navegado	hubierais navegado		hubieses navegado	hubieseis navegado
hubiera navegado	hubieran navegado		hubiese navegado	hubiesen navegado

PROGRESSIVE TENSES

PRESENT	estoy, estás, está, estamos, estáis, están	
PRETERIT	estuve, estuviste, estuvo, estuvimos, estuvisteis, estuvieron	
IMPERFECT	estaba, estabas, estaba, estábamos, estabais, estaban	navegando
FUTURE	estaré, estarás, estará, estaremos, estaréis, estarán	
CONDITIONAL	estaría, estarías, estaría, estaríamos, estaríais, estarían	
SUBJUNCTIVE	que + *corresponding subjunctive tense of estar (see verb 151)*	

COMMANDS

	(nosotros) naveguemos/no naveguemos
(tú) navega/no navegues	(vosotros) navegad/no naveguéis
(Ud.) navegue/no navegue	(Uds.) naveguen/no naveguen

Usage

Las naves estadounidenses navegan en el golfo Pérsico.	United States ships sail in the Persian Gulf.
Navegó en el Web por dos horas.	He surfed the Web for two hours.
Se estudia la navegación costera y fluvial.	They study coastal and river navigation.

negar	*to deny, refuse*

niego · negaron · negado · negando	stem-changing -ar verb: *e > ie*; spelling change: *g > gu/e*

PRESENT

niego	negamos
niegas	negáis
niega	niegan

PRETERIT

negué	negamos
negaste	negasteis
negó	negaron

IMPERFECT

negaba	negábamos
negabas	negabais
negaba	negaban

PRESENT PERFECT

he negado	hemos negado
has negado	habéis negado
ha negado	han negado

FUTURE

negaré	negaremos
negarás	negaréis
negará	negarán

CONDITIONAL

negaría	negaríamos
negarías	negaríais
negaría	negarían

PLUPERFECT

había negado	habíamos negado
habías negado	habíais negado
había negado	habían negado

PRETERIT PERFECT

hube negado	hubimos negado
hubiste negado	hubisteis negado
hubo negado	hubieron negado

FUTURE PERFECT

habré negado	habremos negado
habrás negado	habréis negado
habrá negado	habrán negado

CONDITIONAL PERFECT

habría negado	habríamos negado
habrías negado	habríais negado
habría negado	habrían negado

PRESENT SUBJUNCTIVE

niegue	neguemos
niegues	neguéis
niegue	nieguen

PRESENT PERFECT SUBJUNCTIVE

haya negado	hayamos negado
hayas negado	hayáis negado
haya negado	hayan negado

IMPERFECT SUBJUNCTIVE (-ra)

negara	negáramos
negaras	negarais
negara	negaran

or **IMPERFECT SUBJUNCTIVE (-se)**

negase	negásemos
negases	negaseis
negase	negasen

PAST PERFECT SUBJUNCTIVE (-ra)

hubiera negado	hubiéramos negado
hubieras negado	hubierais negado
hubiera negado	hubieran negado

or **PAST PERFECT SUBJUNCTIVE (-se)**

hubiese negado	hubiésemos negado
hubieses negado	hubieseis negado
hubiese negado	hubiesen negado

PROGRESSIVE TENSES

PRESENT	estoy, estás, está, estamos, estáis, están
PRETERIT	estuve, estuviste, estuvo, estuvimos, estuvisteis, estuvieron
IMPERFECT	estaba, estabas, estaba, estábamos, estabais, estaban
FUTURE	estaré, estarás, estará, estaremos, estaréis, estarán
CONDITIONAL	estaría, estarías, estaría, estaríamos, estaríais, estarían
SUBJUNCTIVE	que + *corresponding subjunctive tense of* estar (see verb 151)

negando

COMMANDS

	(nosotros) neguemos/no neguemos
(tú) niega/no niegues	(vosotros) negad/no neguéis
(Ud.) niegue/no niegue	(Uds.) nieguen/no nieguen

Usage

Es difícil que nieguen los hechos.	*It's difficult for them to deny the facts.*
Les negó la entrada.	*She refused to let them go in.*
Niega haberos estafado.	*He denies having swindled/cheated you.*
¿Por qué te negaste a verlos?	*Why did you refuse to see them?*

| stem-changing -ar verb: *e* > *ie*; impersonal verb used in third-person singular only | **nieva · nevó · nevado · nevando** |

PRESENT	PRETERIT
nieva	nevó

IMPERFECT	PRESENT PERFECT
nevaba	ha nevado

FUTURE	CONDITIONAL
nevará	nevaría

PLUPERFECT	PRETERIT PERFECT
había nevado	hubo nevado

FUTURE PERFECT	CONDITIONAL PERFECT
habrá nevado	habría nevado

PRESENT SUBJUNCTIVE	PRESENT PERFECT SUBJUNCTIVE
nieve	haya nevado

IMPERFECT SUBJUNCTIVE (-ra)	*or*	IMPERFECT SUBJUNCTIVE (-se)
nevara		nevase

PAST PERFECT SUBJUNCTIVE (-ra)	*or*	PAST PERFECT SUBJUNCTIVE (-se)
hubiera nevado		hubiese nevado

PROGRESSIVE TENSES

PRESENT	está	
PRETERIT	estuvo	
IMPERFECT	estaba	} nevando
FUTURE	estará	
CONDITIONAL	estaría	
SUBJUNCTIVE	que + *corresponding subjunctive tense of* estar (*see verb 151*)	

COMMANDS

¡Que nieve!   ¡Que no nieve!

Usage

Nieva./Está nevando.	*It's snowing.*
Nevó mucho.	*It snowed heavily.*
Hubo una fuerte nevada.	*There was a heavy snowfall.*
Habrá tormenta de nieve mañana.	*There will be a snowstorm tomorrow.*
Hubo aludes de nieve en las montañas.	*There were snowslides/avalanches in the mountains.*
Los niños se tiraban bolas de nieve.	*The children threw snowballs at each other.*
Hacían un muñeco de nieve.	*They made a snowman.*
El yeti, llamado el abominable hombre de las nieves, es del Himalaya.	*The yeti, known as the abominable snowman, is from the Himalayas.*
—¿Te gusta *Blancanieves y los siete enanitos*?	*Do you like Snow White and the Seven Dwarfs?*
—Ah sí. Blancanieves tiene la piel tan blanca como la nieve.	*Oh yes. Snow White's skin is as white as snow.*
¡Qué hermosos son los copos de nieve!	*How beautiful the snowflakes are!*
Las montañas Rocosas están siempre nevadas.	*The Rockies are snow-capped mountains.*
—Las carreteras están nevadas.	*The highways are covered with snow.*
—El quitanieves está limpiándolas.	*The snowplow is clearing them.*
Saca los quesos de la nevera.	*Take the cheeses out of the refrigerator.*
Nevisca.	*It's snowing lightly.*

obedecer to obey

obedezco · obedecieron · obedecido · obedeciendo

-er verb; spelling change:
c > zc/o, a

PRESENT

obedezco	obedecemos
obedeces	obedecéis
obedece	obedecen

PRETERIT

obedecí	obedecimos
obedeciste	obedecisteis
obedeció	obedecieron

IMPERFECT

obedecía	obedecíamos
obedecías	obedecíais
obedecía	obedecían

PRESENT PERFECT

he obedecido	hemos obedecido
has obedecido	habéis obedecido
ha obedecido	han obedecido

FUTURE

obedeceré	obedeceremos
obedecerás	obedeceréis
obedecerá	obedecerán

CONDITIONAL

obedecería	obedeceríamos
obedecerías	obedeceríais
obedecería	obedecerían

PLUPERFECT

había obedecido	habíamos obedecido
habías obedecido	habíais obedecido
había obedecido	habían obedecido

PRETERIT PERFECT

hube obedecido	hubimos obedecido
hubiste obedecido	hubisteis obedecido
hubo obedecido	hubieron obedecido

FUTURE PERFECT

habré obedecido	habremos obedecido
habrás obedecido	habréis obedecido
habrá obedecido	habrán obedecido

CONDITIONAL PERFECT

habría obedecido	habríamos obedecido
habrías obedecido	habríais obedecido
habría obedecido	habrían obedecido

PRESENT SUBJUNCTIVE

obedezca	obedezcamos
obedezcas	obedezcáis
obedezca	obedezcan

PRESENT PERFECT SUBJUNCTIVE

haya obedecido	hayamos obedecido
hayas obedecido	hayáis obedecido
haya obedecido	hayan obedecido

IMPERFECT SUBJUNCTIVE (-ra)   *or*   **IMPERFECT SUBJUNCTIVE (-se)**

obedeciera	obedeciéramos	obedeciese	obedeciésemos
obedecieras	obedecierais	obedecieses	obedecieseis
obedeciera	obedecieran	obedeciese	obedeciesen

PAST PERFECT SUBJUNCTIVE (-ra)   *or*   **PAST PERFECT SUBJUNCTIVE (-se)**

hubiera obedecido	hubiéramos obedecido	hubiese obedecido	hubiésemos obedecido
hubieras obedecido	hubierais obedecido	hubieses obedecido	hubieseis obedecido
hubiera obedecido	hubieran obedecido	hubiese obedecido	hubiesen obedecido

PROGRESSIVE TENSES

PRESENT	estoy, estás, está, estamos, estáis, están
PRETERIT	estuve, estuviste, estuvo, estuvimos, estuvisteis, estuvieron
IMPERFECT	estaba, estabas, estaba, estábamos, estabais, estaban
FUTURE	estaré, estarás, estará, estaremos, estaréis, estarán
CONDITIONAL	estaría, estarías, estaría, estaríamos, estaríais, estarían
SUBJUNCTIVE	que + *corresponding subjunctive tense of* estar (*see verb 151*)

} obedeciendo

COMMANDS

	(nosotros) obedezcamos/no obedezcamos
(tú) obedece/no obedezcas	(vosotros) obedeced/no obedezcáis
(Ud.) obedezca/no obedezca	(Uds.) obedezcan/no obedezcan

Usage

Obedezcan Uds. la ley.	*Obey the law.*
—Este chiquillo no obedece a sus papás.	*This kid doesn't obey his parents.*
—Su hermano mayor es obediente.	*His older brother is obedient.*
La jefa se hace obedecer.	*The boss commands obedience.*

-ar verb; spelling change: *g > gu/e*   **obligo · obligaron · obligado · obligando**

PRESENT		PRETERIT	
obligo	obligamos	obligué	obligamos
obligas	obligáis	obligaste	obligasteis
obliga	obligan	obligó	obligaron

IMPERFECT		PRESENT PERFECT	
obligaba	obligábamos	he obligado	hemos obligado
obligabas	obligabais	has obligado	habéis obligado
obligaba	obligaban	ha obligado	han obligado

FUTURE		CONDITIONAL	
obligaré	obligaremos	obligaría	obligaríamos
obligarás	obligaréis	obligarías	obligaríais
obligará	obligarán	obligaría	obligarían

PLUPERFECT		PRETERIT PERFECT	
había obligado	habíamos obligado	hube obligado	hubimos obligado
habías obligado	habíais obligado	hubiste obligado	hubisteis obligado
había obligado	habían obligado	hubo obligado	hubieron obligado

FUTURE PERFECT		CONDITIONAL PERFECT	
habré obligado	habremos obligado	habría obligado	habríamos obligado
habrás obligado	habréis obligado	habrías obligado	habríais obligado
habrá obligado	habrán obligado	habría obligado	habrían obligado

PRESENT SUBJUNCTIVE		PRESENT PERFECT SUBJUNCTIVE	
obligue	obliguemos	haya obligado	hayamos obligado
obligues	obliguéis	hayas obligado	hayáis obligado
obligue	obliguen	haya obligado	hayan obligado

IMPERFECT SUBJUNCTIVE (-ra)		*or* IMPERFECT SUBJUNCTIVE (-se)	
obligara	obligáramos	obligase	obligásemos
obligaras	obligarais	obligases	obligaseis
obligara	obligaran	obligase	obligasen

PAST PERFECT SUBJUNCTIVE (-ra)		*or* PAST PERFECT SUBJUNCTIVE (-se)	
hubiera obligado	hubiéramos obligado	hubiese obligado	hubiésemos obligado
hubieras obligado	hubierais obligado	hubieses obligado	hubieseis obligado
hubiera obligado	hubieran obligado	hubiese obligado	hubiesen obligado

PROGRESSIVE TENSES

PRESENT	estoy, estás, está, estamos, estáis, están	
PRETERIT	estuve, estuviste, estuvo, estuvimos, estuvisteis, estuvieron	
IMPERFECT	estaba, estabas, estaba, estábamos, estabais, estaban	obligando
FUTURE	estaré, estarás, estará, estaremos, estaréis, estarán	
CONDITIONAL	estaría, estarías, estaría, estaríamos, estaríais, estarían	
SUBJUNCTIVE	que + *corresponding subjunctive tense of estar (see verb 151)*	

COMMANDS

	(nosotros) obliguemos/no obliguemos
(tú) obliga/no obligues	(vosotros) obligad/no obliguéis
(Ud.) obligue/no obligue	(Uds.) obliguen/no obliguen

Usage

Te obligaron a cumplir tus compromisos.	They forced you to honor your obligations.
Es preciso que les obligue a cumplir su promesa.	It's necessary that you force them to keep their promise.
Nos obligamos a ceder el asiento a los ancianos.	We're obliged to give up our seats to old people.

obtener *to obtain, get*

obtengo · obtuvieron · obtenido · obteniendo   irregular verb (like **tener**)

PRESENT		PRETERIT	
obtengo	obtenemos	obtuve	obtuvimos
obtienes	obtenéis	obtuviste	obtuvisteis
obtiene	obtienen	obtuvo	obtuvieron

IMPERFECT		PRESENT PERFECT	
obtenía	obteníamos	he obtenido	hemos obtenido
obtenías	obteníais	has obtenido	habéis obtenido
obtenía	obtenían	ha obtenido	han obtenido

FUTURE		CONDITIONAL	
obtendré	obtendremos	obtendría	obtendríamos
obtendrás	obtendréis	obtendrías	obtendríais
obtendrá	obtendrán	obtendría	obtendrían

PLUPERFECT		PRETERIT PERFECT	
había obtenido	habíamos obtenido	hube obtenido	hubimos obtenido
habías obtenido	habíais obtenido	hubiste obtenido	hubisteis obtenido
había obtenido	habían obtenido	hubo obtenido	hubieron obtenido

FUTURE PERFECT		CONDITIONAL PERFECT	
habré obtenido	habremos obtenido	habría obtenido	habríamos obtenido
habrás obtenido	habréis obtenido	habrías obtenido	habríais obtenido
habrá obtenido	habrán obtenido	habría obtenido	habrían obtenido

PRESENT SUBJUNCTIVE		PRESENT PERFECT SUBJUNCTIVE	
obtenga	obtengamos	haya obtenido	hayamos obtenido
obtengas	obtengáis	hayas obtenido	hayáis obtenido
obtenga	obtengan	haya obtenido	hayan obtenido

IMPERFECT SUBJUNCTIVE (-ra)		*or*	IMPERFECT SUBJUNCTIVE (-se)	
obtuviera	obtuviéramos		obtuviese	obtuviésemos
obtuvieras	obtuvierais		obtuvieses	obtuvieseis
obtuviera	obtuvieran		obtuviese	obtuviesen

PAST PERFECT SUBJUNCTIVE (-ra)		*or*	PAST PERFECT SUBJUNCTIVE (-se)	
hubiera obtenido	hubiéramos obtenido		hubiese obtenido	hubiésemos obtenido
hubieras obtenido	hubierais obtenido		hubieses obtenido	hubieseis obtenido
hubiera obtenido	hubieran obtenido		hubiese obtenido	hubiesen obtenido

PROGRESSIVE TENSES

PRESENT	estoy, estás, está, estamos, estáis, están	
PRETERIT	estuve, estuviste, estuvo, estuvimos, estuvisteis, estuvieron	
IMPERFECT	estaba, estabas, estaba, estábamos, estabais, estaban	obteniendo
FUTURE	estaré, estarás, estará, estaremos, estaréis, estarán	
CONDITIONAL	estaría, estarías, estaría, estaríamos, estaríais, estarían	
SUBJUNCTIVE	que + *corresponding subjunctive tense of* estar (*see verb 151*)	

COMMANDS

	(nosotros) obtengamos/no obtengamos
(tú) obtén/no obtengas	(vosotros) obtened/no obtengáis
(Ud.) obtenga/no obtenga	(Uds.) obtengan/no obtengan

Usage

Obtuvieron buenos resultados con la medicina.	*They obtained good results with the medicine.*
¿Dónde obtengo una tarjeta inteligente?	*Where can I get a smart card?*
Ya está obtenida.	*We got it already.*

regular *-ir* verb; unplanned occurrences: **ocurre · ocurrieron · ocurrido · ocurriendo**
se + indirect object pronoun + verb
in third-person singular or plural

PRESENT

se me ocurre(n)	se nos ocurre(n)		
se te ocurre(n)	se os ocurre(n)		
se le ocurre(n)	se les ocurre(n)		

PRETERIT

se me ocurrió(-ieron)	se nos ocurrió(-ieron)
se te ocurrió(-ieron)	se os ocurrió(-ieron)
se le ocurrió(-ieron)	se les ocurrió(-ieron)

IMPERFECT

se me ocurría(n)	se nos ocurría(n)
se te ocurría(n)	se os ocurría(n)
se le ocurría(n)	se les ocurría(n)

PRESENT PERFECT

se me ha(n) ocurrido	se nos ha(n) ocurrido
se te ha(n) ocurrido	se os ha(n) ocurrido
se le ha(n) ocurrido	se les ha(n) ocurrido

FUTURE

se me ocurrirá(n)	se nos ocurrirá(n)
se te ocurrirá(n)	se os ocurrirá(n)
se le ocurrirá(n)	se les ocurrirá(n)

CONDITIONAL

se me ocurriría(n)	se nos ocurriría(n)
se te ocurriría(n)	se os ocurriría(n)
se le ocurriría(n)	se les ocurriría(n)

PLUPERFECT

se me había(n) ocurrido	se nos había(n) ocurrido
se te había(n) ocurrido	se os había(n) ocurrido
se le había(n) ocurrido	se les había(n) ocurrido

PRETERIT PERFECT

se me hubo(-ieron) ocurrido	se nos hubo(-ieron) ocurrido
se te hubo(-ieron) ocurrido	se os hubo(-ieron) ocurrido
se le hubo(-ieron) ocurrido	se les hubo(-ieron) ocurrido

FUTURE PERFECT

se me habrá(n) ocurrido	se nos habrá(n) ocurrido
se te habrá(n) ocurrido	se os habrá(n) ocurrido
se le habrá(n) ocurrido	se les habrá(n) ocurrido

CONDITIONAL PERFECT

se me habría(n) ocurrido	se nos habría(n) ocurrido
se te habría(n) ocurrido	se os habría(n) ocurrido
se le habría(n) ocurrido	se les habría(n) ocurrido

PRESENT SUBJUNCTIVE

se me ocurra(n)	se nos ocurra(n)
se te ocurra(n)	se os ocurra(n)
se le ocurra(n)	se les ocurra(n)

PRESENT PERFECT SUBJUNCTIVE

se me haya(n) ocurrido	se nos haya(n) ocurrido
se te haya(n) ocurrido	se os haya(n) ocurrido
se le haya(n) ocurrido	se les haya(n) ocurrido

IMPERFECT SUBJUNCTIVE (-ra)

se me ocurriera(n)	se nos ocurriera(n)
se te ocurriera(n)	se os ocurriera(n)
se le ocurriera(n)	se les ocurriera(n)

or **IMPERFECT SUBJUNCTIVE (-se)**

se me ocurriese(n)	se nos ocurriese(n)
se te ocurriese(n)	se os ocurriese(n)
se le ocurriese(n)	se les ocurriese(n)

PAST PERFECT SUBJUNCTIVE (-ra)

se me hubiera(n) ocurrido	se nos hubiera(n) ocurrido
se te hubiera(n) ocurrido	se os hubiera(n) ocurrido
se le hubiera(n) ocurrido	se les hubiera(n) ocurrido

or **PAST PERFECT SUBJUNCTIVE (-se)**

se me hubiese(n) ocurrido	se nos hubiese(n) ocurrido
se te hubiese(n) ocurrido	se os hubiese(n) ocurrido
se le hubiese(n) ocurrido	se les hubiese(n) ocurrido

PROGRESSIVE TENSES

PRESENT	estoy, estás, está, estamos, estáis, están
PRETERIT	estuve, estuviste, estuvo, estuvimos, estuvisteis, estuvieron
IMPERFECT	estaba, estabas, estaba, estábamos, estabais, estaban
FUTURE	estaré, estarás, estará, estaremos, estaréis, estarán
CONDITIONAL	estaría, estarías, estaría, estaríamos, estaríais, estarían
SUBJUNCTIVE	que + *corresponding subjunctive tense of estar (see verb 151)*

} ocurriendo

COMMANDS

¡Que se te/le/os/les ocurra(n)!   ¡Que no se te/le/os/les ocurra(n)!

Usage

Se me ocurrió la idea anoche.	The idea popped into my head last night.
Tus sospechas no se le ocurrieron a nadie más.	Your suspicions didn't occur to anyone else.
Se nos ocurrió que él había mentido.	It dawned on us that he had lied.
¿Cómo se te ocurre tal cosa?	How could you think of such a thing?
¿Qué ocurre?/¿Qué ocurrió?	What's going on?/What happened?

ofender   *to offend, insult*

ofendo · ofendieron · ofendido · ofendiendo   regular *-er* verb

PRESENT		PRETERIT	
ofendo	ofendemos	ofendí	ofendimos
ofendes	ofendéis	ofendiste	ofendisteis
ofende	ofenden	ofendió	ofendieron

IMPERFECT		PRESENT PERFECT	
ofendía	ofendíamos	he ofendido	hemos ofendido
ofendías	ofendíais	has ofendido	habéis ofendido
ofendía	ofendían	ha ofendido	han ofendido

FUTURE		CONDITIONAL	
ofenderé	ofenderemos	ofendería	ofenderíamos
ofenderás	ofenderéis	ofenderías	ofenderíais
ofenderá	ofenderán	ofendería	ofenderían

PLUPERFECT		PRETERIT PERFECT	
había ofendido	habíamos ofendido	hube ofendido	hubimos ofendido
habías ofendido	habíais ofendido	hubiste ofendido	hubisteis ofendido
había ofendido	habían ofendido	hubo ofendido	hubieron ofendido

FUTURE PERFECT		CONDITIONAL PERFECT	
habré ofendido	habremos ofendido	habría ofendido	habríamos ofendido
habrás ofendido	habréis ofendido	habrías ofendido	habríais ofendido
habrá ofendido	habrán ofendido	habría ofendido	habrían ofendido

PRESENT SUBJUNCTIVE		PRESENT PERFECT SUBJUNCTIVE	
ofenda	ofendamos	haya ofendido	hayamos ofendido
ofendas	ofendáis	hayas ofendido	hayáis ofendido
ofenda	ofendan	haya ofendido	hayan ofendido

IMPERFECT SUBJUNCTIVE (-ra)		*or*	IMPERFECT SUBJUNCTIVE (-se)	
ofendiera	ofendiéramos		ofendiese	ofendiésemos
ofendieras	ofendierais		ofendieses	ofendieseis
ofendiera	ofendieran		ofendiese	ofendiesen

PAST PERFECT SUBJUNCTIVE (-ra)		*or*	PAST PERFECT SUBJUNCTIVE (-se)	
hubiera ofendido	hubiéramos ofendido		hubiese ofendido	hubiésemos ofendido
hubieras ofendido	hubierais ofendido		hubieses ofendido	hubieseis ofendido
hubiera ofendido	hubieran ofendido		hubiese ofendido	hubiesen ofendido

PROGRESSIVE TENSES

PRESENT	estoy, estás, está, estamos, estáis, están
PRETERIT	estuve, estuviste, estuvo, estuvimos, estuvisteis, estuvieron
IMPERFECT	estaba, estabas, estaba, estábamos, estabais, estaban
FUTURE	estaré, estarás, estará, estaremos, estaréis, estarán
CONDITIONAL	estaría, estarías, estaría, estaríamos, estaríais, estarían
SUBJUNCTIVE	que + *corresponding subjunctive tense of* estar (*see verb 151*)

} ofendiendo

COMMANDS

	(nosotros) ofendamos/no ofendamos
(tú) ofende/no ofendas	(vosotros) ofended/no ofendáis
(Ud.) ofenda/no ofenda	(Uds.) ofendan/no ofendan

Usage

—Tus palabras los ofendieron.	*Your words offended them.*
—Es que se ofenden por todo.	*The fact is that they take offense at everything.*
Se ofendió con sus colegas.	*He had a falling out with his colleagues.*
Lamento que se haya dado por ofendida.	*I'm sorry she took offense.*

-er verb; spelling change: c > zc/o, a   **ofrezco · ofrecieron · ofrecido · ofreciendo**

PRESENT		PRETERIT	
ofrezco	ofrecemos	ofrecí	ofrecimos
ofreces	ofrecéis	ofreciste	ofrecisteis
ofrece	ofrecen	ofreció	ofrecieron

IMPERFECT		PRESENT PERFECT	
ofrecía	ofrecíamos	he ofrecido	hemos ofrecido
ofrecías	ofrecíais	has ofrecido	habéis ofrecido
ofrecía	ofrecían	ha ofrecido	han ofrecido

FUTURE		CONDITIONAL	
ofreceré	ofreceremos	ofrecería	ofreceríamos
ofrecerás	ofreceréis	ofrecerías	ofreceríais
ofrecerá	ofrecerán	ofrecería	ofrecerían

PLUPERFECT		PRETERIT PERFECT	
había ofrecido	habíamos ofrecido	hube ofrecido	hubimos ofrecido
habías ofrecido	habíais ofrecido	hubiste ofrecido	hubisteis ofrecido
había ofrecido	habían ofrecido	hubo ofrecido	hubieron ofrecido

FUTURE PERFECT		CONDITIONAL PERFECT	
habré ofrecido	habremos ofrecido	habría ofrecido	habríamos ofrecido
habrás ofrecido	habréis ofrecido	habrías ofrecido	habríais ofrecido
habrá ofrecido	habrán ofrecido	habría ofrecido	habrían ofrecido

PRESENT SUBJUNCTIVE		PRESENT PERFECT SUBJUNCTIVE	
ofrezca	ofrezcamos	haya ofrecido	hayamos ofrecido
ofrezcas	ofrezcáis	hayas ofrecido	hayáis ofrecido
ofrezca	ofrezcan	haya ofrecido	hayan ofrecido

IMPERFECT SUBJUNCTIVE (-ra)		or IMPERFECT SUBJUNCTIVE (-se)	
ofreciera	ofreciéramos	ofreciese	ofreciésemos
ofrecieras	ofrecierais	ofrecieses	ofrecieseis
ofreciera	ofrecieran	ofreciese	ofreciesen

PAST PERFECT SUBJUNCTIVE (-ra)		or PAST PERFECT SUBJUNCTIVE (-se)	
hubiera ofrecido	hubiéramos ofrecido	hubiese ofrecido	hubiésemos ofrecido
hubieras ofrecido	hubierais ofrecido	hubieses ofrecido	hubieseis ofrecido
hubiera ofrecido	hubieran ofrecido	hubiese ofrecido	hubiesen ofrecido

PROGRESSIVE TENSES

PRESENT	estoy, estás, está, estamos, estáis, están	
PRETERIT	estuve, estuviste, estuvo, estuvimos, estuvisteis, estuvieron	
IMPERFECT	estaba, estabas, estaba, estábamos, estabais, estaban	ofreciendo
FUTURE	estaré, estarás, estará, estaremos, estaréis, estarán	
CONDITIONAL	estaría, estarías, estaría, estaríamos, estaríais, estarían	
SUBJUNCTIVE	que + corresponding subjunctive tense of estar (see verb 151)	

COMMANDS

	(nosotros) ofrezcamos/no ofrezcamos
(tú) ofrece/no ofrezcas	(vosotros) ofreced/no ofrezcáis
(Ud.) ofrezca/no ofrezca	(Uds.) ofrezcan/no ofrezcan

Usage

Ofréceles estos entremeses.	*Offer them these hors d'oeuvres.*
Te ofrezco mi ayuda.	*I'm offering you my help.*
Se ofreció para ir al correo.	*He offered to go to the post office.*
¿Qué se le ofrece?	*May I help you? (salesperson to customer)*

oír to hear, listen to

oigo · oyeron · oído · oyendo

PRESENT

oigo	oímos
oyes	oís
oye	oyen

IMPERFECT

oía	oíamos
oías	oíais
oía	oían

FUTURE

oiré	oiremos
oirás	oiréis
oirá	oirán

PLUPERFECT

había oído	habíamos oído
habías oído	habíais oído
había oído	habían oído

FUTURE PERFECT

habré oído	habremos oído
habrás oído	habréis oído
habrá oído	habrán oído

PRESENT SUBJUNCTIVE

oiga	oigamos
oigas	oigáis
oiga	oigan

IMPERFECT SUBJUNCTIVE (-ra)

oyera	oyéramos
oyeras	oyerais
oyera	oyeran

PAST PERFECT SUBJUNCTIVE (-ra)

hubiera oído	hubiéramos oído
hubieras oído	hubierais oído
hubiera oído	hubieran oído

PRETERIT

oí	oímos
oíste	oísteis
oyó	oyeron

PRESENT PERFECT

he oído	hemos oído
has oído	habéis oído
ha oído	han oído

CONDITIONAL

oiría	oiríamos
oirías	oiríais
oiría	oirían

PRETERIT PERFECT

hube oído	hubimos oído
hubiste oído	hubisteis oído
hubo oído	hubieron oído

CONDITIONAL PERFECT

habría oído	habríamos oído
habrías oído	habríais oído
habría oído	habrían oído

PRESENT PERFECT SUBJUNCTIVE

haya oído	hayamos oído
hayas oído	hayáis oído
haya oído	hayan oído

or **IMPERFECT SUBJUNCTIVE (-se)**

oyese	oyésemos
oyeses	oyeseis
oyese	oyesen

or **PAST PERFECT SUBJUNCTIVE (-se)**

hubiese oído	hubiésemos oído
hubieses oído	hubieseis oído
hubiese oído	hubiesen oído

PROGRESSIVE TENSES

PRESENT	estoy, estás, está, estamos, estáis, están	
PRETERIT	estuve, estuviste, estuvo, estuvimos, estuvisteis, estuvieron	
IMPERFECT	estaba, estabas, estaba, estábamos, estabais, estaban	oyendo
FUTURE	estaré, estarás, estará, estaremos, estaréis, estarán	
CONDITIONAL	estaría, estarías, estaría, estaríamos, estaríais, estarían	
SUBJUNCTIVE	que + corresponding subjunctive tense of estar (see verb 151)	

COMMANDS

	(nosotros) oigamos/no oigamos
(tú) oye/no oigas	(vosotros) oíd/no oigáis
(Ud.) oiga/no oiga	(Uds.) oigan/no oigan

Usage

¿No oyes el ruido?	Don't you hear the noise?
La oímos cantar el papel de Carmen.	We heard her sing the role of Carmen.
Están oyendo música.	They're listening to music.
No he oído hablar de esa marca.	I haven't heard of that brand.

irregular verb

huelo · olieron · olido · oliendo

PRESENT	
huelo	olimos
hueles	oléis
huele	huelen

PRETERIT	
olí	olimos
oliste	olisteis
olió	olieron

IMPERFECT	
olía	olíamos
olías	olíais
olía	olían

PRESENT PERFECT	
he olido	hemos olido
has olido	habéis olido
ha olido	han olido

FUTURE	
oleré	oleremos
olerás	oleréis
olerá	olerán

CONDITIONAL	
olería	oleríamos
olerías	oleríais
olería	olerían

PLUPERFECT	
había olido	habíamos olido
habías olido	habíais olido
había olido	habían olido

PRETERIT PERFECT	
hube olido	hubimos olido
hubiste olido	hubisteis olido
hubo olido	hubieron olido

FUTURE PERFECT	
habré olido	habremos olido
habrás olido	habréis olido
habrá olido	habrán olido

CONDITIONAL PERFECT	
habría olido	habríamos olido
habrías olido	habríais olido
habría olido	habrían olido

PRESENT SUBJUNCTIVE	
huela	olamos
huelas	oláis
huela	huelan

PRESENT PERFECT SUBJUNCTIVE	
haya olido	hayamos olido
hayas olido	hayáis olido
haya olido	hayan olido

IMPERFECT SUBJUNCTIVE (-ra)		*or*	IMPERFECT SUBJUNCTIVE (-se)	
oliera	oliéramos		oliese	oliésemos
olieras	olierais		olieses	olieseis
oliera	olieran		oliese	oliesen

PAST PERFECT SUBJUNCTIVE (-ra)		*or*	PAST PERFECT SUBJUNCTIVE (-se)	
hubiera olido	hubiéramos olido		hubiese olido	hubiésemos olido
hubieras olido	hubierais olido		hubieses olido	hubieseis olido
hubiera olido	hubieran olido		hubiese olido	hubiesen olido

PROGRESSIVE TENSES

PRESENT	estoy, estás, está, estamos, estáis, están
PRETERIT	estuve, estuviste, estuvo, estuvimos, estuvisteis, estuvieron
IMPERFECT	estaba, estabas, estaba, estábamos, estabais, estaban
FUTURE	estaré, estarás, estará, estaremos, estaréis, estarán
CONDITIONAL	estaría, estarías, estaría, estaríamos, estaríais, estarían
SUBJUNCTIVE	que + *corresponding subjunctive tense of* estar (*see verb 151*)

} oliendo

COMMANDS

	(nosotros) olamos/no olamos
(tú) huele/no huelas	(vosotros) oled/no oláis
(Ud.) huela/no huela	(Uds.) huelan/no huelan

Usage

El perfume huele muy bien.	*The perfume smells very nice.*
Huele a muguete.	*It smells like lily of the valley.*
—El negocio huele a fraude.	*The business deal smacks of fraud.*
—En efecto huele mal.	*Indeed it smells fishy/is suspicious.*

oponerse   *to oppose, object to, go against*

opongo · opusieron · opuesto · oponiéndose   irregular reflexive verb (like **poner**)

PRESENT		PRETERIT	
me opongo	nos oponemos	me opuse	nos opusimos
te opones	os oponéis	te opusiste	os opusisteis
se opone	se oponen	se opuso	se opusieron

IMPERFECT		PRESENT PERFECT	
me oponía	nos oponíamos	me he opuesto	nos hemos opuesto
te oponías	os oponíais	te has opuesto	os habéis opuesto
se oponía	se oponían	se ha opuesto	se han opuesto

FUTURE		CONDITIONAL	
me opondré	nos opondremos	me opondría	nos opondríamos
te opondrás	os opondréis	te opondrías	os opondríais
se opondrá	se opondrán	se opondría	se opondrían

PLUPERFECT		PRETERIT PERFECT	
me había opuesto	nos habíamos opuesto	me hube opuesto	nos hubimos opuesto
te habías opuesto	os habíais opuesto	te hubiste opuesto	os hubisteis opuesto
se había opuesto	se habían opuesto	se hubo opuesto	se hubieron opuesto

FUTURE PERFECT		CONDITIONAL PERFECT	
me habré opuesto	nos habremos opuesto	me habría opuesto	nos habríamos opuesto
te habrás opuesto	os habréis opuesto	te habrías opuesto	os habríais opuesto
se habrá opuesto	se habrán opuesto	se habría opuesto	se habrían opuesto

PRESENT SUBJUNCTIVE		PRESENT PERFECT SUBJUNCTIVE	
me oponga	nos opongamos	me haya opuesto	nos hayamos opuesto
te opongas	os opongáis	te hayas opuesto	os hayáis opuesto
se oponga	se opongan	se haya opuesto	se hayan opuesto

IMPERFECT SUBJUNCTIVE (-ra)		or	IMPERFECT SUBJUNCTIVE (-se)	
me opusiera	nos opusiéramos		me opusiese	nos opusiésemos
te opusieras	os opusierais		te opusieses	os opusieseis
se opusiera	se opusieran		se opusiese	se opusiesen

PAST PERFECT SUBJUNCTIVE (-ra)		or	PAST PERFECT SUBJUNCTIVE (-se)	
me hubiera opuesto	nos hubiéramos opuesto		me hubiese opuesto	nos hubiésemos opuesto
te hubieras opuesto	os hubierais opuesto		te hubieses opuesto	os hubieseis opuesto
se hubiera opuesto	se hubieran opuesto		se hubiese opuesto	se hubiesen opuesto

PROGRESSIVE TENSES

PRESENT	estoy, estás, está, estamos, estáis, están	
PRETERIT	estuve, estuviste, estuvo, estuvimos, estuvisteis, estuvieron	
IMPERFECT	estaba, estabas, estaba, estábamos, estabais, estaban	oponiendo
FUTURE	estaré, estarás, estará, estaremos, estaréis, estarán	(see page 37)
CONDITIONAL	estaría, estarías, estaría, estaríamos, estaríais, estarían	
SUBJUNCTIVE	que + *corresponding subjunctive tense of* estar (see verb 151)	

COMMANDS

	(nosotros) opongámonos/no nos opongamos
(tú) oponte/no te opongas	(vosotros) oponeos/no os opongáis
(Ud.) opóngase/no se oponga	(Uds.) opónganse/no se opongan

Usage

Me opongo a la propuesta.	I oppose the proposal.
Dudo que se opongan a nuestras recomendaciones.	I doubt they'll object to our recommendations.
¿Por qué os oponíais?	Why did you oppose each other?

-ar verb; spelling change: **organizo · organizaron · organizado · organizando**
z > c/e

PRESENT		**PRETERIT**	
organizo	organizamos	organicé	organizamos
organizas	organizáis	organizaste	organizasteis
organiza	organizan	organizó	organizaron

IMPERFECT		**PRESENT PERFECT**	
organizaba	organizábamos	he organizado	hemos organizado
organizabas	organizabais	has organizado	habéis organizado
organizaba	organizaban	ha organizado	han organizado

FUTURE		**CONDITIONAL**	
organizaré	organizaremos	organizaría	organizaríamos
organizarás	organizaréis	organizarías	organizaríais
organizará	organizarán	organizaría	organizarían

PLUPERFECT		**PRETERIT PERFECT**	
había organizado	habíamos organizado	hube organizado	hubimos organizado
habías organizado	habíais organizado	hubiste organizado	hubisteis organizado
había organizado	habían organizado	hubo organizado	hubieron organizado

FUTURE PERFECT		**CONDITIONAL PERFECT**	
habré organizado	habremos organizado	habría organizado	habríamos organizado
habrás organizado	habréis organizado	habrías organizado	habríais organizado
habrá organizado	habrán organizado	habría organizado	habrían organizado

PRESENT SUBJUNCTIVE		**PRESENT PERFECT SUBJUNCTIVE**	
organice	organicemos	haya organizado	hayamos organizado
organices	organicéis	hayas organizado	hayáis organizado
organice	organicen	haya organizado	hayan organizado

IMPERFECT SUBJUNCTIVE (-ra)		*or*	**IMPERFECT SUBJUNCTIVE (-se)**	
organizara	organizáramos		organizase	organizásemos
organizaras	organizarais		organizases	organizaseis
organizara	organizaran		organizase	organizasen

PAST PERFECT SUBJUNCTIVE (-ra)		*or*	**PAST PERFECT SUBJUNCTIVE (-se)**	
hubiera organizado	hubiéramos organizado		hubiese organizado	hubiésemos organizado
hubieras organizado	hubierais organizado		hubieses organizado	hubieseis organizado
hubiera organizado	hubieran organizado		hubiese organizado	hubiesen organizado

PROGRESSIVE TENSES

PRESENT	estoy, estás, está, estamos, estáis, están
PRETERIT	estuve, estuviste, estuvo, estuvimos, estuvisteis, estuvieron
IMPERFECT	estaba, estabas, estaba, estábamos, estabais, estaban
FUTURE	estaré, estarás, estará, estaremos, estaréis, estarán
CONDITIONAL	estaría, estarías, estaría, estaríamos, estaríais, estarían
SUBJUNCTIVE	que + *corresponding subjunctive tense of estar (see verb 151)*

} organizando

COMMANDS

	(nosotros) organicemos/no organicemos
(tú) organiza/no organices	(vosotros) organizad/no organicéis
(Ud.) organice/no organice	(Uds.) organicen/no organicen

Usage

Organicen la junta general para el martes.	*Organize the general meeting for Tuesday.*
Nos vamos organizando.	*We're getting ourselves set up.*
Se organizó una comida para 200 personas.	*They organized a dinner for 200 people.*
Todo está organizado.	*Everything is arranged.*

pagar *to pay*

pago · pagaron · pagado · pagando

-ar verb; spelling change: g > gu/e

PRESENT		PRETERIT	
pago	pagamos	pagué	pagamos
pagas	pagáis	pagaste	pagasteis
paga	pagan	pagó	pagaron

IMPERFECT		PRESENT PERFECT	
pagaba	pagábamos	he pagado	hemos pagado
pagabas	pagabais	has pagado	habéis pagado
pagaba	pagaban	ha pagado	han pagado

FUTURE		CONDITIONAL	
pagaré	pagaremos	pagaría	pagaríamos
pagarás	pagaréis	pagarías	pagaríais
pagará	pagarán	pagaría	pagarían

PLUPERFECT		PRETERIT PERFECT	
había pagado	habíamos pagado	hube pagado	hubimos pagado
habías pagado	habíais pagado	hubiste pagado	hubisteis pagado
había pagado	habían pagado	hubo pagado	hubieron pagado

FUTURE PERFECT		CONDITIONAL PERFECT	
habré pagado	habremos pagado	habría pagado	habríamos pagado
habrás pagado	habréis pagado	habrías pagado	habríais pagado
habrá pagado	habrán pagado	habría pagado	habrían pagado

PRESENT SUBJUNCTIVE		PRESENT PERFECT SUBJUNCTIVE	
pague	paguemos	haya pagado	hayamos pagado
pagues	paguéis	hayas pagado	hayáis pagado
pague	paguen	haya pagado	hayan pagado

IMPERFECT SUBJUNCTIVE (-ra)		or	IMPERFECT SUBJUNCTIVE (-se)	
pagara	pagáramos		pagase	pagásemos
pagaras	pagarais		pagases	pagaseis
pagara	pagaran		pagase	pagasen

PAST PERFECT SUBJUNCTIVE (-ra)		or	PAST PERFECT SUBJUNCTIVE (-se)	
hubiera pagado	hubiéramos pagado		hubiese pagado	hubiésemos pagado
hubieras pagado	hubierais pagado		hubieses pagado	hubieseis pagado
hubiera pagado	hubieran pagado		hubiese pagado	hubiesen pagado

PROGRESSIVE TENSES

PRESENT	estoy, estás, está, estamos, estáis, están
PRETERIT	estuve, estuviste, estuvo, estuvimos, estuvisteis, estuvieron
IMPERFECT	estaba, estabas, estaba, estábamos, estabais, estaban
FUTURE	estaré, estarás, estará, estaremos, estaréis, estarán
CONDITIONAL	estaría, estarías, estaría, estaríamos, estaríais, estarían
SUBJUNCTIVE	que + *corresponding subjunctive tense of* estar (*see verb 151*)

pagando

COMMANDS

	(nosotros) paguemos/no paguemos
(tú) paga/no pagues	(vosotros) pagad/no paguéis
(Ud.) pague/no pague	(Uds.) paguen/no paguen

Usage

Pagué la matrícula.	*I paid the registration fee.*
Todo el mundo paga impuestos.	*Everyone pays taxes.*
Pagarás las consecuencias de tus acciones.	*You'll pay the consequences for your actions.*
Se paga al contado/a plazos.	*You can pay cash/in installments.*

-er verb; spelling change: c > zc/o, a   **parezco · parecieron · parecido · pareciendo**

PRESENT		**PRETERIT**	
parezco	parecemos	parecí	parecimos
pareces	parecéis	pareciste	parecisteis
parece	parecen	pareció	parecieron

IMPERFECT		**PRESENT PERFECT**	
parecía	parecíamos	he parecido	hemos parecido
parecías	parecíais	has parecido	habéis parecido
parecía	parecían	ha parecido	han parecido

FUTURE		**CONDITIONAL**	
pareceré	pareceremos	parecería	pareceríamos
parecerás	pareceréis	parecerías	pareceríais
parecerá	parecerán	parecería	parecerían

PLUPERFECT		**PRETERIT PERFECT**	
había parecido	habíamos parecido	hube parecido	hubimos parecido
habías parecido	habíais parecido	hubiste parecido	hubisteis parecido
había parecido	habían parecido	hubo parecido	hubieron parecido

FUTURE PERFECT		**CONDITIONAL PERFECT**	
habré parecido	habremos parecido	habría parecido	habríamos parecido
habrás parecido	habréis parecido	habrías parecido	habríais parecido
habrá parecido	habrán parecido	habría parecido	habrían parecido

PRESENT SUBJUNCTIVE		**PRESENT PERFECT SUBJUNCTIVE**	
parezca	parezcamos	haya parecido	hayamos parecido
parezcas	parezcáis	hayas parecido	hayáis parecido
parezca	parezcan	haya parecido	hayan parecido

IMPERFECT SUBJUNCTIVE (-ra)		*or* **IMPERFECT SUBJUNCTIVE (-se)**	
pareciera	pareciéramos	pareciese	pareciésemos
parecieras	parecierais	parecieses	parecieseis
pareciera	parecieran	pareciese	pareciesen

PAST PERFECT SUBJUNCTIVE (-ra)		*or* **PAST PERFECT SUBJUNCTIVE (-se)**	
hubiera parecido	hubiéramos parecido	hubiese parecido	hubiésemos parecido
hubieras parecido	hubierais parecido	hubieses parecido	hubieseis parecido
hubiera parecido	hubieran parecido	hubiese parecido	hubiesen parecido

PROGRESSIVE TENSES

PRESENT	estoy, estás, está, estamos, estáis, están
PRETERIT	estuve, estuviste, estuvo, estuvimos, estuvisteis, estuvieron
IMPERFECT	estaba, estabas, estaba, estábamos, estabais, estaban
FUTURE	estaré, estarás, estará, estaremos, estaréis, estarán
CONDITIONAL	estaría, estarías, estaría, estaríamos, estaríais, estarían
SUBJUNCTIVE	que + *corresponding subjunctive tense of estar (see verb 151)*

pareciendo

COMMANDS

	(nosotros) parezcamos/no parezcamos
(tú) parece/no parezcas	(vosotros) pareced/no parezcáis
(Ud.) parezca/no parezca	(Uds.) parezcan/no parezcan

Usage

Parecen desanimados.	*They look dejected.*
Parece que va a llover.	*It looks as if it's going to rain.*
—¿Qué te parece su idea?	*What do you think of their idea?*
—Me parece genial pero difícil de realizar.	*I think it's brilliant but difficult to implement.*

partir to divide, share, leave	
parto · partieron · partido · partiendo	regular -ir verb

PRESENT		PRETERIT	
parto	partimos	partí	partimos
partes	partís	partiste	partisteis
parte	parten	partió	partieron

IMPERFECT		PRESENT PERFECT	
partía	partíamos	he partido	hemos partido
partías	partíais	has partido	habéis partido
partía	partían	ha partido	han partido

FUTURE		CONDITIONAL	
partiré	partiremos	partiría	partiríamos
partirás	partiréis	partirías	partiríais
partirá	partirán	partiría	partirían

PLUPERFECT		PRETERIT PERFECT	
había partido	habíamos partido	hube partido	hubimos partido
habías partido	habíais partido	hubiste partido	hubisteis partido
había partido	habían partido	hubo partido	hubieron partido

FUTURE PERFECT		CONDITIONAL PERFECT	
habré partido	habremos partido	habría partido	habríamos partido
habrás partido	habréis partido	habrías partido	habríais partido
habrá partido	habrán partido	habría partido	habrían partido

PRESENT SUBJUNCTIVE		PRESENT PERFECT SUBJUNCTIVE	
parta	partamos	haya partido	hayamos partido
partas	partáis	hayas partido	hayáis partido
parta	partan	haya partido	hayan partido

IMPERFECT SUBJUNCTIVE (-ra)		or	IMPERFECT SUBJUNCTIVE (-se)	
partiera	partiéramos		partiese	partiésemos
partieras	partierais		partieses	partieseis
partiera	partieran		partiese	partiesen

PAST PERFECT SUBJUNCTIVE (-ra)		or	PAST PERFECT SUBJUNCTIVE (-se)	
hubiera partido	hubiéramos partido		hubiese partido	hubiésemos partido
hubieras partido	hubierais partido		hubieses partido	hubieseis partido
hubiera partido	hubieran partido		hubiese partido	hubiesen partido

PROGRESSIVE TENSES

PRESENT	estoy, estás, está, estamos, estáis, están	
PRETERIT	estuve, estuviste, estuvo, estuvimos, estuvisteis, estuvieron	
IMPERFECT	estaba, estabas, estaba, estábamos, estabais, estaban	partiendo
FUTURE	estaré, estarás, estará, estaremos, estaréis, estarán	
CONDITIONAL	estaría, estarías, estaría, estaríamos, estaríais, estarían	
SUBJUNCTIVE	que + corresponding subjunctive tense of estar (see verb 151)	

COMMANDS

	(nosotros) partamos/no partamos
(tú) parte/no partas	(vosotros) partid/no partáis
(Ud.) parta/no parta	(Uds.) partan/no partan

Usage

Parte la pera en dos.	Split/Cut the pear into two.
Partamos la pizza en cuatro.	Let's share the pizza among the four of us.
Me parte el alma verlo tan desconsolado.	It breaks my heart to see him so distressed.
Parten para la sierra mañana.	They're leaving for the mountains tomorrow.

regular *-ar* verb

paso · pasaron · pasado · pasando

PRESENT	
paso	pasamos
pasas	pasáis
pasa	pasan

PRETERIT	
pasé	pasamos
pasaste	pasasteis
pasó	pasaron

IMPERFECT	
pasaba	pasábamos
pasabas	pasabais
pasaba	pasaban

PRESENT PERFECT	
he pasado	hemos pasado
has pasado	habéis pasado
ha pasado	han pasado

FUTURE	
pasaré	pasaremos
pasarás	pasaréis
pasará	pasarán

CONDITIONAL	
pasaría	pasaríamos
pasarías	pasaríais
pasaría	pasarían

PLUPERFECT	
había pasado	habíamos pasado
habías pasado	habíais pasado
había pasado	habían pasado

PRETERIT PERFECT	
hube pasado	hubimos pasado
hubiste pasado	hubisteis pasado
hubo pasado	hubieron pasado

FUTURE PERFECT	
habré pasado	habremos pasado
habrás pasado	habréis pasado
habrá pasado	habrán pasado

CONDITIONAL PERFECT	
habría pasado	habríamos pasado
habrías pasado	habríais pasado
habría pasado	habrían pasado

PRESENT SUBJUNCTIVE	
pase	pasemos
pases	paséis
pase	pasen

PRESENT PERFECT SUBJUNCTIVE	
haya pasado	hayamos pasado
hayas pasado	hayáis pasado
haya pasado	hayan pasado

IMPERFECT SUBJUNCTIVE (-ra)		*or*	IMPERFECT SUBJUNCTIVE (-se)	
pasara	pasáramos		pasase	pasásemos
pasaras	pasarais		pasases	pasaseis
pasara	pasaran		pasase	pasasen

PAST PERFECT SUBJUNCTIVE (-ra)		*or*	PAST PERFECT SUBJUNCTIVE (-se)	
hubiera pasado	hubiéramos pasado		hubiese pasado	hubiésemos pasado
hubieras pasado	hubierais pasado		hubieses pasado	hubieseis pasado
hubiera pasado	hubieran pasado		hubiese pasado	hubiesen pasado

PROGRESSIVE TENSES		
PRESENT	estoy, estás, está, estamos, estáis, están	
PRETERIT	estuve, estuviste, estuvo, estuvimos, estuvisteis, estuvieron	
IMPERFECT	estaba, estabas, estaba, estábamos, estabais, estaban	pasando
FUTURE	estaré, estarás, estará, estaremos, estaréis, estarán	
CONDITIONAL	estaría, estarías, estaría, estaríamos, estaríais, estarían	
SUBJUNCTIVE	que + *corresponding subjunctive tense of* estar (see verb 151)	

COMMANDS

	(nosotros) pasemos/no pasemos
(tú) pasa/no pases	(vosotros) pasad/no paséis
(Ud.) pase/no pase	(Uds.) pasen/no pasen

Usage

Pásame el pan.	*Pass me the bread.*
¿Qué pasó?	*What happened?*
Pasaron ocho días en San Francisco.	*They spent a week in San Francisco.*
Pasaremos por tu casa.	*We'll drop by to see you.*

TOP 30 VERB ☞

to spend time

Pasamos el día haciendo turismo. | We spent the day sightseeing.

to have a good/bad time

Pasamos un buen/mal rato. | We had a good/bad time.
¡Que lo pasen bien! | Have a good time!
¿Qué tal lo pasaron anoche? | How did you enjoy yourselves last night?

to go by, pass

¡Cómo pasa el tiempo! | How time passes!

to go on, proceed

Pasemos a otro tema. | Let's proceed/move on to another topic.
Pase adelante. | Go on.

to be more than/be over (number)

Pasan de los 100. | There are more than 100.
No pasa de los 30. | He's not over 30.

to go too far

Esta vez pasó de la raya/de los límites. | This time he went too far/overboard.

to happen

¿Qué pasa? | What's happening?

to be the matter

¿Qué te pasa? | What's the matter with you?

to be out of fashion

Este vestido ha pasado de moda. | This dress has gone out of fashion/style.

to leave out, omit, miss out

Me parece que han pasado por alto el índice. | I think they've omitted the index.

to pass for, be taken for

Él pasaba por el invitado de honor. | He was taken for the guest of honor.

to occur to someone, cross someone's mind

No le pasó por la cabeza regalarles algo a los anfitriones. | It didn't occur to her to bring a gift to the hosts.

Other Uses

El tren pasa por Valencia. | The train goes through Valencia.
¡Pase! | Come in!
Hay que recordar el pasado. | We must remember the past.
Lo pasado, pasado está. | Let bygones be bygones.

TOP 30 VERBS

stem-changing -ir verb: *e > i*   **pido · pidieron · pedido · pidiendo**

PRESENT		PRETERIT	
pido	pedimos	pedí	pedimos
pides	pedís	pediste	pedisteis
pide	piden	pidió	pidieron

IMPERFECT		PRESENT PERFECT	
pedía	pedíamos	he pedido	hemos pedido
pedías	pedíais	has pedido	habéis pedido
pedía	pedían	ha pedido	han pedido

FUTURE		CONDITIONAL	
pediré	pediremos	pediría	pediríamos
pedirás	pediréis	pedirías	pediríais
pedirá	pedirán	pediría	pedirían

PLUPERFECT		PRETERIT PERFECT	
había pedido	habíamos pedido	hube pedido	hubimos pedido
habías pedido	habíais pedido	hubiste pedido	hubisteis pedido
había pedido	habían pedido	hubo pedido	hubieron pedido

FUTURE PERFECT		CONDITIONAL PERFECT	
habré pedido	habremos pedido	habría pedido	habríamos pedido
habrás pedido	habréis pedido	habrías pedido	habríais pedido
habrá pedido	habrán pedido	habría pedido	habrían pedido

PRESENT SUBJUNCTIVE		PRESENT PERFECT SUBJUNCTIVE	
pida	pidamos	haya pedido	hayamos pedido
pidas	pidáis	hayas pedido	hayáis pedido
pida	pidan	haya pedido	hayan pedido

IMPERFECT SUBJUNCTIVE (-ra)		*or*	IMPERFECT SUBJUNCTIVE (-se)	
pidiera	pidiéramos		pidiese	pidiésemos
pidieras	pidierais		pidieses	pidieseis
pidiera	pidieran		pidiese	pidiesen

PAST PERFECT SUBJUNCTIVE (-ra)		*or*	PAST PERFECT SUBJUNCTIVE (-se)	
hubiera pedido	hubiéramos pedido		hubiese pedido	hubiésemos pedido
hubieras pedido	hubierais pedido		hubieses pedido	hubieseis pedido
hubiera pedido	hubieran pedido		hubiese pedido	hubiesen pedido

PROGRESSIVE TENSES

PRESENT	estoy, estás, está, estamos, estáis, están
PRETERIT	estuve, estuviste, estuvo, estuvimos, estuvisteis, estuvieron
IMPERFECT	estaba, estabas, estaba, estábamos, estabais, estaban
FUTURE	estaré, estarás, estará, estaremos, estaréis, estarán
CONDITIONAL	estaría, estarías, estaría, estaríamos, estaríais, estarían
SUBJUNCTIVE	que + *corresponding subjunctive tense of* estar (see verb 151)

$\left.\begin{array}{l} \\ \\ \\ \\ \\ \\ \end{array}\right\}$ pidiendo

COMMANDS

	(nosotros) pidamos/no pidamos
(tú) pide/no pidas	(vosotros) pedid/no pidáis
(Ud.) pida/no pida	(Uds.) pidan/no pidan

Usage

Pedían demasiado por el coche.	*They were asking too much for the car.*
Me pidió la hoja de pedido.	*He asked me for the order form.*
Le pidieron que les enviara el documento.	*They asked her to send them the document.*
Yo pedí la chuleta de ternera.	*I ordered the veal chop.*

pegar	*to stick, hit, paste, put right against*		

pego · pegaron · pegado · pegando   *-ar verb; spelling change: g > gu/e*

PRESENT

pego	pegamos
pegas	pegáis
pega	pegan

PRETERIT

pegué	pegamos
pegaste	pegasteis
pegó	pegaron

IMPERFECT

pegaba	pegábamos
pegabas	pegabais
pegaba	pegaban

PRESENT PERFECT

he pegado	hemos pegado
has pegado	habéis pegado
ha pegado	han pegado

FUTURE

pegaré	pegaremos
pegarás	pegaréis
pegará	pegarán

CONDITIONAL

pegaría	pegaríamos
pegarías	pegaríais
pegaría	pegarían

PLUPERFECT

había pegado	habíamos pegado
habías pegado	habíais pegado
había pegado	habían pegado

PRETERIT PERFECT

hube pegado	hubimos pegado
hubiste pegado	hubisteis pegado
hubo pegado	hubieron pegado

FUTURE PERFECT

habré pegado	habremos pegado
habrás pegado	habréis pegado
habrá pegado	habrán pegado

CONDITIONAL PERFECT

habría pegado	habríamos pegado
habrías pegado	habríais pegado
habría pegado	habrían pegado

PRESENT SUBJUNCTIVE

pegue	peguemos
pegues	peguéis
pegue	peguen

PRESENT PERFECT SUBJUNCTIVE

haya pegado	hayamos pegado
hayas pegado	hayáis pegado
haya pegado	hayan pegado

IMPERFECT SUBJUNCTIVE (-ra)   *or*   **IMPERFECT SUBJUNCTIVE (-se)**

pegara	pegáramos	pegase	pegásemos
pegaras	pegarais	pegases	pegaseis
pegara	pegaran	pegase	pegasen

PAST PERFECT SUBJUNCTIVE (-ra)   *or*   **PAST PERFECT SUBJUNCTIVE (-se)**

hubiera pegado	hubiéramos pegado	hubiese pegado	hubiésemos pegado
hubieras pegado	hubierais pegado	hubieses pegado	hubieseis pegado
hubiera pegado	hubieran pegado	hubiese pegado	hubiesen pegado

PROGRESSIVE TENSES

PRESENT	estoy, estás, está, estamos, estáis, están	
PRETERIT	estuve, estuviste, estuvo, estuvimos, estuvisteis, estuvieron	
IMPERFECT	estaba, estabas, estaba, estábamos, estabais, estaban	pegando
FUTURE	estaré, estarás, estará, estaremos, estaréis, estarán	
CONDITIONAL	estaría, estarías, estaría, estaríamos, estaríais, estarían	
SUBJUNCTIVE	que + *corresponding subjunctive tense of* estar (*see verb 151*)	

COMMANDS

	(nosotros) peguemos/no peguemos
(tú) pega/no pegues	(vosotros) pegad/no peguéis
(Ud.) pegue/no pegue	(Uds.) peguen/no peguen

Usage

Pega la etiqueta aquí.	*Stick/Paste the label here.*
¡No le pegues a tu hermanito!	*Don't hit your little brother!*
No pegué ojo en toda la noche.	*I didn't sleep a wink all night.*
¡Es para pegarse un tiro!	*It's enough to make you scream!*

stem-changing -ar verb: e > ie   pienso · pensaron · pensado · pensando

PRESENT		PRETERIT	
pienso	pensamos	pensé	pensamos
piensas	pensáis	pensaste	pensasteis
piensa	piensan	pensó	pensaron

IMPERFECT		PRESENT PERFECT	
pensaba	pensábamos	he pensado	hemos pensado
pensabas	pensabais	has pensado	habéis pensado
pensaba	pensaban	ha pensado	han pensado

FUTURE		CONDITIONAL	
pensaré	pensaremos	pensaría	pensaríamos
pensarás	pensaréis	pensarías	pensaríais
pensará	pensarán	pensaría	pensarían

PLUPERFECT		PRETERIT PERFECT	
había pensado	habíamos pensado	hube pensado	hubimos pensado
habías pensado	habíais pensado	hubiste pensado	hubisteis pensado
había pensado	habían pensado	hubo pensado	hubieron pensado

FUTURE PERFECT		CONDITIONAL PERFECT	
habré pensado	habremos pensado	habría pensado	habríamos pensado
habrás pensado	habréis pensado	habrías pensado	habríais pensado
habrá pensado	habrán pensado	habría pensado	habrían pensado

PRESENT SUBJUNCTIVE		PRESENT PERFECT SUBJUNCTIVE	
piense	pensemos	haya pensado	hayamos pensado
pienses	penséis	hayas pensado	hayáis pensado
piense	piensen	haya pensado	hayan pensado

IMPERFECT SUBJUNCTIVE (-ra)		or	IMPERFECT SUBJUNCTIVE (-se)	
pensara	pensáramos		pensase	pensásemos
pensaras	pensarais		pensases	pensaseis
pensara	pensaran		pensase	pensasen

PAST PERFECT SUBJUNCTIVE (-ra)		or	PAST PERFECT SUBJUNCTIVE (-se)	
hubiera pensado	hubiéramos pensado		hubiese pensado	hubiésemos pensado
hubieras pensado	hubierais pensado		hubieses pensado	hubieseis pensado
hubiera pensado	hubieran pensado		hubiese pensado	hubiesen pensado

PROGRESSIVE TENSES

PRESENT	estoy, estás, está, estamos, estáis, están
PRETERIT	estuve, estuviste, estuvo, estuvimos, estuvisteis, estuvieron
IMPERFECT	estaba, estabas, estaba, estábamos, estabais, estaban
FUTURE	estaré, estarás, estará, estaremos, estaréis, estarán
CONDITIONAL	estaría, estarías, estaría, estaríamos, estaríais, estarían
SUBJUNCTIVE	que + corresponding subjunctive tense of estar (see verb 151)

pensando

COMMANDS

	(nosotros) pensemos/no pensemos
(tú) piensa/no pienses	(vosotros) pensad/no penséis
(Ud.) piense/no piense	(Uds.) piensen/no piensen

Usage

Él piensa mucho.	*He thinks a lot.*
Pensaba que habían llegado.	*I thought they had arrived.*
¿Qué piensan Uds. del gabinete del presidente?	*What do you think of the president's cabinet?*

TOP 30 VERB ☞

pienso · pensaron · pensado · pensando   stem-changing -ar verb: *e > ie*

pensar en to think of/about

—¿En qué piensas?	*What are you thinking about?*
—Pienso en lo mucho que tengo que hacer hoy.	*I'm thinking about how much I have to do today.*
Uds. pensaban en todo.	*You thought of everything.*
Piensa en los arreglos para su boda.	*She's thinking about the arrangements for her wedding.*
¡Ojalá que pensara más en sus estudios!	*We wish he would think more about his studies!*
Siempre has pensado en los demás.	*You've always thought about other people.*

how to think about something

—Piensen mucho antes de hacerlo.	*Think hard before you do it.*
—Ya lo hemos pensado bien/dos veces.	*We've thought it over carefully/twice.*
Pensándolo bien, no vamos a ir.	*After thinking it over, we're not going to go.*
Se lanza sin pensar.	*He rushes into things without thinking.*
Piensa por ti mismo.	*Think for yourself.*
Está pensando en voz alta.	*She's thinking aloud.*

pensar de to think about (have an opinion about)

—¿Qué piensas del nuevo centro comercial?	*What do you think about the new mall?*
—Pienso que está bien pensado y situado.	*I think it's well thought out and well located.*

pensar + infinitive to intend to

Piensan verse en Buenos Aires.	*They intend to meet in Buenos Aires.*
—Piensas estudiar marketing, ¿verdad?	*You intend to study marketing, don't you?*
—Pensaba estudiarlo, pero ahora pienso en la contabilidad.	*I intended to study it, but now I'm thinking about accounting.*

Other Uses

Sólo el pensarlo me da grima.	*The mere thought of it disgusts me.*
¡Ni pensarlo!	*It's out of the question!*
Aristóteles era un gran pensador.	*Aristotle was a great thinker (philosopher).*
Se goza de la libertad de pensamiento en los Estados Unidos.	*We enjoy freedom of thought in the United States.*
No puedo adivinar sus pensamientos.	*I can't read their thoughts.*
El hombre es un animal pensante/que piensa.	*Man is a thinking animal.*
Se quedó pensativo oyendo las noticias.	*He was pensive/thoughtful listening to the news.*
¡No seas mal pensado!	*Don't be evil-minded!*
Pasará el día menos pensado.	*It will happen when least expected.*
Cuando menos se piensa ocurre algo bueno.	*When you least expect it, something good happens.*

TOP 30 VERBS

stem-changing -er verb: *e > ie* (present) **pierdo · perdieron · perdido · perdiendo**

PRESENT		PRETERIT	
pierdo	perdemos	perdí	perdimos
pierdes	perdéis	perdiste	perdisteis
pierde	pierden	perdió	perdieron

IMPERFECT		PRESENT PERFECT	
perdía	perdíamos	he perdido	hemos perdido
perdías	perdíais	has perdido	habéis perdido
perdía	perdían	ha perdido	han perdido

FUTURE		CONDITIONAL	
perderé	perderemos	perdería	perderíamos
perderás	perderéis	perderías	perderíais
perderá	perderán	perdería	perderían

PLUPERFECT		PRETERIT PERFECT	
había perdido	habíamos perdido	hube perdido	hubimos perdido
habías perdido	habíais perdido	hubiste perdido	hubisteis perdido
había perdido	habían perdido	hubo perdido	hubieron perdido

FUTURE PERFECT		CONDITIONAL PERFECT	
habré perdido	habremos perdido	habría perdido	habríamos perdido
habrás perdido	habréis perdido	habrías perdido	habríais perdido
habrá perdido	habrán perdido	habría perdido	habrían perdido

PRESENT SUBJUNCTIVE		PRESENT PERFECT SUBJUNCTIVE	
pierda	perdamos	haya perdido	hayamos perdido
pierdas	perdáis	hayas perdido	hayáis perdido
pierda	pierdan	haya perdido	hayan perdido

IMPERFECT SUBJUNCTIVE (-ra)		or IMPERFECT SUBJUNCTIVE (-se)	
perdiera	perdiéramos	perdiese	perdiésemos
perdieras	perdierais	perdieses	perdieseis
perdiera	perdieran	perdiese	perdiesen

PAST PERFECT SUBJUNCTIVE (-ra)		or PAST PERFECT SUBJUNCTIVE (-se)	
hubiera perdido	hubiéramos perdido	hubiese perdido	hubiésemos perdido
hubieras perdido	hubierais perdido	hubieses perdido	hubieseis perdido
hubiera perdido	hubieran perdido	hubiese perdido	hubiesen perdido

PROGRESSIVE TENSES

PRESENT	estoy, estás, está, estamos, estáis, están	
PRETERIT	estuve, estuviste, estuvo, estuvimos, estuvisteis, estuvieron	
IMPERFECT	estaba, estabas, estaba, estábamos, estabais, estaban	perdiendo
FUTURE	estaré, estarás, estará, estaremos, estaréis, estarán	
CONDITIONAL	estaría, estarías, estaría, estaríamos, estaríais, estarían	
SUBJUNCTIVE	que + *corresponding subjunctive tense of estar (see verb 151)*	

COMMANDS

	(nosotros) perdamos/no perdamos
(tú) pierde/no pierdas	(vosotros) perded/no perdáis
(Ud.) pierda/no pierda	(Uds.) pierdan/no pierdan

Usage

Perdió dinero en inversiones equivocadas.	*He lost money in bad investments.*
No pierdas tiempo discutiendo.	*Don't waste time arguing.*
Perdisteis el tren.	*You missed the train.*

TOP 30 VERB ☞

perder *to lose, waste, miss*

pierdo · perdieron · perdido · perdiendo stem-changing -er verb: *e > ie* (present)

Nos perdimos en el bosque.	We got lost/lost our way in the forest.
No se pierdan el espectáculo.	Don't miss the show.
No pierdas de vista a la niña.	Don't lose sight of the child.
El almirante Nelson perdió su vida en la batalla de Trafalgar.	Admiral Nelson lost his life at the Battle of Trafalgar.
No pierdan la oportunidad de conocerlo.	Don't miss the chance to meet him.
Les perdimos el respeto al verlos borrachos.	We lost respect for them seeing them drunk.
No hay tiempo que perder.	There's no time to lose.
No tenían nada que perder.	They had nothing to lose.
Has perdido peso.	You've lost weight.
Salió perdiendo en el concurso de ortografía.	She lost out in the spelling bee.
Se van perdiendo ciertas costumbres.	Certain customs are being lost.
Las manzanas se echaron a perder por el calor.	The apples spoiled because of the heat.
El que todo lo quiere, todo lo pierde.	The more you want, the less you get.

perdérsele a alguien **(unplanned occurrences)** *to lose*

—Se me han perdido las carpetas.	I've lost/misplaced the folders.
—¡Se le pierde todo!	You lose everything!
—Se me perdió el paraguas.	I lost my umbrella.
—Búscalo en la oficina de objetos perdidos.	Look for it in the lost and found office.
Se nos perdió un sobre importante.	We lost/mislaid an important envelope.

Other Uses

He dado el paquete por perdido.	I've given up the package as lost.
—Anda perdido por su novia.	He's head over heels in love with his fiancée.
—Y ella está perdidamente enamorada de él.	And she's madly in love with him.
Son esfuerzos perdidos.	They're wasted efforts.
Aprovecha los ratos perdidos.	Make the most of your spare moments.
Se examinan las pérdidas y ganancias.	They're reviewing profits and losses.
El embarazo acabó en pérdida.	The pregnancy ended in a miscarriage.
Su compromiso en ese grupo será su perdición.	Their involvement in that group will be their undoing.
Es un buen/mal perdedor.	He's a good/bad loser.

TOP 30 VERBS

regular -*ir* verb

permito · permitieron · permitido · permitiendo

PRESENT		PRETERIT	
permito	permitimos	permití	permitimos
permites	permitís	permitiste	permitisteis
permite	permiten	permitió	permitieron

IMPERFECT		PRESENT PERFECT	
permitía	permitíamos	he permitido	hemos permitido
permitías	permitíais	has permitido	habéis permitido
permitía	permitían	ha permitido	han permitido

FUTURE		CONDITIONAL	
permitiré	permitiremos	permitiría	permitiríamos
permitirás	permitiréis	permitirías	permitiríais
permitirá	permitirán	permitiría	permitirían

PLUPERFECT		PRETERIT PERFECT	
había permitido	habíamos permitido	hube permitido	hubimos permitido
habías permitido	habíais permitido	hubiste permitido	hubisteis permitido
había permitido	habían permitido	hubo permitido	hubieron permitido

FUTURE PERFECT		CONDITIONAL PERFECT	
habré permitido	habremos permitido	habría permitido	habríamos permitido
habrás permitido	habréis permitido	habrías permitido	habríais permitido
habrá permitido	habrán permitido	habría permitido	habrían permitido

PRESENT SUBJUNCTIVE		PRESENT PERFECT SUBJUNCTIVE	
permita	permitamos	haya permitido	hayamos permitido
permitas	permitáis	hayas permitido	hayáis permitido
permita	permitan	haya permitido	hayan permitido

IMPERFECT SUBJUNCTIVE (-ra)		or	IMPERFECT SUBJUNCTIVE (-se)	
permitiera	permitiéramos		permitiese	permitiésemos
permitieras	permitierais		permitieses	permitieseis
permitiera	permitieran		permitiese	permitiesen

PAST PERFECT SUBJUNCTIVE (-ra)		or	PAST PERFECT SUBJUNCTIVE (-se)	
hubiera permitido	hubiéramos permitido		hubiese permitido	hubiésemos permitido
hubieras permitido	hubierais permitido		hubieses permitido	hubieseis permitido
hubiera permitido	hubieran permitido		hubiese permitido	hubiesen permitido

PROGRESSIVE TENSES

PRESENT	estoy, estás, está, estamos, estáis, están	
PRETERIT	estuve, estuviste, estuvo, estuvimos, estuvisteis, estuvieron	
IMPERFECT	estaba, estabas, estaba, estábamos, estabais, estaban	permitiendo
FUTURE	estaré, estarás, estará, estaremos, estaréis, estarán	
CONDITIONAL	estaría, estarías, estaría, estaríamos, estaríais, estarían	
SUBJUNCTIVE	que + *corresponding subjunctive tense of estar (see verb 151)*	

COMMANDS

	(nosotros) permitamos/no permitamos
(tú) permite/no permitas	(vosotros) permitid/no permitáis
(Ud.) permita/no permita	(Uds.) permitan/no permitan

Usage

No permitían que los acompañáramos.	*They didn't permit/allow us to go with them.*
Les permití entrar.	*I let them come in.*
Permítanos pasar.	*Let us go by.*
No se permite comer aquí.	*Eating is not permitted here.*

perseguir   to pursue, chase, go after, persecute, prosecute

persigo · persiguieron · perseguido · persiguiendo   stem-changing -ir verb: e > i;
spelling change: gu > g/o, a (like **seguir**)

PRESENT		PRETERIT	
persigo	perseguimos	perseguí	perseguimos
persigues	perseguís	perseguiste	perseguisteis
persigue	persiguen	persiguió	persiguieron

IMPERFECT		PRESENT PERFECT	
perseguía	perseguíamos	he perseguido	hemos perseguido
perseguías	perseguíais	has perseguido	habéis perseguido
perseguía	perseguían	ha perseguido	han perseguido

FUTURE		CONDITIONAL	
perseguiré	perseguiremos	perseguiría	perseguiríamos
perseguirás	perseguiréis	perseguirías	perseguiríais
perseguirá	perseguirán	perseguiría	perseguirían

PLUPERFECT		PRETERIT PERFECT	
había perseguido	habíamos perseguido	hube perseguido	hubimos perseguido
habías perseguido	habíais perseguido	hubiste perseguido	hubisteis perseguido
había perseguido	habían perseguido	hubo perseguido	hubieron perseguido

FUTURE PERFECT		CONDITIONAL PERFECT	
habré perseguido	habremos perseguido	habría perseguido	habríamos perseguido
habrás perseguido	habréis perseguido	habrías perseguido	habríais perseguido
habrá perseguido	habrán perseguido	habría perseguido	habrían perseguido

PRESENT SUBJUNCTIVE		PRESENT PERFECT SUBJUNCTIVE	
persiga	persigamos	haya perseguido	hayamos perseguido
persigas	persigáis	hayas perseguido	hayáis perseguido
persiga	persigan	haya perseguido	hayan perseguido

IMPERFECT SUBJUNCTIVE (-ra)		or	IMPERFECT SUBJUNCTIVE (-se)	
persiguiera	persiguiéramos		persiguiese	persiguiésemos
persiguieras	persiguierais		persiguieses	persiguieseis
persiguiera	persiguieran		persiguiese	persiguiesen

PAST PERFECT SUBJUNCTIVE (-ra)		or	PAST PERFECT SUBJUNCTIVE (-se)	
hubiera perseguido	hubiéramos perseguido		hubiese perseguido	hubiésemos perseguido
hubieras perseguido	hubierais perseguido		hubieses perseguido	hubieseis perseguido
hubiera perseguido	hubieran perseguido		hubiese perseguido	hubiesen perseguido

PROGRESSIVE TENSES

PRESENT	estoy, estás, está, estamos, estáis, están	
PRETERIT	estuve, estuviste, estuvo, estuvimos, estuvisteis, estuvieron	
IMPERFECT	estaba, estabas, estaba, estábamos, estabais, estaban	persiguiendo
FUTURE	estaré, estarás, estará, estaremos, estaréis, estarán	
CONDITIONAL	estaría, estarías, estaría, estaríamos, estaríais, estarían	
SUBJUNCTIVE	que + corresponding subjunctive tense of estar (see verb 151)	

COMMANDS

	(nosotros) persigamos/no persigamos
(tú) persigue/no persigas	(vosotros) perseguid/no persigáis
(Ud.) persiga/no persiga	(Uds.) persigan/no persigan

Usage

Se perseguirán otros caminos.	They'll pursue other avenues.
La policía perseguía a los malhechores.	The police chased after the bad guys.
Persiga sus objetivos.	Pursue your goals.
Persigue el puesto de administrador.	He's going after the position of chief executive.

-er verb; spelling change: *c > zc/o, a*

pertenezco · pertenecieron · pertenecido · perteneciendo

PRESENT		PRETERIT	
pertenezco	pertenecemos	pertenecí	pertenecimos
perteneces	pertenecéis	perteneciste	pertenecisteis
pertenece	pertenecen	perteneció	pertenecieron

IMPERFECT		PRESENT PERFECT	
pertenecía	pertenecíamos	he pertenecido	hemos pertenecido
pertenecías	pertenecíais	has pertenecido	habéis pertenecido
pertenecía	pertenecían	ha pertenecido	han pertenecido

FUTURE		CONDITIONAL	
perteneceré	perteneceremos	pertenecería	perteneceríamos
pertenecerás	perteneceréis	pertenecerías	perteneceríais
pertenecerá	pertenecerán	pertenecería	pertenecerían

PLUPERFECT		PRETERIT PERFECT	
había pertenecido	habíamos pertenecido	hube pertenecido	hubimos pertenecido
habías pertenecido	habíais pertenecido	hubiste pertenecido	hubisteis pertenecido
había pertenecido	habían pertenecido	hubo pertenecido	hubieron pertenecido

FUTURE PERFECT		CONDITIONAL PERFECT	
habré pertenecido	habremos pertenecido	habría pertenecido	habríamos pertenecido
habrás pertenecido	habréis pertenecido	habrías pertenecido	habríais pertenecido
habrá pertenecido	habrán pertenecido	habría pertenecido	habrían pertenecido

PRESENT SUBJUNCTIVE		PRESENT PERFECT SUBJUNCTIVE	
pertenezca	pertenezcamos	haya pertenecido	hayamos pertenecido
pertenezcas	pertenezcáis	hayas pertenecido	hayáis pertenecido
pertenezca	pertenezcan	haya pertenecido	hayan pertenecido

IMPERFECT SUBJUNCTIVE (-ra)		*or*	IMPERFECT SUBJUNCTIVE (-se)	
perteneciera	perteneciéramos		perteneciese	perteneciésemos
pertenecieras	pertenecierais		pertenecieses	pertenecieseis
perteneciera	pertenecieran		perteneciese	perteneciesen

PAST PERFECT SUBJUNCTIVE (-ra)		*or*	PAST PERFECT SUBJUNCTIVE (-se)	
hubiera pertenecido	hubiéramos pertenecido		hubiese pertenecido	hubiésemos pertenecido
hubieras pertenecido	hubierais pertenecido		hubieses pertenecido	hubieseis pertenecido
hubiera pertenecido	hubieran pertenecido		hubiese pertenecido	hubiesen pertenecido

PROGRESSIVE TENSES

PRESENT	estoy, estás, está, estamos, estáis, están
PRETERIT	estuve, estuviste, estuvo, estuvimos, estuvisteis, estuvieron
IMPERFECT	estaba, estabas, estaba, estábamos, estabais, estaban
FUTURE	estaré, estarás, estará, estaremos, estaréis, estarán
CONDITIONAL	estaría, estarías, estaría, estaríamos, estaríais, estarían
SUBJUNCTIVE	que + *corresponding subjunctive tense of* estar (*see verb 151*)

} perteneciendo

COMMANDS

	(nosotros) pertenezcamos/no pertenezcamos
(tú) pertenece/no pertenezcas	(vosotros) perteneced/no pertenezcáis
(Ud.) pertenezca/no pertenezca	(Uds.) pertenezcan/no pertenezcan

Usage

Estos terrenos pertenecen a una sociedad inmobiliaria.	*These plots of land belong to a real estate company.*
¿A quién le pertenece esa mochila?	*To whom does that backpack belong?*
Me pertenece la propiedad intelectual.	*The copyright belongs to me.*

planifico · planificaron · planificado · planificando   -ar verb; spelling change:
c > qu/e

PRESENT

planifico	planificamos
planificas	planificáis
planifica	planifican

PRETERIT

planifiqué	planificamos
planificaste	planificasteis
planificó	planificaron

IMPERFECT

planificaba	planificábamos
planificabas	planificabais
planificaba	planificaban

PRESENT PERFECT

he planificado	hemos planificado
has planificado	habéis planificado
ha planificado	han planificado

FUTURE

planificaré	planificaremos
planificarás	planificaréis
planificará	planificarán

CONDITIONAL

planificaría	planificaríamos
planificarías	planificaríais
planificaría	planificarían

PLUPERFECT

había planificado	habíamos planificado
habías planificado	habíais planificado
había planificado	habían planificado

PRETERIT PERFECT

hube planificado	hubimos planificado
hubiste planificado	hubisteis planificado
hubo planificado	hubieron planificado

FUTURE PERFECT

habré planificado	habremos planificado
habrás planificado	habréis planificado
habrá planificado	habrán planificado

CONDITIONAL PERFECT

habría planificado	habríamos planificado
habrías planificado	habríais planificado
habría planificado	habrían planificado

PRESENT SUBJUNCTIVE

planifique	planifiquemos
planifiques	planifiquéis
planifique	planifiquen

PRESENT PERFECT SUBJUNCTIVE

haya planificado	hayamos planificado
hayas planificado	hayáis planificado
haya planificado	hayan planificado

IMPERFECT SUBJUNCTIVE (-ra)   or **IMPERFECT SUBJUNCTIVE (-se)**

planificara	planificáramos	planificase	planificásemos
planificaras	planificarais	planificases	planificaseis
planificara	planificaran	planificase	planificasen

PAST PERFECT SUBJUNCTIVE (-ra)   or **PAST PERFECT SUBJUNCTIVE (-se)**

hubiera planificado	hubiéramos planificado	hubiese planificado	hubiésemos planificado
hubieras planificado	hubierais planificado	hubieses planificado	hubieseis planificado
hubiera planificado	hubieran planificado	hubiese planificado	hubiesen planificado

PROGRESSIVE TENSES

PRESENT	estoy, estás, está, estamos, estáis, están
PRETERIT	estuve, estuviste, estuvo, estuvimos, estuvisteis, estuvieron
IMPERFECT	estaba, estabas, estaba, estábamos, estabais, estaban
FUTURE	estaré, estarás, estará, estaremos, estaréis, estarán
CONDITIONAL	estaría, estarías, estaría, estaríamos, estaríais, estarían
SUBJUNCTIVE	que + corresponding subjunctive tense of estar (see verb 151)

} planificando

COMMANDS

	(nosotros) planifiquemos/no planifiquemos
(tú) planifica/no planifiques	(vosotros) planificad/no planifiquéis
(Ud.) planifique/no planifique	(Uds.) planifiquen/no planifiquen

Usage

Los directores planificaban la estrategia.	*The directors planned the strategy.*
Se planifica el desarrollo económico.	*They're planning economic development.*
Se realizó la planificación a corto plazo.	*They carried out the short-term planning.*
El comité de planificadores se reúne los lunes.	*The planners' committee meets on Mondays.*

-ar verb; spelling change: *c > qu/e* platico · platicaron · platicado · platicando

PRESENT		PRETERIT	
platico	platicamos	platiqué	platicamos
platicas	platicáis	platicaste	platicasteis
platica	platican	platicó	platicaron

IMPERFECT		PRESENT PERFECT	
platicaba	platicábamos	he platicado	hemos platicado
platicabas	platicabais	has platicado	habéis platicado
platicaba	platicaban	ha platicado	han platicado

FUTURE		CONDITIONAL	
platicaré	platicaremos	platicaría	platicaríamos
platicarás	platicaréis	platicarías	platicaríais
platicará	platicarán	platicaría	platicarían

PLUPERFECT		PRETERIT PERFECT	
había platicado	habíamos platicado	hube platicado	hubimos platicado
habías platicado	habíais platicado	hubiste platicado	hubisteis platicado
había platicado	habían platicado	hubo platicado	hubieron platicado

FUTURE PERFECT		CONDITIONAL PERFECT	
habré platicado	habremos platicado	habría platicado	habríamos platicado
habrás platicado	habréis platicado	habrías platicado	habríais platicado
habrá platicado	habrán platicado	habría platicado	habrían platicado

PRESENT SUBJUNCTIVE		PRESENT PERFECT SUBJUNCTIVE	
platique	platiquemos	haya platicado	hayamos platicado
platiques	platiquéis	hayas platicado	hayáis platicado
platique	platiquen	haya platicado	hayan platicado

IMPERFECT SUBJUNCTIVE (-ra)		*or*	IMPERFECT SUBJUNCTIVE (-se)	
platicara	platicáramos		platicase	platicásemos
platicaras	platicarais		platicases	platicaseis
platicara	platicaran		platicase	platicasen

PAST PERFECT SUBJUNCTIVE (-ra)		*or*	PAST PERFECT SUBJUNCTIVE (-se)	
hubiera platicado	hubiéramos platicado		hubiese platicado	hubiésemos platicado
hubieras platicado	hubierais platicado		hubieses platicado	hubieseis platicado
hubiera platicado	hubieran platicado		hubiese platicado	hubiesen platicado

PROGRESSIVE TENSES

PRESENT	estoy, estás, está, estamos, estáis, están
PRETERIT	estuve, estuviste, estuvo, estuvimos, estuvisteis, estuvieron
IMPERFECT	estaba, estabas, estaba, estábamos, estabais, estaban
FUTURE	estaré, estarás, estará, estaremos, estaréis, estarán
CONDITIONAL	estaría, estarías, estaría, estaríamos, estaríais, estarían
SUBJUNCTIVE	que + *corresponding subjunctive tense of* estar (*see verb 151*)

platicando

COMMANDS

	(nosotros) platiquemos/no platiquemos
(tú) platica/no platiques	(vosotros) platicad/no platiquéis
(Ud.) platique/no platique	(Uds.) platiquen/no platiquen

Usage

Platiqué con mis amigos.	*I chatted with my friends.*
¿Con quién platicabas cuando te vi?	*Whom were you talking to when I saw you?*
¿Te da tiempo de platicar?	*Do you have time to talk?*
Platícame lo que pasó.	*Tell me what happened.*

may (to ask for or give permission)

¿Puedo ir contigo?	*May I go with you?*
¿Se puede?	*May I come in?*
Las niñas no pueden salir solas.	*The girls are not permitted to go out alone.*

may, might (possibility)

Pueden llamar de un momento a otro.	*They may call at any moment.*
Pudo haber llamado.	*He might have called.*
Si tú puedes ir, yo iré también.	*If you can go, I'll go too.*
Si tú pudieras ir, yo iría también.	*If you could go, I would go too.*
Si tú hubieras podido ir, yo habría ido también.	*If you could have gone, I would have gone too.*
¡No puedo más!	*I can't stand/take it anymore!*
No puedo con ellas.	*I can't do anything with them.*
No puedo con las mentiras.	*I can't stand lies.*
Puede que eso pase.	*That might happen.*
Puede que sí./Puede que no.	*Maybe so./Maybe not.*
No podíamos ayudarlo.	*We were powerless to help him.*

Other Uses

Hicieron ejercicio a más no poder.	*They exercised as much as they could/until they reached their limits.*
El Congreso tiene el poder legislativo.	*Congress has legislative power.*
¿Cuál partido político está en el poder?	*Which political party is in power?*
Hay que identificar su base de poder.	*We have to identify your power base.*
Nuestro abogado tiene los poderes.	*Our lawyer has the powers of attorney.*
Hay separación/división de poderes bajo la Constitución.	*There's a separation of powers under the Constitution.*
El contrato fue firmado por poderes.	*The contract was signed by proxy.*
Me parece poderosa su razón.	*I think his argument is powerful.*
Es una familia muy poderosa.	*It's a very wealthy family.*
Querer es poder.	*Where there's a will, there's a way.*

TOP 30 VERBS

irregular verb | **puedo · pudieron · podido · pudiendo**

PRESENT

puedo	podemos
puedes	podéis
puede	pueden

IMPERFECT

podía	podíamos
podías	podíais
podía	podían

FUTURE

podré	podremos
podrás	podréis
podrá	podrán

PLUPERFECT

había podido	habíamos podido
habías podido	habíais podido
había podido	habían podido

FUTURE PERFECT

habré podido	habremos podido
habrás podido	habréis podido
habrá podido	habrán podido

PRESENT SUBJUNCTIVE

pueda	podamos
puedas	podáis
pueda	puedan

IMPERFECT SUBJUNCTIVE (-ra)

pudiera	pudiéramos
pudieras	pudierais
pudiera	pudieran

PAST PERFECT SUBJUNCTIVE (-ra)

hubiera podido	hubiéramos podido
hubieras podido	hubierais podido
hubiera podido	hubieran podido

PRETERIT

pude	pudimos
pudiste	pudisteis
pudo	pudieron

PRESENT PERFECT

he podido	hemos podido
has podido	habéis podido
ha podido	han podido

CONDITIONAL

podría	podríamos
podrías	podríais
podría	podrían

PRETERIT PERFECT

hube podido	hubimos podido
hubiste podido	hubisteis podido
hubo podido	hubieron podido

CONDITIONAL PERFECT

habría podido	habríamos podido
habrías podido	habríais podido
habría podido	habrían podido

PRESENT PERFECT SUBJUNCTIVE

haya podido	hayamos podido
hayas podido	hayáis podido
haya podido	hayan podido

or **IMPERFECT SUBJUNCTIVE (-se)**

pudiese	pudiésemos
pudieses	pudieseis
pudiese	pudiesen

or **PAST PERFECT SUBJUNCTIVE (-se)**

hubiese podido	hubiésemos podido
hubieses podido	hubieseis podido
hubiese podido	hubiesen podido

PROGRESSIVE TENSES

PRESENT	estoy, estás, está, estamos, estáis, están
PRETERIT	estuve, estuviste, estuvo, estuvimos, estuvisteis, estuvieron
IMPERFECT	estaba, estabas, estaba, estábamos, estabais, estaban
FUTURE	estaré, estarás, estará, estaremos, estaréis, estarán
CONDITIONAL	estaría, estarías, estaría, estaríamos, estaríais, estarían
SUBJUNCTIVE	que + *corresponding subjunctive tense of estar (see verb 151)*

} pudiendo

VERB NOT USED IN COMMANDS

Usage

No puedo encontrar mi reloj.	*I can't find my wristwatch.*
No pudo aprovechar las rebajas de enero.	*She couldn't take advantage of the winter clearance sales.*
¿Podemos hablar con el gerente?	*May we speak with the manager?*
Los chicos no podían tomar el metro.	*The children were not allowed to take the subway.*
No puede ser.	*That's impossible.*

El médico lo puso a régimen/a dieta.	The doctor put him on a diet.
Pon la televisión.	Put/Turn the television on.
Quiero que nos pongan al día.	I want them to bring us up to date.
Favor de ponerme con el gerente de ventas.	Please connect me with the sales manager.
El plan puso en peligro la vida de todos.	The plan endangered/jeopardized everyone's life.
Pongamos un anuncio en el periódico.	Let's run/take out an ad in the newspaper.
Pone a su hermano por las nubes.	She praises her brother to the skies.
¡Hay que poner fin al chismorreo!	We must put an end to the gossip!

ponerse a + infinitive *to begin to*

¿Por qué te pusiste a reír?	Why did you begin to laugh?
Pónganse de acuerdo de una vez por todas.	Come to an agreement once and for all.
Nos pusimos en contacto con él.	We got in touch with/contacted him.
¿Cuándo se ponen Uds. en marcha?	When are you setting out?

to become, get, turn

Están poniéndose tristes.	They're becoming sad.
Se puso furiosa.	She got furious.
No te pongas así.	Don't get like that.
Se puso pálida al ver el choque.	She turned pale when she saw the crash.
Se pusieron enfermos.	They got sick.
Se puso gordo/delgado.	He got fat/thin.

to put on (an article of clothing)

Pónganse un suéter.	Put on a sweater (you all).
Me puso el abrigo.	He helped me on with my coat.
Hijo, ponte las botas.	Son, put on your boots.
Siempre se ponía prendas verdes.	She always wore green.

Other Uses

Se ve bien/mal puesto.	He looks well/badly dressed.
Llevaba puestos los nuevos zapatos.	He was wearing his new shoes.
Tiene un excelente puesto.	He has an excellent position.
Es una puesta del sol impresionante.	It's a breathtaking sunset.

TOP 30 VERBS

irregular verb

pongo · pusieron · puesto · poniendo

PRESENT	
pongo	ponemos
pones	ponéis
pone	ponen

PRETERIT	
puse	pusimos
pusiste	pusisteis
puso	pusieron

IMPERFECT	
ponía	poníamos
ponías	poníais
ponía	ponían

PRESENT PERFECT	
he puesto	hemos puesto
has puesto	habéis puesto
ha puesto	han puesto

FUTURE	
pondré	pondremos
pondrás	pondréis
pondrá	pondrán

CONDITIONAL	
pondría	pondríamos
pondrías	pondríais
pondría	pondrían

PLUPERFECT	
había puesto	habíamos puesto
habías puesto	habíais puesto
había puesto	habían puesto

PRETERIT PERFECT	
hube puesto	hubimos puesto
hubiste puesto	hubisteis puesto
hubo puesto	hubieron puesto

FUTURE PERFECT	
habré puesto	habremos puesto
habrás puesto	habréis puesto
habrá puesto	habrán puesto

CONDITIONAL PERFECT	
habría puesto	habríamos puesto
habrías puesto	habríais puesto
habría puesto	habrían puesto

PRESENT SUBJUNCTIVE	
ponga	pongamos
pongas	pongáis
ponga	pongan

PRESENT PERFECT SUBJUNCTIVE	
haya puesto	hayamos puesto
hayas puesto	hayáis puesto
haya puesto	hayan puesto

IMPERFECT SUBJUNCTIVE (-ra)		*or*	IMPERFECT SUBJUNCTIVE (-se)	
pusiera	pusiéramos		pusiese	pusiésemos
pusieras	pusierais		pusieses	pusieseis
pusiera	pusieran		pusiese	pusiesen

PAST PERFECT SUBJUNCTIVE (-ra)		*or*	PAST PERFECT SUBJUNCTIVE (-se)	
hubiera puesto	hubiéramos puesto		hubiese puesto	hubiésemos puesto
hubieras puesto	hubierais puesto		hubieses puesto	hubieseis puesto
hubiera puesto	hubieran puesto		hubiese puesto	hubiesen puesto

PROGRESSIVE TENSES

PRESENT	estoy, estás, está, estamos, estáis, están
PRETERIT	estuve, estuviste, estuvo, estuvimos, estuvisteis, estuvieron
IMPERFECT	estaba, estabas, estaba, estábamos, estabais, estaban
FUTURE	estaré, estarás, estará, estaremos, estaréis, estarán
CONDITIONAL	estaría, estarías, estaría, estaríamos, estaríais, estarían
SUBJUNCTIVE	que + *corresponding subjunctive tense of estar (see verb 151)*

} poniendo

COMMANDS

	(nosotros) pongamos/no pongamos
(tú) pon/no pongas	(vosotros) poned/no pongáis
(Ud.) ponga/no ponga	(Uds.) pongan/no pongan

Usage

¿Pongo las transparencias en la caja?	*Shall I put the slides in the box?*
Pon la mesa.	*Set the table.*
¿Qué película ponen?	*What film are they showing?*
¿Dónde pusiste los disquetes?	*Where did you put the diskettes?*

poseer *to possess, have, own, master, hold (a record)*

poseo · poseyeron · poseído · poseyendo   *-er verb with stem ending in a vowel;
third-person preterit forms in -yó and -yeron*

PRESENT

poseo	poseemos
posees	poseéis
posee	poseen

PRETERIT

poseí	poseímos
poseíste	poseísteis
poseyó	poseyeron

IMPERFECT

poseía	poseíamos
poseías	poseíais
poseía	poseían

PRESENT PERFECT

he poseído	hemos poseído
has poseído	habéis poseído
ha poseído	han poseído

FUTURE

poseeré	poseeremos
poseerás	poseeréis
poseerá	poseerán

CONDITIONAL

poseería	poseeríamos
poseerías	poseeríais
poseería	poseerían

PLUPERFECT

había poseído	habíamos poseído
habías poseído	habíais poseído
había poseído	habían poseído

PRETERIT PERFECT

hube poseído	hubimos poseído
hubiste poseído	hubisteis poseído
hubo poseído	hubieron poseído

FUTURE PERFECT

habré poseído	habremos poseído
habrás poseído	habréis poseído
habrá poseído	habrán poseído

CONDITIONAL PERFECT

habría poseído	habríamos poseído
habrías poseído	habríais poseído
habría poseído	habrían poseído

PRESENT SUBJUNCTIVE

posea	poseamos
poseas	poseáis
posea	posean

PRESENT PERFECT SUBJUNCTIVE

haya poseído	hayamos poseído
hayas poseído	hayáis poseído
haya poseído	hayan poseído

IMPERFECT SUBJUNCTIVE (-ra)

poseyera	poseyéramos
poseyeras	poseyerais
poseyera	poseyeran

or **IMPERFECT SUBJUNCTIVE (-se)**

poseyese	poseyésemos
poseyeses	poseyeseis
poseyese	poseyesen

PAST PERFECT SUBJUNCTIVE (-ra)

hubiera poseído	hubiéramos poseído
hubieras poseído	hubierais poseído
hubiera poseído	hubieran poseído

or **PAST PERFECT SUBJUNCTIVE (-se)**

hubiese poseído	hubiésemos poseído
hubieses poseído	hubieseis poseído
hubiese poseído	hubiesen poseído

PROGRESSIVE TENSES

PRESENT	estoy, estás, está, estamos, estáis, están
PRETERIT	estuve, estuviste, estuvo, estuvimos, estuvisteis, estuvieron
IMPERFECT	estaba, estabas, estaba, estábamos, estabais, estaban
FUTURE	estaré, estarás, estará, estaremos, estaréis, estarán
CONDITIONAL	estaría, estarías, estaría, estaríamos, estaríais, estarían
SUBJUNCTIVE	que + *corresponding subjunctive tense of* estar (*see verb 151*)

    } poseyendo

COMMANDS

	(nosotros) poseamos/no poseamos
(tú) posee/no poseas	(vosotros) poseed/no poseáis
(Ud.) posea/no posea	(Uds.) posean/no posean

Usage

¿Quiénes poseen la escritura de propiedad?	*Who possesses/has the title deed?*
La familia Ortega ya no posee la hacienda.	*The Ortega family no longer owns the ranch.*
Poseía el español.	*He mastered/knew Spanish perfectly.*
Fue poseída por el fantasma.	*She was possessed by the ghost.*

-ar verb; spelling change: **practico · practicaron · practicado · practicando**
c > qu/e

PRESENT

practico	practicamos
practicas	practicáis
practica	practican

IMPERFECT

practicaba	practicábamos
practicabas	practicabais
practicaba	practicaban

FUTURE

practicaré	practicaremos
practicarás	practicaréis
practicará	practicarán

PLUPERFECT

había practicado	habíamos practicado
habías practicado	habíais practicado
había practicado	habían practicado

FUTURE PERFECT

habré practicado	habremos practicado
habrás practicado	habréis practicado
habrá practicado	habrán practicado

PRESENT SUBJUNCTIVE

practique	practiquemos
practiques	practiquéis
practique	practiquen

IMPERFECT SUBJUNCTIVE (-ra)

practicara	practicáramos
practicaras	practicarais
practicara	practicaran

PAST PERFECT SUBJUNCTIVE (-ra)

hubiera practicado	hubiéramos practicado
hubieras practicado	hubierais practicado
hubiera practicado	hubieran practicado

PRETERIT

practiqué	practicamos
practicaste	practicasteis
practicó	practicaron

PRESENT PERFECT

he practicado	hemos practicado
has practicado	habéis practicado
ha practicado	han practicado

CONDITIONAL

practicaría	practicaríamos
practicarías	practicaríais
practicaría	practicarían

PRETERIT PERFECT

hube practicado	hubimos practicado
hubiste practicado	hubisteis practicado
hubo practicado	hubieron practicado

CONDITIONAL PERFECT

habría practicado	habríamos practicado
habrías practicado	habríais practicado
habría practicado	habrían practicado

PRESENT PERFECT SUBJUNCTIVE

haya practicado	hayamos practicado
hayas practicado	hayáis practicado
haya practicado	hayan practicado

or **IMPERFECT SUBJUNCTIVE (-se)**

practicase	practicásemos
practicases	practicaseis
practicase	practicasen

or **PAST PERFECT SUBJUNCTIVE (-se)**

hubiese practicado	hubiésemos practicado
hubieses practicado	hubieseis practicado
hubiese practicado	hubiesen practicado

PROGRESSIVE TENSES

PRESENT	estoy, estás, está, estamos, estáis, están
PRETERIT	estuve, estuviste, estuvo, estuvimos, estuvisteis, estuvieron
IMPERFECT	estaba, estabas, estaba, estábamos, estabais, estaban
FUTURE	estaré, estarás, estará, estaremos, estaréis, estarán
CONDITIONAL	estaría, estarías, estaría, estaríamos, estaríais, estarían
SUBJUNCTIVE	que + *corresponding subjunctive tense of* estar (*see verb 151*)

        } practicando

COMMANDS

	(nosotros) practiquemos/no practiquemos
(tú) practica/no practiques	(vosotros) practicad/no practiquéis
(Ud.) practique/no practique	(Uds.) practiquen/no practiquen

Usage

Practicaba el piano todos los días.	*She practiced the piano every day.*
Practican los deportes.	*They go in for sports.*
Practicábamos la natación.	*We used to swim.*
Se aprende un idioma con la práctica.	*You learn a language with practice.*

prefiero · prefirieron · preferido · prefiriendo	stem-changing *-ir* verb: *e > ie* (present), *e > i* (preterit)

PRESENT

prefiero	preferimos
prefieres	preferís
prefiere	prefieren

PRETERIT

preferí	preferimos
preferiste	preferisteis
prefirió	prefirieron

IMPERFECT

prefería	preferíamos
preferías	preferíais
prefería	preferían

PRESENT PERFECT

he preferido	hemos preferido
has preferido	habéis preferido
ha preferido	han preferido

FUTURE

preferiré	preferiremos
preferirás	preferiréis
preferirá	preferirán

CONDITIONAL

preferiría	preferiríamos
preferirías	preferiríais
preferiría	preferirían

PLUPERFECT

había preferido	habíamos preferido
habías preferido	habíais preferido
había preferido	habían preferido

PRETERIT PERFECT

hube preferido	hubimos preferido
hubiste preferido	hubisteis preferido
hubo preferido	hubieron preferido

FUTURE PERFECT

habré preferido	habremos preferido
habrás preferido	habréis preferido
habrá preferido	habrán preferido

CONDITIONAL PERFECT

habría preferido	habríamos preferido
habrías preferido	habríais preferido
habría preferido	habrían preferido

PRESENT SUBJUNCTIVE

prefiera	prefiramos
prefieras	prefiráis
prefiera	prefieran

PRESENT PERFECT SUBJUNCTIVE

haya preferido	hayamos preferido
hayas preferido	hayáis preferido
haya preferido	hayan preferido

IMPERFECT SUBJUNCTIVE (-ra)

prefiriera	prefiriéramos
prefirieras	prefirierais
prefiriera	prefirieran

or **IMPERFECT SUBJUNCTIVE (-se)**

prefiriese	prefiriésemos
prefirieses	prefirieseis
prefiriese	prefiriesen

PAST PERFECT SUBJUNCTIVE (-ra)

hubiera preferido	hubiéramos preferido
hubieras preferido	hubierais preferido
hubiera preferido	hubieran preferido

or **PAST PERFECT SUBJUNCTIVE (-se)**

hubiese preferido	hubiésemos preferido
hubieses preferido	hubieseis preferido
hubiese preferido	hubiesen preferido

PROGRESSIVE TENSES

PRESENT	estoy, estás, está, estamos, estáis, están
PRETERIT	estuve, estuviste, estuvo, estuvimos, estuvisteis, estuvieron
IMPERFECT	estaba, estabas, estaba, estábamos, estabais, estaban
FUTURE	estaré, estarás, estará, estaremos, estaréis, estarán
CONDITIONAL	estaría, estarías, estaría, estaríamos, estaríais, estarían
SUBJUNCTIVE	que + *corresponding subjunctive tense of estar (see verb 151)*

} prefiriendo

COMMANDS

	(nosotros) prefiramos/no prefiramos
(tú) prefiere/no prefieras	(vosotros) preferid/no prefiráis
(Ud.) prefiera/no prefiera	(Uds.) prefieran/no prefieran

Usage

Prefiero mucho más la furgoneta negra.	*I much prefer the black station wagon.*
Prefirieron alquilar la casa en julio.	*They preferred to rent the house in July.*
¿No prefieres que vayamos a un restaurante italiano?	*Don't you prefer we go to an Italian restaurant?*

irregular verb (like **venir**)   prevengo · previnieron · prevenido · previniendo

PRESENT

prevengo	prevenimos
previenes	prevenís
previene	previenen

IMPERFECT

prevenía	preveníamos
prevenías	preveníais
prevenía	prevenían

FUTURE

prevendré	prevendremos
prevendrás	prevendréis
prevendrá	prevendrán

PLUPERFECT

había prevenido	habíamos prevenido
habías prevenido	habíais prevenido
había prevenido	habían prevenido

FUTURE PERFECT

habré prevenido	habremos prevenido
habrás prevenido	habréis prevenido
habrá prevenido	habrán prevenido

PRESENT SUBJUNCTIVE

prevenga	prevengamos
prevengas	prevengáis
prevenga	prevengan

IMPERFECT SUBJUNCTIVE (-ra)

previniera	previniéramos
previnieras	previnierais
previniera	previnieran

PAST PERFECT SUBJUNCTIVE (-ra)

hubiera prevenido	hubiéramos prevenido
hubieras prevenido	hubierais prevenido
hubiera prevenido	hubieran prevenido

PRETERIT

previne	previnimos
previniste	previnisteis
previno	previnieron

PRESENT PERFECT

he prevenido	hemos prevenido
has prevenido	habéis prevenido
ha prevenido	han prevenido

CONDITIONAL

prevendría	prevendríamos
prevendrías	prevendríais
prevendría	prevendrían

PRETERIT PERFECT

hube prevenido	hubimos prevenido
hubiste prevenido	hubisteis prevenido
hubo prevenido	hubieron prevenido

CONDITIONAL PERFECT

habría prevenido	habríamos prevenido
habrías prevenido	habríais prevenido
habría prevenido	habrían prevenido

PRESENT PERFECT SUBJUNCTIVE

haya prevenido	hayamos prevenido
hayas prevenido	hayáis prevenido
haya prevenido	hayan prevenido

or **IMPERFECT SUBJUNCTIVE (-se)**

previniese	previniésemos
previnieses	previnieseis
previniese	previniesen

or **PAST PERFECT SUBJUNCTIVE (-se)**

hubiese prevenido	hubiésemos prevenido
hubieses prevenido	hubieseis prevenido
hubiese prevenido	hubiesen prevenido

PROGRESSIVE TENSES

PRESENT	estoy, estás, está, estamos, estáis, están	
PRETERIT	estuve, estuviste, estuvo, estuvimos, estuvisteis, estuvieron	
IMPERFECT	estaba, estabas, estaba, estábamos, estabais, estaban	previniendo
FUTURE	estaré, estarás, estará, estaremos, estaréis, estarán	
CONDITIONAL	estaría, estarías, estaría, estaríamos, estaríais, estarían	
SUBJUNCTIVE	que + *corresponding subjunctive tense of* estar (*see verb 151*)	

COMMANDS

	(nosotros) prevengamos/no prevengamos
(tú) prevén/no prevengas	(vosotros) prevenid/no prevengáis
(Ud.) prevenga/no prevenga	(Uds.) prevengan/no prevengan

Usage

Previene que causen problemas.	*He's preventing them from causing problems.*
Te prevengo que tengas cuidado.	*I'm warning you to be careful.*
Más vale prevenir que curar.	*An ounce of prevention is worth a pound of cure.*
Hombre prevenido vale por dos.	*Forewarned is forearmed.*

probar to test, prove, try, try on

pruebo · probaron · probado · probando

stem-changing -ar verb: o > ue

PRESENT		PRETERIT	
pruebo	probamos	probé	probamos
pruebas	probáis	probaste	probasteis
prueba	prueban	probó	probaron

IMPERFECT		PRESENT PERFECT	
probaba	probábamos	he probado	hemos probado
probabas	probabais	has probado	habéis probado
probaba	probaban	ha probado	han probado

FUTURE		CONDITIONAL	
probaré	probaremos	probaría	probaríamos
probarás	probaréis	probarías	probaríais
probará	probarán	probaría	probarían

PLUPERFECT		PRETERIT PERFECT	
había probado	habíamos probado	hube probado	hubimos probado
habías probado	habíais probado	hubiste probado	hubisteis probado
había probado	habían probado	hubo probado	hubieron probado

FUTURE PERFECT		CONDITIONAL PERFECT	
habré probado	habremos probado	habría probado	habríamos probado
habrás probado	habréis probado	habrías probado	habríais probado
habrá probado	habrán probado	habría probado	habrían probado

PRESENT SUBJUNCTIVE		PRESENT PERFECT SUBJUNCTIVE	
pruebe	probemos	haya probado	hayamos probado
pruebes	probéis	hayas probado	hayáis probado
pruebe	prueben	haya probado	hayan probado

IMPERFECT SUBJUNCTIVE (-ra)		or	IMPERFECT SUBJUNCTIVE (-se)	
probara	probáramos		probase	probásemos
probaras	probarais		probases	probaseis
probara	probaran		probase	probasen

PAST PERFECT SUBJUNCTIVE (-ra)		or	PAST PERFECT SUBJUNCTIVE (-se)	
hubiera probado	hubiéramos probado		hubiese probado	hubiésemos probado
hubieras probado	hubierais probado		hubieses probado	hubieseis probado
hubiera probado	hubieran probado		hubiese probado	hubiesen probado

PROGRESSIVE TENSES

PRESENT	estoy, estás, está, estamos, estáis, están	
PRETERIT	estuve, estuviste, estuvo, estuvimos, estuvisteis, estuvieron	
IMPERFECT	estaba, estabas, estaba, estábamos, estabais, estaban	probando
FUTURE	estaré, estarás, estará, estaremos, estaréis, estarán	
CONDITIONAL	estaría, estarías, estaría, estaríamos, estaríais, estarían	
SUBJUNCTIVE	que + corresponding subjunctive tense of estar (see verb 151)	

COMMANDS

	(nosotros) probemos/no probemos
(tú) prueba/no pruebes	(vosotros) probad/no probéis
(Ud.) pruebe/no pruebe	(Uds.) prueben/no prueben

Usage

Probaba su fuerza levantando pesas.	He tested his strength by weight lifting.
Sus éxitos prueban sus talentos.	Her successes prove her ability.
Probemos un poco de todo.	Let's try/taste a little of everything.
Pruébate este impermeable.	Try on this raincoat.

-ir verb; c > zc/o, a;
irregular preterit

produzco · produjeron · producido · produciendo

PRESENT

produzco	producimos
produces	producís
produce	producen

PRETERIT

produje	produjimos
produjiste	produjisteis
produjo	produjeron

IMPERFECT

producía	producíamos
producías	producíais
producía	producían

PRESENT PERFECT

he producido	hemos producido
has producido	habéis producido
ha producido	han producido

FUTURE

produciré	produciremos
producirás	produciréis
producirá	producirán

CONDITIONAL

produciría	produciríamos
producirías	produciríais
produciría	producirían

PLUPERFECT

había producido	habíamos producido
habías producido	habíais producido
había producido	habían producido

PRETERIT PERFECT

hube producido	hubimos producido
hubiste producido	hubisteis producido
hubo producido	hubieron producido

FUTURE PERFECT

habré producido	habremos producido
habrás producido	habréis producido
habrá producido	habrán producido

CONDITIONAL PERFECT

habría producido	habríamos producido
habrías producido	habríais producido
habría producido	habrían producido

PRESENT SUBJUNCTIVE

produzca	produzcamos
produzcas	produzcáis
produzca	produzcan

PRESENT PERFECT SUBJUNCTIVE

haya producido	hayamos producido
hayas producido	hayáis producido
haya producido	hayan producido

IMPERFECT SUBJUNCTIVE (-ra)

produjera	produjéramos
produjeras	produjerais
produjera	produjeran

or **IMPERFECT SUBJUNCTIVE (-se)**

produjese	produjésemos
produjeses	produjeseis
produjese	produjesen

PAST PERFECT SUBJUNCTIVE (-ra)

hubiera producido	hubiéramos producido
hubieras producido	hubierais producido
hubiera producido	hubieran producido

or **PAST PERFECT SUBJUNCTIVE (-se)**

hubiese producido	hubiésemos producido
hubieses producido	hubieseis producido
hubiese producido	hubiesen producido

PROGRESSIVE TENSES

PRESENT	estoy, estás, está, estamos, estáis, están
PRETERIT	estuve, estuviste, estuvo, estuvimos, estuvisteis, estuvieron
IMPERFECT	estaba, estabas, estaba, estábamos, estabais, estaban
FUTURE	estaré, estarás, estará, estaremos, estaréis, estarán
CONDITIONAL	estaría, estarías, estaría, estaríamos, estaríais, estarían
SUBJUNCTIVE	que + *corresponding subjunctive tense of estar (see verb 151)*

} produciendo

COMMANDS

	(nosotros) produzcamos/no produzcamos
(tú) produce/no produzcas	(vosotros) producid/no produzcáis
(Ud.) produzca/no produzca	(Uds.) produzcan/no produzcan

Usage

Se producen coches.	*They manufacture cars.*
La compañía producía productos alimenticios.	*The company produced foodstuffs.*
El manzano no produjo manzanas este año.	*The apple tree didn't bear apples this year.*
Ojalá que la sociedad produzca beneficios.	*I hope the corporation will yield profits.*

250

prohibir to forbid, prohibit

prohíbo · prohibieron · prohibido · prohibiendo

-ir verb; spelling change:
i > *í* when stressed

PRESENT		PRETERIT	
prohíbo	prohibimos	prohibí	prohibimos
prohíbes	prohibís	prohibiste	prohibisteis
prohíbe	prohíben	prohibió	prohibieron

IMPERFECT		PRESENT PERFECT	
prohibía	prohibíamos	he prohibido	hemos prohibido
prohibías	prohibíais	has prohibido	habéis prohibido
prohibía	prohibían	ha prohibido	han prohibido

FUTURE		CONDITIONAL	
prohibiré	prohibiremos	prohibiría	prohibiríamos
prohibirás	prohibiréis	prohibirías	prohibiríais
prohibirá	prohibirán	prohibiría	prohibirían

PLUPERFECT		PRETERIT PERFECT	
había prohibido	habíamos prohibido	hube prohibido	hubimos prohibido
habías prohibido	habíais prohibido	hubiste prohibido	hubisteis prohibido
había prohibido	habían prohibido	hubo prohibido	hubieron prohibido

FUTURE PERFECT		CONDITIONAL PERFECT	
habré prohibido	habremos prohibido	habría prohibido	habríamos prohibido
habrás prohibido	habréis prohibido	habrías prohibido	habríais prohibido
habrá prohibido	habrán prohibido	habría prohibido	habrían prohibido

PRESENT SUBJUNCTIVE		PRESENT PERFECT SUBJUNCTIVE	
prohíba	prohibamos	haya prohibido	hayamos prohibido
prohíbas	prohibáis	hayas prohibido	hayáis prohibido
prohíba	prohíban	haya prohibido	hayan prohibido

IMPERFECT SUBJUNCTIVE (-ra)		or	IMPERFECT SUBJUNCTIVE (-se)	
prohibiera	prohibiéramos		prohibiese	prohibiésemos
prohibieras	prohibierais		prohibieses	prohibieseis
prohibiera	prohibieran		prohibiese	prohibiesen

PAST PERFECT SUBJUNCTIVE (-ra)		or	PAST PERFECT SUBJUNCTIVE (-se)	
hubiera prohibido	hubiéramos prohibido		hubiese prohibido	hubiésemos prohibido
hubieras prohibido	hubierais prohibido		hubieses prohibido	hubieseis prohibido
hubiera prohibido	hubieran prohibido		hubiese prohibido	hubiesen prohibido

PROGRESSIVE TENSES

PRESENT	estoy, estás, está, estamos, estáis, están	
PRETERIT	estuve, estuviste, estuvo, estuvimos, estuvisteis, estuvieron	
IMPERFECT	estaba, estabas, estaba, estábamos, estabais, estaban	prohibiendo
FUTURE	estaré, estarás, estará, estaremos, estaréis, estarán	
CONDITIONAL	estaría, estarías, estaría, estaríamos, estaríais, estarían	
SUBJUNCTIVE	que + *corresponding subjunctive tense of estar (see verb 151)*	

COMMANDS

	(nosotros) prohibamos/no prohibamos
(tú) prohíbe/no prohíbas	(vosotros) prohibid/no prohibáis
(Ud.) prohíba/no prohíba	(Uds.) prohíban/no prohíban

Usage

Hija, te prohibimos que vuelvas tan tarde.	We forbid you to come back so late.
Hija, te prohibimos volver tan tarde.	We forbid you to come back so late.
Se prohíbe entrar aquí por la seguridad nacional.	We're forbidden from entering here because of national security.

stem-changing -er verb: **promuevo · promovieron · promovido · promoviendo**
o > ue (like **mover**)

PRESENT		**PRETERIT**	
promuevo	promovemos	promoví	promovimos
promueves	promovéis	promoviste	promovisteis
promueve	promueven	promovió	promovieron

IMPERFECT		**PRESENT PERFECT**	
promovía	promovíamos	he promovido	hemos promovido
promovías	promovíais	has promovido	habéis promovido
promovía	promovían	ha promovido	han promovido

FUTURE		**CONDITIONAL**	
promoveré	promoveremos	promovería	promoveríamos
promoverás	promoveréis	promoverías	promoveríais
promoverá	promoverán	promovería	promoverían

PLUPERFECT		**PRETERIT PERFECT**	
había promovido	habíamos promovido	hube promovido	hubimos promovido
habías promovido	habíais promovido	hubiste promovido	hubisteis promovido
había promovido	habían promovido	hubo promovido	hubieron promovido

FUTURE PERFECT		**CONDITIONAL PERFECT**	
habré promovido	habremos promovido	habría promovido	habríamos promovido
habrás promovido	habréis promovido	habrías promovido	habríais promovido
habrá promovido	habrán promovido	habría promovido	habrían promovido

PRESENT SUBJUNCTIVE		**PRESENT PERFECT SUBJUNCTIVE**	
promueva	promovamos	haya promovido	hayamos promovido
promuevas	promováis	hayas promovido	hayáis promovido
promueva	promuevan	haya promovido	hayan promovido

IMPERFECT SUBJUNCTIVE (-ra)		or **IMPERFECT SUBJUNCTIVE (-se)**	
promoviera	promoviéramos	promoviese	promoviésemos
promovieras	promovierais	promovieses	promovieseis
promoviera	promovieran	promoviese	promoviesen

PAST PERFECT SUBJUNCTIVE (-ra)		or **PAST PERFECT SUBJUNCTIVE (-se)**	
hubiera promovido	hubiéramos promovido	hubiese promovido	hubiésemos promovido
hubieras promovido	hubierais promovido	hubieses promovido	hubieseis promovido
hubiera promovido	hubieran promovido	hubiese promovido	hubiesen promovido

PROGRESSIVE TENSES

PRESENT	estoy, estás, está, estamos, estáis, están	
PRETERIT	estuve, estuviste, estuvo, estuvimos, estuvisteis, estuvieron	
IMPERFECT	estaba, estabas, estaba, estábamos, estabais, estaban	promoviendo
FUTURE	estaré, estarás, estará, estaremos, estaréis, estarán	
CONDITIONAL	estaría, estarías, estaría, estaríamos, estaríais, estarían	
SUBJUNCTIVE	que + corresponding subjunctive tense of estar (see verb 151)	

COMMANDS

	(nosotros) promovamos/no promovamos
(tú) promueve/no promuevas	(vosotros) promoved/no promováis
(Ud.) promueva/no promueva	(Uds.) promuevan/no promuevan

Usage

Se promueve el producto con la campaña publicitaria.	*The advertising campaign promotes the product.*
Promovieron la rebelión.	*They caused/stirred up the rebellion.*
Espero que lo hayan promovido a gerente.	*I hope he was promoted to manager.*

proteger *to protect*

protejo · protegieron · protegido · protegiendo

-er verb; spelling change:
g > j/o, a

PRESENT		PRETERIT	
protejo	protegemos	protegí	protegimos
proteges	protegéis	protegiste	protegisteis
protege	protegen	protegió	protegieron

IMPERFECT		PRESENT PERFECT	
protegía	protegíamos	he protegido	hemos protegido
protegías	protegíais	has protegido	habéis protegido
protegía	protegían	ha protegido	han protegido

FUTURE		CONDITIONAL	
protegeré	protegeremos	protegería	protegeríamos
protegerás	protegeréis	protegerías	protegeríais
protegerá	protegerán	protegería	protegerían

PLUPERFECT		PRETERIT PERFECT	
había protegido	habíamos protegido	hube protegido	hubimos protegido
habías protegido	habíais protegido	hubiste protegido	hubisteis protegido
había protegido	habían protegido	hubo protegido	hubieron protegido

FUTURE PERFECT		CONDITIONAL PERFECT	
habré protegido	habremos protegido	habría protegido	habríamos protegido
habrás protegido	habréis protegido	habrías protegido	habríais protegido
habrá protegido	habrán protegido	habría protegido	habrían protegido

PRESENT SUBJUNCTIVE		PRESENT PERFECT SUBJUNCTIVE	
proteja	protejamos	haya protegido	hayamos protegido
protejas	protejáis	hayas protegido	hayáis protegido
proteja	protejan	haya protegido	hayan protegido

IMPERFECT SUBJUNCTIVE (-ra)		*or*	IMPERFECT SUBJUNCTIVE (-se)	
protegiera	protegiéramos		protegiese	protegiésemos
protegieras	protegierais		protegieses	protegieseis
protegiera	protegieran		protegiese	protegiesen

PAST PERFECT SUBJUNCTIVE (-ra)		*or*	PAST PERFECT SUBJUNCTIVE (-se)	
hubiera protegido	hubiéramos protegido		hubiese protegido	hubiésemos protegido
hubieras protegido	hubierais protegido		hubieses protegido	hubieseis protegido
hubiera protegido	hubieran protegido		hubiese protegido	hubiesen protegido

PROGRESSIVE TENSES

PRESENT	estoy, estás, está, estamos, estáis, están	
PRETERIT	estuve, estuviste, estuvo, estuvimos, estuvisteis, estuvieron	
IMPERFECT	estaba, estabas, estaba, estábamos, estabais, estaban	protegiendo
FUTURE	estaré, estarás, estará, estaremos, estaréis, estarán	
CONDITIONAL	estaría, estarías, estaría, estaríamos, estaríais, estarían	
SUBJUNCTIVE	que + *corresponding subjunctive tense of* estar (*see verb 151*)	

COMMANDS

	(nosotros) protejamos/no protejamos
(tú) protege/no protejas	(vosotros) proteged/no protejáis
(Ud.) proteja/no proteja	(Uds.) protejan/no protejan

Usage

El camuflaje protege a los soldados.	*Camouflage protects soldiers.*
Protéjanse del sol.	*Protect yourselves from the sun.*
¡Que Dios les proteja!	*May God protect you!*
Son los protegidos del Primer Ministro.	*They're the Prime Minister's protégés.*

-ar verb; spelling change: **provoco · provocaron · provocado · provocando**
c > qu/e

PRESENT		PRETERIT	
provoco	provocamos	provoqué	provocamos
provocas	provocáis	provocaste	provocasteis
provoca	provocan	provocó	provocaron

IMPERFECT		PRESENT PERFECT	
provocaba	provocábamos	he provocado	hemos provocado
provocabas	provocabais	has provocado	habéis provocado
provocaba	provocaban	ha provocado	han provocado

FUTURE		CONDITIONAL	
provocaré	provocaremos	provocaría	provocaríamos
provocarás	provocaréis	provocarías	provocaríais
provocará	provocarán	provocaría	provocarían

PLUPERFECT		PRETERIT PERFECT	
había provocado	habíamos provocado	hube provocado	hubimos provocado
habías provocado	habíais provocado	hubiste provocado	hubisteis provocado
había provocado	habían provocado	hubo provocado	hubieron provocado

FUTURE PERFECT		CONDITIONAL PERFECT	
habré provocado	habremos provocado	habría provocado	habríamos provocado
habrás provocado	habréis provocado	habrías provocado	habríais provocado
habrá provocado	habrán provocado	habría provocado	habrían provocado

PRESENT SUBJUNCTIVE		PRESENT PERFECT SUBJUNCTIVE	
provoque	provoquemos	haya provocado	hayamos provocado
provoques	provoquéis	hayas provocado	hayáis provocado
provoque	provoquen	haya provocado	hayan provocado

IMPERFECT SUBJUNCTIVE (-ra)		*or*	IMPERFECT SUBJUNCTIVE (-se)	
provocara	provocáramos		provocase	provocásemos
provocaras	provocarais		provocases	provocaseis
provocara	provocaran		provocase	provocasen

PAST PERFECT SUBJUNCTIVE (-ra)		*or*	PAST PERFECT SUBJUNCTIVE (-se)	
hubiera provocado	hubiéramos provocado		hubiese provocado	hubiésemos provocado
hubieras provocado	hubierais provocado		hubieses provocado	hubieseis provocado
hubiera provocado	hubieran provocado		hubiese provocado	hubiesen provocado

PROGRESSIVE TENSES

PRESENT	estoy, estás, está, estamos, estáis, están
PRETERIT	estuve, estuviste, estuvo, estuvimos, estuvisteis, estuvieron
IMPERFECT	estaba, estabas, estaba, estábamos, estabais, estaban
FUTURE	estaré, estarás, estará, estaremos, estaréis, estarán
CONDITIONAL	estaría, estarías, estaría, estaríamos, estaríais, estarían
SUBJUNCTIVE	que + *corresponding subjunctive tense of* estar (*see verb 151*)

    } provocando

COMMANDS

	(nosotros) provoquemos/no provoquemos
(tú) provoca/no provoques	(vosotros) provocad/no provoquéis
(Ud.) provoque/no provoque	(Uds.) provoquen/no provoquen

Usage

Provoca a todos con su descaro.	*She provokes everyone with her impudence.*
¿Qué provocó el ruido tan fuerte?	*What caused the very loud noise?*
El pacto violado provocó la guerra.	*The broken pact started the war.*
No me provoca comer ahora.	*I don't feel like eating now.*

publicar *to publish, publicize*

publico · publicaron · publicado · publicando   *-ar verb; spelling change: c > qu/e*

PRESENT

publico	publicamos
publicas	publicáis
publica	publican

PRETERIT

publiqué	publicamos
publicaste	publicasteis
publicó	publicaron

IMPERFECT

publicaba	publicábamos
publicabas	publicabais
publicaba	publicaban

PRESENT PERFECT

he publicado	hemos publicado
has publicado	habéis publicado
ha publicado	han publicado

FUTURE

publicaré	publicaremos
publicarás	publicaréis
publicará	publicarán

CONDITIONAL

publicaría	publicaríamos
publicarías	publicaríais
publicaría	publicarían

PLUPERFECT

había publicado	habíamos publicado
habías publicado	habíais publicado
había publicado	habían publicado

PRETERIT PERFECT

hube publicado	hubimos publicado
hubiste publicado	hubisteis publicado
hubo publicado	hubieron publicado

FUTURE PERFECT

habré publicado	habremos publicado
habrás publicado	habréis publicado
habrá publicado	habrán publicado

CONDITIONAL PERFECT

habría publicado	habríamos publicado
habrías publicado	habríais publicado
habría publicado	habrían publicado

PRESENT SUBJUNCTIVE

publique	publiquemos
publiques	publiquéis
publique	publiquen

PRESENT PERFECT SUBJUNCTIVE

haya publicado	hayamos publicado
hayas publicado	hayáis publicado
haya publicado	hayan publicado

IMPERFECT SUBJUNCTIVE (-ra)   *or*   **IMPERFECT SUBJUNCTIVE (-se)**

publicara	publicáramos
publicaras	publicarais
publicara	publicaran

publicase	publicásemos
publicases	publicaseis
publicase	publicasen

PAST PERFECT SUBJUNCTIVE (-ra)   *or*   **PAST PERFECT SUBJUNCTIVE (-se)**

hubiera publicado	hubiéramos publicado
hubieras publicado	hubierais publicado
hubiera publicado	hubieran publicado

hubiese publicado	hubiésemos publicado
hubieses publicado	hubieseis publicado
hubiese publicado	hubiesen publicado

PROGRESSIVE TENSES

PRESENT	estoy, estás, está, estamos, estáis, están
PRETERIT	estuve, estuviste, estuvo, estuvimos, estuvisteis, estuvieron
IMPERFECT	estaba, estabas, estaba, estábamos, estabais, estaban
FUTURE	estaré, estarás, estará, estaremos, estaréis, estarán
CONDITIONAL	estaría, estarías, estaría, estaríamos, estaríais, estarían
SUBJUNCTIVE	que + *corresponding subjunctive tense of* estar (*see verb 151*)

} publicando

COMMANDS

	(nosotros) publiquemos/no publiquemos
(tú) publica/no publiques	(vosotros) publicad/no publiquéis
(Ud.) publique/no publique	(Uds.) publiquen/no publiquen

Usage

La editorial publica libros de historia.	The publishing house publishes history books.
Se publicó la antología en 2001.	The anthology was published in 2001.
Se ve mucha publicidad disimulada y subliminal.	We see a lot of sneaky and subliminal advertising.

stem-changing -ar verb: *e > ie*   **quiebro · quebraron · quebrado · quebrando**

PRESENT		**PRETERIT**	
quiebro	quebramos	quebré	quebramos
quiebras	quebráis	quebraste	quebrasteis
quiebra	quiebran	quebró	quebraron

IMPERFECT		**PRESENT PERFECT**	
quebraba	quebrábamos	he quebrado	hemos quebrado
quebrabas	quebrabais	has quebrado	habéis quebrado
quebraba	quebraban	ha quebrado	han quebrado

FUTURE		**CONDITIONAL**	
quebraré	quebraremos	quebraría	quebraríamos
quebrarás	quebraréis	quebrarías	quebraríais
quebrará	quebrarán	quebraría	quebrarían

PLUPERFECT		**PRETERIT PERFECT**	
había quebrado	habíamos quebrado	hube quebrado	hubimos quebrado
habías quebrado	habíais quebrado	hubiste quebrado	hubisteis quebrado
había quebrado	habían quebrado	hubo quebrado	hubieron quebrado

FUTURE PERFECT		**CONDITIONAL PERFECT**	
habré quebrado	habremos quebrado	habría quebrado	habríamos quebrado
habrás quebrado	habréis quebrado	habrías quebrado	habríais quebrado
habrá quebrado	habrán quebrado	habría quebrado	habrían quebrado

PRESENT SUBJUNCTIVE		**PRESENT PERFECT SUBJUNCTIVE**	
quiebre	quebremos	haya quebrado	hayamos quebrado
quiebres	quebréis	hayas quebrado	hayáis quebrado
quiebre	quiebren	haya quebrado	hayan quebrado

IMPERFECT SUBJUNCTIVE (-ra)		*or* **IMPERFECT SUBJUNCTIVE (-se)**	
quebrara	quebráramos	quebrase	quebrásemos
quebraras	quebrarais	quebrases	quebraseis
quebrara	quebraran	quebrase	quebrasen

PAST PERFECT SUBJUNCTIVE (-ra)		*or* **PAST PERFECT SUBJUNCTIVE (-se)**	
hubiera quebrado	hubiéramos quebrado	hubiese quebrado	hubiésemos quebrado
hubieras quebrado	hubierais quebrado	hubieses quebrado	hubieseis quebrado
hubiera quebrado	hubieran quebrado	hubiese quebrado	hubiesen quebrado

PROGRESSIVE TENSES

PRESENT	estoy, estás, está, estamos, estáis, están
PRETERIT	estuve, estuviste, estuvo, estuvimos, estuvisteis, estuvieron
IMPERFECT	estaba, estabas, estaba, estábamos, estabais, estaban
FUTURE	estaré, estarás, estará, estaremos, estaréis, estarán
CONDITIONAL	estaría, estarías, estaría, estaríamos, estaríais, estarían
SUBJUNCTIVE	que + *corresponding subjunctive tense of estar (see verb 151)*

quebrando

COMMANDS

	(nosotros) quebremos/no quebremos
(tú) quiebra/no quiebres	(vosotros) quebrad/no quebréis
(Ud.) quiebre/no quiebre	(Uds.) quiebren/no quiebren

Usage

De repente alguien quebró el silencio.	*Suddenly someone broke the silence.*
Se quebró el dedo jugando baloncesto.	*He broke his finger playing basketball.*
Es improbable que la empresa quiebre.	*It's improbable the company will go bankrupt.*
Se nos quebraron las tazas y los platillos.	*We broke the cups and saucers.*

quedarse to stay, remain

quedo · quedaron · quedado · quedándose

regular -ar reflexive verb

PRESENT

me quedo	nos quedamos
te quedas	os quedáis
se queda	se quedan

IMPERFECT

me quedaba	nos quedábamos
te quedabas	os quedabais
se quedaba	se quedaban

FUTURE

me quedaré	nos quedaremos
te quedarás	os quedaréis
se quedará	se quedarán

PLUPERFECT

me había quedado	nos habíamos quedado
te habías quedado	os habíais quedado
se había quedado	se habían quedado

FUTURE PERFECT

me habré quedado	nos habremos quedado
te habrás quedado	os habréis quedado
se habrá quedado	se habrán quedado

PRESENT SUBJUNCTIVE

me quede	nos quedemos
te quedes	os quedéis
se quede	se queden

IMPERFECT SUBJUNCTIVE (-ra)

me quedara	nos quedáramos
te quedaras	os quedarais
se quedara	se quedaran

PAST PERFECT SUBJUNCTIVE (-ra)

me hubiera quedado	nos hubiéramos quedado
te hubieras quedado	os hubierais quedado
se hubiera quedado	se hubieran quedado

PRETERIT

me quedé	nos quedamos
te quedaste	os quedasteis
se quedó	se quedaron

PRESENT PERFECT

me he quedado	nos hemos quedado
te has quedado	os habéis quedado
se ha quedado	se han quedado

CONDITIONAL

me quedaría	nos quedaríamos
te quedarías	os quedaríais
se quedaría	se quedarían

PRETERIT PERFECT

me hube quedado	nos hubimos quedado
te hubiste quedado	os hubisteis quedado
se hubo quedado	se hubieron quedado

CONDITIONAL PERFECT

me habría quedado	nos habríamos quedado
te habrías quedado	os habríais quedado
se habría quedado	se habrían quedado

PRESENT PERFECT SUBJUNCTIVE

me haya quedado	nos hayamos quedado
te hayas quedado	os hayáis quedado
se haya quedado	se hayan quedado

or **IMPERFECT SUBJUNCTIVE (-se)**

me quedase	nos quedásemos
te quedases	os quedaseis
se quedase	se quedasen

or **PAST PERFECT SUBJUNCTIVE (-se)**

me hubiese quedado	nos hubiésemos quedado
te hubieses quedado	os hubieseis quedado
se hubiese quedado	se hubiesen quedado

PROGRESSIVE TENSES

PRESENT	estoy, estás, está, estamos, estáis, están
PRETERIT	estuve, estuviste, estuvo, estuvimos, estuvisteis, estuvieron
IMPERFECT	estaba, estabas, estaba, estábamos, estabais, estaban
FUTURE	estaré, estarás, estará, estaremos, estaréis, estarán
CONDITIONAL	estaría, estarías, estaría, estaríamos, estaríais, estarían
SUBJUNCTIVE	que + corresponding subjunctive tense of estar (see verb 151)

quedando (see page 37)

COMMANDS

	(nosotros) quedémonos/no nos quedemos
(tú) quédate/no te quedes	(vosotros) quedaos/no os quedéis
(Ud.) quédese/no se quede	(Uds.) quédense/no se queden

Usage

Nos quedamos en el café un par de horas.	*We stayed at the café a couple of hours.*
Se quedaron pensativos.	*They remained pensive.*
Beethoven se quedó sordo.	*Beethoven became/went deaf.*
Me quedo con la bufanda azul, señorita.	*I'll take the blue scarf, Miss. (in a store)*

quiero · quisieron · querido · queriendo   irregular verb

Quisiera hablar con el presidente, por favor.	I would like to speak with the chairman, please.
Queremos mucho a nuestros hijos.	We love our children dearly.
¿Qué quieres que yo haga?	What do you want me to do?
Queríamos que fueran con nosotros.	We wanted them to go with us.
Haz lo que quieras.	Do as you wish/like.
Quisiéramos que regresaran de México.	We wish they'd return from Mexico.
¿Qué quieres de mí?	What do you want from me?
No quieren que se sepa todavía.	They don't want it made known yet.

querer decir to mean

¿Qué quieres decir con esto?	What do you mean by this?
No sé qué quiere decir.	I don't know what it means.
Como y cuando quieras.	As you like and whenever you like.
¡Por lo que más quieras!	For heaven's sake!

querer bien/mal to like, be fond of/dislike, have it in for

La queremos bien.	We like her./We're fond of her.
No sé por qué lo quieren mal.	I don't know why they dislike him/have it in for him.

Other Uses

Querer es poder.	Where there's a will, there's a way.
Quien bien te quiere te hará llorar.	Spare the rod and spoil the child.
La novia/El novio contesta _sí quiero_.	The bride/The groom answers, "I do."
Se quieren/Nos queremos mucho.	They love/We love each other dearly.
Todos les tenemos mucho querer.	We all have a lot of affection for them./ We're all very fond of them.
Se dice _me quiere, no me quiere_ arrancando los pétalos de una margarita.	You say "He/She loves me, he/she loves me not" as you pull the petals off a daisy.
Querido Felipe/Querida Laura	Dear Felipe/Dear Laura (salutation in letter)
Sí, querido/querida, te acompaño.	Yes, dear/darling, I'll go with you.
Quiere llover/nevar.	It looks like (It's trying to) rain/snow.
Lo hizo sin querer.	He did it unintentionally.

TOP 30 VERBS

irregular verb | quiero · quisieron · querido · queriendo

PRESENT		PRETERIT	
quiero	queremos	quise	quisimos
quieres	queréis	quisiste	quisisteis
quiere	quieren	quiso	quisieron

IMPERFECT		PRESENT PERFECT	
quería	queríamos	he querido	hemos querido
querías	queríais	has querido	habéis querido
quería	querían	ha querido	han querido

FUTURE		CONDITIONAL	
querré	querremos	querría	querríamos
querrás	querréis	querrías	querríais
querrá	querrán	querría	querrían

PLUPERFECT		PRETERIT PERFECT	
había querido	habíamos querido	hube querido	hubimos querido
habías querido	habíais querido	hubiste querido	hubisteis querido
había querido	habían querido	hubo querido	hubieron querido

FUTURE PERFECT		CONDITIONAL PERFECT	
habré querido	habremos querido	habría querido	habríamos querido
habrás querido	habréis querido	habrías querido	habríais querido
habrá querido	habrán querido	habría querido	habrían querido

PRESENT SUBJUNCTIVE		PRESENT PERFECT SUBJUNCTIVE	
quiera	queramos	haya querido	hayamos querido
quieras	queráis	hayas querido	hayáis querido
quiera	quieran	haya querido	hayan querido

IMPERFECT SUBJUNCTIVE (-ra)		*or*	IMPERFECT SUBJUNCTIVE (-se)	
quisiera	quisiéramos		quisiese	quisiésemos
quisieras	quisierais		quisieses	quisieseis
quisiera	quisieran		quisiese	quisiesen

PAST PERFECT SUBJUNCTIVE (-ra)		*or*	PAST PERFECT SUBJUNCTIVE (-se)	
hubiera querido	hubiéramos querido		hubiese querido	hubiésemos querido
hubieras querido	hubierais querido		hubieses querido	hubieseis querido
hubiera querido	hubieran querido		hubiese querido	hubiesen querido

PROGRESSIVE TENSES

PRESENT	estoy, estás, está, estamos, estáis, están	
PRETERIT	estuve, estuviste, estuvo, estuvimos, estuvisteis, estuvieron	
IMPERFECT	estaba, estabas, estaba, estábamos, estabais, estaban	queriendo
FUTURE	estaré, estarás, estará, estaremos, estaréis, estarán	
CONDITIONAL	estaría, estarías, estaría, estaríamos, estaríais, estarían	
SUBJUNCTIVE	que + *corresponding subjunctive tense of estar (see verb 151)*	

COMMANDS

	(nosotros) queramos/no queramos
(tú) quiere/no quieras	(vosotros) quered/no queráis
(Ud.) quiera/no quiera	(Uds.) quieran/no quieran

Usage

Quiero una tarjeta telefónica.	*I want a telephone card.*
¿Quiere Ud. dejar un recado?	*Do you want to leave a message?*
No quisieron aceptar la oferta.	*They refused to accept the offer.*

-ar verb; spelling change: *z > c/e*   realizo · realizaron · realizado · realizando

PRESENT		PRETERIT	
realizo	realizamos	realicé	realizamos
realizas	realizáis	realizaste	realizasteis
realiza	realizan	realizó	realizaron

IMPERFECT		PRESENT PERFECT	
realizaba	realizábamos	he realizado	hemos realizado
realizabas	realizabais	has realizado	habéis realizado
realizaba	realizaban	ha realizado	han realizado

FUTURE		CONDITIONAL	
realizaré	realizaremos	realizaría	realizaríamos
realizarás	realizaréis	realizarías	realizaríais
realizará	realizarán	realizaría	realizarían

PLUPERFECT		PRETERIT PERFECT	
había realizado	habíamos realizado	hube realizado	hubimos realizado
habías realizado	habíais realizado	hubiste realizado	hubisteis realizado
había realizado	habían realizado	hubo realizado	hubieron realizado

FUTURE PERFECT		CONDITIONAL PERFECT	
habré realizado	habremos realizado	habría realizado	habríamos realizado
habrás realizado	habréis realizado	habrías realizado	habríais realizado
habrá realizado	habrán realizado	habría realizado	habrían realizado

PRESENT SUBJUNCTIVE		PRESENT PERFECT SUBJUNCTIVE	
realice	realicemos	haya realizado	hayamos realizado
realices	realicéis	hayas realizado	hayáis realizado
realice	realicen	haya realizado	hayan realizado

IMPERFECT SUBJUNCTIVE (-ra)		*or*	IMPERFECT SUBJUNCTIVE (-se)	
realizara	realizáramos		realizase	realizásemos
realizaras	realizarais		realizases	realizaseis
realizara	realizaran		realizase	realizasen

PAST PERFECT SUBJUNCTIVE (-ra)		*or*	PAST PERFECT SUBJUNCTIVE (-se)	
hubiera realizado	hubiéramos realizado		hubiese realizado	hubiésemos realizado
hubieras realizado	hubierais realizado		hubieses realizado	hubieseis realizado
hubiera realizado	hubieran realizado		hubiese realizado	hubiesen realizado

PROGRESSIVE TENSES		
PRESENT	estoy, estás, está, estamos, estáis, están	
PRETERIT	estuve, estuviste, estuvo, estuvimos, estuvisteis, estuvieron	
IMPERFECT	estaba, estabas, estaba, estábamos, estabais, estaban	realizando
FUTURE	estaré, estarás, estará, estaremos, estaréis, estarán	
CONDITIONAL	estaría, estarías, estaría, estaríamos, estaríais, estarían	
SUBJUNCTIVE	que + *corresponding subjunctive tense of* estar (see verb 151)	

COMMANDS

	(nosotros) realicemos/no realicemos
(tú) realiza/no realices	(vosotros) realizad/no realicéis
(Ud.) realice/no realice	(Uds.) realicen/no realicen

Usage

Espero que realices todas tus ambiciones.	*I hope you realize all your ambitions.*
Se realizó la encuesta.	*The survey was carried out/completed.*
Uds. ya han realizado mucho.	*You've already accomplished a lot.*
Realice las gestiones necesarias.	*Take the necessary steps.*

rechazar to reject, turn down, refuse, repel

rechazo · rechazaron · rechazado · rechazando   -ar verb; spelling change: z > c/e

PRESENT		PRETERIT	
rechazo	rechazamos	rechacé	rechazamos
rechazas	rechazáis	rechazaste	rechazasteis
rechaza	rechazan	rechazó	rechazaron

IMPERFECT		PRESENT PERFECT	
rechazaba	rechazábamos	he rechazado	hemos rechazado
rechazabas	rechazabais	has rechazado	habéis rechazado
rechazaba	rechazaban	ha rechazado	han rechazado

FUTURE		CONDITIONAL	
rechazaré	rechazaremos	rechazaría	rechazaríamos
rechazarás	rechazaréis	rechazarías	rechazaríais
rechazará	rechazarán	rechazaría	rechazarían

PLUPERFECT		PRETERIT PERFECT	
había rechazado	habíamos rechazado	hube rechazado	hubimos rechazado
habías rechazado	habíais rechazado	hubiste rechazado	hubisteis rechazado
había rechazado	habían rechazado	hubo rechazado	hubieron rechazado

FUTURE PERFECT		CONDITIONAL PERFECT	
habré rechazado	habremos rechazado	habría rechazado	habríamos rechazado
habrás rechazado	habréis rechazado	habrías rechazado	habríais rechazado
habrá rechazado	habrán rechazado	habría rechazado	habrían rechazado

PRESENT SUBJUNCTIVE		PRESENT PERFECT SUBJUNCTIVE	
rechace	rechacemos	haya rechazado	hayamos rechazado
rechaces	rechacéis	hayas rechazado	hayáis rechazado
rechace	rechacen	haya rechazado	hayan rechazado

IMPERFECT SUBJUNCTIVE (-ra)		or	IMPERFECT SUBJUNCTIVE (-se)	
rechazara	rechazáramos		rechazase	rechazásemos
rechazaras	rechazarais		rechazases	rechazaseis
rechazara	rechazaran		rechazase	rechazasen

PAST PERFECT SUBJUNCTIVE (-ra)		or	PAST PERFECT SUBJUNCTIVE (-se)	
hubiera rechazado	hubiéramos rechazado		hubiese rechazado	hubiésemos rechazado
hubieras rechazado	hubierais rechazado		hubieses rechazado	hubieseis rechazado
hubiera rechazado	hubieran rechazado		hubiese rechazado	hubiesen rechazado

PROGRESSIVE TENSES

PRESENT	estoy, estás, está, estamos, estáis, están	
PRETERIT	estuve, estuviste, estuvo, estuvimos, estuvisteis, estuvieron	
IMPERFECT	estaba, estabas, estaba, estábamos, estabais, estaban	rechazando
FUTURE	estaré, estarás, estará, estaremos, estaréis, estarán	
CONDITIONAL	estaría, estarías, estaría, estaríamos, estaríais, estarían	
SUBJUNCTIVE	que + corresponding subjunctive tense of estar (see verb 151)	

COMMANDS

	(nosotros) rechacemos/no rechacemos
(tú) rechaza/no rechaces	(vosotros) rechazad/no rechacéis
(Ud.) rechace/no rechace	(Uds.) rechacen/no rechacen

Usage

¿Por qué rechazó Ud. la oferta?	Why did you reject the offer?
Rechacé su invitación.	I refused their invitation.
Los soldados rechazaron el ataque.	The soldiers repelled the attack.
Rechazó a sus dos pretendientes.	She rejected her two suitors.

regular *-ir* verb

recibo · recibieron · recibido · recibiendo

PRESENT		PRETERIT	
recibo	recibimos	recibí	recibimos
recibes	recibís	recibiste	recibisteis
recibe	reciben	recibió	recibieron

IMPERFECT		PRESENT PERFECT	
recibía	recibíamos	he recibido	hemos recibido
recibías	recibíais	has recibido	habéis recibido
recibía	recibían	ha recibido	han recibido

FUTURE		CONDITIONAL	
recibiré	recibiremos	recibiría	recibiríamos
recibirás	recibiréis	recibirías	recibiríais
recibirá	recibirán	recibiría	recibirían

PLUPERFECT		PRETERIT PERFECT	
había recibido	habíamos recibido	hube recibido	hubimos recibido
habías recibido	habíais recibido	hubiste recibido	hubisteis recibido
había recibido	habían recibido	hubo recibido	hubieron recibido

FUTURE PERFECT		CONDITIONAL PERFECT	
habré recibido	habremos recibido	habría recibido	habríamos recibido
habrás recibido	habréis recibido	habrías recibido	habríais recibido
habrá recibido	habrán recibido	habría recibido	habrían recibido

PRESENT SUBJUNCTIVE		PRESENT PERFECT SUBJUNCTIVE	
reciba	recibamos	haya recibido	hayamos recibido
recibas	recibáis	hayas recibido	hayáis recibido
reciba	reciban	haya recibido	hayan recibido

IMPERFECT SUBJUNCTIVE (-ra)		*or*	IMPERFECT SUBJUNCTIVE (-se)	
recibiera	recibiéramos		recibiese	recibiésemos
recibieras	recibierais		recibieses	recibieseis
recibiera	recibieran		recibiese	recibiesen

PAST PERFECT SUBJUNCTIVE (-ra)		*or*	PAST PERFECT SUBJUNCTIVE (-se)	
hubiera recibido	hubiéramos recibido		hubiese recibido	hubiésemos recibido
hubieras recibido	hubierais recibido		hubieses recibido	hubieseis recibido
hubiera recibido	hubieran recibido		hubiese recibido	hubiesen recibido

PROGRESSIVE TENSES

PRESENT	estoy, estás, está, estamos, estáis, están	
PRETERIT	estuve, estuviste, estuvo, estuvimos, estuvisteis, estuvieron	
IMPERFECT	estaba, estabas, estaba, estábamos, estabais, estaban	recibiendo
FUTURE	estaré, estarás, estará, estaremos, estaréis, estarán	
CONDITIONAL	estaría, estarías, estaría, estaríamos, estaríais, estarían	
SUBJUNCTIVE	que + *corresponding subjunctive tense of estar (see verb 151)*	

COMMANDS

	(nosotros) recibamos/no recibamos
(tú) recibe/no recibas	(vosotros) recibid/no recibáis
(Ud.) reciba/no reciba	(Uds.) reciban/no reciban

Usage

¿Recibiste cartas?	*Did you get/receive letters?*
Siempre nos reciben muy calurosamente.	*They always receive us warmly.*
Los recibiremos con los brazos abiertos.	*We'll welcome them with open arms.*
Se recibió de ingeniero.	*He graduated as an engineer.*

recoger	*to collect, gather, pick, pick up*

recojo · recogieron · recogido · recogiendo   *-er verb; spelling change: g > j/o, a*

PRESENT

recojo	recogemos
recoges	recogéis
recoge	recogen

IMPERFECT

recogía	recogíamos
recogías	recogíais
recogía	recogían

FUTURE

recogeré	recogeremos
recogerás	recogeréis
recogerá	recogerán

PLUPERFECT

había recogido	habíamos recogido
habías recogido	habíais recogido
había recogido	habían recogido

FUTURE PERFECT

habré recogido	habremos recogido
habrás recogido	habréis recogido
habrá recogido	habrán recogido

PRESENT SUBJUNCTIVE

recoja	recojamos
recojas	recojáis
recoja	recojan

IMPERFECT SUBJUNCTIVE (-ra)

recogiera	recogiéramos
recogieras	recogierais
recogiera	recogieran

PAST PERFECT SUBJUNCTIVE (-ra)

hubiera recogido	hubiéramos recogido
hubieras recogido	hubierais recogido
hubiera recogido	hubieran recogido

PRETERIT

recogí	recogimos
recogiste	recogisteis
recogió	recogieron

PRESENT PERFECT

he recogido	hemos recogido
has recogido	habéis recogido
ha recogido	han recogido

CONDITIONAL

recogería	recogeríamos
recogerías	recogeríais
recogería	recogerían

PRETERIT PERFECT

hube recogido	hubimos recogido
hubiste recogido	hubisteis recogido
hubo recogido	hubieron recogido

CONDITIONAL PERFECT

habría recogido	habríamos recogido
habrías recogido	habríais recogido
habría recogido	habrían recogido

PRESENT PERFECT SUBJUNCTIVE

haya recogido	hayamos recogido
hayas recogido	hayáis recogido
haya recogido	hayan recogido

or **IMPERFECT SUBJUNCTIVE (-se)**

recogiese	recogiésemos
recogieses	recogieseis
recogiese	recogiesen

or **PAST PERFECT SUBJUNCTIVE (-se)**

hubiese recogido	hubiésemos recogido
hubieses recogido	hubieseis recogido
hubiese recogido	hubiesen recogido

PROGRESSIVE TENSES

PRESENT	estoy, estás, está, estamos, estáis, están	
PRETERIT	estuve, estuviste, estuvo, estuvimos, estuvisteis, estuvieron	
IMPERFECT	estaba, estabas, estaba, estábamos, estabais, estaban	recogiendo
FUTURE	estaré, estarás, estará, estaremos, estaréis, estarán	
CONDITIONAL	estaría, estarías, estaría, estaríamos, estaríais, estarían	
SUBJUNCTIVE	que + *corresponding subjunctive tense of estar (see verb 151)*	

COMMANDS

	(nosotros) recojamos/no recojamos
(tú) recoge/no recojas	(vosotros) recoged/no recojáis
(Ud.) recoja/no recoja	(Uds.) recojan/no recojan

Usage

Todavía recojo datos.	*I'm still collecting data.*
En otoño se recogen las hojas caídas.	*In the autumn we gather up the fallen leaves.*
Recojamos fresas.	*Let's pick strawberries.*
¿Quieres que te recoja a las dos?	*Do you want me to pick you up at two o'clock?*

stem-changing **recomiendo · recomendaron · recomendado · recomendando**
-ar verb: *e > ie*

PRESENT

recomiendo	recomendamos		
recomiendas	recomendáis		
recomienda	recomiendan		

PRETERIT

recomendé	recomendamos
recomendaste	recomendasteis
recomendó	recomendaron

IMPERFECT

recomendaba	recomendábamos
recomendabas	recomendabais
recomendaba	recomendaban

PRESENT PERFECT

he recomendado	hemos recomendado
has recomendado	habéis recomendado
ha recomendado	han recomendado

FUTURE

recomendaré	recomendaremos
recomendarás	recomendaréis
recomendará	recomendarán

CONDITIONAL

recomendaría	recomendaríamos
recomendarías	recomendaríais
recomendaría	recomendarían

PLUPERFECT

había recomendado	habíamos recomendado
habías recomendado	habíais recomendado
había recomendado	habían recomendado

PRETERIT PERFECT

hube recomendado	hubimos recomendado
hubiste recomendado	hubisteis recomendado
hubo recomendado	hubieron recomendado

FUTURE PERFECT

habré recomendado	habremos recomendado
habrás recomendado	habréis recomendado
habrá recomendado	habrán recomendado

CONDITIONAL PERFECT

habría recomendado	habríamos recomendado
habrías recomendado	habríais recomendado
habría recomendado	habrían recomendado

PRESENT SUBJUNCTIVE

recomiende	recomendemos
recomiendes	recomendéis
recomiende	recomienden

PRESENT PERFECT SUBJUNCTIVE

haya recomendado	hayamos recomendado
hayas recomendado	hayáis recomendado
haya recomendado	hayan recomendado

IMPERFECT SUBJUNCTIVE (-ra) *or* **IMPERFECT SUBJUNCTIVE (-se)**

recomendara	recomendáramos	recomendase	recomendásemos
recomendaras	recomendarais	recomendases	recomendaseis
recomendara	recomendaran	recomendase	recomendasen

PAST PERFECT SUBJUNCTIVE (-ra) *or* **PAST PERFECT SUBJUNCTIVE (-se)**

hubiera recomendado	hubiéramos recomendado	hubiese recomendado	hubiésemos recomendado
hubieras recomendado	hubierais recomendado	hubieses recomendado	hubieseis recomendado
hubiera recomendado	hubieran recomendado	hubiese recomendado	hubiesen recomendado

PROGRESSIVE TENSES

PRESENT	estoy, estás, está, estamos, estáis, están
PRETERIT	estuve, estuviste, estuvo, estuvimos, estuvisteis, estuvieron
IMPERFECT	estaba, estabas, estaba, estábamos, estabais, estaban
FUTURE	estaré, estarás, estará, estaremos, estaréis, estarán
CONDITIONAL	estaría, estarías, estaría, estaríamos, estaríais, estarían
SUBJUNCTIVE	que + *corresponding subjunctive tense of* estar (see verb 151)

} recomendando

COMMANDS

	(nosotros) recomendemos/no recomendemos
(tú) recomienda/no recomiendes	(vosotros) recomendad/no recomendéis
(Ud.) recomiende/no recomiende	(Uds.) recomienden/no recomienden

Usage

Recomiendo estos libros de consulta.	*I recommend these reference books.*
Les recomendé que visitaran la feria del libro.	*I advised them to visit the book fair.*
Me lo recomendaron.	*They recommended it to me.*
¿Puedo valerme de su recomendación?	*May I give you as a reference?*

reconocer to recognize, acknowledge, admit

reconozco · reconocieron · reconocido · reconociendo   -er verb; spelling change:
c > zc/o, a

PRESENT		PRETERIT	
reconozco	reconocemos	reconocí	reconocimos
reconoces	reconocéis	reconociste	reconocisteis
reconoce	reconocen	reconoció	reconocieron

IMPERFECT		PRESENT PERFECT	
reconocía	reconocíamos	he reconocido	hemos reconocido
reconocías	reconocíais	has reconocido	habéis reconocido
reconocía	reconocían	ha reconocido	han reconocido

FUTURE		CONDITIONAL	
reconoceré	reconoceremos	reconocería	reconoceríamos
reconocerás	reconoceréis	reconocerías	reconoceríais
reconocerá	reconocerán	reconocería	reconocerían

PLUPERFECT		PRETERIT PERFECT	
había reconocido	habíamos reconocido	hube reconocido	hubimos reconocido
habías reconocido	habíais reconocido	hubiste reconocido	hubisteis reconocido
había reconocido	habían reconocido	hubo reconocido	hubieron reconocido

FUTURE PERFECT		CONDITIONAL PERFECT	
habré reconocido	habremos reconocido	habría reconocido	habríamos reconocido
habrás reconocido	habréis reconocido	habrías reconocido	habríais reconocido
habrá reconocido	habrán reconocido	habría reconocido	habrían reconocido

PRESENT SUBJUNCTIVE		PRESENT PERFECT SUBJUNCTIVE	
reconozca	reconozcamos	haya reconocido	hayamos reconocido
reconozcas	reconozcáis	hayas reconocido	hayáis reconocido
reconozca	reconozcan	haya reconocido	hayan reconocido

IMPERFECT SUBJUNCTIVE (-ra)		or	IMPERFECT SUBJUNCTIVE (-se)	
reconociera	reconociéramos		reconociese	reconociésemos
reconocieras	reconocierais		reconocieses	reconocieseis
reconociera	reconocieran		reconociese	reconociesen

PAST PERFECT SUBJUNCTIVE (-ra)		or	PAST PERFECT SUBJUNCTIVE (-se)	
hubiera reconocido	hubiéramos reconocido		hubiese reconocido	hubiésemos reconocido
hubieras reconocido	hubierais reconocido		hubieses reconocido	hubieseis reconocido
hubiera reconocido	hubieran reconocido		hubiese reconocido	hubiesen reconocido

PROGRESSIVE TENSES

PRESENT	estoy, estás, está, estamos, estáis, están	
PRETERIT	estuve, estuviste, estuvo, estuvimos, estuvisteis, estuvieron	
IMPERFECT	estaba, estabas, estaba, estábamos, estabais, estaban	reconociendo
FUTURE	estaré, estarás, estará, estaremos, estaréis, estarán	
CONDITIONAL	estaría, estarías, estaría, estaríamos, estaríais, estarían	
SUBJUNCTIVE	que + corresponding subjunctive tense of estar (see verb 151)	

COMMANDS

	(nosotros) reconozcamos/no reconozcamos
(tú) reconoce/no reconozcas	(vosotros) reconoced/no reconozcáis
(Ud.) reconozca/no reconozca	(Uds.) reconozcan/no reconozcan

Usage

No los reconocí.	I didn't recognize them.
Se ha reconocido el nuevo gobierno.	The new government has been recognized.
¡Reconozca sus equivocaciones!	Acknowledge/Admit your mistakes!
Los soldados reconocieron el área.	The soldiers reconnoitered/made a reconnaissance of the area.

stem-changing -ar verb: o > ue   **recuerdo · recordaron · recordado · recordando**

PRESENT		PRETERIT	
recuerdo	recordamos	recordé	recordamos
recuerdas	recordáis	recordaste	recordasteis
recuerda	recuerdan	recordó	recordaron

IMPERFECT		PRESENT PERFECT	
recordaba	recordábamos	he recordado	hemos recordado
recordabas	recordabais	has recordado	habéis recordado
recordaba	recordaban	ha recordado	han recordado

FUTURE		CONDITIONAL	
recordaré	recordaremos	recordaría	recordaríamos
recordarás	recordaréis	recordarías	recordaríais
recordará	recordarán	recordaría	recordarían

PLUPERFECT		PRETERIT PERFECT	
había recordado	habíamos recordado	hube recordado	hubimos recordado
habías recordado	habíais recordado	hubiste recordado	hubisteis recordado
había recordado	habían recordado	hubo recordado	hubieron recordado

FUTURE PERFECT		CONDITIONAL PERFECT	
habré recordado	habremos recordado	habría recordado	habríamos recordado
habrás recordado	habréis recordado	habrías recordado	habríais recordado
habrá recordado	habrán recordado	habría recordado	habrían recordado

PRESENT SUBJUNCTIVE		PRESENT PERFECT SUBJUNCTIVE	
recuerde	recordemos	haya recordado	hayamos recordado
recuerdes	recordéis	hayas recordado	hayáis recordado
recuerde	recuerden	haya recordado	hayan recordado

IMPERFECT SUBJUNCTIVE (-ra)		or	IMPERFECT SUBJUNCTIVE (-se)	
recordara	recordáramos		recordase	recordásemos
recordaras	recordarais		recordases	recordaseis
recordara	recordaran		recordase	recordasen

PAST PERFECT SUBJUNCTIVE (-ra)		or	PAST PERFECT SUBJUNCTIVE (-se)	
hubiera recordado	hubiéramos recordado		hubiese recordado	hubiésemos recordado
hubieras recordado	hubierais recordado		hubieses recordado	hubieseis recordado
hubiera recordado	hubieran recordado		hubiese recordado	hubiesen recordado

PROGRESSIVE TENSES

PRESENT	estoy, estás, está, estamos, estáis, están	
PRETERIT	estuve, estuviste, estuvo, estuvimos, estuvisteis, estuvieron	
IMPERFECT	estaba, estabas, estaba, estábamos, estabais, estaban	recordando
FUTURE	estaré, estarás, estará, estaremos, estaréis, estarán	
CONDITIONAL	estaría, estarías, estaría, estaríamos, estaríais, estarían	
SUBJUNCTIVE	que + *corresponding subjunctive tense of estar (see verb 151)*	

COMMANDS

	(nosotros) recordemos/no recordemos
(tú) recuerda/no recuerdes	(vosotros) recordad/no recordéis
(Ud.) recuerde/no recuerde	(Uds.) recuerden/no recuerden

Usage

¿No recuerdas lo que pasó ese día?	*Don't you remember/recall what happened that day?*
Si no recuerdo mal...	*If I remember correctly . . .*
Me recuerdas a mi prima.	*You remind me of my cousin.*
Déjame recordarte.	*Let me remind you.*

reducir to reduce

reduzco · redujeron · reducido · reduciendo

-ir verb; *c > zc/o, a*;
irregular preterit

PRESENT		PRETERIT	
reduzco	reducimos	reduje	redujimos
reduces	reducís	redujiste	redujisteis
reduce	reducen	redujo	redujeron

IMPERFECT		PRESENT PERFECT	
reducía	reducíamos	he reducido	hemos reducido
reducías	reducíais	has reducido	habéis reducido
reducía	reducían	ha reducido	han reducido

FUTURE		CONDITIONAL	
reduciré	reduciremos	reduciría	reduciríamos
reducirás	reduciréis	reducirías	reduciríais
reducirá	reducirán	reduciría	reducirían

PLUPERFECT		PRETERIT PERFECT	
había reducido	habíamos reducido	hube reducido	hubimos reducido
habías reducido	habíais reducido	hubiste reducido	hubisteis reducido
había reducido	habían reducido	hubo reducido	hubieron reducido

FUTURE PERFECT		CONDITIONAL PERFECT	
habré reducido	habremos reducido	habría reducido	habríamos reducido
habrás reducido	habréis reducido	habrías reducido	habríais reducido
habrá reducido	habrán reducido	habría reducido	habrían reducido

PRESENT SUBJUNCTIVE		PRESENT PERFECT SUBJUNCTIVE	
reduzca	reduzcamos	haya reducido	hayamos reducido
reduzcas	reduzcáis	hayas reducido	hayáis reducido
reduzca	reduzcan	haya reducido	hayan reducido

IMPERFECT SUBJUNCTIVE (-ra)		*or*	IMPERFECT SUBJUNCTIVE (-se)	
redujera	redujéramos		redujese	redujésemos
redujeras	redujerais		redujeses	redujeseis
redujera	redujeran		redujese	redujesen

PAST PERFECT SUBJUNCTIVE (-ra)		*or*	PAST PERFECT SUBJUNCTIVE (-se)	
hubiera reducido	hubiéramos reducido		hubiese reducido	hubiésemos reducido
hubieras reducido	hubierais reducido		hubieses reducido	hubieseis reducido
hubiera reducido	hubieran reducido		hubiese reducido	hubiesen reducido

PROGRESSIVE TENSES

PRESENT	estoy, estás, está, estamos, estáis, están
PRETERIT	estuve, estuviste, estuvo, estuvimos, estuvisteis, estuvieron
IMPERFECT	estaba, estabas, estaba, estábamos, estabais, estaban
FUTURE	estaré, estarás, estará, estaremos, estaréis, estarán
CONDITIONAL	estaría, estarías, estaría, estaríamos, estaríais, estarían
SUBJUNCTIVE	que + *corresponding subjunctive tense of* estar (*see verb 151*)

reduciendo

COMMANDS

	(nosotros) reduzcamos/no reduzcamos
(tú) reduce/no reduzcas	(vosotros) reducid/no reduzcáis
(Ud.) reduzca/no reduzca	(Uds.) reduzcan/no reduzcan

Usage

Es bueno que se reduzca la tasa de interés.	*It's good that the interest rate is being lowered.*
Reducían los gastos.	*They were reducing their expenses.*
Se reduce la cifra en una tercera parte.	*The number is reduced by a third.*
Todo lo que prometía se reduce a nada.	*Everything she was promising amounts to nothing.*

-ar verb; spelling
change: z > c/e

reemplazo · reemplazaron · reemplazado · reemplazando

PRESENT

reemplazo	reemplazamos
reemplazas	reemplazáis
reemplaza	reemplazan

IMPERFECT

reemplazaba	reemplazábamos
reemplazabas	reemplazabais
reemplazaba	reemplazaban

FUTURE

reemplazaré	reemplazaremos
reemplazarás	reemplazaréis
reemplazará	reemplazarán

PLUPERFECT

había reemplazado	habíamos reemplazado
habías reemplazado	habíais reemplazado
había reemplazado	habían reemplazado

FUTURE PERFECT

habré reemplazado	habremos reemplazado
habrás reemplazado	habréis reemplazado
habrá reemplazado	habrán reemplazado

PRESENT SUBJUNCTIVE

reemplace	reemplacemos
reemplaces	reemplacéis
reemplace	reemplacen

IMPERFECT SUBJUNCTIVE (-ra)

reemplazara	reemplazáramos
reemplazaras	reemplazarais
reemplazara	reemplazaran

PAST PERFECT SUBJUNCTIVE (-ra)

hubiera reemplazado	hubiéramos reemplazado
hubieras reemplazado	hubierais reemplazado
hubiera reemplazado	hubieran reemplazado

PRETERIT

reemplacé	reemplazamos
reemplazaste	reemplazasteis
reemplazó	reemplazaron

PRESENT PERFECT

he reemplazado	hemos reemplazado
has reemplazado	habéis reemplazado
ha reemplazado	han reemplazado

CONDITIONAL

reemplazaría	reemplazaríamos
reemplazarías	reemplazaríais
reemplazaría	reemplazarían

PRETERIT PERFECT

hube reemplazado	hubimos reemplazado
hubiste reemplazado	hubisteis reemplazado
hubo reemplazado	hubieron reemplazado

CONDITIONAL PERFECT

habría reemplazado	habríamos reemplazado
habrías reemplazado	habríais reemplazado
habría reemplazado	habrían reemplazado

PRESENT PERFECT SUBJUNCTIVE

haya reemplazado	hayamos reemplazado
hayas reemplazado	hayáis reemplazado
haya reemplazado	hayan reemplazado

or **IMPERFECT SUBJUNCTIVE (-se)**

reemplazase	reemplazásemos
reemplazases	reemplazaseis
reemplazase	reemplazasen

or **PAST PERFECT SUBJUNCTIVE (-se)**

hubiese reemplazado	hubiésemos reemplazado
hubieses reemplazado	hubieseis reemplazado
hubiese reemplazado	hubiesen reemplazado

PROGRESSIVE TENSES

PRESENT	estoy, estás, está, estamos, estáis, están
PRETERIT	estuve, estuviste, estuvo, estuvimos, estuvisteis, estuvieron
IMPERFECT	estaba, estabas, estaba, estábamos, estabais, estaban
FUTURE	estaré, estarás, estará, estaremos, estaréis, estarán
CONDITIONAL	estaría, estarías, estaría, estaríamos, estaríais, estarían
SUBJUNCTIVE	que + *corresponding subjunctive tense of* estar (*see verb 151*)

reemplazando

COMMANDS

	(nosotros) reemplacemos/no reemplacemos
(tú) reemplaza/no reemplaces	(vosotros) reemplazad/no reemplacéis
(Ud.) reemplace/no reemplace	(Uds.) reemplacen/no reemplacen

Usage

Reemplaza la bombilla quemada.	*Replace the burned-out bulb.*
Se reemplazan algunos empleados.	*Some employees are being replaced.*
Reemplacé los vasos que faltaban.	*I replaced the missing glasses.*
Los maestros incompetentes serán reemplazados.	*Incompetent teachers will be replaced.*

refiero · refirieron · referido · refiriéndose

stem-changing -ir reflexive verb:
$e > ie$ (present), $e > i$ (preterit)

PRESENT

me refiero	nos referimos
te refieres	os referís
se refiere	se refieren

IMPERFECT

me refería	nos referíamos
te referías	os referíais
se refería	se referían

FUTURE

me referiré	nos referiremos
te referirás	os referiréis
se referirá	se referirán

PLUPERFECT

me había referido	nos habíamos referido
te habías referido	os habíais referido
se había referido	se habían referido

FUTURE PERFECT

me habré referido	nos habremos referido
te habrás referido	os habréis referido
se habrá referido	se habrán referido

PRESENT SUBJUNCTIVE

me refiera	nos refiramos
te refieras	os refiráis
se refiera	se refieran

IMPERFECT SUBJUNCTIVE (-ra)

me refiriera	nos refiriéramos
te refirieras	os refirierais
se refiriera	se refirieran

PAST PERFECT SUBJUNCTIVE (-ra)

me hubiera referido	nos hubiéramos referido
te hubieras referido	os hubierais referido
se hubiera referido	se hubieran referido

PRETERIT

me referí	nos referimos
te referiste	os referisteis
se refirió	se refirieron

PRESENT PERFECT

me he referido	nos hemos referido
te has referido	os habéis referido
se ha referido	se han referido

CONDITIONAL

me referiría	nos referiríamos
te referirías	os referiríais
se referiría	se referirían

PRETERIT PERFECT

me hube referido	nos hubimos referido
te hubiste referido	os hubisteis referido
se hubo referido	se hubieron referido

CONDITIONAL PERFECT

me habría referido	nos habríamos referido
te habrías referido	os habríais referido
se habría referido	se habrían referido

PRESENT PERFECT SUBJUNCTIVE

me haya referido	nos hayamos referido
te hayas referido	os hayáis referido
se haya referido	se hayan referido

or **IMPERFECT SUBJUNCTIVE (-se)**

me refiriese	nos refiriésemos
te refirieses	os refirieseis
se refiriese	se refiriesen

or **PAST PERFECT SUBJUNCTIVE (-se)**

me hubiese referido	nos hubiésemos referido
te hubieses referido	os hubieseis referido
se hubiese referido	se hubiesen referido

PROGRESSIVE TENSES

PRESENT	estoy, estás, está, estamos, estáis, están
PRETERIT	estuve, estuviste, estuvo, estuvimos, estuvisteis, estuvieron
IMPERFECT	estaba, estabas, estaba, estábamos, estabais, estaban
FUTURE	estaré, estarás, estará, estaremos, estaréis, estarán
CONDITIONAL	estaría, estarías, estaría, estaríamos, estaríais, estarían
SUBJUNCTIVE	que + *corresponding subjunctive tense of estar (see verb 151)*

refiriendo
(see page 37)

COMMANDS

	(nosotros) refirámonos/no nos refiramos
(tú) refiérete/no te refieras	(vosotros) referíos/no os refiráis
(Ud.) refiérase/no se refiera	(Uds.) refiéranse/no se refieran

Usage

—¿A qué te refieres?	*What are you referring to?*
—Me refiero a lo que te expliqué ayer.	*I'm talking about what I explained to you yesterday.*
Se refería a sus notas.	*She referred to her notes.*
¿Estás refiriéndote al capítulo 18?	*You're referring to chapter 18?*

stem-changing -ar verb: e > ie;
spelling change: g > gu/e

riego · regaron · regado · regando

PRESENT

riego	regamos
riegas	regáis
riega	riegan

IMPERFECT

regaba	regábamos
regabas	regabais
regaba	regaban

FUTURE

regaré	regaremos
regarás	regaréis
regará	regarán

PLUPERFECT

había regado	habíamos regado
habías regado	habíais regado
había regado	habían regado

FUTURE PERFECT

habré regado	habremos regado
habrás regado	habréis regado
habrá regado	habrán regado

PRESENT SUBJUNCTIVE

riegue	reguemos
riegues	reguéis
riegue	rieguen

IMPERFECT SUBJUNCTIVE (-ra)

regara	regáramos
regaras	regarais
regara	regaran

PAST PERFECT SUBJUNCTIVE (-ra)

hubiera regado	hubiéramos regado
hubieras regado	hubierais regado
hubiera regado	hubieran regado

PRETERIT

regué	regamos
regaste	regasteis
regó	regaron

PRESENT PERFECT

he regado	hemos regado
has regado	habéis regado
ha regado	han regado

CONDITIONAL

regaría	regaríamos
regarías	regaríais
regaría	regarían

PRETERIT PERFECT

hube regado	hubimos regado
hubiste regado	hubisteis regado
hubo regado	hubieron regado

CONDITIONAL PERFECT

habría regado	habríamos regado
habrías regado	habríais regado
habría regado	habrían regado

PRESENT PERFECT SUBJUNCTIVE

haya regado	hayamos regado
hayas regado	hayáis regado
haya regado	hayan regado

or **IMPERFECT SUBJUNCTIVE (-se)**

regase	regásemos
regases	regaseis
regase	regasen

or **PAST PERFECT SUBJUNCTIVE (-se)**

hubiese regado	hubiésemos regado
hubieses regado	hubieseis regado
hubiese regado	hubiesen regado

PROGRESSIVE TENSES

PRESENT	estoy, estás, está, estamos, estáis, están
PRETERIT	estuve, estuviste, estuvo, estuvimos, estuvisteis, estuvieron
IMPERFECT	estaba, estabas, estaba, estábamos, estabais, estaban
FUTURE	estaré, estarás, estará, estaremos, estaréis, estarán
CONDITIONAL	estaría, estarías, estaría, estaríamos, estaríais, estarían
SUBJUNCTIVE	que + *corresponding subjunctive tense of* estar (*see verb 151*)

regando

COMMANDS

	(nosotros) reguemos/no reguemos
(tú) riega/no riegues	(vosotros) regad/no reguéis
(Ud.) riegue/no riegue	(Uds.) rieguen/no rieguen

Usage

Riegue las flores cuando se ponga el sol.	*Water the flowers at sunset.*
Regaron los campos durante la sequía.	*They irrigated the fields during the drought.*
Es preciso que reguemos el césped mañana.	*It's necessary we water the lawn tomorrow.*
Se emplea el riego en esta región desértica.	*They use irrigation in this desert region.*

reír to laugh

río · rieron · reído · riendo

stem-changing -ir verb: e > i

PRESENT

río	reímos
ríes	reís
ríe	ríen

PRETERIT

reí	reímos
reíste	reísteis
rió	rieron

IMPERFECT

reía	reíamos
reías	reíais
reía	reían

PRESENT PERFECT

he reído	hemos reído
has reído	habéis reído
ha reído	han reído

FUTURE

reiré	reiremos
reirás	reiréis
reirá	reirán

CONDITIONAL

reiría	reiríamos
reirías	reiríais
reiría	reirían

PLUPERFECT

había reído	habíamos reído
habías reído	habíais reído
había reído	habían reído

PRETERIT PERFECT

hube reído	hubimos reído
hubiste reído	hubisteis reído
hubo reído	hubieron reído

FUTURE PERFECT

habré reído	habremos reído
habrás reído	habréis reído
habrá reído	habrán reído

CONDITIONAL PERFECT

habría reído	habríamos reído
habrías reído	habríais reído
habría reído	habrían reído

PRESENT SUBJUNCTIVE

ría	riamos
rías	riáis
ría	rían

PRESENT PERFECT SUBJUNCTIVE

haya reído	hayamos reído
hayas reído	hayáis reído
haya reído	hayan reído

IMPERFECT SUBJUNCTIVE (-ra)

riera	riéramos
rieras	rierais
riera	rieran

or **IMPERFECT SUBJUNCTIVE (-se)**

riese	riésemos
rieses	rieseis
riese	riesen

PAST PERFECT SUBJUNCTIVE (-ra)

hubiera reído	hubiéramos reído
hubieras reído	hubierais reído
hubiera reído	hubieran reído

or **PAST PERFECT SUBJUNCTIVE (-se)**

hubiese reído	hubiésemos reído
hubieses reído	hubieseis reído
hubiese reído	hubiesen reído

PROGRESSIVE TENSES

PRESENT	estoy, estás, está, estamos, estáis, están
PRETERIT	estuve, estuviste, estuvo, estuvimos, estuvisteis, estuvieron
IMPERFECT	estaba, estabas, estaba, estábamos, estabais, estaban
FUTURE	estaré, estarás, estará, estaremos, estaréis, estarán
CONDITIONAL	estaría, estarías, estaría, estaríamos, estaríais, estarían
SUBJUNCTIVE	que + corresponding subjunctive tense of estar (see verb 151)

riendo

COMMANDS

	(nosotros) riamos/no riamos
(tú) ríe/no rías	(vosotros) reíd/no riáis
(Ud.) ría/no ría	(Uds.) rían/no rían

Usage

Se echó a reír.	She started to laugh.
Rieron a carcajadas.	They split their sides laughing.
Me reí mucho.	I had a good laugh.
Nos dio risa.	It made us laugh.

stem-changing -ir verb: *e > i*   **riño · riñeron · reñido · riñendo**

PRESENT		PRETERIT	
riño	reñimos	reñí	reñimos
riñes	reñís	reñiste	reñisteis
riñe	riñen	riñó	riñeron

IMPERFECT		PRESENT PERFECT	
reñía	reñíamos	he reñido	hemos reñido
reñías	reñíais	has reñido	habéis reñido
reñía	reñían	ha reñido	han reñido

FUTURE		CONDITIONAL	
reñiré	reñiremos	reñiría	reñiríamos
reñirás	reñiréis	reñirías	reñiríais
reñirá	reñirán	reñiría	reñirían

PLUPERFECT		PRETERIT PERFECT	
había reñido	habíamos reñido	hube reñido	hubimos reñido
habías reñido	habíais reñido	hubiste reñido	hubisteis reñido
había reñido	habían reñido	hubo reñido	hubieron reñido

FUTURE PERFECT		CONDITIONAL PERFECT	
habré reñido	habremos reñido	habría reñido	habríamos reñido
habrás reñido	habréis reñido	habrías reñido	habríais reñido
habrá reñido	habrán reñido	habría reñido	habrían reñido

PRESENT SUBJUNCTIVE		PRESENT PERFECT SUBJUNCTIVE	
riña	riñamos	haya reñido	hayamos reñido
riñas	riñáis	hayas reñido	hayáis reñido
riña	riñan	haya reñido	hayan reñido

IMPERFECT SUBJUNCTIVE (-ra)		*or*	IMPERFECT SUBJUNCTIVE (-se)	
riñera	riñéramos		riñese	riñésemos
riñeras	riñerais		riñeses	riñeseis
riñera	riñeran		riñese	riñesen

PAST PERFECT SUBJUNCTIVE (-ra)		*or*	PAST PERFECT SUBJUNCTIVE (-se)	
hubiera reñido	hubiéramos reñido		hubiese reñido	hubiésemos reñido
hubieras reñido	hubierais reñido		hubieses reñido	hubieseis reñido
hubiera reñido	hubieran reñido		hubiese reñido	hubiesen reñido

PROGRESSIVE TENSES

PRESENT	estoy, estás, está, estamos, estáis, están
PRETERIT	estuve, estuviste, estuvo, estuvimos, estuvisteis, estuvieron
IMPERFECT	estaba, estabas, estaba, estábamos, estabais, estaban
FUTURE	estaré, estarás, estará, estaremos, estaréis, estarán
CONDITIONAL	estaría, estarías, estaría, estaríamos, estaríais, estarían
SUBJUNCTIVE	que + *corresponding subjunctive tense of estar (see verb 151)*

riñendo

COMMANDS

	(nosotros) riñamos/no riñamos
(tú) riñe/no riñas	(vosotros) reñid/no riñáis
(Ud.) riña/no riña	(Uds.) riñan/no riñan

Usage

—¿Por qué reñiste con tu amiga?	*Why did you quarrel with your friend?*
—Reñimos por una tontería.	*We argued over a foolish thing.*
Seguían riñendo.	*They kept on fighting.*
Lo riñes como si fuera un niño.	*You're scolding him as if he were a child.*

repetir *to repeat, do again, recite*

repito · repitieron · repetido · repitiendo

stem-changing -ir verb: e > i

PRESENT

repito	repetimos
repites	repetís
repite	repiten

PRETERIT

repetí	repetimos
repetiste	repetisteis
repitió	repitieron

IMPERFECT

repetía	repetíamos
repetías	repetíais
repetía	repetían

PRESENT PERFECT

he repetido	hemos repetido
has repetido	habéis repetido
ha repetido	han repetido

FUTURE

repetiré	repetiremos
repetirás	repetiréis
repetirá	repetirán

CONDITIONAL

repetiría	repetiríamos
repetirías	repetiríais
repetiría	repetirían

PLUPERFECT

había repetido	habíamos repetido
habías repetido	habíais repetido
había repetido	habían repetido

PRETERIT PERFECT

hube repetido	hubimos repetido
hubiste repetido	hubisteis repetido
hubo repetido	hubieron repetido

FUTURE PERFECT

habré repetido	habremos repetido
habrás repetido	habréis repetido
habrá repetido	habrán repetido

CONDITIONAL PERFECT

habría repetido	habríamos repetido
habrías repetido	habríais repetido
habría repetido	habrían repetido

PRESENT SUBJUNCTIVE

repita	repitamos
repitas	repitáis
repita	repitan

PRESENT PERFECT SUBJUNCTIVE

haya repetido	hayamos repetido
hayas repetido	hayáis repetido
haya repetido	hayan repetido

IMPERFECT SUBJUNCTIVE (-ra)

repitiera	repitiéramos
repitieras	repitierais
repitiera	repitieran

or **IMPERFECT SUBJUNCTIVE (-se)**

repitiese	repitiésemos
repitieses	repitieseis
repitiese	repitiesen

PAST PERFECT SUBJUNCTIVE (-ra)

hubiera repetido	hubiéramos repetido
hubieras repetido	hubierais repetido
hubiera repetido	hubieran repetido

or **PAST PERFECT SUBJUNCTIVE (-se)**

hubiese repetido	hubiésemos repetido
hubieses repetido	hubieseis repetido
hubiese repetido	hubiesen repetido

PROGRESSIVE TENSES

PRESENT	estoy, estás, está, estamos, estáis, están
PRETERIT	estuve, estuviste, estuvo, estuvimos, estuvisteis, estuvieron
IMPERFECT	estaba, estabas, estaba, estábamos, estabais, estaban
FUTURE	estaré, estarás, estará, estaremos, estaréis, estarán
CONDITIONAL	estaría, estarías, estaría, estaríamos, estaríais, estarían
SUBJUNCTIVE	que + *corresponding subjunctive tense of* estar (*see verb 151*)

} repitiendo

COMMANDS

	(nosotros) repitamos/no repitamos
(tú) repite/no repitas	(vosotros) repetid/no repitáis
(Ud.) repita/no repita	(Uds.) repitan/no repitan

Usage

Repitan Uds. la oración.	*Repeat the sentence.*
Repitió el poema.	*She recited the poem.*
¡Qué rico está el flan! Voy a repetir.	*The custard is so delicious! I'll have another helping.*
¡Que no se repita!	*Don't let it happen again!*

-ar reflexive verb; spelling change: **resfrío · resfriaron · resfriado · resfriándose**
i > í when stressed

PRESENT

me resfrío	nos resfriamos		
te resfrías	os resfriáis		
se resfría	se resfrían		

IMPERFECT

me resfriaba	nos resfriábamos
te resfriabas	os resfriabais
se resfriaba	se resfriaban

FUTURE

me resfriaré	nos resfriaremos
te resfriarás	os resfriaréis
se resfriará	se resfriarán

PLUPERFECT

me había resfriado	nos habíamos resfriado
te habías resfriado	os habíais resfriado
se había resfriado	se habían resfriado

FUTURE PERFECT

me habré resfriado	nos habremos resfriado
te habrás resfriado	os habréis resfriado
se habrá resfriado	se habrán resfriado

PRESENT SUBJUNCTIVE

me resfríe	nos resfriemos
te resfríes	os resfriéis
se resfríe	se resfríen

IMPERFECT SUBJUNCTIVE (-ra)

me resfriara	nos resfriáramos
te resfriaras	os resfriarais
se resfriara	se resfriaran

PAST PERFECT SUBJUNCTIVE (-ra)

me hubiera resfriado	nos hubiéramos resfriado
te hubieras resfriado	os hubierais resfriado
se hubiera resfriado	se hubieran resfriado

PRETERIT

me resfrié	nos resfriamos
te resfriaste	os resfriasteis
se resfrió	se resfriaron

PRESENT PERFECT

me he resfriado	nos hemos resfriado
te has resfriado	os habéis resfriado
se ha resfriado	se han resfriado

CONDITIONAL

me resfriaría	nos resfriaríamos
te resfriarías	os resfriaríais
se resfriaría	se resfriarían

PRETERIT PERFECT

me hube resfriado	nos hubimos resfriado
te hubiste resfriado	os hubisteis resfriado
se hubo resfriado	se hubieron resfriado

CONDITIONAL PERFECT

me habría resfriado	nos habríamos resfriado
te habrías resfriado	os habríais resfriado
se habría resfriado	se habrían resfriado

PRESENT PERFECT SUBJUNCTIVE

me haya resfriado	nos hayamos resfriado
te hayas resfriado	os hayáis resfriado
se haya resfriado	se hayan resfriado

or **IMPERFECT SUBJUNCTIVE (-se)**

me resfriase	nos resfriásemos
te resfriases	os resfriaseis
se resfriase	se resfriasen

or **PAST PERFECT SUBJUNCTIVE (-se)**

me hubiese resfriado	nos hubiésemos resfriado
te hubieses resfriado	os hubieseis resfriado
se hubiese resfriado	se hubiesen resfriado

PROGRESSIVE TENSES

PRESENT	estoy, estás, está, estamos, estáis, están
PRETERIT	estuve, estuviste, estuvo, estuvimos, estuvisteis, estuvieron
IMPERFECT	estaba, estabas, estaba, estábamos, estabais, estaban
FUTURE	estaré, estarás, estará, estaremos, estaréis, estarán
CONDITIONAL	estaría, estarías, estaría, estaríamos, estaríais, estarían
SUBJUNCTIVE	que + *corresponding subjunctive tense of* estar (*see verb 151*)

resfriando
(*see page 37*)

COMMANDS

	(nosotros) resfriémonos/no nos resfriemos
(tú) resfríate/no te resfríes	(vosotros) resfriaos/no os resfriéis
(Ud.) resfríese/no se resfríe	(Uds.) resfríense/no se resfrien

Usage

Se resfrió.	*She caught a cold.*
Siento que se hayan resfriado.	*I'm sorry you've caught a cold.*
Cree que está resfriándose.	*She thinks she's catching a cold.*
Todos están resfriados por ella.	*Everyone has a cold because of her.*

resolver to solve, resolve, dissolve

resuelvo · resolvieron · resuelto · resolviendo   stem-changing -er verb: o > ue

PRESENT		PRETERIT	
resuelvo	resolvemos	resolví	resolvimos
resuelves	resolvéis	resolviste	resolvisteis
resuelve	resuelven	resolvió	resolvieron

IMPERFECT		PRESENT PERFECT	
resolvía	resolvíamos	he resuelto	hemos resuelto
resolvías	resolvíais	has resuelto	habéis resuelto
resolvía	resolvían	ha resuelto	han resuelto

FUTURE		CONDITIONAL	
resolveré	resolveremos	resolvería	resolveríamos
resolverás	resolveréis	resolverías	resolveríais
resolverá	resolverán	resolvería	resolverían

PLUPERFECT		PRETERIT PERFECT	
había resuelto	habíamos resuelto	hube resuelto	hubimos resuelto
habías resuelto	habíais resuelto	hubiste resuelto	hubisteis resuelto
había resuelto	habían resuelto	hubo resuelto	hubieron resuelto

FUTURE PERFECT		CONDITIONAL PERFECT	
habré resuelto	habremos resuelto	habría resuelto	habríamos resuelto
habrás resuelto	habréis resuelto	habrías resuelto	habríais resuelto
habrá resuelto	habrán resuelto	habría resuelto	habrían resuelto

PRESENT SUBJUNCTIVE		PRESENT PERFECT SUBJUNCTIVE	
resuelva	resolvamos	haya resuelto	hayamos resuelto
resuelvas	resolváis	hayas resuelto	hayáis resuelto
resuelva	resuelvan	haya resuelto	hayan resuelto

IMPERFECT SUBJUNCTIVE (-ra)		or	IMPERFECT SUBJUNCTIVE (-se)	
resolviera	resolviéramos		resolviese	resolviésemos
resolvieras	resolvierais		resolvieses	resolvieseis
resolviera	resolvieran		resolviese	resolviesen

PAST PERFECT SUBJUNCTIVE (-ra)		or	PAST PERFECT SUBJUNCTIVE (-se)	
hubiera resuelto	hubiéramos resuelto		hubiese resuelto	hubiésemos resuelto
hubieras resuelto	hubierais resuelto		hubieses resuelto	hubieseis resuelto
hubiera resuelto	hubieran resuelto		hubiese resuelto	hubiesen resuelto

PROGRESSIVE TENSES

PRESENT	estoy, estás, está, estamos, estáis, están
PRETERIT	estuve, estuviste, estuvo, estuvimos, estuvisteis, estuvieron
IMPERFECT	estaba, estabas, estaba, estábamos, estabais, estaban
FUTURE	estaré, estarás, estará, estaremos, estaréis, estarán
CONDITIONAL	estaría, estarías, estaría, estaríamos, estaríais, estarían
SUBJUNCTIVE	que + corresponding subjunctive tense of estar (see verb 151)

resolviendo

COMMANDS

	(nosotros) resolvamos/no resolvamos
(tú) resuelve/no resuelvas	(vosotros) resolved/no resolváis
(Ud.) resuelva/no resuelva	(Uds.) resuelvan/no resuelvan

Usage

Resolvimos la cuestión.	We resolved the question.
¿Resolviste el problema?	Did you solve the problem?
No te preocupes. Todo se resolverá.	Don't worry. Everything will work out.
Se resolvió a aceptar las consecuencias.	She made up her mind to accept the consequences.

-ir reflexive verb

reúno · reunieron · reunido · reuniéndose

PRESENT		PRETERIT	
me reúno	nos reunimos	me reuní	nos reunimos
te reúnes	os reunís	te reuniste	os reunisteis
se reúne	se reúnen	se reunió	se reunieron

IMPERFECT		PRESENT PERFECT	
me reunía	nos reuníamos	me he reunido	nos hemos reunido
te reunías	os reuníais	te has reunido	os habéis reunido
se reunía	se reunían	se ha reunido	se han reunido

FUTURE		CONDITIONAL	
me reuniré	nos reuniremos	me reuniría	nos reuniríamos
te reunirás	os reuniréis	te reunirías	os reuniríais
se reunirá	se reunirán	se reuniría	se reunirían

PLUPERFECT		PRETERIT PERFECT	
me había reunido	nos habíamos reunido	me hube reunido	nos hubimos reunido
te habías reunido	os habíais reunido	te hubiste reunido	os hubisteis reunido
se había reunido	se habían reunido	se hubo reunido	se hubieron reunido

FUTURE PERFECT		CONDITIONAL PERFECT	
me habré reunido	nos habremos reunido	me habría reunido	nos habríamos reunido
te habrás reunido	os habréis reunido	te habrías reunido	os habríais reunido
se habrá reunido	se habrán reunido	se habría reunido	se habrían reunido

PRESENT SUBJUNCTIVE		PRESENT PERFECT SUBJUNCTIVE	
me reúna	nos reunamos	me haya reunido	nos hayamos reunido
te reúnas	os reunáis	te hayas reunido	os hayáis reunido
se reúna	se reúnan	se haya reunido	se hayan reunido

IMPERFECT SUBJUNCTIVE (-ra)		or	IMPERFECT SUBJUNCTIVE (-se)	
me reuniera	nos reuniéramos		me reuniese	nos reuniésemos
te reunieras	os reunierais		te reunieses	os reunieseis
se reuniera	se reunieran		se reuniese	se reuniesen

PAST PERFECT SUBJUNCTIVE (-ra)		or	PAST PERFECT SUBJUNCTIVE (-se)	
me hubiera reunido	nos hubiéramos reunido		me hubiese reunido	nos hubiésemos reunido
te hubieras reunido	os hubierais reunido		te hubieses reunido	os hubieseis reunido
se hubiera reunido	se hubieran reunido		se hubiese reunido	se hubiesen reunido

PROGRESSIVE TENSES

PRESENT	estoy, estás, está, estamos, estáis, están
PRETERIT	estuve, estuviste, estuvo, estuvimos, estuvisteis, estuvieron
IMPERFECT	estaba, estabas, estaba, estábamos, estabais, estaban
FUTURE	estaré, estarás, estará, estaremos, estaréis, estarán
CONDITIONAL	estaría, estarías, estaría, estaríamos, estaríais, estarían
SUBJUNCTIVE	que + *corresponding subjunctive tense of* estar (*see verb* 151)

reuniendo
(*see page 37*)

COMMANDS

	(nosotros) reunámonos/no nos reunamos
(tú) reúnete/no te reúnas	(vosotros) reunios/no os reunáis
(Ud.) reúnase/no se reúna	(Uds.) reúnanse/no se reúnan

Usage

Nos reuniremos para cenar.	*We'll get together to have dinner.*
Me reúno contigo a las cuatro.	*I'll meet you at 4:00.*
Las dos cámaras se reunieron ayer.	*The two houses met/were in session yesterday.*
Reunamos fondos para esta caridad.	*Let's collect money for this charity.*

rezar *to pray, say, go, apply*

rezo · rezaron · rezado · rezando

-ar verb; spelling change: *z > c/e*

PRESENT

rezo	rezamos
rezas	rezáis
reza	rezan

PRETERIT

recé	rezamos
rezaste	rezasteis
rezó	rezaron

IMPERFECT

rezaba	rezábamos
rezabas	rezabais
rezaba	rezaban

PRESENT PERFECT

he rezado	hemos rezado
has rezado	habéis rezado
ha rezado	han rezado

FUTURE

rezaré	rezaremos
rezarás	rezaréis
rezará	rezarán

CONDITIONAL

rezaría	rezaríamos
rezarías	rezaríais
rezaría	rezarían

PLUPERFECT

había rezado	habíamos rezado
habías rezado	habíais rezado
había rezado	habían rezado

PRETERIT PERFECT

hube rezado	hubimos rezado
hubiste rezado	hubisteis rezado
hubo rezado	hubieron rezado

FUTURE PERFECT

habré rezado	habremos rezado
habrás rezado	habréis rezado
habrá rezado	habrán rezado

CONDITIONAL PERFECT

habría rezado	habríamos rezado
habrías rezado	habríais rezado
habría rezado	habrían rezado

PRESENT SUBJUNCTIVE

rece	recemos
reces	recéis
rece	recen

PRESENT PERFECT SUBJUNCTIVE

haya rezado	hayamos rezado
hayas rezado	hayáis rezado
haya rezado	hayan rezado

IMPERFECT SUBJUNCTIVE (-ra)

rezara	rezáramos
rezaras	rezarais
rezara	rezaran

or **IMPERFECT SUBJUNCTIVE (-se)**

rezase	rezásemos
rezases	rezaseis
rezase	rezasen

PAST PERFECT SUBJUNCTIVE (-ra)

hubiera rezado	hubiéramos rezado
hubieras rezado	hubierais rezado
hubiera rezado	hubieran rezado

or **PAST PERFECT SUBJUNCTIVE (-se)**

hubiese rezado	hubiésemos rezado
hubieses rezado	hubieseis rezado
hubiese rezado	hubiesen rezado

PROGRESSIVE TENSES

PRESENT	estoy, estás, está, estamos, estáis, están
PRETERIT	estuve, estuviste, estuvo, estuvimos, estuvisteis, estuvieron
IMPERFECT	estaba, estabas, estaba, estábamos, estabais, estaban
FUTURE	estaré, estarás, estará, estaremos, estaréis, estarán
CONDITIONAL	estaría, estarías, estaría, estaríamos, estaríais, estarían
SUBJUNCTIVE	que + *corresponding subjunctive tense of* estar *(see verb 151)*

rezando

COMMANDS

	(nosotros) recemos/no recemos
(tú) reza/no reces	(vosotros) rezad/no recéis
(Ud.) rece/no rece	(Uds.) recen/no recen

Usage

Rezaban todas las mañanas.	They said prayers every morning.
Rezan a Dios.	They pray to God.
El cartel reza así.	The poster says/goes/reads like this.
La ley reza solamente con los ciudadanos.	The law applies only to citizens.

stem-changing -ar verb: o > ue | **ruedo · rodaron · rodado · rodando**

PRESENT		**PRETERIT**	
ruedo	rodamos	rodé	rodamos
ruedas	rodáis	rodaste	rodasteis
rueda	ruedan	rodó	rodaron

IMPERFECT		**PRESENT PERFECT**	
rodaba	rodábamos	he rodado	hemos rodado
rodabas	rodabais	has rodado	habéis rodado
rodaba	rodaban	ha rodado	han rodado

FUTURE		**CONDITIONAL**	
rodaré	rodaremos	rodaría	rodaríamos
rodarás	rodaréis	rodarías	rodaríais
rodará	rodarán	rodaría	rodarían

PLUPERFECT		**PRETERIT PERFECT**	
había rodado	habíamos rodado	hube rodado	hubimos rodado
habías rodado	habíais rodado	hubiste rodado	hubisteis rodado
había rodado	habían rodado	hubo rodado	hubieron rodado

FUTURE PERFECT		**CONDITIONAL PERFECT**	
habré rodado	habremos rodado	habría rodado	habríamos rodado
habrás rodado	habréis rodado	habrías rodado	habríais rodado
habrá rodado	habrán rodado	habría rodado	habrían rodado

PRESENT SUBJUNCTIVE		**PRESENT PERFECT SUBJUNCTIVE**	
ruede	rodemos	haya rodado	hayamos rodado
ruedes	rodéis	hayas rodado	hayáis rodado
ruede	rueden	haya rodado	hayan rodado

IMPERFECT SUBJUNCTIVE (-ra)		*or* **IMPERFECT SUBJUNCTIVE (-se)**	
rodara	rodáramos	rodase	rodásemos
rodaras	rodarais	rodases	rodaseis
rodara	rodaran	rodase	rodasen

PAST PERFECT SUBJUNCTIVE (-ra)		*or* **PAST PERFECT SUBJUNCTIVE (-se)**	
hubiera rodado	hubiéramos rodado	hubiese rodado	hubiésemos rodado
hubieras rodado	hubierais rodado	hubieses rodado	hubieseis rodado
hubiera rodado	hubieran rodado	hubiese rodado	hubiesen rodado

PROGRESSIVE TENSES

PRESENT	estoy, estás, está, estamos, estáis, están	
PRETERIT	estuve, estuviste, estuvo, estuvimos, estuvisteis, estuvieron	
IMPERFECT	estaba, estabas, estaba, estábamos, estabais, estaban	rodando
FUTURE	estaré, estarás, estará, estaremos, estaréis, estarán	
CONDITIONAL	estaría, estarías, estaría, estaríamos, estaríais, estarían	
SUBJUNCTIVE	que + *corresponding subjunctive tense of* estar (*see verb 151*)	

COMMANDS

	(nosotros) rodemos/no rodemos
(tú) rueda/no ruedes	(vosotros) rodad/no rodéis
(Ud.) ruede/no ruede	(Uds.) rueden/no rueden

Usage

La pelota rodaba por la calle.	*The ball was rolling in the street.*
Ruedan la película en Granada.	*They're shooting the film in Granada.*
Rodaron por el mundo.	*They roamed/traveled the world over.*
Pasa algo con la rueda delantera/trasera.	*Something's wrong with the front/back wheel.*

rogar *to request, ask, beg, pray*

ruego · rogaron · rogado · rogando

stem-changing -ar verb: *o > ue*;
spelling change: *g > gu/e*

PRESENT

ruego	rogamos
ruegas	rogáis
ruega	ruegan

IMPERFECT

rogaba	rogábamos
rogabas	rogabais
rogaba	rogaban

FUTURE

rogaré	rogaremos
rogarás	rogaréis
rogará	rogarán

PLUPERFECT

había rogado	habíamos rogado
habías rogado	habíais rogado
había rogado	habían rogado

FUTURE PERFECT

habré rogado	habremos rogado
habrás rogado	habréis rogado
habrá rogado	habrán rogado

PRESENT SUBJUNCTIVE

ruegue	roguemos
ruegues	roguéis
ruegue	rueguen

IMPERFECT SUBJUNCTIVE (-ra)

rogara	rogáramos
rogaras	rogarais
rogara	rogaran

PAST PERFECT SUBJUNCTIVE (-ra)

hubiera rogado	hubiéramos rogado
hubieras rogado	hubierais rogado
hubiera rogado	hubieran rogado

PRETERIT

rogué	rogamos
rogaste	rogasteis
rogó	rogaron

PRESENT PERFECT

he rogado	hemos rogado
has rogado	habéis rogado
ha rogado	han rogado

CONDITIONAL

rogaría	rogaríamos
rogarías	rogaríais
rogaría	rogarían

PRETERIT PERFECT

hube rogado	hubimos rogado
hubiste rogado	hubisteis rogado
hubo rogado	hubieron rogado

CONDITIONAL PERFECT

habría rogado	habríamos rogado
habrías rogado	habríais rogado
habría rogado	habrían rogado

PRESENT PERFECT SUBJUNCTIVE

haya rogado	hayamos rogado
hayas rogado	hayáis rogado
haya rogado	hayan rogado

or **IMPERFECT SUBJUNCTIVE (-se)**

rogase	rogásemos
rogases	rogaseis
rogase	rogasen

or **PAST PERFECT SUBJUNCTIVE (-se)**

hubiese rogado	hubiésemos rogado
hubieses rogado	hubieseis rogado
hubiese rogado	hubiesen rogado

PROGRESSIVE TENSES

PRESENT	estoy, estás, está, estamos, estáis, están	
PRETERIT	estuve, estuviste, estuvo, estuvimos, estuvisteis, estuvieron	
IMPERFECT	estaba, estabas, estaba, estábamos, estabais, estaban	rogando
FUTURE	estaré, estarás, estará, estaremos, estaréis, estarán	
CONDITIONAL	estaría, estarías, estaría, estaríamos, estaríais, estarían	
SUBJUNCTIVE	que + *corresponding subjunctive tense of estar (see verb 151)*	

COMMANDS

	(nosotros) roguemos/no roguemos
(tú) ruega/no ruegues	(vosotros) rogad/no roguéis
(Ud.) ruegue/no ruegue	(Uds.) rueguen/no rueguen

Usage

Les rogué que me mantuvieran al día.	*I requested that they keep me up to date.*
Te ruego más comprensión.	*I beg you to show more understanding.*
Ruegan a Dios.	*They pray to God.*
Se ruega no pisar el césped.	*Please don't walk on the grass.*

-er verb; irregular past participle   rompo · rompieron · roto · rompiendo

PRESENT		PRETERIT	
rompo	rompemos	rompí	rompimos
rompes	rompéis	rompiste	rompisteis
rompe	rompen	rompió	rompieron

IMPERFECT		PRESENT PERFECT	
rompía	rompíamos	he roto	hemos roto
rompías	rompíais	has roto	habéis roto
rompía	rompían	ha roto	han roto

FUTURE		CONDITIONAL	
romperé	romperemos	rompería	romperíamos
romperás	romperéis	romperías	romperíais
romperá	romperán	rompería	romperían

PLUPERFECT		PRETERIT PERFECT	
había roto	habíamos roto	hube roto	hubimos roto
habías roto	habíais roto	hubiste roto	hubisteis roto
había roto	habían roto	hubo roto	hubieron roto

FUTURE PERFECT		CONDITIONAL PERFECT	
habré roto	habremos roto	habría roto	habríamos roto
habrás roto	habréis roto	habrías roto	habríais roto
habrá roto	habrán roto	habría roto	habrían roto

PRESENT SUBJUNCTIVE		PRESENT PERFECT SUBJUNCTIVE	
rompa	rompamos	haya roto	hayamos roto
rompas	rompáis	hayas roto	hayáis roto
rompa	rompan	haya roto	hayan roto

IMPERFECT SUBJUNCTIVE (-ra)		or	IMPERFECT SUBJUNCTIVE (-se)	
rompiera	rompiéramos		rompiese	rompiésemos
rompieras	rompierais		rompieses	rompieseis
rompiera	rompieran		rompiese	rompiesen

PAST PERFECT SUBJUNCTIVE (-ra)		or	PAST PERFECT SUBJUNCTIVE (-se)	
hubiera roto	hubiéramos roto		hubiese roto	hubiésemos roto
hubieras roto	hubierais roto		hubieses roto	hubieseis roto
hubiera roto	hubieran roto		hubiese roto	hubiesen roto

PROGRESSIVE TENSES

PRESENT	estoy, estás, está, estamos, estáis, están	
PRETERIT	estuve, estuviste, estuvo, estuvimos, estuvisteis, estuvieron	
IMPERFECT	estaba, estabas, estaba, estábamos, estabais, estaban	rompiendo
FUTURE	estaré, estarás, estará, estaremos, estaréis, estarán	
CONDITIONAL	estaría, estarías, estaría, estaríamos, estaríais, estarían	
SUBJUNCTIVE	que + corresponding subjunctive tense of estar (see verb 151)	

COMMANDS

	(nosotros) rompamos/no rompamos
(tú) rompe/no rompas	(vosotros) romped/no rompáis
(Ud.) rompa/no rompa	(Uds.) rompan/no rompan

Usage

No rompas el papel.	*Don't rip the paper.*
La cortina se rompió.	*The curtain tore.*
Rompió con su amiga.	*She broke with/had a falling out with her friend.*
Se rompió el codo.	*He broke his elbow.*

saber to know, know how, taste

sé · supieron · sabido · sabiendo   irregular verb

¿Sabes hacer autoedición?	Do you know how to do desktop publishing?
La salsa sabe a frambuesas.	The sauce tastes of/like raspberries.
Háganos saber qué pasa.	Let us know/Inform us what happens.
¡Qué sé yo!/¡Yo qué sé!	How do/should I know!
¡Ya lo sé!	I know!
No ocurrió nada que yo sepa.	Nothing happened as far as I know/to my knowledge.
No sabes dónde te metes.	You don't know what you're letting yourself in for.
Este tipo no sabe nada de nada.	This guy doesn't know anything about anything.
¡Tú no sabes ni jota/ni papa de eso!	You don't have a clue about that!
¿Sabes el poema de memoria?	Do you know the poem by heart?
¿Sabe lo del aplazamiento?	Do you know about the postponement?
No se puede saber lo que sucederá.	There's no way of knowing what will happen.
Saben de sobra lo que yo pienso.	You know only too well what I think.
Uds. saben cuántas son cinco.	You know what's up.
Se quedaron en nuestro hotel sin saberlo nosotros.	They stayed at our hotel without our knowing it.
—Buscamos una persona que sepa mucho español.	We're looking for someone who is very good in Spanish.
—Sé de alguien que sabe hablar, leer y escribirlo.	I know of someone who knows how to speak, read, and write it.
No se sabe.	Nobody knows.
¿Se puede saber por qué lo hiciste?	Might I ask why you did it?

Other Uses

Son unos sabios.	They're learned people/scholars.
Poseen mucha sabiduría.	They have a lot of knowledge/wisdom.
¡Qué sabelotodo es!	What a know-it-all he is!
Es sabihondo.	He's pedantic/a know-it-all.
El arroz con pollo sabe bien.	The chicken with rice tastes good.
Hay que saborear el plato.	You have to taste/savor the dish.
Tiene sabor a canela.	It has a cinnamon flavor.
Es una cocina sin sabor.	It's tasteless/insipid cuisine.
Cada uno sabe dónde le aprieta el zapato.	Everyone knows his own weakness.

TOP 30
VERBS

irregular verb | sé · supieron · sabido · sabiendo

PRESENT

sé	sabemos
sabes	sabéis
sabe	saben

PRETERIT

supe	supimos
supiste	supisteis
supo	supieron

IMPERFECT

sabía	sabíamos
sabías	sabíais
sabía	sabían

PRESENT PERFECT

he sabido	hemos sabido
has sabido	habéis sabido
ha sabido	han sabido

FUTURE

sabré	sabremos
sabrás	sabréis
sabrá	sabrán

CONDITIONAL

sabría	sabríamos
sabrías	sabríais
sabría	sabrían

PLUPERFECT

había sabido	habíamos sabido
habías sabido	habíais sabido
había sabido	habían sabido

PRETERIT PERFECT

hube sabido	hubimos sabido
hubiste sabido	hubisteis sabido
hubo sabido	hubieron sabido

FUTURE PERFECT

habré sabido	habremos sabido
habrás sabido	habréis sabido
habrá sabido	habrán sabido

CONDITIONAL PERFECT

habría sabido	habríamos sabido
habrías sabido	habríais sabido
habría sabido	habrían sabido

PRESENT SUBJUNCTIVE

sepa	sepamos
sepas	sepáis
sepa	sepan

PRESENT PERFECT SUBJUNCTIVE

haya sabido	hayamos sabido
hayas sabido	hayáis sabido
haya sabido	hayan sabido

IMPERFECT SUBJUNCTIVE (-ra)

supiera	supiéramos
supieras	supierais
supiera	supieran

or **IMPERFECT SUBJUNCTIVE (-se)**

supiese	supiésemos
supieses	supieseis
supiese	supiesen

PAST PERFECT SUBJUNCTIVE (-ra)

hubiera sabido	hubiéramos sabido
hubieras sabido	hubierais sabido
hubiera sabido	hubieran sabido

or **PAST PERFECT SUBJUNCTIVE (-se)**

hubiese sabido	hubiésemos sabido
hubieses sabido	hubieseis sabido
hubiese sabido	hubiesen sabido

PROGRESSIVE TENSES

PRESENT	estoy, estás, está, estamos, estáis, están
PRETERIT	estuve, estuviste, estuvo, estuvimos, estuvisteis, estuvieron
IMPERFECT	estaba, estabas, estaba, estábamos, estabais, estaban
FUTURE	estaré, estarás, estará, estaremos, estaréis, estarán
CONDITIONAL	estaría, estarías, estaría, estaríamos, estaríais, estarían
SUBJUNCTIVE	que + *corresponding subjunctive tense of* estar (*see verb 151*)

} sabiendo

COMMANDS

	(nosotros) sepamos/no sepamos
(tú) sabe/no sepas	(vosotros) sabed/no sepáis
(Ud.) sepa/no sepa	(Uds.) sepan/no sepan

Usage

Sé español e inglés.	*I know Spanish and English.*
Sabía muy bien la literatura inglesa.	*She knew English literature very well.*
No sé dónde ni con quién está.	*I don't know where nor with whom she is.*
Supe que habías trabajado con ellos.	*I found out/learned you had worked with them.*

sacar *to take out, remove, get*

saco · sacaron · sacado · sacando

-ar verb; spelling change: *c > qu/e*

PRESENT		PRETERIT	
saco	sacamos	saqué	sacamos
sacas	sacáis	sacaste	sacasteis
saca	sacan	sacó	sacaron

IMPERFECT		PRESENT PERFECT	
sacaba	sacábamos	he sacado	hemos sacado
sacabas	sacabais	has sacado	habéis sacado
sacaba	sacaban	ha sacado	han sacado

FUTURE		CONDITIONAL	
sacaré	sacaremos	sacaría	sacaríamos
sacarás	sacaréis	sacarías	sacaríais
sacará	sacarán	sacaría	sacarían

PLUPERFECT		PRETERIT PERFECT	
había sacado	habíamos sacado	hube sacado	hubimos sacado
habías sacado	habíais sacado	hubiste sacado	hubisteis sacado
había sacado	habían sacado	hubo sacado	hubieron sacado

FUTURE PERFECT		CONDITIONAL PERFECT	
habré sacado	habremos sacado	habría sacado	habríamos sacado
habrás sacado	habréis sacado	habrías sacado	habríais sacado
habrá sacado	habrán sacado	habría sacado	habrían sacado

PRESENT SUBJUNCTIVE		PRESENT PERFECT SUBJUNCTIVE	
saque	saquemos	haya sacado	hayamos sacado
saques	saquéis	hayas sacado	hayáis sacado
saque	saquen	haya sacado	hayan sacado

IMPERFECT SUBJUNCTIVE (-ra)		or	IMPERFECT SUBJUNCTIVE (-se)	
sacara	sacáramos		sacase	sacásemos
sacaras	sacarais		sacases	sacaseis
sacara	sacaran		sacase	sacasen

PAST PERFECT SUBJUNCTIVE (-ra)		or	PAST PERFECT SUBJUNCTIVE (-se)	
hubiera sacado	hubiéramos sacado		hubiese sacado	hubiésemos sacado
hubieras sacado	hubierais sacado		hubieses sacado	hubieseis sacado
hubiera sacado	hubieran sacado		hubiese sacado	hubiesen sacado

PROGRESSIVE TENSES

PRESENT	estoy, estás, está, estamos, estáis, están	
PRETERIT	estuve, estuviste, estuvo, estuvimos, estuvisteis, estuvieron	
IMPERFECT	estaba, estabas, estaba, estábamos, estabais, estaban	sacando
FUTURE	estaré, estarás, estará, estaremos, estaréis, estarán	
CONDITIONAL	estaría, estarías, estaría, estaríamos, estaríais, estarían	
SUBJUNCTIVE	que + *corresponding subjunctive tense of* estar (*see verb 151*)	

COMMANDS

	(nosotros) saquemos/no saquemos
(tú) saca/no saques	(vosotros) sacad/no saquéis
(Ud.) saque/no saque	(Uds.) saquen/no saquen

Usage

Lo saqué todo de mi mochila.	*I took everything out of my backpack.*
Saca unos títulos de la lista.	*Remove some titles from the list.*
Sacaremos las entradas.	*We'll get the tickets.*
Sacaste muy buenas notas.	*You got very good grades.*

irregular verb

salgo · salieron · salido · saliendo

PRESENT		PRETERIT	
salgo	salimos	salí	salimos
sales	salís	saliste	salisteis
sale	salen	salió	salieron

IMPERFECT		PRESENT PERFECT	
salía	salíamos	he salido	hemos salido
salías	salíais	has salido	habéis salido
salía	salían	ha salido	han salido

FUTURE		CONDITIONAL	
saldré	saldremos	saldría	saldríamos
saldrás	saldréis	saldrías	saldríais
saldrá	saldrán	saldría	saldrían

PLUPERFECT		PRETERIT PERFECT	
había salido	habíamos salido	hube salido	hubimos salido
habías salido	habíais salido	hubiste salido	hubisteis salido
había salido	habían salido	hubo salido	hubieron salido

FUTURE PERFECT		CONDITIONAL PERFECT	
habré salido	habremos salido	habría salido	habríamos salido
habrás salido	habréis salido	habrías salido	habríais salido
habrá salido	habrán salido	habría salido	habrían salido

PRESENT SUBJUNCTIVE		PRESENT PERFECT SUBJUNCTIVE	
salga	salgamos	haya salido	hayamos salido
salgas	salgáis	hayas salido	hayáis salido
salga	salgan	haya salido	hayan salido

IMPERFECT SUBJUNCTIVE (-ra)		_or_ IMPERFECT SUBJUNCTIVE (-se)	
saliera	saliéramos	saliese	saliésemos
salieras	salierais	salieses	salieseis
saliera	salieran	saliese	saliesen

PAST PERFECT SUBJUNCTIVE (-ra)		_or_ PAST PERFECT SUBJUNCTIVE (-se)	
hubiera salido	hubiéramos salido	hubiese salido	hubiésemos salido
hubieras salido	hubierais salido	hubieses salido	hubieseis salido
hubiera salido	hubieran salido	hubiese salido	hubiesen salido

PROGRESSIVE TENSES

PRESENT	estoy, estás, está, estamos, estáis, están	
PRETERIT	estuve, estuviste, estuvo, estuvimos, estuvisteis, estuvieron	
IMPERFECT	estaba, estabas, estaba, estábamos, estabais, estaban	saliendo
FUTURE	estaré, estarás, estará, estaremos, estaréis, estarán	
CONDITIONAL	estaría, estarías, estaría, estaríamos, estaríais, estarían	
SUBJUNCTIVE	que + _corresponding subjunctive tense of estar (see verb 151)_	

COMMANDS

	(nosotros) salgamos/no salgamos
(tú) sal/no salgas	(vosotros) salid/no salgáis
(Ud.) salga/no salga	(Uds.) salgan/no salgan

Usage

Salgamos más tarde.	_Let's go out later._
El tren sale a las 7:00.	_The train leaves at 7:00._
El autor salió en la tele.	_The author appeared on TV._
Salieron a pasear/de paseo.	_They went out for a walk._

TOP 30 VERB ☞

El proyecto salió bien/mal.	The project worked/turned out well/badly.
Siempre se sale con la suya.	She always gets her own way.
¡Te has salido de los límites!	You've gone beyond the limits!
Saldremos de viaje en mayo.	We'll go on a trip in May.
Salgo para la oficina.	I'm leaving for the office.
¿De dónde sales?	Where are you coming from?
Los gemelos salieron a su mamá.	The twins take after their mother.
Las flores ya están saliendo.	The flowers are coming out now.
Toma una decisión, salga lo que salga.	Make a decision, come what may.
Salió del compromiso.	She broke the engagement.
Siento que hayan salido perdiendo.	I'm sorry you lost out.
Al bebé le ha salido un diente.	The baby has cut a tooth.

to turn out, go

Me alegro de que la reunión haya salido bien.	I'm glad the meeting went well.
Salió encantadora.	She turned out to be charming.
¿Te salió bien el examen?	Did you do well on the exam?
—¿Les salió cara la comida?	Did the meal cost you a lot?
—No mucho. Nos salió a 100 dólares.	Not much. It cost us/came to 100 dollars.

salirse

Este producto se sale de lo corriente.	This product is out of the ordinary.
El agua/El gas se está saliendo.	The water/The gas is leaking.
Traten de no salirse del tema.	Try not to digress/get off the topic.

Other Uses

Bolivia y Paraguay no tienen salida al mar.	Bolivia and Paraguay are landlocked/have no outlet to the sea.
¡Se salió de sus casillas!	He lost his temper!
Los programadores tienen muchas salidas hoy en día.	Programmers have many opportunities/ openings today.
Es una calle sin salida.	It's a dead-end street.
No tenemos otra salida que aguantarlos.	We have no choice/alternative but to put up with them.
Es un administrador sobresaliente.	He's an outstanding manager.
Tiene la mandíbula salida/los ojos salidos.	He has a prominent jaw/bulging eyes.

TOP 30
VERBS

irregular verb   satisfago · satisficieron · satisfecho · satisfaciendo

PRESENT

satisfago	satisfacemos
satisfaces	satisfacéis
satisface	satisfacen

IMPERFECT

satisfacía	satisfacíamos
satisfacías	satisfacíais
satisfacía	satisfacían

FUTURE

satisfaré	satisfaremos
satisfarás	satisfaréis
satisfará	satisfarán

PLUPERFECT

había satisfecho	habíamos satisfecho
habías satisfecho	habíais satisfecho
había satisfecho	habían satisfecho

FUTURE PERFECT

habré satisfecho	habremos satisfecho
habrás satisfecho	habréis satisfecho
habrá satisfecho	habrán satisfecho

PRESENT SUBJUNCTIVE

satisfaga	satisfagamos
satisfagas	satisfagáis
satisfaga	satisfagan

IMPERFECT SUBJUNCTIVE (-ra)

satisficiera	satisficiéramos
satisficieras	satisficierais
satisficiera	satisficieran

PAST PERFECT SUBJUNCTIVE (-ra)

hubiera satisfecho	hubiéramos satisfecho
hubieras satisfecho	hubierais satisfecho
hubiera satisfecho	hubieran satisfecho

PRETERIT

satisfice	satisficimos
satisficiste	satisficisteis
satisfizo	satisficieron

PRESENT PERFECT

he satisfecho	hemos satisfecho
has satisfecho	habéis satisfecho
ha satisfecho	han satisfecho

CONDITIONAL

satisfaría	satisfaríamos
satisfarías	satisfaríais
satisfaría	satisfarían

PRETERIT PERFECT

hube satisfecho	hubimos satisfecho
hubiste satisfecho	hubisteis satisfecho
hubo satisfecho	hubieron satisfecho

CONDITIONAL PERFECT

habría satisfecho	habríamos satisfecho
habrías satisfecho	habríais satisfecho
habría satisfecho	habrían satisfecho

PRESENT PERFECT SUBJUNCTIVE

haya satisfecho	hayamos satisfecho
hayas satisfecho	hayáis satisfecho
haya satisfecho	hayan satisfecho

or **IMPERFECT SUBJUNCTIVE (-se)**

satisficiese	satisficiésemos
satisficieses	satisficieseis
satisficiese	satisficiesen

or **PAST PERFECT SUBJUNCTIVE (-se)**

hubiese satisfecho	hubiésemos satisfecho
hubieses satisfecho	hubieseis satisfecho
hubiese satisfecho	hubiesen satisfecho

PROGRESSIVE TENSES

PRESENT	estoy, estás, está, estamos, estáis, están
PRETERIT	estuve, estuviste, estuvo, estuvimos, estuvisteis, estuvieron
IMPERFECT	estaba, estabas, estaba, estábamos, estabais, estaban
FUTURE	estaré, estarás, estará, estaremos, estaréis, estarán
CONDITIONAL	estaría, estarías, estaría, estaríamos, estaríais, estarían
SUBJUNCTIVE	que + *corresponding subjunctive tense of* estar (*see verb 151*)

    } satisfaciendo

COMMANDS

	(nosotros) satisfagamos/no satisfagamos
(tú) satisfaz (satisface)/no satisfagas	(vosotros) satisfaced/no satisfagáis
(Ud.) satisfaga/no satisfaga	(Uds.) satisfagan/no satisfagan

Usage

El candidato satisface todos los requisitos.	*The candidate satisfies all the requirements.*
Satisficieron los gastos.	*They met/covered expenses.*
Es importante que satisfaga la deuda pronto.	*It's important that you pay the debt soon.*
Comí mucho. Estoy satisfecho.	*I ate a lot. I'm full.*

secar to dry, wipe

seco · secaron · secado · secando

-ar verb; spelling change: c > qu/e

PRESENT		PRETERIT	
seco	secamos	sequé	secamos
secas	secáis	secaste	secasteis
seca	secan	secó	secaron

IMPERFECT		PRESENT PERFECT	
secaba	secábamos	he secado	hemos secado
secabas	secabais	has secado	habéis secado
secaba	secaban	ha secado	han secado

FUTURE		CONDITIONAL	
secaré	secaremos	secaría	secaríamos
secarás	secaréis	secarías	secaríais
secará	secarán	secaría	secarían

PLUPERFECT		PRETERIT PERFECT	
había secado	habíamos secado	hube secado	hubimos secado
habías secado	habíais secado	hubiste secado	hubisteis secado
había secado	habían secado	hubo secado	hubieron secado

FUTURE PERFECT		CONDITIONAL PERFECT	
habré secado	habremos secado	habría secado	habríamos secado
habrás secado	habréis secado	habrías secado	habríais secado
habrá secado	habrán secado	habría secado	habrían secado

PRESENT SUBJUNCTIVE		PRESENT PERFECT SUBJUNCTIVE	
seque	sequemos	haya secado	hayamos secado
seques	sequéis	hayas secado	hayáis secado
seque	sequen	haya secado	hayan secado

IMPERFECT SUBJUNCTIVE (-ra)		or	IMPERFECT SUBJUNCTIVE (-se)	
secara	secáramos		secase	secásemos
secaras	secarais		secases	secaseis
secara	secaran		secase	secasen

PAST PERFECT SUBJUNCTIVE (-ra)		or	PAST PERFECT SUBJUNCTIVE (-se)	
hubiera secado	hubiéramos secado		hubiese secado	hubiésemos secado
hubieras secado	hubierais secado		hubieses secado	hubieseis secado
hubiera secado	hubieran secado		hubiese secado	hubiesen secado

PROGRESSIVE TENSES

PRESENT	estoy, estás, está, estamos, estáis, están
PRETERIT	estuve, estuviste, estuvo, estuvimos, estuvisteis, estuvieron
IMPERFECT	estaba, estabas, estaba, estábamos, estabais, estaban
FUTURE	estaré, estarás, estará, estaremos, estaréis, estarán
CONDITIONAL	estaría, estarías, estaría, estaríamos, estaríais, estarían
SUBJUNCTIVE	que + corresponding subjunctive tense of estar (see verb 151)

} secando

COMMANDS

	(nosotros) sequemos/no sequemos
(tú) seca/no seques	(vosotros) secad/no sequéis
(Ud.) seque/no seque	(Uds.) sequen/no sequen

Usage

Seque los platos.	Dry the plates.
Secó el agua.	He wiped up the water.
Nos secábamos al sol después de nadar.	We dried ourselves in the sun after swimming.
Se secó la tierra por falta de lluvia.	The earth dried up for lack of rain.

stem-changing -ir verb: e > i;
spelling change: gu > g/o, a

sigo · siguieron · seguido · siguiendo

PRESENT

sigo	seguimos
sigues	seguís
sigue	siguen

IMPERFECT

seguía	seguíamos
seguías	seguíais
seguía	seguían

FUTURE

seguiré	seguiremos
seguirás	seguiréis
seguirá	seguirán

PLUPERFECT

había seguido	habíamos seguido
habías seguido	habíais seguido
había seguido	habían seguido

FUTURE PERFECT

habré seguido	habremos seguido
habrás seguido	habréis seguido
habrá seguido	habrán seguido

PRESENT SUBJUNCTIVE

siga	sigamos
sigas	sigáis
siga	sigan

IMPERFECT SUBJUNCTIVE (-ra)

siguiera	siguiéramos
siguieras	siguierais
siguiera	siguieran

PAST PERFECT SUBJUNCTIVE (-ra)

hubiera seguido	hubiéramos seguido
hubieras seguido	hubierais seguido
hubiera seguido	hubieran seguido

PRETERIT

seguí	seguimos
seguiste	seguisteis
siguió	siguieron

PRESENT PERFECT

he seguido	hemos seguido
has seguido	habéis seguido
ha seguido	han seguido

CONDITIONAL

seguiría	seguiríamos
seguirías	seguiríais
seguiría	seguirían

PRETERIT PERFECT

hube seguido	hubimos seguido
hubiste seguido	hubisteis seguido
hubo seguido	hubieron seguido

CONDITIONAL PERFECT

habría seguido	habríamos seguido
habrías seguido	habríais seguido
habría seguido	habrían seguido

PRESENT PERFECT SUBJUNCTIVE

haya seguido	hayamos seguido
hayas seguido	hayáis seguido
haya seguido	hayan seguido

or **IMPERFECT SUBJUNCTIVE (-se)**

siguiese	siguiésemos
siguieses	siguieseis
siguiese	siguiesen

or **PAST PERFECT SUBJUNCTIVE (-se)**

hubiese seguido	hubiésemos seguido
hubieses seguido	hubieseis seguido
hubiese seguido	hubiesen seguido

PROGRESSIVE TENSES

PRESENT	estoy, estás, está, estamos, estáis, están	
PRETERIT	estuve, estuviste, estuvo, estuvimos, estuvisteis, estuvieron	
IMPERFECT	estaba, estabas, estaba, estábamos, estabais, estaban	siguiendo
FUTURE	estaré, estarás, estará, estaremos, estaréis, estarán	
CONDITIONAL	estaría, estarías, estaría, estaríamos, estaríais, estarían	
SUBJUNCTIVE	que + *corresponding subjunctive tense of* estar (*see verb 151*)	

COMMANDS

	(nosotros) sigamos/no sigamos	
(tú) sigue/no sigas	(vosotros) seguid/no sigáis	
(Ud.) siga/no siga	(Uds.) sigan/no sigan	

Usage

Seguimos la pista.	*We followed the trail.*
Siguen con sus estudios.	*They're continuing their studies.*
¿Por qué no seguiste mis consejos?	*Why didn't you follow my advice?*
¡Sigan Uds.!	*Continue!/Go on!*

TOP 30 VERB ☞

sigo · siguieron · seguido · siguiendo

stem-changing *-ir* verb: *e > i*;
spelling change: *gu > g/o, a*

Sigo sin saber lo que pasó.	*I still don't know what happened.*
¿Seguís estudiando inglés?	*Are you still studying English?*
¡Siguen siendo muy monos!	*They continue to be/They're still very cute!*
El sábado sigue al viernes.	*Saturday follows Friday.*
Siguió el buen ejemplo de su hermano.	*She followed the good example of her brother.*
Para una vista espléndida sigue la costa.	*Follow the coastline for a wonderful view.*
Dudo que la gente siga lo que dice.	*I doubt people are following what he's saying.*
A veces es mejor no seguir la corriente.	*Sometimes it's better not to follow the crowd.*
Sigue tu camino sin compararte con los demás.	*Follow your own path without comparing yourself to other people.*
Las notas siguen en la página 77.	*The notes are continued on page 77.*
Sigan Uds. por la autopista de peaje.	*Continue along the turnpike.*

take

Sigue cuatro cursos.	*She's taking four courses.*
Sigue la carrera de ingeniero.	*He's studying engineering.*
Su catarro sigue su curso.	*The cold is taking/following its course.*

seguir + present participle

—¿Sigo con mi informe?	*Shall I continue with my report?*
—Sí, sigue escribiéndolo.	*Yes, keep on writing.*
—Siguen en La Florida, ¿verdad?	*They're still in Florida, aren't they?*
—Sí, siguen viviendo en Miami.	*Yes, they're still living in Miami.*

Other Uses

Sigue.	*Continued./Turn over. (letter, official paper)*
Se trasladarán a Las Vegas el año siguiente.	*They'll move to Las Vegas next year.*
Para enterarse, lea lo siguiente.	*To find out, read the following.*
Nos pusimos en marcha al día siguiente.	*We set out the following day.*
Los vimos en seguida.	*We saw them right away/immediately.*
Son tres días seguidos de nieve.	*We've had three days in a row of snow.*
Sigan aquí derecho.	*Go straight ahead.*
Dio siete conciertos muy seguidos.	*She gave seven concerts, one right after the other.*
Iban en seguimiento de los culpables.	*They went in pursuit of the culprits.*
¡No faltan seguidores en el estadio!	*There's no shortage of supporters/fans in the stadium!*

TOP 30 VERBS

stem-changing *-ar* reflexive verb: *e > ie*   **siento · sentaron · sentado · sentándose**

PRESENT		PRETERIT	
me siento	nos sentamos	me senté	nos sentamos
te sientas	os sentáis	te sentaste	os sentasteis
se sienta	se sientan	se sentó	se sentaron

IMPERFECT		PRESENT PERFECT	
me sentaba	nos sentábamos	me he sentado	nos hemos sentado
te sentabas	os sentabais	te has sentado	os habéis sentado
se sentaba	se sentaban	se ha sentado	se han sentado

FUTURE		CONDITIONAL	
me sentaré	nos sentaremos	me sentaría	nos sentaríamos
te sentarás	os sentaréis	te sentarías	os sentaríais
se sentará	se sentarán	se sentaría	se sentarían

PLUPERFECT		PRETERIT PERFECT	
me había sentado	nos habíamos sentado	me hube sentado	nos hubimos sentado
te habías sentado	os habíais sentado	te hubiste sentado	os hubisteis sentado
se había sentado	se habían sentado	se hubo sentado	se hubieron sentado

FUTURE PERFECT		CONDITIONAL PERFECT	
me habré sentado	nos habremos sentado	me habría sentado	nos habríamos sentado
te habrás sentado	os habréis sentado	te habrías sentado	os habríais sentado
se habrá sentado	se habrán sentado	se habría sentado	se habrían sentado

PRESENT SUBJUNCTIVE		PRESENT PERFECT SUBJUNCTIVE	
me siente	nos sentemos	me haya sentado	nos hayamos sentado
te sientes	os sentéis	te hayas sentado	os hayáis sentado
se siente	se sienten	se haya sentado	se hayan sentado

IMPERFECT SUBJUNCTIVE (-ra)		*or* IMPERFECT SUBJUNCTIVE (-se)	
me sentara	nos sentáramos	me sentase	nos sentásemos
te sentaras	os sentarais	te sentases	os sentaseis
se sentara	se sentaran	se sentase	se sentasen

PAST PERFECT SUBJUNCTIVE (-ra)		*or* PAST PERFECT SUBJUNCTIVE (-se)	
me hubiera sentado	nos hubiéramos sentado	me hubiese sentado	nos hubiésemos sentado
te hubieras sentado	os hubierais sentado	te hubieses sentado	os hubieseis sentado
se hubiera sentado	se hubieran sentado	se hubiese sentado	se hubiesen sentado

PROGRESSIVE TENSES

PRESENT	estoy, estás, está, estamos, estáis, están
PRETERIT	estuve, estuviste, estuvo, estuvimos, estuvisteis, estuvieron
IMPERFECT	estaba, estabas, estaba, estábamos, estabais, estaban
FUTURE	estaré, estarás, estará, estaremos, estaréis, estarán
CONDITIONAL	estaría, estarías, estaría, estaríamos, estaríais, estarían
SUBJUNCTIVE	que + corresponding subjunctive tense of estar (see verb 151)

sentando
(see page 37)

COMMANDS

	(nosotros) sentémonos/no nos sentemos
(tú) siéntate/no te sientes	(vosotros) sentaos/no os sentéis
(Ud.) siéntese/no se siente	(Uds.) siéntense/no se sienten

Usage

La azafata nos sentó.	*The flight attendant seated us.*
Siéntense, por favor.	*Please take your seats.*
Hay que sentar las reglas de una vez.	*We must establish the rules once and for all.*
Esta moda no te sienta nada bien.	*This style doesn't suit/become you at all.*

sentirse to feel

siento · sintieron · sentido · sintiéndose

stem-changing -ir reflexive verb:
e > ie (present), e > i (preterit)

PRESENT

me siento	nos sentimos
te sientes	os sentís
se siente	se sienten

PRETERIT

me sentí	nos sentimos
te sentiste	os sentisteis
se sintió	se sintieron

IMPERFECT

me sentía	nos sentíamos
te sentías	os sentíais
se sentía	se sentían

PRESENT PERFECT

me he sentido	nos hemos sentido
te has sentido	os habéis sentido
se ha sentido	se han sentido

FUTURE

me sentiré	nos sentiremos
te sentirás	os sentiréis
se sentirá	se sentirán

CONDITIONAL

me sentiría	nos sentiríamos
te sentirías	os sentiríais
se sentiría	se sentirían

PLUPERFECT

me había sentido	nos habíamos sentido
te habías sentido	os habíais sentido
se había sentido	se habían sentido

PRETERIT PERFECT

me hube sentido	nos hubimos sentido
te hubiste sentido	os hubisteis sentido
se hubo sentido	se hubieron sentido

FUTURE PERFECT

me habré sentido	nos habremos sentido
te habrás sentido	os habréis sentido
se habrá sentido	se habrán sentido

CONDITIONAL PERFECT

me habría sentido	nos habríamos sentido
te habrías sentido	os habríais sentido
se habría sentido	se habrían sentido

PRESENT SUBJUNCTIVE

me sienta	nos sintamos
te sientas	os sintáis
se sienta	se sientan

PRESENT PERFECT SUBJUNCTIVE

me haya sentido	nos hayamos sentido
te hayas sentido	os hayáis sentido
se haya sentido	se hayan sentido

IMPERFECT SUBJUNCTIVE (-ra)   *or*   **IMPERFECT SUBJUNCTIVE (-se)**

me sintiera	nos sintiéramos	me sintiese	nos sintiésemos
te sintieras	os sintierais	te sintieses	os sintieseis
se sintiera	se sintieran	se sintiese	se sintiesen

PAST PERFECT SUBJUNCTIVE (-ra)   *or*   **PAST PERFECT SUBJUNCTIVE (-se)**

me hubiera sentido	nos hubiéramos sentido	me hubiese sentido	nos hubiésemos sentido
te hubieras sentido	os hubierais sentido	te hubieses sentido	os hubieseis sentido
se hubiera sentido	se hubieran sentido	se hubiese sentido	se hubiesen sentido

PROGRESSIVE TENSES

PRESENT	estoy, estás, está, estamos, estáis, están
PRETERIT	estuve, estuviste, estuvo, estuvimos, estuvisteis, estuvieron
IMPERFECT	estaba, estabas, estaba, estábamos, estabais, estaban
FUTURE	estaré, estarás, estará, estaremos, estaréis, estarán
CONDITIONAL	estaría, estarías, estaría, estaríamos, estaríais, estarían
SUBJUNCTIVE	que + corresponding subjunctive tense of estar (see verb 151)

sintiendo
(see page 37)

COMMANDS

	(nosotros) sintámonos/no nos sintamos
(tú) siéntete/no te sientas	(vosotros) sentíos/no os sintáis
(Ud.) siéntase/no se sienta	(Uds.) siéntanse/no se sientan

Usage

—¿Cómo te sientes?	*How do you feel?*
—Me siento bien.	*I feel well.*
Se sienten dispuestos a todo.	*They feel prepared/ready for everything.*
Se siente como un pez en el agua.	*She feels completely at home.*

irregular verb | **soy · fueron · sido · siendo**

PRESENT

soy	somos
eres	sois
es	son

IMPERFECT

era	éramos
eras	erais
era	eran

FUTURE

seré	seremos
serás	seréis
será	serán

PLUPERFECT

había sido	habíamos sido
habías sido	habíais sido
había sido	habían sido

FUTURE PERFECT

habré sido	habremos sido
habrás sido	habréis sido
habrá sido	habrán sido

PRETERIT

fui	fuimos
fuiste	fuisteis
fue	fueron

PRESENT PERFECT

he sido	hemos sido
has sido	habéis sido
ha sido	han sido

CONDITIONAL

sería	seríamos
serías	seríais
sería	serían

PRETERIT PERFECT

hube sido	hubimos sido
hubiste sido	hubisteis sido
hubo sido	hubieron sido

CONDITIONAL PERFECT

habría sido	habríamos sido
habrías sido	habríais sido
habría sido	habrían sido

PRESENT SUBJUNCTIVE

sea	seamos
seas	seáis
sea	sean

IMPERFECT SUBJUNCTIVE (-ra)

fuera	fuéramos
fueras	fuerais
fuera	fueran

PAST PERFECT SUBJUNCTIVE (-ra)

hubiera sido	hubiéramos sido
hubieras sido	hubierais sido
hubiera sido	hubieran sido

PRESENT PERFECT SUBJUNCTIVE

haya sido	hayamos sido
hayas sido	hayáis sido
haya sido	hayan sido

or **IMPERFECT SUBJUNCTIVE (-se)**

fuese	fuésemos
fueses	fueseis
fuese	fuesen

or **PAST PERFECT SUBJUNCTIVE (-se)**

hubiese sido	hubiésemos sido
hubieses sido	hubieseis sido
hubiese sido	hubiesen sido

PROGRESSIVE TENSES

PRESENT	estoy, estás, está, estamos, estáis, están
PRETERIT	estuve, estuviste, estuvo, estuvimos, estuvisteis, estuvieron
IMPERFECT	estaba, estabas, estaba, estábamos, estabais, estaban
FUTURE	estaré, estarás, estará, estaremos, estaréis, estarán
CONDITIONAL	estaría, estarías, estaría, estaríamos, estaríais, estarían
SUBJUNCTIVE	que + *corresponding subjunctive tense of estar (see verb 151)*

} siendo

COMMANDS

	(nosotros) seamos/no seamos
(tú) sé/no seas	(vosotros) sed/no seáis
(Ud.) sea/no sea	(Uds.) sean/no sean

Usage

El consultor es inteligente y simpático.	*The consultant is intelligent and nice.*
Somos de los Estados Unidos.	*We're from the United States.*
La calculadora es de la ingeniera.	*The calculator is the engineer's.*
¿Uds. son ingleses?	*Are you English?*

TOP 30 VERB ☞

soy · fueron · sido · siendo   irregular verb

ser + adjective

La directora adjunta era sagaz.	The deputy director was shrewd.
Sus amigos son protestantes/judíos/católicos.	His friends are Protestant/Jewish/Catholic.
—¿De qué colores son las flores que plantaste?	What colors are the flowers you planted?
—Los tulipanes son rojos y los narcisos amarillos.	The tulips are red and the daffodils yellow.
—¿Cómo son?	What are they like?/What do they look like?
—Son encantadores/guapos.	They're charming/good-looking.

ser de from, belong to, to be, be made of

—¿De dónde son tus colegas?	Where are your co-workers from?
—Son de Chile y la Argentina.	They're from Chile and Argentina.
—Son de origen francés e inglés.	They're of French and English background/descent.
—¿De quién son estas carpetas?	Whose folders are these?
—Son del programador.	They're the programmer's.
—¿De qué es la bolsa?	What's the handbag made of?
—Es de cuero.	It's (made of) leather.

ser para

—¿Para quién es esta caja de bombones?	Whom is this box of chocolates for?
—Es para los secretarios.	It's for the secretaries.

ser to express time, dates, days of the week

—¿Qué hora es?	What time is it?
—Es la una y cuarto.	It's 1:15.
—¿Cuál es la fecha de hoy?	What's today's date?
—Es el 22 de febrero.	It's February 22nd.
—¿Qué día es hoy?	What day is today?
—Es viernes.	It's Friday.

ser to express an event taking place

La reunión será en la sala de conferencias.	The meeting will be in the conference room.
Será a las diez de la mañana.	It will take place at 10:00 A.M.

ser to express future of probability

Los exámenes serán fáciles.	The exams are probably easy.

ser + past participle to express passive voice

El informe fue escrito por un estadístico.	The report was written by a statistician.

Other Uses

Si no fuera por Uds., no podríamos proceder.	If it weren't for you, we couldn't carry on.
Érase una vez... *(cuentos de hadas)*	Once upon a time . . . (fairy tales)

TOP 30 VERBS

stem-changing *-ir* verb: *e > i*   **sirvo · sirvieron · servido · sirviendo**

PRESENT

sirvo	servimos
sirves	servís
sirve	sirven

IMPERFECT

servía	servíamos
servías	servíais
servía	servían

FUTURE

serviré	serviremos
servirás	serviréis
servirá	servirán

PLUPERFECT

había servido	habíamos servido
habías servido	habíais servido
había servido	habían servido

FUTURE PERFECT

habré servido	habremos servido
habrás servido	habréis servido
habrá servido	habrán servido

PRESENT SUBJUNCTIVE

sirva	sirvamos
sirvas	sirváis
sirva	sirvan

IMPERFECT SUBJUNCTIVE (-ra)

sirviera	sirviéramos
sirvieras	sirvierais
sirviera	sirvieran

PAST PERFECT SUBJUNCTIVE (-ra)

hubiera servido	hubiéramos servido
hubieras servido	hubierais servido
hubiera servido	hubieran servido

PRETERIT

serví	servimos
serviste	servisteis
sirvió	sirvieron

PRESENT PERFECT

he servido	hemos servido
has servido	habéis servido
ha servido	han servido

CONDITIONAL

serviría	serviríamos
servirías	serviríais
serviría	servirían

PRETERIT PERFECT

hube servido	hubimos servido
hubiste servido	hubisteis servido
hubo servido	hubieron servido

CONDITIONAL PERFECT

habría servido	habríamos servido
habrías servido	habríais servido
habría servido	habrían servido

PRESENT PERFECT SUBJUNCTIVE

haya servido	hayamos servido
hayas servido	hayáis servido
haya servido	hayan servido

or **IMPERFECT SUBJUNCTIVE (-se)**

sirviese	sirviésemos
sirvieses	sirvieseis
sirviese	sirviesen

or **PAST PERFECT SUBJUNCTIVE (-se)**

hubiese servido	hubiésemos servido
hubieses servido	hubieseis servido
hubiese servido	hubiesen servido

PROGRESSIVE TENSES

PRESENT	estoy, estás, está, estamos, estáis, están
PRETERIT	estuve, estuviste, estuvo, estuvimos, estuvisteis, estuvieron
IMPERFECT	estaba, estabas, estaba, estábamos, estabais, estaban
FUTURE	estaré, estarás, estará, estaremos, estaréis, estarán
CONDITIONAL	estaría, estarías, estaría, estaríamos, estaríais, estarían
SUBJUNCTIVE	que + *corresponding subjunctive tense of* estar (*see verb 151*)

sirviendo

COMMANDS

	(nosotros) sirvamos/no sirvamos
(tú) sirve/no sirvas	(vosotros) servid/no sirváis
(Ud.) sirva/no sirva	(Uds.) sirvan/no sirvan

Usage

Se sirve vino con la comida.	*Wine is served with the meal.*
Es importante servir a la patria.	*It's important to serve one's country.*
No sirve quejarse.	*There's no use in complaining.*
Eso no sirve para nada.	*That's no good at all./It's useless.*

TOP 30 VERB ☞

¿En qué puedo servirle? | What can I do for you?/May I help you? (in a store)
Te toca a ti servir la pelota. | It's your turn to serve the ball.
El mozo nos sirvió con esmero. | He was an attentive waiter. (The waiter served us with care.)

Sirvamos la cena a las ocho. | Let's serve dinner at 8:00.
Han servido muchas causas. | They've served many causes.
Eso no le sirve de mucho. | That won't do him much good.

servir de

Churchill sirvió de Primer Ministro durante la guerra. | Churchill served as Prime Minister during the war.
Servía de intérprete en la Organización de Naciones Unidas. | She served as interpreter at the United Nations.

servir para

Nunca he servido para tales cosas. | I've never been good at such things.
Coger un berrinche no te sirve para nada. | It's no use for you to have a tantrum.
¿Para qué sirve este aparato? | What's this device for?

servirse

Sírvanse Uds. | Help yourselves.
Me sirvo más pan. | I'll help myself to more bread.
Sírvase acomodarse. | Please make yourself comfortable.

servirse de

Nos servimos del correo electrónico. | We use e-mail.
Se servía de varios libros de consulta. | He used several reference books.

Other Uses

El pollo servido con una salsa picante estuvo rico. | The chicken served with a spicy sauce was delicious.
¿Estás contento con tu servidor? | Are you happy with your server?
Se ofrece servicio a domicilio. | They offer home delivery service.
Es miembro del Servicio Secreto. | He's a member of the Secret Service.
Hizo el servicio militar. | He completed his military service.
A la camarera se le olvidaron las servilletas. | The waitress forgot the napkins.
La familia tiene tres sirvientes. | The family has three servants.

TOP 30 VERBS

-ar verb; spelling change: **significo · significaron · significado · significando**
c > qu/e

PRESENT

significo	significamos
significas	significáis
significa	significan

PRETERIT

signifiqué	significamos
significaste	significasteis
significó	significaron

IMPERFECT

significaba	significábamos
significabas	significabais
significaba	significaban

PRESENT PERFECT

he significado	hemos significado
has significado	habéis significado
ha significado	han significado

FUTURE

significaré	significaremos
significarás	significaréis
significará	significarán

CONDITIONAL

significaría	significaríamos
significarías	significaríais
significaría	significarían

PLUPERFECT

había significado	habíamos significado
habías significado	habíais significado
había significado	habían significado

PRETERIT PERFECT

hube significado	hubimos significado
hubiste significado	hubisteis significado
hubo significado	hubieron significado

FUTURE PERFECT

habré significado	habremos significado
habrás significado	habréis significado
habrá significado	habrán significado

CONDITIONAL PERFECT

habría significado	habríamos significado
habrías significado	habríais significado
habría significado	habrían significado

PRESENT SUBJUNCTIVE

signifique	signifiquemos
signifiques	signifiquéis
signifique	signifiquen

PRESENT PERFECT SUBJUNCTIVE

haya significado	hayamos significado
hayas significado	hayáis significado
haya significado	hayan significado

IMPERFECT SUBJUNCTIVE (-ra)   *or*   **IMPERFECT SUBJUNCTIVE (-se)**

significara	significáramos	significase	significásemos
significaras	significarais	significases	significaseis
significara	significaran	significase	significasen

PAST PERFECT SUBJUNCTIVE (-ra)   *or*   **PAST PERFECT SUBJUNCTIVE (-se)**

hubiera significado	hubiéramos significado	hubiese significado	hubiésemos significado
hubieras significado	hubierais significado	hubieses significado	hubieseis significado
hubiera significado	hubieran significado	hubiese significado	hubiesen significado

PROGRESSIVE TENSES

PRESENT	estoy, estás, está, estamos, estáis, están	
PRETERIT	estuve, estuviste, estuvo, estuvimos, estuvisteis, estuvieron	
IMPERFECT	estaba, estabas, estaba, estábamos, estabais, estaban	significando
FUTURE	estaré, estarás, estará, estaremos, estaréis, estarán	
CONDITIONAL	estaría, estarías, estaría, estaríamos, estaríais, estarían	
SUBJUNCTIVE	que + *corresponding subjunctive tense of estar (see verb 151)*	

COMMANDS

¡Que signifique(n)!   ¡Que no signifique(n)!

Usage

La palabra española *superávit* significa surplus en inglés.	The Spanish word superávit means surplus in English.
Su cooperación significa mucho para nosotros.	Their cooperation means a lot to us.
¿Cuál es el significado de eso?	What's the meaning/significance of that?
Faltan unos signos de puntuación.	Some punctuation marks are missing.
Recibieron una cantidad significante de dinero.	They received a significant amount of money.

sobrar *to have left over, be left over, have more than enough*

sobra · sobraron · sobrado · sobrando

regular -ar verb (like **gustar**)

PRESENT		PRETERIT	
me sobra(n)	nos sobra(n)	me sobró(-aron)	nos sobró(-aron)
te sobra(n)	os sobra(n)	te sobró(-aron)	os sobró(-aron)
le sobra(n)	les sobra(n)	le sobró(-aron)	les sobró(-aron)

IMPERFECT		PRESENT PERFECT	
me sobraba(n)	nos sobraba(n)	me ha(n) sobrado	nos ha(n) sobrado
te sobraba(n)	os sobraba(n)	te ha(n) sobrado	os ha(n) sobrado
le sobraba(n)	les sobraba(n)	le ha(n) sobrado	les ha(n) sobrado

FUTURE		CONDITIONAL	
me sobrará(n)	nos sobrará(n)	me sobraría(n)	nos sobraría(n)
te sobrará(n)	os sobrará(n)	te sobraría(n)	os sobraría(n)
le sobrará(n)	les sobrará(n)	le sobraría(n)	les sobraría(n)

PLUPERFECT		PRETERIT PERFECT	
me había(n) sobrado	nos había(n) sobrado	me hubo(-ieron) sobrado	nos hubo(-ieron) sobrado
te había(n) sobrado	os había(n) sobrado	te hubo(-ieron) sobrado	os hubo(-ieron) sobrado
le había(n) sobrado	les había(n) sobrado	le hubo(-ieron) sobrado	les hubo(-ieron) sobrado

FUTURE PERFECT		CONDITIONAL PERFECT	
me habrá(n) sobrado	nos habrá(n) sobrado	me habría(n) sobrado	nos habría(n) sobrado
te habrá(n) sobrado	os habrá(n) sobrado	te habría(n) sobrado	os habría(n) sobrado
le habrá(n) sobrado	les habrá(n) sobrado	le habría(n) sobrado	les habría(n) sobrado

PRESENT SUBJUNCTIVE		PRESENT PERFECT SUBJUNCTIVE	
me sobre(n)	nos sobre(n)	me haya(n) sobrado	nos haya(n) sobrado
te sobre(n)	os sobre(n)	te haya(n) sobrado	os haya(n) sobrado
le sobre(n)	les sobre(n)	le haya(n) sobrado	les haya(n) sobrado

IMPERFECT SUBJUNCTIVE (-ra)		*or*	IMPERFECT SUBJUNCTIVE (-se)	
me sobrara(n)	nos sobrara(n)		me sobrase(n)	nos sobrase(n)
te sobrara(n)	os sobrara(n)		te sobrase(n)	os sobrase(n)
le sobrara(n)	les sobrara(n)		le sobrase(n)	les sobrase(n)

PAST PERFECT SUBJUNCTIVE (-ra)		*or*	PAST PERFECT SUBJUNCTIVE (-se)	
me hubiera(n) sobrado	nos hubiera(n) sobrado		me hubiese(n) sobrado	nos hubiese(n) sobrado
te hubiera(n) sobrado	os hubiera(n) sobrado		te hubiese(n) sobrado	os hubiese(n) sobrado
le hubiera(n) sobrado	les hubiera(n) sobrado		le hubiese(n) sobrado	les hubiese(n) sobrado

PROGRESSIVE TENSES

PRESENT		está, están	
PRETERIT	me	estuvo, estuvieron	
IMPERFECT	te	estaba, estaban	
FUTURE	le	estará, estarán	sobrando
CONDITIONAL	nos	estaría, estarían	
SUBJUNCTIVE	os		
	que les	*corresponding subjunctive tense of estar (see verb 151)*	

COMMANDS

¡Que te/le/os/les sobre(n)! ¡Que no te/le/os/les sobre(n)!

Usage

—¿Te sobra dinero?	*Do you have any money left over?*
—Sí, me sobran 78 dólares.	*Yes, I have 78 dollars left over.*
Le sobra el tiempo desde que se jubiló.	*He has plenty of time since he retired.*
Le sobra carisma/paciencia.	*She's very charismatic/patient.*
Les sobra entusiasmo.	*They have plenty of enthusiasm.*

stem-changing -er verb: *o > ue* **suelo · solieron · solido · soliendo**

PRESENT		PRETERIT NOT USED
suelo	solemos	
sueles	soléis	
suele	suelen	

IMPERFECT		PRESENT PERFECT NOT USED
solía	solíamos	
solías	solíais	
solía	solían	

FUTURE NOT USED   CONDITIONAL NOT USED

PLUPERFECT NOT USED   PRETERIT PERFECT NOT USED

FUTURE PERFECT NOT USED   CONDITIONAL PERFECT NOT USED

PRESENT SUBJUNCTIVE		PRESENT PERFECT SUBJUNCTIVE	
suela	solamos	haya solido	hayamos solido
suelas	soláis	hayas solido	hayáis solido
suela	suelan	haya solido	hayan solido

IMPERFECT SUBJUNCTIVE (-ra)		*or*	IMPERFECT SUBJUNCTIVE (-se)	
soliera	soliéramos		soliese	soliésemos
solieras	solierais		solieses	solieseis
soliera	solieran		soliese	soliesen

PAST PERFECT SUBJUNCTIVE (-ra)		*or*	PAST PERFECT SUBJUNCTIVE (-se)	
hubiera solido	hubiéramos solido		hubiese solido	hubiésemos solido
hubieras solido	hubierais solido		hubieses solido	hubieseis solido
hubiera solido	hubieran solido		hubiese solido	hubiesen solido

PROGRESSIVE TENSES

PRESENT	estoy, estás, está, estamos, estáis, están	
PRETERIT	estuve, estuviste, estuvo, estuvimos, estuvisteis, estuvieron	
IMPERFECT	estaba, estabas, estaba, estábamos, estabais, estaban	soliendo
FUTURE	estaré, estarás, estará, estaremos, estaréis, estarán	
CONDITIONAL	estaría, estarías, estaría, estaríamos, estaríais, estarían	
SUBJUNCTIVE	que + *corresponding subjunctive tense of estar (see verb 151)*	

VERB NOT USED IN COMMANDS

Usage

Suelo viajar en verano.	*I usually travel in summer.*
Solía tomar el tren de las ocho.	*She was accustomed to taking the 8:00 train.*
Suelen trasnochar.	*They frequently stay up very late/all night.*
No suele haber problemas con esta marca.	*There are generally no problems with this brand.*
Solían ver tele por la tarde.	*They used to watch TV in the afternoon.*
Suele nevar mucho en la sierra.	*It often snows/It tends to snow a lot in the mountains.*

sollozar to sob

sollozo · sollozaron · sollozado · sollozando   -ar verb; spelling change: z > c/e

PRESENT		PRETERIT	
sollozo	sollozamos	sollocé	sollozamos
sollozas	sollozáis	sollozaste	sollozasteis
solloza	sollozan	sollozó	sollozaron

IMPERFECT		PRESENT PERFECT	
sollozaba	sollozábamos	he sollozado	hemos sollozado
sollozabas	sollozabais	has sollozado	habéis sollozado
sollozaba	sollozaban	ha sollozado	han sollozado

FUTURE		CONDITIONAL	
sollozaré	sollozaremos	sollozaría	sollozaríamos
sollozarás	sollozaréis	sollozarías	sollozaríais
sollozará	sollozarán	sollozaría	sollozarían

PLUPERFECT		PRETERIT PERFECT	
había sollozado	habíamos sollozado	hube sollozado	hubimos sollozado
habías sollozado	habíais sollozado	hubiste sollozado	hubisteis sollozado
había sollozado	habían sollozado	hubo sollozado	hubieron sollozado

FUTURE PERFECT		CONDITIONAL PERFECT	
habré sollozado	habremos sollozado	habría sollozado	habríamos sollozado
habrás sollozado	habréis sollozado	habrías sollozado	habríais sollozado
habrá sollozado	habrán sollozado	habría sollozado	habrían sollozado

PRESENT SUBJUNCTIVE		PRESENT PERFECT SUBJUNCTIVE	
solloce	sollocemos	haya sollozado	hayamos sollozado
solloces	sollocéis	hayas sollozado	hayáis sollozado
solloce	sollocen	haya sollozado	hayan sollozado

IMPERFECT SUBJUNCTIVE (-ra)		or IMPERFECT SUBJUNCTIVE (-se)	
sollozara	sollozáramos	sollozase	sollozásemos
sollozaras	sollozarais	sollozases	sollozaseis
sollozara	sollozaran	sollozase	sollozasen

PAST PERFECT SUBJUNCTIVE (-ra)		or PAST PERFECT SUBJUNCTIVE (-se)	
hubiera sollozado	hubiéramos sollozado	hubiese sollozado	hubiésemos sollozado
hubieras sollozado	hubierais sollozado	hubieses sollozado	hubieseis sollozado
hubiera sollozado	hubieran sollozado	hubiese sollozado	hubiesen sollozado

PROGRESSIVE TENSES

PRESENT	estoy, estás, está, estamos, estáis, están	
PRETERIT	estuve, estuviste, estuvo, estuvimos, estuvisteis, estuvieron	
IMPERFECT	estaba, estabas, estaba, estábamos, estabais, estaban	sollozando
FUTURE	estaré, estarás, estará, estaremos, estaréis, estarán	
CONDITIONAL	estaría, estarías, estaría, estaríamos, estaríais, estarían	
SUBJUNCTIVE	que + corresponding subjunctive tense of estar (see verb 151)	

COMMANDS

	(nosotros) sollocemos/no sollocemos
(tú) solloza/no solloces	(vosotros) sollozad/no sollocéis
(Ud.) solloce/no solloce	(Uds.) sollocen/no sollocen

Usage

El pobre niño se durmió sollozando.	The poor child sobbed himself to sleep.
Deja de sollozar.	Stop sobbing.
No sé por qué estalló en sollozos.	I don't know why he burst into sobs.
Nos hablaba entre sollozos.	He talked to us while sobbing.

stem-changing -ar verb: o > ue   **suelto · soltaron · soltado · soltando**

PRESENT		PRETERIT	
suelto	soltamos	solté	soltamos
sueltas	soltáis	soltaste	soltasteis
suelta	sueltan	soltó	soltaron

IMPERFECT		PRESENT PERFECT	
soltaba	soltábamos	he soltado	hemos soltado
soltabas	soltabais	has soltado	habéis soltado
soltaba	soltaban	ha soltado	han soltado

FUTURE		CONDITIONAL	
soltaré	soltaremos	soltaría	soltaríamos
soltarás	soltaréis	soltarías	soltaríais
soltará	soltarán	soltaría	soltarían

PLUPERFECT		PRETERIT PERFECT	
había soltado	habíamos soltado	hube soltado	hubimos soltado
habías soltado	habíais soltado	hubiste soltado	hubisteis soltado
había soltado	habían soltado	hubo soltado	hubieron soltado

FUTURE PERFECT		CONDITIONAL PERFECT	
habré soltado	habremos soltado	habría soltado	habríamos soltado
habrás soltado	habréis soltado	habrías soltado	habríais soltado
habrá soltado	habrán soltado	habría soltado	habrían soltado

PRESENT SUBJUNCTIVE		PRESENT PERFECT SUBJUNCTIVE	
suelte	soltemos	haya soltado	hayamos soltado
sueltes	soltéis	hayas soltado	hayáis soltado
suelte	suelten	haya soltado	hayan soltado

IMPERFECT SUBJUNCTIVE (-ra)		or	IMPERFECT SUBJUNCTIVE (-se)	
soltara	soltáramos		soltase	soltásemos
soltaras	soltarais		soltases	soltaseis
soltara	soltaran		soltase	soltasen

PAST PERFECT SUBJUNCTIVE (-ra)		or	PAST PERFECT SUBJUNCTIVE (-se)	
hubiera soltado	hubiéramos soltado		hubiese soltado	hubiésemos soltado
hubieras soltado	hubierais soltado		hubieses soltado	hubieseis soltado
hubiera soltado	hubieran soltado		hubiese soltado	hubiesen soltado

PROGRESSIVE TENSES

PRESENT	estoy, estás, está, estamos, estáis, están	
PRETERIT	estuve, estuviste, estuvo, estuvimos, estuvisteis, estuvieron	
IMPERFECT	estaba, estabas, estaba, estábamos, estabais, estaban	soltando
FUTURE	estaré, estarás, estará, estaremos, estaréis, estarán	
CONDITIONAL	estaría, estarías, estaría, estaríamos, estaríais, estarían	
SUBJUNCTIVE	que + corresponding subjunctive tense of estar (see verb 151)	

COMMANDS

	(nosotros) soltemos/no soltemos
(tú) suelta/no sueltes	(vosotros) soltad/no soltéis
(Ud.) suelte/no suelte	(Uds.) suelten/no suelten

Usage

Suéltame el nudo.	*Undo/Loosen the knot for me.*
Por fin soltaron a los rehenes.	*They finally released the hostages.*
Hay que atar los cabos sueltos.	*We must tie up the loose ends.*

NOTE: *Suelto* is an alternate form of the past participle.

sonar to sound, ring, blow

sueno · sonaron · sonado · sonando   stem-changing -ar verb: o > ue

PRESENT		PRETERIT	
sueno	sonamos	soné	sonamos
suenas	sonáis	sonaste	sonasteis
suena	suenan	sonó	sonaron

IMPERFECT		PRESENT PERFECT	
sonaba	sonábamos	he sonado	hemos sonado
sonabas	sonabais	has sonado	habéis sonado
sonaba	sonaban	ha sonado	han sonado

FUTURE		CONDITIONAL	
sonaré	sonaremos	sonaría	sonaríamos
sonarás	sonaréis	sonarías	sonaríais
sonará	sonarán	sonaría	sonarían

PLUPERFECT		PRETERIT PERFECT	
había sonado	habíamos sonado	hube sonado	hubimos sonado
habías sonado	habíais sonado	hubiste sonado	hubisteis sonado
había sonado	habían sonado	hubo sonado	hubieron sonado

FUTURE PERFECT		CONDITIONAL PERFECT	
habré sonado	habremos sonado	habría sonado	habríamos sonado
habrás sonado	habréis sonado	habrías sonado	habríais sonado
habrá sonado	habrán sonado	habría sonado	habrían sonado

PRESENT SUBJUNCTIVE		PRESENT PERFECT SUBJUNCTIVE	
suene	sonemos	haya sonado	hayamos sonado
suenes	sonéis	hayas sonado	hayáis sonado
suene	suenen	haya sonado	hayan sonado

IMPERFECT SUBJUNCTIVE (-ra)		or IMPERFECT SUBJUNCTIVE (-se)	
sonara	sonáramos	sonase	sonásemos
sonaras	sonarais	sonases	sonaseis
sonara	sonaran	sonase	sonasen

PAST PERFECT SUBJUNCTIVE (-ra)		or PAST PERFECT SUBJUNCTIVE (-se)	
hubiera sonado	hubiéramos sonado	hubiese sonado	hubiésemos sonado
hubieras sonado	hubierais sonado	hubieses sonado	hubieseis sonado
hubiera sonado	hubieran sonado	hubiese sonado	hubiesen sonado

PROGRESSIVE TENSES

PRESENT	estoy, estás, está, estamos, estáis, están
PRETERIT	estuve, estuviste, estuvo, estuvimos, estuvisteis, estuvieron
IMPERFECT	estaba, estabas, estaba, estábamos, estabais, estaban
FUTURE	estaré, estarás, estará, estaremos, estaréis, estarán
CONDITIONAL	estaría, estarías, estaría, estaríamos, estaríais, estarían
SUBJUNCTIVE	que + corresponding subjunctive tense of estar (see verb 151)

} sonando

COMMANDS

	(nosotros) sonemos/no sonemos
(tú) suena/no suenes	(vosotros) sonad/no sonéis
(Ud.) suene/no suene	(Uds.) suenen/no suenen

Usage

La flauta suena brillante.	The flute sounds brilliant.
La letra hache no suena en español.	The letter "h" isn't sounded/pronounced in Spanish.
¿No oyes sonar el celular?	Don't you hear the cell phone ringing?
Las campanas suenan al mediodía.	The bells ring at noon.

stem-changing -ir verb: *e > i* | **sonrío · sonrieron · sonreído · sonriendo**

PRESENT		PRETERIT	
sonrío	sonreímos	sonreí	sonreímos
sonríes	sonreís	sonreíste	sonreísteis
sonríe	sonríen	sonrió	sonrieron

IMPERFECT		PRESENT PERFECT	
sonreía	sonreíamos	he sonreído	hemos sonreído
sonreías	sonreíais	has sonreído	habéis sonreído
sonreía	sonreían	ha sonreído	han sonreído

FUTURE		CONDITIONAL	
sonreiré	sonreiremos	sonreiría	sonreiríamos
sonreirás	sonreiréis	sonreirías	sonreiríais
sonreirá	sonreirán	sonreiría	sonreirían

PLUPERFECT		PRETERIT PERFECT	
había sonreído	habíamos sonreído	hube sonreído	hubimos sonreído
habías sonreído	habíais sonreído	hubiste sonreído	hubisteis sonreído
había sonreído	habían sonreído	hubo sonreído	hubieron sonreído

FUTURE PERFECT		CONDITIONAL PERFECT	
habré sonreído	habremos sonreído	habría sonreído	habríamos sonreído
habrás sonreído	habréis sonreído	habrías sonreído	habríais sonreído
habrá sonreído	habrán sonreído	habría sonreído	habrían sonreído

PRESENT SUBJUNCTIVE		PRESENT PERFECT SUBJUNCTIVE	
sonría	sonriamos	haya sonreído	hayamos sonreído
sonrías	sonriáis	hayas sonreído	hayáis sonreído
sonría	sonrían	haya sonreído	hayan sonreído

IMPERFECT SUBJUNCTIVE (-ra)		*or*	IMPERFECT SUBJUNCTIVE (-se)	
sonriera	sonriéramos		sonriese	sonriésemos
sonrieras	sonrierais		sonrieses	sonrieseis
sonriera	sonrieran		sonriese	sonriesen

PAST PERFECT SUBJUNCTIVE (-ra)		*or*	PAST PERFECT SUBJUNCTIVE (-se)	
hubiera sonreído	hubiéramos sonreído		hubiese sonreído	hubiésemos sonreído
hubieras sonreído	hubierais sonreído		hubieses sonreído	hubieseis sonreído
hubiera sonreído	hubieran sonreído		hubiese sonreído	hubiesen sonreído

PROGRESSIVE TENSES

PRESENT	estoy, estás, está, estamos, estáis, están	
PRETERIT	estuve, estuviste, estuvo, estuvimos, estuvisteis, estuvieron	
IMPERFECT	estaba, estabas, estaba, estábamos, estabais, estaban	sonriendo
FUTURE	estaré, estarás, estará, estaremos, estaréis, estarán	
CONDITIONAL	estaría, estarías, estaría, estaríamos, estaríais, estarían	
SUBJUNCTIVE	que + *corresponding subjunctive tense of* estar (*see verb 151*)	

COMMANDS

	(nosotros) sonriamos/no sonriamos
(tú) sonríe/no sonrías	(vosotros) sonreíd/no sonriáis
(Ud.) sonría/no sonría	(Uds.) sonrían/no sonrían

Usage

Sus payasadas nos hacían sonreír.	*Their antics made us smile.*
Ojalá que la vida/la fortuna nos sonría.	*We hope life/fortune will smile on us.*
Nos sonrieron.	*They smiled at us.*
¡Te sonríes de contento!	*You're beaming with joy!*

soñar *to dream*

sueño · soñaron · soñado · soñando

stem-changing -ar verb: o > ue

PRESENT			PRETERIT	
sueño	soñamos		soñé	soñamos
sueñas	soñáis		soñaste	soñasteis
sueña	sueñan		soñó	soñaron

IMPERFECT			PRESENT PERFECT	
soñaba	soñábamos		he soñado	hemos soñado
soñabas	soñabais		has soñado	habéis soñado
soñaba	soñaban		ha soñado	han soñado

FUTURE			CONDITIONAL	
soñaré	soñaremos		soñaría	soñaríamos
soñarás	soñaréis		soñarías	soñaríais
soñará	soñarán		soñaría	soñarían

PLUPERFECT			PRETERIT PERFECT	
había soñado	habíamos soñado		hube soñado	hubimos soñado
habías soñado	habíais soñado		hubiste soñado	hubisteis soñado
había soñado	habían soñado		hubo soñado	hubieron soñado

FUTURE PERFECT			CONDITIONAL PERFECT	
habré soñado	habremos soñado		habría soñado	habríamos soñado
habrás soñado	habréis soñado		habrías soñado	habríais soñado
habrá soñado	habrán soñado		habría soñado	habrían soñado

PRESENT SUBJUNCTIVE			PRESENT PERFECT SUBJUNCTIVE	
sueñe	soñemos		haya soñado	hayamos soñado
sueñes	soñéis		hayas soñado	hayáis soñado
sueñe	sueñen		haya soñado	hayan soñado

IMPERFECT SUBJUNCTIVE (-ra)		or	IMPERFECT SUBJUNCTIVE (-se)	
soñara	soñáramos		soñase	soñásemos
soñaras	soñarais		soñases	soñaseis
soñara	soñaran		soñase	soñasen

PAST PERFECT SUBJUNCTIVE (-ra)		or	PAST PERFECT SUBJUNCTIVE (-se)	
hubiera soñado	hubiéramos soñado		hubiese soñado	hubiésemos soñado
hubieras soñado	hubierais soñado		hubieses soñado	hubieseis soñado
hubiera soñado	hubieran soñado		hubiese soñado	hubiesen soñado

PROGRESSIVE TENSES

PRESENT	estoy, estás, está, estamos, estáis, están
PRETERIT	estuve, estuviste, estuvo, estuvimos, estuvisteis, estuvieron
IMPERFECT	estaba, estabas, estaba, estábamos, estabais, estaban
FUTURE	estaré, estarás, estará, estaremos, estaréis, estarán
CONDITIONAL	estaría, estarías, estaría, estaríamos, estaríais, estarían
SUBJUNCTIVE	que + *corresponding subjunctive tense of* estar (*see verb 151*)

soñando

COMMANDS

	(nosotros) soñemos/no soñemos
(tú) sueña/no sueñes	(vosotros) soñad/no soñéis
(Ud.) sueñe/no sueñe	(Uds.) sueñen/no sueñen

Usage

Sueñan todas las noches.	*They have dreams every night.*
Soñó que estaba en Sevilla.	*She dreamed she was in Seville.*
¿Sueñas conmigo?	*Do you dream about me?*
¡Ni lo sueñes!/¡Ni en sueños!	*Not on your life!*

irregular verb (like **tener**)   **sostengo · sostuvieron · sostenido · sosteniendo**

PRESENT		PRETERIT	
sostengo	sostenemos	sostuve	sostuvimos
sostienes	sostenéis	sostuviste	sostuvisteis
sostiene	sostienen	sostuvo	sostuvieron

IMPERFECT		PRESENT PERFECT	
sostenía	sosteníamos	he sostenido	hemos sostenido
sostenías	sosteníais	has sostenido	habéis sostenido
sostenía	sostenían	ha sostenido	han sostenido

FUTURE		CONDITIONAL	
sostendré	sostendremos	sostendría	sostendríamos
sostendrás	sostendréis	sostendrías	sostendríais
sostendrá	sostendrán	sostendría	sostendrían

PLUPERFECT		PRETERIT PERFECT	
había sostenido	habíamos sostenido	hube sostenido	hubimos sostenido
habías sostenido	habíais sostenido	hubiste sostenido	hubisteis sostenido
había sostenido	habían sostenido	hubo sostenido	hubieron sostenido

FUTURE PERFECT		CONDITIONAL PERFECT	
habré sostenido	habremos sostenido	habría sostenido	habríamos sostenido
habrás sostenido	habréis sostenido	habrías sostenido	habríais sostenido
habrá sostenido	habrán sostenido	habría sostenido	habrían sostenido

PRESENT SUBJUNCTIVE		PRESENT PERFECT SUBJUNCTIVE	
sostenga	sostengamos	haya sostenido	hayamos sostenido
sostengas	sostengáis	hayas sostenido	hayáis sostenido
sostenga	sostengan	haya sostenido	hayan sostenido

IMPERFECT SUBJUNCTIVE (-ra)		*or*	IMPERFECT SUBJUNCTIVE (-se)	
sostuviera	sostuviéramos		sostuviese	sostuviésemos
sostuvieras	sostuvierais		sostuvieses	sostuvieseis
sostuviera	sostuvieran		sostuviese	sostuviesen

PAST PERFECT SUBJUNCTIVE (-ra)		*or*	PAST PERFECT SUBJUNCTIVE (-se)	
hubiera sostenido	hubiéramos sostenido		hubiese sostenido	hubiésemos sostenido
hubieras sostenido	hubierais sostenido		hubieses sostenido	hubieseis sostenido
hubiera sostenido	hubieran sostenido		hubiese sostenido	hubiesen sostenido

PROGRESSIVE TENSES

PRESENT	estoy, estás, está, estamos, estáis, están	
PRETERIT	estuve, estuviste, estuvo, estuvimos, estuvisteis, estuvieron	
IMPERFECT	estaba, estabas, estaba, estábamos, estabais, estaban	sosteniendo
FUTURE	estaré, estarás, estará, estaremos, estaréis, estarán	
CONDITIONAL	estaría, estarías, estaría, estaríamos, estaríais, estarían	
SUBJUNCTIVE	que + *corresponding subjunctive tense of* estar (*see verb 151*)	

COMMANDS

	(nosotros) sostengamos/no sostengamos
(tú) sostén/no sostengas	(vosotros) sostened/no sostengáis
(Ud.) sostenga/no sostenga	(Uds.) sostengan/no sostengan

Usage

¿Me sostienes el cuadro?	*Can you hold up/support the picture for me?*
No puede sostener los líos.	*She can't bear the problems.*
Sostenían buenas relaciones.	*They maintained good relations.*
Se sostiene trabajando en un banco.	*She supports herself working in a bank.*

subir *to go up, take up, increase, raise*

subo · subieron · subido · subiendo

regular *-ir* verb

PRESENT		PRETERIT	
subo	subimos	subí	subimos
subes	subís	subiste	subisteis
sube	suben	subió	subieron

IMPERFECT		PRESENT PERFECT	
subía	subíamos	he subido	hemos subido
subías	subíais	has subido	habéis subido
subía	subían	ha subido	han subido

FUTURE		CONDITIONAL	
subiré	subiremos	subiría	subiríamos
subirás	subiréis	subirías	subiríais
subirá	subirán	subiría	subirían

PLUPERFECT		PRETERIT PERFECT	
había subido	habíamos subido	hube subido	hubimos subido
habías subido	habíais subido	hubiste subido	hubisteis subido
había subido	habían subido	hubo subido	hubieron subido

FUTURE PERFECT		CONDITIONAL PERFECT	
habré subido	habremos subido	habría subido	habríamos subido
habrás subido	habréis subido	habrías subido	habríais subido
habrá subido	habrán subido	habría subido	habrían subido

PRESENT SUBJUNCTIVE		PRESENT PERFECT SUBJUNCTIVE	
suba	subamos	haya subido	hayamos subido
subas	subáis	hayas subido	hayáis subido
suba	suban	haya subido	hayan subido

IMPERFECT SUBJUNCTIVE (-ra)		*or*	IMPERFECT SUBJUNCTIVE (-se)	
subiera	subiéramos		subiese	subiésemos
subieras	subierais		subieses	subieseis
subiera	subieran		subiese	subiesen

PAST PERFECT SUBJUNCTIVE (-ra)		*or*	PAST PERFECT SUBJUNCTIVE (-se)	
hubiera subido	hubiéramos subido		hubiese subido	hubiésemos subido
hubieras subido	hubierais subido		hubieses subido	hubieseis subido
hubiera subido	hubieran subido		hubiese subido	hubiesen subido

PROGRESSIVE TENSES

PRESENT	estoy, estás, está, estamos, estáis, están
PRETERIT	estuve, estuviste, estuvo, estuvimos, estuvisteis, estuvieron
IMPERFECT	estaba, estabas, estaba, estábamos, estabais, estaban
FUTURE	estaré, estarás, estará, estaremos, estaréis, estarán
CONDITIONAL	estaría, estarías, estaría, estaríamos, estaríais, estarían
SUBJUNCTIVE	que + *corresponding subjunctive tense of estar (see verb 151)*

} subiendo

COMMANDS

	(nosotros) subamos/no subamos
(tú) sube/no subas	(vosotros) subid/no subáis
(Ud.) suba/no suba	(Uds.) suban/no suban

Usage

Suban al séptimo piso.	*Go up to the seventh floor.*
¿Subimos en ascensor o escalera mecánica?	*Shall we go up by elevator or escalator?*
Súbeme los paquetes, por favor.	*Please carry the packages up for me.*
Esperamos que no se suban los precios.	*We hope that prices don't rise.*

regular -er verb

sucedo · sucedieron · sucedido · sucediendo

PRESENT

sucedo	sucedemos
sucedes	sucedéis
sucede	suceden

IMPERFECT

sucedía	sucedíamos
sucedías	sucedíais
sucedía	sucedían

FUTURE

sucederé	sucederemos
sucederás	sucederéis
sucederá	sucederán

PLUPERFECT

había sucedido	habíamos sucedido
habías sucedido	habíais sucedido
había sucedido	habían sucedido

FUTURE PERFECT

habré sucedido	habremos sucedido
habrás sucedido	habréis sucedido
habrá sucedido	habrán sucedido

PRESENT SUBJUNCTIVE

suceda	sucedamos
sucedas	sucedáis
suceda	sucedan

IMPERFECT SUBJUNCTIVE (-ra)

sucediera	sucediéramos
sucedieras	sucedierais
sucediera	sucedieran

PAST PERFECT SUBJUNCTIVE (-ra)

hubiera sucedido	hubiéramos sucedido
hubieras sucedido	hubierais sucedido
hubiera sucedido	hubieran sucedido

PRETERIT

sucedí	sucedimos
sucediste	sucedisteis
sucedió	sucedieron

PRESENT PERFECT

he sucedido	hemos sucedido
has sucedido	habéis sucedido
ha sucedido	han sucedido

CONDITIONAL

sucedería	sucederíamos
sucederías	sucederíais
sucedería	sucederían

PRETERIT PERFECT

hube sucedido	hubimos sucedido
hubiste sucedido	hubisteis sucedido
hubo sucedido	hubieron sucedido

CONDITIONAL PERFECT

habría sucedido	habríamos sucedido
habrías sucedido	habríais sucedido
habría sucedido	habrían sucedido

PRESENT PERFECT SUBJUNCTIVE

haya sucedido	hayamos sucedido
hayas sucedido	hayáis sucedido
haya sucedido	hayan sucedido

or **IMPERFECT SUBJUNCTIVE (-se)**

sucediese	sucediésemos
sucedieses	sucedieseis
sucediese	sucediesen

or **PAST PERFECT SUBJUNCTIVE (-se)**

hubiese sucedido	hubiésemos sucedido
hubieses sucedido	hubieseis sucedido
hubiese sucedido	hubiesen sucedido

PROGRESSIVE TENSES

PRESENT	estoy, estás, está, estamos, estáis, están
PRETERIT	estuve, estuviste, estuvo, estuvimos, estuvisteis, estuvieron
IMPERFECT	estaba, estabas, estaba, estábamos, estabais, estaban
FUTURE	estaré, estarás, estará, estaremos, estaréis, estarán
CONDITIONAL	estaría, estarías, estaría, estaríamos, estaríais, estarían
SUBJUNCTIVE	que + *corresponding subjunctive tense of* estar (*see verb 151*)

sucediendo

COMMANDS

	(nosotros) sucedamos/no sucedamos
(tú) sucede/no sucedas	(vosotros) suceded/no sucedáis
(Ud.) suceda/no suceda	(Uds.) sucedan/no sucedan

Usage

Sucedió algo increíble.	*Something incredible happened.*
El príncipe sucedió a su padre el rey.	*The prince succeeded his father the king.*
¿Qué sucede?	*What's going on?/What's the matter?*
Suceda lo que suceda.	*Come what may./Whatever may happen.*

sufrir *to suffer, undergo, tolerate*

sufro · sufrieron · sufrido · sufriendo

regular -*ir* verb

PRESENT		PRETERIT	
sufro	sufrimos	sufrí	sufrimos
sufres	sufrís	sufriste	sufristeis
sufre	sufren	sufrió	sufrieron

IMPERFECT		PRESENT PERFECT	
sufría	sufríamos	he sufrido	hemos sufrido
sufrías	sufríais	has sufrido	habéis sufrido
sufría	sufrían	ha sufrido	han sufrido

FUTURE		CONDITIONAL	
sufriré	sufriremos	sufriría	sufriríamos
sufrirás	sufriréis	sufrirías	sufriríais
sufrirá	sufrirán	sufriría	sufrirían

PLUPERFECT		PRETERIT PERFECT	
había sufrido	habíamos sufrido	hube sufrido	hubimos sufrido
habías sufrido	habíais sufrido	hubiste sufrido	hubisteis sufrido
había sufrido	habían sufrido	hubo sufrido	hubieron sufrido

FUTURE PERFECT		CONDITIONAL PERFECT	
habré sufrido	habremos sufrido	habría sufrido	habríamos sufrido
habrás sufrido	habréis sufrido	habrías sufrido	habríais sufrido
habrá sufrido	habrán sufrido	habría sufrido	habrían sufrido

PRESENT SUBJUNCTIVE		PRESENT PERFECT SUBJUNCTIVE	
sufra	suframos	haya sufrido	hayamos sufrido
sufras	sufráis	hayas sufrido	hayáis sufrido
sufra	sufran	haya sufrido	hayan sufrido

IMPERFECT SUBJUNCTIVE (-ra)		or	IMPERFECT SUBJUNCTIVE (-se)	
sufriera	sufriéramos		sufriese	sufriésemos
sufrieras	sufrierais		sufrieses	sufrieseis
sufriera	sufrieran		sufriese	sufriesen

PAST PERFECT SUBJUNCTIVE (-ra)		or	PAST PERFECT SUBJUNCTIVE (-se)	
hubiera sufrido	hubiéramos sufrido		hubiese sufrido	hubiésemos sufrido
hubieras sufrido	hubierais sufrido		hubieses sufrido	hubieseis sufrido
hubiera sufrido	hubieran sufrido		hubiese sufrido	hubiesen sufrido

PROGRESSIVE TENSES

PRESENT	estoy, estás, está, estamos, estáis, están	
PRETERIT	estuve, estuviste, estuvo, estuvimos, estuvisteis, estuvieron	
IMPERFECT	estaba, estabas, estaba, estábamos, estabais, estaban	sufriendo
FUTURE	estaré, estarás, estará, estaremos, estaréis, estarán	
CONDITIONAL	estaría, estarías, estaría, estaríamos, estaríais, estarían	
SUBJUNCTIVE	que + *corresponding subjunctive tense of estar (see verb 151)*	

COMMANDS

	(nosotros) suframos/no suframos
(tú) sufre/no sufras	(vosotros) sufrid/no sufráis
(Ud.) sufra/no sufra	(Uds.) sufran/no sufran

Usage

Sufre de dolores de cabeza.	*He suffers from headaches.*
No nos gusta que sufras su insolencia.	*We don't like you to put up with her insolence.*
¡Sufre las consecuencias de tus acciones!	*Suffer the consequences of your actions!*
¿Cuándo sufriste el accidente de coche?	*When did you have the car accident?*

stem-changing *-ir* verb:
e > ie (present), *e > i* (preterit)

sugiero · sugirieron · sugerido · sugiriendo

PRESENT

sugiero	sugerimos
sugieres	sugerís
sugiere	sugieren

PRETERIT

sugerí	sugerimos
sugeriste	sugeristeis
sugirió	sugirieron

IMPERFECT

sugería	sugeríamos
sugerías	sugeríais
sugería	sugerían

PRESENT PERFECT

he sugerido	hemos sugerido
has sugerido	habéis sugerido
ha sugerido	han sugerido

FUTURE

sugeriré	sugeriremos
sugerirás	sugeriréis
sugerirá	sugerirán

CONDITIONAL

sugeriría	sugeriríamos
sugerirías	sugeriríais
sugeriría	sugerirían

PLUPERFECT

había sugerido	habíamos sugerido
habías sugerido	habíais sugerido
había sugerido	habían sugerido

PRETERIT PERFECT

hube sugerido	hubimos sugerido
hubiste sugerido	hubisteis sugerido
hubo sugerido	hubieron sugerido

FUTURE PERFECT

habré sugerido	habremos sugerido
habrás sugerido	habréis sugerido
habrá sugerido	habrán sugerido

CONDITIONAL PERFECT

habría sugerido	habríamos sugerido
habrías sugerido	habríais sugerido
habría sugerido	habrían sugerido

PRESENT SUBJUNCTIVE

sugiera	sugiramos
sugieras	sugiráis
sugiera	sugieran

PRESENT PERFECT SUBJUNCTIVE

haya sugerido	hayamos sugerido
hayas sugerido	hayáis sugerido
haya sugerido	hayan sugerido

IMPERFECT SUBJUNCTIVE (-ra) *or* **IMPERFECT SUBJUNCTIVE (-se)**

sugiriera	sugiriéramos	sugiriese	sugiriésemos
sugirieras	sugirierais	sugirieses	sugirieseis
sugiriera	sugirieran	sugiriese	sugiriesen

PAST PERFECT SUBJUNCTIVE (-ra) *or* **PAST PERFECT SUBJUNCTIVE (-se)**

hubiera sugerido	hubiéramos sugerido	hubiese sugerido	hubiésemos sugerido
hubieras sugerido	hubierais sugerido	hubieses sugerido	hubieseis sugerido
hubiera sugerido	hubieran sugerido	hubiese sugerido	hubiesen sugerido

PROGRESSIVE TENSES

PRESENT	estoy, estás, está, estamos, estáis, están	
PRETERIT	estuve, estuviste, estuvo, estuvimos, estuvisteis, estuvieron	
IMPERFECT	estaba, estabas, estaba, estábamos, estabais, estaban	sugiriendo
FUTURE	estaré, estarás, estará, estaremos, estaréis, estarán	
CONDITIONAL	estaría, estarías, estaría, estaríamos, estaríais, estarían	
SUBJUNCTIVE	que + *corresponding subjunctive tense of* estar (*see verb 151*)	

COMMANDS

	(nosotros) sugiramos/no sugiramos
(tú) sugiere/no sugieras	(vosotros) sugerid/no sugiráis
(Ud.) sugiera/no sugiera	(Uds.) sugieran/no sugieran

Usage

—¿Qué nos sugieres?
—Sugiero que aplacen la reunión.
Uds. han sugerido todo lo posible.
Sugirió que le habían hecho una mala jugada.

What can you suggest to us?
I suggest that you postpone the meeting.
You've suggested everything possible.
She insinuated that they had played a dirty trick on her.

suponer *to suppose, assume, mean, entail*

supongo · supusieron · supuesto · suponiendo   irregular verb (like **poner**)

PRESENT		PRETERIT	
supongo	suponemos	supuse	supusimos
supones	suponéis	supusiste	supusisteis
supone	suponen	supuso	supusieron

IMPERFECT		PRESENT PERFECT	
suponía	suponíamos	he supuesto	hemos supuesto
suponías	suponíais	has supuesto	habéis supuesto
suponía	suponían	ha supuesto	han supuesto

FUTURE		CONDITIONAL	
supondré	supondremos	supondría	supondríamos
supondrás	supondréis	supondrías	supondríais
supondrá	supondrán	supondría	supondrían

PLUPERFECT		PRETERIT PERFECT	
había supuesto	habíamos supuesto	hube supuesto	hubimos supuesto
habías supuesto	habíais supuesto	hubiste supuesto	hubisteis supuesto
había supuesto	habían supuesto	hubo supuesto	hubieron supuesto

FUTURE PERFECT		CONDITIONAL PERFECT	
habré supuesto	habremos supuesto	habría supuesto	habríamos supuesto
habrás supuesto	habréis supuesto	habrías supuesto	habríais supuesto
habrá supuesto	habrán supuesto	habría supuesto	habrían supuesto

PRESENT SUBJUNCTIVE		PRESENT PERFECT SUBJUNCTIVE	
suponga	supongamos	haya supuesto	hayamos supuesto
supongas	supongáis	hayas supuesto	hayáis supuesto
suponga	supongan	haya supuesto	hayan supuesto

IMPERFECT SUBJUNCTIVE (-ra)		*or*	IMPERFECT SUBJUNCTIVE (-se)	
supusiera	supusiéramos		supusiese	supusiésemos
supusieras	supusierais		supusieses	supusieseis
supusiera	supusieran		supusiese	supusiesen

PAST PERFECT SUBJUNCTIVE (-ra)		*or*	PAST PERFECT SUBJUNCTIVE (-se)	
hubiera supuesto	hubiéramos supuesto		hubiese supuesto	hubiésemos supuesto
hubieras supuesto	hubierais supuesto		hubieses supuesto	hubieseis supuesto
hubiera supuesto	hubieran supuesto		hubiese supuesto	hubiesen supuesto

PROGRESSIVE TENSES

PRESENT	estoy, estás, está, estamos, estáis, están
PRETERIT	estuve, estuviste, estuvo, estuvimos, estuvisteis, estuvieron
IMPERFECT	estaba, estabas, estaba, estábamos, estabais, estaban
FUTURE	estaré, estarás, estará, estaremos, estaréis, estarán
CONDITIONAL	estaría, estarías, estaría, estaríamos, estaríais, estarían
SUBJUNCTIVE	que + *corresponding subjunctive tense of* estar (see verb 151)

} suponiendo

COMMANDS

	(nosotros) supongamos/no supongamos
(tú) supón/no supongas	(vosotros) suponed/no supongáis
(Ud.) suponga/no suponga	(Uds.) supongan/no supongan

Usage

Suponemos que no has oído nada.	*We suppose/assume you haven't heard anything.*
Esta empresa supone la cooperación de todos.	*This undertaking means/entails everyone's cooperation.*
Supongo que sí/que no.	*I suppose so./I suppose not.*

-ir verb; spelling change: g > j/o, a   **surjo · surgieron · surgido · surgiendo**

PRESENT		PRETERIT	
surjo	surgimos	surgí	surgimos
surges	surgís	surgiste	surgisteis
surge	surgen	surgió	surgieron

IMPERFECT		PRESENT PERFECT	
surgía	surgíamos	he surgido	hemos surgido
surgías	surgíais	has surgido	habéis surgido
surgía	surgían	ha surgido	han surgido

FUTURE		CONDITIONAL	
surgiré	surgiremos	surgiría	surgiríamos
surgirás	surgiréis	surgirías	surgiríais
surgirá	surgirán	surgiría	surgirían

PLUPERFECT		PRETERIT PERFECT	
había surgido	habíamos surgido	hube surgido	hubimos surgido
habías surgido	habíais surgido	hubiste surgido	hubisteis surgido
había surgido	habían surgido	hubo surgido	hubieron surgido

FUTURE PERFECT		CONDITIONAL PERFECT	
habré surgido	habremos surgido	habría surgido	habríamos surgido
habrás surgido	habréis surgido	habrías surgido	habríais surgido
habrá surgido	habrán surgido	habría surgido	habrían surgido

PRESENT SUBJUNCTIVE		PRESENT PERFECT SUBJUNCTIVE	
surja	surjamos	haya surgido	hayamos surgido
surjas	surjáis	hayas surgido	hayáis surgido
surja	surjan	haya surgido	hayan surgido

IMPERFECT SUBJUNCTIVE (-ra)		or	IMPERFECT SUBJUNCTIVE (-se)	
surgiera	surgiéramos		surgiese	surgiésemos
surgieras	surgierais		surgieses	surgieseis
surgiera	surgieran		surgiese	surgiesen

PAST PERFECT SUBJUNCTIVE (-ra)		or	PAST PERFECT SUBJUNCTIVE (-se)	
hubiera surgido	hubiéramos surgido		hubiese surgido	hubiésemos surgido
hubieras surgido	hubierais surgido		hubieses surgido	hubieseis surgido
hubiera surgido	hubieran surgido		hubiese surgido	hubiesen surgido

PROGRESSIVE TENSES

PRESENT	estoy, estás, está, estamos, estáis, están	
PRETERIT	estuve, estuviste, estuvo, estuvimos, estuvisteis, estuvieron	
IMPERFECT	estaba, estabas, estaba, estábamos, estabais, estaban	surgiendo
FUTURE	estaré, estarás, estará, estaremos, estaréis, estarán	
CONDITIONAL	estaría, estarías, estaría, estaríamos, estaríais, estarían	
SUBJUNCTIVE	que + *corresponding subjunctive tense of* estar (see verb 151)	

COMMANDS

	(nosotros) surjamos/no surjamos
(tú) surge/no surjas	(vosotros) surgid/no surjáis
(Ud.) surja/no surja	(Uds.) surjan/no surjan

Usage

Un oasis surgió en el desierto.	An oasis sprung up in the desert.
Ha surgido una nueva flautista joven.	A new young flutist has appeared on the scene.
Surgían conflictos entre los socios del club.	Conflicts arose among the club members.
¿De dónde surgieron esas personas?	Where did those people come from?

sustituir to substitute, replace

sustituyo · sustituyeron · sustituido · sustituyendo

-ir verb; spelling change: adds y before o, a, e

PRESENT	
sustituyo	sustituimos
sustituyes	sustituís
sustituye	sustituyen

IMPERFECT	
sustituía	sustituíamos
sustituías	sustituíais
sustituía	sustituían

FUTURE	
sustituiré	sustituiremos
sustituirás	sustituiréis
sustituirá	sustituirán

PLUPERFECT	
había sustituido	habíamos sustituido
habías sustituido	habíais sustituido
había sustituido	habían sustituido

FUTURE PERFECT	
habré sustituido	habremos sustituido
habrás sustituido	habréis sustituido
habrá sustituido	habrán sustituido

PRESENT SUBJUNCTIVE	
sustituya	sustituyamos
sustituyas	sustituyáis
sustituya	sustituyan

IMPERFECT SUBJUNCTIVE (-ra)	
sustituyera	sustituyéramos
sustituyeras	sustituyerais
sustituyera	sustituyeran

PAST PERFECT SUBJUNCTIVE (-ra)	
hubiera sustituido	hubiéramos sustituido
hubieras sustituido	hubierais sustituido
hubiera sustituido	hubieran sustituido

PRETERIT	
sustituí	sustituimos
sustituiste	sustituisteis
sustituyó	sustituyeron

PRESENT PERFECT	
he sustituido	hemos sustituido
has sustituido	habéis sustituido
ha sustituido	han sustituido

CONDITIONAL	
sustituiría	sustituiríamos
sustituirías	sustituiríais
sustituiría	sustituirían

PRETERIT PERFECT	
hube sustituido	hubimos sustituido
hubiste sustituido	hubisteis sustituido
hubo sustituido	hubieron sustituido

CONDITIONAL PERFECT	
habría sustituido	habríamos sustituido
habrías sustituido	habríais sustituido
habría sustituido	habrían sustituido

PRESENT PERFECT SUBJUNCTIVE	
haya sustituido	hayamos sustituido
hayas sustituido	hayáis sustituido
haya sustituido	hayan sustituido

or IMPERFECT SUBJUNCTIVE (-se)

sustituyese	sustituyésemos
sustituyeses	sustituyeseis
sustituyese	sustituyesen

or PAST PERFECT SUBJUNCTIVE (-se)

hubiese sustituido	hubiésemos sustituido
hubieses sustituido	hubieseis sustituido
hubiese sustituido	hubiesen sustituido

PROGRESSIVE TENSES

PRESENT	estoy, estás, está, estamos, estáis, están	
PRETERIT	estuve, estuviste, estuvo, estuvimos, estuvisteis, estuvieron	
IMPERFECT	estaba, estabas, estaba, estábamos, estabais, estaban	sustituyendo
FUTURE	estaré, estarás, estará, estaremos, estaréis, estarán	
CONDITIONAL	estaría, estarías, estaría, estaríamos, estaríais, estarían	
SUBJUNCTIVE	que + corresponding subjunctive tense of estar (see verb 151)	

COMMANDS

	(nosotros) sustituyamos/no sustituyamos
(tú) sustituye/no sustituyas	(vosotros) sustituid/no sustituyáis
(Ud.) sustituya/no sustituya	(Uds.) sustituyan/no sustituyan

Usage

Sustituya esta impresora por otra.	Replace this printer with another.
El director adjunto sustituyó al director.	The assistant director substituted for the director.
El sustituto sustituye al primer actor hoy.	The understudy is replacing the lead actor today.
No se permite ninguna sustitución.	No substitutions allowed.

stem-changing -ar verb: e > ie   tiemblo · temblaron · temblado · temblando

PRESENT		PRETERIT	
tiemblo	temblamos	temblé	temblamos
tiemblas	tembláis	temblaste	temblasteis
tiembla	tiemblan	tembló	temblaron

IMPERFECT		PRESENT PERFECT	
temblaba	temblábamos	he temblado	hemos temblado
temblabas	temblabais	has temblado	habéis temblado
temblaba	temblaban	ha temblado	han temblado

FUTURE		CONDITIONAL	
temblaré	temblaremos	temblaría	temblaríamos
temblarás	temblaréis	temblarías	temblaríais
temblará	temblarán	temblaría	temblarían

PLUPERFECT		PRETERIT PERFECT	
había temblado	habíamos temblado	hube temblado	hubimos temblado
habías temblado	habíais temblado	hubiste temblado	hubisteis temblado
había temblado	habían temblado	hubo temblado	hubieron temblado

FUTURE PERFECT		CONDITIONAL PERFECT	
habré temblado	habremos temblado	habría temblado	habríamos temblado
habrás temblado	habréis temblado	habrías temblado	habríais temblado
habrá temblado	habrán temblado	habría temblado	habrían temblado

PRESENT SUBJUNCTIVE		PRESENT PERFECT SUBJUNCTIVE	
tiemble	temblemos	haya temblado	hayamos temblado
tiembles	tembléis	hayas temblado	hayáis temblado
tiemble	tiemblen	haya temblado	hayan temblado

IMPERFECT SUBJUNCTIVE (-ra)		or	IMPERFECT SUBJUNCTIVE (-se)	
temblara	tembláramos		temblase	temblásemos
temblaras	temblarais		temblases	temblaseis
temblara	temblaran		temblase	temblasen

PAST PERFECT SUBJUNCTIVE (-ra)		or	PAST PERFECT SUBJUNCTIVE (-se)	
hubiera temblado	hubiéramos temblado		hubiese temblado	hubiésemos temblado
hubieras temblado	hubierais temblado		hubieses temblado	hubieseis temblado
hubiera temblado	hubieran temblado		hubiese temblado	hubiesen temblado

PROGRESSIVE TENSES

PRESENT	estoy, estás, está, estamos, estáis, están	
PRETERIT	estuve, estuviste, estuvo, estuvimos, estuvisteis, estuvieron	
IMPERFECT	estaba, estabas, estaba, estábamos, estabais, estaban	temblando
FUTURE	estaré, estarás, estará, estaremos, estaréis, estarán	
CONDITIONAL	estaría, estarías, estaría, estaríamos, estaríais, estarían	
SUBJUNCTIVE	que + *corresponding subjunctive tense of* estar (see verb 151)	

COMMANDS

	(nosotros) temblemos/no temblemos
(tú) tiembla/no tiembles	(vosotros) temblad/no tembléis
(Ud.) tiemble/no tiemble	(Uds.) tiemblen/no tiemblen

Usage

Los edificios temblaban durante el temblor de tierra.	The buildings were shaking during the earthquake.
Tiemblas. Será el frío.	You're shivering. It must be the cold.
La película de horror les hacía temblar de miedo.	The horror film made them tremble with fear.

temer to be afraid, fear

temo · temieron · temido · temiendo

regular -er verb

PRESENT		PRETERIT	
temo	tememos	temí	temimos
temes	teméis	temiste	temisteis
teme	temen	temió	temieron

IMPERFECT		PRESENT PERFECT	
temía	temíamos	he temido	hemos temido
temías	temíais	has temido	habéis temido
temía	temían	ha temido	han temido

FUTURE		CONDITIONAL	
temeré	temeremos	temería	temeríamos
temerás	temeréis	temerías	temeríais
temerá	temerán	temería	temerían

PLUPERFECT		PRETERIT PERFECT	
había temido	habíamos temido	hube temido	hubimos temido
habías temido	habíais temido	hubiste temido	hubisteis temido
había temido	habían temido	hubo temido	hubieron temido

FUTURE PERFECT		CONDITIONAL PERFECT	
habré temido	habremos temido	habría temido	habríamos temido
habrás temido	habréis temido	habrías temido	habríais temido
habrá temido	habrán temido	habría temido	habrían temido

PRESENT SUBJUNCTIVE		PRESENT PERFECT SUBJUNCTIVE	
tema	temamos	haya temido	hayamos temido
temas	temáis	hayas temido	hayáis temido
tema	teman	haya temido	hayan temido

IMPERFECT SUBJUNCTIVE (-ra)		or	IMPERFECT SUBJUNCTIVE (-se)	
temiera	temiéramos		temiese	temiésemos
temieras	temierais		temieses	temieseis
temiera	temieran		temiese	temiesen

PAST PERFECT SUBJUNCTIVE (-ra)		or	PAST PERFECT SUBJUNCTIVE (-se)	
hubiera temido	hubiéramos temido		hubiese temido	hubiésemos temido
hubieras temido	hubierais temido		hubieses temido	hubieseis temido
hubiera temido	hubieran temido		hubiese temido	hubiesen temido

PROGRESSIVE TENSES

PRESENT	estoy, estás, está, estamos, estáis, están	
PRETERIT	estuve, estuviste, estuvo, estuvimos, estuvisteis, estuvieron	
IMPERFECT	estaba, estabas, estaba, estábamos, estabais, estaban	temiendo
FUTURE	estaré, estarás, estará, estaremos, estaréis, estarán	
CONDITIONAL	estaría, estarías, estaría, estaríamos, estaríais, estarían	
SUBJUNCTIVE	que + corresponding subjunctive tense of estar (see verb 151)	

COMMANDS

	(nosotros) temamos/no temamos
(tú) teme/no temas	(vosotros) temed/no temáis
(Ud.) tema/no tema	(Uds.) teman/no teman

Usage

No temen el calentamiento de la Tierra.	They're not afraid of global warming.
Temía que nos fuéramos sin él.	He feared we'd leave without him.
¿Te temes que no te inviten a la fiesta?	Are you afraid you won't be invited to the party?
La gente temía por su vida.	People feared for their lives.

irregular verb

tengo · tuvieron · tenido · teniendo

PRESENT

tengo	tenemos
tienes	tenéis
tiene	tienen

IMPERFECT

tenía	teníamos
tenías	teníais
tenía	tenían

FUTURE

tendré	tendremos
tendrás	tendréis
tendrá	tendrán

PLUPERFECT

había tenido	habíamos tenido
habías tenido	habíais tenido
había tenido	habían tenido

FUTURE PERFECT

habré tenido	habremos tenido
habrás tenido	habréis tenido
habrá tenido	habrán tenido

PRESENT SUBJUNCTIVE

tenga	tengamos
tengas	tengáis
tenga	tengan

IMPERFECT SUBJUNCTIVE (-ra)

tuviera	tuviéramos
tuvieras	tuvierais
tuviera	tuvieran

PAST PERFECT SUBJUNCTIVE (-ra)

hubiera tenido	hubiéramos tenido
hubieras tenido	hubierais tenido
hubiera tenido	hubieran tenido

PRETERIT

tuve	tuvimos
tuviste	tuvisteis
tuvo	tuvieron

PRESENT PERFECT

he tenido	hemos tenido
has tenido	habéis tenido
ha tenido	han tenido

CONDITIONAL

tendría	tendríamos
tendrías	tendríais
tendría	tendrían

PRETERIT PERFECT

hube tenido	hubimos tenido
hubiste tenido	hubisteis tenido
hubo tenido	hubieron tenido

CONDITIONAL PERFECT

habría tenido	habríamos tenido
habrías tenido	habríais tenido
habría tenido	habrían tenido

PRESENT PERFECT SUBJUNCTIVE

haya tenido	hayamos tenido
hayas tenido	hayáis tenido
haya tenido	hayan tenido

or **IMPERFECT SUBJUNCTIVE (-se)**

tuviese	tuviésemos
tuvieses	tuvieseis
tuviese	tuviesen

or **PAST PERFECT SUBJUNCTIVE (-se)**

hubiese tenido	hubiésemos tenido
hubieses tenido	hubieseis tenido
hubiese tenido	hubiesen tenido

PROGRESSIVE TENSES

PRESENT	estoy, estás, está, estamos, estáis, están
PRETERIT	estuve, estuviste, estuvo, estuvimos, estuvisteis, estuvieron
IMPERFECT	estaba, estabas, estaba, estábamos, estabais, estaban
FUTURE	estaré, estarás, estará, estaremos, estaréis, estarán
CONDITIONAL	estaría, estarías, estaría, estaríamos, estaríais, estarían
SUBJUNCTIVE	que + *corresponding subjunctive tense of* estar (see verb 151)

} teniendo

COMMANDS

	(nosotros) tengamos/no tengamos
(tú) ten/no tengas	(vosotros) tened/no tengáis
(Ud.) tenga/no tenga	(Uds.) tengan/no tengan

Usage

¿Tienes otra computadora?	*Do you have another computer?*
—¿Qué tienes?	*What's the matter/wrong with you?*
—Tengo dolor de cabeza.	*I have a headache.*

TOP 30 VERB ☞

Ten paciencia.
Tiene veintiséis años.

—¿Tienen la junta anual esta semana?

—No, tendrá lugar el mes que viene.
Les pido que me tengan al día.
Tenga en cuenta lo que dijeron.
Eso no tiene nada que ver contigo.
¿Qué tenéis como objetivo?
—¿Tienes sellos?
—Sí. Los tengo a mano.
Si tuviera tiempo, asistiría al concierto.

tener + *noun* *to be* + *adjective*

—¿Tienes hambre/sed?
—Sí, tengo mucha hambre/mucha sed.
Tienen frío/calor/celos/miedo.
Tienen éxito/fama/razón/suerte.
Tengo prisa por llegar.

tener que + *infinitive* *to have to, must*

—¿No tienes que salir para el aeropuerto ahora?

—Todavía no. No tengo que estar hasta las seis.
Tenemos que firmar estos papeles.

to hold

¿Tiene algo en la mano?
La abuela tiene al bebé en brazos.

to own

Tenían una casa en la playa.

Other Uses

Tiene los ojos azules/verdes.
Tiene el pelo castaño/rubio.
Le teníamos por trabajador.
Tiene puesto el smoking.
No tiene nada de particular.
Lo tienen todo.
Quien más tiene más quiere.

Be patient.
He's 26 years old.
Are they having/holding the annual meeting this week?
No, it will take place next month.
I ask that you keep me up to date.
Bear/Keep in mind what they said.
That has nothing to do with you.
What is your objective/goal?
Do you have any stamps?
Yes. I have them right here/handy.
If I had time I would attend the concert.

Are you hungry/thirsty?
Yes, I'm very hungry/very thirsty.
They're cold/warm/jealous/afraid.
They're successful/famous/right/lucky.
I'm in a hurry to get there.

Don't you have to leave for the airport now?

Not yet. I don't have to be there until 6:00.

We have to sign these papers.

Are you holding something in your hand?
The grandmother is holding the baby in her arms.

They owned a beach house.

She has blue/green eyes.
She has brown/blond hair.
We considered him (to be) a hard worker.
He is wearing/has on his tuxedo.
It's nothing special.
They have everything.
The more you have, the more you want.

TOP 30 VERBS

-ar verb; spelling change: c > qu/e

toco · tocaron · tocado · tocando

PRESENT		PRETERIT	
toco	tocamos	toqué	tocamos
tocas	tocáis	tocaste	tocasteis
toca	tocan	tocó	tocaron

IMPERFECT		PRESENT PERFECT	
tocaba	tocábamos	he tocado	hemos tocado
tocabas	tocabais	has tocado	habéis tocado
tocaba	tocaban	ha tocado	han tocado

FUTURE		CONDITIONAL	
tocaré	tocaremos	tocaría	tocaríamos
tocarás	tocaréis	tocarías	tocaríais
tocará	tocarán	tocaría	tocarían

PLUPERFECT		PRETERIT PERFECT	
había tocado	habíamos tocado	hube tocado	hubimos tocado
habías tocado	habíais tocado	hubiste tocado	hubisteis tocado
había tocado	habían tocado	hubo tocado	hubieron tocado

FUTURE PERFECT		CONDITIONAL PERFECT	
habré tocado	habremos tocado	habría tocado	habríamos tocado
habrás tocado	habréis tocado	habrías tocado	habríais tocado
habrá tocado	habrán tocado	habría tocado	habrían tocado

PRESENT SUBJUNCTIVE		PRESENT PERFECT SUBJUNCTIVE	
toque	toquemos	haya tocado	hayamos tocado
toques	toquéis	hayas tocado	hayáis tocado
toque	toquen	haya tocado	hayan tocado

IMPERFECT SUBJUNCTIVE (-ra)		*or* IMPERFECT SUBJUNCTIVE (-se)	
tocara	tocáramos	tocase	tocásemos
tocaras	tocarais	tocases	tocaseis
tocara	tocaran	tocase	tocasen

PAST PERFECT SUBJUNCTIVE (-ra)		*or* PAST PERFECT SUBJUNCTIVE (-se)	
hubiera tocado	hubiéramos tocado	hubiese tocado	hubiésemos tocado
hubieras tocado	hubierais tocado	hubieses tocado	hubieseis tocado
hubiera tocado	hubieran tocado	hubiese tocado	hubiesen tocado

PROGRESSIVE TENSES

PRESENT	estoy, estás, está, estamos, estáis, están	
PRETERIT	estuve, estuviste, estuvo, estuvimos, estuvisteis, estuvieron	
IMPERFECT	estaba, estabas, estaba, estábamos, estabais, estaban	tocando
FUTURE	estaré, estarás, estará, estaremos, estaréis, estarán	
CONDITIONAL	estaría, estarías, estaría, estaríamos, estaríais, estarían	
SUBJUNCTIVE	que + *corresponding subjunctive tense of* estar (see verb 151)	

COMMANDS

	(nosotros) toquemos/no toquemos
(tú) toca/no toques	(vosotros) tocad/no toquéis
(Ud.) toque/no toque	(Uds.) toquen/no toquen

Usage

Les pido que no toquen las figurillas de cristal.	*I ask you not to touch the little glass figures.*
Toca la flauta/el clarinete/el violín.	*She plays the flute/the clarinet/the violin.*
Toque el timbre y toque a la puerta.	*Ring the bell and knock at the door.*
Me tocó a mí presidir la reunión.	*It was up to me to chair the meeting.*

tomo · tomaron · tomado · tomando   regular *-ar* verb

Los soldados tomaron el fuerte del enemigo.	The soldiers took the enemy's stronghold.
No es capaz de tomar decisiones.	She's incapable of making decisions.
Me tomé la libertad de enviarles mi historial.	I took the liberty of sending them my CV.
Toma, aquí tienes la videocinta.	Here, here's the videotape.
El sondeo toma el pulso a la opinión pública.	Polls take the pulse of public opinion.
¿Tienes ganas de tomar el sol?	Do you feel like sunbathing?
Les tomamos afecto a los chiquillos.	We're becoming fond of the kids.
¿Por qué están tomándole odio?	Why are you starting to hate him?
Tomó la noticia a bien/a mal.	She took the news well/badly.
—¿Qué clases tomas este semestre?	What classes are you taking this semester?
—Tomo macroeconomía y mercadeo.	I'm taking macroeconomics and marketing.
¿Qué tomaste para el almuerzo?	What did you have for lunch?
¿A qué hora tomasteis la cena?	At what time did you have dinner?
¿Por quiénes nos toman?	Whom do they take us for?
Hemos tomado las medidas necesarias.	We've taken the necessary measures/steps.
Tomad el discurso por escrito.	Write down the speech.
¿Tomáis apuntes?	Are you taking notes?
—¿Ha tomado Ud. en cuenta lo que dije?	Have you taken into account what I said?
—Sí, lo tomo en consideración.	Yes, I'm bearing it in mind.
Me tomaban por extranjera.	They took me for a foreigner.
El enfermero le tomó la temperatura/el pulso.	The nurse took his temperature/pulse.
Muchachita, ¡tómate tus vitaminas!	Take your vitamins!
Se tomaron unas vacaciones en el Caribe.	They took a vacation in the Caribbean.
Se tomó la molestia de recogernos.	He took the trouble to pick us up.

Other Uses

Chico, ¡te están tomando el pelo!	Hey, they're pulling your leg/teasing you!
La toma del alcázar fue una batalla sangrienta.	The capture of the palace/fortress was a bloody battle.
Les gusta la toma de decisiones en equipo.	They like decision making as a team.
Esos tipos están tomados.	Those guys are drunk.

regular -*ar* verb | tomo · tomaron · tomado · tomando

PRESENT		**PRETERIT**	
tomo	tomamos	tomé	tomamos
tomas	tomáis	tomaste	tomasteis
toma	toman	tomó	tomaron

IMPERFECT		**PRESENT PERFECT**	
tomaba	tomábamos	he tomado	hemos tomado
tomabas	tomabais	has tomado	habéis tomado
tomaba	tomaban	ha tomado	han tomado

FUTURE		**CONDITIONAL**	
tomaré	tomaremos	tomaría	tomaríamos
tomarás	tomaréis	tomarías	tomaríais
tomará	tomarán	tomaría	tomarían

PLUPERFECT		**PRETERIT PERFECT**	
había tomado	habíamos tomado	hube tomado	hubimos tomado
habías tomado	habíais tomado	hubiste tomado	hubisteis tomado
había tomado	habían tomado	hubo tomado	hubieron tomado

FUTURE PERFECT		**CONDITIONAL PERFECT**	
habré tomado	habremos tomado	habría tomado	habríamos tomado
habrás tomado	habréis tomado	habrías tomado	habríais tomado
habrá tomado	habrán tomado	habría tomado	habrían tomado

PRESENT SUBJUNCTIVE		**PRESENT PERFECT SUBJUNCTIVE**	
tome	tomemos	haya tomado	hayamos tomado
tomes	toméis	hayas tomado	hayáis tomado
tome	tomen	haya tomado	hayan tomado

IMPERFECT SUBJUNCTIVE (-ra)		*or* **IMPERFECT SUBJUNCTIVE (-se)**	
tomara	tomáramos	tomase	tomásemos
tomaras	tomarais	tomases	tomaseis
tomara	tomaran	tomase	tomasen

PAST PERFECT SUBJUNCTIVE (-ra)		*or* **PAST PERFECT SUBJUNCTIVE (-se)**	
hubiera tomado	hubiéramos tomado	hubiese tomado	hubiésemos tomado
hubieras tomado	hubierais tomado	hubieses tomado	hubieseis tomado
hubiera tomado	hubieran tomado	hubiese tomado	hubiesen tomado

PROGRESSIVE TENSES

PRESENT	estoy, estás, está, estamos, estáis, están	
PRETERIT	estuve, estuviste, estuvo, estuvimos, estuvisteis, estuvieron	
IMPERFECT	estaba, estabas, estaba, estábamos, estabais, estaban	tomando
FUTURE	estaré, estarás, estará, estaremos, estaréis, estarán	
CONDITIONAL	estaría, estarías, estaría, estaríamos, estaríais, estarían	
SUBJUNCTIVE	que + *corresponding subjunctive tense of estar* (see verb 151)	

COMMANDS

	(nosotros) tomemos/no tomemos
(tú) toma/no tomes	(vosotros) tomad/no toméis
(Ud.) tome/no tome	(Uds.) tomen/no tomen

Usage

Tomemos un taxi.	*Let's take a taxi.*
Han tomado muchas fotos.	*They've taken a lot of photos.*
¿Tomó el desayuno/el almuerzo/la cena?	*Did you have/eat breakfast/lunch/dinner?*
¿Qué tomas con el sándwich?	*What are you drinking with your sandwich?*

torcer	*to twist, turn, bend, distort*

tuerzo · torcieron · torcido · torciendo

stem-changing -er verb: *o > ue*;
spelling change: *c > z/o, a*

PRESENT

tuerzo	torcemos
tuerces	torcéis
tuerce	tuercen

PRETERIT

torcí	torcimos
torciste	torcisteis
torció	torcieron

IMPERFECT

torcía	torcíamos
torcías	torcíais
torcía	torcían

PRESENT PERFECT

he torcido	hemos torcido
has torcido	habéis torcido
ha torcido	han torcido

FUTURE

torceré	torceremos
torcerás	torceréis
torcerá	torcerán

CONDITIONAL

torcería	torceríamos
torcerías	torceríais
torcería	torcerían

PLUPERFECT

había torcido	habíamos torcido
habías torcido	habíais torcido
había torcido	habían torcido

PRETERIT PERFECT

hube torcido	hubimos torcido
hubiste torcido	hubisteis torcido
hubo torcido	hubieron torcido

FUTURE PERFECT

habré torcido	habremos torcido
habrás torcido	habréis torcido
habrá torcido	habrán torcido

CONDITIONAL PERFECT

habría torcido	habríamos torcido
habrías torcido	habríais torcido
habría torcido	habrían torcido

PRESENT SUBJUNCTIVE

tuerza	torzamos
tuerzas	torzáis
tuerza	tuerzan

PRESENT PERFECT SUBJUNCTIVE

haya torcido	hayamos torcido
hayas torcido	hayáis torcido
haya torcido	hayan torcido

IMPERFECT SUBJUNCTIVE (-ra)

torciera	torciéramos
torcieras	torcierais
torciera	torcieran

or **IMPERFECT SUBJUNCTIVE (-se)**

torciese	torciésemos
torcieses	torcieseis
torciese	torciesen

PAST PERFECT SUBJUNCTIVE (-ra)

hubiera torcido	hubiéramos torcido
hubieras torcido	hubierais torcido
hubiera torcido	hubieran torcido

or **PAST PERFECT SUBJUNCTIVE (-se)**

hubiese torcido	hubiésemos torcido
hubieses torcido	hubieseis torcido
hubiese torcido	hubiesen torcido

PROGRESSIVE TENSES

PRESENT	estoy, estás, está, estamos, estáis, están	
PRETERIT	estuve, estuviste, estuvo, estuvimos, estuvisteis, estuvieron	
IMPERFECT	estaba, estabas, estaba, estábamos, estabais, estaban	torciendo
FUTURE	estaré, estarás, estará, estaremos, estaréis, estarán	
CONDITIONAL	estaría, estarías, estaría, estaríamos, estaríais, estarían	
SUBJUNCTIVE	que + *corresponding subjunctive tense of* estar (*see verb 151*)	

COMMANDS

	(nosotros) torzamos/no torzamos
(tú) tuerce/no tuerzas	(vosotros) torced/no torzáis
(Ud.) tuerza/no tuerza	(Uds.) tuerzan/no tuerzan

Usage

¡Ella te torció el brazo!	*She twisted your arm/made you give in!*
Este juez tuerce la ley.	*This judge bends the law.*
No tuerzas la verdad/el sentido de las palabras.	*Don't distort the truth/meaning of the words.*

regular -ar verb   **trabajo · trabajaron · trabajado · trabajando**

PRESENT

trabajo	trabajamos
trabajas	trabajáis
trabaja	trabajan

PRETERIT

trabajé	trabajamos
trabajaste	trabajasteis
trabajó	trabajaron

IMPERFECT

trabajaba	trabajábamos
trabajabas	trabajabais
trabajaba	trabajaban

PRESENT PERFECT

he trabajado	hemos trabajado
has trabajado	habéis trabajado
ha trabajado	han trabajado

FUTURE

trabajaré	trabajaremos
trabajarás	trabajaréis
trabajará	trabajarán

CONDITIONAL

trabajaría	trabajaríamos
trabajarías	trabajaríais
trabajaría	trabajarían

PLUPERFECT

había trabajado	habíamos trabajado
habías trabajado	habíais trabajado
había trabajado	habían trabajado

PRETERIT PERFECT

hube trabajado	hubimos trabajado
hubiste trabajado	hubisteis trabajado
hubo trabajado	hubieron trabajado

FUTURE PERFECT

habré trabajado	habremos trabajado
habrás trabajado	habréis trabajado
habrá trabajado	habrán trabajado

CONDITIONAL PERFECT

habría trabajado	habríamos trabajado
habrías trabajado	habríais trabajado
habría trabajado	habrían trabajado

PRESENT SUBJUNCTIVE

trabaje	trabajemos
trabajes	trabajéis
trabaje	trabajen

PRESENT PERFECT SUBJUNCTIVE

haya trabajado	hayamos trabajado
hayas trabajado	hayáis trabajado
haya trabajado	hayan trabajado

IMPERFECT SUBJUNCTIVE (-ra)   *or*   **IMPERFECT SUBJUNCTIVE (-se)**

trabajara	trabajáramos	trabajase	trabajásemos
trabajaras	trabajarais	trabajases	trabajaseis
trabajara	trabajaran	trabajase	trabajasen

PAST PERFECT SUBJUNCTIVE (-ra)   *or*   **PAST PERFECT SUBJUNCTIVE (-se)**

hubiera trabajado	hubiéramos trabajado	hubiese trabajado	hubiésemos trabajado
hubieras trabajado	hubierais trabajado	hubieses trabajado	hubieseis trabajado
hubiera trabajado	hubieran trabajado	hubiese trabajado	hubiesen trabajado

PROGRESSIVE TENSES

PRESENT	estoy, estás, está, estamos, estáis, están	
PRETERIT	estuve, estuviste, estuvo, estuvimos, estuvisteis, estuvieron	
IMPERFECT	estaba, estabas, estaba, estábamos, estabais, estaban	trabajando
FUTURE	estaré, estarás, estará, estaremos, estaréis, estarán	
CONDITIONAL	estaría, estarías, estaría, estaríamos, estaríais, estarían	
SUBJUNCTIVE	que + *corresponding subjunctive tense of estar (see verb 151)*	

COMMANDS

	(nosotros) trabajemos/no trabajemos
(tú) trabaja/no trabajes	(vosotros) trabajad/no trabajéis
(Ud.) trabaje/no trabaje	(Uds.) trabajen/no trabajen

Usage

Trabaja en la tecnología de punta.	*He works in cutting-edge technology.*
Trabajaba en una consultoría.	*I worked at a consulting firm.*
Trabaja de programadora.	*She works as a programmer.*
Trabajarán para sus padres.	*They'll work for their parents.*

traducir *to translate, interpret, express*

traduzco · tradujeron · traducido · traduciendo   irregular verb

PRESENT		PRETERIT	
traduzco	traducimos	traduje	tradujimos
traduces	traducís	tradujiste	tradujisteis
traduce	traducen	tradujo	tradujeron

IMPERFECT		PRESENT PERFECT	
traducía	traducíamos	he traducido	hemos traducido
traducías	traducíais	has traducido	habéis traducido
traducía	traducían	ha traducido	han traducido

FUTURE		CONDITIONAL	
traduciré	traduciremos	traduciría	traduciríamos
traducirás	traduciréis	traducirías	traduciríais
traducirá	traducirán	traduciría	traducirían

PLUPERFECT		PRETERIT PERFECT	
había traducido	habíamos traducido	hube traducido	hubimos traducido
habías traducido	habíais traducido	hubiste traducido	hubisteis traducido
había traducido	habían traducido	hubo traducido	hubieron traducido

FUTURE PERFECT		CONDITIONAL PERFECT	
habré traducido	habremos traducido	habría traducido	habríamos traducido
habrás traducido	habréis traducido	habrías traducido	habríais traducido
habrá traducido	habrán traducido	habría traducido	habrían traducido

PRESENT SUBJUNCTIVE		PRESENT PERFECT SUBJUNCTIVE	
traduzca	traduzcamos	haya traducido	hayamos traducido
traduzcas	traduzcáis	hayas traducido	hayáis traducido
traduzca	traduzcan	haya traducido	hayan traducido

IMPERFECT SUBJUNCTIVE (-ra)		or IMPERFECT SUBJUNCTIVE (-se)	
tradujera	tradujéramos	tradujese	tradujésemos
tradujeras	tradujerais	tradujeses	tradujeseis
tradujera	tradujeran	tradujese	tradujesen

PAST PERFECT SUBJUNCTIVE (-ra)		or PAST PERFECT SUBJUNCTIVE (-se)	
hubiera traducido	hubiéramos traducido	hubiese traducido	hubiésemos traducido
hubieras traducido	hubierais traducido	hubieses traducido	hubieseis traducido
hubiera traducido	hubieran traducido	hubiese traducido	hubiesen traducido

PROGRESSIVE TENSES

PRESENT	estoy, estás, está, estamos, estáis, están	
PRETERIT	estuve, estuviste, estuvo, estuvimos, estuvisteis, estuvieron	
IMPERFECT	estaba, estabas, estaba, estábamos, estabais, estaban	traduciendo
FUTURE	estaré, estarás, estará, estaremos, estaréis, estarán	
CONDITIONAL	estaría, estarías, estaría, estaríamos, estaríais, estarían	
SUBJUNCTIVE	que + *corresponding subjunctive tense of* estar (*see verb 151*)	

COMMANDS

	(nosotros) traduzcamos/no traduzcamos
(tú) traduce/no traduzcas	(vosotros) traducid/no traduzcáis
(Ud.) traduzca/no traduzca	(Uds.) traduzcan/no traduzcan

Usage

Traduzca la carta del inglés al español.	*Translate the letter from English into Spanish.*
Tradujo la pieza literalmente.	*He translated the piece literally.*
Esta obra no se traduce fácilmente.	*This work is not easily interpreted.*
Le dijeron que tradujera los poemas.	*He was told to translate the poems.*

irregular verb | **traigo · trajeron · traído · trayendo**

PRESENT

traigo	traemos
traes	traéis
trae	traen

IMPERFECT

traía	traíamos
traías	traíais
traía	traían

FUTURE

traeré	traeremos
traerás	traeréis
traerá	traerán

PLUPERFECT

había traído	habíamos traído
habías traído	habíais traído
había traído	habían traído

FUTURE PERFECT

habré traído	habremos traído
habrás traído	habréis traído
habrá traído	habrán traído

PRESENT SUBJUNCTIVE

traiga	traigamos
traigas	traigáis
traiga	traigan

IMPERFECT SUBJUNCTIVE (-ra)

trajera	trajéramos
trajeras	trajerais
trajera	trajeran

PAST PERFECT SUBJUNCTIVE (-ra)

hubiera traído	hubiéramos traído
hubieras traído	hubierais traído
hubiera traído	hubieran traído

PRETERIT

traje	trajimos
trajiste	trajisteis
trajo	trajeron

PRESENT PERFECT

he traído	hemos traído
has traído	habéis traído
ha traído	han traído

CONDITIONAL

traería	traeríamos
traerías	traeríais
traería	traerían

PRETERIT PERFECT

hube traído	hubimos traído
hubiste traído	hubisteis traído
hubo traído	hubieron traído

CONDITIONAL PERFECT

habría traído	habríamos traído
habrías traído	habríais traído
habría traído	habrían traído

PRESENT PERFECT SUBJUNCTIVE

haya traído	hayamos traído
hayas traído	hayáis traído
haya traído	hayan traído

or **IMPERFECT SUBJUNCTIVE (-se)**

trajese	trajésemos
trajeses	trajeseis
trajese	trajesen

or **PAST PERFECT SUBJUNCTIVE (-se)**

hubiese traído	hubiésemos traído
hubieses traído	hubieseis traído
hubiese traído	hubiesen traído

PROGRESSIVE TENSES

PRESENT	estoy, estás, está, estamos, estáis, están
PRETERIT	estuve, estuviste, estuvo, estuvimos, estuvisteis, estuvieron
IMPERFECT	estaba, estabas, estaba, estábamos, estabais, estaban
FUTURE	estaré, estarás, estará, estaremos, estaréis, estarán
CONDITIONAL	estaría, estarías, estaría, estaríamos, estaríais, estarían
SUBJUNCTIVE	que + *corresponding subjunctive tense of* estar (*see verb 151*)

} trayendo

COMMANDS

	(nosotros) traigamos/no traigamos
(tú) trae/no traigas	(vosotros) traed/no traigáis
(Ud.) traiga/no traiga	(Uds.) traigan/no traigan

Usage

El cartero trajo el correo.	*The mailman brought the mail.*
¿Qué te trae a este barrio?	*What brings you to this neighborhood?*
Tráigame las carpetas.	*Bring me the folders.*
¡Trae!	*Give it to me!*

TOP 30 VERB ☞

Su modo de ser le traía problemas.	His manner caused him problems.
Trae puesto un traje muy elegante.	She's wearing an elegant suit.
¡Traen y llevan a todo el mundo!	They gossip about everyone!
Traigámosle flores.	Let's bring her flowers.
Tráeme noticias.	Bring me news.
Se cree que eso trae buena/mala suerte.	People think that brings good/bad luck.
¿Podemos traer a nuestro compañero?	May we bring our friend along?
Traigamos pizza esta noche.	Let's bring in pizza tonight.
¿Has traído un cheque contigo?	Have you brought a check with you?

to have

Sus gastos les traen preocupados.	Her expenses have them concerned.
¿Traes aspirinas?	Do you have aspirin on you?
La propuesta trae sus problemas.	The proposal has its problems.

to carry, have

El periódico de hoy trae un editorial sobre la política exterior.	Today's newspaper has an editorial about foreign policy.

to not care

¡Sus berrinches me traen sin cuidado!	I don't care/give a damn about his tantrums!

Other Uses

Esta anécdota me trae a la mente el día de su boda.	This anecdote brings to mind/reminds me of their wedding day.
Trae a sus empleados de aquí para allá.	He orders his employees about/keeps his employees busy.
¿Este chico no os trae loco?	Doesn't this kid drive you crazy?
Tráete tu partida de nacimiento.	Bring along your birth certificate.
¿Qué se traen entre manos?	What are they up to/planning?
No me interesan estas ideas traídas y llevadas.	I'm not interested in these hackneyed ideas.
Dijo algo traído por los pelos.	He said something far-fetched.
El traje de lana gris es elegante.	The gray wool suit is elegant.
¡Contraes amistad con todos!	You make friends with everyone!
Esas playas atraen a muchos turistas.	Those beaches attract/bring a lot of tourists.

TOP 30 VERBS

-ar verb; spelling change: g > gu/e   **trago · tragaron · tragado · tragando**

PRESENT		PRETERIT	
trago	tragamos	tragué	tragamos
tragas	tragáis	tragaste	tragasteis
traga	tragan	tragó	tragaron

IMPERFECT		PRESENT PERFECT	
tragaba	tragábamos	he tragado	hemos tragado
tragabas	tragabais	has tragado	habéis tragado
tragaba	tragaban	ha tragado	han tragado

FUTURE		CONDITIONAL	
tragaré	tragaremos	tragaría	tragaríamos
tragarás	tragaréis	tragarías	tragaríais
tragará	tragarán	tragaría	tragarían

PLUPERFECT		PRETERIT PERFECT	
había tragado	habíamos tragado	hube tragado	hubimos tragado
habías tragado	habíais tragado	hubiste tragado	hubisteis tragado
había tragado	habían tragado	hubo tragado	hubieron tragado

FUTURE PERFECT		CONDITIONAL PERFECT	
habré tragado	habremos tragado	habría tragado	habríamos tragado
habrás tragado	habréis tragado	habrías tragado	habríais tragado
habrá tragado	habrán tragado	habría tragado	habrían tragado

PRESENT SUBJUNCTIVE		PRESENT PERFECT SUBJUNCTIVE	
trague	traguemos	haya tragado	hayamos tragado
tragues	traguéis	hayas tragado	hayáis tragado
trague	traguen	haya tragado	hayan tragado

IMPERFECT SUBJUNCTIVE (-ra)		or IMPERFECT SUBJUNCTIVE (-se)	
tragara	tragáramos	tragase	tragásemos
tragaras	tragarais	tragases	tragaseis
tragara	tragaran	tragase	tragasen

PAST PERFECT SUBJUNCTIVE (-ra)		or PAST PERFECT SUBJUNCTIVE (-se)	
hubiera tragado	hubiéramos tragado	hubiese tragado	hubiésemos tragado
hubieras tragado	hubierais tragado	hubieses tragado	hubieseis tragado
hubiera tragado	hubieran tragado	hubiese tragado	hubiesen tragado

PROGRESSIVE TENSES

PRESENT	estoy, estás, está, estamos, estáis, están	
PRETERIT	estuve, estuviste, estuvo, estuvimos, estuvisteis, estuvieron	
IMPERFECT	estaba, estabas, estaba, estábamos, estabais, estaban	tragando
FUTURE	estaré, estarás, estará, estaremos, estaréis, estarán	
CONDITIONAL	estaría, estarías, estaría, estaríamos, estaríais, estarían	
SUBJUNCTIVE	que + corresponding subjunctive tense of estar (see verb 151)	

COMMANDS

	(nosotros) traguemos/no traguemos
(tú) traga/no tragues	(vosotros) tragad/no traguéis
(Ud.) trague/no trague	(Uds.) traguen/no traguen

Usage

¡La niña ha tragado su comida por fin!	The child has finally swallowed her food!
¡Te tragas cuánto te dicen!	You swallow everything they tell you!
¡No la podemos tragar!	We can't stand/stomach her!
¡No hay quién se lo trague!	Nobody will swallow/believe that!

tranquilizarse *to calm down, reassure*

tranquilizo · tranquilizaron · tranquilizado · tranquilizándose   *-ar reflexive verb;*
spelling change: z > c/e

PRESENT		PRETERIT	
me tranquilizo	nos tranquilizamos	me tranquilicé	nos tranquilizamos
te tranquilizas	os tranquilizáis	te tranquilizaste	os tranquilizasteis
se tranquiliza	se tranquilizan	se tranquilizó	se tranquilizaron

IMPERFECT		PRESENT PERFECT	
me tranquilizaba	nos tranquilizábamos	me he tranquilizado	nos hemos tranquilizado
te tranquilizabas	os tranquilizabais	te has tranquilizado	os habéis tranquilizado
se tranquilizaba	se tranquilizaban	se ha tranquilizado	se han tranquilizado

FUTURE		CONDITIONAL	
me tranquilizaré	nos tranquilizaremos	me tranquilizaría	nos tranquilizaríamos
te tranquilizarás	os tranquilizaréis	te tranquilizarías	os tranquilizaríais
se tranquilizará	se tranquilizarán	se tranquilizaría	se tranquilizarían

PLUPERFECT		PRETERIT PERFECT	
me había tranquilizado	nos habíamos tranquilizado	me hube tranquilizado	nos hubimos tranquilizado
te habías tranquilizado	os habíais tranquilizado	te hubiste tranquilizado	os hubisteis tranquilizado
se había tranquilizado	se habían tranquilizado	se hubo tranquilizado	se hubieron tranquilizado

FUTURE PERFECT		CONDITIONAL PERFECT	
me habré tranquilizado	nos habremos tranquilizado	me habría tranquilizado	nos habríamos tranquilizado
te habrás tranquilizado	os habréis tranquilizado	te habrías tranquilizado	os habríais tranquilizado
se habrá tranquilizado	se habrán tranquilizado	se habría tranquilizado	se habrían tranquilizado

PRESENT SUBJUNCTIVE		PRESENT PERFECT SUBJUNCTIVE	
me tranquilice	nos tranquilicemos	me haya tranquilizado	nos hayamos tranquilizado
te tranquilices	os tranquilicéis	te hayas tranquilizado	os hayáis tranquilizado
se tranquilice	se tranquilicen	se haya tranquilizado	se hayan tranquilizado

IMPERFECT SUBJUNCTIVE (-ra)		or	IMPERFECT SUBJUNCTIVE (-se)	
me tranquilizara	nos tranquilizáramos		me tranquilizase	nos tranquilizásemos
te tranquilizaras	os tranquilizarais		te tranquilizases	os tranquilizaseis
se tranquilizara	se tranquilizaran		se tranquilizase	se tranquilizasen

PAST PERFECT SUBJUNCTIVE (-ra)		or	PAST PERFECT SUBJUNCTIVE (-se)	
me hubiera tranquilizado	nos hubiéramos tranquilizado		me hubiese tranquilizado	nos hubiésemos tranquilizado
te hubieras tranquilizado	os hubierais tranquilizado		te hubieses tranquilizado	os hubieseis tranquilizado
se hubiera tranquilizado	se hubieran tranquilizado		se hubiese tranquilizado	se hubiesen tranquilizado

PROGRESSIVE TENSES

PRESENT	estoy, estás, está, estamos, estáis, están
PRETERIT	estuve, estuviste, estuvo, estuvimos, estuvisteis, estuvieron
IMPERFECT	estaba, estabas, estaba, estábamos, estabais, estaban
FUTURE	estaré, estarás, estará, estaremos, estaréis, estarán
CONDITIONAL	estaría, estarías, estaría, estaríamos, estaríais, estarían
SUBJUNCTIVE	que + corresponding subjunctive tense of estar (see verb 151)

tranquilizando (*see page 37*)

COMMANDS

	(nosotros) tranquilicémonos/no nos tranquilicemos
(tú) tranquilízate/no te tranquilices	(vosotros) tranquilizaos/no os tranquilicéis
(Ud.) tranquilícese/no se tranquilice	(Uds.) tranquilícense/no se tranquilicen

Usage

¡Tranquilícense!	*Calm down!/Don't worry!*
¿Pudiste tranquilizarlos?	*Were you able to reassure them?*
El mar está tranquilizándose.	*The sea is calming down.*
Espero que os tranquilicéis.	*I hope you'll calm down.*

regular *-ar* verb   **trato · trataron · tratado · tratando**

PRESENT		**PRETERIT**	
trato	tratamos	traté	tratamos
tratas	tratáis	trataste	tratasteis
trata	tratan	trató	trataron

IMPERFECT		**PRESENT PERFECT**	
trataba	tratábamos	he tratado	hemos tratado
tratabas	tratabais	has tratado	habéis tratado
trataba	trataban	ha tratado	han tratado

FUTURE		**CONDITIONAL**	
trataré	trataremos	trataría	trataríamos
tratarás	trataréis	tratarías	trataríais
tratará	tratarán	trataría	tratarían

PLUPERFECT		**PRETERIT PERFECT**	
había tratado	habíamos tratado	hube tratado	hubimos tratado
habías tratado	habíais tratado	hubiste tratado	hubisteis tratado
había tratado	habían tratado	hubo tratado	hubieron tratado

FUTURE PERFECT		**CONDITIONAL PERFECT**	
habré tratado	habremos tratado	habría tratado	habríamos tratado
habrás tratado	habréis tratado	habrías tratado	habríais tratado
habrá tratado	habrán tratado	habría tratado	habrían tratado

PRESENT SUBJUNCTIVE		**PRESENT PERFECT SUBJUNCTIVE**	
trate	tratemos	haya tratado	hayamos tratado
trates	tratéis	hayas tratado	hayáis tratado
trate	traten	haya tratado	hayan tratado

IMPERFECT SUBJUNCTIVE (-ra)		*or* **IMPERFECT SUBJUNCTIVE (-se)**	
tratara	tratáramos	tratase	tratásemos
trataras	tratarais	tratases	trataseis
tratara	trataran	tratase	tratasen

PAST PERFECT SUBJUNCTIVE (-ra)		*or* **PAST PERFECT SUBJUNCTIVE (-se)**	
hubiera tratado	hubiéramos tratado	hubiese tratado	hubiésemos tratado
hubieras tratado	hubierais tratado	hubieses tratado	hubieseis tratado
hubiera tratado	hubieran tratado	hubiese tratado	hubiesen tratado

PROGRESSIVE TENSES

PRESENT	estoy, estás, está, estamos, estáis, están
PRETERIT	estuve, estuviste, estuvo, estuvimos, estuvisteis, estuvieron
IMPERFECT	estaba, estabas, estaba, estábamos, estabais, estaban
FUTURE	estaré, estarás, estará, estaremos, estaréis, estarán
CONDITIONAL	estaría, estarías, estaría, estaríamos, estaríais, estarían
SUBJUNCTIVE	que + *corresponding subjunctive tense of* estar *(see verb 151)*

tratando

COMMANDS

	(nosotros) tratemos/no tratemos
(tú) trata/no trates	(vosotros) tratad/no tratéis
(Ud.) trate/no trate	(Uds.) traten/no traten

Usage

Trata la teoría en su tesis.	*He deals with/treats the theory in his thesis.*
Les pedimos que trataran el asunto con discreción.	*We asked them to handle the matter discreetly.*
Nos trataron magníficamente.	*They treated/entertained us royally.*

tropezar to stumble, trip, run into, come across

tropiezo · tropezaron · tropezado · tropezando   stem-changing -ar verb: *e > ie*;
spelling change: *z > c/e*

PRESENT		PRETERIT	
tropiezo	tropezamos	tropecé	tropezamos
tropiezas	tropezáis	tropezaste	tropezasteis
tropieza	tropiezan	tropezó	tropezaron

IMPERFECT		PRESENT PERFECT	
tropezaba	tropezábamos	he tropezado	hemos tropezado
tropezabas	tropezabais	has tropezado	habéis tropezado
tropezaba	tropezaban	ha tropezado	han tropezado

FUTURE		CONDITIONAL	
tropezaré	tropezaremos	tropezaría	tropezaríamos
tropezarás	tropezaréis	tropezarías	tropezaríais
tropezará	tropezarán	tropezaría	tropezarían

PLUPERFECT		PRETERIT PERFECT	
había tropezado	habíamos tropezado	hube tropezado	hubimos tropezado
habías tropezado	habíais tropezado	hubiste tropezado	hubisteis tropezado
había tropezado	habían tropezado	hubo tropezado	hubieron tropezado

FUTURE PERFECT		CONDITIONAL PERFECT	
habré tropezado	habremos tropezado	habría tropezado	habríamos tropezado
habrás tropezado	habréis tropezado	habrías tropezado	habríais tropezado
habrá tropezado	habrán tropezado	habría tropezado	habrían tropezado

PRESENT SUBJUNCTIVE		PRESENT PERFECT SUBJUNCTIVE	
tropiece	tropecemos	haya tropezado	hayamos tropezado
tropieces	tropecéis	hayas tropezado	hayáis tropezado
tropiece	tropiecen	haya tropezado	hayan tropezado

IMPERFECT SUBJUNCTIVE (-ra)		*or* IMPERFECT SUBJUNCTIVE (-se)	
tropezara	tropezáramos	tropezase	tropezásemos
tropezaras	tropezarais	tropezases	tropezaseis
tropezara	tropezaran	tropezase	tropezasen

PAST PERFECT SUBJUNCTIVE (-ra)		*or* PAST PERFECT SUBJUNCTIVE (-se)	
hubiera tropezado	hubiéramos tropezado	hubiese tropezado	hubiésemos tropezado
hubieras tropezado	hubierais tropezado	hubieses tropezado	hubieseis tropezado
hubiera tropezado	hubieran tropezado	hubiese tropezado	hubiesen tropezado

PROGRESSIVE TENSES

PRESENT	estoy, estás, está, estamos, estáis, están	
PRETERIT	estuve, estuviste, estuvo, estuvimos, estuvisteis, estuvieron	
IMPERFECT	estaba, estabas, estaba, estábamos, estabais, estaban	tropezando
FUTURE	estaré, estarás, estará, estaremos, estaréis, estarán	
CONDITIONAL	estaría, estarías, estaría, estaríamos, estaríais, estarían	
SUBJUNCTIVE	que + *corresponding subjunctive tense of estar (see verb 151)*	

COMMANDS

	(nosotros) tropecemos/no tropecemos
(tú) tropieza/no tropieces	(vosotros) tropezad/no tropecéis
(Ud.) tropiece/no tropiece	(Uds.) tropiecen/no tropiecen

Usage

Tropezó con algo y se cayó.	He tripped on something and fell.
Tropecé con unos amigos.	I ran into some friends.
Es dudoso que hayan tropezado en sus cálculos.	It's doubtful they've made a mistake in their calculations.

-ar verb; spelling change: *z > c/e*   utilizo · utilizaron · utilizado · utilizando

PRESENT		PRETERIT	
utilizo	utilizamos	utilicé	utilizamos
utilizas	utilizáis	utilizaste	utilizasteis
utiliza	utilizan	utilizó	utilizaron

IMPERFECT		PRESENT PERFECT	
utilizaba	utilizábamos	he utilizado	hemos utilizado
utilizabas	utilizabais	has utilizado	habéis utilizado
utilizaba	utilizaban	ha utilizado	han utilizado

FUTURE		CONDITIONAL	
utilizaré	utilizaremos	utilizaría	utilizaríamos
utilizarás	utilizaréis	utilizarías	utilizaríais
utilizará	utilizarán	utilizaría	utilizarían

PLUPERFECT		PRETERIT PERFECT	
había utilizado	habíamos utilizado	hube utilizado	hubimos utilizado
habías utilizado	habíais utilizado	hubiste utilizado	hubisteis utilizado
había utilizado	habían utilizado	hubo utilizado	hubieron utilizado

FUTURE PERFECT		CONDITIONAL PERFECT	
habré utilizado	habremos utilizado	habría utilizado	habríamos utilizado
habrás utilizado	habréis utilizado	habrías utilizado	habríais utilizado
habrá utilizado	habrán utilizado	habría utilizado	habrían utilizado

PRESENT SUBJUNCTIVE		PRESENT PERFECT SUBJUNCTIVE	
utilice	utilicemos	haya utilizado	hayamos utilizado
utilices	utilicéis	hayas utilizado	hayáis utilizado
utilice	utilicen	haya utilizado	hayan utilizado

IMPERFECT SUBJUNCTIVE (-ra)		*or*	IMPERFECT SUBJUNCTIVE (-se)	
utilizara	utilizáramos		utilizase	utilizásemos
utilizaras	utilizarais		utilizases	utilizaseis
utilizara	utilizaran		utilizase	utilizasen

PAST PERFECT SUBJUNCTIVE (-ra)		*or*	PAST PERFECT SUBJUNCTIVE (-se)	
hubiera utilizado	hubiéramos utilizado		hubiese utilizado	hubiésemos utilizado
hubieras utilizado	hubierais utilizado		hubieses utilizado	hubieseis utilizado
hubiera utilizado	hubieran utilizado		hubiese utilizado	hubiesen utilizado

PROGRESSIVE TENSES

PRESENT	estoy, estás, está, estamos, estáis, están	
PRETERIT	estuve, estuviste, estuvo, estuvimos, estuvisteis, estuvieron	
IMPERFECT	estaba, estabas, estaba, estábamos, estabais, estaban	utilizando
FUTURE	estaré, estarás, estará, estaremos, estaréis, estarán	
CONDITIONAL	estaría, estarías, estaría, estaríamos, estaríais, estarían	
SUBJUNCTIVE	que + *corresponding subjunctive tense of estar (see verb 151)*	

COMMANDS

	(nosotros) utilicemos/no utilicemos
(tú) utiliza/no utilices	(vosotros) utilizad/no utilicéis
(Ud.) utilice/no utilice	(Uds.) utilicen/no utilicen

Usage

Utilicen los recursos económicos que tienen.	Use/Exploit the economic resources you have.
Aprende a utilizar la computadora.	She's learning how to use the computer.
Se utiliza la energía nuclear.	They're making use of/harnessing nuclear power.

vaciar *to empty*

vacío · vaciaron · vaciado · vaciando

regular -*ar* verb;
spelling change: *i* > *í* when stressed

PRESENT		PRETERIT	
vacío	vaciamos	vacié	vaciamos
vacías	vaciáis	vaciaste	vaciasteis
vacía	vacían	vació	vaciaron

IMPERFECT		PRESENT PERFECT	
vaciaba	vaciábamos	he vaciado	hemos vaciado
vaciabas	vaciabais	has vaciado	habéis vaciado
vaciaba	vaciaban	ha vaciado	han vaciado

FUTURE		CONDITIONAL	
vaciaré	vaciaremos	vaciaría	vaciaríamos
vaciarás	vaciaréis	vaciarías	vaciaríais
vaciará	vaciarán	vaciaría	vaciarían

PLUPERFECT		PRETERIT PERFECT	
había vaciado	habíamos vaciado	hube vaciado	hubimos vaciado
habías vaciado	habíais vaciado	hubiste vaciado	hubisteis vaciado
había vaciado	habían vaciado	hubo vaciado	hubieron vaciado

FUTURE PERFECT		CONDITIONAL PERFECT	
habré vaciado	habremos vaciado	habría vaciado	habríamos vaciado
habrás vaciado	habréis vaciado	habrías vaciado	habríais vaciado
habrá vaciado	habrán vaciado	habría vaciado	habrían vaciado

PRESENT SUBJUNCTIVE		PRESENT PERFECT SUBJUNCTIVE	
vacíe	vaciemos	haya vaciado	hayamos vaciado
vacíes	vaciéis	hayas vaciado	hayáis vaciado
vacíe	vacíen	haya vaciado	hayan vaciado

IMPERFECT SUBJUNCTIVE (-ra)		or IMPERFECT SUBJUNCTIVE (-se)	
vaciara	vaciáramos	vaciase	vaciásemos
vaciaras	vaciarais	vaciases	vaciaseis
vaciara	vaciaran	vaciase	vaciasen

PAST PERFECT SUBJUNCTIVE (-ra)		or PAST PERFECT SUBJUNCTIVE (-se)	
hubiera vaciado	hubiéramos vaciado	hubiese vaciado	hubiésemos vaciado
hubieras vaciado	hubierais vaciado	hubieses vaciado	hubieseis vaciado
hubiera vaciado	hubieran vaciado	hubiese vaciado	hubiesen vaciado

PROGRESSIVE TENSES

PRESENT	estoy, estás, está, estamos, estáis, están
PRETERIT	estuve, estuviste, estuvo, estuvimos, estuvisteis, estuvieron
IMPERFECT	estaba, estabas, estaba, estábamos, estabais, estaban
FUTURE	estaré, estarás, estará, estaremos, estaréis, estarán
CONDITIONAL	estaría, estarías, estaría, estaríamos, estaríais, estarían
SUBJUNCTIVE	que + *corresponding subjunctive tense of* estar (*see verb 151*)

\} vaciando

COMMANDS

	(nosotros) vaciemos/no vaciemos
(tú) vacía/no vacíes	(vosotros) vaciad/no vaciéis
(Ud.) vacíe/no vacíe	(Uds.) vacíen/no vacíen

Usage

Vacía los vasos.	*Empty the glasses.*
Han vaciado las cubetas.	*They've cleaned out the buckets.*
Siente un vacío en la vida.	*He feels an emptiness/a void in his life.*
¿Está vacío el apartamento?	*Is the apartment vacant/unoccupied?*

PRESENT		PRETERIT	
valgo	valemos	valí	valimos
vales	valéis	valiste	valisteis
vale	valen	valió	valieron

IMPERFECT		PRESENT PERFECT	
valía	valíamos	he valido	hemos valido
valías	valíais	has valido	habéis valido
valía	valían	ha valido	han valido

FUTURE		CONDITIONAL	
valdré	valdremos	valdría	valdríamos
valdrás	valdréis	valdrías	valdríais
valdrá	valdrán	valdría	valdrían

PLUPERFECT		PRETERIT PERFECT	
había valido	habíamos valido	hube valido	hubimos valido
habías valido	habíais valido	hubiste valido	hubisteis valido
había valido	habían valido	hubo valido	hubieron valido

FUTURE PERFECT		CONDITIONAL PERFECT	
habré valido	habremos valido	habría valido	habríamos valido
habrás valido	habréis valido	habrías valido	habríais valido
habrá valido	habrán valido	habría valido	habrían valido

PRESENT SUBJUNCTIVE		PRESENT PERFECT SUBJUNCTIVE	
valga	valgamos	haya valido	hayamos valido
valgas	valgáis	hayas valido	hayáis valido
valga	valgan	haya valido	hayan valido

IMPERFECT SUBJUNCTIVE (-ra)		or	IMPERFECT SUBJUNCTIVE (-se)	
valiera	valiéramos		valiese	valiésemos
valieras	valierais		valieses	valieseis
valiera	valieran		valiese	valiesen

PAST PERFECT SUBJUNCTIVE (-ra)		or	PAST PERFECT SUBJUNCTIVE (-se)	
hubiera valido	hubiéramos valido		hubiese valido	hubiésemos valido
hubieras valido	hubierais valido		hubieses valido	hubieseis valido
hubiera valido	hubieran valido		hubiese valido	hubiesen valido

PROGRESSIVE TENSES

PRESENT	estoy, estás, está, estamos, estáis, están
PRETERIT	estuve, estuviste, estuvo, estuvimos, estuvisteis, estuvieron
IMPERFECT	estaba, estabas, estaba, estábamos, estabais, estaban
FUTURE	estaré, estarás, estará, estaremos, estaréis, estarán
CONDITIONAL	estaría, estarías, estaría, estaríamos, estaríais, estarían
SUBJUNCTIVE	que + *corresponding subjunctive tense of* estar (*see verb 151*)

valiendo

COMMANDS

	(nosotros) valgamos/no valgamos
(tú) vale/no valgas	(vosotros) valed/no valgáis
(Ud.) valga/no valga	(Uds.) valgan/no valgan

Usage

¿Cuánto vale el collar?	*How much is the necklace worth?*
Las uvas valen dos dólares la libra.	*Grapes cost two dollars per pound.*
Su apoyo vale mucho para nosotros.	*Their support means a lot to us.*
Sus investigaciones le valieron el premio Nóbel.	*His research won him the Nobel Prize.*

vencer to conquer, defeat, overcome, expire

venzo · vencieron · vencido · venciendo   -er verb; spelling change: c > z/o, a

PRESENT

venzo	vencemos
vences	vencéis
vence	vencen

IMPERFECT

vencía	vencíamos
vencías	vencíais
vencía	vencían

FUTURE

venceré	venceremos
vencerás	venceréis
vencerá	vencerán

PLUPERFECT

había vencido	habíamos vencido
habías vencido	habíais vencido
había vencido	habían vencido

FUTURE PERFECT

habré vencido	habremos vencido
habrás vencido	habréis vencido
habrá vencido	habrán vencido

PRESENT SUBJUNCTIVE

venza	venzamos
venzas	venzáis
venza	venzan

IMPERFECT SUBJUNCTIVE (-ra)

venciera	venciéramos
vencieras	vencierais
venciera	vencieran

PAST PERFECT SUBJUNCTIVE (-ra)

hubiera vencido	hubiéramos vencido
hubieras vencido	hubierais vencido
hubiera vencido	hubieran vencido

PRETERIT

vencí	vencimos
venciste	vencisteis
venció	vencieron

PRESENT PERFECT

he vencido	hemos vencido
has vencido	habéis vencido
ha vencido	han vencido

CONDITIONAL

vencería	venceríamos
vencerías	venceríais
vencería	vencerían

PRETERIT PERFECT

hube vencido	hubimos vencido
hubiste vencido	hubisteis vencido
hubo vencido	hubieron vencido

CONDITIONAL PERFECT

habría vencido	habríamos vencido
habrías vencido	habríais vencido
habría vencido	habrían vencido

PRESENT PERFECT SUBJUNCTIVE

haya vencido	hayamos vencido
hayas vencido	hayáis vencido
haya vencido	hayan vencido

or **IMPERFECT SUBJUNCTIVE (-se)**

venciese	venciésemos
vencieses	vencieseis
venciese	venciesen

or **PAST PERFECT SUBJUNCTIVE (-se)**

hubiese vencido	hubiésemos vencido
hubieses vencido	hubieseis vencido
hubiese vencido	hubiesen vencido

PROGRESSIVE TENSES

PRESENT	estoy, estás, está, estamos, estáis, están	
PRETERIT	estuve, estuviste, estuvo, estuvimos, estuvisteis, estuvieron	
IMPERFECT	estaba, estabas, estaba, estábamos, estabais, estaban	venciendo
FUTURE	estaré, estarás, estará, estaremos, estaréis, estarán	
CONDITIONAL	estaría, estarías, estaría, estaríamos, estaríais, estarían	
SUBJUNCTIVE	que + corresponding subjunctive tense of estar (see verb 151)	

COMMANDS

	(nosotros) venzamos/no venzamos
(tú) vence/no venzas	(vosotros) venced/no venzáis
(Ud.) venza/no venza	(Uds.) venzan/no venzan

Usage

Vencieron al enemigo/al otro equipo.	*They defeated the enemy/the other team.*
Venció las desventajas.	*She overcame the obstacles/handicaps.*
Se vence tu carnet de conducir este año.	*Your driver's license expires this year.*
¡No se den por vencidos!	*Don't give up/admit defeat!*

regular -er verb | **vendo · vendieron · vendido · vendiendo**

PRESENT		PRETERIT	
vendo	vendemos	vendí	vendimos
vendes	vendéis	vendiste	vendisteis
vende	venden	vendió	vendieron

IMPERFECT		PRESENT PERFECT	
vendía	vendíamos	he vendido	hemos vendido
vendías	vendíais	has vendido	habéis vendido
vendía	vendían	ha vendido	han vendido

FUTURE		CONDITIONAL	
venderé	venderemos	vendería	venderíamos
venderás	venderéis	venderías	venderíais
venderá	venderán	vendería	venderían

PLUPERFECT		PRETERIT PERFECT	
había vendido	habíamos vendido	hube vendido	hubimos vendido
habías vendido	habíais vendido	hubiste vendido	hubisteis vendido
había vendido	habían vendido	hubo vendido	hubieron vendido

FUTURE PERFECT		CONDITIONAL PERFECT	
habré vendido	habremos vendido	habría vendido	habríamos vendido
habrás vendido	habréis vendido	habrías vendido	habríais vendido
habrá vendido	habrán vendido	habría vendido	habrían vendido

PRESENT SUBJUNCTIVE		PRESENT PERFECT SUBJUNCTIVE	
venda	vendamos	haya vendido	hayamos vendido
vendas	vendáis	hayas vendido	hayáis vendido
venda	vendan	haya vendido	hayan vendido

IMPERFECT SUBJUNCTIVE (-ra)		or	IMPERFECT SUBJUNCTIVE (-se)	
vendiera	vendiéramos		vendiese	vendiésemos
vendieras	vendierais		vendieses	vendieseis
vendiera	vendieran		vendiese	vendiesen

PAST PERFECT SUBJUNCTIVE (-ra)		or	PAST PERFECT SUBJUNCTIVE (-se)	
hubiera vendido	hubiéramos vendido		hubiese vendido	hubiésemos vendido
hubieras vendido	hubierais vendido		hubieses vendido	hubieseis vendido
hubiera vendido	hubieran vendido		hubiese vendido	hubiesen vendido

PROGRESSIVE TENSES

PRESENT	estoy, estás, está, estamos, estáis, están	
PRETERIT	estuve, estuviste, estuvo, estuvimos, estuvisteis, estuvieron	
IMPERFECT	estaba, estabas, estaba, estábamos, estabais, estaban	vendiendo
FUTURE	estaré, estarás, estará, estaremos, estaréis, estarán	
CONDITIONAL	estaría, estarías, estaría, estaríamos, estaríais, estarían	
SUBJUNCTIVE	que + *corresponding subjunctive tense of* estar *(see verb 151)*	

COMMANDS

	(nosotros) vendamos/no vendamos
(tú) vende/no vendas	(vosotros) vended/no vendáis
(Ud.) venda/no venda	(Uds.) vendan/no vendan

Usage

Vendieron su casa por mucho dinero.	*They sold their house for a lot of money.*
Se venden videodiscos aquí.	*Videodiscs are sold here.*
El político se vendió por el dinero/el poder.	*The politician sold himself for money/power.*
Las fresas se venden a $4 la libra.	*Strawberries are selling at $4 a pound.*

vengar to avenge, take revenge

vengo · vengaron · vengado · vengando   -ar verb; spelling change: g > gu/e

PRESENT		PRETERIT	
vengo	vengamos	vengué	vengamos
vengas	vengáis	vengaste	vengasteis
venga	vengan	vengó	vengaron

IMPERFECT		PRESENT PERFECT	
vengaba	vengábamos	he vengado	hemos vengado
vengabas	vengabais	has vengado	habéis vengado
vengaba	vengaban	ha vengado	han vengado

FUTURE		CONDITIONAL	
vengaré	vengaremos	vengaría	vengaríamos
vengarás	vengaréis	vengarías	vengaríais
vengará	vengarán	vengaría	vengarían

PLUPERFECT		PRETERIT PERFECT	
había vengado	habíamos vengado	hube vengado	hubimos vengado
habías vengado	habíais vengado	hubiste vengado	hubisteis vengado
había vengado	habían vengado	hubo vengado	hubieron vengado

FUTURE PERFECT		CONDITIONAL PERFECT	
habré vengado	habremos vengado	habría vengado	habríamos vengado
habrás vengado	habréis vengado	habrías vengado	habríais vengado
habrá vengado	habrán vengado	habría vengado	habrían vengado

PRESENT SUBJUNCTIVE		PRESENT PERFECT SUBJUNCTIVE	
vengue	venguemos	haya vengado	hayamos vengado
vengues	venguéis	hayas vengado	hayáis vengado
vengue	venguen	haya vengado	hayan vengado

IMPERFECT SUBJUNCTIVE (-ra)		or	IMPERFECT SUBJUNCTIVE (-se)	
vengara	vengáramos		vengase	vengásemos
vengaras	vengarais		vengases	vengaseis
vengara	vengaran		vengase	vengasen

PAST PERFECT SUBJUNCTIVE (-ra)		or	PAST PERFECT SUBJUNCTIVE (-se)	
hubiera vengado	hubiéramos vengado		hubiese vengado	hubiésemos vengado
hubieras vengado	hubierais vengado		hubieses vengado	hubieseis vengado
hubiera vengado	hubieran vengado		hubiese vengado	hubiesen vengado

PROGRESSIVE TENSES

PRESENT	estoy, estás, está, estamos, estáis, están	
PRETERIT	estuve, estuviste, estuvo, estuvimos, estuvisteis, estuvieron	
IMPERFECT	estaba, estabas, estaba, estábamos, estabais, estaban	vengando
FUTURE	estaré, estarás, estará, estaremos, estaréis, estarán	
CONDITIONAL	estaría, estarías, estaría, estaríamos, estaríais, estarían	
SUBJUNCTIVE	que + corresponding subjunctive tense of estar (see verb 151)	

COMMANDS

	(nosotros) venguemos/no venguemos
(tú) venga/no vengues	(vosotros) vengad/no venguéis
(Ud.) vengue/no vengue	(Uds.) venguen/no venguen

Usage

Alguien vengó el asesinato.	Someone avenged the murder.
Se vengaron del malhechor.	They took revenge on the wrongdoer.
¿Cómo te vengaste por el delito?	How did you avenge yourself for the crime?
Se clama venganza.	They demand vengeance.

irregular verb | **vengo · vinieron · venido · viniendo**

PRESENT

vengo	venimos
vienes	venís
viene	vienen

IMPERFECT

venía	veníamos
venías	veníais
venía	venían

FUTURE

vendré	vendremos
vendrás	vendréis
vendrá	vendrán

PLUPERFECT

había venido	habíamos venido
habías venido	habíais venido
había venido	habían venido

FUTURE PERFECT

habré venido	habremos venido
habrás venido	habréis venido
habrá venido	habrán venido

PRESENT SUBJUNCTIVE

venga	vengamos
vengas	vengáis
venga	vengan

IMPERFECT SUBJUNCTIVE (-ra)

viniera	viniéramos
vinieras	vinierais
viniera	vinieran

PAST PERFECT SUBJUNCTIVE (-ra)

hubiera venido	hubiéramos venido
hubieras venido	hubierais venido
hubiera venido	hubieran venido

PRETERIT

vine	vinimos
viniste	vinisteis
vino	vinieron

PRESENT PERFECT

he venido	hemos venido
has venido	habéis venido
ha venido	han venido

CONDITIONAL

vendría	vendríamos
vendrías	vendríais
vendría	vendrían

PRETERIT PERFECT

hube venido	hubimos venido
hubiste venido	hubisteis venido
hubo venido	hubieron venido

CONDITIONAL PERFECT

habría venido	habríamos venido
habrías venido	habríais venido
habría venido	habrían venido

PRESENT PERFECT SUBJUNCTIVE

haya venido	hayamos venido
hayas venido	hayáis venido
haya venido	hayan venido

or **IMPERFECT SUBJUNCTIVE (-se)**

viniese	viniésemos
vinieses	vinieseis
viniese	viniesen

or **PAST PERFECT SUBJUNCTIVE (-se)**

hubiese venido	hubiésemos venido
hubieses venido	hubieseis venido
hubiese venido	hubiesen venido

PROGRESSIVE TENSES

PRESENT	estoy, estás, está, estamos, estáis, están
PRETERIT	estuve, estuviste, estuvo, estuvimos, estuvisteis, estuvieron
IMPERFECT	estaba, estabas, estaba, estábamos, estabais, estaban
FUTURE	estaré, estarás, estará, estaremos, estaréis, estarán
CONDITIONAL	estaría, estarías, estaría, estaríamos, estaríais, estarían
SUBJUNCTIVE	que + *corresponding subjunctive tense of* estar *(see verb 151)*

⎫ viniendo

COMMANDS

	(nosotros) vengamos/no vengamos
(tú) ven/no vengas	(vosotros) venid/no vengáis
(Ud.) venga/no venga	(Uds.) vengan/no vengan

Usage

Viene a las diez.	*He's coming at 10:00.*
¿De dónde venís?	*Where are you coming from?*
Vinieron muy tarde.	*They arrived very late.*

venir *to come, arrive*

vengo · vinieron · venido · viniendo   irregular verb

Los nopales vienen de México.	Prickly pears come from Mexico.
¡No vengas con cuentos!	Don't tell stories!
La idea no me vino a la mente.	The idea didn't cross my mind.
¡Ven acá!	Come here!
¿De qué aldea viene la cerámica?	What village does the pottery come from?

to be

La dedicatoria viene en la página siguiente.	The dedication is on the next page.
Vienen enojados.	They're angry.

venirle bien/mal *to suit, be convenient, be good for, come in handy, fit (clothing)/to not suit, be inconvenient*

Nos viene bien verlos el miércoles.	It's convenient for us to see them on Wednesday.
Les venían bien los ejercicios.	The exercises were good for them.
Te viene mal el blue-jean.	The blue jeans don't fit you.

venir a parar *to come to, end up, turn out*

¿En qué vino a parar su discusión?	How did their argument end up?

venir a *to reach, arrive at, end up*

Hemos venido a un acuerdo.	We've reached an understanding.
Vinieron a desconfiar de sus socios.	They ended up distrusting their associates.
Ven a recogernos a las siete.	Come get us/Come for us at 7:00.

Other Uses

Venga lo que venga.	Come what may.
Voy y vengo.	I'll be right back.
¡Viene de perlas!	It's just right/the thing!
El negocio se ha venido abajo.	The business deal has fallen through/collapsed.
Vuestros planes están viniéndose al suelo.	Your plans are falling through.
Todo se les vino encima.	Everything came tumbling down/went wrong for them.
¿Os vais la semana/el mes que viene?	Are you leaving next week/month?
Ojalá haya progreso en los años venideros.	We hope there will be progress in the coming years.
Tendrá un porvenir espléndido.	He'll have a wonderful future.
Les diste la bienvenida.	You welcomed them.
¡Qué vaivén hoy! ¡Tantas idas y venidas!	What bustle today! So many comings and goings!
Es una persona venida a menos.	She has come down in the world/in status.

TOP 30 VERBS

irregular verb · veo · vieron · visto · viendo

PRESENT		PRETERIT	
veo	vemos	vi	vimos
ves	veis	viste	visteis
ve	ven	vio	vieron

IMPERFECT		PRESENT PERFECT	
veía	veíamos	he visto	hemos visto
veías	veíais	has visto	habéis visto
veía	veían	ha visto	han visto

FUTURE		CONDITIONAL	
veré	veremos	vería	veríamos
verás	veréis	verías	veríais
verá	verán	vería	verían

PLUPERFECT		PRETERIT PERFECT	
había visto	habíamos visto	hube visto	hubimos visto
habías visto	habíais visto	hubiste visto	hubisteis visto
había visto	habían visto	hubo visto	hubieron visto

FUTURE PERFECT		CONDITIONAL PERFECT	
habré visto	habremos visto	habría visto	habríamos visto
habrás visto	habréis visto	habrías visto	habríais visto
habrá visto	habrán visto	habría visto	habrían visto

PRESENT SUBJUNCTIVE		PRESENT PERFECT SUBJUNCTIVE	
vea	veamos	haya visto	hayamos visto
veas	veáis	hayas visto	hayáis visto
vea	vean	haya visto	hayan visto

IMPERFECT SUBJUNCTIVE (-ra)		or IMPERFECT SUBJUNCTIVE (-se)	
viera	viéramos	viese	viésemos
vieras	vierais	vieses	vieseis
viera	vieran	viese	viesen

PAST PERFECT SUBJUNCTIVE (-ra)		or PAST PERFECT SUBJUNCTIVE (-se)	
hubiera visto	hubiéramos visto	hubiese visto	hubiésemos visto
hubieras visto	hubierais visto	hubieses visto	hubieseis visto
hubiera visto	hubieran visto	hubiese visto	hubiesen visto

PROGRESSIVE TENSES

PRESENT	estoy, estás, está, estamos, estáis, están	
PRETERIT	estuve, estuviste, estuvo, estuvimos, estuvisteis, estuvieron	
IMPERFECT	estaba, estabas, estaba, estábamos, estabais, estaban	viendo
FUTURE	estaré, estarás, estará, estaremos, estaréis, estarán	
CONDITIONAL	estaría, estarías, estaría, estaríamos, estaríais, estarían	
SUBJUNCTIVE	que + *corresponding subjunctive tense* of estar (see verb 151)	

COMMANDS

	(nosotros) veamos/no veamos
(tú) ve/no veas	(vosotros) ved/no veáis
(Ud.) vea/no vea	(Uds.) vean/no vean

Usage

Las vi en la oficina.	*I saw them at the office.*
Veían la tele.	*They were watching TV.*
Vean estos papeles.	*Look at these papers.*

TOP 30 VERB ☞

ver to see, watch, look at

veo · vieron · visto · viendo

No veo el rumbo que debemos tomar.	I don't know the direction we should take.
Hace una semana que no nos vemos.	We haven't seen each other for a week.
Véase el índice.	See the table of contents.
¡A ver!/¡Vamos a ver!	Let's see!
Voy a ver qué pasa.	I'm going to see what's going on.
Ya veremos.	We'll see.
¡Ya ves!	You see!
Verás al llegar.	You'll see when you arrive.
Eso está por ver.	That remains to be seen.
Esto no tiene nada que ver contigo.	This doesn't concern/have anything to do with you.
Ver es creer.	Seeing is believing.
Si no lo veo, no lo creo.	I would never have believed it./Seeing's believing.
Los vimos paseándose en el centro.	We saw them taking a walk downtown.
¿Han visto aterrizar el avión?	Have you seen the plane land?

Cómo se ven las cosas

Lo ven todo color de rosa.	They see everything through rose-colored glasses./They're optimistic.
Antes lo veían todo negro.	They used to be pessimistic.

Other Uses

¡No puedo verlos ni en pintura!	I can't stand them/stand the sight of them!
No ve ni jota.	He's as blind as a bat.
Nunca podía ver más allá de sus narices.	He was never able to see further than the end of his nose.
La vi abatida.	I found her downcast.
¡Ya te ves millonario!	You already see/imagine yourself a millionaire!
Su corbata llamativa se ve de lejos.	You can see his loud/gaudy tie a mile away.
Os visteis en el café.	You met/saw each other at the café.
Tiene buena vista.	She has good sight.
Es un hermoso hotel con vistas a la sierra.	It's a beautiful hotel with a view of the mountains.
El jefe dio el visto bueno al proyecto.	The boss approved the project.
Por lo visto no ha cambiado de idea.	Apparently/Obviously he hasn't changed his mind.

TOP 30 VERBS

stem-changing *-ir* reflexive verb: *e > i*   visto · vistieron · vestido · vistiéndose

PRESENT

me visto	nos vestimos
te vistes	os vestís
se viste	se visten

IMPERFECT

me vestía	nos vestíamos
te vestías	os vestíais
se vestía	se vestían

FUTURE

me vestiré	nos vestiremos
te vestirás	os vestiréis
se vestirá	se vestirán

PLUPERFECT

me había vestido	nos habíamos vestido
te habías vestido	os habíais vestido
se había vestido	se habían vestido

FUTURE PERFECT

me habré vestido	nos habremos vestido
te habrás vestido	os habréis vestido
se habrá vestido	se habrán vestido

PRESENT SUBJUNCTIVE

me vista	nos vistamos
te vistas	os vistáis
se vista	se vistan

IMPERFECT SUBJUNCTIVE (-ra)

me vistiera	nos vistiéramos
te vistieras	os vistierais
se vistiera	se vistieran

PAST PERFECT SUBJUNCTIVE (-ra)

me hubiera vestido	nos hubiéramos vestido
te hubieras vestido	os hubierais vestido
se hubiera vestido	se hubieran vestido

PRETERIT

me vestí	nos vestimos
te vestiste	os vestisteis
se vistió	se vistieron

PRESENT PERFECT

me he vestido	nos hemos vestido
te has vestido	os habéis vestido
se ha vestido	se han vestido

CONDITIONAL

me vestiría	nos vestiríamos
te vestirías	os vestiríais
se vestiría	se vestirían

PRETERIT PERFECT

me hube vestido	nos hubimos vestido
te hubiste vestido	os hubisteis vestido
se hubo vestido	se hubieron vestido

CONDITIONAL PERFECT

me habría vestido	nos habríamos vestido
te habrías vestido	os habríais vestido
se habría vestido	se habrían vestido

PRESENT PERFECT SUBJUNCTIVE

me haya vestido	nos hayamos vestido
te hayas vestido	os hayáis vestido
se haya vestido	se hayan vestido

or **IMPERFECT SUBJUNCTIVE (-se)**

me vistiese	nos vistiésemos
te vistieses	os vistieseis
se vistiese	se vistiesen

or **PAST PERFECT SUBJUNCTIVE (-se)**

me hubiese vestido	nos hubiésemos vestido
te hubieses vestido	os hubieseis vestido
se hubiese vestido	se hubiesen vestido

PROGRESSIVE TENSES

PRESENT	estoy, estás, está, estamos, estáis, están
PRETERIT	estuve, estuviste, estuvo, estuvimos, estuvisteis, estuvieron
IMPERFECT	estaba, estabas, estaba, estábamos, estabais, estaban
FUTURE	estaré, estarás, estará, estaremos, estaréis, estarán
CONDITIONAL	estaría, estarías, estaría, estaríamos, estaríais, estarían
SUBJUNCTIVE	que + *corresponding subjunctive tense of* estar (*see verb 151*)

vistiendo
(*see page 37*)

COMMANDS

	(nosotros) vistámonos/no nos vistamos
(tú) vístete/no te vistas	(vosotros) vestíos/no os vistáis
(Ud.) vístase/no se vista	(Uds.) vístanse/no se vistan

Usage

Vistió a los niños.	*She dressed the children.*
Vístete ahora mismo.	*Get dressed right now.*
Siempre se vestía de azul.	*She always dressed in blue.*
Están muy bien vestidos.	*They're very well dressed.*

viajo · viajaron · viajado · viajando

regular -ar verb

PRESENT

viajo	viajamos
viajas	viajáis
viaja	viajan

IMPERFECT

viajaba	viajábamos
viajabas	viajabais
viajaba	viajaban

FUTURE

viajaré	viajaremos
viajarás	viajaréis
viajará	viajarán

PLUPERFECT

había viajado	habíamos viajado
habías viajado	habíais viajado
había viajado	habían viajado

FUTURE PERFECT

habré viajado	habremos viajado
habrás viajado	habréis viajado
habrá viajado	habrán viajado

PRESENT SUBJUNCTIVE

viaje	viajemos
viajes	viajéis
viaje	viajen

IMPERFECT SUBJUNCTIVE (-ra)

viajara	viajáramos
viajaras	viajarais
viajara	viajaran

PAST PERFECT SUBJUNCTIVE (-ra)

hubiera viajado	hubiéramos viajado
hubieras viajado	hubierais viajado
hubiera viajado	hubieran viajado

PRETERIT

viajé	viajamos
viajaste	viajasteis
viajó	viajaron

PRESENT PERFECT

he viajado	hemos viajado
has viajado	habéis viajado
ha viajado	han viajado

CONDITIONAL

viajaría	viajaríamos
viajarías	viajaríais
viajaría	viajarían

PRETERIT PERFECT

hube viajado	hubimos viajado
hubiste viajado	hubisteis viajado
hubo viajado	hubieron viajado

CONDITIONAL PERFECT

habría viajado	habríamos viajado
habrías viajado	habríais viajado
habría viajado	habrían viajado

PRESENT PERFECT SUBJUNCTIVE

haya viajado	hayamos viajado
hayas viajado	hayáis viajado
haya viajado	hayan viajado

or **IMPERFECT SUBJUNCTIVE (-se)**

viajase	viajásemos
viajases	viajaseis
viajase	viajasen

or **PAST PERFECT SUBJUNCTIVE (-se)**

hubiese viajado	hubiésemos viajado
hubieses viajado	hubieseis viajado
hubiese viajado	hubiesen viajado

PROGRESSIVE TENSES

PRESENT	estoy, estás, está, estamos, estáis, están
PRETERIT	estuve, estuviste, estuvo, estuvimos, estuvisteis, estuvieron
IMPERFECT	estaba, estabas, estaba, estábamos, estabais, estaban
FUTURE	estaré, estarás, estará, estaremos, estaréis, estarán
CONDITIONAL	estaría, estarías, estaría, estaríamos, estaríais, estarían
SUBJUNCTIVE	que + corresponding subjunctive tense of estar (see verb 151)

} viajando

COMMANDS

	(nosotros) viajemos/no viajemos
(tú) viaja/no viajes	(vosotros) viajad/no viajéis
(Ud.) viaje/no viaje	(Uds.) viajen/no viajen

Usage

Viajamos por los Estados Unidos.	We traveled through the United States.
Viajaron por la autopista todo el tiempo.	They traveled/rode on the highway the whole time.
¿Viajaste en tren de ida y vuelta?	You traveled by train round trip?

regular -ar verb · visito · visitaron · visitado · visitando

PRESENT

visito	visitamos
visitas	visitáis
visita	visitan

IMPERFECT

visitaba	visitábamos
visitabas	visitabais
visitaba	visitaban

FUTURE

visitaré	visitaremos
visitarás	visitaréis
visitará	visitarán

PLUPERFECT

había visitado	habíamos visitado
habías visitado	habíais visitado
había visitado	habían visitado

FUTURE PERFECT

habré visitado	habremos visitado
habrás visitado	habréis visitado
habrá visitado	habrán visitado

PRESENT SUBJUNCTIVE

visite	visitemos
visites	visitéis
visite	visiten

IMPERFECT SUBJUNCTIVE (-ra)

visitara	visitáramos
visitaras	visitarais
visitara	visitaran

PAST PERFECT SUBJUNCTIVE (-ra)

hubiera visitado	hubiéramos visitado
hubieras visitado	hubierais visitado
hubiera visitado	hubieran visitado

PRETERIT

visité	visitamos
visitaste	visitasteis
visitó	visitaron

PRESENT PERFECT

he visitado	hemos visitado
has visitado	habéis visitado
ha visitado	han visitado

CONDITIONAL

visitaría	visitaríamos
visitarías	visitaríais
visitaría	visitarían

PRETERIT PERFECT

hube visitado	hubimos visitado
hubiste visitado	hubisteis visitado
hubo visitado	hubieron visitado

CONDITIONAL PERFECT

habría visitado	habríamos visitado
habrías visitado	habríais visitado
habría visitado	habrían visitado

PRESENT PERFECT SUBJUNCTIVE

haya visitado	hayamos visitado
hayas visitado	hayáis visitado
haya visitado	hayan visitado

or **IMPERFECT SUBJUNCTIVE (-se)**

visitase	visitásemos
visitases	visitaseis
visitase	visitasen

or **PAST PERFECT SUBJUNCTIVE (-se)**

hubiese visitado	hubiésemos visitado
hubieses visitado	hubieseis visitado
hubiese visitado	hubiesen visitado

PROGRESSIVE TENSES

PRESENT	estoy, estás, está, estamos, estáis, están
PRETERIT	estuve, estuviste, estuvo, estuvimos, estuvisteis, estuvieron
IMPERFECT	estaba, estabas, estaba, estábamos, estabais, estaban
FUTURE	estaré, estarás, estará, estaremos, estaréis, estarán
CONDITIONAL	estaría, estarías, estaría, estaríamos, estaríais, estarían
SUBJUNCTIVE	que + corresponding subjunctive tense of estar (see verb 151)

} visitando

COMMANDS

	(nosotros) visitemos/no visitemos
(tú) visita/no visites	(vosotros) visitad/no visitéis
(Ud.) visite/no visite	(Uds.) visiten/no visiten

Usage

—¿Visitamos el Museo Arqueológico?	Shall we visit the Archaeological Museum?
—Primero visitemos a nuestros amigos.	First let's visit our friends.
¿Estabas de visita en casa de tus abuelos?	Were you visiting your grandparents?
Tenemos visita el fin de semana.	We're having visitors on the weekend.

vivir to live

vivo · vivieron · vivido · viviendo

regular -ir verb

PRESENT

vivo	vivimos
vives	vivís
vive	viven

IMPERFECT

vivía	vivíamos
vivías	vivíais
vivía	vivían

FUTURE

viviré	viviremos
vivirás	viviréis
vivirá	vivirán

PLUPERFECT

había vivido	habíamos vivido
habías vivido	habíais vivido
había vivido	habían vivido

FUTURE PERFECT

habré vivido	habremos vivido
habrás vivido	habréis vivido
habrá vivido	habrán vivido

PRESENT SUBJUNCTIVE

viva	vivamos
vivas	viváis
viva	vivan

IMPERFECT SUBJUNCTIVE (-ra)

viviera	viviéramos
vivieras	vivierais
viviera	vivieran

PAST PERFECT SUBJUNCTIVE (-ra)

hubiera vivido	hubiéramos vivido
hubieras vivido	hubierais vivido
hubiera vivido	hubieran vivido

PRETERIT

viví	vivimos
viviste	vivisteis
vivió	vivieron

PRESENT PERFECT

he vivido	hemos vivido
has vivido	habéis vivido
ha vivido	han vivido

CONDITIONAL

viviría	viviríamos
vivirías	viviríais
viviría	vivirían

PRETERIT PERFECT

hube vivido	hubimos vivido
hubiste vivido	hubisteis vivido
hubo vivido	hubieron vivido

CONDITIONAL PERFECT

habría vivido	habríamos vivido
habrías vivido	habríais vivido
habría vivido	habrían vivido

PRESENT PERFECT SUBJUNCTIVE

haya vivido	hayamos vivido
hayas vivido	hayáis vivido
haya vivido	hayan vivido

or **IMPERFECT SUBJUNCTIVE (-se)**

viviese	viviésemos
vivieses	vivieseis
viviese	viviesen

or **PAST PERFECT SUBJUNCTIVE (-se)**

hubiese vivido	hubiésemos vivido
hubieses vivido	hubieseis vivido
hubiese vivido	hubiesen vivido

PROGRESSIVE TENSES

PRESENT	estoy, estás, está, estamos, estáis, están
PRETERIT	estuve, estuviste, estuvo, estuvimos, estuvisteis, estuvieron
IMPERFECT	estaba, estabas, estaba, estábamos, estabais, estaban
FUTURE	estaré, estarás, estará, estaremos, estaréis, estarán
CONDITIONAL	estaría, estarías, estaría, estaríamos, estaríais, estarían
SUBJUNCTIVE	que + corresponding subjunctive tense of estar (see verb 151)

} viviendo

COMMANDS

	(nosotros) vivamos/no vivamos
(tú) vive/no vivas	(vosotros) vivid/no viváis
(Ud.) viva/no viva	(Uds.) vivan/no vivan

Usage

—¿Dónde vives?	Where do you live?
—Hace dos años que vivo en la ciudad.	I've been living in the city for two years.
Se vive bien.	They live well./Life is good.
¡Ojalá viviéramos para siempre!	If only we could live forever!

stem-changing -ar verb: o > ue

PRESENT		PRETERIT	
vuelo	volamos	volé	volamos
vuelas	voláis	volaste	volasteis
vuela	vuelan	voló	volaron

IMPERFECT		PRESENT PERFECT	
volaba	volábamos	he volado	hemos volado
volabas	volabais	has volado	habéis volado
volaba	volaban	ha volado	han volado

FUTURE		CONDITIONAL	
volaré	volaremos	volaría	volaríamos
volarás	volaréis	volarías	volaríais
volará	volarán	volaría	volarían

PLUPERFECT		PRETERIT PERFECT	
había volado	habíamos volado	hube volado	hubimos volado
habías volado	habíais volado	hubiste volado	hubisteis volado
había volado	habían volado	hubo volado	hubieron volado

FUTURE PERFECT		CONDITIONAL PERFECT	
habré volado	habremos volado	habría volado	habríamos volado
habrás volado	habréis volado	habrías volado	habríais volado
habrá volado	habrán volado	habría volado	habrían volado

PRESENT SUBJUNCTIVE		PRESENT PERFECT SUBJUNCTIVE	
vuele	volemos	haya volado	hayamos volado
vueles	voléis	hayas volado	hayáis volado
vuele	vuelen	haya volado	hayan volado

IMPERFECT SUBJUNCTIVE (-ra)		or	IMPERFECT SUBJUNCTIVE (-se)	
volara	voláramos		volase	volásemos
volaras	volarais		volases	volaseis
volara	volaran		volase	volasen

PAST PERFECT SUBJUNCTIVE (-ra)		or	PAST PERFECT SUBJUNCTIVE (-se)	
hubiera volado	hubiéramos volado		hubiese volado	hubiésemos volado
hubieras volado	hubierais volado		hubieses volado	hubieseis volado
hubiera volado	hubieran volado		hubiese volado	hubiesen volado

PROGRESSIVE TENSES

PRESENT	estoy, estás, está, estamos, estáis, están	
PRETERIT	estuve, estuviste, estuvo, estuvimos, estuvisteis, estuvieron	
IMPERFECT	estaba, estabas, estaba, estábamos, estabais, estaban	volando
FUTURE	estaré, estarás, estará, estaremos, estaréis, estarán	
CONDITIONAL	estaría, estarías, estaría, estaríamos, estaríais, estarían	
SUBJUNCTIVE	que + corresponding subjunctive tense of estar (see verb 151)	

COMMANDS

	(nosotros) volemos/no volemos
(tú) vuela/no vueles	(vosotros) volad/no voléis
(Ud.) vuele/no vuele	(Uds.) vuelen/no vuelen

Usage

Volamos por encima de los Pirineos.	We flew over the Pyrenees.
El joven se echó a volar.	The young man went off on his own.
¡Cómo vuela el tiempo!	How time flies!
Vimos volar el edificio.	We watched the building be demolished.

vuelvo · volvieron · vuelto · volviendo   stem-changing -er verb: o > ue

Sus logros le han vuelto más seguro de sí mismo.	His achievements have made him more confident.
No vuelvas atrás.	Don't turn back.
Volverán a su pueblo natal.	They'll go back to their hometown.

volver a + infinitive to do something again

No vuelva a decírselo.	Don't tell them (it) again.
Vuelvo a marcar el número.	I'm dialing the number again.
Volved a consultar con vuestros asesores.	Consult with your advisors again.
Han vuelto a tocar la pieza.	They've started to play the piece again.

¿Qué se puede volver?

Vuelve los panqueques antes que se quemen.	Turn the pancakes before they burn.
Es feo que le haya vuelto la espalda a su amigo.	It's awful she turned her back on her friend.
Vuelve la página.	Turn the page.
Parece que ha vuelto la hoja.	It seems he's turned over a new leaf.
¿Por qué volviste el suéter al revés?	Why did you turn the sweater inside out?
Vuelvan al tema en discusión.	Return to the subject under discussion.

volverse to become/go + adjective

Se había vuelto imposible.	She had become impossible.
Se volvieron locos.	They went crazy.
Dale el vuelto.	Give him the change.
Ya están de vuelta del viaje.	They're already back from their trip.
Demos una vuelta.	Let's go for a walk.
La Tierra da vueltas alrededor del sol.	The Earth revolves around the sun.
No le des más vueltas a la cuestión.	Don't think about the matter anymore./ Let the matter be.
El quiosco queda a la vuelta de la esquina.	The kiosk is just around the corner.

devolverle algo a alguien to return something to someone

¿Para cuándo te habrá devuelto el dinero?	By when will she have returned the money to you?
Le devolvieron la palabra a la presidenta.	The floor was given back to the chairwoman.

TOP 30 VERBS

stem-changing -er verb: *o > ue*   **vuelvo · volvieron · vuelto · volviendo**

PRESENT		PRETERIT	
vuelvo	volvemos	volví	volvimos
vuelves	volvéis	volviste	volvisteis
vuelve	vuelven	volvió	volvieron

IMPERFECT		PRESENT PERFECT	
volvía	volvíamos	he vuelto	hemos vuelto
volvías	volvíais	has vuelto	habéis vuelto
volvía	volvían	ha vuelto	han vuelto

FUTURE		CONDITIONAL	
volveré	volveremos	volvería	volveríamos
volverás	volveréis	volverías	volveríais
volverá	volverán	volvería	volverían

PLUPERFECT		PRETERIT PERFECT	
había vuelto	habíamos vuelto	hube vuelto	hubimos vuelto
habías vuelto	habíais vuelto	hubiste vuelto	hubisteis vuelto
había vuelto	habían vuelto	hubo vuelto	hubieron vuelto

FUTURE PERFECT		CONDITIONAL PERFECT	
habré vuelto	habremos vuelto	habría vuelto	habríamos vuelto
habrás vuelto	habréis vuelto	habrías vuelto	habríais vuelto
habrá vuelto	habrán vuelto	habría vuelto	habrían vuelto

PRESENT SUBJUNCTIVE		PRESENT PERFECT SUBJUNCTIVE	
vuelva	volvamos	haya vuelto	hayamos vuelto
vuelvas	volváis	hayas vuelto	hayáis vuelto
vuelva	vuelvan	haya vuelto	hayan vuelto

IMPERFECT SUBJUNCTIVE (-ra)		*or*	IMPERFECT SUBJUNCTIVE (-se)	
volviera	volviéramos		volviese	volviésemos
volvieras	volvierais		volvieses	volvieseis
volviera	volvieran		volviese	volviesen

PAST PERFECT SUBJUNCTIVE (-ra)		*or*	PAST PERFECT SUBJUNCTIVE (-se)	
hubiera vuelto	hubiéramos vuelto		hubiese vuelto	hubiésemos vuelto
hubieras vuelto	hubierais vuelto		hubieses vuelto	hubieseis vuelto
hubiera vuelto	hubieran vuelto		hubiese vuelto	hubiesen vuelto

PROGRESSIVE TENSES

PRESENT	estoy, estás, está, estamos, estáis, están	
PRETERIT	estuve, estuviste, estuvo, estuvimos, estuvisteis, estuvieron	
IMPERFECT	estaba, estabas, estaba, estábamos, estabais, estaban	volviendo
FUTURE	estaré, estarás, estará, estaremos, estaréis, estarán	
CONDITIONAL	estaría, estarías, estaría, estaríamos, estaríais, estarían	
SUBJUNCTIVE	que + *corresponding subjunctive tense of* estar (*see verb 151*)	

COMMANDS

	(nosotros) volvamos/no volvamos
(tú) vuelve/no vuelvas	(vosotros) volved/no volváis
(Ud.) vuelva/no vuelva	(Uds.) vuelvan/no vuelvan

Usage

Volvimos al atardecer.	*We returned at dusk.*
No volverán tarde.	*They won't come back late.*
¿Volvéis a salir?	*Are you going out again?*
Se ha vuelto más agradable.	*She has become more pleasant.*

yacer *to lie (dead)*

yazco/yazgo/yago · yacieron · yacido · yaciendo   irregular verb; spelling change:
c > zc/o, a

PRESENT

yazco	yacemos
yaces	yacéis
yace	yacen

PRETERIT

yací	yacimos
yaciste	yacisteis
yació	yacieron

IMPERFECT

yacía	yacíamos
yacías	yacíais
yacía	yacían

PRESENT PERFECT

he yacido	hemos yacido
has yacido	habéis yacido
ha yacido	han yacido

FUTURE

yaceré	yaceremos
yacerás	yaceréis
yacerá	yacerán

CONDITIONAL

yacería	yaceríamos
yacerías	yaceríais
yacería	yacerían

PLUPERFECT

había yacido	habíamos yacido
habías yacido	habíais yacido
había yacido	habían yacido

PRETERIT PERFECT

hube yacido	hubimos yacido
hubiste yacido	hubisteis yacido
hubo yacido	hubieron yacido

FUTURE PERFECT

habré yacido	habremos yacido
habrás yacido	habréis yacido
habrá yacido	habrán yacido

CONDITIONAL PERFECT

habría yacido	habríamos yacido
habrías yacido	habríais yacido
habría yacido	habrían yacido

PRESENT SUBJUNCTIVE

yazca	yazcamos
yazcas	yazcáis
yazca	yazcan

PRESENT PERFECT SUBJUNCTIVE

haya yacido	hayamos yacido
hayas yacido	hayáis yacido
haya yacido	hayan yacido

IMPERFECT SUBJUNCTIVE (-ra)   or   **IMPERFECT SUBJUNCTIVE (-se)**

yaciera	yaciéramos	yaciese	yaciésemos
yacieras	yacierais	yacieses	yacieseis
yaciera	yacieran	yaciese	yaciesen

PAST PERFECT SUBJUNCTIVE (-ra)   or   **PAST PERFECT SUBJUNCTIVE (-se)**

hubiera yacido	hubiéramos yacido	hubiese yacido	hubiésemos yacido
hubieras yacido	hubierais yacido	hubieses yacido	hubieseis yacido
hubiera yacido	hubieran yacido	hubiese yacido	hubiesen yacido

PROGRESSIVE TENSES

PRESENT	estoy, estás, está, estamos, estáis, están
PRETERIT	estuve, estuviste, estuvo, estuvimos, estuvisteis, estuvieron
IMPERFECT	estaba, estabas, estaba, estábamos, estabais, estaban
FUTURE	estaré, estarás, estará, estaremos, estaréis, estarán
CONDITIONAL	estaría, estarías, estaría, estaríamos, estaríais, estarían
SUBJUNCTIVE	que + *corresponding subjunctive tense of* estar (*see verb 151*)

yaciendo

COMMANDS

	(nosotros) yazcamos/no yazcamos
(tú) yace/no yazcas	(vosotros) yaced/no yazcáis
(Ud.) yazca/no yazca	(Uds.) yazcan/no yazcan

Usage

Aquí yace Napoleón. (*muerto*)	*Here lies Napoleon.* (dead)
Yacen los reyes españoles difuntos en la cripta del Escorial.	*The dead Spanish kings lie in the crypt in El Escorial.*
Hay ricos yacimientos de carbón en la región.	*There are rich coal deposits in the region.*

-ir verb; spelling change:
c > z/o, a

zurzo · zurcieron · zurcido · zurciendo

PRESENT

zurzo	zurcimos
zurces	zurcís
zurce	zurcen

PRETERIT

zurcí	zurcimos
zurciste	zurcisteis
zurció	zurcieron

IMPERFECT

zurcía	zurcíamos
zurcías	zurcíais
zurcía	zurcían

PRESENT PERFECT

he zurcido	hemos zurcido
has zurcido	habéis zurcido
ha zurcido	han zurcido

FUTURE

zurciré	zurciremos
zurcirás	zurciréis
zurcirá	zurcirán

CONDITIONAL

zurciría	zurciríamos
zurcirías	zurciríais
zurciría	zurcirían

PLUPERFECT

había zurcido	habíamos zurcido
habías zurcido	habíais zurcido
había zurcido	habían zurcido

PRETERIT PERFECT

hube zurcido	hubimos zurcido
hubiste zurcido	hubisteis zurcido
hubo zurcido	hubieron zurcido

FUTURE PERFECT

habré zurcido	habremos zurcido
habrás zurcido	habréis zurcido
habrá zurcido	habrán zurcido

CONDITIONAL PERFECT

habría zurcido	habríamos zurcido
habrías zurcido	habríais zurcido
habría zurcido	habrían zurcido

PRESENT SUBJUNCTIVE

zurza	zurzamos
zurzas	zurzáis
zurza	zurzan

PRESENT PERFECT SUBJUNCTIVE

haya zurcido	hayamos zurcido
hayas zurcido	hayáis zurcido
haya zurcido	hayan zurcido

IMPERFECT SUBJUNCTIVE (-ra)   *or*   **IMPERFECT SUBJUNCTIVE (-se)**

zurciera	zurciéramos	zurciese	zurciésemos
zurcieras	zurcierais	zurcieses	zurcieseis
zurciera	zurcieran	zurciese	zurciesen

PAST PERFECT SUBJUNCTIVE (-ra)   *or*   **PAST PERFECT SUBJUNCTIVE (-se)**

hubiera zurcido	hubiéramos zurcido	hubiese zurcido	hubiésemos zurcido
hubieras zurcido	hubierais zurcido	hubieses zurcido	hubieseis zurcido
hubiera zurcido	hubieran zurcido	hubiese zurcido	hubiesen zurcido

PROGRESSIVE TENSES

PRESENT	estoy, estás, está, estamos, estáis, están
PRETERIT	estuve, estuviste, estuvo, estuvimos, estuvisteis, estuvieron
IMPERFECT	estaba, estabas, estaba, estábamos, estabais, estaban
FUTURE	estaré, estarás, estará, estaremos, estaréis, estarán
CONDITIONAL	estaría, estarías, estaría, estaríamos, estaríais, estarían
SUBJUNCTIVE	que + *corresponding subjunctive tense of* estar (see verb 151)

> zurciendo

COMMANDS

	(nosotros) zurzamos/no zurzamos
(tú) zurce/no zurzas	(vosotros) zurcid/no zurzáis
(Ud.) zurza/no zurza	(Uds.) zurzan/no zurzan

Usage

Zurce el vestido.	*She's mending the dress.*
Espero que zurzas las costuras deshechas.	*I hope you'll sew up the ripped seams.*
Sigue zurciendo mentiras.	*He keeps on making up lies.*
Te has enmarañado en un zurcido de mentiras.	*You've gotten tangled up in a web of lies.*

English-Spanish Verb Index

Use this index to look up the 333 model verbs by their English meanings.
If more than one Spanish verb is given as an equivalent, consult the usage
notes in each of them to find which one best expresses what you want to say.

F

fall **caer** 53
familiar: be familiar with **conocer** 77
favor **favorecer** 157
fear **temer** 306
feign **fingir** 160
film **rodar** 276
find **encontrar** 131
find out **averiguar** 43
finish **acabar** 4
fit **caber** 52
flee **huir** 174
fly **volar** 330
focus **enfocar** 132
follow **seguir** 284
forbid **prohibir** 250
force **obligar** 220
fry **freír** 162
fulfill **cumplir** 98

G

gather **recoger** 261
get **conseguir** 78, **obtener** 221
get angry **enojarse** 135
get bored **aburrirse** 3
get dressed **vestirse** 326
get happy **alegrarse** 20
get together **reunirse** 274
get up **levantarse** 192
get up early **madrugar** 197
give **dar** 99
give off **despedir** 111
go **ir** 186, **acudir** 12
go crazy/mad **enloquecerse** 134
go down **bajar** 45
go in **entrar** 138
go out **salir** 281
go to bed **acostarse** 9
go up **subir** 298
govern **gobernar** 164
grasp **coger** 62
grind **moler** 209
grow **crecer** 93
guide **guiar** 166

H

habit: be in the habit **soler** 291
hand in/over **entregar** 139
hang **colgar** 63
happen **ocurrir** 222, **suceder** 299
happy: be happy **alegrarse** 20
have **tener** 307, **poseer** 244
have (aux.) **haber** 168
have a good time **divertirse** 118
have an afternoon snack **merendar** 205
have left over **sobrar** 290
have lunch **almorzar** 21
have to **deber** 100
hear **oír** 225
heat **calentar** 54
help **ayudar** 44
hope **esperar** 148
hug **abrazar** 1
hurt **doler** 119

I

identify **identificar** 175
impede **impedir** 176
include **incluir** 178
indicate **indicar** 179, **marcar** 199
influence **influir** 180
injure **herir** 172
insist **insistir** 181
insult **ofender** 223
interest **interesar** 182
introduce **introducir** 183
invert **invertir** 184
invest **invertir** 184
investigate **investigar** 185
irrigate **regar** 268

J

judge **juzgar** 189
jump **brincar** 50
justify **justificar** 188

K

know **conocer** 77, **saber** 279

Irregular Verb Form Index

It can sometimes be difficult to derive the infinitive of a verb from a particularly irregular verb form. The following will guide you to the infinitive and model verb number so that you can see these irregular forms as part of a complete conjugation.

Spanish Verb Index

This index contains more than 2,300 verbs that are cross-referenced to a fully conjugated verb that follows the same pattern. Verbs that are models appear in bold type. (Note that in the Spanish alphabet, **ñ** is a separate letter.)

C

caber *to fit* 52
caer *to fall* 53
calar *to drench, penetrate* 169
calcar *to trace, copy* 51
calcular *to calculate, work out* 169
calentar *to heat, warm* 54
calificar *to classify, grade* 51
callarse *to be/keep quiet* 169
calmarse *to calm down* 169
calumniar *to slander* 169
calzar *to put shoes on* 19
cambiar *to change, exchange* 55
caminar *to walk* 169
cancelar *to cancel* 169
cansarse *to get/become tired* 169
cantar *to sing* 169
canturrear *to sing softly* 169
capacitar *to train, qualify* 169
captar *to attract, grasp* 169
capturar *to capture, apprehend* 169
caracterizar *to characterize* 56
carcomer *to eat away, gnaw* 66
carecer *to lack* 57
cargar *to load, charge, burden* 58
carraspear *to clear one's throat* 169
casarse *to get married* 169
castigar *to punish* 59
causar *to cause* 169
cautivar *to capture, captivate* 169
cavar *to dig, delve into* 169
cavilar *to ponder* 169
cazar *to hunt, catch* 19
cebar *to fatten, bait, fuel* 169
ceder *to cede, yield, hand over* 66
cegar *to blind* 217
celebrar *to celebrate, praise* 169
cenar *to have/eat dinner* 169
censurar *to censor, criticize* 169
centrar *to center* 169
ceñir *to be tight* (clothing), *gird, surround* 270
cepillarse *to brush* 169
cercar *to fence in, surround* 51

cerciorar *to assure* 169
cerner *to sift, clear* 137
cerrar *to close* 60
certificar *to certify, register* 51
cesar *to stop* 169
chamuscar *to scorch* 51
charlar *to chat, chatter* 61
chiflar *to whistle* 169
chillar *to shriek, be loud* 169
chismear *to gossip* 169
chispear *to spark, sparkle, be brilliant* 169
chocar *to crash, clash* 51
chupar *to suck* 169
cicatrizar *to heal* 19
cifrar *to encode* 169
cimentar *to lay the foundation, consolidate* 235
cincelar *to chisel, carve* 169
circular *to circulate* 169
circundar *to surround, encircle* 169
citar *to make an appointment, quote* 169
civilizar *to civilize* 19
clamar *to clamor* 169
clarificar *to clarify* 51
clasificar *to classify, sort* 51
claudicar *to back down* 51
clausurar *to bring to a close, shut* 169
clavar *to nail, rivet* 169
coaccionar *to coerce* 169
coagular *to coagulate* 169
cobijar *to cover, harbor* 169
cobrar *to cash, charge* 169
cocer *to cook, boil, bake* 310
cocinar *to cook* 169
codear *to elbow* 169
coexistir *to coexist* 329
coger *to get, take, grasp* 62
cohibir *to inhibit* 250
colaborar *to collaborate, contribute* 169
colar *to strain, filter, pass, slip in* 81

coleccionar *to collect* 169

colgar *to hang* 63

colmar *to fill up, shower* 169

colocar *to put, place* 64

colonizar *to colonize, settle* 19

colorar *to color, die, paint* 169

colorear *to color, tint* 169

columpiar *to swing* 169

comandar *to command, lead* 169

combatir *to combat, fight* 329

combinar *to combine* 169

comentar *to comment* 169

comenzar *to begin* 65

comer *to eat* 66

cometer *to commit, entrust* 66

compadecer *to feel sympathy, feel sorry for* 77

compaginar *to put in order, agree* 169

comparar *to compare* 169

compartir *to share* 329

compenetrarse *to understand each other* 169

compensar *to compensate, indemnify* 169

competir *to compete* 67

compilar *to compile* 169

complacer *to please, gratify, take pleasure in* 77

complementar *to complement* 169

completar *to complete, finish* 169

complicar *to complicate* 51

componer *to compose, fix, arrange* 243

comportarse *to behave* 169

comprar *to buy* 68

comprender *to understand* 69

comprimir *to compress* 329

comprobar *to check, prove* 70

comprometer *to compromise, endanger* 66

computar *to compute, calculate* 169

comulgar *to give/take communion* 193

comunicar *to communicate, transmit, spread* 51

concebir *to conceive, imagine* 71

conceder *to grant, concede* 66

concentrar *to concentrate* 169

concertar *to arrange, agree* 235

concluir *to conclude* 72

conducir *to drive, lead* 73

concretar *to summarize, specify* 169

concurrir *to concur, agree, attend* 329

condecorar *to decorate, award* 169

condenar *to condemn, sentence, convict* 169

condimentar *to season* 169

conectar *to connect* 169

confeccionar *to manufacture* 169

confesar *to confess, admit* 74

confiar *to trust, commit, confide* 75

confirmar *to confirm* 169

confiscar *to confiscate* 51

confluir *to converge* 80

conformar *to conform, adapt, shape, agree* 169

confrontar *to confront* 169

confundir *to confuse, perplex* 329

congelar *to freeze, congeal* 169

congestionar *to congest* 169

congojar *to cause anguish, distress* 169

conjugar *to conjugate, combine* 193

conjurar *to exorcise, ward off* 169

conmemorar *to commemorate, celebrate* 169

conmover *to move, touch* 76

connotar *to connote, imply* 169

conocer *to know, be acquainted/familiar with* 77

conquistar *to conquer, win* 169

consagrar *to consecrate, devote* 169

conseguir *to get, obtain* 78

consentir *to consent, allow, spoil* 79

conservar *to conserve, preserve, keep* 169

considerar *to consider* 169

E

echar *to throw* 121
economizar *to economize on* 19
editar *to publish* 169
educar *to educate, bring up, rear, train* 51
efectuar *to effect, carry out* 122
ejecutar *to execute, carry out, perform* 169
ejemplificar *to exemplify, illustrate* 51
ejercer *to practice, exercise* 123
elegir *to choose, select* 124
elevar *to elevate, ennoble* 169
eliminar *to eliminate* 169
elogiar *to eulogize, praise* 169
elucidar *to elucidate, explain* 169
eludir *to elude, avoid* 329
emanar *to emanate, flow* 169
emancipar *to emancipate, liberate* 169
embadurnar *to smear, daub* 169
embalar *to pack, crate* 169
embaldosar *to tile* 169
embarazarse *to be hindered, become pregnant* 19
embarcar *to embark* 51
embarrar *to splash with mud, stain, annoy* 169
embarullar *to muddle, mix up, bungle* 169
embaucar *to deceive, swindle* 51
embelesar *to fascinate, enthrall* 169
embellecer *to beautify, embellish* 77
emboscar *to ambush* 51
embotellar *to bottle, jam* 169
embriagarse *to get drunk* 193
embrollar *to confuse, embroil* 169
embrujar *to bewitch, cast a spell on* 169
embutir *to stuff, cram* 329
emerger *to emerge* 62
emigrar *to emigrate* 169
emitir *to emit, express, transmit* 329
emocionarse *to be moved, get excited* 169

empacar *to pack* 51
empacharse *to have indigestion* 169
empalagar *to cloy, surfeit, satiate, annoy* 193
empalmar *to connect, join, combine* 169
empanar *to bread* 169
empañar *to diaper, swaddle* 169
empaparse *to get soaked* 169
empapelar *to wrap in paper* 169
empaquetar *to pack, wrap* 169
emparejar *to match, pair* 169
emparentar *to become related by marriage* 169
empatar *to tie, be equal* 169
empeñarse *to strive, endeavor, persist* 169
empeorarse *to worsen, deteriorate* 169
empezar *to begin* 125
emplear *to use* 126
empobrecerse *to become poor/impoverished* 77
empolvar *to powder, cover with dust* 169
empollar *to hatch, cram* 169
emponzoñar *to poison* 169
emprender *to undertake, start* 329
empujar *to push* 169
empuñar *to grasp, seize* 169
emular *to emulate, rival* 169
enajenar *to alienate, drive crazy* 169
enamorarse *to fall in love* 169
enarbolar *to raise, hoist* 169
enardecer *to ignite, set aflame* 77
encabezar *to head* 19
encadenar *to chain, connect, link* 169
encajar *to fit, insert* 169
encaminarse *to head, make one's way, be intended* 169
encantar *to love, be delighted with* 127
encarar *to face, confront* 169
encarcelar *to imprison* 169